Klaus E. Müller

Der Krüppel

Klaus E. Müller

Der Krüppel

Ethnologia passionis
humanae

Verlag C.H. Beck München

Die Deutsche Bibliothek – CIP-Einheitsaufnahme

Müller, Klaus E.:
Der Krüppel; Ethnologia passionis humanae /
Klaus E. Müller – München: Beck, 1996
  ISBN 3 406 41146 0

ISBN 3 406 41146 0
© C. H. Beck'sche Verlagsbuchhandlung (Oscar Beck), München 1996
Satz: Fotosatz Janß, Pfungstadt
Druck und Bindung: Ebner, Ulm
Gedruckt auf säurefreiem, alterungsbeständigem Papier
(hergestellt aus chlorfrei gebleichtem Zellstoff)
Printed in Germany

Inhalt

I. Ungestalt

II. Wohlgestalt

III. Maßgestalt

IV. Weltgestalt

V. Weltgestaltung

VI. Gestaltwandel

VII. Gestaltverklärung

Anhang

Die körperliche Schönheit beruht bekanntlich auf der Übereinstimmung der Teile, gepaart mit einer gewissen Anmut der Farben. Wo aber die Übereinstimmung der Teile fehlt, liegt es daran, daß etwas verletzt, weil es unregelmäßig gewachsen, entweder verkümmert oder übermäßig ist.

Gott aber, der Urheber der Naturen und mitnichten der Gebrechen, hat den Menschen recht erschaffen. Doch der Mensch, durch eigene Schuld verdorben und gerechterweise verdammt, hat Verdorbene und Verdammte gezeugt. Denn wir alle waren in jenem einen, der in Sünde gefallen ist durch das Weib, das aus dem einen geschaffen worden ist vor der Sünde. Noch nicht war uns die Form geschaffen, in der wir einzeln leben würden, aber schon war die samenhafte Natur gegeben, aus der wir uns fortpflanzen sollten, und sie war, durch die Sünde beschädigt, verstrickt in die Fessel des Todes und gerechterweise verdammt, so daß der Mensch in keiner andern Beschaffenheit aus dem Menschen geboren wurde. So hat das fortzeugende Unheil seinen Ausgang vom Mißbrauch des freien Willens genommen und führt nun das Menschengeschlecht mit seinem gleich einer beschädigten Wurzel verdorbenen Anfang in einer Kette von Elend und Leid in den Untergang des zweiten Todes, der kein Ende hat, von dem nur jene ausgenommen sind, die durch die Gnade Gottes erlöst werden.

Bei der Auferstehung des Fleisches zur Ewigkeit aber wird die Größe der Leiber das Ausmaß haben, das der Körper jedes einzelnen nach der ihm eingeborenen Anlage in seiner vollendeten oder zu vollendenden Jugendzeit gehabt hat, bzw. gehabt hätte, wobei auch bezüglich aller Glieder das Maß in einer ausgeglichenen Schönheit bewahrt sein wird. Damit diese Schönheit bewahrt werde, wenn an einem Teil etwas Unförmiges wegfällt, um der Gesamtmasse zugeteilt zu werden, so daß auch das nicht verlorengeht und die Übereinstimmung der Teile überall aufrechterhalten bleibt, ist es nicht abwegig zu glauben, daß unter Umständen von solchem Überschuß der Körpergestalt etwas zugefügt werden kann, indem von Teilen, deren Übermaß jedenfalls unpassend ist, so viel wegfällt und auf das Ganze verteilt wird, daß die Schönheit gewährleistet ist. Wenn nichtsdestoweniger behauptet wird, daß jeder in derselben Körpergestalt auferstehen wird, in der er gestorben ist, braucht man das nicht zu bekämpfen, nur darf man dabei an keine Verunstaltung, Schwäche, Schwerfälligkeit, an nichts Vergängliches und an nichts sonst denken, das nicht in das Reich paßt, in dem die Kinder der Auferstehung und Verheißung den Engeln Gottes gleich sein werden, wenn auch nicht dem Leibe und dem Alter nach, so doch gewiß in der Glückseligkeit.

AUGUSTINUS (De civitate dei XXII 19. XIII 14. XXII 20)

I.

Ungestalt

1. Anthropologie

Es gab einmal eine Zeit, da betrachtete man rothaarige Menschen mit Argwohn. Gewöhnlich waren ihrer ja nur wenige in einer Gesellschaft, vielleicht nur einer oder zwei. Aber sie unterschieden sich von den anderen, und dafür, meinte man, müsse es doch Gründe geben. Gute konnten es eigentlich nicht sein, denn die Erscheinung *verletzte die Regel,* wie schielende Augen oder ein Klumpfuß. Unzweifelhaft hatte es mit dem ganzen Menschen zu tun; es handelte sich ja nicht um eine Perücke, die man beliebig auf- und absetzen konnte. Tiefer, im verborgenen Innern mußten die Ursachen zu suchen sein, in einer besonderen Wesensart, die sich in der eigentümlichen Haarfarbe lediglich sichtbar ausprägte, sich gleichsam verriet. Ein norddeutsches Sprichwort faßte das Empfinden bündig zusammen: «Rotbart, schlimme Art».

Das Unbehagen war allgemeiner Natur. Weithin fürchtete man sich, einem Rothaarigen zu begegnen. Hatte man etwas Besonderes vor, konnte man das nur als schlimmes Vorzeichen auffassen. Georgische Bauern, die sich auf dem Weg zum Feld befanden, taten in derartigen Fällen so, als sähen sie die Betreffenden nicht; sie wichen ihnen unmerklich aus und vermieden es, sie anzusehen oder gar zu grüßen. Man war einander eben *nicht* begegnet; und so stand auch nichts Schlimmes zu befürchten.[1] Nach Auffassung palästinensischer Beduinen sind selbst Gott die Rothaarigen ein Ärgernis – so sehr, daß er noch keinem nach seinem Ableben Gnade zuteil werden ließ.[2]

Möglicherweise begegnete er den Unglücklichen dabei mit der linken Hand und hielt die rechte auf dem Rücken. Nach einer jüdischen Überlieferung jedenfalls pflegte er nämlich mit der Linken zu strafen, mit der Rechten dagegen zu segnen,[3] ja mit dieser soll er die Himmel, mit jener die Erde erschaffen haben.[4] Das prägte natürlich die Ordnung der Welt, weit über die Stammsitze der alten Semiten hinaus. Kein Volk, das nicht der Auffassung wäre, daß alles Rechtsseitige, «Rechte» von guter und heilstiftender, alles Linksseitige, «Linke» aber von böser, unheilträchtiger Art ist. In seiner Güte scheint Gott sich bei der Erschaffung des Menschen der Rechten bedient zu haben. So kam es, daß diese seine bevorzugten Geschöpfe allesamt

Rechtshänder sind – bis auf einige wenige Ausnahmen, mit denen es
allerdings eine eigene Bewandtnis hat. Gleichwohl besitzen die Menschen, als göttliches Erbteil, auch eine linke Hand, mit der sie, er-
klärlicherweise, weniger geschickt sind, mit der ihnen manches miß-
rät, ja zum *Bösen* ausschlägt. In vielen Teilen der Welt hält man sie
daher von wichtigen Handlungen wie dem Händedruck bei der Be-
grüßung oder dem Essen fern und benutzt sie für minderwertige, vor
allem für verunreinigende Verrichtungen, wie zur Hygiene nach dem
Toilettengang. Da auch Derartiges getan werden muß, besitzt sie immerhin ihren Sinn, bleibt jedoch, gerade deshalb, die schlechtere,
die «unreine» Hand. Einem verbreiteten Glauben nach hat die gesamte linke Körperhälfte teil an dieser Minderqualität.[5] Bei Tieren
kann ihr Fleisch gesundheitsschädlich sein; wer es sich zu leisten
vermag, ißt nur, wie Beduinen das etwa bei bestimmten Wildtieren
tun, von der rechten Seite.[6] Nicht selten spielt das Böse, das dieser
Dunkelhälfte des Leibes einwohnt, auch aufgeklärten Geistern noch
einen Streich. Schlaftrunken schlüpfen sie am Morgen mit dem linken Fuß zuerst aus dem Bett – und fürchten zumindest, daß dies für
ihr Tagwerk nichts Gutes bedeutet.

Einige aber sind da, in jeder Gesellschaft, die nötigt eine geheime
Gewalt, was andere mit der Rechten verrichten, mit der Linken zu
tun. Sobald Eltern diesen Drang an ihren Kindern bemerken, greifen
sie unter Umständen ein und suchen die «Irreleitung» zu korrigieren, ehe sie ruchbar wird. Denn Linkshändigkeit *kann* ihnen nur als
widernatürliche, «abnormale» Veranlagung erscheinen. Der Verdacht
lag nahe, daß dieser Makel lediglich *eine*, äußerlich auffälligere Aus-
drucksform einer tieferreichenden, allgemeineren Abartigkeit sei. In
Europa glaubte man lange, sie verrate immer zugleich «die latente
oder offene Neigung zur Homosexualität, Prostitution oder zumindest zur Kriminalität». Es handelte sich um «verdrehte», eben *links-
gestrickte* Charaktere. Noch der bekannte österreichische Arzt und
Psychologe Alfred Adler (1870–1937) sah in der Linkshändigkeit
eine physische wie psychische Deprivation, die der Therapie bedürfe.[7]

Wie bei vielen Leiden ist Voraussetzung für den Heilerfolg auch
hier, daß man die Störung früh genug erkennt. In dem Falle kann
Linkshändigkeit in der Tat «korrigiert», können die Betroffenen
revertiert, zumindest in ihrem äußeren Verhalten zu «normalen»
Menschen «umgewandelt» werden. Rothaarige begegnen da schon
größeren Problemen; ihr Makel ist buchstäblich eingewurzelt. Ihnen
bleibt keine andere Wahl, als mit ihrem Stigma zu leben – oder sich
die Haare zu färben, d. h. ihre Umwelt über ihre wahre Natur zu

täuschen. Was aber, wenn eine Entstellung dergestalt ist, daß nichts sie aus der Welt zu schaffen, kein Kunstgriff sie zu verbergen vermag? Schon von weitem erkennt man den Hinkenden, nimmt die Krükken wahr, mit denen Beinamputierte sich ruckartig schwingend fortbewegen, oder den geradlinig gleitenden Rollstuhl mit der oft gedrungenen, wie eingefallenen Gestalt darin. Auch Bucklige und Zwerge, mit dem zu großen auf den Schultern schaukelnden Kopf, Klumpfüßige, Schiefgewachsene, partial Gelähmte mit ihren gleichsam zögernden, unsicheren Trippelschritten oder Verhaltensgestörte, deren Erscheinung ein seltsam rhythmisches Zucken durchfährt, heben sich rasch und überdeutlich vor dem Hintergrund des maßvoll strömenden Straßenbilds ab.

Vielleicht aber bleibt ein Einkaufsbummel auch ungestört von derartigen Eindrücken. Man läßt sich mitziehen im Strom der Passanten, verweilt vor einem Schaufenster mit kunstvoller Dekoration und lokkender Auslage, erwägt, ob man eintreten und einen Kauf riskieren soll, wendet sich um – und blickt unvermittelt in ein von Brandmalen entstelltes Gesicht oder sieht sich, drei Schritte weiter, plötzlich einer wahren Fratze gegenüber mit tiefliegendem Haaransatz, funkelnden Augen unter buschigen Brauen, platter Nase und vorstehenden schiefen Zähnen über einem fliehenden, warzenbesetzten Kinn. Sekunden später ist die Erscheinung, die gleichsam aufsprang unter den vielen dahingleitenden gleichmütigen Mienen, vorüber. Aber der Schreck hat sich eingefressen. Es dauert eine Weile, bis es gelingt, das Gesicht zu verdrängen.

An sich bedarf es so starker Eindrücke nicht, um der steten Möglichkeit des Häßlichen inne zu werden. Der Argwohn vor Abweichendem nimmt auch moderatere Formen wahr, die erloschenen, «toten» Augen eines Blinden etwa, der tastend mit dem weißen klopfenden Stock seinen Weg sucht, einen überzähligen Finger, Stottern oder Aphasie, übermäßige Fettleibigkeit, ja selbst krauses, stark verwirbeltes Haar – den sogenannten «Hollenzopf», der in Hessen zum Beispiel, aber auch sonst in Europa, eine Frau dem Verdacht der Hexerei aussetzen konnte. «Kruse Haar un kruse Sinn», resümiert ein niederdeutscher Reimspruch diese Art Volksweisheit, «spitze Näs un spitzet Kinn der sit de Deifel dremal in.»[8] Irgendwelche Teufeleien vermuteten Nachbarn noch in den dreißiger Jahren auch bei einem Bauern in einer Ortschaft im Odenwald. Er las gerne, u. a. in einer naturkundlichen Zeitschrift, und liebte es, in klaren Sommernächten durch die Felder zu streifen oder daheim auf dem Balkon zu sitzen und in den sternenübersäten Himmel zu blicken.[9] Das war ungewöhnlich, es wich vom Üblichen ab. Ein Gleiches trifft auch

auf notorisch schweigsame Menschen zu, auf verschlossene Naturen
und Eigenbrötler, die ihre eigenen Wege gehen und den Kontakt
zu anderen meiden. Der Verdacht liegt nahe, daß sie «etwas zu verbergen haben», das offenkundig nicht für die Öffentlichkeit bestimmt ist. Das muß nicht gleich der Bund mit dem Teufel sein, aber
es läßt sie doch auf jeden Fall verdächtig erscheinen. Sie verhalten
sich *abnormal*. Solche «Sonderlinge» sollte man nicht aus dem Auge
verlieren.

Sie könnten, müssen aber nicht unbedingt, ebensowenig wie Behinderte, *krank* sein; Kranke indessen sind immer behindert. Es
macht ihnen Mühe, ihre üblichen Aufgaben wahrzunehmen. Sie werden, wie der amerikanische Soziologe Talcott Parsons (1902–1979)
es ausdrückte, «zu einem störenden Element innerhalb des Systems».[10] In schwereren Fällen ziehen sie sich, notgedrungen, aus der
Öffentlichkeit zurück, bleiben zu Hause, hüten das Bett oder sind
genötigt, für eine Zeitlang ihren Aufenthalt in einem Krankenhaus
zu nehmen. Aber sie können geheilt werden, wenn es sich um eine
lediglich vorübergehende Behinderung handelt. Oftmals jedoch ist
ein Leiden von längerer Dauer, ja vielleicht chronisch oder unheilbar.
Es braucht nicht unmittelbar sichtbar zu sein, wie bei Unfruchtbaren,
Impotenten und neuerlich Aids-Infizierten. Manchmal jedoch zeichnet eine Krankheit den Körper des Opfers in unübersehbarer Weise,
wie bei bestimmten Hautleiden und vor allem der Lepra. Spätestens
dann verwischt sich der Unterschied zum «Krüppel im eigentlichen
Sinne» vollends. Die Kranken wachsen, geschoben und gestoßen von
ihrer Umwelt, in seine Rolle. Ihr Gebaren beginnt sich zu gleichen,
schließlich auch ihr Empfinden. «Krankheit ist eine besondere Form
abweichenden Verhaltens».[11]

Damit haben die wenigsten gerne zu tun. Es macht nicht nur
Mühe, es verunsichert auch. Man müßte sich umstellen. Besser, man
bleibt auf Distanz, zudem es ja auch geschulte Fachkräfte, Kompeten-
tere dafür gibt.

In früheren Zeiten, als es an kommunalen und erst recht klini-
schen Betreuungsinstitutionen noch weithin fehlte, waren Kranke
und Krüppel, wollten sie überleben, auf solidarische Selbsthilfe angewiesen. Abgedrängt an den Rand der Wohnareale, gesunken zur
schwärenden Hefe der Gesellschaft, verklumpten sie dort gleichsam
zu bizarren Formen «autopoetischer Selbstorganisation». Im mittelalterlichen Paris wogte und gärte Derartiges im «Mirakelhof», einem
weiten Platz im Randbereich der verfallenden Altstadt. Victor Hugo
beschreibt ihn in *Notre-Dame de Paris* und nennt ihn eine «scheußliche
Warze am Angesicht von Paris», eine «Kloake», in der es nur so kroch,

hinkte und wimmelte von «Krüppeln, Blinden, Lahmen, Einarmigen, Einäugigen» und «wundenbedeckten Aussätzigen»:

«Man hörte gellendes Gelächter, Kindergeschrei und laute Weiberstimmen. Unzählige Hände und Köpfe hoben sich als wunderliche Silhouetten schwarz vom leuchtenden Grunde ab. Wo der flackernde Schein des Feuers sich auf dem Boden mit großen unbestimmten Schatten mengte, da huschte ab und zu über die Helligkeit ein Hund, der einem Menschen nicht unähnlich war, oder ein Mensch, der einem Hunde glich ... Männer, Frauen und Tiere, alle Lebensalter und Geschlechter, Gesundheit und Krankheit, alles mischte sich, alles schien diesem Volke gemeinsam. Jeder hatte Anteil an allem.»[12]

Dies war der Schreckenseindruck des Dichters Pierre Gringore (1475–1538)*, einer Hauptfigur des Romans, den es bei Nacht in die Altstadt verschlagen hatte. Gejagt, taumelnd, seiner Sinne nicht mehr ganz mächtig, meinte er zuweilen, daß sich «zwischen ihn und die Außenwelt ein Dunst geschoben» habe,

«der ihm alles in der Verzerrung eines Alpdrückens erscheinen ließ, im wirren Nebel eines Traumes, der die Umrisse verwischt, die Formen entstellt, die Dinge zu unförmigen Massen zusammenballt, die Gegenstände in Hirngespinste, die Menschen in Gespenster verwandelt.»[13]

Vor diesem Hintergrund ragte, im Herzen der Altstadt, die majestätisch-mächtige Kulisse der Kathedrale von *Notre Dame* auf. In ihrem Innern, in Nischen, auf Vorsprüngen, in ihren unendlichen Gängen hauste Quasimodo, der Glöckner des Gotteshauses. Und in seiner Gestalt schien an Häßlichkeit wie zusammengestückt, was im Mirakelhof noch in vielfältige Sonderansichten, wie die Splitter seines zerschlagenen Spiegelbildes, geschieden war. Das Mißgeschöpf hatte seinen Namen nach dem ersten Sonntag nach Ostern («*Quasi modo geniti*», «wie neugeborene Kinder»)** erhalten, an dem das Kind, bereits einige Jahre alt, von unbekannter Hand vor der Kirche ausgesetzt worden war. Damals wollte sich zunächst niemand seiner erbarmen; denn sein Anblick schreckte die Leute:

«Es war ein eckiger, sehr beweglicher Klumpen, der in einem Sack steckte. Nur der Kopf guckte heraus ... ein mißgestaltetes Ding. Man sah nur einen Wald fuchsroter Haare[!], ein Auge, einen Mund und Zähne. Das Auge weinte, der Mund schrie, und die Zähne schienen Lust zum Beißen zu haben. Das ganze Geschöpf aber strampelte im Sack, und die Menge, die sich beständig vergrößerte und erneuerte, staunte und entsetzte sich darüber.»[14]

---

* Der Name wird häufig, so auch von Victor Hugo, fälschlich mit *Gringoire* wiedergegeben.
** Nach einem *Introitus* mit Bezug auf 1. Petrus 2: 2.

Verdacht kam auf, wie ihn der Anblick von Häßlichem immer wieder
nährt. Eine der Schaulustigen meinte: «Es ist ein wahres Ungeheuer
von Scheußlichkeit, dieses *sogenannte* Findelkind»; eine andere ergänzte: «Ich glaube, es ist ein Tier, der Bastard eines Juden und einer
Sau; irgend etwas *Unchristliches* ist es ganz gewiß.» So drängte sich die
Empfehlung auf: «Man müßte es ins Wasser oder ins Feuer werfen.»[15]
Der Eindruck des Volkes fand gelehrte Bestätigung. Der Zufall wollte
es, daß ein hoher Beamter der königlichen Kanzlei, der Protonotar
und Magister Robert Mistricolle, gerade des Wegs kam. Ein Blick auf
das schreiende Etwas in dem strampelnd bewegten Sack weckte auch
seine Zweifel, ob es sich da um ein echtes Findelkind handle. Von
seiner Frau, die an seinem Arm ging, auf eine Warze im Gesicht
Quasimodos aufmerksam gemacht, belehrte er sie und die Umste-
henden: «Das ist keine Warze, das ist ein Ei, in dem ein zweiter ähnlicher Teufel sitzt. Der trägt wieder ein Ei mit einem weiteren Teufel
und so fort.» Woher er das wisse, fragte ihn darauf seine Frau. Er
entgegnete: «Das schließe ich aus dem Sachbestand.» Die Bemerkung
dämpfte nicht eben die Besorgnis der Menge. «Was spukt dieses an-
gebliche Findelkind vor?» wollte man von dem Gelehrten wissen.
«Etwas sehr Schlimmes», erwiderte dieser, so dunkel wie kurz, und
setzte seinen Weg fort.

   Quasimodo geschah dennoch nichts. Ein junger Priester, der abseits gestanden und alles mitangehört hatte, trat vor und legte die
Hand auf ihn. «Ich nehme dieses Kind an», sagte er – gerade noch
rechtzeitig, denn man begann bereits Ausschau nach Feuerholz zu
halten.[16] Er nahm es auf den Arm und trug es fort, taufte es dann
und gab ihm den Namen – «sei es zum Gedächtnis des Tages, an dem
er es gefunden hatte, sei es, um durch diesen Namen die unvollkom-
mene Körperbildung des armen kleinen Geschöpfes zu bezeichnen.
Der einäugige, bucklige, krummbeinige Quasimodo war wirklich nur
ein ‹Quasi›.»[17] Der junge Geistliche, der im Roman den Namen Claude
Frollo trägt, unterrichtete seinen Adoptivsohn selbst, lehrte ihn
schreiben und lesen und machte ihn, inzwischen zum Erzdechanten
aufgestiegen, schließlich zum Glöckner von *Notre Dame.*

   Quasimodo zählte zu der Zeit, da die Erzählung einsetzt, etwa
zwanzig Jahre, und er war alles andere als schöner geworden. Hugo
porträtiert ihn mit breiter Feder:

«Auf einem plumpen Kopf sträubten sich fuchsrote Haare; zwischen zwei hohen
Schultern wölbte sich ein riesiger Buckel, der in einer Hühnerbrust sein Gegen-
stück hatte; Beine und Schenkel waren von so merkwürdiger Bildung, daß sie sich
nur an den Knien berühren konnten und von vorn gesehen den Eindruck von
zwei Sicheln machten, die mit den Griffen zusammenstoßen; Füße und Hände

waren von ungeheuerlicher Größe. Trotz seiner Mißgestalt hatte dieser Mensch irgend etwas an sich, was eine beängstigende Vorstellung von Kraft, Mut und Behendigkeit erweckte ... Er sah aus wie ein zerbrochener Riese, den eine ungeschickte Hand schlecht wieder zusammengelötet hat.»[18]

Der Krüppel taucht wie aus dem Nichts auf; er ist plötzlich da, lauernd und Blitze schießend aus dem einen, düster funkelnden Auge; drohendes Unheil umgibt ihn, wie die zähe fließenden Schwaden einer Aura aus grauem Nebel. Aber der Arm eines Geweihten legt sich um ihn. Quasimodo findet Aufnahme in der Erhabenheit des heiligen Hauses von *Notre Dame*. Dort lebt er fortan, der Verwachsene und «Teufel in Menschengestalt», in einem steinernen Heiligtum von vollendeter Harmonie.

Und er läutet, manchmal wie in rasendem Rausch alle Glocken zugleich, als wolle er sich mit Gewalt Gehör erzwingen, bis in den Himmel hinauf. Mit den Jahren war er darüber taub geworden. Die Stille schloß ihn vollends ein.

Sie umgibt auch oftmals alte Leute, denen dazu, mit jedem Jahr mehr, noch anderes zu schaffen macht. Ihre Gelenke büßen die Biegsamkeit ein; sie gehen mühsam, stockend, steif und gebückt; ein Bukkel deutet sich an. Das Haar auf dem hängenden Haupt wird schütter und strähnig. Zahnlücken entstellen den halb geöffneten Mund, aus dem Speichel rinnt, sich an der kantigen Kinnspitze sammelt und herabtropft. Die Kleidung ist abgetragen, manchmal verschmutzt. Die Alten sind zu Krüppeln geworden.[19] Sie rücken, nach hinten zu tastend, an den Rand der Gesellschaft.

Sie können nicht mehr zurück. Einstmals aber lag alles noch *vor* ihnen, ein Leben voller Möglichkeiten und Träume. Damals waren sie noch Kinder, mit runden weichen Gliedern, rosiger Haut, festen Pausbacken und leuchtenden Augen, den Kopf voller Übermut. Sie wurden geliebt, im Arm gehalten, gedrückt und gestreichelt, und man sah ihnen vieles nach – denn sie befanden sich ja noch ganz am Anfang ihrer Entwicklung. Ihr Körper war noch unvollkommen proportioniert, der Kopf im Verhältnis zum Rumpf zu groß. Das Laufen machte ihnen erhebliche Mühe; sie tasteten sich an den Möbeln entlang, klammerten sich überall an, um dennoch immer wieder hinzufallen. Sie verloren auch Speichel oder prusteten ihn freudig heraus. Mit der Sprache kamen sie nur mühsam zurecht. Ihr strahlendes Lächeln enthüllte Lücken zwischen den Zähnen – sie waren kleine Behinderte. Nur im Unterschied zum Alter handelte es sich um vorübergehende Mängel.

Gleichwohl wurden sie immer als solche empfunden. Kinder waren, aus der Optik der Erwachsenen, unfertige Wesen; und das

besagte in traditionellen Gesellschaften vor allem: sie waren geschlechtsmäßig undifferenziert. Man bezeichnete Mädchen und Knaben daher oft mit demselben Ausdruck, etwa schlichtweg als «Kind»
oder gar als «Ding». Entsprechend sah man auch keinen Anlaß, sie
nach Kleidung und Haartracht zu scheiden.[20] Ein Kind besaß, wie das
die französische Ethnologin Françoise Zonabend noch unlängst von
Bauern in Burgund bestätigt erhielt, «de facto keinen Status. Man
begreift es als primitives Wesen *[as a primitive being]*, das man verwöh-
nen und nur mit geduldiger Sanftmut großziehen kann.»[21] Bei Naturvölkern vollzog sich sein «Reifungsprozeß» in wohlmarkierten
Etappen. Man folgte dabei bestimmten, von der Natur wie vorgege-
benen Zäsuren. Als solche galten vor allem das Abfallen der Nabel-
schnur (nach fünf bis zehn Tagen), der Durchbruch des ersten Milch-
zahns, das Zusammenwachsen der Hauptfontanelle (etwa nach Verlauf eines Jahres), die ersten Geh- und Sprechversuche und der
Beginn des zweiten Zahnens. Jeder derartige Einschnitt wurde mit
einem kleineren oder größeren Fest begangen. Manchmal wechselte
man dann jeweils auch die Bezeichnung der Kinder, zum Ausdruck
dafür, daß sie eine neue Entwicklungsstufe auf dem Weg zum Erwach-
senendasein erreicht hatten.[22]

   Den Höhepunkt des Ganzen aber bildete die Pubertät. Mit dem
Gewinn des Zeugungs- und Konzeptionsvermögens waren die Kinder
nunmehr in den Stand gesetzt, wesentlich mit zum Erhalt und Fortbestand der Gesellschaft beizutragen. Der Bedeutung des Vorgangs
wegen wollte man da nur ungern etwas dem Zufall überlassen. Gewöhnlich wurden die Jugendlichen daher beim Eintritt in die Pubertät bestimmten, gleichsam verhaltensleitenden Ritualen unterworfen.
Bekanntestes Beispiel waren die «Initiationen», ganze, meist Monate,
manchmal Jahre währende Serien komplexer Ritualdurchgänge und
Feierlichkeiten, die vor allem zum Zweck hatten, die bedeutsame
Metamorphose, in deren kurzem, dramatischem Verlauf die Kinder
sich in Erwachsene «umwandelten», kontrollierend zu begleiten und
magisch-rituell mit absichern zu helfen. Besonderes Gewicht maß
man dabei der sexuellen Ausdifferenzierung zu. Es fanden daher
Unterweisungen in der Physiologie der Geschlechter, in Praktiken
zum Erhalt und zur Stärkung der Fruchtbarkeit und nicht zuletzt im
Sexualverhalten selbst statt. Oft aber tat man noch ein übriges hinzu,
durch handfeste physische Eingriffe zur absolut *eindeutigen* Vervoll-
ständigung des Prozesses. In Teilen Ozeaniens entzog man den Knaben zum Beispiel aus Nase, Rachen und Penis Blut. Man nahm nämlich an, daß es von der Zeugung und dem Heranwachsen des Kindes
im Mutterleib her noch «weibliche» Anteile enthalte, und wollte dem

Körper damit die Gelegenheit geben, neues, nunmehr eben rein «männliches» Blut zu bilden. Demselben Zweck diente gewöhnlich auch die – nicht selten ergänzend dazu vorgenommene – Beschneidung (Zirkumzision): Wie bei Mädchen die Klitoris als männliches, wurde bei Knaben das Präputium als weibliches «Relikt» der geschlechtsmäßig noch undifferenzierten Embryonalphase aufgefaßt; beider Entfernung erst bot die letzte, sichere Gewähr dafür, daß sich die Jugendlichen zu fehllosen, voll funktionsfähigen Vertretern ihres Geschlechts gleichsam zu *vervollkommnen* vermochten.[23] Andernfalls bestand die Gefahr, daß es später bei *ihren* Kindern zu Insuffizienzen, defizitären Erscheinungen, ja vielleicht Mißbildungen kam. Generell stand im Hintergrund die Sorge, daß, wenn etwas «schieflaufe» während des kindlichen Reifeprozesses wie bei der Erziehung, die «Fehleinstellung» bleiben und entsprechend *weiterwirken* werde. Dabei kam es vor allem auf die Knaben an, da sie, aufgrund der überwiegend üblichen Exogamie, in der Gesellschaft verblieben, also die Männer alsbald hauptverantwortlich für deren uneingeschränkten, «reinen» Erhalt und Fortbestand waren. Daher pflegte man auch nur sie in den religiösen Überlieferungen der Gruppe, den Mythen, sakralen Gesängen, Ritualpraktiken, liturgischen Texten, Zauberformeln usw., die den magischen Rückhalt und die Erfolgsgewähr für die profane Alltagspraxis boten, zu unterweisen.

In den solchergestalt annähernd ausnahmslos männerdominierten traditionellen Gesellschaften konnte nur eine androzentrische Optik walten. Männer besaßen in jeder Hinsicht die Suprematie. Das schloß als *einen* Aspekt der den Anspruch stützenden Legitimationsideologie ein, daß ihr Geschlecht, das «Mannsein» die höchstmögliche Vervollkommnungsform menschlicher Seinsverwirklichung darstellte – «Mann» und «Mensch» sind in zahllosen Sprachen verwandte, bzw. synonyme Begriffe. Und daraus folgte mit unabdinglicher Konsequenz, daß alle, die nicht zum Gralskreis der dergestalt Ausgezeichneten zählten, von geringerer Vollkommenheit waren – abgesehen von den ohnehin Verunstalteten und Behinderten, Kinder und Jugendliche wie Altersgebeugte eben, aber auch *Frauen*.

Deren Mängel legte bereits die Zeugung fest. Mädchen können nach einer verbreiteten, auch von antiken Autoren geteilten Vorstellung zum Beispiel entstehen, wenn mehr Same aus dem linken [!] Hoden in den Uterus eingeht.[24] Nach alteuropäischer Volksanschauung, ja selbst noch nach der Auffassung des großen französischen Obstetrikers François Mauriceau (1637–1709), werden Knaben bei zunehmendem, also erstarkendem Mond, Mädchen dagegen während seiner Schwundphase empfangen.[25] Herrschte Not, so daß man sich

zu dem Radikalmittel der Kindestötung entschließen mußte, traf es
daher in *allen* Kulturen, in denen man sich zu diesem «Ausweg» gezwungen sah, zuerst die Mädchen,[26] die eben «weniger wert» waren.
Im alten Europa hielt man es auf dem Land nicht anders. Entschlos-
sene Geistliche, wie der Bischof Otto von Bamberg (ca. 1060–1139),
suchten der Unsitte durch Verordnungen beizukommen, offensichtlich nur mit mäßigem Erfolg.[27] Die leben blieben, wurden sich spätestens bei Einsetzen der Pubertät ihrer «Minderartung» voll bewußt. Sie
mußten zur Kenntnis nehmen, daß ihr Regelblut einen Quell extremer Verunreinigung darstellte, ja eine Art zerstörerischer Ausstrah-
lungskraft besaß. In der Folge wurden sie von ihrer Umgebung separiert – in einem Winkel des Hauses, einer Ecke im Hof (beim Dunghaufen z. B.) oder in einer eigens dafür vorgesehenen Hütte am
Ortsrand. Es sollte gewährleistet sein, daß sie mit nichts, vor allem mit
nichts Lebenswichtigem, in Kontakt kamen; ihre Berührung, auch ihr
Blick konnten krankmachen, ja töten. Insbesondere Nahrungsmittel
und Neugeborene mußten von ihnen ferngehalten werden; Männer
fürchteten bei einer Kontamination ihre Gesundheit, Potenz oder
Sehkraft einzubüßen. Untrügliche Anzeichen einer unbemerkten «Infizierung» bildeten – bei Knaben! – etwa Wachstumsstörungen, bei
Männern plötzliche Schwächeanwandlungen, Gewichtsverlust, Lei-
stungsminderungen, die Einbuße seherischer Gaben, rasches Siech-
tum mit Todesfolge oder, dies vor allem, Hauterkrankungen. Frauen
galten weltweit als wesenhaft unrein; die Menstruation brachte den
spannungsgeladenen «heißen» Zustand allmonatlich nur gewissermaßen zum «Überkochen». Männer, von Natur aus rein, waren da am
ehesten gefährdet, wie Gesunde bei der Berührung von Kranken.[28]
Aus analogem Grund glaubt man oft auch, daß die Nähe von Kindern,
die mit Frauen ja in stetem Kontakt stehen, mehr aber noch gleichsam
Unfertigkeit «ausstrahlen», Männern gefährlich sein kann.[29]

Frauen galten auch in gewissem Sinne als geistig behindert. Da die
Natur ihnen nicht die Gunst vergönnte, Männer zu sein, verfügen sie
– nicht nur traditioneller Anschauung nach – über schwächere Vital-
energien und ein geringeres Maß an Intelligenz, vor allem an analy-
tisch-logischem Denkvermögen und schöpferischer Einfallskraft.
Schon «der Geist [im englischen Original *spirit*] eines Knaben» wurde, wie bei den Anvik zum Beispiel, einer Athapasken-Gruppe im
Innern Alaskas, für «stärker als der eines Mädchens» gehalten.[30]
«Frauen sind dumm», erklärten die Zande im Ostsudan dem englischen Ethnologen Edward E. Evans-Pritchard (1902–1973); «sie denken nicht tief, ihr Verstand ist flach wie die Kuppe eines kleinen
Fingers» – und sie verglichen sie mit Kindern und Narren.[31]

Geschlagen mit dem Makel der Unreinheit, schwach und von lediglich begrenzten Geistesgaben, konnten Frauen nur *Mängelwesen* sein. Aristoteles (384–322 v. Chr.) begriff sie, im Verhältnis zu den Männern, als Geschöpfe niederer, weniger vollkommener, ja irgendwie *verformter* Art.[32] Von sichtlich derselben Einschätzung aus werden sie im altindischen *Gesetzbuch der Manu* (VII 149f.), noch unverblümter, in einem Atemzug zusammen mit Blinden, Tauben, Stummen, Schwachsinnigen, Altersdebilen – sowie Barbaren und Tieren – genannt, also den Behinderten und Krüppeln zugeordnet, alles Kreaturen, die der König möglichst aus seiner Umgebung fernhalten solle, namentlich, wenn er wichtigen Geschäften nachgehe.[33] Sie hätten Schatten auf die Lichtwelt des Vollkommenen im Zentrum der Gesellschaft geworfen. Ihr Platz ist eher an der Peripherie, denn eigentlich zählen sie schon fast der chaotischen Außenwelt zu, von der sie zumindest deutlich affiziert erscheinen. Die üblichen Klassifikationssysteme der Naturvölker bringen das immer wieder zum Ausdruck. Neben Mißwüchsigen, Kriminellen, Asozialen und anderen «Abnormen» werden auch Frauen da gewöhnlich der transperipheren Fremdwelt, das heißt dem Unreinen und Ungeordneten, der Anormalität und Unkultur, der Wildnis, der Nacht und dem Bösen, die Männer dagegen dem lichten Tag, der Kultur, Normalität und Ordnung, dem Reinen und Guten zugewiesen.[34] Im Innern der Siedlungen, meinen die Lugbara in Uganda zum Beispiel, herrscht Stabilität und wohnt das Gute; außerhalb in Busch und Wildnis ist alles bewegt und lauert das Böse; «Männer sind ‹Leute der heimischen Binnenwelt›, Frauen ‹Buschland-Dinger›» und im Grunde, da sie teil an beiden Sphären haben, von «zweideutiger», schwer kalkulierbarer Art.[35] Andere ordnen sie auch der Natur, der Kontrastwelt zur Kultur, die von den Männern verkörpert und repräsentiert wird, zu.[36]

Wo die Einsicht schwerfällt, weil das Denken zu kurz greift, wo es an Regelsinn und vernunftgesteuerter Selbstdisziplin mangelt, geraten die Emotionen rasch außer Kontrolle. Frauen leben nach dieser Vorstellung rein aus dem Empfinden heraus, überlassen sich leichter ihren Gefühlen, neigen zu Affekthandlungen, sind «wild» und triebhaft.[37] Ständig droht die Gefahr, daß ihre Haltlosigkeit sie straucheln läßt, daß sie auf «Abwege» geraten, statt geradeheraus eher verschlagen reagieren. «Selbst die geradeste, ‹rechteste› Frau», heißt es in einem algerisch-arabischen Sprichwort, «ist krumm wie eine Sichel.» Sie gleicht, wie der französische Ethnologe Pierre Bourdieu das Bild kommentiert, «einem jungen Trieb, der *nach links* wächst», das heißt kann aus sich selbst heraus «nicht ‹recht›, nicht gerade sein, sondern nur durch den wohltuenden Schutz des Mannes *geradegerichtet werden.*»[38]

In der Tat entsprach es weltweiter Auffassung, daß Frauen der leitenden Hand der Männer bedürfen, um nicht «fehlzugehen» – zu ihrem wie zum Verhängnis ihrer Umwelt.[39] Dieser Aufgabe unterzogen sich die Gatten gewöhnlich mit der gebotenen verantwortungsbewußten Strenge. Glücklich daher die Frau, die «unter der Haube» war, wo sie nicht nur auf Geborgenheit, sondern auch Respekt zählen durfte, da ihre Zuverlässigkeit und ihr Rechthandeln garantiert schienen. Ungleich schwerer hatten es dagegen geschiedene Frauen und Witwen. Da sie der sicheren Führung entrieten, bildeten sie, wie in Südindien zum Beispiel, «eine Bedrohung für die Stabilität der bestehenden sozialen Beziehungen und die Moral der Gesellschaft»; man betrachtete sie mit Argwohn, ja hielt sie für Unheilsträger (wie oft auch Behinderte) und mied daher ihre Nähe.[40] Sie waren gewissermaßen zu *Sozialkrüppeln* geworden.

Mit dem Christentum brachen hoffnungsvollere Zeiten für die Frauen an. Das Gebot zur Barmherzigkeit gegenüber den Schwachen betraf ja nicht zuletzt auch sie. In diesem Geiste legte Petrus auch gleich den Männern nahe, sich rücksichtsvoll und ritterlich gegen ihre Gattinnen zu erzeigen, da diese nun einmal von schwächerer Beschaffenheit seien (1. Petrus 3:7) und bestimmt, ihren Gatten zu dienen (ebenda 3:1). Dies ist auch die Meinung des heiligen Paulus. «Die Weiber», bedeutet er den Gläubigen zu wiederholten Malen, «seien untertan ihren Männern als dem Herrn»;[41] denn der Mann «ist nicht geschaffen um des Weibes willen, sondern das Weib um des Mannes willen» (1. Korinther 11:9). Neu war, daß sich damit eine große Hoffnung verband: Nicht nur mehr führen sollten die Männer die Frauen, sie sahen sich vielmehr auch vor die Aufgabe gestellt, aktiv mit an der Erlösung ihrer Frauen zu wirken. «Der Mann», ruft ihnen Paulus zu, «ist des Weibes Haupt, gleichwie auch Christus das Haupt ist der Gemeinde, und er ist seines Leibes Heiland» (Epheser 5:22). Das mochte vielen um so einleuchtender erscheinen, als in den alten Religionen Vorderasiens Lehren in Umlauf waren, denen zufolge die Frauen schlechthin das Stoffliche verkörperten, die Gruft des Geistes (dem artmäßig die Männer entsprachen), das lodernde Fleisch, das Sinne und Sünde entflammte, ja gar als Geschöpfe des Teufels aufgefaßt wurden.[42]

Mit dem Bösen im Bunde zu stehen, war bekanntlich der stete Vorwurf, den man im mittelalterlichen Europa den *«Hexen»* machte, jenen Frauen, die sich aus der christlichen Heilsgemeinschaft ausgesondert und sich ganz, ihren ureigensten Anlagen folgend, auf die

Nachtseite des Daseins geschlagen und dem «Höllenfürsten» ergeben hatten.[43] In weniger fortgeschrittenen Gesellschaften, in denen das Böse noch nicht zu einer einzigen finsteren Fürstengestalt verdichtet war, mußte den Frauen die Neigung, gleichsam dem dunklen Ruf ihres Blutes Gehör zu schenken und Böses bis zum Exzeß zu tun, immerhin naheliegen: von zwielichtiger Art, der Dorfwelt wie der Wildnis zugehörig, konnte es nur allzuleicht geschehen, daß sie ins Straucheln gerieten und schließlich vollends den Schritt ins abgründige Dunkel der nächtlichen Gegenwelt taten. Nicht wenige erlagen der Versuchung – fast überall trieben Hexen ihr Unwesen.

Gewöhnlich waren sie nachts unterwegs, in Begleitung etwa, wie die Kaguru in Tansania glaubten, von Eulen oder Hyänen, aus deren Anus Feuer stob. Ihre Erscheinung und ihr Verhalten stellte die Norm *auf den Kopf:* immer nackt, bewegten sie sich mit den Füßen nach oben, teilten ihre Nahrung und kohabitierten mit wilden Tieren, trieben Inzest und fraßen Menschenfleisch. Ihr Leben bei Tag konnte im Grunde nur als Maskierung erscheinen; in Wahrheit waren sie nicht mehr menschlicher Art.[44] Indessen ließ sich ihre inverse Natur nicht immer zur Gänze verbergen. Sie sprang gleichsam manchmal vor in bestimmten auffälligen Verhaltensabnormitäten. Sexuelle Perversionen konnten zum Beispiel ein Indiz dafür sein.[45] Auch in *körperlichen Gebrechen* und vor allem abschreckender *Häßlichkeit* prägt sich der wahre Charakter oft unverkennbar durch. Hexen in europäischen Märchen gehen humpelnd und stützen auf Krücken einen dürren, eingetrockneten Leib, von fahlgelber oder brauner runzeliger Haut umspannt, tragen einen schwankenden Kopf auf den knochigen Schultern, blicken böse aus roten, triefenden Augen über eine scharfkantige Nase hinweg. Sie hausen in abgelegenen Hütten im Wald, die in russischen Märchen von Zäunen aus Menschenknochen umgeben sind, auf denen die Schädel der Unglücklichen bleichen, die der Hexe ins Garn gingen.[46]

Weibliche «Unnatur» hat sich in Hexen zur monströsen Extremform übersteigert; aus bloßer Andersartigkeit gegenüber den Männern ist die Verkörperung von Gegenweltlichkeit geworden. Hexen sind *konstitutionelle Krüppelwesen.* Tritt bei gewöhnlichen Menschen die Seele oben und vorn, durch Mund und Nase, aus und ein, geschieht das, wie man in Kédang, im Ostteil der indonesischen Insel Lembata zum Beispiel glaubt, bei Hexen unten und hinten: durch den Anus[47] – auf die inverse Weise, die das kennzeichnende Merkmal ihrer Widernatur ist.

Hexen verwandeln sich nächtlicherweile in Geister, werden Teil ihrer Welt, aus der heraus sie unsichtbar Böses wider die Ihren wirken.

In voller Leibhaftigkeit aber trat Gegenweltliches den Menschen immer wieder auch in der Gestalt von Fremden entgegen. Geschöpfe der Wildnis, trugen sie Unheil mit sich, Kräfte, die sich mit der Ordnungswelt der Tradition nicht vertrugen. Konnten sie irgendwelche überprüfbaren verwandtschaftlichen Beziehungen zu einem Angehörigen der Gruppe geltend machen, war immerhin eine schmale Basis für zögerndes Zutrauen gegeben. Andernfalls jedoch wurden derartige – unvorhergesehene – Begegnungen als äußerst riskante Angelegenheit betrachtet. Nicht selten löste man das Problem, indem man den unwillkommenen Fremdling kurzerhand erschlug und in den «Busch» zurückwarf, aus dem er gekommen war.[48]

Danach bedurfte es einer gründlichen Reinigung; man war gleichsam mit kontaminiertem Material umgegangen. Fremde galten *immer* als Unheilsträger. Ihnen wohnt, zwangsläufig aufgrund ihres unweltlichen Ursprungs, eine verunreinigende, zersetzende Schadenskraft ein, die ausstrahlt, vor allem ihren Blick vergiftet[49] und bei Berührung überspringt.[50] Besser, man blieb auf Distanz zueinander. Die Territorien benachbarter Gruppen schied häufig ein breiter Streifen unbetretbaren Niemandslandes; die Grenzen wurden magisch gesichert – nicht allerdings mit letzter Zuverlässigkeit: Überall auf der Welt war der Glaube verbreitet, daß entweder eine bestimmte oder alle Nachbarethnien in voller Absicht und durchaus nicht ohne Erfolg schwarze Magie wider die eigene Gruppe betrieben. Man sah das zum Beispiel in unerklärlichen Krankheits- und Todesfällen bestätigt.[51] Wer sich auf Reisen begab und fremde Territorien passieren mußte, also für deren Bewohner zum Risiko wurde, konnte das nur, nachdem vor jedem Grenzübertritt entsprechende Übereinkommen getroffen waren und er sich einer sorgsamen Reinigungsprozedur hatte unterziehen lassen. Offiziellere Kontakte, selbst bei näher benachbarten Gruppen, die ein vertrauteres Verhältnis pflegten, verliefen in aller Regel auf strikt ritualisierte Weise: ein bestimmtes Begrüßungszeremoniell, formelhafte Wechselreden, der Austausch von Geschenken, ein gemeinsames Mahl bildeten obligatorische Elemente dabei.[52] In manchen Fällen bemalten sich Besucher wie Gastgeber auch Gesicht und Körper mit Farben oder Farbkombinationen, die eine schützende, unheilabwehrende Wirkkraft besaßen;[53] in anderen lieferten sich beide, um ihre gegenseitigen Schadenskräfte handgewaltig zunichte zu machen, kurze Scheingefechte, bevor sie zu den freundlicheren Begrüßungsformen kamen.[54] Robuster ging es bei zentralen Inuit-Gruppen (Eskimo) zu. Dort hatte ein Fremder, der Herberge in einer Siedlung suchte, mit einem Angehörigen der Gruppe zunächst einen – durchaus ernsthaften – Faust-, Ring- oder Messerkampf zu bestehen.[55]

Fremde erschienen, weil sie andersartig waren, als quasi *Versehrte;* daher strahlten sie, wie chronisch Kranke, ein unheilstiftendes Fluidum aus. Andererseits konnten sie aber auch, wenn sie von weither kamen und ihr Aussehen und ihre ganze Erscheinung einen besonders «exotischen» Eindruck machte und sich ihre Unheilswirkung irgendwie unschädlich machen ließ, ausgesprochene «Sehenswürdigkeiten» darstellen – wie Zwerg- oder Riesenwüchsige, siamesische Zwillinge usw. mehr. In spätmittelalterlichen Karnevalszügen tauchen, neben anderen «komischen» Figuren und absonderlichen Kreaturen der Schöpfung, wie Bauern, Juden und Wilden Männern aus den Tiefen der Wälder, auch bereits «Mohren» auf: rasch an den groben Zügen der Masken, den vorspringenden wulstigen Lippen, dem Wollhaar und den schwarzbemalten Körpern zu erkennen.[56]

Manchen Fremden gelang es sogar, am Rand der Gesellschaft Fuß zu fassen – weil diese ihrer Dienste bedurfte. Gedungene Hirten, Sklaven-, Schmiede- und Musikantenfamilien bildeten in traditionellen Dorfgemeinschaften gängige Beispiele dafür. Abweichend oft nach Kleidung und Brauchtum, manchmal auch Sprache und Aussehen, zogen sie Argwohn auf sich. Immer verdächtigte man sie unsauberer Umtriebe. Sie neigten angeblich zur Langfingerigkeit, ihre Frauen waren von zweifelhafter Moral. Vor allem aber schrieb man ihnen gefährliche schwarzmagische Kräfte zu.[57] Sie erschienen wie trübe Kleckse auf dem farbigen Idealgemälde der Gesellschaft.

In geschichteten, hierarchisch gestuften hochkulturlichen Gemeinwesen trennten die Hoch- und Tiefstehenden wahrhaft Welten; sie waren einander wie Fremde. Aber das Recht, die Linien des Bildes zu bestimmen und die Farben aufzutragen, lag allein bei den ersteren. Im einstigen Königreich von Hunza im Norden von Pakistan vertraten die Adligen (die *Akaabir*) zum Beispiel mit Bestimmtheit die Überzeugung, daß die Angehörigen der tiefststehenden Unterschicht, gewissermaßen der «Hörigen» (die *Baldakuin*), genuin von minderwertiger Artung seien. Schon «ihr Äußeres verriet ... auf den ersten Blick ihre niedrige Klassenzugehörigkeit.» Adlige konnten das nicht nur erkennen, sie «spürten» auch geradezu die Anwesenheit eines *Baldakuin:* er hatte etwas in seiner Haltung wie im Gesicht, das ihn untrüglich «verriet; gleich seiner Frau und seinen Töchtern war er häßlich, sein Gesicht besaß einen unglücklichen und traurigen Ausdruck, seine Augen schienen schmutzig; nichts an ihm wirkte anziehend, Kleider und Mantel waren armselig.»[58] Auch sonst werden sehr häufig genuine, das heißt genealogisch bedingte physische Divergenzen zwischen Hoch- und Tiefstehenden angenommen (vgl. das «blaue Blut» bei europäischen Adligen!); bei turko-mongolischsprachigen Völkern Innerasiens bezeichnet man die Sippen der ersteren demgemäß als «Weiß-», die der letzteren als «Schwarzknochen».[59] Wo immer es eine Standesschichtung gab, besaßen Unterschichtsangehörige fast stets auch eine *dunklere* Haut (wohl weil sie mehr im Freien arbeiten mußten) und zeigten sich die Höherstehenden sorgsam bemüht, sich ihre «schöne» Hellhäutigkeit – durch Meidung der Sonne und entsprechende Heiratsbeschränkungen – zu erhalten.[60] Selbst in nördlicheren Gegenden blieb man auf Farbabstufung bedacht: Im alten Rußland wurden die städtischen Unterschichten geradewegs als «schwarze Leute» *(černye ljudi)* bezeichnet.[61] In den traditionellen Naturvolkgesellschaften bildete Hellhäutigkeit oftmals immerhin ein ausgesprochenes Schönheitsmerkmal.[62]

Wer viel mit den Händen und in der Sonne arbeitet, beschmutzt sich zwangsläufig auch. Sklaven, Tagelöhner, Lastenträger, Lohnarbeiter und überhaupt das Heer der städtischen Armen galten so immer auch als «unrein». Bekannte Beispiele bilden die Pariakasten Indiens; in Japan entsprachen ihnen die Angehörigen der *Eta*, der «Unreinen», ebenfalls sozusagen einer «Bodensatzkaste», die Geishas und die Mitglieder der Kabuki-Theatergruppen; letztere durften sich in der Öffentlichkeit nur mit verschleiertem Gesicht bewegen.[63] Die Spuren der schweren körperlichen Arbeit, eine vom Schmutz noch zusätzlich überdunkelte Haut, filziges Haar, von Hunger und Krankheit gezeichnete Züge, gebeugte, verkrümmte Leiber und ein schwerfälliger, schleppender Gang machen den Menschen zudem nicht schöner. Wohlhabende Städter blickten mit Ekel auf die häßlichen Elendsgestalten oder trieben ihren Spott mit den groben Tölpeln vom Land: in den «lebenden Schaubildern» der mittelalterlichen Karnevalsumzüge sah man sie, neben Juden, Mohren, Geister- und Teufelsfratzen, sinnfällig dargestellt mit wirrem Haar über stumpfen, ungeschlachten Zügen, die Füße in plumpen Stiefeln, die Kleider abstoßend ungepflegt und in grellen Farben – «manchmal in den gleichen Tönen, die sonst den Narren vorbehalten sind.»[64] Die Begüterten unter den Ngadju-Dayak im Süden von Borneo wogen ihr Urteil noch genauer ab. Ihnen galten die Armen ihrer Gesellschaft nicht nur als unangenehm häßlich, sondern auch *schlecht*, ja als «die nichtwahren Menschen».[65] Das mußte sie um so verdächtiger machen. Arme tragen Bitterkeit im Herzen, deren Frucht nagender Neid ist. Da ihnen andere Mittel fehlen, bleibt ihnen, um ihren bösen Gefühlen Luft zu machen, nur die Magie. Die Kraft dazu verlieh ihnen der Haß. Folgerichtig schrieb man auch ihnen immer wieder nicht nur die stete Bereitschaft, sondern auch die Fähigkeit zum Schadenszauber zu.[66] Die soziale ging mit der moralischen Verkrüppelung gleichsam Hand in Hand. Prägte sie sich zudem noch in physischer Verunstaltung aus, quoll das Maß gleichsam über: «die Bevölkerung lehnt Stigmatisierte aus unteren Schichten stärker ab»[67] – sie stellten eine gefährliche Verdoppelung, unter Umständen gar Vervielfältigung des Unheilvollen dar.

Wer an sich schon «unrein» ist, kann auch Schmutzarbeit übernehmen, ohne noch sonderlich Schaden zu leiden, zumal ihm kaum lockendere Alternativmöglichkeiten bleiben. Gewisse «Berufe» waren das Schicksal der Armen. Immerhin gewannen sie damit, wenn auch in düsteren Umrissen nur, an Profil. Manche faßten so fester Fuß auf dem schwankenden Grund ihres Daseins und verdienten ihr bitteres Brot als Straßenkehrer, Bachfeger, Abdecker, Henker oder Totengräber. Andere, vielleicht leichteren Sinns, suchten ihr Auskommen als Possenreißer, Gaukler und Spielleute – «fahrendes Volk», immer bewegt, wie irrlichternd gleichsam über dem Morast des Elends. Mied man die Berührung mit jenen, ließen sich diese nicht fassen: tänzelnd bewegten sie sich über die Grenzen, nirgendwo heimisch, fast *Fremde*, wo immer sie auftraten. Verdächtig schienen auch die Schäfer. Monatelang zogen sie durch abgelegene Fluren, mit sich und ihren Tieren allein, schweigsam, mit dunklem Blick, unheimlich in ihrer Gelassenheit. Zudem schlugen sie offensichtlich nur ungern Wurzeln, wechselten oft die Gemeinden, waren meist wiederum weitgehend Fremde.

Ihnen allen ließ sich nicht trauen; ihr Treiben setzte sie dem Zwielicht aus. Im deutschen Mittelalter zählten sie zu den «unehrlichen Leuten». Ein schwäbisches Sprichwort erklärt lapidar: «Neunundneunzig Schäfer geben hundert Lumpen». Ihr Aufenthalt in der Wildnis trug ihnen den Anschein ein, als seien sie gewissermaßen «Verdrehte», gewandelt schon fast zu Wesen einer «verkehrten Welt». Ein anderes Sprichwort charakterisiert die Art der Außenseiter: «Die Schäfer haben ein ander Recht; man hängt den Meister über den Knecht.»[68] In den Genuß des dem gegenüberstehenden «richtigen» Rechts freilich kamen sie selber erst gar nicht. «Unehrliche Leute» waren in der Regel nicht gerichtsfähig; sie standen, wie Fremde, außerhalb der gesellschaftlichen Rechtsordnung. Wer einen der Ihren verletzte oder tötete, hatte dementsprechend nur Scheinbuße zu leisten.[69]

Dieselbe juristische Ausgrenzung galt konsequentermaßen auch sozusagen für «echte» Fremde: Sklaven oder Flüchtlinge, die aus Not, politischen oder Glaubensgründen ihre Heimat verlassen und Aufnahme in der Gesellschaft gefunden hatten – mit höchstobrigkeitlicher Billigung, weil sie vielleicht, als handwerkliche Spezialisten oder

Fachleute anderer Art, von ökonomischem Nutzen schienen. Es bedurfte dann «jeweils gesonderter Privilegien und herrscherlicher
Maßnahmen, um diesen Gruppen zumindest vorübergehend einen
geschützten Status zu verleihen und um sie vor willkürlicher Verfol-
gung zu schützen.»[70] Sie schlugen zwar, gezwungenermaßen, Wurzeln, blieben jedoch räumlich wie sozial isoliert und dem Argwohn
der Öffentlichkeit ausgesetzt. Harmloser war noch, daß man sie, wie
im Mittelalter die Juden, den «Narren» gleichstellte;[71] mehr noch
verdächtigte man sie wieder schwarzmagischer Machenschaften.[72]
Der böse Ruch haftete in jüngerer Zeit bekanntlich den «Zigeunern»
noch an, ja umdunkelte nach dem Zweiten Weltkrieg selbst deutsche
Flüchtlinge aus dem Osten – sofern sie sich nur ihren Gewohnheiten,
ihrer Kleidung, Sprache und ihrem Aussehen nach deutlicher von
den Einheimischen unterschieden.[73]

Gesellschaftliche Zurücksetzung und Armut bedingen einander
wechselweise. Ob Fremde oder «Entfremdete» – das Elend verlieh
ihnen ähnliche Züge, die sie allesamt nicht eben anziehend machten.
Armut ist unschön. Die Gestalten in den verdreckten Lumpen boten
keinen erfreulichen Anblick. Sie waren nicht nur «unrein», sie besaßen auch eine entsprechende «Ausstrahlung», die andere «infizieren» konnte und sich spürbar ausbreitete über den üblen Geruch,
der sie wie eine stinkende Aura umgab und sogar Teil ihres Wesens
zu sein schien. «Die Nahrung», so ein französischer Autor, der Ende
des 18. Jahrhunderts schrieb, die jemand «zu sich nimmt, die Leidenschaften, denen er sich hingibt, die Art der Arbeit und die Künste,
die er ausübt, der Boden, den er bearbeitet, und schließlich die Luft,
die er atmet, verändern die Säfte, die er assimiliert, auf ebenso unterschiedliche Weise wie diejenigen, die er ausscheidet; daraus ergeben sich zwangsläufig unterschiedliche Gerüche.»[74] Bei Verelendeten, Außenseitern, Verbrechern, Mißbeschaffenen und «Wilden»
können sie nur unangenehm sein. Rothaarige zum Beispiel strahlen
einen «scharfen Geruch», Gottlose gar einen charakteristischen «Gestank» aus – während Heilige «einen lieblichen Duft verströmen.» Als
europäische Reisende erstmals in näheren Kontakt mit den wilden
Völkern jenseits der zivilisierten Welt gerieten, fanden sie die These
aufs eindrücklichste bestätigt: das «rohe, stark animalisierte» Dasein,
die physische Mißgestalt besaßen ihr olfaktorisches Pendant in einer
entsprechend anrüchigen Ausdünstung. «In der heißen Zone hat der
Schweiß der Neger immer einen so widerwärtigen Geruch, daß man
es kaum einen Augenblick in ihrer Nähe aushält», auch Finnen und
Eskimo, empfand man, «verbreiten einen unerträglichen Gestank um
sich» – zur Richtigstellung sei hinzugesetzt, daß die Naturvölker es

mit der Reinlichkeit allgemein sehr genau – auf jeden Fall sehr viel genauer als die Europäer des 18. und 19. Jahrhunderts – nahmen. Aber «der Neger und der Samojede» *mußten* eben, «genau wie der schmutzige Hottentotte, mehr oder weniger heftig stinken.»[75] Natürlich empfanden es diese ihrerseits nicht anders. Wie inzwischen weidlich bekannt ist, besitzen Europäer für Völker anderer «Rassen» eine höchst unangenehme Geruchsausstrahlung, der oft nur das Gebot der Höflichkeit standhält.[76]

Verwahrlosung stinkt – und stößt ab; sie macht häßlich. In bildlichen Darstellungen des Spätmittelalters «fällt die äußere, vor allem physiognomische Häßlichkeit diverser Randgruppen und Außenseiter auf»; Arme, vor allem Bettler, wurden durchgängig «als häßlich, sogar abstoßend geschildert.»[77] Es bedarf kaum des Hinweises, daß dies nicht nur mittelalterlicher Optik entspricht. Stadtstreicher, Penner, Trinker, Obdachlose und dergleichen «ungepflegte» Erscheinungen mehr wirken auch auf uns nicht eben ästhetisch. Sie scheinen irgendwie «eingedrückt»; ihre Bewegungen, ihre Gewohnheiten, ihr ganzes Verhalten *versetzt* die Normalität – und das macht sie zu *Quasi-Krüppeln:* Auch Behinderte werden, einschlägigen Untersuchungen zufolge, generell als «häßlich», «unhygienisch», «unappetitlich» und «abstoßend» empfunden,[78] wie gleichsam «rassisch Entstellte», das heißt Menschen, deren Äußeres vom je eigenen Erscheinungsbild merklich abweicht, wie aus der Sicht der Europäer zum Beispiel vor allem australische *Aborigines* und zentralafrikanische Völker. In den USA kehrten die Schwarzen, die dort jahrhundertelang Opfer auch dieser Diskriminierung gewesen waren, ab den sechziger Jahren den Spieß sozusagen um und erklärten: *«black is beautiful»*[79] – womit sie die Weißen zu ästhetischen Krüppeln deklarierten.

Schönheit wirkt anziehend und weckt Sympathien; sie entspricht der Vollendung des eigenweltlich Vertrauten. Beim Anblick von Häßlichem ist man geneigt, den Blick abzuwenden, wird irgendwie Unbehagen wach, weil wir zu glauben geneigt sind, daß die äußere Verzerrung nicht von ungefähr kommt, daß sie der Abdruck innerer «Unstimmigkeiten», die mimische Projektion einer seelischen Entstellung ist. In allen Kulturen löst Häßlichkeit Argwohn, zumindest ungute Empfindungen aus. Hans Vordemfelde, der sich des näheren mit der Hexengestalt in deutschen Märchen befaßte, spricht von einer «volkstümlichen Logik, nach der das Böse im Gewande des äußerlich Häßlichen erscheint ... Diese Empfindung vom Häßlichen als etwas ‹Abschreckendem›, Unheimlichem, hinter dem sich etwas ‹Anderes›, mit gewöhnlichem Maßstabe nicht Meßbares, verbirgt, ist auch im mittelalterlichen Hexenaberglauben deutlich vorhanden. Es

wirkt – selbst grauenhaft – hinein in die Rechtspflege. Der Ausgangspunkt zahlloser Prozesse war das ‹verdächtige› Aussehen armer alter
Weiber.»[80]

Hänsel und Gretel sind bekannte Beispiele dieses Empfindens. Sie
entsetzten sich beim «Erscheinen der auf Krücken humpelnden, mit
dem Kinn wackelnden Alten so gewaltig, daß sie alles fallen ließen,
was sie in den Händen hielten.»[81] Spätmittelalterliche Passionsbilder
drücken das gleiche aus: «Die Apostel haben lautere, fromme, *mittel-
europäische* Gesichter ... die anderen haben Fratzen und schneiden
Grimassen.»[82] Die «Logik» besitzt durchaus universale, auch zeitlose
Gültigkeit. Umfragen zufolge werden körperlich wie geistig Behinderte nicht nur als «häßlich», «abstoßend» usw., sondern überwiegend auch als «bösartig» empfunden. Eine Untersuchung aus den
siebziger Jahren in der Schweiz hatte u. a. zum Ergebnis, «daß von
einer Beurteilung eines Lernbehinderten als ‹häßlich› Schlüsse gezogen werden, die sich auf die Eigenschaften ‹dumm› und ‹bösartig›
beziehen. Eine Reihe von Beurteilern scheint den problematischen
Schluß zu ziehen, daß Dummheit mit Häßlichkeit und Häßlichkeit
mit Bösartigkeit einhergehe.»[83]

Geht Häßlichkeit gar mit einem verwahrlosten, schmutzstarrenden
Äußeren einher, diffundieren gleichsam die Dimensionen des Bösen:
Verbreiteter Vorstellung nach ziehen derartige Gestalten Unheilsgeister geradezu wie Schmeißfliegen an; es ist dies das Odium, das sie
zu atmen lieben; im Kehricht und auf Schmutz halten sie sich bevorzugt auf, «sie selbst sind schmutzig, und von ihnen geht auch
Schmutz, materielle Verunreinigung aus.»[84] Sie suchen sozusagen ihresgleichen. Zu den *Baldakuin,* der tiefststehenden Bevölkerungs-
schicht von Hunza, «kommen», wie sie selber der Überzeugung sind,
«nur häßliche und schmutzige Geister.»[85] Und das hat seine Konsequenzen. Beider gewissermaßen «symbiontisches» Verhältnis verstärkt ihre Unheilskraft – unter der unheiligen Dominanz des Dun-
kelpartners: «die Dämonen gewinnen über denjenigen Macht, der
ungewaschen ausgeht.»[86]

Zum Segen für eine jede Gesellschaft befand sich derartiges Lumpengesindel, der «Abschaum» aus Armut, Schmutz und Verkrüppelung, stets in der Minderheit. Dies aber und die Abweichungen vom
Normmaß der Gemeinschaft teilten die Ausgeworfenen mit gewissen
ethnischen und religiösen Sondergruppen – wie Flüchtlingen, Sklaven, Zwangsarbeitern, «Zigeunern», Juden, Sektierern usw. Das glich
sie im Auge der Öffentlichkeit einander an, wie Flecken von lediglich
unterschiedlicher Färbung und Form am Saum eines Prachtgewan-
des. Von oben betrachtet, verschwammen allerdings die Konturen

und Tönungen. Ob Physis oder Vorstellungen, alles verfloß zum Abraum der Abartigkeit. Etlichen Untersuchungen zufolge «treffen die Kriterien, nach denen Minderheiten definiert sind, im Prinzip auch für die Gruppe der Behinderten zu»[87] – und umgekehrt; dieselben Vorurteile zeichnen beide.[88]

Victor Hugo hat das wieder mit malerischer Imagination ins Bild gesetzt. Morgen für Morgen ergießt sich aus dem «Mirakelhof» am mittelalterlichen Altstadtrand von Paris eine «Flut des Lasters, der Bettelei und des Vagabundentums in die Gosse der Großstadtstraßen», um abends wieder, gewissermaßen verrichteterdinge, in die «Kloake», wie der Dichter sie nennt, zurückzukehren,

«in das ungeheure Wespennest, in das sich nachts alle Plagegeister der menschlichen Gesellschaft mit ihrer Beute verkrochen; in das Lügenspital, wo sich die Bettler des Tages – die Zigeuner, die entlaufenen Mönche, die verkommenen Scholaren, die Taugenichtse aus aller Herren Länder ... der Auswurf aller Religionen, der jüdischen, der christlichen, der mohammedanischen, der heidnischen – ihrer geschminkten Wunden entledigten und sich in nächtliche Räuber verwandelten ... Die Grenzen zwischen den Rassen und Arten schienen sich an dieser Stätte zu verwischen wie in einem Pandämonium.»[89]

2. Psychologie

Es bringt Unglück, wenn man zum Beispiel auf dem Weg zu einem wichtigen Vorstellungsgespräch stolpert und sich vielleicht den Fuß verletzt. Die geradlinige, zielstrebige Bewegung wurde durchbrochen; etwas «ging schief», noch ehe man zur Sache selbst kam. Kein guter Beginn. Auch könnte es einen schlechten Eindruck machen, wenn man das Büro seines Gesprächspartners hinkend betritt. Natürlich würde man gleich erklären, daß es sich um eine kleine Unachtsamkeit, einen dummen Zufall handelte, ohne bleibende Folgen.

Wäre man auf der anderen Seite, würde man sich vielleicht ja selber unangenehm berührt fühlen. Am Morgen nach Verlassen des Hauses, bei Antritt einer Reise oder vor der Inangriffnahme einer Unternehmung, bei der einiges auf dem Spiel stand, auf einen quasi «gebrochenen» Menschen – einen Blinden, Buckligen oder sichtlich Verzweifelten, ja auch nur einen Schielenden[90] oder Rothaarigen – zu treffen, bedeutete einer verbreiteten Vorstellung nach nichts Gutes.[91] Wem Derartiges widerfuhr, der machte «sich auf empfindliches Unglück gefaßt.»[92] Falls keine Möglichkeit zum Ausweichen bestand, ignorierte man die Begegnung ganz einfach.[93] In Situationen, in denen man sich nicht anders zu helfen wußte, wandte man auch Gewalt an. Franz Kröger berichtet von einem etwa vierzigjährigen zwergwüchsigen und zudem noch unverheirateten, also auch in sozialer Hinsicht «abartigen» Mann bei den Bulsa im Norden von Ghana, der stets, wann immer er sich irgendwo zeigte, geschlagen und fortgejagt wurde – man fürchtete nämlich, er könne «durch seine übernatürlichen Kräfte die Erträge der Nachbarfelder auf seine eigenen Felder zaubern.»[94] Auch der Anblick Quasimodos machte den Mob aggressiv, weil er ihm Furcht einflößte. Vor allem die Frauen sahen sich herausgefordert. «‹Pfui, der garstige Affe!› sagte eine von ihnen. ‹Garstig und schlecht dazu›, fuhr eine andere fort. ‹Es ist der Teufel›, rief eine dritte.»[95] Jahre zuvor, als er noch klein und gerade erst aufgefunden worden war, dünkte er die Menschen ein apokalyptisches Menetekel. «‹Ach, du liebes Herrgöttchen›, rief ein altes Weib aus der Menge, ›voriges Jahr haben wir erst die Pest gehabt, und dieses Jahr sollen die Engländer kommen›.»[96] Eine andere blickte noch weiter voraus: «Was soll aus den Menschen werden», sagte sie, «wenn sie anfangen, solche Kinder zu zeugen?»[97]

Die Begegnung mit auffallend abweichend beschaffenen, «andersartigen» Menschen, die «entstellt», seltsam «verkrümmt», im Verhalten «gestört» erscheinen, bei deren Entwicklung sichtlich etwas «zerrissen» und «schiefgelaufen» ist, verunsichert die Reaktionsfähigkeit, löst Unbehagen aus, weil irgendwie die Befürchtung wach wird, daß eine Art Übertragung des «Infekts» stattfinden könnte. Früher wurde sie daher stets als Vorzeichen von unguter Bedeutung begriffen.[98]

Mit grausamer Unmittelbarkeit sprang die Bedrohung Eltern an und wies ihnen eine beklemmende lebenszeitliche Perspektive, deren Kind als Krüppel zur Welt kam. Schon geringfügigere Anomalien gaben Anlaß zu akuter Besorgnis – wenn das Neugeborene etwa statt mit dem Kopf mit den Füßen zuerst, mit über- oder unterzähligen Fingern, Zehen und Brustwarzen, am ganzen Körper behaart oder bereits mit Zähnen geboren wurde, wenn es ein Albino war, einen Wasserkopf, eine Hasenscharte oder sonst eine Deformierung besaß, kaum einen Laut von sich gab oder ständig und übermäßig schrie, einen unstillbaren Appetit zeigte und sich unproportioniert entwikkelte, zum Beispiel «spindeldürre» Beine behielt. Das Spektrum der Möglichkeiten war breit; ganz zu schweigen auch von Fällen extremer Mißwüchsigkeit oder angeborenem Schwachsinn. Derartige Kinder verdächtigte man immer bösartiger Neigungen;[99] sie *konnten* nur Unglück bringen.[100] Manche Defekte, wie Sterilität zum Beispiel, traten allerdings erst später in Erscheinung. Das änderte indes nichts an den Konsequenzen. «Als 1962 im Häuptlingtum Kisala [Zaire] ein unfruchtbarer Häuptling die Herrschaft übernahm», berichtet der deutsche Ethnologe Josef Franz Thiel nach eigenem Erleben, «ereignete sich ein Unglück nach dem anderen. Bei jedem Todesfall wurde immer wieder auf den Häuptling verwiesen, der ja keinen Sohn gezeugt hätte.»[101]

Landläufiger Vorstellung nach läßt das Äußere eines Menschen Rückschlüsse auf seine «inwendige» Beschaffenheit zu, ist gleichsam «Abdruck» seiner Seele. Man sieht das sozusagen gesamtkonstitutionell: Nicht nur die Wohlgestalt, auch die Gesundheit, nicht nur der entstellte Leib, auch die Krankheit, ein Leiden wie die Sterilität, liefern entsprechende Hinweise. Nur ein gesunder Körper kann auch eine «gesunde Seele» beherbergen. Der bekannte Satz – «*mens sana in corpore sano*» – geht auf den römischen Satiriker Juvenal (ca. 60– 140 n. Chr.) zurück, der ihn allerdings ein wenig anders verstand. Letztlich, meinte er, liege alles in der Hand der Götter; der Mensch habe jedoch immerhin die Möglichkeit, durch Gebete ihren Willen zu beeinflussen. Wer etwa mehr Mut oder Selbstbeherrschung wünsche, solle sie darum bitten – wie auch, wenn ihm daran gelegen ist, «daß der Geist im gesunden Leib *auch* gesund sei» (Satiren X 356 ff.).

Das kleine Mißverständnis setzte schon früh und nicht von ungefähr ein – es entsprach dem «gesunden [!] Volksempfinden». Bereits mittelalterliche Gelehrte und Philosophen rückten die Dinge zurecht. Körperliche Gebrechen waren «Ausdruck einer minderen Seinsstufe, einer untergeordneten Entelechie, einer defekten, durch dämonische Kräfte gestörten Harmonie der Schöpfungsordnung»; dabei hatte man Blinde und Krüppel ebenso wie Kranke und Alte im Auge.[102] Allerdings hätte es nicht unbedingt des scholastischen Räsonnements bedurft, um diese Einsicht zu gewinnen. Auch in den rohen Gemütern der Wilden war bereits die Gewißheit gewachsen, daß «Unregelmäßigkeiten» im Äußeren und im Verhalten untrügliche Indizien für eine «gestörte» Persönlichkeit sind.[103] Angeborene Mängel wogen dabei schwerer; sie wurzelten tiefer, schienen mit der «Bestimmung» der Betreffenden zu tun zu haben. Vergleiche zeigen: «Extreme Reaktionen gegenüber Menschen mit erworbenen Körperbehinderungen kommen erheblich seltener vor als solche gegenüber Menschen mit angeborenen Körperbehinderungen.»[104] Sie können von Abscheu über Angst bis zu offener Aggression reichen. Dichter empfinden das mit. Fjodor Dostojewskij (1821–1881) spricht in den *Dämonen* von dem «peinlichen und sogar ängstlichen Widerwillen, den man ... gewöhnlich in der Gegenwart solcher von Gott gezeichneten Geschöpfe empfindet.»[105] Friedrich Hebbel erfüllten in seiner Kindheit «häßliche Menschen, über die mein Bruder lachte und die er nachäffte ... mit Grauen; ein kleiner bucklichter Schneider, an dessen dreieckigem leichenblassen Gesicht freilich unmäßig lange Ohren saßen, die noch obendrein hochrot und durchsichtig waren, konnte nicht vorbeigehen, ohne daß ich schreiend ins Haus lief.»[106] Victor Hugo läßt den Pöbel, den die Schreckensgestalt Quasimodos in Aufruhr versetzte, das unausweichliche Fazit ziehen, knapp, wie stakkatoartig, fast formelhaft für den Zusammenhang: «‹Pfui, das widerliche Gesicht!› ‹Pfui, die schmutzige Seele!› ‹Puh!›.»[107]

Aus dem sumpfigen Grund einer schmutzigen Seele konnte kein reiner Gedanke, keine saubere Gesinnung, nicht der Antrieb zu guten Taten erwachsen. Körperlich wie geistig Behinderte, Schiefgesichtige, Leute, die anrüchige Berufe ausübten, Unterschichtsangehörige, Zeugungsunfähige, Aussätzige, «verdächtige» Randexistenzen, Flüchtlinge, Fremde usw. besaßen einer ebenso ubiquitären wie unauslöschlichen Anschauung nach allezeit einen bösartigen, gefährlichen, ja aggressiven Charakter.[108] Mittelalterliche Quellen bekunden immer wieder, «daß Henker von Natur aus blutrünstig, Dirnen an sich triebhaft, Juden mordlustig, Müller verschlagen, Rothaarige vom Teufel besessen, Hebammen trunksüchtig, ethnische Minderheiten primitiv und dumm seien.»[109]

Es kann generell die «verkorkste» Seele, konkret auch der _Neid_ sein, der ihr Gift gewissermaßen zum Sieden bringt. Sichtbar verrät ihn allein das Auge, das unheilvoll lodernd flammt, «böse Blicke» verschießt, die alles, was sie berühren, mit schwelendem Brand infizieren – Speisen etwa verderben, büßen ihre Verdaulichkeit ein, lösen Übelkeit, Krankheit, unter Umständen den Tod aus.[110] Doch auch das bloße Empfinden schon, das Unfruchtbare gegenüber Fruchtbaren, Glücklose gegenüber Erfolgreichen, Mißgebildete gegenüber Wohlgestalteten hegen, setzt sich dem Volksglauben nach, neidgenährt und druckvoll im Herzen angestaut, gleichsam in sehrende Strahlkraft um, die den Beneideten krankmachen, sein Vieh, ja seine Ernten vernichten kann.[111] Wer noch sicherer, gezielter vorgehen will, bedient sich magischer Mittel, denen der Haß dann eine unheimliche, tödliche Durchschlagskraft verleiht. Überall auf der Welt wurden Behinderte, Verwachsene, Albinos und Rothaarige,[112] in hochkulturlichen Gesellschaften auch wieder Schäfer, Scharfrichter, Totengräber oder Barbiere,[113] sozial Tiefstehende[114] sowie sonstige Abweichler und Sonderlinge immer auch der Schadenszauberei bezichtigt. Angehörige ethnischer oder religiöser Minoritäten, wie in Europa namentlich «Zigeuner» und Juden,[115] vor allem aber Fremde generell, Menschen der extraterritorialen Außenwelt und als solche sozusagen rassisch wie kulturell und entwicklungsgeschichtlich Verunstaltete, sahen sich dem Verdacht nicht minder ausgesetzt. Gewöhnlich richtete sich der Argwohn gegen die nächstbenachbarten Gruppen, während man von sich selber erklärte, absolut nichts dergleichen im Sinne zu haben.[116] Bei Begegnungen, auch solchen hochoffizieller Art, sah man sich weislich vor, traf entsprechende magische Schutzvorkehrungen, ehe man einander nahekam, ins Auge blickte und gar das Mahl miteinander teilte.[117]

Vielen, zumal in der eigenen Gesellschaft, sieht man nicht unbedingt an, wes Wesens sie sind. Ein physischer Makel, in dem sich die «kranke» Seele äußerlich ausprägt, läßt sich vielleicht durch eine geschickt geschnittene Kleidung, der «wahre» Charakter durch täuschenden Charme oder gekonnte «Verstellung» kaschieren. Nur in wenigen, «unbedachten» Momenten verrät uns ein kurzer stechender Blick, der uns plötzlich trifft und betroffen macht, was in derartigen Menschen «wirklich» vorgeht.

Bei anderen sind der Tarnung Grenzen gesetzt; ihre «Abartigkeit» ist zu offensichtlich oder massiv. Zu ihnen zählen nicht zuletzt auch wieder die Rothaarigen, denen man neben einem üblen Charakter speziell die Neigung zu Verräterei nachsagte. «Niemals», empfiehlt daher der Verfasser des um 1000 n. Chr. entstandenen lateinischen Gedichts *Ruodlieb,* wähle «dir einen Rotkopf *[rufus]* zum Busenfreund.»[118] Sprichwörter wie «Rotbart, schlimme Art» oder «Erlenholz und rotes Haar sind auf gutem Boden rar» erhielten den Argwohn der Redlichen weiterhin aufrecht.[119] Natürlich trug auch Judas rotes Haar, wie Kirchenmalereien und Bilder das spätestens seit dem 13. Jahrhundert bezeugen.[120] Jesus hätte auf der Hut sein sollen – oder erkannte er gerade deshalb in ihm den Verräter? Scheinen die Haare unverdächtig, liefern unter Umständen die Augenpartien entsprechende Hinweise: «Rote, entzündete und blutunterlaufene Augen und Augenlider» galten verbreiteter Anschauung nach ganz ebenso als «eines der wichtigsten Merkmale von besonders unsympathischen, grausamen und bösartigen Menschen.»[121]

Keinerlei Zweifel indessen konnte mehr aufkommen, wenn die Entstellungen ebenso unübersehbar wie abschreckend kraß in Erscheinung traten. In derartigen Leibern hausten füglich die schwärzesten Seelen. Wirkliche Krüppel sind *wahre Teufel,* ja unter Umständen eine Verkörperungsform des Gehörnten selbst – wie die Frauen beim Anblick Quasimodos auch ganz richtig gleich argwöhnten: «Er ist der Teufel!»[122] Die Tscherkessen im nordwestlichen Kaukasus, bei denen Anfang des letzten Jahrhunderts das Christentum noch nicht tief genug Wurzel geschlagen hatte, um ihnen die Augen über die Allgewalt des Leibhaftigen zu öffnen, waren sich doch immerhin sicher, daß die Krüppel die Erfüllungsgehilfen bösartiger Geistmächte

seien.[123] Die Zande im Südsudan, das Auge vollends vom Nebel heid-
nischer Irrvorstellungen umfangen, mißachteten und haßten sie einfach nur als *«spiteful creatures»*.[124]

Vernichtender noch als bei anderen wirken das Wort und der Blick
eines Krüppels: sein Fluch ist unfehlbar,[125] sein Blick macht erblin-
den, zersetzt den Geist, löscht Leben aus, ja vermag Steinsäulen zum
Bersten zu bringen.[126] Kinder und geschwächte, in kritischen Zustän-
den befindliche Erwachsene, wie Schwangere und Kranke vor allem,
sollten daher ganz aus dem Gesichtskreis von Krüppeln ferngehalten
werden. Als Quasimodo, sonst in den Tiefen der Kathedrale verborgen, erstmals vor dem Straßenvolk voll in Erscheinung trat, «schrien
die Scholaren: ‹Die schwangeren Frauen mögen sich in acht nehmen›. ‹Oder die›», ergänzte ein junger Mann, «‹die Lust haben, es
zu werden›; und wirklich, die Frauen verhüllten ihr Gesicht.»[127]

Krüppel haben buchstäblich «den Teufel im Leib». Das verbogene
Innere gibt nur einer gewundenen, quasi schlangengleichen Seele
Raum – die wiederum anziehend auf «verwandte Geister» wirkt. Auffallend häufig herrscht der Glaube, daß Behinderte, Abartige und
Abweichler aller Art mit düsteren dämonischen Mächten im Bund
stehen. Am augenfälligsten schien das bei Geistesgestörten der Fall,
die gleichsam als Dauerbesessene galten, mit ihrem gebrochenen
Stammeln und den verzerrten Zügen ihres Verhaltens nur das ge-
treue Abbild des Ungeistes, der sie beherrschte.[128] In christlichen
Zeiten sah man noch klarer: Niemand anderer als der Satanas selbst
war es, der in den Wahnsinnigen wütete – allerdings, und das mochte
ihn nur um so hitziger machen, als bloßes Werkzeug eines höheren
Willens. Der um seinen Geist Gebrachte «verkörperte» nämlich, namentlich im Mittelalter, «den Sündenfall» und seine Folgen, zur Warnung für alle, die den Teufel nicht ernst genug nahmen.[129] Jahrhunderte früher hatte der Böse bereits den Juden die Sinne verdunkelt
und sie derart um den Verstand gebracht, daß sie die Botschaft Jesu
nicht zu begreifen vermochten. «Ihr *könnt* ja», rückte er ihnen nach
dem Zeugnis des Johannes-Evangeliums nicht ohne Bitterkeit vor,
«mein Wort nicht hören»; denn: «Ihr seid von dem Vater, dem Teufel,
und nach eures Vaters Lust wollt ihr tun» (Johannes 8:43 f.). Entsprechend blieben die «Teufelskinder» (vgl. 1. Johannes 3:10) auch später den dämonischen Helfershelfern ihres Vaters verfallen.[130] Andere
Außenseiter, wie Schäfer in Europa zum Beispiel, suchten aus freien
Stücken den Bund mit dem Bösen und versicherten sich, wenn es
sein mußte, seines Beistands auch durch Vertrag.[131]

Doch, auch wenn sich die Vorstellung sträubt, den Berichten zu
folgen, die Geschichte kennt noch schlimmere Fälle der Verfallen-

heit an den Fürsten der Finsternis. Frauen konnte ihre abgründige Sinnlichkeit soweit treiben, mit dem Bösen zu buhlen.[132] Das pervertierte sie freilich von Grund auf. Die gewisse Abartigkeit, die ihrer Erscheinung im Vergleich zum «vollkommeneren» Geschlecht schon immer gebrochene Konturen verlieh, erhielt gleichsam einen unüberbrückbaren Sprung, der ihre Persönlichkeit vollends spaltete. Sie wurden zu wahren Zwitterwesen – das heißt: sie verwandelten sich in Hexen, in Krüppel an Leib wie an Seele. Die «Teufelsbuhlschaft» zeichnete sie auf schreckliche Weise. Wiesen an sich schon ihre angeborene Rothaarigkeit oder ein Buckel auf ihre abwegigen Neigungen hin[133], so verzerrten sich nunmehr ihre Züge, verwüstet von nächtlicher Blutsaugerei, Leichenmahlen[134] und den orgiastischen Ausschweifungen mit dem «Leibhaftigen», vollends, wie das Bildnis des Dorian Gray, zur Fratze: Ihre Haut fiel welkend ein und nahm eine gelblich-fahle Färbung an, fleckig zerklüftet von zahllosen Runzeln; über einer hakenartig zum kantigen Kinn hin gebogenen Nase funkelten tückisch, das erloschene Antlitz wie mit untergründigem Feuer erfüllend, rote, ständig entzündete Augen, immerfort blinzelnd, als ertrügen sie das Licht des Tages nicht; auf ihren ledrigen Wangen kam schütterer Bartwuchs auf, während das Haupthaar, filzig durchkraust, den hageren Schädel wie mit giftigen Stacheln umkrönte. Ihre Finger verkrümmten sich krallenartig, ihr Gang wurde schleppend, sie hinkten. Ja, manchmal verriet ihre Verwandlung noch unmittelbarer die Macht, die treibend im Hintergrund stand: Bei einzelnen Hexen verwuchsen sich die Füße zu Bocksbeinen, traten Klauen anstelle der Zehen aus.[135] Aber es genügten auch geringere Anzeichen schon, um den Argwohn der Gläubigen wachzurufen. Anna Boleyn, die Geliebte und spätere Gemahlin Heinrichs VIII. von England (reg. 1509–1547), besaß zum Beispiel einen – verkümmerten – sechsten Finger und dazu noch an der linken Hand; sie verbarg ihn zwar geschickt mit Hilfe von Handschuhen oder in den Falten ihrer Gewänder, doch wußten immerhin einige davon – und hielten sie prompt für eine Hexe, manche sogar für ein «Geschöpf des Teufels». Kam sie ihnen nahe, bekreuzigten sie sich heimlich, um keinen Schaden zu nehmen, falls ihr Blick auf sie fiel.[136]

Dergleichen ist lange vorbei, wie viele der festen Überzeugung sind. Doch die Hexen starben nur *scheinbar* aus, da der Böse nimmerzu ruht. In den ländlichen Bereichen Europas traten sie immerhin noch bis weit ins 20. Jahrhundert hinein in ihrer vertrauten Gestalt auf. Wenn nicht das ungepflegte schmutzige Äußere, die abstoßende Häßlichkeit, der gebückte Gang, das Alter und vor allem die Augen im eingefallenen, bleichen Runzelgesicht, verrieten sie mit Sicherheit «gewisse körperliche Fehler, Mißbildungen, Gebrechen» und Dementsprechendes mehr.[137] In den Märchen lebt zumindest noch die Erinnerung an ihr einstiges Unwesen fort; nach Art ihres Meisters wirken sie dort im düsteren Wald als Mächte des Bösen.[138]

3. Ätiologie

Es gab Zeiten, da erkannte man einen Missetäter auf den ersten Blick: ein Ohr oder die Nase waren ihm abgeschnitten, vielleicht gar eine Hand abgeschlagen worden. Seine Richter hatten ihn «gezeichnet», das Böse in ihm als erkennbaren Makel warnend nach außen gekehrt, ihn zum *Versehrten* gemacht.

In manchen Ländern kann man dergleichen noch heute sehen. Der Anblick ist keinem erfreulich, auch denen nicht, die ihn gewohnt sind. Die Betreffenden werden gemieden, förmlich «umgangen»; man hält auf Distanz zu ihnen. Die Entstellung nämlich könnte sich übertragen, vor allem, wenn sie unvermutet gleichsam «ins Auge springt», man nicht gefaßt darauf ist, nicht rechtzeitig eine schützende Abwehrhaltung einnehmen kann. Der Schrecken fährt einem dann in die Glieder, lähmt sie oder löst eine Verzerrung des Mundes aus, der zum Schrei geöffnet erstarrt. Das Böse hat übergegriffen, sich über den Funkenschlag des hellen Entsetzens eingebrannt ins eigene Fleisch und verunstaltend fortgepflanzt.

Besonders gefährdet sind Personen in sensiblen Situationen. Allgemein, auch in modernen Industriegesellschaften, ist die Überzeugung verbreitet, daß Schreckenserlebnisse während der Schwangerschaft zu Mißgeburten oder partiellen Entstellungen führen können, die dem Erlebten unmittelbar entsprechen. Lucile Newman, die Untersuchungen zur «Schwangerschaftsfolklore» in den USA durchführte, erfuhr von einer Informantin zum Beispiel: «Ich kenne eine Frau, die sah ein brennendes Haus. Das erschreckte sie. ‹Oh!› rief sie und bedeckte ihr Gesicht mit der Hand. Ihr Kind wurde mit einem Brandmal im Gesicht geboren.»[139] Von anderen – schwangeren – Gesprächspartnerinnen (schwarzen wie weißen) erfuhr sie, daß der Anblick von Tieren und insbesondere Affen, von häßlichen und erst recht von verkrüppelten Menschen unbedingt gemieden werden müsse, da er von ungutem Einfluß auf die Entwicklung des Fetus sei: die Kinder könnten entsprechend tierähnliche, äffische Züge und Merkmale davontragen, als kleine häßliche Teufel oder Mißgeburten zur Welt kommen. Vor allem auch Tote sollten Schwangere niemals sehen; in dem Falle bestünde die Gefahr, daß die Kinder ein «schläfriges» *(sleepy)* Naturell erhielten.[140] Nach traditioneller Anschauung könnte das noch schlimmere Folgen haben. Gerade mit diesem Schwangerschaftstabu nahm man es bei Naturvölkern daher immer besonders genau. Aufleben und Ableben, Formgewinn und Formverlust sind nicht verträglich miteinander; sie sollten deshalb auf das strikteste *getrennt* voneinander gehalten werden. Signe Howell berichtet von den Chewong im Zentrum der Malaiischen Halbinsel:

«Eine schwangere Frau sollte keinen Leichnam ansehen. Tut sie es dennoch, wird der Fetus physische oder geistige Schädigungen davontragen. Zwei Jungen waren mit derartigen Mängeln zur Welt gekommen. Der eine wies eine schwere körperliche Behinderung auf, zeigte sich aber geistig normal entwickelt. Der andere dagegen war in so hohem Maße schwachsinnig, daß er in keinerlei Weise sinnvoll mit anderen kommunizieren konnte. In beiden Fällen hieß es, die Mütter hätten während ihrer Schwangerschaft auf einen Leichnam geblickt; das sei der Grund für die Defekte der Kinder.»[141]

Hier lag möglicherweise ein unglückliches «Versehen», vielleicht auch eine sträfliche Nachlässigkeit vor, die der zersetzenden Kraft des verfallenden Leichnams über den Blick Zugang zum keimenden Leben im Mutterleib gewährte. Eher noch können «Geburtsfehler» aber auch die Folge gezielter böswilliger Einwirkung sein. «Der Neid frißt» nicht nur «Vieh und Leut», wie der deutsche Volksmund eine universale Überzeugung bündig formuliert, er vermag auch, zumal gebündelt im *Bösen Blick,* Feten durch die sie schützende Umhüllung des mütterlichen Leibes hindurch massiv zu verunstalten, ja selbst normal entwickelte Kinder vom einen auf den anderen Tag wie zu verwandeln, so daß sie plötzlich Lähmungserscheinungen aufweisen, zu hinken oder zu stottern beginnen und ein hinterhältiges, tückisches Wesen annehmen. In Deutschland sprach man in derartigen Fällen früher von «Vermeint-» oder «Verneidkindern».[142] Ähnlich zerstörerisch schlägt Zauber zu – ob nach der Meinung der Baktaman im zentralen Hochland von Neuguinea[143] oder dem bekanntlich unerschütterlich festen Glauben Martin Luthers, der vor allem den Hexen derartige Kräfte zutraute. Nicht nur, daß sie «die Kinder in der Wiege martern», ihr Bund mit dem Bösen setzt sie auch in den Stand, ausgewachsene Menschen «blind, krumm, lahm und ungesund», d. h. zu «Krüppeln» zu machen.[144] Aber natürlich sind weder Geister noch Teufel unbedingt angewiesen auf menschliche Medien; vielfach ziehen sie es durchaus vor, sich das Vergnügen selbst zu gönnen. Angeborene Mängel müssen nicht unbedingt die Folge elterlichen Fehlverhaltens während der Schwangerschaft sein; sie können, weltweit verbreiteter Überzeugung nach, genausogut auf direkte Geisteinwirkung zurückgehen. Auch später bleiben zumindest gewisse, beson-

ders bösartige dämonische Mächte darauf erpicht, den Menschen
einen bleibenden Tort anzutun, sie mit Blindheit zu schlagen, durch
Gliedertorsionen und Rückenverkrümmungen. Mit Vorliebe auch
versuchen sie, ihnen den Geist zu «verrücken», sie also in Wahnvor-
stellungen zu verstricken.[145] Der Sieg des Christentums konnte sie
nicht entmutigen. Sie scheinen ihn eher im Gegenteil als besondere
Herausforderung empfunden zu haben. Die alten Kirchenlehrer hatten alle Hände voll zu tun, die junge Christenheit, so streitbar wie
wortgewaltig, ihrem verheerenden Einfluß zu entziehen.[146] In erster
Linie waren natürlich Seele und Geist der Gläubigen in Gefahr; doch
die Dämonen verschmähten auch nicht, nach alter Weise, worauf
Minucius Felix (2. oder 3. Jh. n. Chr.) warnend verweist, Hand an die
Gliedmaßen der Menschen zu legen (Octavius, c. 27). Daran scheint
sich auch heute noch nichts Wesentliches geändert zu haben. Der
katholische Theologe Egon von Petersdorff, der in den fünfziger Jahren eine zweibändige *Daemonologie* verfaßte, noch ganz im lebendig-
sten urchristlichen Kampfgeist (der bei anderen seiner Kollegen ver-
flogen scheint), lenkt darin die Aufmerksamkeit auch auf den Umstand, daß den Dämonen besonders an der Beeinträchtigung der
menschlichen Fortpflanzungsfähigkeit gelegen sei. Ein ebenso typisches wie perfides Mittel dazu bilde die Verleitung zu sexueller Abartigkeit, speziell zur Homosexualität. Hier gerade sah der Satanas
selbst seine Aufgabe, denn er «wußte», wie von Petersdorff im Anschluß an den heiligen Johannes Chrysostomos (ca. 354–407) lehrt,
«daß der (natürliche) Trieb die Geschlechter zusammenführt, darum
bemühte er sich, dieses Band zu zerreißen, durch die Sünden gegen
die Natur. Auf diese Weise wird aus dem Mangel an Nachkommen-
schaft das menschliche Geschlecht naturgemäß zum Aussterben gebracht.»[147]
     Freilich stellte sich die Frage, was human verträglicher ist: dem
Teufel zu folgen und der «Fortpflanzungsgemeinschaft» den Rücken
zu kehren oder Kinder zu zeugen, die ihm auf andere Weise verfallen. Die Gefahr bestand schon, wenn sie zu Zeiten zur Welt kamen,
in denen die Geister gewöhnlich verstärkt ihr Unwesen treiben, wie
nachts allgemein und zu Wendezeiten, oder sonst irgendwelche Ungunstbedingungen herrschten. Besonders gefürchtet waren in der
Hinsicht nach europäischem Volksglauben zum Beispiel die Zeit etwa
von Mitte April bis Ende Mai sowie Weihnachten. Vor allem Kinder,
die in der Nacht zum 1. Mai, an Pfingsten (Irland) und um Mitter-
nacht vom 24. auf den 25. Dezember das Licht – bzw. richtiger «das
Dunkel» – der Welt erblickten, fraß gleichsam der Hauch des Bösen
an. Sie gediehen nicht recht, blieben zwergwüchsig, entwickelten sich

zu Hexen und Epileptikern, ja Werwölfen, und besaßen generell einen entsprechend «finsteren» Charakter, einen «bösen Schlag» in der Hand, wie man in Irland sagte, der sie trieb, andere zu töten.[148] In Frankreich schrieb man dem «roten Mond» *(lune rousse)*, das heißt der Phase von der ersten Aprilwoche bis zu Vollmond Anfang Mai, die Kraft zu, die Neugeborenen quasi «rot» zu machen, das heißt ihnen Züge zu verleihen, «wie man sie allgemein Rothaarigen nachsagt.» Ausgesprochene Maikinder dagegen zeigten eher geistige Schwächen, blieben zeitlebens «Maitröpfe».[149]

Der Mond, die gewissermaßen verkehrte, «nächtliche Sonne», hat auch sonst seine krumme Hand im Spiel. In seinem Angesicht gezeugte wie während seines Schwindens empfangene Kinder kommen mit Defekten, Entwicklungsschwächen – oder als Mädchen zur Welt; fanden sich die Eltern gar bei Neumond zum entscheidenden Liebesakt zusammen, ist mit schwachsinnigen oder vollends verkrüppelten Kindern zu rechnen.[150] Eine analoge, aber ungleich gefahrvollere Situation entsteht, wenn sich der Tag widernatürlicherweise in Nacht verkehrt: Sonnenfinsternisse lösen einer weltweit verbreiteten Anschauung nach eine Art «Pesthauch» aus, der sichtbar in Gestalt des fluidal diffundierenden Dämmers dahinkriecht und alles, was er berührt – den Boden, die Gewässer, die Pflanzen, Tiere, Menschen usw. – regelrecht *«vergiftet»*. Vor allem Kinder, Kranke und Schwangere hielt man daher während derartiger «Unnächte» an, auf keinen Fall das Haus zu verlassen. Werdende Mütter, die entweder gedankenlos waren oder die Warnungen ganz einfach in den Wind schlugen und sich dennoch ins Freie begaben, liefen, wie man u. a. bei Gond-Gruppen in Indien glaubte, Gefahr, mit einer Mißgeburt niederzukommen.[151] Die «verdrehten» Verhältnisse draußen, in denen das Walten des Bösen sich kundgab, drohten Geschwächtes noch mehr zu entkräften und alles in Entwicklung Befindliche in seiner Dynamik zu drosseln, geradewärts Aufsprießendes krummzulegen.

Mit einiger Achtsamkeit ließ sich derartigen Gefahren aus dem Wege gehen. Zahlreiche Tabus und Verhaltensempfehlungen, von langer Erfahrung genährt, boten Bedrohten überall auf der Welt einen weithin verläßlichen Schutz. Vor allem Schwangeren galt das. Das entstehende Leben in ihnen schien noch so ungefestigt, weich und biegsam, daß jeder «störende» Impuls, der es traf, zu entsprechend mißläufigen Entwicklungen führen konnte. Allgemein war die Überzeugung verbreitet, daß an sich bereits *jeder* Bruch eines Schwangerschaftstabus beim Fetus zu Deformierungen führe.[152] Besonders genau nahm man es mit den diätetischen Vorschriften. Hier herrschte die Vorstellung, daß sich die Eigenschaften oder äußeren Merkmale der genossenen Pflanzen und Tiere unmittelbar auf das Kind übertragen, unerwünschte also seinen Charakter wie sein Aussehen bleibend bestimmen würden. Krakenfleisch, glaubten zum Beispiel die Bewohner der Torres-Inseln zwischen Australien und Neuguinea, führe zu Verformungen an Fingern, Händen und Mund[153]; ungewöhnlich kleine Augen in Kombination mit einer klobig verunstalteten Nase waren nach Auffassung der Apinayé in Ostbrasilien ein sicherer Hinweis darauf, daß die Eltern des Kindes den entsprechenden Tabubruch begangen und während der Schwangerschaft Stachelschweinfleisch gegessen hatten.[154] Ebenso streng waren sowohl Mutter als Vater, oft auch allen engeren Angehörigen, Tätigkeiten und Verhaltensweisen untersagt, die ihrer Intention und Art nach eindeutig unverträglich mit dem Wachstumsprozeß des Fetus erschienen, d. h. seine Entwicklung beeinträchtigen, wenn nicht massiv stören mußten. Gewalttätige Akte gehörten zum Beispiel dazu, Krach machen und das Hantieren mit scharfkantigen oder spitzen Instrumenten (Dayak, Borneo)[155], überhaupt alle gewissermaßen «einschneidenden» Tätigkeiten, wie das Umbrechen des Bodens mit dem Grabstock (Iatmul, Neuguinea).[156] Wer dennoch dergleichen tat, riskierte eine Fehl-, Tot- oder Mißgeburt. Schwangere sollten auch nicht im Freien, selbst nicht im Hof schlafen; denn fiel etwa der Schatten eines Affen auf sie, bestand, wie man bei den Gond befürchtete, die Gefahr, daß ein Kind «mit kleinem Kopf, großem Mund, flacher Nase, hervortretenden Wirbelknochen und dünnen Ohren» geboren wurde[157]; ja strich gar ein Geist über die Schlafende hinweg, und zwar *quer* zum Leib, war nach Anschauung der Birhor (Chota Nagpur, Indien) mit noch gravierenderen Verunstaltungen, wenn nicht einer Totgeburt zu rechnen[158] – der Dämon hatte das Leben des Kindes mit seiner Flugbahn gleichsam «durchgestrichen». Analoge Vorstellungen darf man auch bei werdenden Müttern in modernen Industriegesellschaften, wie in den USA zum Beispiel, vermuten, die sich erklärtermaßen hüten, ihre Beine zu *kreuzen* (übereinanderzuschlagen), weil sie befürchten, daß ihr Kind dann blind – oder auch mit verformtem Kopf – zur Welt kommen könnte[159], da ihm der Zutritt des «Lebenslichts» verschlossen wurde.

«Querungen» mit ähnlich verhängnisvollen Konsequenzen sind aber auch auf andere, weniger manifeste Weise möglich: unlautere, «sündige» Gedanken, Verdächtigungen, Ärger, Haßgefühle oder gar gotteslästerliche Äußerungen durchkreuzen die geraden Bahnen rechtschaffenen Denkens, Empfindens und Verhaltens und können so ebenfalls zu Mißgeburten führen.[160]

Um keinerlei Risiko einzugehen, dem Bösen auch nicht die geringste Zugriffschance zu gewähren, bedurfte es also nimmermüder, konzentriertester Aufmerksamkeit. Wer sichergehen wollte, hielt sich genau und auf das peinlichste an das Reglement des meist äußerst umfänglichen perinatalen Brauchtums, das teils bis zur Entwöhnung reichte, also unter Umständen Jahre umfaßte. Wurde bei der Entbindung nur irgend wider die Tradition verstoßen, unterliefen beim Taufritual selbst geringfügige Fehler, konnte das, etwa nach französischem Volksglauben, zu verheerenden Konsequenzen für das Neugeborene und sein künftiges Geschick führen: Ihm drohte dann, stumm, taub, ja schwachsinnig zu werden; unter Umständen entwikkelte es sich auch zum Werwolf, «jener entsetzlichen Geistererscheinung, die verzweifelt umherirrt und weder zur Menschen- noch zur Tierwelt gehört.»[161]

Doch der möglichen Ursachen waren noch mehr. Selbst wer sich beflissen an alle Vorschriften hielt, konnte mit einer Mißgeburt «geschlagen» werden: als *Strafe* für ein vorausgegangenes Vergehen, für einen Diebstahl etwa, für Geiz, Hochmut, falsches Zeugnis usw.[162] Unter Umständen lag die Verschuldung sogar noch weiter zurück. Nach hinduistischem Glauben trägt der mißgebildete Mensch die Schuld an seinem Schicksal selbst; er büßt für Sünden, die er in seinem früheren Leben beging.[163] Grundsätzlicher gleichsam begriff man es in der Christenheit. «Wir Christen wissen», heißt es in einem Flugblatt aus dem Jahre 1578, «daß solche Mißgeburten durch die Sünde kommen und daß der Satan allerlei Gelegenheit sucht, dem herrlichen Werke der natürlichen Geburt einen Schandfleck anzuhängen.»[164] Freilich kann das nur mit Billigung Gottes geschehen», der damit, in Sorge um das künftige Heil der Gläubigen, helfend mit Hand anlegen und Zeichen setzen will, zur Warnung für alle Gatten, sich nicht in Versuchung führen zu lassen und es genauer mit den christlichen Geboten zu nehmen.[165]

Noch heute sehen nicht wenige Menschen in den «aufgeklärten» Gesellschaften Europas in verunstalteten und verhaltensgestörten Kindern «eine Strafe Gottes» – wie entsprechende Befragungen ergaben.[166] Eine Mutter, die mit ihrem behinderten Kind unterwegs war, erlebte, daß eine Frau sie auf offener Straße gleichsam stellte und höhnend mit den Worten bezichtigte: «Das haben Sie für Ihren sündigen Lebenswandel!»[167] Manche Eltern neigen selbst zu der Auffassung. Sie suchen die «Schuld» bei sich, in irgendeinem Vergehen[168], nicht selten in ihrem Sexualverhalten, zum Beispiel in allzu häufigem Verkehr.[169] Ihr Selbstbild verschiebt sich ins Negative: «Sie schätzen sich in der Regel so ein, wie sie von ihrer Umgebung eingeschätzt werden – zweitklassig, minderwertig, höchstens geduldet, fehl am Platz.»[170]

Einem Übermaß in der Liebe, mehr noch, dem Lustgenuß auf
verbotenem Wege zu frönen, wird überhaupt unter den Gründen, die
man gemeinhin für Geburtsdefekte verantwortlich macht, ein besonderes Gewicht zugeschrieben. Der «Verbiegungseffekt» scheint hier
am unmittelbarsten gegeben; zudem «vergehen» sich die Eltern
noch, indem sie mehr der eigenen Genußsucht als der Sorge um die
Unversehrtheit und Gesundheit des Kindes nachgeben. G/wi-Busch-
männer führten George Silberbauer gegenüber die geistige Behinderung eines kleinen Jungen zum Beispiel auf die sexuelle Freizügigkeit
seiner Mutter zurück: «Man sagte mir, daß der Same so vieler verschiedener Männer den Fetus geschädigt habe.»[171] Promiskuität un-
terlag in Wild- und Feldbeuterkulturen nicht unbedingt einem strikten Verdikt; alles wurde allgemein laxer gehandhabt. Das war anders
in seßhaften, also in Pflanzer-, Bauern- und Stadtgesellschaften. Hier
mußte man es, eben aufgrund des durch die Seßhaftigkeit bedingten
gedrängten Zusammenlebens, das kaum eine Möglichkeit zum Ausweichen ließ, nur um so genauer mit den Normen und Regeln des
Besitzstands und sozialen Umgangs nehmen. Entsprechend ver-
schärften sich auch die sexuellen Restriktionen, wuchs gleichzeitig
das Maß der potentiellen Abweichungen – und mit ihnen das Schwer-
gewicht ihrer Folgen. Verboten waren vor allem Beziehungen mit
Jugendlichen, die noch nicht die Initiationsriten anläßlich ihrer Pubertät durchlaufen hatten, das heißt denen die Geschlechtsreife noch
nicht offiziell attestiert war; mit Erwachsenen, die das geltende Hei-
ratsreglement (zum Beispiel die Exogamie) vom Umgang ausschloß,
mit Verheirateten sowie Angehörigen deutlich tieferstehender, bzw.
diskriminierter Sozialgruppen, wie Kriminellen etwa, Leprakranken,
Blinden oder sonstwie Behinderten. Aristoteles nahm es in der Hinsicht besonders genau. Er hielt es für «angemessen», die Frauen nicht
vor dem 18., die Männer nicht vor dem 37. Lebensjahr zu verheira-
ten – «denn in diesem Alter werden die Leiber bei der Verbindung
gerade in ihrer vollsten Kraft stehen und auch in bezug auf den
Ablauf der Zeugungsfähigkeit gleichen Schritt miteinander halten.»
Auch sollten die Gatten, bevor sie das Liebeslager zu teilen gedach-
ten, sich bei «Ärzten und Naturkundigen» versichern, daß sie physisch dazu vollauf imstande und die Witterungsumstände günstig sei-
en. Wie den Beginn setzte er auch die Grenze der Liebestätigkeit fest,
die jedenfalls die Fortpflanzung zum Ziele habe. Hier schien ihm das
50. Lebensjahr der gegebene Zeitpunkt. Danach solle man den ehelichen Umgang lediglich noch «der Gesundheit wegen oder aus einem anderen derartigen Grund» pflegen – *denn:* «die Sprößlinge von
Personen in vorgerückteren Jahren sind gewöhnlich, ebenso wie die

von allzu jungen, *unvollkommen entwickelt an Leib und Verstand* und die von greisenhaften Personen schwach.»[172]

Die schlimmsten Folgen jedoch hatte man bei Inzest und dem Verkehr mit Gruppenfremden zu befürchten.[173] Hier prallte Unvereinbares von äußerstem Ausmaß aufeinander, knickten und verbogen sich die Bindungen gleichsam entsprechend, mußte die ungleiche Mischung zwangsläufig zu Mißbildungen führen. Beides war daher stets auf das strikteste untersagt, das Verbot jedoch nicht immer erfolgreich, zumal wenn die Frauen, wie in kriegerischen Zeiten, das Opfer von Gewalt wurden. Ließ man die Kinder, die derartigen Verbindungen entstammten, am Leben, weil sie äußerlich vielleicht nicht allzu sichtbar gezeichnet erschienen, blieben sie gewöhnlich verachtete Außenseiter ihrer Gesellschaft.[174] Unheil umgab sie wie eine giftige Aura, weil sie, aufgrund ihrer «verqueren» Entstehung, nur zerstörerische Kräfte freisetzen, gewissermaßen «ausdünsten» konnten. Nach Auffassung der Rendille, einer kamelhirtennomadischen Ethnie im nördlichen Kenia, bildeten sie vor allem für das Vieh – die Hauptlebensgrundlage des Volkes! – eine stete Gefahr.[175] Pflanzten sich solche «Bastarde» fort, fraß sich der Makel ihres blutschänderischen Ursprungs unter Umständen wie ein Virus in das Erbgut ein, so daß die Folgen, gleich den biblischen «Sünden der Väter», über Generationen hin sichtbar blieben. In Schweden wurden Schwachsinnige für Abkömmlinge der Samen (Lappen) gehalten; in den Pyrenäen erklärte man sie sich als Nachfahren arabischer («sarazenischer») Väter, während man in der Schweiz Kretins mit mongoloiden Zügen gar auf Hunneneinbrüche im 5. Jahrhundert n. Chr. zurückführte.[176]

Doch selbst wenn ihnen die Folgen der unlauteren «Kreuzung» nicht auf den Leib geschrieben waren, hatten «Bastarde» immer einen schweren Stand. Ihre Verkrüppelung, und das nährte den Argwohn eher noch, entzog sich dem Zublick, verbarg sich in ihrem Innern, unkalkulierbar, gleich einem gefährlichen genetischen Sprengsatz. In traditionellen Gesellschaften stellten sie zudem ein wahres Unding dar. Ein Kind, das außer der Regel gezeugt war, das heißt keinen rechtmäßigen sozialen Vater besaß, gehörte *de facto*, und zumal bei patrilinearer Abstammungsordnung, keiner Lineage, keinem Klan an – es war, wie man bei den Iraqw in Tansania sagt, «elternlos».[177] Das bedeutete konkret, daß es in kritischen Situationen weder auf den Schutz noch den Beistand der Verwandten zählen konnte, kaum die Möglichkeit hatte, einen Ehepartner zu finden, keinerlei oder höchstens sehr umstrittene Erbansprüche geltend zu machen vermochte und nach seinem Ableben niemanden besaß, der sich veranlaßt sah, Sorge für den ordnungsgemäßen Ablauf seiner Bestattung zu tragen, so daß seine Seele, wenn überhaupt, nur unter Mühen ins Totenreich fand.[178] Entstehung und Stellung entsprach der Charakter. «Bastarden» hingen immer schlimme Verdächtigungen an; man hielt sie zu allem Bösen für fähig. Nach Auffassung der Yurok in Kalifornien «bringen sie es einfach nicht fertig, sich normal und gesittet zu verhalten; vielmehr sind sie ihrer Natur[!] nach unverbesserliche Missetäter.»[179] Umfragen in Deutschland noch Ende der sechziger Jahre ergaben ein erschreckend analoges Bild. «Uneheliche Kinder», wurde zum Beispiel geäußert, «werden ja ganz andere Menschen», womit gemeint war, daß sie anomal seien und zwangsläufig auf die schiefe Bahn gerieten – da ihre Eltern ja schon von zweifelhaftem Charakter, die Mutter vielleicht gar ein «Flittchen» gewesen, sie selbst «in Sünde geboren» wären.[180] Zur gleichen Zeit hatte der prominente deutsche Politiker und mehrfache Kanzlerkandidat der SPD Willy Brandt, der ursprünglich Herbert Ernst Karl Frahm hieß, einige Mühe, seine wachsende Popularität gegen die Anwürfe seiner Wahlkampfgegner von der CDU zu behaupten, daß er ein Unehelicher sei und der Wähler daher besser daran täte, ihm nicht allzusehr zu vertrauen! Im Grunde lief das «lediglich» auf «rufschädigende Verunglimpfung» hinaus; der so übel Beleumundete setzte sich dennoch durch; 1966 wurde er Bundesaußenminister, 1969 zum Bundeskanzler gewählt. In früheren Zeiten hätte er die Möglichkeit kaum gehabt. Im Mittelalter besaßen «Echtlose» nur einen sehr eingeschränkten Rechtsstand – ähnlich wie Juden, Prostituierte, Henker oder Heiden[181]; in den traditionellen Gesellschaften verfolgte man unehelich Geborene, falls man sie überhaupt leben ließ und nicht abtrieb oder gleich nach der Geburt tötete, mit Spott, Mißtrauen und Verachtung und schloß sie unerbittlich vom öffentlichen, vor allem aber vom politischen und religiösen Leben aus.[182] Manchmal schob man sie auch, wie bei den Iraqw, zu benachbarten Gruppen ab.[183] Denn dahin gehörten sie eigentlich: «Soziale Anomalien» in der eigenen Gesellschaft, waren sie strukturell *Fremde*. Man verhalf ihnen dann zu der ihnen adäquaten Umgebung; zwischen physischen und ethnischen Bastarden bestand wenig Unterschied.

Doch mit unerlaubtem Geschlechtsverkehr, der Verletzung eines Schwangerschaftstabus, dem Anblick von Krankem, Verunstaltetem oder Totem waren die möglichen Gründe für die Geburt von physisch oder charakterlich deformierten Kindern noch keineswegs ausgeschöpft. Die menschliche Vernunft ist, wenn es ihr anliegt, die Ursachen des Bösen zu ergründen, bereit, auch die verschlungensten, abseitigen Wege zu gehen, dem Bösen gleichsam auf seinen ureigensten Pfaden nachzuspüren. Daß der Umgang mit Tieren, wie man verschiedentlich auch annahm, zu Mißkreaturen führt, mochte noch plausibel erscheinen. Im Mittelalter höhnte man die Juden, gewissermaßen «Schweinekinder» zu sein; man stellte sie dar, wie sie von Sauen gesäugt wurden.[184] Beim Anblick Quasimodos brach aus der Menge die Vermutung auf, daß er ein «Tier», ein «verunglückter Affe», vielleicht «der Bastard eines Juden und einer Sau» sei.[185] An die Grenzen der Vorstellungskraft aber rührt, daß Frauen sexuellen Verkehr mit Geistwesen, nicht zuletzt auch dem Teufel pflogen und dies vor allem der Grund war, daß sie mit wahren Monstern niederkamen. In der Tat war der Glaube weit verbreitet, daß debile oder besonders auffallend verunstaltete Kinder die Frucht ebensolcher, meist von den Geistern bei Nacht erschlichener, nicht selten aber auch tags mit Gewalt erzwungener Verbindungen seien.[186] Das Unheilswesen konnte sich, wie man ihm bei den Baiga im zentralen Indien unterstellte, des Erfolgs seiner üblen Absicht noch dadurch versichern, daß es nach vollzogenem Beischlaf sein Opfer von links nach rechts, gewissermaßen also invers, in der «falschen» Richtung, überschritt. Das Kind, das die Frau dann zur Welt brachte, hatte «einen großen Kopf, einen kleinen Mund, lange Nägel und Zähne, sehr lange Arme und Beine sowie Haare auf dem Kopf und am ganzen Körper» – es war, mit einem Wort, das Ebenbild seines Vaters; denn ebenso stellte man ihn sich vor.[187] Das Böse pflanzte sich hier unmittelbar und willentlich fort.

Dies mußte ihm nach Heraufkunft des Christentums nur um so dringlicher sein. Schon in der ältesten Zeit beginnen sich seine Anschläge abzuzeichnen. An verschiedenen Stellen des Neuen Testaments werden notorische Sünder – speziell auch Juden, sofern sie sich bekehrungsunwillig zeigten – sicher als «Teufelskinder» identifiziert.[188] Manchmal drängte den Bösen die Ungeduld auch, statt des umständlicheren einen kürzeren Weg zu wählen. Er fuhr dann unmittelbar in die Menschen ein und «entstellte» sie, wenn nicht physisch, so doch charakterlich, wie bekanntermaßen Judas Iskarioth (vgl. Johannes 13:27). Ähnlich agierte auch sein Gefolge, selbst unter den Heiden. Bei den Bismam in Neuguinea zum Beispiel (Flamingo Bay, Irian Jaya) führte man körperliche Mißbildungen und abnormales Verhalten darauf zurück, daß bösartige Geister den Betreffenden einwohnten und von innen heraus ihre Proportionen gleichsam verschoben.[189] Im Mittelalter scheint den Satanas eine Art Aggressionshoch überkommen zu haben; entweder sah er, wie nicht wenige Theologen auch, die Endzeit nahen, oder er witterte ungewohnt günstige Voraussetzungen. Wo immer sich eine Gelegenheit bot, be

schlich er das schwache Geschlecht und suchte sich die Schwankenden gefügig zu machen, gaukelte ihnen Lust vor, wo es ihm einzig
um Verderbnis der Seelen ging. Sprunghaft wuchs das Heer der Hexen an. Und wo ihre Teufelsbuhlschaft nicht ruchbar wurde, lieferten
die «Krüppel,» die sie zur Welt brachten, den unanfechtbaren Beweis.[190] Manchmal bedurfte es nur eines Blicks, um der Wehmutter
die schreckliche Gewißheit zu geben: wenn das kleine Ungeheuer
Nägel wie Krallen, einen Schwanz oder gar einen Pferdefuß besaß.[191]
Auch Luther stand unerschütterlich zu dem Glauben; er hielt es für
das beste, derartige Kinder gleich zu ertränken oder dem Feuer zu
überantworten[192] – dem Element, dem es vom Vater her zugehörte.
Die katholische Kirche stimmte ihm zu, freilich nur um den Spieß,
zugespitzt und gezielt, gegen ihn selbst zu kehren. *Ex cathedra* wurde
erklärt, ein Ketzer seines Kalibers könne nur ein Kind des Teufels
sein; füglich müsse sich seine Mutter Margarethe auf eine Buhlschaft
mit dem Bösen eingelassen haben *(Margaritam Lutheri matrem ex dia-
boli coitu concepisse)* – das heißt: sie war eine Hexe![193]

Die Schatten des «finsteren» Mittelalters lösten sich auch in der
Neuzeit nur zögernd auf. Noch im letzten Jahrhundert schrieb man
in ländlichen Bereichen Frankreichs (aber auch sonst in Europa)
«Mißgeburten dem gewollten oder ungewollten Beischlaf mit dem
Dämon oder einem Zauberer zu, der sich den tiefen Schlaf der Frau
zunutze gemacht habe, um sich ihr zu nähern.»[194]

Wenn den Geistern oder dem Bösen mal nicht nach Buhlen war,
standen ihnen noch andere «Optionen» offen. Sie warteten die Geburt eines Kindes ab, griffen, eine Unachtsamkeit der Anwesenden
nutzend, blitzschnell zu und tauschten das Neugeborene gegen einen eigenen Sprößling – oder auch lediglich beider Seelen – aus[195];
im letzteren Falle handelte es sich dann sozusagen um einen geborenen, lebenszeitlich «Besessenen». Besonders günstige Voraussetzungen dazu waren immer während der Wendezeiten gegeben, wenn
die Geister ohnehin einen leichteren Zugang zur diesseitigen Welt
der Sterblichen haben: einmal generell nachts (vor allem um Mitter-
nacht), dann in den Nächten «zwischen den Jahren» (bzw. den Jahreszeiten), namentlich in der Neujahrsnacht, speziell in Europa auch
in den Nächten vor bestimmten kirchlichen Feiertagen gegen Ende
des Jahres, wie in der Andreas- (30. November), der Thomas- (21. Dezember) und der Weihnachtsnacht.[196] Verantwortungsbewußte Eltern
trafen daher ihre Vorkehrungsmaßnahmen. Man unterhielt etwa neben der Wöchnerin ständig ein Feuer, um die Nacht gleichsam in
Tag zu verwandeln, band Mutter und Kind abwehrkräftige Amulette
um oder suchte die Geister auf andere Weise zu täuschen, indem die

Eltern zum Beispiel die Kleider wechselten oder der Vater gar, wie das in weiten Teilen Europas, Asiens und Südamerikas Usus war, das Lager hütete und die Geburt, manchmal auch noch das Wochenbett simulierte (*Couvade*, bzw. «Männerkindbett»). Bei den Kaukasiern mit ihren ausgeprägt ritterlichen Traditionen zog es der Gatte, wie bei den Chewsuren beispielsweise, vor, während der kritischen Zeit, die Flinte schußbereit in der Hand, auf dem Dach des Geburtshauses Platz zu nehmen und gelegentlich auch, der Abschreckung halber, kräftig in die Nacht hinaus zu feuern.[197]

Manche Menschen indessen sind schwach oder sträflich sorglos und nehmen es nicht allzu genau mit ihrer elterlichen Verantwortung. So kam es noch häufig genug vor, daß den Geistern der teuflische Coup gelang. Mit einem Mal sah die Mutter dann ein Kind neben sich liegen, das ihr fremd war und die untrüglichen Anzeichen eines Unheilsgeistes besaß – bzw. einige Zeit später zu erkennen gab. Äußerlich konnte man einen derartigen «Wechselbalg» (auch «Wechselbutte», «Wechseling», «Kielkropf» u. a. Bezeichnungen; englisch *changeling*) vor allem daran erkennen, daß er abstoßend häßlich, abnorm gefräßig und stark verwachsen war, einen übergroßen Schädel («Wasserkopf»), rote Haare, eine welke, runzlige Gesichtshaut besaß und sich ungewöhnlich verhielt, etwa ununterbrochen schrie, kaum richtig gehen und sprechen lernte oder wie ein Schwachsinniger tat (er mimte das natürlich nur).[198] Wurde man sich noch rechtzeitig des Geschehenen bewußt, tötete man das Kind entweder unverzüglich oder suchte den Geist auf irgendeine Weise zum «Rücktausch» zu bewegen. In Syrien ließ man den Wechselbalg dazu in einen Brunnen bis auf den Wasserspiegel hinab, um ihn kurz darauf wieder emporzuziehen, in der Hoffnung, daß die «Wasserfrau», der man hier den Anschlag zuschrieb, den Tausch wieder rückgängig gemacht habe. Gewißheit lieferte dann erst die weitere Entwicklung des Kindes.[199] Bauern in Deutschland gingen gewissermaßen den mittleren Weg. Sie peitschten den Wechselbalg kräftig mit einer einjährigen Haselgerte – ein übliches Mittel zur Dämonenabwehr – durch und erhielten darauf, falls die Prozedur Erfolg gehabt und der schuldige Geist ein Einsehen gezeigt hatte, alsbald das eigene Kind wieder zurück – bzw. dessen Seele, denn die Prügelmale blieben weiterhin sichtbar.[200]

In früheren Zeiten führte man Krankheiten, mehr aber noch «Störungen», die Verunstaltungen an Leib und Seele zur Folge hatten, auf ein Verschulden der Betroffenen wie ihrer engsten Umgebung oder Zauber zurück, der aber auch nur zu greifen vermochte, wenn wiederum durch vorausgegangene Verfehlungen die eigenen Abwehrkräfte entscheidend geschwächt worden waren. Auch heute wird abweichendes Verhalten, das ja aus irgendwelchen physischen oder mentalen «Verkrüppelungen» herrührt, als «Krankheit» begriffen.[201]

4. Soziologie

Mit dem Bösen darf es kein Auskommen geben. Läßt man ihm nur einen Finger, ergreift es alsbald die Hand und bringt schließlich den ganzen Menschen in seine Gewalt. Es gilt, schon den Anfängen zu wehren, das Böse, so es sichtbar wird, an der Wurzel zu packen. Nicht nach Verkrümmung und Häßlichkeit, die ihm zuwider sind: nach Ordnung, Harmonie und Schönheit strebt und sehnt sich der Mensch.

Das gründet tief im Bauplan des Lebens. Tiere – vor allem Vögel und Säuger – merzen gewöhnlich Artgenossen, die auffallende Abweichungen in Aussehen (wie Albinos zum Beispiel), Verhalten (etwa durch Krankheit) oder Lautgebung zeigen, rigoros aus – durch Tötung, Isolierung (die oft bald ebenfalls zum Tod führt) oder Abdrängen aus der Gruppe.[202] Hennen heller Rassen hacken – nach entsprechender Kreuzung – schwarze Küken gleich nach dem Schlüpfen zu Tode, Wildenten stoßen Junge aus, die nicht die arttypische Streifenzeichnung am Kopf aufweisen. Erwachsene Tiere, die sich aufgrund einer Verletzung oder Krankheit ungewöhnlich bewegen und verhalten oder deren Äußeres dadurch eine merkliche Veränderung erlitt, werden schonungslos attackiert und verfolgt, bis sie zugrunde gehen.[203] Die Kreatur ringt, möchte man meinen, nach Reinerhaltung der Norm.

Dem Menschen scheint dies nicht minder Bedürfnis zu sein. Bei Naturvölkern wurden Kinder, die mit sichtlichen Anomalien, vor allem schweren Verunstaltungen zur Welt kamen, in der Regel gleich nach der Geburt getötet. Man bestrich dazu etwa, wie bei den Apinayé in Nordostbrasilien, die Brustwarzen der Mutter mit einem giftigen Dekokt[204], erstickte, erwürgte oder ertränkte die Kleinen[205], begrub sie bei lebendigem Leibe[206], verbrannte sie[207] oder setzte sie irgendwo in der Wildnis aus.[208] Die Mütter, die das gewöhnlich selbst besorgten, zeigten weder Schmerz noch Trauer. «Krüppel» waren des Teufels, sie konnten nur Unheil über die Ihren bringen; also schied man sie aus, zertrat sie, machte ihnen vollends den Garaus – denn eine irgendwie formelle Bestattung, die ihnen ein Fortleben im Jenseits gewährt hätte, blieb ihnen versagt: man warf ihre Leichname in den Busch oder verscharrte sie dort flüchtig.

Mit der Heraufkunft der hochkulturlichen Zivilisation fand diese Praxis vielfach ihre gesetzlich-säuberliche Fixierung. Im alten Griechenland, der Wiege des Humanismus, wo sie, wie anders auch, seit Vätergedenken zum allseits gebilligten Traditionsgut zählte, liehen ihr selbst große Denker und Verfechter eines ethisch bestimmten Lebenswandels das Wort. Platon (427–347 v. Chr.) bezeugt sie für seine Zeit, in einem Sinne, als handle es sich um eine pure Selbstverständlichkeit. Im *Theaitetos* (148 D–151 C) weist Sokrates (470–399 v. Chr.), Sohn einer stadtbekannten Athener Hebamme, seine Gesprächspartner beiläufig darauf hin, daß es Aufgabe der Wehmütter sei zu entscheiden, ob ein Neugeborenes als «echtes» (ἀληθινόν) Kind oder «Trugbild» (εἴδωλον), das heißt als Mißgeburt («Mondkalb») zu gelten habe; im letzteren Falle mußten sich die Mütter ihres Kindes umgehend «entledigen». In Sparta nahmen die Gemeindeältesten die Prüfung vor. «Diese besichtigten», wie Plutarch (ca. 46–120 n. Chr.) überliefert, das Kind «genau, und wenn es stark und wohlgebaut war, hießen sie ihn [den Vater] es aufziehen … War es hingegen schwach und übelgestaltet, so ließen sie es gleich in die sogenannten ‹Apothetai› [‹beiseite Gesetzte›], eine tiefe Kluft am Berge Taygetos, werfen.»[209] Aristoteles (384–322 v. Chr.), der große Systematiker, drang auch hier auf einhellige Klarstellung und bindende Legalisierung. In der *Politik* (VII 16. 1335b, 20f.) dekretiert er: «Was aber die Aussetzung oder Auferziehung der Neugeborenen betrifft, so sei es Gesetz, kein verkrüppeltes Kind aufzuziehen». Der Maxime folgten im übrigen auch die Römer.[210]

Die Christen erst – oder richtiger die Geistlichkeit – suchten dieser Art von «Rassenhygiene» Einhalt zu gebieten. Seit dem 4. Jahrhundert werden wiederholt Konzilsbeschlüsse dagegen erlassen. Da dies offenbar nicht zum erhofften Erfolg führte, sann man auf tragbare Alternativen. Als probateste Lösung erwies sich das diskrete Verfahren, Marmorschalen an den Kirchen anzubringen, in die unerwünschte Kinder in unbeobachteten Augenblicken gelegt und dann von dazu bereiten Familien oder geistlichen Institutionen zur Pflege übernommen und aufgezogen werden konnten – 787 soll Datheus, Erzbischof von Mailand, daselbst das erste Findelhaus eingerichtet haben[211]; weitere, sowie zahlreiche barmherzige Stiftungen, die sich der «Findelfürsorge» widmeten, im Hochmittelalter vor allem der Spitalorden vom Heiligen Geist, folgten. Ingeniös erscheint auch die «Drehlade», die unter Papst Innozenz III. (1198–1216) eingeführt wurde und sich alsbald über ganz Europa, ja bis nach Südamerika ausbreitete; verschiedentlich blieb sie bis in die Anfänge des 20. Jahrhunderts hinein in Funktion. Sie bestand in einer drehbaren Krippe, die – vor-

nehmlich – in Klostermauern und am Portal von Findelhäusern ein-
gebaut war und Müttern die Möglichkeit bot, die Kinder, derer sie
sich entledigen wollten, durch eine Drehung der Lade im Innern des
Gebäudes verschwinden zu lassen, ohne dabei selbst gesehen zu werden.[212] Natürlich konnte man ein Kind auch ganz einfach vor oder
in einer Kirche ablegen – wie das mit Quasimodo im Jahre 1467 in
der Kathedrale *Notre-Dame de Paris* geschehen war.[213]

Doch die Angst, dem Bösen nahezukommen und von seiner Berührung tödlich gebrannt zu werden, saß tief. Das Kirchenvolk ließ
sich nicht beirren, zumal ihm in dem großen Reformator Martin
Luther alsbald ein mutiger Fürsprech erstand. Mißgestaltete Kinder,
entschied er, sollten am besten gleich nach der Geburt getötet werden; sie hätten ohnehin eine begrenzte Lebenserwartung und würden bis dahin nur unnütz «fressen und saufen»[214]; persönlich scheint
er dem Ertränken den Vorzug gegeben zu haben.[215] Dem kamen die
Gläubigen auch in der Folgezeit nach. Der Arzt, Anthropologe und
verdiente laienethnologische Kompilator Hermann Heinrich Ploss
(1819–1885) bezeugt für die siebziger Jahre seines Jahrhunderts:

«Noch vor wenigen Jahren glaubte das Landvolk in mehreren Gegenden Deutschlands, daß die Eltern eines arg verunstalteten Neugeborenen über Tod und Leben
desselben zu verfügen das Recht hätten. Unter Anderem wurde in der Gegend
von Breslau ein Arzt zu einem ohne Arme und Beine geborenen Neugeborenen
gerufen, um an demselben Henkersdienste zu verrichten, denn man meinte dort
allgemein, daß so mißgestaltete Kinder getödtet werden müßten.»[216]

An sich brauchte der Anlaß nicht einmal so gravierend zu sein. Es
reichte schon der Verdacht, einen Wechselbalg in der Wiege zu haben.
1850 mißhandelte ein Bauer im westpreußischen Löblau auf offener
Straße einen Knaben, der einen großen Kropf besaß und ihm daher
als gefährlicher Teufelsbalg erschien. 1871 wurden in einer Ortschaft
bei Posen aus demselben Argwohn heraus zwei kleine Kinder, das eine
erst gerade ein Jahr alt, «auf grausamste Weise totgeschlagen». In andern Teilen Europas suchte man sich durch die apotropäische und
reinigende Kraft des Feuers zu schützen. Man setzte derartig verdächtige Kinder etwa – die Fälle sind ebenfalls allesamt aus dem 19. Jahrhundert belegt – nackt auf die erhitzte Herdplatte, drückte sie in die
glimmende Asche, deponierte sie auf dem Rost über dem Feuer oder
stieß ihnen eine glühende Feuerzange in den Hals.[217] Das 20. Jahrhundert ist humaner geworden; die Geschichte bezeugt es. In einer Umfrage Ende der sechziger Jahre in der Bundesrepublik Deutschland
vertraten 64 Prozent der Befragten die Meinung, daß «mißgebildete
Säuglinge nicht mit aller Macht am Leben erhalten», das heißt besser auf

die genannte «sanfte» Weise von ihrem Schicksal erlöst werden sollten
(der Rest allerdings hielt das für Mord).[218]

Zu einer komplizierteren Gewissensfrage wurde die Behinderung,
wenn sie erst später auftrat, etwa infolge einer Krankheit oder Verletzung. In den alten Naturvolkgesellschaften tötete man die Betreffenden dann nur mehr in außergewöhnlichen Notlagen[219] oder, was vielfach auf dasselbe hinauslief, wenn man sie für eine Mißernte, eine
Seuche oder sonst ein Unheil verantwortlich machte.[220] Hochgradig
Kriminelle allerdings und gewissermaßen «moralische Krüppel», wie
Schwarzmagier und Hexen, wurden gewöhnlich, sobald sie überführt
waren, ohne viel Federlesens liquidiert. Die Kaguru im Norden Tansanias trieben sie dazu in den Busch und knüppelten sie dort mit
Keulen zu Tode.[221]

Behinderungen, die sich nach der Verehelichung einstellten, bildeten an sich auch keinen Scheidungsgrund – im Gegenteil: sie verpflichteten den gesunden Partner samt den engeren Angehörigen
sogar zur besonderen Betreuung des Opfers.[222] Entsprechendes galt
auch für Blutsverwandte, sofern man sich jedenfalls sicher war, daß
die Behinderung nicht als Strafe für ein schweres Vergehen aufgefaßt
werden mußte, wie man das allgemein bei Kindern voraussetzen durfte. Der australische Ethnologe Ian Hogbin berichtet einen derartigen
Fall von der Insel Wogeo (Neuguinea). Es handelte sich um einen
halbwüchsigen Knaben, der sich durch einen Sturz in früher Kindheit so schwer verletzt hatte, daß er fortan seine Beine nicht mehr
gebrauchen konnte. Gleichwohl vermochte er, und sogar recht gut,
zu überleben: Sein Vater hatte ihm für Knie und Hände hölzerne
Prothesen angefertigt, die es ihm möglich machten, sich immerhin
auf allen Vieren robbend fortzubewegen, ohne sich wehzutun oder
zu verletzen. Zudem war sein Vater so weitblickend gewesen, ihn zum
geschickten Fischer und Schnitzer auszubilden. Der Erfolg hatte seiner Sorge indes keinen Abbruch getan: er ließ den Jungen selten
allein; Hogbin sah sie fast immer zusammen.[223]

In entwickelteren Gesellschaften freilich konnten derartige Akte
liebevoller Barmherzigkeit als Bedrohung der höchsten Ideale, ja der
«Volksgesundheit» erscheinen. Die Sinne dafür begannen sich merklich ab der Mitte des 19. Jahrhunderts zu schärfen, als die Selektions-
theorie von Charles Darwin (1809–1882) mehr und mehr Wurzeln
schlug. Hoffnung und Zuversicht kamen auf – den «Tüchtigsten»
gehörte die Zukunft, eine saubere, heile, vollkommenere Welt im
Strahlenglanz des Fortschritts! Wer kämpfte und siegte, durfte gewiß
sein, daß sein Erfolg nur naturgesetzlicher Bestimmung, sein Handeln der Schöpfungsordnung entsprach. Wer aber zurückblieb oder

ehestenfalls auf krummen Wegen weiterkam, den hatte «die Natur» schon gerichtet; er war zum Ausscheiden verurteilt, Bauschutt gleichsam, wie er bei der Vollendung eines Gebäudes zwangsläufig anfällt, um zuletzt abgekarrt und vergraben zu werden. Früher hatte ein «sicherer Instinkt» die Menschen geleitet. Im Mittelalter pflegten nicht wenige Gerichte Mißgeschöpfe, wie Hermaphroditen zum Beispiel, nachdem sie entlarvt und als solche ihrer Teufelskindschaft überführt waren, gerne «der Wut des Volkes» auszuliefern, die dem Gebot der Natur dann Genüge tat.[224] Nunmehr jedoch wiesen Vernunft und wissenschaftliche Erkenntnis den Weg. Darwin selbst gab den Ton an, und er verwies dabei auf das Beispiel vorangegangener, noch unwissender, aber durch lange Erfahrung belehrter Völker:

«Bei Wilden werden die an Geist und Körper Schwachen bald beseitigt, und die, welche leben bleiben, zeigen gewöhnlich einen Zustand kräftiger Gesundheit. Auf der andern Seite thun wir civilisirte Menschen alles nur Mögliche, um den Process dieser Beseitigung aufzuhalten. Wir bauen Zufluchtsstätten für die Schwachsinnigen, für die Krüppel und die Kranken, wir erlassen Armengesetze, und unsere Ärzte strengen die größte Geschicklichkeit an, das Leben eines Jeden bis zum letzten Moment noch zu erhalten. Es ist Grund vorhanden, anzunehmen, daß die Impfung Tausende erhalten hat, welche in Folge ihrer schwachen Constitution früher den Pocken erlegen wären. Hierdurch geschieht es, daß auch die schwächeren Glieder der civilisirten Gesellschaft ihre Art fortpflanzen. Niemand, welcher der Zucht domesticirter Tiere seine Aufmerksamkeit gewidmet hat, wird daran zweifeln, daß dies für die Rasse des Menschen im höchsten Grade schädlich sein muß. Es ist überraschend, wie bald ein Mangel an Sorgfalt oder eine unrecht geleitete Sorgfalt zur Degeneration einer domesticirten Rasse führt; aber mit Ausnahme des den Menschen betreffenden Falls ist kein Züchter so unwissend, daß er seine schlechtesten Thiere zur Nachzucht zuläßt.»[225]

Der Funke zündete; offenbar gab es genügend trockenes Holz. Der Soziologe und Philosoph Herbert Spencer (1820–1903) sekundierte dem Biologen Charles Darwin. Keine Gesellschaft, lehrte er, könne es sich leisten, ihre schwachen Glieder auf Kosten der starken zu schützen. Gesetze etwa zur Verhütung von Unfällen in den Betrieben würden unter den Arbeitern nur zu einer negativen Auslese führen, deren Preis schließlich die Gesellschaft zu zahlen habe. Sein düsteres Fazit: «Das Endresultat des Schutzes der Menschheit vor ihrer eigenen Dummheit ist die Bevölkerung der Welt mit Narren.»[226] Die Konsequenz lag nahe, und nicht wenige zogen sie. In einem Buch mit dem Titel *Darwinism and race progress,* das 1895 in London erschien, feiert sein Autor John Berry Haycraft tödliche Infektionskrankheiten als «Freunde der Rasse, die ihre schwächeren Glieder amputieren»; er warnt davor, sie medizinisch zu bekämpfen, weil dadurch nur «minderwertige Typen» gefördert würden, die zwangsläufig «das Blut der englischen Rasse und ihren Intellekt schädigen» müßten. Ein Rezensent der engagierten Schrift tat den nächsten Schritt, indem er die Frage aufwarf, was zu tun sei, um etwa auch das Problem der Erbkrankheiten zu lösen. Es war eher eine rhetorische Frage, denn die Antwort stand schon bereit: der Autor sah sie zum einen in einer staatlich gelenkten Heiratskontrolle, zum andern in der strikten «Segregation oder Eliminierung» der Kranken, wiederum «durch Staatsaktion».[227] Es handelte sich um zutiefst soziale Belange, und so durften auch die Sozialisten nicht schweigsam bleiben. Karl Pearson (1857–1936), einer ihrer führenden Köpfe zur damaligen Zeit und zugleich renommierter Mathematiker und Biologe, sprach in der Hinsicht klare Worte. 1911 auf den ersten Lehrstuhl für Eugenik («Erbhygiene») an der Universität London berufen, appellierte er in seiner Antrittsvorlesung gerade an das Gewissen der Sozialisten, zu deren ersten Zielen es zählen müsse, dafür zu kämpfen, daß durch bewußt gepflegte und staatlich gelenkte «Rassenkultur» der Ausleseprozeß der Natur tatkräftig gefördert werde. Lasse man es hier an der gebotenen patriotischen Gewissenhaftigkeit fehlen, höre Großbritannien «bald auf, eine Weltmacht zu sein»; es bestehe dann nicht zuletzt die Gefahr, so seine Horrorvision, die er schon Jahre zuvor beschworen hatte, daß England «den Iren und Juden» zum Opfer falle. Große Literaten, wie George Bernard Shaw (1856–1950) und Herbert George Wells (1866–1946), engagierte Sozialisten wie Pearson, stimmten seinen Ansichten vollsten zu; Wells forderte zum Beispiel mit Nachdruck die staatliche Sterilisierung aller Träger «minderwertigen Erbguts».[228]

Konsequent betrieben, öffnete eine derartige Politik den Blick in eine traumhafte Zukunft. Darwin bewies auch hier seinen Weitblick:

«Da die natürliche Auslese nur durch und für das Gute eines jeden Wesens wirkt, so wird jede weitere körperliche und geistige Ausstattung desselben seine Vervollkommnung fördern ... So geht aus dem Kampfe der Natur, aus Hunger und Tod unmittelbar die Lösung des höchsten Problems hervor, das wir zu fassen vermögen, die Erzeugung immer höherer und vollkommener Tiere. Das ist wahrlich eine großartige Aussicht.»[229]

Dieselbe Zuversicht beflügelte wieder auch Herbert Spencer. Er spitzte den Gedanken noch zu auf den einen Gesichtspunkt, auf den es letzten Endes vor allem ankam: «Die Entwicklung zum *idealen Menschen* ist logisch sicher – so sicher wie jede logische Schlußfolgerung, der wir unseren uneingeschränkten Glauben schenken können.»[230] Noch Jahrzehnte später berauschte auch Leo Trotzki (1879–1940) die «großartige Aussicht». Der Mensch der Zukunft – für den hier freilich die Zusatzvoraussetzung galt, daß er mit Leib und Seele Kommunist war – wird «unvergleichlich viel stärker, klüger und feiner» als der gegenwärtige sein. Er sah ihn bereits deutlich vor sich: «Sein Körper wird harmonischer, seine Bewegungen werden rhythmischer und seine Stimme wird musikalischer werden», ja den vollkommenen Rumpf wird krönen der passende Kopf: «Der durchschnittliche Menschentyp wird sich bis zum Niveau des Aristoteles, Goethe und Marx erheben», der ganze Mensch moralisch gleichsam tiefengefedert von einem fehllosen Charakter.[231]

In letzterem lag der Trugschluß dieser Art Selektionsphantasien. Von leiblichen wurde ohne weiteres auf *mentale* Qualitäten, von der Physis auf «Seele» und «Geist» geschlossen, zwischen beiden eine unmittelbare Dependenzbeziehung vorausgesetzt, nach dem ebenso alten wie naiven Glaubenssatz *«mens sana in corpore sano».* Für Genies und Heilige in Krüppelgestalt, mit entstellender Krankheit geschlagen oder von ethnisch und «rassisch» verfemter Abkunft, wie sie die Geschichte vielzählig und sehr zum Wohle der Menschheit hervorgebracht hat, wäre kein Platz mehr im Paradies der Darwinisten.

Bekanntlich *wurden* die «logischen» Konsequenzen dieser Lehre auf grausamste Weise in die Tat umgesetzt. Aber auch dafür liefert der Darwinismus eine Erklärung: Der gewisse Abscheu, den selbst Eltern ihren mißgestalteten Kindern gegenüber empfinden und der sie drängt, sie in Heimen unterzubringen und danach entweder nie mehr oder nur kaum noch zu besuchen, «ist aller Wahrscheinlichkeit nach das Ergebnis der natürlichen Auslese.»[232] Die Tötung ist da nur ein Schritt weiter auf dem Weg der Selektion. Zwar wurde es stiller um die Entwicklungseuphorie in bezug auf den Menschen, doch mehren sich offensichtlich die Stimmen, die für eine Abtreibung geschädigter Feten und die Zwangssterilisation Erbkranker und geistig Behinderter plädieren, und kamen «erschreckende Fälle unterlassener medizinischer Hilfeleistung bei Schwerstbehinderten ans Licht.»[233] Argumentationsgrund bleibt weiterhin allein die Physis.

Daher meiden viele Menschen Kontakte. Schon dem gottesfürchtigen König David (ca. 1004–965 v. Chr.) waren «die Blinden und Lahmen in der Seele verhaßt». Dies sei, vermutet der Autor des 2. Buchs Samuel (5:8), wohl der Grund dafür, daß man zu sagen pflege: «Ein Blinder und Lahmer kommt nicht ins Haus hinein!» Inzwischen hat die Heilige Schrift zwar um einiges an Autorität eingebüßt, die Aversion jedoch ist geblieben. Neueren Untersuchungen zufolge löst der Anblick von Behinderten Unsicherheit, Angst, Widerwillen, Ekel und Ablehnung aus.[234] Ein Empfinden, das Angehörige aller gesellschaftlichen Schichten und Berufsgruppen offenbar teilen. Eine Befragung von «41 Hausfrauen, 59 Lehrern, 68 Studenten, 33 Theologen, 36 Ärzten und 103 sonstigen Personen» ergab u. a., daß niemand einen engeren Umgang seiner eigenen (gesunden) mit – in diesem Falle – geistig behinderten Kindern wünschte und eine deutliche Abneigung dagegen bestand, nahe einer Heilanstalt zu wohnen.[235]

Krüppel, so geht die Meinung, sind *Kranke*.[236] Eine Berührung, vor allem eine solche intimer Natur, könnte unmittelbar «ansteckend» wirken, irgendeine Art von Schädigung, zumindest aber «Verunreinigung» nach sich ziehen. Das gilt auch für «Berufs-» und «Glaubenskrüppel». In früheren Zeiten hütete man sich etwa, mit irgend etwas aus dem Besitz eines Henkers, vor allem seiner Kleidung und erst recht natürlich mit ihm selbst in Kontakt zu geraten; bei Abdeckern «hatte das Schindermesser im Türbalken die Unreinheit des ganzen Hauses zur Folge.»[237] Mit Ungläubigen Umgang zu pflegen befleckt in nicht geringerem Maße – je länger, desto nachhaltiger. Es bedarf dann gründlicher ritueller Reinigungen, um aus dem Betroffenen wieder einen Menschen zu machen.[238] Die alten Griechen glaubten einen Sakralgegenstand, den ein Barbar berührte, ein Heiligtum, das er betrat, eine Kultfeier, an der er teilhatte, ihrer Wirkkraft und Weihe beraubt.[239]

Auch bei profanen – heiteren wie hochoffiziellen – Anlässen wirken Behinderte störend. Bronislaw Malinowski (1884–1942) vermerkt, daß die Trobriand-Insulaner (Melanesien), unter denen er Anfang des Jahrhunderts (1914–1918) arbeitete, Kranke und Krüppel, ja selbst Albinos von Spielen und Festlichkeiten so gnadenlos ausschlossen, daß ihre «Vereinsamung sogar das kühle Herz eines Ethnologen erbarmt.»[240] Hielten die Ältesten oder gar Könige Rat, mußte ihre Gegenwart nicht nur irritieren, das heißt die Konzentration beeinträchtigen, sondern auch die notwendige Fehllosigkeit der Entscheidungen gefährden, ja stand zu befürchten, daß wichtige Details der Beratung, entstellt durch ihre Krüppelnatur, nach außen gelangten. Das altindische, klassisch-hinduistische *Gesetzbuch des Manu* empfiehlt so den Königen (VII 149 f.), vor Ratssitzungen alle Kranken, Tauben, Blinden, Schwachsinnigen, Hochbetagten, Krüppel, Frauen, Barbaren und Tiere, Geschöpfe also, die in irgendeiner Weise abweichen vom Idealbild männlichen Menschseins, aus ihrer Umgebung zu entfernen – denn: «derartige verachtenswerte Kreaturen, die ähnlich den Tieren sind, und insonderheit Frauen, verraten leicht die Gegenstände geheimer Beratung.»

Nicht allen sieht man die Behinderung an. Manche, wie Aussätzige etwa, könnten sie mit einer entsprechenden Kleidung kaschieren; bei

sozial oder religiös Versehrten, ethnisch Mißbeschaffenen und Angehörigen entstellender Berufe springt die «Abartigkeit» nicht auf den
ersten Blick in die Augen. Das wurde zunehmend zum Problem in
differenzierteren, zumal städtischen Gesellschaften, in denen die gewerbliche Spezialisierung und damit, «ganz unten», auch der Bedarf
an kontaminierender Schmutzarbeit wuchs. Anders als in der dörfli-
chen Lebensgemeinschaft kannte man zudem viele der Menschen,
denen man auf der Straße begegnete, kaum mehr persönlich. Das
erhöhte die Gefahr infektiöser Kontakte. Die Obrigkeit sah sich, um
ihre gesunden und unbescholtenen Bürger zu schützen, das heißt
ihnen den gesellschaftlichen Auswurf auf sichere Distanz vom Leibe
zu halten, genötigt, alles Gesindel zu markieren. Wie in der Antike
schon Sklaven und Kriminelle, wurden auch im Mittelalter Verbrecher gebrandmarkt. Aussätzige, im alten Israel an ihren zerrissenen
Kleidern und der Barhäuptigkeit erkennbar, hatten, wie in Köln beispielsweise, eine «signifikante» Tracht aus Bundhose, Joppe, weißem
«Siechenmantel» mit großem Hut, dazu Schellen, Klappern oder ein
Horn zu tragen, um Näherkommende warnen zu können. Für Geistesgestörte («Besessene») war die Kreuz-Tonsur, bei der lediglich
zwei einander überschneidende Haarstreifen auf dem Haupt verblieben, für «Narren» ein langes Gewand mit gezipfelten Schößen, die
«Gugelkappe» mit weit herunterhängenden Ohrlappen und ein
Schellenstab vorgeschrieben. Dirnen mußten in kurzen Röcken und
einem kragenlosen Mantel, alles in Gelb, mit Schleier und Kopftuch
in Gelb, Rot oder Grün – den «unehrlichen» Farben – gehen, Henker
gelbe Kapuzen und als Ausweis ihrer Tätigkeit einen kleinen silber-
nen Galgen, Schinder einen grauen Rock, dazu einen spitzen roten
Hut tragen. Reuige Ketzer erkannte man an einem gelben Kreuz, das
sie mit sich führten, Juden an gleichfarbigen Flicken auf ihren Ge-
wändern und wiederum einem charakteristischen Spitzhut.[241]

Der optischen Markierung entsprachen die soziale Stigmatisierung
und im Innern der Betroffenen selbst ein bleibendes Wundmal.
Durch die Zeichnung wurden sie gewissermaßen *«fremdgesetzt».*[242] Die
Gesellschaft zog sich von ihnen zurück, sie wachsam gleichwohl im
Auge behaltend, schwankend, ob der Anblick der quasi-barbarischen
«Exoten» Anlaß zu abfälliger Belustigung oder Geringschätzung, Ver-
achtung und Feindseligkeit bot. Der dänische Ethnologe Kaj Birket-
Smith (1893–1977) hat einmal sinnierend bemerkt, daß «der erste
Steinzeitmann, der am Lagerfeuer das Gelächter seiner Stammesge-
nossen dadurch hervorrief, daß er von den komischen und unglaub-
lichen Sitten der Nachbarhorde erzählte, in gewisser Weise der Vater
der Ethnographie» gewesen sei.[243] In der Tat hat Andersartigkeit,

gerade auch bei Ethnologen, immer sowohl Erheiterung als auch Abscheu ausgelöst – nur scheute man sich später, in neuerer Zeit, das niederzuschreiben; dafür bildet es den schier unerschöpflichen Quell zahlloser Anekdoten unter «gestandenen Feldforschern».

Die Erfahrung selbst indessen kann ihnen nicht neu gewesen sein. Im Kindergarten, mehr noch in den Schulklassen werden Hinkende, Stotterer, Schielende, Rothaarige oder Fettleibige oft mit gnadenlosem Spott verfolgt. Man karikiert sie, belegt sie mit Spitznamen, die ihr Leiden noch schärfer markieren, und amüsiert sich aufs beste und in aller Offenheit über ihre Beschämung und ihren Schmerz, ja am meisten über ihre Ausbrüche ohnmächtiger Wut.[244] Später werden die Menschen zurückhaltender, wenn auch nicht alle. In manchem vertrauten Kreis tauscht man schon mal, bei «gehobener» Stimmung, die eine oder andere «komische» Begebenheit aus, wie ein Schielender etwa bei einer Kollegin «abblitzte», die sorgsame Tarnung einer Mißbildung plötzlich, im denkbar unpassendsten Augenblick, verrutschte, über die «plumpen» Versuche eines Liliputaners, größer zu erscheinen.[245] Man erzählt sich Witze über Lahme und «Hinkefüße», einfältige Bauern, über Zeugen Jehovas, Juden und Türken.[246] Bekannte einzelne besitzen natürlich ihre besonderen Spitz- und Spottnamen und bilden ein beliebtes Thema von Klatsch und – meist übler – Nachrede.[247]

In älteren Zeiten jedoch war man auch unter Erwachsenen offener. Bei Naturvölkern amüsierte man sich gemeinhin köstlich, wenn ein Behinderter, wie ein Lahmer zum Beispiel, stürzte und sich wehtat oder beschmutzte.[248] Kinderlose, mehr noch Junggesellen wurden überall, auch in ländlichen Bereichen Europas noch bis in die jüngste Zeit, bespöttelt, ja schonungslos verhöhnt; in Schlesien pflegte man sie als «Kerle», in Armenien als «verdorrte Köpfe» zu titulieren.[249] Homosexuelle und Transvestiten sahen sich vielfach, durchaus auch in traditionellen Gesellschaften, nicht nur dem allgemeinen Spott, sondern auch ätzender Verachtung ausgesetzt.[250]

Nicht immer blieb es bei bloßer Belustigung. Denn hinter dem schlürfenden Gang, dem mühsamen Fortziehen der Glieder an Krükken, dem klobigen Buckel oder den toten Augen lauerte ja *das Böse,* dessen unverkennbarer Ausdruck die Verunstaltung war. Rasch wurde aus Spott daher rüde Beschimpfung. Die Mundurucú im Nordosten Brasiliens bezeichneten Gruppenangehörige mit körperlichen Mißbildungen als *tun,* das heißt «Kot».[251] Der deutsche Ethnologe Josef Franz Thiel hörte bei den Yansi im Südwesten Zaires Kinder eine unfruchtbare Nachbarsfrau, wenn diese sie von ihrem Hof vertreiben wollte, häufiger mit etwa den Worten beschimpfen: «Was willst du uns schon befehlen. Du gehst einmal von hier und hinterläßt uns nichts als deine Exkremente. Du bist nur gekommen, um uns die Nahrung wegzuessen!»[252] Womit sie wohl lediglich Äußerungen ihrer Eltern wiedergaben. Auf Java stuft man Behinderte als «Nicht-Javaner», also als nicht richtige, als Menschen nur in bedingtem Sinne ein.[253] Eben so sahen die Pariser auch Quasimodo. Als er öffentlich ausgepeitscht wurde, kniend, die Hände auf dem Rücken, an das langsam sich drehende Eichenholzrad des Prangers gefesselt, hagelte es nur so an Beschimpfungen. Die Frauen, so Victor Hugo, «trieben es am ärgsten» dabei – «sie trugen ihm alle etwas nach, die einen seine Bosheit, die anderen seine Häßlichkeit»:

«‹Du Teufelsfratze!› rief eine. ‹Du Besenstielreiter!› schrie eine andere. ‹Eine schöne Fratze!› kreischte eine dritte … ‹Gut so!› fuhr eine Alte fort. ‹Das ist die Prangerfratze. Wann wird die Galgenfratze daraus?› … ‹Pfui, der Taube! Der Einäugige! Der Bucklige! Das Scheusal!›»

Und den verbalen Anwürfen folgten alsbald «hier und da sogar Steine.»[254] Behinderte befinden sich auch heute noch am Pranger. Wenn sie sich in der Öffentlichkeit bewegen, gefesselt an ihren Rollstuhl, starren sie viele Menschen unverhohlen, mit einer Mischung aus Unbehagen und lüsterner Neugier, wie Unfallopfer, an. «Eltern von körperbehinderten Kindern berichten, daß sie von Unbekannten auf der Straße mit zum Teil unverschämten Fragen, aber auch mit dem billigen Trost: ‹So ein Kind ist ein Segen für die ganze Familie› belästigt werden.» Ihre Hilflosigkeit liefert sie aus. Jedermann kann ihnen nahetreten, sie mit Blicken betasten, unmittelbar ansprechen, ohne Wahrung jeglicher Form auf plump-vertrauliche Weise. Es ist, als sei der Anspruch auf Schutz ihrer Persönlichkeit und Privatsphäre wie weggeblasen.[255]

Zu offener, rüderer Anpöbelung körperlich und geistig Behinderter kommt es heute freilich kaum mehr. Irgendwie werden sie doch eher als «Kranke» begriffen; man überlegt lediglich, immer wieder mal, was «mit ihnen geschehen» soll. Sozial, religiös oder ethnisch «Abartige» finden dagegen weniger Verständnis. Ihnen gegenüber braucht man sich nicht zu genieren, da sie ihre «Verkrüppelung» ja entweder einem eigenen Verschulden – chronischer Arbeitsscheu, mangelndem Ehrgeiz, der Trunksucht usw. – sturer Irrgläubigkeit oder der eigenen freien Entscheidung verdanken, in dem Land, in das sie emigrierten, zu leben und sich den Einheimischen gleichsam aufzudrängen. Das löst nicht nur Unwillen und «Befremden» aus, es weckt auch «gesundes» Mißtrauen, ja den «gerechten» Volkszorn. Im Mittelalter schmähte man Dirnen, Musikanten, Tänzer und Tänzerinnen, Abdecker, Schäfer, Bettler, Bürstenbinder, Kesselflicker, Weber, Müller und andere als «unehrliche Leute» mit gleichsam triebhaftem Hang zu Verbrechen und Unzucht. Webhäuser und Mühlen waren als Lasterhöhlen verschrien, in denen der Böse selbst sein Wesen trieb. Spielleute vollends faßte man kaum mehr als Menschen, auf die eine derartige Bezeichnung noch rechtens zutraf, auf *(«nullum hominum genus»).*[256] Juden verdächtigte man, heimlich, im Rahmen satanischer Kulte, Christenkinder zu opfern. Was wunder, daß es nicht bei Stigmatisierung und Beschimpfungen blieb, sondern in Zeiten überhitzter Spannung wieder auch Steine flogen, Knüppel hochfuhren und Messer blitzten, Hexen und Ketzer den Flammentod fanden. Damals machte sich der Abscheu noch offen auch wider Behinderte, Kranke und hilflose Alte Luft. Man pöbelte sie in aller Öffentlichkeit an, hinderte sie am Weitergehen, bewarf sie mit Unflat.[257] In der zeitgenössischen Literatur werden Szenen geschildert

«mit Leuten, die einen Narren [einen Geistesgestörten] aus den Fenstern heraus verspotten, während unten, auf der Straße, Kinder, das gemeine Volk ihn mit lautem Geschrei hetzen, ihn packen, ihn prügeln, ihn mit Haken kratzen, ihm Wasser über den Kopf schütten oder ihn mit nassen Lappen traktieren, ihm Unrat ins Gesicht werfen oder ihn mit Asche einschwärzen und ihm schließlich den Kopf scheren.»[258]

Jahrhunderte später, als die Aufklärung ihre kargen Früchte getragen hatte, wurden geistig Behinderte, «Erbkranke», Homosexuelle und andere «Abartige», Kriminelle, «Zigeuner», «slawische Untermenschen», Juden und «Andersdenkende» überwiegend mechanisch vernichtet. Danach trat eine gewisse Ernüchterung ein. Freilich nicht überall. Vor allem «Andersdenkende», also «Geisteskrüppel», neuerlich auch wieder «Ungläubige», blieben ein offenes Ärgernis, dessen sich die aufsichtführenden, verantwortungtragenden Obrigkeiten zu entledigen trachteten – durch Psychotherapie oder Ausmerzung.

Im Volk geht es verhaltener zu. Nach dem Zweiten Weltkrieg bildeten in Deutschland nur mehr Flüchtlinge – zumal, wenn sie sich in Aussehen, Sprache, Kleidung und Brauchtum deutlicher von den Einheimischen unterschieden – den Gegenstand von Argwohn und Mißtrauen. Verschiedentlich redete man ihnen nach, durch Zauber eine Krankheit, eine Mißernte oder sonst ein Ungemach verursacht zu haben.[259] «Hexen» freilich fürchtete man, auf dem Lande zumindest, nach wie vor. Sie verrieten sich meist durch irgendeine Absonderlichkeit des Verhaltens. In einem Fall, der aus den fünfziger Jahren berichtet wird, handelte es sich um eine Bäuerin, die man dabei beobachtete, wie sie mit ungewöhnlicher Sorgsamkeit und Konzen-

tration Glasscherben mit dem Fuß vom Gehweg schob, in einem andern bezichtigte man eine alte Frau, weil sie in der Kirche zwei Brillen zu benutzen pflegte, von denen sie die eine bei Gebrauch der
anderen auf die Stirn hochschob.[260]

Das muß man nicht für verschrobene Überlebsel altväterischen
Aberglaubens halten. Der Soziologe Norbert Elias (1897–1991) stellte
um 1960 mit einem Kollegen zusammen Untersuchungen in einer
englischen «Vorortgemeinde» an, deren Einwohnerschaft zur Hauptsache aus Arbeiterfamilien bestand – freilich aus zwei streng geschiedenen Teilen: den Einheimischen im «Dorf» und einer Gruppe später, vor rund zwanzig Jahren Zugezogener in der «Siedlung», beide
getrennt durch eine Bahnlinie. Die Altsassen lehnten die «Flüchtlinge», «Evakuierten» bzw. «Cockneys» entschieden ab. Sie begriffen sie
beharrlich «als Außenseiter ... und stigmatisierten sie generell als
Menschen von geringerem Wert. In ihren Augen fehlte den Neusied-
lern die auszeichnende Bürgertugend – eine Art kollektives Charis-
ma, das die höherstehende Gruppe für sich in Anspruch nahm»; man
warf «sie alle in einen Topf als rohe, ungehobelte Leute.»[261]

Immerhin waren beide noch Briten. Hätte es sich bei den Flüchtlingen dagegen um Ausländer, und zumal noch von dunklerer Hautfarbe und exotischen Essensgewohnheiten und Lebensformen, gehandelt, wäre das Mißtrauen sehr viel schärfer gewesen, versetzt mit
latentem Haß, vielleicht auch offener Gewaltbereitschaft, wie das
einschlägige Beispiele aus der neueren Zeit ja gerade auch für England belegen. Inzwischen allerdings darf man getrost von einer ge-
meineuropäischen Erscheinung sprechen. Massiver Fremdzuzug
und soziale Unsicherheiten schürten aufs neue Haß wider die Menschen fremder «Rassen», die das Idealbild von der eigenen heilen
Lebenswelt so empfindlich beschmutzen. Wiederum werden Beschimpfungen wie «Hammeltreiber» oder «Dreckstürke» laut, beginnen die Steine zu fliegen, lodern Flammen und verbrennen Leben.
Es gilt *das Böse,* das in den Fremden wohnt, das sich so unverschämt
offen in ihren aufreizend abartigen Lebensgewohnheiten, den
scharfen Gerüchen und verstellten Gesichtszügen ausdrückt und
mehr und mehr Wurzel im eigenen Lande zu schlagen sucht, auszutilgen, solange noch Zeit ist, um sich wieder sauberer fühlen und
freier atmen zu können.

Zumindest jedoch wollen viele der «Überfremdung» entschlossen
Einhalt gebieten. In traditionellen Gesellschaften war Gruppenfremden ohnehin, in der Regel aber eben auch Mißwüchsigen oder sonstwie Versehrten aus der eigenen Gemeinschaft der Zugang zu öffentlichen, namentlich religiösen Ämtern, oft auch überhaupt die Teil-

nahme an Kultfeierlichkeiten verwehrt. Schon ein überzähliger Finger konnte ein hinreichendes Indiz für den Ausschluß sein.[262] Im Hinduismus dürfen Brahmanen mit körperlichen Anomalien keinerlei religiöse Funktionen ausüben[263], im Lamaismus bleiben für geistig Behinderte, «Krüppel» und selbst Rothaarige die Klostertore verschlossen.[264] Bei Völkern mit Kopfjagdtradition, wie den Naga in Assam, zählten selbst ihre abgeschlagenen Schädel nichts; sie besaßen als Trophäen keinerlei Wert.[265] Die Versehrung, so fürchtete man in all diesen Fällen, hätte auf Amt, Kult und Heiligtum flächenbrandartig übergegriffen und sie in ihrer Wirkkraft und Sakralität beeinträchtigen müssen.

Im Mittelalter findet sich vieles davon kodifiziert; die differenziertere städtische Sozialverfassung erforderte ihre rechtlichen Festlegungen. Wer zum bunten Gesindel des Auswurfs zählte, ob Bettler, Musikus oder Krüppel, ob Dirne, Henker oder Aussätziger, war weitgehend rechtsunfähig und genoß selbst nur einen sehr eingeschränkten Rechtsschutz, das heißt hatte nicht teil am Recht der Freien, besaß keinen Zugang zu Bruderschaften und – «ehrlichen» – Zünften und erst recht weder das passive noch aktive Wahlrecht[266] – letzteres auch heute wieder in den Debatten um den Rechtsstand der «Gastarbeiter» eine umstrittene Frage.

Indessen wäre noch immer denkbar gewesen, daß Randständige auf die ihnen eigene verschlagene Weise den Fuß in die zentralen Anstandsbereiche setzten, indem sie Bindungen zu den schwächsten, ihnen dem Wesen nach nächststehenden Gliedern der bürgerlichen Hoheitsgemeinschaft, also den Frauen, zu knüpfen versuchten. Doch auch dem wußte die Weitsichtigkeit der Verantwortungsträger zu wehren. In der Gegenwart ist man bekanntlich zwar liberaler geworden; gleichwohl sehen nach wie vor viele Eltern vor allem ihre Töchter nur ungern eine engere Beziehung, geschweige denn Ehe mit einem Behinderten, einem sozial Tieferstehenden oder auch einem «Schwarzen» eingehen. Das «schlechte Blut» des Vaters würde sich eher durchsetzen, weshalb man auch bei Söhnen schon einmal ein Auge zudrücken kann. Als «unpassend», ja unerwünscht empfände man es aber in beiden Fällen. Eltern lassen es daher, wenn eine derartige Anstößigkeit greifbare Formen anzunehmen beginnt, nicht an Warnungen fehlen, ja drohen gegebenenfalls mit Familienausschluß und Enterbung. Die französische Ethnologin Françoise Zonabend hörte in einem Dorf im nördlichen Burgund, in dem sie Anfang der siebziger Jahre eine Feldforschung durchführte, einen Bauern seinem Enkel, der sich anschickte, ein Mädchen mit einem übergroßen Muttermal im Gesicht zu heiraten, ins Gewissen reden:

«Wenn du Olga zur Frau nimmst, hänge ich mich auf. Man heiratet keine Frau mit so etwas im Gesicht!»[267]

Überwiegend erübrigen sich die Adhortationen. Gewöhnlich besteht wenig Neigung, mit Behinderten oder Menschen eines deutlich minderwertigeren Milieus engere, namentlich *intime* Beziehungen einzugehen.[268] Ihre «Unreinheit» und das «Häßliche» ihrer Erscheinung wirken abstoßend. Schwarze Frauen besitzen angeblich, wie Jane Caputi glaubt verallgemeinern zu können, «für die meisten weißen Amerikaner keinerlei Anziehungskraft, weil sie widerwärtig erscheinen.»[269] In früheren Zeiten wollte man sicherer gehen. Im Mittelalter war Angehörigen «unehrlicher» Berufe, Juden, «Sarazenen» und derlei Gelichter mehr die Einheirat in gute christliche Familien strikt untersagt.[270] Das schloß auch «Bastarde» ein: Überall bestanden Verbote, «daß ein anständiger Handwerker ein unehelich geborenes Mädchen heiratet.»[271] Die Naturvölker hatten es ähnlich gehalten.[272] Nicht nur, daß Ekel sie abstieß[273], sie ängstigten sich auch vor den Unheilskräften, denen sie sich dabei unmittelbar ausgesetzt hätten. Albinos hielt man teilweise auch für genuin steril.[274] Sie sowie Schwachsinnige, Krüppel, Invalide, Sonderlinge usw. stellten daher in traditionellen Gesellschaften gewöhnlich die einzig Unverheirateten dar[275] – und waren damit doppelt gezeichnet; denn der Ledigenstand galt ja an sich schon als Ausdruck der Abartigkeit; Hagestolze wurden als eine Art «Sozialkrüppel» begriffen. Erkannte ein Partner beim andern gewisse Anomalien – zum Beispiel eine übermäßige Körper- bzw. Schambehaarung, größere Muttermale, überzählige Brustwarzen – erst nach der Verehelichung, besaß er damit einen allseits gebilligten Scheidungsgrund.[276] Bei Höherstehenden nahm man es noch genauer. Der Adel von Hunza (Hindukusch), die Akaabir, hatten dafür geradezu «rassenhygienische» Gründe: Die Verbindung mit einer weniger hochgeborenen Frau führte bei den Kindern beider, so glaubte man, zwangsläufig zu einer Minderung der väterlich-aristokratischen Eigenschaften – in physischer wie in moralischer und geistiger Hinsicht.[277] Allerdings konnte der Makel, wie mir ein Akaabir versicherte, durch konsequente «Rückkreuzung» wieder getilgt werden. Könige vollends sollten nicht nur selbst ohne Fehl sein, sondern auch nur Frauen freien, die dem Ideal im gleichen Maße entsprachen; der erwünschten Vollkommenheit der Kinder wegen.

Des Unguten sollte man sich möglichst entschlagen. Die Gerechten erwehren sich seiner, bekämpfen es mit Entschlossenheit, wo immer es sie antritt und zu beschmutzen oder gar unmittelbar zu affizieren droht. Das lehrt auch Tiere bereits ein «gesunder Instinkt». Artgenossen, die auffällig von der Gruppennorm abweichen, werden gnadenlos attackiert und in die Isolation getrieben.[278] Menschen standen dafür differenziertere, teils auch subtilere Möglichkeiten zur Verfügung. Bestehen bleibt das Bemühen, sich «Abartiges» vom Leibe zu halten, mit der stillen, aber bestimmten Tendenz, Krüppelexistenzen, sofern sie jedenfalls als seine Ausdrucksträger galten, Schritt für Schritt von den Aufrechten und Geradsinnigen fort an den Rand der Gesellschaft, ja besser noch darüber hinaus in die Umwelt, den Akosmos, abzudrängen. Die Abwehr sexueller Kontakte bzw. der Ausschluß aus der bürgerlichen Heiratsgemeinschaft stellten da bereits drastischere Mittel der Marginalisierung dar. Im Vorfeld gleichsam stehen vielfältige feinere Formen der Distanzierung: einen Behinderten oder verwahrlosten Stadtstreicher scheinbar nicht wahrnehmen, in deutlichem Abstand umgehen, einen Zuruf überhören, Berührungen meiden usw. Bei den Balahi in Zentralindien sieht man zum Beispiel über Geisteskranke beflissen hinweg. Der gezielte Aufmerksamkeitsentzug führte, wie der Missionar Stephen Fuchs beobachtete, gewöhnlich dazu, «daß sie nicht lange überlebten».[279] Analog verhielt man sich auch in anderen traditionellen Gesellschaften; gelegentlich beschleunigte man den Gang in die Isolation auch auf rüdere, derbhandgreifliche Weise.[280] Das wurde in städtischen Gemeinschaften, wie im Mittelalter zumal, gleichsam die Regel. Beschimpfungen, Verhöhnungen, Anpöbelungen, Verfolgungsjagden und Gewaltakte mit Steinen und Stöcken, ein beliebtes Kinderspiel, für die Erwachsenen eine Art Sport, ließen den Geächteten keine andere Wahl, als Zuflucht in den Kellern und Ruinen verfallener Viertel, in gebrechlichen Buden zwischen Schutthalden am Rand der Kommunen zu suchen. Einen gewissen «Fortschritt» freilich brachte die Formalisierung der Praxis – durch die gesetzmäßige Nichtzuerkennung der bürgerlichen Ehren und «Ehrlichkeit», der Rechtsfähigkeit, den Ausschluß von Zünften und anderen «öffentlichen» Institutionen.[281]

Heute herrscht offiziell eine «behindertenfreundlichere» Atmosphäre, die sich in der Gesetzgebung, in Bau- und Einrichtungsvorschriften niederzuschlagen beginnt. Aber hinter den Stirnen, ja in den Augen der «Unbetroffenen» wohnt weiterhin Argwohn, der zur Meidung mahnt und auf Distanz drängt.[282] Bei Sozialwahlen in der Schule etwa haben körperbehinderte Kinder nur kaum eine Chance.[283] Als 1966 erstmals an spinaler Kinderlähmung Erkrankte und querschnittsgelähmte Unfallopfer in einem deutschen Studentendorf einzogen, kündigten einige der studentischen Einwohner prompt und wollten das durchaus auch als Demonstration verstanden wissen: «Sie betrachteten es als Zumutung, mit im Rollstuhl Sitzenden denselben Flur, dieselbe Teeküche und dieselbe Toilette benutzen zu

müssen.» Aufsehen erregte 1971 auch der Fall eines italienischen
Hoteliers, der sich zunächst bereit erklärt hatte, eine größere Anzahl
contergangeschädigter deutscher Kinder und einige ihrer Eltern auf-
zunehmen, dann aber seine Bereitschaft abrupt widerrief, weil es zu
erheblichen Unwillensbekundungen unter seinen – überwiegend
deutschen – Gästen gekommen war. Geschäftsleute zeigen sich abge-
neigt, Mitarbeiter mit Akne oder sonst einem sichtbaren Hautleiden
einzustellen – «weil sie eher abstoßend als anziehend auf die Kunden
wirken würden.»[284] Nur zu verständlich daher die Klagen der Opfer
und ihrer Interessenverbände; verzweifelt fast die Versuche, sich in
eigenen «Betroffenengemeinschaften» zu organisieren, um so, gestärkt durch die Institution, vielleicht eher Kontakt zu «Nichtbehin-
derten» finden zu können. Die Mauern der Isolation sind möglicherweise dünner, nicht jedoch durchlässiger geworden. Das erstrebte
Ziel bleibt *«integ»* – das Kürzel, eher die Chiffre für *«Integration».*[285]

Früher lag «integ» noch ferner, der sozialen entsprach eine konsequente *topographische* Marginalisierung: In traditionellen Gesellschaften hatten im Herzen der Ortschaften, unmittelbar um den zentralen Versammlungs- und Festplatz herum, gewöhnlich die *ältesten,*
das heißt die Kernfamilien der Gründersippen ihren Platz, rings, in
konzentrischer Abfolge umsäumt von den Angehörigen der genealogisch *nächstjüngeren* Abstammungsverbände bis hin schließlich zu den
ärmlichen Hütten der Heruntergekommenen, Ledigen, Geächteten
und Aussätzigen, der fahrenden Musikanten und Gewerbetreiben-
den, der Zuzügler und Flüchtlinge an der äußersten Peripherie des
Gemeinwesens, mit einem Fuß gewissermaßen schon – bzw. noch –
in der exosphärischen Außenwelt, schwer einschätzbar, immer verdächtig und potentiell gefährlich.[286] Hochkulturlich-mittelalterliche
Dorfanlagen perpetuierten das Schema. Den Siedlungskern bildeten
die Gehöfte der Vollbauern, den weiteren Umkreis die bescheideneren Anwesen der «Kleingütler» oder Kötter, Kätner, Kotsassen usw.,
deren Sitze zuäußerst wiederum die Hütten und Verschläge der Ver-
armten, Tagelöhner, Ledigen, Alleinstehenden, Verfemten und anderer «Außenseiter» umsäumten.[287] Zwang diese die Not, Arbeit und
Zuflucht in den Städten zu suchen, fanden sie sich alsbald in denselben Raumordnungsstrukturen gefangen: Der Zutritt zum Innern, zumal zum Kern, in dem, um den Marktplatz herum, bei Kirche und
Rathaus, die Häuser der «alten Familien», der Patrizier, Honoratioren und Notabeln, die Stadtpalais der Adligen standen, war ihnen
nur unter Einschränkungen, nachts jedoch in der Regel niemals gewährt. Ihnen blieben die Rand- und Außenbezirke um die Stadtmauern herum, verlassene und verfallende Altstadtviertel nach Art des

«Mirakelhofs» im mittelalterlichen Paris, die schlammigen, stets hochwassergefährdeten Ufer der Flüsse vor den Toren der Städte, die Umgebung der Hinrichtungsplätze. Dort überall hausten, vegetierten und starben sie, unter Lumpenplanen, im Schutz von Bretterverschlägen und Ruinengemäuer, in feuchten und finsteren Kellern, inmitten von Dreck, Unrat und Kot. Wer es «zu etwas brachte» und innerhalb der Mauern Fuß zu fassen vermochte, wurde vorsichtshalber in seiner Bewegungsfreiheit begrenzt, in bestimmten Vierteln ghettoisiert, wie Abdecker, Leineweber, Färber und Juden[288] – letztere in Frankfurt am Main zum Beispiel seit 1461 gleichsam «hinter Schloß und Riegel» gehalten «im Ghetto am stinkenden Wollgraben».[289] Heute pflanzt sich die düstere Tradition der fauligen Randsässigkeit, wildwüchsig gleichsam, in den Wucherungen der *Slums* am Saum moderner Metropolen fort.

Bei manchen «Krüppeln» indessen hatte man niemals die volle Gewähr, daß sie die gezogenen Grenzen auch in jedem Fall respektierten. Das Böse in ihnen schien so stark, daß es sie jederzeit zu übermächtigen drohte. Verbrecher etwa, deren Strafmaß nicht ausreichte, ihnen vollends den Garaus zu machen, stellten eine stete derartige Gefahr dar; Wahnsinnigen verstellte der Ungeist, der sie beherrschte, den Blick für bestehende Schranken; das Äußere Aussätziger war der krasseste Ausdruck von sündiger Verkommenheit und Verderbnis, stand in zu offenem Widerspruch zu den guten Idealen der Gesundheit, Kraft und Vollkommenheit, als daß man seine ständige, sichtbare Gegenwart hätte hinnehmen können; immer wären Berührung, Verunreinigung, Verwirrung der Empfindungen, Affizierung möglich gewesen. Hier verdichtete, zog sich die Ghettoisierung gleichsam zusammen zum geschlossenen Raumpunkt: Verbrecher wurden in lichtlosen Verliesen, «Besessene» oftmals ebenfalls, häufiger jedoch in Räumen über den Stadttoren, in Festungstürmen, eigenen «Tollhäuschen», ja engen Holzkisten eingesperrt, gelegentlich auch noch zusätzlich in Ketten geschlagen,[290] chronisch Kranke, Verarmte, Obdachlose, Behinderte usw. in verfallenden Klöstern und Hospitälern, Aussätzige in einem Leprosorium, einem sogenannten «Sondersiechenhaus» oder «Gutleuthof», *außerhalb* der Stadtmauern zusammengefaßt.[291] In der Antike ließ man Kriminelle, Schwachsinnige, Krüppel und Blinde unter der Erde verschwinden – man beschäftigte sie bevorzugt beim Bergbau unter Tage.[292] Naturvölker hatten derartige Möglichkeiten nur kaum. Erforderlichenfalls schloß man Geistesgestörte in einer Hütte am Rand der Siedlung ein. Manche Gruppen, zum Beispiel Mapuche und Navajo, versteckten ihre «Krüppel» zumindest vor fremden Besuchern.[293]

Aus «Tollhäuschen» und «Narrentürmen» entwickelten sich die
Hospitäler, «geschlossenen Anstalten» und Pflegeheime der neueren
Zeit, in denen die «Einsitzenden» *als Kranke,* das heißt als leidende,
heil- oder doch betreuungsbedürftige «Patienten» begriffen und –
dem Ideal nach jedenfalls – respektiert werden. Das Volksempfinden
jedoch drängt weiterhin auf Distanz von «Irrenhäusern» und «Klaps-
mühlen». Schon geistig behinderte Kinder wünschen die meisten
Menschen in Heimen untergebracht, die «möglichst in entlegenen,
abgeschiedenen Orten errichtet werden sollten».[294] Selbst Blinde sähen viele gern von der Gesellschaft separiert, in einer eigenen Siedlung «ein bißchen außerhalb der Stadt» zum Beispiel, wie Umfragen
Ende der sechziger Jahre in der Bundesrepublik Deutschland ergaben, in einem eigenen «Gebiet, wo nur sie leben sollten, etwas abge-
sondert von der übrigen Welt», ja «man könnte sie vielleicht auf eine
Insel versetzen.»[295]

Freilich so sahen und sehen es nicht alle. Elend rührt mitunter
auch Mitleiden auf. Bei kleinen Mädchen im Alter von zehn bis vierzehn Jahren zum Beispiel, so fand man heraus, löst der Anblick behinderter Kinder überwiegend den Wunsch aus, lindernd Hand anzulegen, ihr Herz den hinkenden, verwachsenen und lallenden Lei-
densgestalten zu öffnen: sie «wollen helfen, pflegen, trösten»; bei
gleichaltrigen Knaben allerdings «äußerte sich nur ein Drittel in ähnlichem Sinne.»[296] Echte, mitfühlende Anteilnahme zeigen vielfach –
keinesfalls jedoch in der Regel! – auch engere Angehörige, vor allem
Eltern und Geschwister. Bei Naturvölkern konnten Behinderte, sofern, wie gesagt, ihr Leiden nicht als Strafe für eine schwere Verfehlung aufgefaßt werden mußte, sicher auf die Hilfe und den Schutz
ihrer Familie zählen, die dazu sogar ausgesprochenermaßen verpflichtet war.[297] Erinnert sei an den Bericht Ian Hogbins von dem
durch Sturz verkrüppelten Knaben auf Wogeo (Neuguinea), der von
seinem Vater auf ebenso umsichtige wie wahrhaft aufopfernde Weise
betreut wurde. Auch die Barmherzigkeit, die Jesus von Nazareth pre-
digte, verhallte nicht vollends ungehört. Laien wie Geistliche und
ganze Orden, nicht zuletzt gerade auch im Mittelalter, suchten es ihm
in ehrlicher, selbstloser Hingabe nachzutun. Ihre Namen sind, wie
das Gute, das sie wirkten, bis auf einige wenige Ausnahmen längst
vergessen. Ihre Taten schienen nicht der Aufzeichnung wert; sie hin-
terließen kaum Spuren, kein Erbe, das Zinsen trug und sich über die
Jahrhunderte hin anwachsend und verpflichtend mehrte. Muhammad lehrte die Gläubigen: «Den Schwachsinnigen gebt das Vermögen, welches euch Allah zu ihrer Erhaltung gegeben hat, nicht in die
Hände, sondern ernährt sie damit und kleidet sie und redet auf

freundliche Weise mit ihnen» (Koran IV 6). Das geschah auch, frühestens nachgewiesen für das 9. Jahrhundert in Bagdad, in öffentlichen Verwahranstalten, in denen, dem Westen weit voraus, bereits Heiltherapien mit Hilfe von Musik, Tanz, Theater, Schachspielen und Vorträgen Anwendung fanden.[298] Aber das ist Geschichte. Gutes pflanzt sich nicht mit Notwendigkeit fort. Es scheint da keinen Fortschritt zu geben.

Doch es bleiben die fühlenden Herzen, zu deren stetem Lichtquell die Gabe gehört, Freude zu empfinden. Und hier hatten Behinderte eine echte Chance, anderen Gutes zu tun. Denn Verqueres stört und verschreckt nicht nur; es kann auch zur Unterhaltung und Erheiterung beitragen, wie der Witz, der aus verbalen Querschlägern und überraschenden Wendungen des Geschilderten schöpft, die «Situationskomik» heraufbeschwören. Bedingung bleibt freilich, daß man nicht selbst betroffen, das heißt eine sichere Distanz gewahrt ist und sich der erheiternde Vorgang unter Kontrolle befindet.

Dorftrottel aller Art bildeten stets eine Quelle unerschöpflicher Belustigung, wohlfeil für jedermann. Im alten Rom wollte, wer es sich leisten konnte, das Vergnügen ganz privat haben. Eine Zeitlang war es bei römischen Aristokratenfamilien Mode, sich Verwachsene, Zwerge und Riesen beiderlei Geschlechts zu halten, ja geradezu, den geliebten Haustieren gleich, zu «verhätscheln». Kaiser Alexander Severus (222–235 n. Chr.) scheint ihnen das mißgönnt zu haben. Er verbannte sämtliche Krüppel aus Rom und gab sie gleichsam dem Volke preis: Fortan zogen sie von Ort zu Ort durch das Reich und ließen sich gegen Geld in aller Öffentlichkeit bestaunen.[299]

Das gab ihrem Dasein Sinn. Sie konnten die bittere Genugtuung kosten, eine wichtige Funktion für die Gesellschaft zu erfüllen. *«Integ»* schien nähergerückt. So lebte die löbliche Tradition denn auch fort. Im Mittelalter traten Behinderte, Mißwüchsige und «Narren» anläßlich der großen Kirchenfeste auf Jahrmärkten auf, lieferten sich Schaukämpfe und zogen in Prozessionen und Umzügen mit; später kamen noch Masken von Mohren und Indianern hinzu.[300] «Echte» Wilde fanden dann in der Neuzeit wieder, als Bedienstete, Attraktion oder beides, Aufnahme in den Häusern Wohlhabenderer und Herrscher oder waren, *en groupe,* als «lebende Bilder», auf Wanderschaustellungen und, besonders «naturgetreu», Ende des 19. Jahrhunderts in den beliebten «Völkerschauen» der Tierhandlung [!] Hagenbeck in Hamburg zu sehen. Den indigenen «Krüppeln» freilich vermochten sie die Bühne nicht streitig zu machen. Möglicherweise aber schärfte sich das «Stilempfinden» dadurch und wünschte sich das Publikum die «Abartigkeit» jeweils drastischer prononciert. Dieser

Tendenz scheint jedenfalls das Berliner «Abnormitätenkabinett»
noch zu Anfang dieses Jahrhunderts Rechnung getragen zu haben.
Dort ließen sich, wie Eugen Holländer, ein zeitgenössischer Berichterstatter, vermerkt, Verwachsene aller Art, «aufgeputzt und in irgend-
welches besonders bizarre Gewand gekleidet», gegen ein entsprechendes Entgelt rundherum betrachten. Holländer interessierte ihr
Marktwert. Er begab sich in das Panoptikum und ließ sich «eine Liste
der zurzeit zu habenden und zur Schau bringlichen Abnormitäten
vorlegen» – mit dem etwas enttäuschenden, vielleicht auch welt-
kriegsbedingten Ergebnis: «Der Kurs ist nach der Demaskierung des
Wunderbaren in unserem aufgeklärten Zeitalter etwas gesunken.»[301]
   Im Grunde hatte das alles eine uralte Tradition. Absonderlichkei-
ten waren immerhin selten. Das hob ihren Preis; sie bildeten gleichsam «Negativpretiosen». In den Naturvolkkulturen – so man sie gewissermaßen dem freien Zugriff überließ – Allgemeingut, wurden sie
mit Anbruch der Hochkulturen zum umstrittenen Wechselobjekt zwischen herrscherlichem Monopolanspruch und öffentlichem Kom-
merzialisierungsbegehren. Schon die Pharaonen der ersten altägyptischen Dynastien hielten, neben Affen, auch Zwerginnen und Zwerge, zu ihrer wie zur Unterhaltung des Hofstaats, dessen Corpus sich
der gängigen kategorialen Denomination nach aus «Männern, Frauen,
Zwergen und Hunden» zusammensetzte.[302] Viele Jahrhunderte später
war dergleichen noch an afrikanischen Königshöfen, namentlich im
Westsudan gang und gäbe. Die Sammlungen hatten allerdings an
Vielfalt gewonnen. Neben Zwergen bevölkerten die herrscherlichen
Raritätenkabinette Mißwüchsige aller Art und – dies vor dem Hintergrund dunkelhäutiger Normalität nicht überraschend – vor allem
Albinos.[303] Mit altafrikanischem Erbe indessen hatte das nur bedingt
zu tun. Die Wertschätzung des Besonderen zeichnet wohl alle Menschen aus, und Höhergestellte nur insofern besonders, als sie die
Mittel besitzen, ihr sammlerisch, durch die Schaffung privater Mu-
seen, Ausdruck zu verleihen. Auch die Azteken-Herrscher hielten
sich «ganze Menagerien Mißgestalteter, Zwerge, Buckliger, Albinos»
usw.[304] Die ersten römischen Kaiser – von Augustus an – scheinen
vornehmlich Disproportionen im Höhenformat geschätzt zu haben;
sie sammelten offenbar bevorzugt Zwerge und Riesen. Handelte es
sich im ersteren Falle um besonders eindrucksvolle Stücke, wurden
sie auch nach ihrem Tod «noch aufbewahrt und gezeigt».[305]
   Nicht wenige Hochwürdenträger indessen suchten sich, gedrückt
vielleicht von der Last ihres Amtes, der Ergötzlichkeit, die der Anblick des Absonderlichen gewährt, kontinuierlich und unmittelbarer
zu versichern. Sie nahmen «Krüppel» in ihre persönlichen Dienste

auf, ja erhoben sie auch zu Höflingen, die ihnen bei Tisch etwa auf-
zuwarten oder beim An- und Auskleiden zur Hand zu gehen hatten.
Und leicht wurde mehr daraus. Die Ungestalt war Ausdruck einer
gleichsam «verfalteten» Seele; man durfte erwarten, daß der Mund
entsprechend «verdrehte» Ansichten preisgab. Das optische fand so
im sprachlich-akustischen Vergnügen seine Ergänzung; unter Umständen winkte gar, wenn der verkrüppelte «Ohrenbläser» das Geschick dazu und sein Herr die erforderliche Fassungskraft besaß, ein
ausgesprochen intellektueller Genuß – eine absonderliche Paarung,
die vielfach ein absonderliches Vertrauensverhältnis gebar. Was der
Bedienstete oder Höfling seinem Herrscher, laut Etikette, nicht geradeheraus zu sagen vermochte, gab ihm der Krüppel durch hintersin-
nige Possen und krause Wortspielerei zu verstehen. Das Amt des einen machte die Rolle des anderen nahezu notwendig.

«Hofnarren» waren früher daher alles andere als eine Ausnah-
meerscheinung. Lahmend oder auffällig verwachsen, vielfach durch
einen unförmigen Buckel entstellt, dienten sie aztekischen[306] wie byzantinischen Herrschern, zählten noch im letzten Jahrhundert auch
zum Gefolge kurdischer Stammesoberhäupter[307] und spielten zumal
in der Geschichte Europas, belegt seit dem Hochmittelalter, auf Bur-
gen, an Höfen und in Palais, in grellfarbige, pittoreske Clowns-Trach-
ten gekleidet, bei Landesherren, Fürsten, Bischöfen, Königen und
Kaisern nicht selten eine politisch einflußreiche Rolle. Einige von
ihnen leben noch in der historischen Überlieferung fort: Will Sum-
mers zum Beispiel, einer der Hofnarren Heinrichs VIII. von England
(1509–1547), Richard Tarlton, der seiner Tochter Elizabeth I.
(1558–1603), Perkeo, ein Zwerg, der dem Kurfürsten Karl III. Philipp von der Pfalz (1716–1742) diente.[308] Ihr Los war nicht unbedingt rosig. Es hing, stetig vom Fall bedroht wie ein Gewicht an fei-
nem Faden, von den Launen und dem Charakter ihrer Herrschaften,
auch deren Umgebung ab, die ihr Spott vielleicht allzu empfindlich
traf. Kaiser Maximilian I. (1493–1519) genoß es zum Beispiel besonders, wenn sich sein Hofnarr wie ein Affe benahm, wilde Grimassen
schnitt, auf allen Vieren auf einem Pferd ritt und auch gemeinsam
mit einem Affen posierte. Ein andermal fand er sein Ergötzen daran,
ihn in einer Hundehütte schlafen zu lassen.[309] Vergessen fast alle, hat
sie doch Verdi im «Rigoletto» unsterblich gemacht.

Auch Frauen, lange Zeit «Fremde» in der Gesellschaft der Männer,
dienten und huldigten ihren Gatten «als ihren Herren», wie noch
Paulus gebot (Epheser 5:22), unterhielten und heiterten sie auf,
wenn Sorgen sie drückten, suchten ihnen durch Schönheit zu gefallen, durch Bemalung, Trachten und Aufputz ihres Äußeren[310] – bis

hin zur Entstellung durch Lippen- oder Ohrpflöcke, durch gesuchte Fettleibigkeit oder Verkrüppelung der Füße.

Unerwünschte Einstellungen freilich, ein Makel, der mit einem Mal sichtbar wurde, kehrten die Sachlage um. Die Ganda (in Uganda) jagten unfruchtbare Frauen fort. Man fürchtete, daß sich die «Lebensfeindlichkeit» ihres Leibes auf die Ertragsfähigkeit der familiären Pflanzungen auswirken könne.[311] Des Schadenszaubers oder der Hexerei Verdächtigte, notorische Übeltäter und Frevler, unheilbar Erkrankte wie namentlich Aussätzige traf oftmals, sofern man sie nicht kurzerhand umbrachte, das gleiche Schicksal.[312] Manchmal mochten sie – nicht eben herzlich allerdings – Aufnahme bei benachbarten Gruppen finden. Bei den Talensi im Norden von Ghana wurden so «einige armselige alte Frauen», die im Ruch standen, Hexen zu sein, praktisch «von Dorf zu Dorf gejagt», bzw. dort, wo sie gerade waren, nur «unwillig geduldet».[313]

Darin lag im Grunde nur Konsequenz. Es handelte sich um buchstäblich *«ver-kommene»* Subjekte. Ihre Verhaltensabartigkeiten, ihre äußeren Entstellungen kehrten nur sichtbar ihre *innere Verrottung* ans Licht, die sie in asoziale Akte, Tabubrüche, Schadensmagie, Hexerei usw. getrieben hatte. Sie waren bereits Außenseiter geworden, bevor die Gesellschaft sie ihrerseits, ganz folgerichtig, exkommunizierte, «ausschied». Manche kamen dem übrigens zuvor und zogen sich aus freien Stücken in die Wildnis zurück.[314] In jedem Falle besaßen derart «Geächtete» nur sehr geringfügige Überlebenschancen. Das war an sich auch der Sinn des Ganzen; dem «sozialen Tod» sollte der physische folgen.[315] Sie hatten die Grundregel sozialen und vor allem verwandtschaftlichen Zusammenlebens, die Verpflichtung zu Gemeinsinnigkeit und unverbrüchlicher Solidarität, verletzt und waren insofern kategorial zu *«Fremden»* geworden, die keine Sippe und damit keinen Schutz- und Rechtsanspruch mehr besaßen.[316] Sie existierten für die Ihren nicht mehr.

Bewährte Traditionen leuchten mitunter auch großen Geistern unmittelbar ein. Platon, der sich, wie schon erwähnt, für die Beseitigung mißgestalteter Kinder gleich nach der Geburt aussprach, empfiehlt im Entwurf seines Idealstaats, den *Gesetzen,* seinem Alterswerk, in dem er die Summe eines erfüllten Philosophendaseins zieht, unverbesserliche Bettler vom Markt, ja aus der Stadt und «über die Grenzen des Landes zu jagen, damit das Land ganz von solchen Geschöpfen gereinigt werde.»[317] Fremde gar, meint er, würden «in den meisten Fällen in unserem Staate nicht alt werden noch hier sich einnisten, um die mit ihnen lebenden Besitzer des Landes sich ähnlich zu machen.»[318] Anderswo sei man da, sträflicherweise, weniger empfindlich: «Bei den meisten Staaten, deren Gesetzgebung eine keineswegs gute ist, hat es nichts auf sich, wenn Fremde, die Aufnahme finden, unter die Bürger sich mischen.»[319] An einer früheren Stelle erläutert er die Weisheit seiner Vorstellungen treffend an einem Bild aus der Viehhaltung:

> «Ein Schaf- oder Rinderhirt, oder ein Pferdezüchter und was es sonst dergleichen gibt, welcher irgendeine Herde übernimmt, dürfte wohl niemals in anderer Weise die Wartung derselben übernehmen, als nachdem er die jeglicher Vereinigung zukommende *Reinigung* vornahm, und nachdem er die gesunden und ungesunden, die edlen und unedlen voneinander schied, wird er die einen anderen Herden zuteilen, die andern aber in seine Pflege nehmen, in Erwägung, daß die auf die Leiber und Seelen gewendete Bemühung eine vergebliche und endlose sein würde, so eine *angeborene Verderbtheit* und eine *schlechte Wartung* sie schon zerrüttet hat und noch dazu auch die Gattung der *an Körper und Sinnesart Gesunden und Unversehrten* bei jeder der Herden verdirbt, wenn man die Vorhandenen nicht aussondert.»

Dem Philosophen ist klar, daß beim Hobeln Späne fliegen. Die beste Gesetzgebung sei aber nun mal «eine schmerzliche, gleichwie diejenigen Heilmittel, welche von derselben Beschaffenheit sind. Sie führt, wie es recht ist, durch Vergeltung die Strafe herbei und läßt diese Vergeltung mit *Tod oder Verbannung* enden; denn diejenigen, welche am ärgsten sich vergangen haben, aber *unheilbar* sind und des Staates größtes Verderben, pflegt sie *fortzuschaffen.*» In manchen Fällen schwebt ihm allerdings auch eine mildere Lösung vor: Delinquenten, die aus Bedürftigkeit zu «Sozialkrüppeln» wurden, «diese, als einen im Staate haftenden Krankheitsstoff», solle man «in möglichst freundlicher Weise» zur Koloniegründung weitab von der Heimat nötigen; das wäre immerhin «ein Fortschaffen mit schöner Bezeichnung». Generell jedoch gelte, und zumal, wenn man sich Gedanken über die Schaffung eines idealen Gemeinwesens mache, daß man, «wie beim Zusammenströmen vieler Quellen und Sturzbäche in *einen* See», mit Sorgfalt darauf achte, «daß das zusammenströmende Wasser möglichst *rein* bleibe, indem wir das eine herausschöpfen, das andere *ableiten und seitwärts lenken.*»[320]

Lebensfähig sind nur «gesunde», das heißt nach traditionellem Verständnis «*reine*» Gemeinwesen. «Krankheitsträger», die jedenfalls nicht mehr heilbar erscheinen, müssen daher ausgetilgt werden. Da ihre Tötung indessen immer das Risiko barg, daß sich die «Infektion» auf diejenigen, die sie vollzogen, übertrug und so zurück in die Gesellschaft gelangte, geschahen Liquidationen gewöhnlich außerhalb des Siedlungsareals und erforderten anschließend eine gründliche, manchmal mehrtägige Reinigung der damit Beauftragten. In den

differenzierteren hochkulturlichen, das heißt vor allem städtischen
Gesellschaften hatte man bekanntlich seine Spezialisten dafür. Wegen
der Höhe des Vollzugsanfalls jedoch erschien ihre Kontaminierung
untilgbar. Sie hatten daher, sozial wie räumlich, ihr düsteres Los in
strikter Isolation von der Gesellschaft zu leben. Die Verunreinigung
blieb auf ihren Personenkreis gebannt, da sie gewöhnlich auch nur
unter ihresgleichen heirateten und das Amt vom Vater auf den Sohn
überging.

Im Grunde die sauberste Lösung bildete der Ausschluß aus der
Gemeinschaft, wie ihn die Naturvölker gebotenenfalls mit aller erforderlichen Konsequenz betrieben. Bei den Kipsikis in Kenia verfuhr
man so auch mit Gruppenmitgliedern, die einen der Ihren umge-
bracht, das heißt sich eines der schlimmstdenkbaren Verbrechen
schuldig gemacht hatten. Weitab in die Wildnis verbannt, durften sie
mit niemandem mehr, außer mit anderen Exilierten, sprechen und
keinerlei Kulturnahrung (Milch, Anbaufrüchte usw.), sondern lediglich noch Wildpflanzen und andere Sammelkost zu sich nehmen;
benutzten sie Geschirr, mußte es zerbrochen sein[321] – das heißt sie
entsprachen Toten, lebten auf «verkehrte» Weise (Töpfe, die man Verstorbenen mitgibt, werden vielfach zerschlagen). Manchen Anzeichen zufolge scheint es im europäischen Mittelalter gelegentlich
auch zu Deportationen von Geistesgestörten gekommen zu sein.[322]

Exkommuniziert wurden auch Aussätzige. Was damit gemeint war,
ist in der Passionsgeschichte des Hiob exemplarisch zum Ausdruck
gebracht. Der Mann aus Uz hatte an Geradsinnigkeit und Gottes-
furcht «nicht seinesgleichen auf Erden» (Hiob 1:8). Jahwe, den der
Zweifel seit der enttäuschenden Erfahrung mit Adam und Eva nie
mehr so recht losließ, stimmte daher ohne Zaudern zu, als Satan ihm
vorschlug, den Gerechten auf die Probe zu stellen. Hiob aber blieb
standhaft. Da «schlug» ihn der Böse zuletzt «mit bösartigem Ge-
schwür von der Fußsohle bis zum Scheitel» (2:7). Hiob mußte die
Stadt verlassen und fortan, wie die Aussätzigen eben, «in der Asche»,
das heißt draußen auf der Abfallhalde sitzen. Drei seiner treuesten
Freunde, die von seinem Elend gehört hatten, machten sich darauf
auf, «um ihm ihr Beileid zu bezeugen und ihn zu trösten». Allein, als
sie ihm nahe kamen, erkannten sie ihn der Entstellungen wegen
kaum wieder. «Da fingen sie laut zu weinen an, zerrissen ein jeder
sein Gewand und warfen Staub gen Himmel auf ihre Häupter herab.
Und so saßen sie bei ihm an der Erde sieben Tage und sieben Nächte,
ohne daß einer ein Wort zu ihm redete, denn sie sahen, daß sein
Schmerz allzu groß war» (2:8–13). Indessen leitete sie nicht lediglich
der Gram über das Leid ihres Freundes bei ihrem Tun: sie vollzogen

auf ebendie Weise genau auch die üblichen Trauerriten für einen Verstorbenen. Als unheilbar Kranker, als Todgeweihter, hatte Hiob die Gesellschaft verlassen müssen, war der «Unwelt» überantwortet worden, vor dem leiblichen bereits den *sozialen Tod* gestorben.[323]

Die gute biblische Tradition lebte in der Christenheit fort, allerdings ein wenig gemildert durch den Geist des Neuen Testaments. Aussätzige wurden, wie noch spätmittelalterliche Quellen bezeugen, aus der Gemeinschaft ausgeschieden, jedoch auf formalere, besonders feierliche Weise. Nachdem man sie einer ordentlichen Prüfung, der «Lepraschau», unterzogen hatte, richtete man eine Totenmesse für sie aus, der ihr «Begräbnis» folgte: Man führte sie auf den Kirchhof, hieß sie in ein eigens für sie ausgehobenes Grab steigen und überwarf sie mit drei Schaufeln Erde. Danach gingen sie gewissermaßen ins «Totenreich» ein, das heißt begaben sich in die für sie bestimmten Unterkünfte außerhalb, manchmal auch im Randbereich der Siedlungen, wo sie fortan, zusammen mit anderen ihresgleichen, wie im «Mirakelhof» zu Paris, ein wahres Schattendasein führten. Immerhin, als gleichsam «lebende Tote», blieben sie, kirchlichem Verständnis nach, doch Teil der Gemeinschaft der Gläubigen. Man gestand ihnen auf jeden Fall «zumindest den Status der Toten auf den Friedhöfen»[324] zu, in einer Art «tätigem Totengedenken» – es wurde Sorge für ihre seelsorgerische Betreuung getragen, von Zeit zu Zeit durften sie ihre «Grabstätten» verlassen, um betteln oder selbst auf Pilgerschaft zu gehen; ja mitunter konnten Leprosorien sogar «den Charakter geistlicher Körperschaften» tragen.[325]

Insofern litten sie noch ein leichteres Los; sie konnten immerhin auf Erlösung, auf ein besseres Dasein im Gottesreich hoffen. Das schied sie wahrhaft abgrundtief von dem unübersehbaren Schattenheer der über die Jahrtausende hin eines unheilvollen, eines sogenannten «Schlimmen Todes» Gestorbenen. Der traf generell alle Sünder – die sichtlichen sowohl, wie bekannte Hexen, Schwarzmagier, Asoziale, Leprakranke, Behinderte und andere «Gezeichnete», als auch jene, die Böses im verborgenen wirkten; in deren Fall wies die Art des Todes untrüglich den Weg: er trat unerwartet, also sehr plötzlich, oder auf eine irgendwie ungewöhnliche Weise, durch «Unfall» ein – durch Tod im Kindbett, Ertrinken, den Genuß einer giftigen Frucht, Schlangenbiß, den Riß eines Raubtieres, Blitzschlag, eine gegnerische Waffe im Krieg, Mord, Hinrichtung, ja Selbstmord.[326] Die Ngadju-Dayak auf Borneo bezeichneten das treffend als «unreifen Tod»[327]; das Leben war gleichsam gerissen, auf widergewöhnliche Art, an unstatthafter Stätte und zur Unzeit, wie die Lugbara in Uganda es sahen.[328] Das setzte ein höheres Walten voraus: die Opfer waren von Ahnen oder Göttern gerichtet worden, für einen Meineid, Betrug, einen schwerwiegenden Tabubruch, Inzest, einen unerkannten Mord usw. Sie hatten die geheiligte Tradition, die Schöpfungsordnung gebeugt und wurden dafür ihrerseits, von höherer Hand, gebrochen, quasi «verkrüppelt».[329]

Und daraus wiederum folgte, daß ihr Tod auch nicht einzubinden war in rituelles Trauer- und Beisetzungsbrauchtum. Wie man mit hoffnungslos Unfruchtbaren, Ledigen, Krüppeln, Schwachsinnigen und Albinos tat, so auch mit ihnen: Man verbrachte sie formlos in wildes Land, weitab von der Siedlung, und ließ sie dort liegen oder scharrte sie oberflächlich ein.[330] Ihnen geschah, wie eine Ibo-Frau (Nigeria) der englischen Ethnologin Sylvia Leith-Ross gegenüber erklärte, *«all same like fowl»*.[331]

Glaube und Praxis wurzelten tief. Noch im 16. Jahrhundert sah sich der russische Aufklärungsprediger Maxim Grek veranlaßt, seinen Landsleuten vorzurücken:

«Die Leichen der Ertrunkenen, Ermordeten oder Ausgestoßenen würdigen wir nicht einer Beerdigung, sondern wir schleppen sie ins freie Feld und umhegen die Stelle mit Pfählen ... Und erfahren wir, daß doch irgendein Ertrunkener oder Ermordeter vor nicht allzu langer Zeit begraben wurde – o ob unserer Verrücktheit und Unmenschlichkeit! – dann graben wir den Verdammten [!] aus und werfen ihn irgendwohin, an einen abgelegenen Ort, und lassen ihn unbegraben liegen ... weil wir in unserer großen Torheit glauben, daß seine Bestattung an der Kälte [d. h. der Mißernte, die sie verursacht] schuld ist!»[332]

Kirchliche und behördliche Obrigkeiten zogen dem wildwüchsigen Volksbrauchtum, der gebotenen Ordnung halber, teils auch ein ebenso ehernes wie wohldurchgestuftes Reglement ein. Generell wurde all jenen, die eines besonders «Schlimmen Todes» gestorben waren, wie Hingerichteten und Leuten, die überlegt und vollverantwortlich Selbstmord begangen hatten, die Beisetzung in «geweihter Erde» verwehrt. Man scharrte sie irgendwo im Wald oder auf dem Schindanger ein. Oft galt ein derartiges – unzeremonielles – «Esels-» bzw. «Schandbegräbnis» auch ganz ausgesprochenermaßen als Verschärfung der Todesstrafe.[333] Eine altschwedische Kirchenverordnung aus dem Jahre 1572 ging da noch weiter. Sie verfügte, daß auch Gotteslästerer und Sünder, die gestorben waren, ohne das Abendmahl empfangen zu haben, ferner Verbannte, die vor ihrem Ableben nicht die Gunst der Begnadigung gefunden hatten, ja selbst Diebinnen und Diebe «im Schlamm und Moor» zu begraben seien, «niemalen jedoch auf die Friedhöfe der Christen gelangen sollten.»[334] Da lebte offensichtlich noch altbodenständiges Brauchtum fort: Schon die Germanen pflegten, wie Tacitus (ca. 55–120 n. Chr.) bezeugt, sexuell Abartige (*corpore*

infames), neben Kriegsuntüchtigen, also gewissermaßen «Tugend-
krüppeln», in «Schlamm und Moor» zu versenken – und «warfen
noch Flechtwerk darauf» (*Germania,* c. 12). Nach neuerem, fort-
schrittlichem schwedisch-finnischem Recht, das bis vor rund hundert
Jahren in Kraft war, wurden, deutlich differenzierter, drei Kategorien
abweichender Todes- und Beisetzungsarten unterschieden: Totgebo-
rene wie ungetauft verstorbene Kinder, Alkoholiker und Selbstmörder, die in einem Zustand geschwächter Zurechnungsfähigkeit ihrem
Leben ein Ende gesetzt hatten, erhielten ein «stilles Begräbnis», bei
dem noch ein Priester zugegen war, dessen Amtshandlung sich jedoch allein im Rezitieren der Bestattungsformel («Erde zu Erde ...»)
erschöpfte; Menschen, die durch Mord oder im Duell ihr Leben eingebüßt hatten, die im Gefängnis oder in tiefer Sünde verstorben waren, empfingen ein «schlechtes Begräbnis», das heißt wurden in einem abgelegenen Winkel, im Randbereich des Friedhofs und ohne
Beisein eines Geistlichen, also formlos, lediglich unter die Erde gebracht; Hingerichtete sowie Selbstmörder, die bei ungetrübtem Bewußtsein und voll zurechnungsfähig Hand an sich gelegt hatten,
mußten schließlich mit dem schon genannten «Schandbegräbnis»
außerhalb des Kirchhofs rechnen.[335]

Dergleichen hatte wahrhaft höllische Konsequenzen. Traditioneller
Anschauung nach fanden die Seelen Verstorbener, denen keine or-
dentliche, nach *allen* Regeln des Rituals erfolgte Bestattung zuteil geworden war, nicht den Weg ins Totenreich und so auch keine Aufnahme unter den Ahnen[336]; christlichem Volksglauben zufolge schmorten
derartige «Arme Seelen» zwischenzeitlich, zwecks Läuterung, im Feg-
feuer; schlimmerenfalls, das heißt wenn sie das Extremlos eines
«Schandbegräbnisses» getroffen hatte, nahm sie die Hölle auf, was sie
vollends um die Hoffnung auf Auferstehung und Seligkeit brachte.

Abgesehen von der jüngeren, christgläubigen Variante, gingen Totenseelen, die nicht zu den Ihren im Jenseits fanden, buchstäblich in
die Irre. Ruhelos umgetrieben, der Orientierung beraubt, weder
Lebende mehr noch vollgültige Tote, wurden sie zu gespenstischen
Unwesen zwischen den Welten. Verkrümmt und gebrochen in ihrem
heillosen Dasein, erscheinen sie, sichtbar werdend, in monströser
Gestalt: riesenhaft, von schwärzlicher Haut oder albinotisch, mit
Feueraugen[337], verstümmelt, Geköpfte ohne Kopf[338], andere mit auf-
wärts gestülpten Nasen. Sie wirken wie Wesen, «die entweder noch
unerschaffen, ungestaltet sind oder als nicht mehr gelungen, verstoßen durcheinanderwogen»[339] – mit einem Wort: ihre Verfehlungen
haben sie zu *verewigten Krüppeln* gemacht, marginalisiert und exkommuniziert von Lebenden wie Toten.

Das gebar nicht nur Rachsucht, sondern entfachte sehrende Bösartigkeit, nur viel verheerender noch, als sie schon irdischen «Krüppeln» einwohnt. Nach universal verbreitetem Glauben lauern die Seelen solcherart verkrüppelten Toten den Lebenden überall, vor allem aber im Busch, wo man ihre Leichname abwarf oder einscharrte, auf, um sie durch ihren Anblick tödlich zu schrecken, in den Wahnsinn zu treiben oder ihnen auf andere Weise möglichst wirksam Böses zu tun – sie ihrerseits zu verkrüppeln.[340]

Rings um die Lichtwelt der Lebenden haust so, getaucht in verfließende Finsternis, das Schattenheer verlorener Seelen, die mit dem Dunkel der Nacht, ungreifbar, nebelgestaltig vorströmen, mit kalten Krallen nach Opfern zu suchen, um wieder bei Anbruch der Dämmerung, wenn es Tag zu werden beginnt, wie die Wasser bei Ebbe, zurück in die Düsternis der Wildnis zu weichen, zurücklassend unter den Menschen, strandgutgleich, kielkröpfige Kinder, Mißgeburten, Bastarde, Schreckgelähmte, Wirrsinnige, Hexen und Krüppel, die sichtbaren Spitzen und Zacken des geballten Bösen ringsum.

II.

Wohlgestalt

1. Anthropologie

Wer sich nächtens geängstigt fühlt, hinaushorcht in die vage Stille, in die unbestimmte Geräusche tropfen, so daß zitternd aus den lauernden Schatten Gestalten sich bilden und wieder vergehen, darf auf den Morgen hoffen, da Helligkeit, wie am Schöpfungstage, heraufzieht, die Nebel zerteilt und, das Dunkle vom Lichten scheidend, klarkonturierte, eherne Formen in den Blick treten läßt. Der «Kosmos», die ebenso «kunstvoll wie vollendet geordnete Weltgestalt», wie die Griechen das Wort verstanden,[1] wird in all seiner Schönheit sichtbar.

«Kosmisch» aber ist auch der Mensch; nicht eigentlich nur ein Teil, sondern, alter Anschauung nach, die mikrokosmisch verdichtete Summe, ein Abbild der Weltordnung, später, u. a. bei Gottfried Wilhelm von Leibniz (1646–1716), auch das *exemplum* Gottes.[2] Schicklich *(kósmios)* verhält sich, so Platon (427–347 v. Chr.) im *Gorgias* (508 A), wer im Einklang mit der Ordnung der Welt lebt, unschicklich *(ákosmos)*, wer davon abweicht: «Himmel und Erde, Götter und Menschen bleiben nur durch Gemeinschaft und durch Freundschaft und Schicklichkeit *(kosmiótes)* und Besonnenheit und Gerechtigkeit bestehen»; alles bildet ein einziges «geordnetes Ganzes»; und wahrlich «Großes vermag die geometrische Gleichförmigkeit *(isótes geōmetriké)* unter Göttern und Menschen.»

Gut war, gängiger naturvölkischer Anschauung nach, wer strikt den überlieferten Normen folgte, wie sie die Ahnen über die Zeiten hin vorgelebt und die Götter vor alters ins Werk gesetzt hatten. Verletzte jemand die gesetzte Ordnung, wurden er oder einer seiner engeren Angehörigen, angerührt von der strafenden Hand der Jenseitsmächte, krank; in schwereren Fällen, bei Brudermord etwa oder Inzest, konnte es sein, daß die Erde erbebte, ein Unwetter die Ernte vernichtete, ja sich die Sonne verfinsterte – Mensch und Umwelt bildeten ein einziges, sensibel aufeinander abgestimmtes *kosmisches Ganzes*.

Gute Menschen waren daher auch gesund, vor allem fruchtbar und stark. Der Segen der Jenseitigen ruhte auf ihnen: ihre Kinder gediehen, ihre Pflanzungen warfen reiche Erträge ab, das Glück begleitete sie auf all ihren Wegen, man achtete sie; und alles das ließ sie *schön* erscheinen, eben fehllos in jeder Beziehung, ohne entstel-

lenden Makel. Der Abglanz des Überirdischen durchschimmerte und
verklärte sie. Freilich differieren die Merkmalszüge des Schönen je
nach Alter, Geschlecht und Kultur. Junge Männer fanden in vielen
Gesellschaften die Bewunderung aller, wenn sie wohlgebaut, kräftig
und unerschrocken waren, Stolz zeigten und ihre Vorzüge auch
durch Bewegung, Haltung und Schmuck gebührend ins Bild zu setzen wußten; bei Mädchen gefielen desgleichen ein ebenmäßiger
Wuchs, dann eher verstärkt proportionierte Formen, die «Reinheit»
der Gesichtszüge und vor allem «Sittsamkeit», das heißt ein betont
zurückhaltendes, möglichst unauffälliges, fast scheues Gehabe mit
entsprechend reduziertem Schmuckaufwand. In agrarischen Gesellschaften galt oftmals auch Korpulenz, als vermeintlicher Ausweis von
Fruchtbarkeit und Zeichen gediegener Prosperität, als besonderes
Schönheitsmerkmal, auch bei – erwachsenen – Männern, überwiegend jedoch bei Frauen. Mädchen wurden, um dem Ideal bestmög-
lich zu entsprechen, bei Völkern des alten Mittelmeerraumes zum
Beispiel und neuerlich noch in vielen Teilen von Afrika, vor der Verehelichung regelrecht gemästet.[3] Das klingt auch in dem biblischen
Frauennamen Maria noch an, der «die Üppige» bedeutet, nach he-
bräisch *mara*, «fett sein», bzw. *men̄*, «gemästet».[4]

Generell jedoch konnten, vermöge der ethnozentrischen Anschauung, wie sie für Gruppen mit intakter Identität typisch ist, nur Angehörige des *eigenen* Ethnos schön erscheinen, und solche zumal, die
dem «Schnitt» entsprachen, das heißt die Ideale des ethnischen
Äußeren möglichst in übereinstimmendem Gleichmaß verkörperten.
Um zu gefallen, mußten bei den Muria in Indien (Bastar) die Mädchen eines Dorfes «unbedingt alle gleich aussehen» («*all the girls should
look exactly alike*»).[5] Abweichungen trübten das Bild. Wer auf Norman-
by Island (Neuguinea) keinerlei Ähnlichkeit mit Vater oder Mutter
noch auch seinen Großeltern erkennen läßt, «kann niemals ... ein
‹schöner Mann› bzw. eine ‹schöne Frau› sein» – denn: «es wird besonders geschätzt, wenn das Gesicht des Kindes und später des Erwachsenen typische Merkmale seiner Sippe» prägen.[6] Mit zunehmender
Entfernung von Sippe und Ethnos verloren sich derartige Ähnlich-
keiten natürlich. Das Abweichende nahm überhand; die Menschen
mußten immer *häßlicher* erscheinen. «Für uns», so ein Bondo (Orissa,
Indien) zu dem englischen Ethnologen Verrier Elwin (1902–1964),
«sind unsere Frauen die schönsten.»[7] Analoge Auskünfte wurden
auch anderen zuteil.[8] Bronislaw Malinowski (1884–1942) ging der
Sache Anfang des Jahrhunderts bei den – melanesischen! – Trobri-
and-Insulanern (Neuguinea) nach. Denen mißfielen zum Beispiel besonders die Papua der ihnen nächstgelegenen Küstenstriche Neugui-

neas und die Weißen. An ersteren verletzten ihr Schönheitsempfinden vor allem die deutlich dunklere Hautfarbe, «das ausgesprochen krause Haar und die sonderbare [!] Art, es in Zöpfen und Fransen zu tragen», sowie «auch die vorstehenden dünnen Lippen und die großen, beinahe jüdisch anmutenden Adlernasen im langen, schmalen Gesicht»; bei letzteren stießen sie wiederum Haar («das den Frauen am Kopf klebt wie Fäden»), Nasenform («scharf wie eine Axtklinge») und Lippen (zu dünn), ferner die Augen («groß wie Wasserpfützen») und «die weiße Haut mit Flecken darauf wie bei einem Albino [!]» ab. Malinowski selbst nahmen sie dabei galanterweise jedoch aus – mit der beziehungsvollen Begründung, er «sähe viel mehr wie ein Melanesier als wie ein gewöhnlicher Weißer aus.» Das Kriterium brachten sie im übrigen auch bei der Beurteilung anderer Völker in Anschlag, sofern sie Melanesier waren: Sie erkennen, so der Eindruck Malinowskis, dann «doch die Rassenverwandtschaft und sagen: ‹Sie sind wie wir, sie sind schön›.»[9] Analoge Bekundungen waren auch früheren Reisenden schon aufgefallen. Der englische Arzt und Anthropologe James Cowles Pritchard (1786–1848), dessen besonderes Interesse der «Rassengeschichte» der Menschheit galt, hatte eine Sammlung davon zusammengestellt, an der auch Charles Darwin (1809–1882) Geschmack fand, so daß er ihr einiges entnahm, wie zum Beispiel die Beobachtung des deutschen Forschungsreisenden Peter Simon Pallas (1741–1811), daß bei den Mandschu «diejenigen Frauen vorgezogen werden, welche die Mandschu-Form haben, d. h. ein breites Gesicht, hohe Wangenknochen, sehr breite Nasen und enorme Ohren», oder den folgenden Passus aus einem Bericht des englischen Orientalisten John Crawfurd (1783–1868), der Südostasien bereist und später dort auch – auf Java und in Birma – als Gesandter gelebt hatte:

«Die Siamesen haben kleine Nasen, mit auseinanderstehenden Nasenlöchern, einen großen Mund, etwas dicke Lippen, ein merkwürdig [!] großes Gesicht mit sehr hohen und breiten Wangenknochen. Es ist daher nicht zu verwundern, daß ‹Schönheit unserem Begriffe nach [!] für sie fremd ist. Und doch betrachten sie ihre eigenen Frauen als viel schöner als die von Europa›.»[10]

Schöner als andere aber müssen die eigenen Leute nicht zuletzt auch insofern erscheinen, als sie der je gruppenspezifischen mythischen Überlieferung nach in direkter Abfolge vom ersten Menschen – der ethnozentrischer Optik nach eben immer der Urahn des eigenen Volkes ist – abstammen, der seine Gestalt noch unmittelbar von den Händen des Schöpfers selbst empfing. Heute freilich können nicht alle dem Ideal im gleichen Maße entsprechen. Die Tendenz dazu, das heißt zur größtmöglichen Übereinstimmung in der äußeren Erscheinung (je nach Alter, Geschlecht, oft auch Status), bleibt allerdings, wie schon den genannten Zeugnissen zu entnehmen, bestehen.

Einige indessen wachsen immer mal auch über das mittlere Wohlmaß hinaus, sie übersteigern das Ideal, *ohne* es zu verletzen. Wie es in jeder Gesellschaft Abweichler und Mißwüchsige gibt, so auch einzelne, die «über die Maßen» schön sind. Und da die äußere Erscheinung nur ein Abbild der Seele ist, die sie umschließt, mißt man dergestalt Ausgezeichneten auch ein Übermaß an Edelmut, Tugend und Tapferkeit zu. Sie bleiben begreiflicherweise in der Erinnerung haften, da sie der Hoffnung Nahrung verleihen, werden in Liedern und Sagen besungen und leben, zu zeitlosen Idealgestalten verewigt, in den Helden und Heldinnen der Märchen fort. Stark an Leib wie an Seele, weitsichtig, klug, ja gewitzt und in der Regel eben von strahlender Schönheit – «wie der Mond», wie es in den Märchen von *Tausend und einer Nacht* immer heißt – gehen sie siegreich aus allen Abenteuern und Anfechtungen hervor, stehen den Bedrängten bei und strafen die Bösen, setzen ihr Leben ein und wirken wahrhaft Übermenschliches, immer zum Segen der Ihren. Das Übermaß, das sie verkörpern, duldet keinerlei differenzierende Details, die den Scharfschnitt ihrer Konturen brechen und trüben könnten; die Überlieferung entindividualisiert, das heißt *typisiert und idealisiert* sie.[11] So finden auch Kinder Zugang zu ihnen. Der Psychologe Bruno Bettelheim (1903–1990), der sich mit der entwicklungspsychologischen, auch therapeutischen Bedeutung der Märchen für Kinder beschäftigt hat, resümiert in dem Sinne: «Je einfacher und gerader [!] eine gute Gestalt ist, um so leichter fällt es dem Kind, sich mit ihr zu identifizieren – und die böse andere Gestalt abzulehnen.»[12] Für Ältere sind an die Stelle der glanzvollen Zaubergestalten aus Sage und Märchenwelt inzwischen die *«Glamour-Stars»* von Film und Fernsehen, Repräsentanten der *«Jet-Set-Society»*, «Ölprinzen», manchmal auch Mannequins und Sportmatadore getreten.[13] Auch sie erliegen der typisierenden Idealisierung, wobei freilich Maskenbildnerei, Kosmetik, Visagistik, Schönheitschirurgie und Fotoretuschen das Ihre dazutun, sollten gesund, fehllos, stark, bewundernswert schön und möglichst auch moralisch untadelig sein. Die Medien berichten von ihnen, erzählen von ihrem Leben. Bestimmte Journale «stilisieren» dabei ganz gezielt, so daß manche Vita zum «modernen Märchen» gerät. Allerdings macht die Gegenwartshelden verwundbar, daß sie dem Auge ihrer Bewunderer oder *«Fans»* zu nahe sind und Details, störende vor allem, deutlicher in den Blick treten, so daß die Gefahr, Opfer einer *Verzerrung*, vom Siegfried gleichsam zum Alberich zu werden, ständig gegeben bleibt. Anders als im Märchen unterliegen viele ja auch.

Um so herrlicher aber erstrahlen, unantastbar in mythische Ferne entrückt, die Heroen der Frühzeit. Halbgöttlichen Ursprungs zumeist, wachsen sie in der Überlieferung noch über die menschlichen Helden hinaus. Nahezu unverwundbar, strotzend förmlich vor Gesundheit und Kraft, mähen sie ganze gegnerische Heere gleichsam nieder, erschlagen gigantische Ungeheuer, wie vielköpfige riesige Drachenmonster zum Beispiel, und erweisen sich nicht zuletzt auch in der Liebe, leuchtend im Lichtglanz überirdischer Schönheit, als schier unerschöpflich. Gilgamesch etwa, dem sagenhaften König von Uruk im sumerischen Mesopotamien, erlagen unzählige Frauen; er beglückte sie alle dermaßen, daß selbst die Liebesgöttin Inanna ihn zum Buhlen begehrte:[14] Herakles war ihm noch über; er brachte es in einer einzigen Nacht bis auf fünfzig Verführungen![15]

Später, in der Frühzeit des Christentums (oder auch des Buddhismus), wandelte sich der Liebesbegriff. Er wurde seiner virilen Fleischlichkeit entkleidet und zum Ideal mitleidender Barmherzigkeit geläutert. Darin vollbrachten nunmehr die Heiligen Großes. Ihre Kraft schöpfte aus der Fehllosigkeit ihrer Tugend und Gläubigkeit, zeigte sich in unendlicher Duldsamkeit und Opferbereitschaft. Ihr Kampf galt den moralischen Verkrüppelungserscheinungen, dem «bösen Drachen», der eine der bevorzugten Verkörperungsformen des Satans darstellt. Dies alles verlieh auch ihnen eine Art Aura von überirdischer Schönheit, die freilich mehr von innen heraus strahlte, wie ein Widerschein himmlischen Lichts, sanft geprägt von Zügen unerschöpflicher Güte und seliger Glaubensgewißheit. Wo sie gingen, umgab sie Wohlgeruch, der selbst nach ihrem Heimgang ins Himmelreich noch ihren sterblichen Überresten entströmte.[16]

Sagenhelden entstammen gewöhnlich Herrengeschlechtern. Das ist der Boden, auf dem Großes gedeiht. Fast jede Gesellschaft besitzt ihren «Adel». Wer dazugehört, verdankt dies seiner Geburt oder, seltener, überragendem Verdienst, das ihn als Träger adeliger Gaben ausweist und würdig erscheinen läßt, unter die Höherrangigen aufgenommen zu werden.

In den alten, traditionellen Dorfgemeinschaften setzte sich die «Nobilität» aus den Ältesten – den Häuptern der Familien, *Lineages**

---

* Unlineare, das heißt entweder nur von den vaterseitigen (patrilinearen) oder – seltener – den mutterseitigen (matrilinearen) Vorfahren hergeleitete Abstammungs- bzw. «Blutsverwandtengruppe», die sich auf einen gemeinsamen Gründerahnen zurückführt, dessen Lebenszeit noch in die erinnerte Zeit von drei bis fünf Generationen fällt, so daß der Umfang einer Lineage immer begrenzt ist, etwa einer «Untersippe» entspricht.

und Sippen – zusammen. Dazu erhob sie ihre größere Erfahrung, die
ein überlegenes Wissen und Urteilsvermögen einschloß, aber auch
ein Mehr an «Kraft»: anders hätten sie den Gefahren des Lebens,
zauberischen Anschlägen Mißgünstiger, Krankheiten, Ansprüngen
bösartiger Geistmächte nicht solange standhalten können.[17] Zudem
standen sie den Ahnen, gleichsam der «spirituellen Aristokratie» der
Gruppe, am nächsten; sie hatten, wie die Gola in Liberia das treffend
umschrieben, schon halbwegs «ihre Köpfe in der anderen Welt».[18]

Gewöhnlich jedoch war das gleiche Prinzip der senioritätsbeding-
ten Nobilität noch breiter grundgelegt: Unter den Sippen – bzw. Sip-
pensegmenten – nahm immer den höchsten Rang die *älteste*, die sogenannte «Gründersippe» ein. Ihr Ahnherr, vielfach mit dem Urahn
des Gesamtethnos identisch, hatte, laut Legitimierungslegende, vor
alters als erster das Land in Besitz und so auch in Kultur genommen
und die erste Ansiedlung gegründet oder war dort erschaffen worden
oder als erster Mensch überhaupt der Erde entstiegen. Ihren Angehörigen, vor allem ihren «ältesten Familien», standen die zentralen
Areale der Ortschaften zu: ihre Häuser gruppierten sich rings um
den Versammlungs- und Festplatz der Dörfer, das heißt blieben ihrem
Ursprungsort unmittelbar nahe. Ihre längstjährige, kontinuierliche
Beziehung zum Land und seinen Geistmächten hatte ihnen einen
stetigen «Kraftzuwachs» und überlegenes Wissen beschieden, was
eben ihnen die besondere Autorität verlieh und bestimmte sakrale
Privilegien einräumte, vor allem ihrem «Ältesten», in dessen Person
sich das alles gleichsam geballt potenzierte, dem «Erdherrn», wie er
in Afrika etwa genannt wurde. Angehörige von Gründersippen waren
anderen intellektuell überlegen, beispielsweise auch in Fragen der
Divination, und geboten stets über ein hohes Maß an magischem
Wirkvermögen, das all ihrem Handeln, ob in heilender und segen-
stiftender oder zurechtsetzend-strafender Hinsicht, eine verstärkte Ef-
fizienz garantierte. Sie – insbesondere aber der Erdherr – führten
wichtige Fruchtbarkeits- bzw. Agrarrituale durch, behielten sich die
Pflege des Erd- und Ahnenkultes vor und betrachteten es nicht zuletzt auch als ihre ureigenste Aufgabe, über die Wahrung der Traditionen zu wachen. Jedwede Nachlässigkeit oder Verletzung hätte *Verunstaltung* und damit die drohende Beeinträchtigung der Funktions-
und Überlebensfähigkeit der Gesellschaft bedeutet.

Gründersippler adelten indessen noch andere Gaben. Ihre kraft-
volle Vitalität schäumte gewissermaßen nicht über, sondern spannte
sich gleichsam unter dem schimmernden Harnisch disziplinierter,
harmonischer Mäßigung, die ihnen *Edelwuchs* und eine Art hoheit-
licher *Schönheit* verlieh. Reinlich, von gepflegtem Äußeren, waren sie

von untadeliger Tugend, aufrichtig, weise, freigebig, ja großzügig und im Kampf tapfer bis zur Todesverachtung – eben wahre Aristokraten und Ritter, und dazu in der Regel noch erfolgreich und wohlbegütert.[19] Die Akaabir von Hunza zum Beispiel galten – nicht nur ihrer Selbstdarstellung nach – als die menschgewordene Verkörperung des Wahren, Guten und Schönen schlechthin. Ihr Leben entsprach dem Idealmaß. Jedermann erkannte sie gleich an der gewissen «glückvollen» Strahlkraft ihres Gesichtes, ihrem Mienenspiel, dem leuchtenden Blick. Ihre Haut wies eine deutlich hellere Tönung als die aller anderen Bevölkerungsschichten, ihre Gestalt eine vollkommenere Proportionierung auf. Ihre Bewegungen waren getragen von gelassener Anmut und Würde, ja Grazie. Nur selten legten sie längere Strekken zu Fuß zurück; sie pflegten zu reiten, auf edlen, rassigen Pferden, was ihrer Erscheinung noch ein Mehr an Noblesse verlieh. Akaabir residierten in «guten» Häusern, die größer und kostbarer ausgestattet waren als andere, reich beschnitzt an Türen und Fensterrahmen, im Winter wohlig beheizt und allabendlich von Lampen erhellt, deren Dochte in Aprikosenöl ruhten. Sie speisten gut bis erlesen, zeigten sich gastlich, gaben gelegentlich auch größere, öffentliche Feste und stifteten soziale Einrichtungen, das heißt finanzierten den Bau von Wegen, Treppen, Brücken, Zisternen, Schutzhütten, Bewässerungskanälen, Moscheen usw. mehr. Notleidende konnten auf ihre Unterstützung rechnen.[20] Ihren Ahnen entstammten die großen Helden des Volkes, von denen die Sage erzählt.[21]

Höhergeborene besitzen oft auch Knochen besonderer Art, auf die sich ihre Kraft und Festigkeit gründet. Bei den Lolo in Yünnan (Westchina) bezeichnete man die adeligen Familien als «Schwarzknochen», in Opposition zu den «weißknochigen» Gemeinen. Die umgekehrte Begrifflichkeit herrschte in Innerasien bei turk- und mongolischsprachigen Völkern. Hier waren die Herrengeschlechter die «Weiß-», die gewöhnlichen Menschen «Schwarzknochen»; die Frauen kategorisierte man entsprechend als «Weiß-» bzw. «Schwarzfleisch».[22] Der europäische Adel dagegen zehrte von seinem erlesenen «blauen» Blut. Der Übergang beider Vorstellungskreise spiegelt sich in der russischen Sprache wider: dort bedeutet *belaja kost'*, wörtlich «weißer Knochen», «blaues Blut» bzw. «adliges Geschlecht». Gemeinsam aber war allen, durch entsprechende Heiratsvorschriften, das heißt gestrenge Schichtenendogamie, ihr «Blut» möglichst «reinzuerhalten», um ihrer Edelgaben nicht verlustig zu gehen. Heiratete ein Akaabir zum Beispiel eine Frau von niederem Stand, so besaßen ihre Kinder bereits ein deutlich geringeres Maß aristokratischer Tugenden und Wirkkraft, ein Prozeß, der sich dann, bei gleichrangigen und beschleunigt bei ungleichrangigen Partnerschaften mit Tieferstehenden, von Generation zu Generation fortsetzte – allerdings, sozusagen durch konsequente «Rückkreuzung», auch wieder aufgehoben werden konnte.[23]

Hochwohlgeborene strahlen im Widerschein himmlischen Lichts; sie funkeln in fehlloser Schönheit wie kunstvoll geschliffenes Edelgestein. «Der wahre und vollkommene Mensch», charakterisieren die Ngadju-Dayak auf Borneo Angehörige ihrer Oberschicht, «steht in der Gemeinschaft da wie der hohe Baum auf dem Dorfplatz, der im Licht der Sonne liegt, wie das prachtvolle Haus, das nicht von Unheilsnebeln verhüllt wird.»[24]

2. Psychologie

Mens sana in corpore sano. Ein aristokratisches Äußeres ist immer auch Ausdruck nobler Gesinnung, läßt auf ritterliche Tugenden, auf Seelenadel schließen. Überragende Geister sind geniengleich.

Die Ältesten der traditionellen Gesellschaften schöpften ihre Kraft und Weitsicht aus dem Beistand der Ahnen, der bei den Angehörigen der Gründersippen gleichsam Bestandteil des gewachsenen Erbguts war und in *ihren* Ältesten, den Erdherren, kulminierte. Dem entsprachen ihre sakrale Spitzenposition und die Segenskraft, Rechtsinnigkeit und Wahrheitstreue, die man bei ihnen voraussetzte. Die Genien ihrer Sippe waren immer um sie. Herrengeschlechter mochten höhere Mächte hinter sich wähnen, die ihrer Seelenstärke Flügel und ein unerschütterliches Siegesbewußtsein verliehen, so daß sie unbezwinglich erschienen und Erfolg um Erfolg errangen – zum Herrschen geboren und bestimmt. Im Prolog zur *Lex Salica (Recensio Pippina)* feiern sich die Franken zum Beispiel als «erlauchtes Volk, durch *Gott den Schöpfer begründet,* tapfer in Waffen ... tiefgründig im Rat, körperlich edel, von unversehrter Reinheit, erlesener Gestalt ...» usw.[25] Ihr König Karl der Große (768–814), seit 800 römischer Kaiser, war nach Überzeugung seines Biographen Notker Balbulus (ca. 840–912) und anderer seiner Zeit von Gott dazu ausersehen, über den Trümmern des zerschlagenen römischen ein neues und herrlicheres Weltreich zu errichten.[26] Adolf Hitler glaubte sich durch «die Vorsehung» zu Analogem berufen. Seine Gefolgsleute, der Adel der nationalsozialistischen «Bewegung», sollten zumindest in Zukunft, durch Auswahl wie gezielte Züchtung, makellos von Gestalt, blond und blauäugig sein – nicht zuletzt eben auch zum Ausweis einer entsprechenden, «fehllosen Rassenseele».[27]

Manchmal belassen es die Jenseitigen nicht bei der bloßen Bestimmung. Sie stehen denen, die sie beriefen, auch tätig ihr Leben lang, mit Rat und Hilfe, durch ihre schutzstiftende und stärkende «Gnade» bei. Und in der Regel nur dann vermögen diese wahre «Wunder» zu wirken, stetig begleitet vom «Glück», mächtige Ungeheuer aus dem Wege zu räumen, Katastrophen zu bannen, Not in Wohlstand zu wandeln, umwälzende Innovationen zu initiieren, große Kunstwerke zu schaffen, Sterbenskranke zu heilen, ja Tote wieder zum Leben aufzuerwecken. Freilich als preiswert erscheint das nur, wenn die also Begnadeten ihre Gaben einzig zum Wohle der Ihren einsetzen. Das weist sie als *Heilsträger* aus, hebt sie in führende Positionen: sie «machen» dann quasi «traumhaft» Karriere.

Leitparabeln derartiger Geschicke liefern die Märchen. In kritischen Situationen treten dem Helden gütige Greise, hilfreiche Feen, auch Zaubertiere, die der menschlichen Sprache mächtig sind, in den Weg. Sie warnen ihn vor einer drohenden Gefahr, raten ihm, wie er vorgehen sollte, beschirmen ihn in der Schlacht, umnebeln den Blick seiner Gegner und statten ihn mit magischen Wundermitteln wie Tarnkappen, fliegenden Pferden, unerschöpflichen Geld- und Vorratsbeuteln, unfehlbaren Waffen und dergleichen mehr aus.[28] Perdikkas, der Ahnherr des Geschlechts, dem Alexander der Große (336–323 v. Chr.) entstammte, begann als Ziegenhirt in Diensten eines makedonischen Königs. Dessen Gemahlin bereitete das Essen für die Bediensteten noch selbst zu – «denn in alten Zeiten waren auch die Könige arm.» Jedesmal nun, wenn sie Brot für Perdikkas buk, wuchs es zu ihrem Erstaunen auf das Doppelte an. Sie zeigte das ihrem Gatten an, der gleich argwöhnte, daß dies «ein göttliches Zeichen sei und auf Großes hindeute.» Wohl ahnend, daß sich das Kommende wider ihn selber richten werde, entließ er den Knecht samt seinen zwei Brüdern, die mit ihm waren, besann sich dann jedoch, auf die dringende Empfehlung seiner Räte hin, eines Besseren und ließ ihnen nachsetzen, um ihnen vollends den Garaus zu machen. Diese indessen hatten inzwischen einen Fluß überquert, der hinter ihnen derart anschwoll, daß die Verfolger kein Weiterkommen fanden. Abermals hatten Übermächte eingegriffen. Von jenseits des Schicksalsgewässers setzten Perdikkas und seine Brüder alsbald erfolgreich zur Eroberung ganz Makedoniens an – dem großen Alexander war der Weg geebnet (Herodot VIII 137–138).

Häufig ist die Bindung an die schützende Geistmacht auch enger, ja ganz persönlicher Art. Dem «Glücklichen» schlägt in der Tat keine Stunde, weil ihn der himmlische Helfer über zeitliches Maß hinaushebt. Sehr weit war einst der Glaube verbreitet, daß *jeder* Mensch eine solche Schutzmacht in Gestalt eines Sterns am Himmel besitze, der allnächtlich durch das Dunkel tröstlich auf ihn herabstrahlte. Man faßte ihn mal als eine Art *Alter ego,* mal auch, unmittelbarer, als persönlichen Schutzgeist auf – wie das in der Wendung «unter einem guten Stern stehen» noch nachklingt. Fehlte der Schützling, *sank sein Stern.* Starb er, fuhr er als Sternschnuppe, verglühend, vom Himmel hernieder. Bei gewöhnlichen Menschen indessen ließ sich ihr Stern in dem funkelnden Heer der unendlich vielen Himmelslichter nur kaum mit Gewißheit identifizieren. Je erfolgreicher, wohlhabender, wissender, weiser, gerechter und angesehener, das heißt *gebenedeiter* und so auch bedeutender jedoch jemand war, desto «heller strahlte sein Stern».[29] Bei den ganz Großen goß sich sein Licht über den gesamten Nachthimmel aus, um bei ihrem Tod, wie im Falle Caesars (100–44 v. Chr.), als helleuchtender Komet das Firmament gleichsam in Brand zu setzen (Plinius II 25; vgl. 28). Manche Könige des Altertums hatten gar die Sonne zum Schutzgott. Bekannter – aus Märchen und Überlieferungen – sind, auch heute noch, jene Fälle, in denen eine «gute Fee» dem zu Hohem Bestimmten ihren persönlichen Schutz und Beistand gewährt. Der Glückliche konnte durchaus auch ein armer Bauernsohn sein, sofern er nur ehrlichen Sinns, lauteren Charakters, hilfreich und tapfer war, das heißt sein Bauernleib eine adlige Seele umschloß. Nach altem slavischen Glauben gingen die Feen (Vilen) mit ihren Schützlingen dabei ein «wahlbrüderliches», bzw. «wahlschwesterliches», also *quasi-geschwisterliches* Verhältnis ein. Natürlich machten die Erwählten alsbald ihren Weg als Überragendes wirkende Helden.[30]

Eine weitere Möglichkeit, seine «Glücksfee» enger, ja «inniger» an sich zu binden, wurde vielfach auch darin gesehen, sozusagen «den Bund fürs Leben» mit ihr zu schließen. Diesen Weg gingen nicht selten zum Beispiel Schamanen Ostsibiriens. An sich schon zumeist über eine erkleckliche Anzahl an Hilfsgeistern gebietend, festigte dies doch ihre Beziehungen zu ihren Partnermächten insofern noch um einiges mehr, als sie dadurch in ein heiratsverwandtschaftliches (affinales) Verhältnis zu ihnen eintraten, das traditionellem Verständnis nach zu wechselseitigen Hilfsleistungen bindend verpflichtete. Gewöhnlich ging die Initiative dazu allerdings von der Geisterbraut aus. War der Erwählte noch ledig, blieb er es auch für den Rest seines Lebens.[31] An «guten Partien» dieser Art zeigten auch Männer in Hunza Interesse – begreiflicherweise, denn das sicherte ihnen Erfolg in allen ihren Unternehmungen, Gesundheit, Wohlfahrt und überlegene Einsicht. Die Feen residierten hier hoch oben in der majestätischen, «reinen» Gletscherwelt der Gebirgsmassive. Sie verabscheuten

Schmutz wie Häßlichkeit, kurz alles «Unreine», und schenkten daher ihre Gunst nahezu ausnahmslos nur den gepflegten, wohlriechenden und schönen Aristokraten der Akaabir. Die Beziehung wurde dadurch gleichsam legalisiert, daß die Fee ihren Günstling gewissermaßen an die Brust legte und von ihrer Milch trinken ließ, das heißt ihn an Sohnes Statt annahm, oder einen Liebesbund mit ihm einging.[32]

Zu Großem bedarf es höheren Beistands. Auch bedeutende Künstler und Wissenschaftler danken verbreiteter Anschauung nach ihre besonderen Gaben etwa ihrem «Genius» (von lat. *genius*, «Schutzgeist»!), ja Gott selbst. Sie sind «Auserwählte», bestimmt, einen «Auftrag» zu erfüllen, ein *Heilswerk* zu vollbringen. Den großen mittelalterlichen Philosophen Albertus Magnus (ca. 1200–1280) und Thomas von Aquin (1225–1274) stand sozusagen als «gute Fee» niemand Geringeres als die Gottesmutter zur Seite; von ihr persönlich empfingen sie ihre alles überragenden Geistesgaben.[33]

Im Grunde handelt es sich um einen gewaltigen kosmischen Kampf manichäischen Zuschnitts, der erst in der Entscheidungsschlacht am Ende der Tage letztendlich entschieden wird. Aus der Masse Mensch wachsen einige wenige, gestützt von den guten Genien und Engeln des Allerhöchsten, zu Größe, Schönheit und adeliger Herrlichkeit hervor, um dem Bösen auf Erden zu wehren, das ihnen in der Krummgestalt von Krüppeln und Kriminellen entgegentritt, die ihrerseits wieder nur Handlanger der Unheilsmächte, Spießgesellen des Satans und seiner Helfershelfer sind. Darum müssen die Guten vor allem Heilskraft besitzen. Wie die Ältesten einst, die Erdherrn und Sakralkönige für die Gesundheit, Fruchtbarkeit und Wohlfahrt der Ihren, ja den Erhalt der Schöpfungsordnung bürgten, kam auch späteren Königen, Herrschern «von Gottes Gnaden», die Aufgabe zu, gleichsam «gerade» für das Wohlergehen der «ihnen Anvertrauten» und den Bestand des Reiches «zu stehen». Das bedeutete nicht zuletzt Abwehr, besser noch Vernichtung der – ethnisch und glaubensmäßig «verkrüppelten» – Barbaren bzw. Heiden. Im Mittelalter bat der Priester im traditionellen Kaisergebet an Karfreitag «für unseren allerchristlichsten Kaiser, daß Gott der Allmächtige ihm alle Barbarenvölker untertan mache zu unserem beständigen Frieden».[34] Im fernen Byzanz galt der Kaiser gar als Stellvertreter Christi auf Erden. Das schützte und stärkte ihn zwar in besonderem Maße; gleichwohl schritt er noch sicherer kraft des Gebets, das man auch hier für ihn sprach:

«Gedenke, Herr, unseres frömmsten und gläubigsten Kaisers, den du gewürdigt hast, auf Erden zu herrschen; bekränze ihn mit der Waffe der Wahrheit und des Wohlwollens ... stärke seinen Arm, erhöhe seine Rechte, kräftige sein Reich, unterwirf ihm alle Barbarenvölker, die Kriege wollen. Schenke ihm Hilfe und immerwährenden Frieden.»[35]

Wo das Böse den Ihren Wunden an Leib und Seele schlug, legten die Herrschenden heilend Hand an. Römische Kaiser – u. a. Vespasian (69–79 n. Chr.) und Hadrian (117–138 n. Chr.) – therapierten erfolgreich Lahme und Wassersüchtige, ja schenkten Blinden das Augenlicht zurück. Ungarische, englische und andere europäische Könige und Kaiser taten es ihnen nach. Manche berührten während ihrer Regierungszeit Zehntausende mit der wundertätigen Hand. Noch im Jahre 1824 führte der berühmte französische Chirurg Guillaume Dupuytren (1777–1835) seinem König, Ludwig XVIII. (1814–1824), 120 Patienten zur heilenden Handauflegung zu![36] Das geschah alles ganz richtig in der Nachfolge des Herrn. Auch Christus war als wahrer Wunderarzt aufgetreten. Freilich Tote zum Leben wiederaufzuerwecken vermochten seine irdischen Statthalter nicht. Dafür aber schützten sie Leib und Leben der Ihren, indem sie wilde Ungeheuer erlegten, die Barbaren zurückschlugen, Feinde vernichteten, tyrannische Usurpatoren wieder vertrieben, für Wohlstand, Recht und Frieden sorgten – kurz: immer auf dem Wege waren, das Volk einer neuen Heilsära zuzuführen.

Dabei setzte man, um sicherzugehen, den Hobel durchaus auch hart an. Ideale dulden keine Unebenheiten; sie haben ihren Preis. Abrskil, der prometheische Heros der Abchasen im Kaukasus, rottete zur Vollendung seines Heilswerks alle Leute im Lande aus, die helles Haar und blaue Augen besaßen; denn das wich vom Äußeren der Abchasen ab, stellte eine Verunstaltung dar, die nur Ausdruck von Ungutem, speziell die Gefahr des «Bösen Blicks» bedeuten konnte. Der Held machte auf die Weise reinen Tisch.[37]

3. Ätiologie

Zu Hohem Erkorene gründen tief. Ihre Wurzeln reichen in die jenseitige Welt, manchmal bis in die Urzeit zurück. Aus diesen Tiefen quillt ihnen die Kraft zu, die sie zu ihren heilstiftenden Großtaten befähigt.

Schamanen sind solche Menschen. Ihr Kampf gilt Krankheiten, Diebstahl, Betrug und anderem Unheil auf Erden, zum Lebenserhalt und Wohle der Ihren. Zu Anfang der Zeiten, so berichtet eine Überlieferung der Burjaten in Südsibirien, gab es weder Leiden noch Tod. Der glückliche Zustand währte indessen nicht lange. Schon bald entdeckten die bösen Geister, wie unterhaltend es sein konnte, die Menschen zu quälen. Sie begannen, ihnen mit Krankheiten, Unfällen, allen möglichen Mißgeschicken und zuletzt selbst dem Tod zuzusetzen. Die Götter aber jammerte das. Sie sandten den Adler zur Erde, um den Menschen Schamanen zu schaffen. Der traf im Wald, zu Füßen eines Baumes, auf eine schlafende Frau. Er wohnte ihr bei, und aus der Frucht seines himmlischen Samens erstand der Ahnherr aller Schamanen.[38] Nach anderen sibirischen Erzählungen bemühten sich die Götter auch selbst. Sie traten dann vor allem in Bärengestalt unter die Menschen und wählten sich in der Regel eine «Jungfrau» zum Beilager aus. Das göttliche Kind, das sie als ihren Erstgeborenen zur Welt brachte, wurde entweder der Urahn eines berühmten Geschlechts, reifte zum ersten Schamanen oder zu einem gewaltigen weltlichen Helden heran, der wahrlich über «Bärenkräfte» gebot.[39] Ähnliches berichtet die Bibel: «Die Recken, die in grauer Vorzeit hochgefeiert waren», hatten «Gottessöhne» zu Vätern. Die sahen nämlich, als die Menschen sich zu mehren begannen – und eine größere Variantenbreite bestand – daß deren «Töchter» häufig «gar *schön* waren». Sie ließen sich gewissermaßen zu ihnen herab «und nahmen zu Weibern, welche ihnen irgend gefielen», was freilich nicht das Gefallen des Himmelsvaters fand (1. Mose 6: 1–4). So erwuchsen, wenn auch nur in der fernen vorsintflutlichen Zeit, aus der Paarung von göttlicher Kraft und irdischer Schönheit die ersten Rekken- oder Heroengeschlechter. In weiten Teilen Ozeaniens dagegen lebte die Tradition, bzw. pflanzte sich die göttliche Genealogie, von keiner globalen Katastrophe durchbrochen, teils bis in die Gegenwart fort. Zumindest die aristokratischen Klane, vor allem jene, die Häuptlinge und Könige stellen, gehen hier auf Gründerahnen zurück, die unmittelbar Götter, wie den Himmels- oder den Donnergott etwa, zu Vätern hatten.[40]

Zu späterer, historischer Zeit, als das Böse auf Erden um sich zu greifen begann, wuchs auch der Bedarf an Heilern und Helden. Aber da hatten die Götter sich längst ins Jenseits zurückgezogen und kamen nur selten noch, zu besonderen Anlässen, unter die Menschen. Nunmehr zeugten sie, wenn sie einen heiligen Mittler oder Heros erschaffen wollten, bevorzugt aus der Ferne – etwa durch einen Sonnenstrahl.[41] In anderen Fällen gingen sie einen weniger direkten Weg und wirkten auf die werdende Mutter über ein bestimmtes magisches Mittel ein, das sie zuvor mit ihrer Gotteskraft gleichsam imprägniert hatten. Die Auserwählte fand dann wie zufällig eine Frucht, die sie aß – einen Apfel, eine Nuß, eine Mandel –, geriet mit einem Stein in Berührung oder pflückte eine Blüte, die ihr besonders gefiel, und

drückte sie an die Brust.[42] Auf ähnlich anmutige Weise empfing auch
die Mutter des armenischen Sagenhelden Sanassar. Eines Tages, als
sie sich am Meere erging, vernahm sie vom Wasser her eine Stimme,
die sie anrief. Den Kopf hebend, sah sie die Wellen sich teilen und
eine Quelle emporsprudeln. Sie ahnte wohl, was ihr bestimmt war,
schritt hin, trank – und wurde schwanger.[43]

Praktisch in allen Fällen handelt es sich bei der Empfängnis um
eine «*Conceptio immaculata*», das heißt die Gottesbräute sind Jungfrauen, noch unberührt von den Händen sterblicher Männer, «rein»
und würdig, durch Gotteskraft gesegneten Leibes zu werden. Den
sie gebären, wird zudem ihr *Erstgeborener* sein. So wollte es Gott auch
im Falle Johannes des Täufers, den er bestimmt hatte, seinen eigenen Sohn zu taufen. Dessen Eltern standen schon hoch in den Jahren. Seine Mutter Elisabeth war zwar keine Jungfrau mehr, hatte
aber noch keinem Kind das Leben geschenkt, da sie mit Unfrucht-
barkeit geschlagen schien. Eines Tages nun, da ihr Mann Zacharias
im Tempel des Herrn seines Amtes als Priester waltete, trat ihn der
Erzengel Gabriel an und verhieß ihm die Geburt eines Sohnes, der
noch «im Mutterleib erfüllt werde mit dem Heiligen Geist» und
erkoren sei, «der Kinder von Israel viele zu Gott, ihrem Herrn, zu
bekehren» (Lukas 1: 5–25). Zacharias, der das angesichts der Umstände nicht so recht glauben wollte, wurde daraufhin von dem un-
gehaltenen Engel der Sprache beraubt. Aber Gabriel blieb natürlich
im Recht – es handelte sich eben um die Empfängnis eines großen
Propheten. Wie das genau geschah, ist den Evangelien freilich nicht
mehr zu entnehmen. Es scheint aber Überlieferungen dazu gegeben
zu haben. Im *Johannesbuch* der Mandäer, einer synkretistisch-altgno-
stischen Religionsgemeinschaft im Süden des Irak, die bis zum
5. Jahrhundert wohl noch im Jordantal lebte, finden sich etwa die
Hinweise, Johannes sei «aus der höchsten Höhe gepflanzt»,[44] seine
Seele in den Leib seiner Mutter durch einen Schluck Jordanwasser
gelangt.[45]

Johannes bereitete dem Heiland den Weg, wiewohl er ihm nur
wenige Monate an Alter voraus war. Als seine Mutter Elisabeth sich
nämlich gerade im sechsten Monat befand, wurde der Vertraute Gottes ein zweites Mal von seinem Herrn in noch höherer Mission zur
Erde entsandt, diesmal zu einer echten Jungfrau (im griechischen
Original παϱϑένος), zu Maria von Nazareth in Galiläa, einer Freun-
din Elisabeths, die zwar bereits – mit Joseph – verlobt war, aber bis
dahin noch «von keinem Manne gewußt hatte» (Lukas 1: 34). Der
Engel überraschte sie mit der bekannten Verkündigung: «Der Heilige
Geist wird über dich kommen, und die Kraft des Höchsten wird dich

überschatten»; sie werde mit dem Sohn Gottes niederkommen, der bestimmt sei, ein großer König in der Nachfolge Davids zu werden «über das Haus Jakobs ewiglich, und seines Königreichs wird kein Ende sein» (Lukas 1: 26–38). Als Joseph, der zunächst nicht eingeweiht war, seine Braut Maria «heimholen» kam, bemerkte er mit Befremden, daß sie sich sichtlich bereits in «andern Umständen» befand, und «er gedachte, sie heimlich zu verlassen». Noch ehe er den Gedanken jedoch ins Werk setzen konnte, erschien ihm im Traum «ein Engel des Herrn» und klärte ihn auf. Joseph schenkte der Offenbarung Glauben – er ehelichte Maria «und erkannte sie nicht, bis sie ihren *ersten Sohn* gebar; und hieß seinen Namen Jesus» (Matthäus 1: 18–25). Der Heiland kam so durch Jungfrauengeburt (Parthenogenese) in die Welt.

Das war freilich alles noch dunkel genug. Unter «Überschattung» konnte sich niemand so recht etwas vorstellen. Andererseits handelte es sich um ein zentrales Geschehen für die Christgläubigkeit. Die Verkündigung ging ein in die Wunderwelt der Volksphantasie und gewann hier rasch konkretere Züge. Nach einer alten bulgarischen Überlieferung zum Beispiel trug sich das Ganze wie folgt zu:

«Gott band ein Sträußchen Basilikum, legte sich nieder, legte das Sträußchen in seine Achselhöhle und wünschte, daß vom Geiste Gottes ein Sohn geboren werden möge. Das Sträußchen schickte er durch den Engel Gabriel Maria, der Schwester Jordans, welche daran roch und schwanger wurde; doch gebar sie nicht auf dem gewöhnlichen Wege, da Jesu Christus vom Geist gezeugt wurde, sondern durch eine Öffnung, welche Jordan mit der Lanze in der Brust seiner Schwester gemacht hatte.»[46]

Gott schwängerte Maria hier also, fernwirkend wieder und mittelbar, mit seinem Schweiß, genereller traditionell-anthropologischer Anschauung nach neben Sperma, Atem, Sprache und anderen Körperausscheidungen einem hochkonzentrierten Lebenskraftträger, der zudem noch, aufgrund seines Ursprungsorts, den Vorzug besaß, stark riechend zu sein, so daß Maria die göttliche Seelengabe leicht über die Nase aufnehmen konnte. Daß die Geburt des Herrn auf die beschriebene Weise erfolgte, entspricht ebenfalls nur altüberkommener Vorstellung. Es ist dies die mirable Art, wie Heroen, Helden und andere zu Großem Geborene, ja Götter selbst, ins Licht der Welt zu treten pflegen – sie werden aus Waden, Kniekehlen, Achselhöhlen, einer Wölbung zwischen den Schulterblättern geboren,[47] entspringen Bäumen und Bergen, einem Felsgestein[48] oder dem Haupt einer Gottheit.[49] Aus der rechten Brusthälfte des Himmelsgottes Imra trat nach dem Glauben der Nuristani («Kafiren») im Hindukusch etwa auch die Göttin Disni hervor.[50]

Wunderbare Begebenheiten solchergestalt spielen freilich in einer
meist fernhin entrückten Zeit, als die Schöpfung noch nicht allzuweit
zurücklag, als Götter und Menschen einander noch näher, die Zusammenhänge der Dinge noch nicht vollends festgelegt und ungewöhnliche Vorkommnisse noch häufiger waren. Doch Bedarf an
Wundertätern und Überrecken herrschte später eher noch mehr. Das
Wunder etwa, den Lebenserhalt, besser noch den Wohlstand des Volkes und den Bestand des Reiches zu sichern, erwartete man stetig
zum Beispiel von den Herrschern der althochkulturlichen Staaten.
Dazu bedurften sie wahrlich höherer als gemeinmenschlicher Gaben.
Es hatte so mit den Königen immer eine besondere Bewandtnis. Entweder floß in ihren Adern seit Urzeitgedenken göttliches Blut, oder
die Götter wirkten, sozusagen hautnah, bei ihrer Zeugung mit, wie
man das u. a. auch bei den Pharaonen annahm.[51] Sprengten die
Herrscher gar die Erwartungen, die man gewöhnlicherweise schon
in sie setzte, lag es immerhin nahe. Anders wäre auch kaum plausibel
erschienen, daß man sie, wie in vielen Reichen des Altertums, in
Sumer, Babylonien, Indien, China, später bei Römern usw., ohnehin
für göttlichen Wesens, für «Himmelssöhne» hielt.[52]

Doch auch in bescheideneren Milieus wuchsen mitunter Helden
heran. In derartigen Fällen konnte zum Beispiel der Glaube dahin
gehen, daß die Betreffenden irgendein Himmelswesen zum Vater oder
eine Fee zur Mutter hatten. Nach einer Erzählung der Jakuten in
Sibirien «begegnete einem *sehr schönen Mädchen,* das lange ohne zu
heiraten lebte [!], eines Tages ein Mann, den sie vorher nie gesehen
hatte. Er ritt auf einem *schneeweißen, fleckenlosen* Pferde gerade von
Osten her.» Er saß ab, und sie wurden ohne weiteres «liebeseinig». Die
Frage der Jungfrau, ob er sie nunmehr heiraten werde, beschied der
Fremdling indessen abschlägig. Immerhin lüftete er, scheidend, sein
Inkognito, indem er sich ihr als «der erstgeborene Sohn des Herrschers der oberen Welt» zu erkennen gab. Seine Mission war erfüllt.
Er habe sie, auch das enthüllte er ihr noch, mit zwei Knaben gesegnet,
die einst zu großen Schamanen werden und Gewaltiges wirken würden. Der eine etwa werde «mit seiner Zauberkraft einen Heuschober
im Umfang von zehn Schwungklafter durch die Luft fliegen lassen»,
der andere «eine Elchkuh, samt ihrem Jungen, von dem Ort, wo sie
weiden, durch die Luft befördern.»[53] Von der Verbindung sterblicher
Männer mit Feen war schon die Rede. Derartige Glückserlebnisse
konnten auch kaukasischen Jägern widerfahren – nur sehr beherzten
allerdings, die den Mut aufbrachten, ihrem Wild bis in die höchsten
Bergregionen zu folgen. Dort zeigte sich den Tapferen dann, strah-
lend im Widerschein von Eis und Schnee, die erhabene Fee und lud

sie huldvoll zum Beilager ein. Und gelegentlich, wenn die Bestimmung es wollte, fruchtete die Begegnung auch in wunderbarer Weise: große Recken entwuchsen dem überirdischen Schoß, schimmernd und schön wie die Mutter, in Kühnheit und Kraft dem Vater gleich. Amiran zum Beispiel, der Hauptheld der georgischen Sage, dankte einem derartigen Höhenbeilager sein Dasein.[54] Großes und Schönes entsteht noch am sichersten, wenn das eine mit dem andern sich paart. Das kann, ja muß unter Umständen, da beides nur selten und in hochgeborenen Familien gedeiht, zum *Inzest* führen.

Geschlechtliche Beziehungen unter Engstverwandten sind, zumindest unter gemeinen Leuten, weltweit verpönt, da sie, wovon schon die Rede war, als Normverletzungen schwerwiegendster Art nur «Verbrochenes» zur Folge haben können – Mißgeburten, Aussatz, Todesfälle, verheerende Naturkatastrophen.[55] Sie setzen zerstörerische Kräfte frei, denen kaum jemand Einhalt zu gebieten vermag. Anders indessen wäre der Fall, wenn übergewöhnlich wirkfähige Menschen, die über die Macht verfügen, selbst derart explosive Kräfte unter ihre Kontrolle zu bringen, sie ganz gezielt, gleichsam fokussiert zum Guten, etwa zur Abwehr einer Gefahr oder um Großes zu bewirken, einsetzen würden. Es kam nur darauf an, daß man den «Laser» sicher zu lenken imstande war. Das Ergebnis mußte dann wahrhaft durchschlagend sein.[56] Der Gedanke lag nahe und fand vielfach Verwirklichung. Bei den Cewa in Malawi wie den Ila in Sambia etwa galt, wie überall, ein striktes Inzestverbot. Dennoch war man in beiden Gesellschaften überzeugt, daß ein Zauberer eine besondere, das gewöhnliche Maß weit übersteigende Wirkfähigkeit nur erlange, wenn er zuvor mit seiner Schwester (oder auch Tochter) Verkehr gehabt habe.[57] Anlässe, zu diesem letzten Mittel zu greifen, bildeten bei Zentralaustraliern zum Beispiel eine bevorstehende kriegerische Auseinandersetzung, bei Niloten in Nordostafrika die Vorbereitung auf eine Flußpferdjagd, bei den Shona in Südostafrika eine besonders gefährliche Verletzung, die man nur vermöge dieser exzeptionellen Stärkung glaubte heilen zu können, oder lediglich auch überhaupt der Wunsch, überreiche Ernten zu erzielen.[58]

Und um so mehr noch konnte man im Inzest ein Mittel sehen, übergewöhnlich wirkfähige, wundertätige, zu Großem bestimmte Menschen – oder Heroen – hervorzubringen: sofern nur die Partner, die sich dazu verbanden, von entsprechendem Schlage, das heißt gut, stark, schön und hochsinnig, eben von aristokratischer Art waren. Mythos und Sage lieferten überzeugende Beispiele dafür. Gewaltige Heroen wie die Titanen, Halbgötter von überirdischer Schönheit wie Adonis, strahlende Helden wie Siegfried, Gründerväter großer Ge-

schlechter oder ruhmreiche Könige, wie etwa nach altirischer Überlieferung, dankten ihre Gaben, ihren Überrang einem Inzest – zwischen Geschwistern oder auch Vater und Tochter, seltener Mutter
und Sohn.[59] Auch das altisraelitische Sagengut enthält einiges Einschlägige. Schon Kain und Abel sollen ihre Zwillingsschwestern ge-
ehelicht haben.[60] Lot zeugte, nachdem Gott Sodom und Gomorra in
Schutt und Asche gelegt hatte, mit seinen Töchtern die Stammväter
der Moabiter und Ammoniter (1. Mose 19: 30–38) – und damit, nach
einer außerbiblischen Tradition, letztlich gar «den König Messias»,
denn: «David war ein Abkömmling von Ruth, der Moabiterin, Reha-
beam stammte von Naama, der Ammoniterin; der König Messias aber
kam von ihrer Kinder Kindern.»[61] Abraham freite seine Halbschwe-
ster Sara (1. Mose 20: 1ff.), Amram seine Tante mütterlicherseits
oder Nichte («Muhme») Jochebed, die ihm keine geringeren Söhne
als Moses und Aaron gebar (2. Mose 6: 20). Zu den 1. Mose 46: 7
genannten «Töchtern» Jakobs, mit denen der Patriarch nach Ägypten zog, um seinen Sohn Joseph zu besuchen, heißt es in einer außerbiblischen Parallelversion: «Unter den Töchtern Jakobs sind die
Weiber seiner Söhne zu verstehen, welche ihre Zwillingsschwestern
waren, denn die Sprossen Jakobs vermählten sich nur mit Geschwistern und Anverwandten und vermieden es, sich mit den Völkern der
Erde zu vermischen. Daher wurden sie der reine Same geheißen.»[62]
Der letztere Zusatz liefert wohl den Schlüssel zum Verständnis der
rigorosen Heiratspolitik: Es kam darauf an, das aristokratische, geheiligte Blut der Patriarchengeschlechter reinzuerhalten. An sich nämlich war der Inzest auch den alten Israeliten generell verboten (vgl.
3. Mose 18: 1–18). Manche Familien pochten da offensichtlich auf
eine Art Adelsprivileg, zumal es lehrhafte Überlieferungen gab, denen zufolge «erst nachdem Adam gefehlt hatte, die Ehe zwischen
Blutsverwandten zur Sünde wurde. Vor dem Sündenfall aber war die
Geschwisterehe eine hochheilige Sache», die später nur mehr «den
Himmlischen» (zum Beispiel den Cherubim) zustand – wenn nicht
auch den Königen, denn: «Wer aber auf Erden eine Blutsverwandte
zum Weibe nimmt, gleicht einem, der sich des Zepters des Königs
bedient.»[63]

So war es in der Tat. Denn in nicht wenigen alten Herrscherfami-
lien – bei Sumerern, Ägyptern, Persern, Ptolemäern, Seleukiden,
Parthern, Karern, Pikten (Irland) u. a. – suchte man durch Ehen
unter Engstverwandten oder zumindest rituellen Inzest während der
Neujahrsfestlichkeiten *(«Hieros Gamos»)* das kostbare königliche Blut
in den eigenen Adern zu halten.[64] So sollte gewährleistet sein, daß
jeder Thronerbe ein Held und Heilsbringer war, daß die genealogische

Abstammungsfolge und mit ihr die göttliche Segenskraft, die der Urahn noch «aus erster Hand» empfangen hatte, rein und uneingeschränkt gewahrt blieb – die «Vollendung» *(wen)* verbürgend, wie sie nach altchinesischer Auffassung das Charakteristikum der Aristokraten- und Herrschergeschlechter war.[65]

Das blieb ein adeliger Anspruch, und er schloß konsequentermaßen auch «Schönheit» ein; oder anders gesagt: das aristokratische Äußere bildete den absoluten Maßstab dafür; was ihm nicht gleichkam, verlor an Vollendung, büßte an Schönheit ein. Adelige sehen daher auch einander sehr ähnlich, sind alle gleichermaßen «gute Erscheinungen» – gesetzt freilich, sie heiraten nur aufs engste untereinander, halten sich gleichsam von quer zufließenden «Veruntrübungen» frei. Dies war auch das Bestreben der sächsischen Nobilität. Nach den *Fuldaer Annalen* (8./9. Jh.) setzten sich die Sachsen insgesamt aus Adeligen *(nobiles),* Freigeborenen, Freigelassenen und Sklaven zusammen, und es war «gesetzlich geregelt, daß bei ehelichen Verbindungen keiner die Grenzen seines Standes überschreitet, sondern der Adelige eine Adelige zur Frau nimmt, der Freigeborene eine Freigeborene» usw. Verletzte einer die Regel, büßte er es «mit dem Verlust seines Lebens» – denn sie hatten «vortreffliche Gesetze, um Übeltäter zu bestrafen», und «nahmen in ihrer Sittlichkeit auf vieles Bedacht, was nützlich und ehrenhaft war in Übereinstimmung mit der Natur *(secundum legem naturae).»* Dies «sächsische Reinheitsgebot» verpflichtete die Stämmlinge des Volkes auch generell. Aus Sorge, sich «Art und Adel» *(genus ac nobilitas)* ihres Ethnos zu erhalten, achteten die Sachsen sorgsam darauf, sich «nicht durch eheliche Verbindungen mit anderen oder gar unterlegenen Völkern zu beflecken.» So hatten denn auch «fast alle dieselbe Gestalt und Leibesgröße und dieselbe Haarfarbe»[66] – in physischer Vollendung, wie man ergänzen darf, bei den Edlen ganz oben. Die Somali sehen es, wie viele andere auch, analog: Die hochrangigen Geschlechter leiten sich in unmittelbarer Abstammungsfolge von den Kuraish, dem mekkanischen Klan, dem Muhammad entstammte, her und heben sich daher, bei bedachtsam gepflogener «Reinblütigkeit», so deutlich wie vorteilhaft von den «Gemeinen» *(commoners)* ab.[67]

Auch Muhammad sollte demnach «schön» gewesen sein. Ob Jesus es war, wissen wir nicht. Vollendung indessen wird man ihm, der er Gott selbst zum Vater hatte, kaum absprechen können. Dennoch fühlten sich die Evangelisten Matthäus und Lukas bemüßigt, ihm auch *königliches* Geblüt zu attestieren, aus dem Zimmermannssohn einen hochgeborenen Aristokraten zu machen, indem sie ihn genealogisch direkt – wenn auch über unterschiedliche Abstammungsreihen – auf David (ca. 1004–965 v. Chr.), und damit letztendlich auch Jakob (Israel) bzw. Abraham, zurückführten.[68]

Wenn zu Großem Bestimmte geboren werden, kreißt gleichsam der Kosmos, die Natur erzittert. Seltsames geschieht, «Zeichen» treten überhauf in Erscheinung.[69] Bei den Kurg in Südindien zum Beispiel bebt bei der Geburt eines Helden die Erde, und es kommt ein gewaltiger Sturm auf; gleichzeitig werden die Männer der feindlichen Nachbargruppen mit stechendem Kopfschmerz geschlagen, die Türme ihrer Tempel stürzen ein, die Gewehre feuern von selbst.[70] Bevorzugt vollzieht sich dergleichen, wenn besondere natürliche Gunstbedingungen herrschen und die Zeit gewissermaßen «reif» dafür ist. Schon generell gilt, daß Kinder, die am Tage, und zumal bei strahlendem Sonnenschein, zur Welt kommen, schön, aufgeweckt, «hellen» Geistes und vom Glück begünstigt sein werden. Nächtens geborene dagegen besitzen ein düsteres Naturell – es sei denn, der Mond hat sich gerade vollends gerundet und verwandelt die Nacht in den Tag: denn das kann dann nur doppelt Gutes bedeuten; Glückskindern dieser Art ist vollendete Schönheit, eine unangreifbare Gesundheit und sicherer Erfolg im Leben beschieden;[71] ihnen wurde die Gabe zuteil, *Dunkles zum Hellen* zu kehren, das heißt Böses zum Guten zu wenden, heilkräftig wirksam zu sein. Die Umstände bei der Geburt «prägen» eben, wie das auch französischem Volksglauben entspricht, die noch so empfindsame, bildbare Physis «des Kindes nachhaltig. Viele Errungenschaften, die es vor der Geburt noch nicht besaß, erhält es in diesem Augenblick.»[72] Besonders gunstträchtig erscheinen Wende-, also gewissermaßen kosmische «Offenzeiten», wenn die Nahtstellen zwischen den angrenzenden Perioden gleichsam eine gewisse Dehnung erfahren, so daß Jenseitiges leichter durchströmen kann, wie zu Wochen- oder Jahresbeginn. Sonntagskinder galten so weithin nicht nur als ausgesprochene Glückspilze, denen ein sorgenfreies und erfolgreiches Dasein bevorstand; man schrieb ihnen stets auch besondere übergewöhnliche Gaben, vor allem Hellsichtigkeit und eine frieden- und heilstiftende Wirkkraft zu. Sie schienen zu Höherem wie «berufen». Fiel der sonntägliche Geburtstag gar noch auf Weihnachten oder Neujahr, übersteigerte sich die Berufung zur Bestimmung.[73] Heroen, große Könige, die nach düsterer Leidenszeit eine neue Heilsära begründen, wie Heilande werden gewöhnlich zur Jahreswende geboren. Auch Christus betrat zu Epiphanias, dem altchristlichen Neujahrstag, die Bühne der Welt.[74]

Durchlässige Seelen spüren, wenn Großes bevorsteht; oder erfahren davon auch unmittelbar. Cicero (106–43 v. Chr.) träumte zum Beispiel von einem Knaben edlen Aussehens, der vor dem Tempel des Jupiter auf dem Kapitol an einer goldenen Kette vom Himmel herabgelassen wurde und von dem Gott eine Peitsche überreicht erhielt. Tags darauf erblickte er den noch unbekannten Augustus und erkannte in ihm sein «Traumkind» wieder.[75] Auf ähnlichem Wege kann sich Berufenen auch die Fleischwerdung großer Propheten ankündigen. Im *Johannesbuch* der schon genannten Mandäer ist von einem Mann die Rede, der vor der Geburt des Täufers ein Gesicht hatte und sah, «daß ein Stern erschien und über Enišbai [Elisabeth, der Mutter des Johannes] stehenblieb ... Feuer brannte an Abā Sâba Zakhriā [Zacharias, dem Vater] ... Rauch stieg über dem Tempel auf. Eine Erschütterung bebte in der Markabtā, daß die Erde von ihrer Stelle wich ... Die Sonne erschien bei Nacht, und der Mond ging bei Tage auf.»[76] Gewaltiges zeigte sich an; aber nicht der Seher, erst ein Traumdeuter wußte das Geschaute richtig zu interpretieren – daß nämlich Elisabeth einen Sohn zur Welt bringen werde, der zu Großem bestimmt sei.[77] Zumindest eines der Zeichen hätten auch Laien deuten können, da es gängigem Glauben entsprach – der weitverbreiteten Anschauung nämlich (von der ja bereits die Rede war), daß jeder Mensch einen persönlichen Schutzgeist in Gestalt eines Sterns besitzt. Bei Großen strahlt er natürlich heller, hebt sich also deutlicher von dem nächtlichen Lichtermeer der übrigen ab. Schutzgeister aber treten gewöhnlich erstmals bei der Geburt ihrer Schützlinge, später dann etwa in besonders kritischen Situationen und zuletzt während der Todesstunde in Erscheinung. Tragen sie Sternengestalt, leuchten sie also, wenn große Könige, Volksführer oder Heilande geboren werden, sonnengleich am Nachthimmel auf. In Polynesien zeigten so beispielsweise überhelle Sternschnuppen die Geburten von Fürsten- und Königssöhnen ganz generell, auch ihre Hochzeiten und natürlich ihr Ableben an.[78] Als der pontische König Mithradates VI. Eupator, «der Große» (120–63 v. Chr.), geboren wurde, was vermutlich im Jahr 132 v. Chr. geschah, trat, wie der römische Historiker Pompeius Trogus (1. Jh. v. Chr.) überliefert, ein Komet *(stella cometes)* in Erscheinung, «so hell, daß der ganze Himmel in Feuer zu stehen schien»; gleichzeitig fuhr noch ein Blitz in die Wiege des kleinen Prinzen – natürlich ohne ihn zu verletzen![79] Auch bei der Geburt des byzantinischen Kaisers Konstantinos Porphyrogennetos (913–957) im Jahre 905 strahlte, wie hier der Geschichtsschreiber Leon Diakonos (2. Hälfte des 10. Jh.s) versichert, ein Komet am Himmel auf; und später noch einmal bei seinem Tod.[80] Rund 1000 Jahre vor ihm hatte der «göttliche Augustus» (31 v.–14 n. Chr.) dem damals noch vereinigten Römischen Reich eine Glanzzeit ohnegleichen, das vielgepriesene «Augusteische Zeitalter», be-

schert. Nicht grundlos daher von seiner Größe überzeugt, deutete
er den Kometen, der beim Tod seines Adoptivvaters Caesar hell-
leuchtend am Himmel erschien, ganz zu seinen Gunsten, zumal sich
der Stern zu zeigen begann,

«als Augustus selbst zu seinem Lauf ansetzte bei den Spielen, die er zu Ehren der
Venus Genetrix nicht lange nach dem Ableben seines Vaters Caesar in dem von
ihm gestifteten Priester-Kollegium veranstaltete. Seine Freude darüber hat er in
folgenden Worten ausgesprochen: ‹Gerade während der Tage meiner Spiele erblickte man sieben Tage hindurch in der nördlichen Gegend des Himmels einen
Schweifstern. Er ging um die elfte Tagesstunde auf, war hell und in allen Ländern
sichtbar. Allgemein glaubte man, es werde durch diesen Stern angedeutet, daß
die Seele Caesars unter die unsterblichen Götter aufgenommen worden sei.› So
erklärte er öffentlich; im stillen aber deutete er es mit Freuden so, daß der Stern
zu seinem Besten aufgegangen sei und er selbst in jenem aufgehe, und wenn wir
die Wahrheit sagen sollen, so war dies auch für den Erdkreis heilbringend.»[81]

Plinius der Ältere (23–79 n. Chr.), der dies berichtet, stand selbst
dem Phänomen allerdings skeptisch gegenüber. Es sei durchaus nicht
so, daß die Sterne, «wie der große Haufe glaubt, jedem einzelnen von
uns zugeteilt» sind, «die helleren den Reichen, die kleineren den
Armen, die dunklen den Gealterten ... Auch sterben die mit jedem
Menschen entstandenen nicht mit ihm zugleich, noch deuten herab-
fallende an, daß irgendein Leben erlischt.»[82] Aber «der große Haufe», der ohnehin weder Plinius noch andere Literatur, sondern lieber
im Buch der Natur las, ließ sich von derlei gelehrter Skepsis nicht
anfechten. Noch während Augustus herrschte, ging im Osten des
Reiches erneut ein Stern auf, die Geburt eines Großen anzukündi-
gen. Die «Weisen vom Morgenland» waren ihm, wie dem Lauf der
Sonne, gen Westen gefolgt, da sie die Erscheinung im üblichen Sinne
verstanden. Sie fragten daher Herodes ganz selbstverständlich: «Wo
ist der *neugeborene König* der Juden?» Augenscheinlich jedoch zeigte
sich das Zeichen nur ihnen. Als sie den Palast des Herodes verlassen
hatten und ihre Reise fortsetzten, leuchtete er abermals auf über
ihnen und geleitete sie sicher nach Bethlehem, «da das Kindlein
war», dem sie dann freilich nicht wie einem irdischen König huldigten, sondern das sie *«anbeteten»* wie eine Gottheit (Matthäus 2: 1–12).
Nicht nur, weil sie «weise» waren, sondern wohl auch, weil sie aus
dem «Morgenland» kamen. Die Bibel bezeichnet sie als *«Magoi»*, wie
man im zoroastrischen Persien die Priester nannte. Die pflegten sich
dort alljährlich auf einen Berg zu begeben, um betend das Erscheinen eines «Glückssterns» zu erwarten, der «das Zeichen» für die «Geburt des Weltkönigs und Weltheilands», des wiedererstandenen Mithra
war, des erhofften Erlösers.[83]

Große Ereignisse stellen sich nicht von ungefähr ein. Was zu Bethlehem geschah, hatte sich ähnlich schon einmal, zeichenhaft vorausweisend, unter den Vorfahren Jesu zugetragen. Nach einer jüdischen Überlieferung waren nämlich in der Geburtsnacht Abrahams die «Weisen Nimrods» bei seinem Vater Tarah zu Gast. Als sie aufbrachen und das Haus verließen,

> «erhoben sie ihre Augen gen Himmel, und siehe da: ein großer Stern, der von Morgen gekommen war, lief über den Himmel und verschlang vier Sterne von den vier Seiten der Welt. Da wunderten sich die Weissager sehr, und sie begriffen alsbald, was das zu bedeuten hätte; einer sprach zum anderen: Nicht anders, als daß der Knabe, der heute nacht dem Tarah geboren ward, groß und furchtbar werden und sich sehr vermehren wird, daß er und sein Same die großen Könige stürzen und von deren Lande Besitz ergreifen werden.»

Sie berichteten Nimrod davon, der sofort alles daransetzte, das Kind in seine Gewalt zu bekommen, um es töten zu lassen. Mit Gottes Hilfe und dank einer List seines Vaters Tarah – der ihn gegen einen anderen Knaben austauschte, den ihm eine Magd in derselben Nacht geboren hatte – entging Abraham jedoch dem Verhängnis.[84] In Jesus wiederholte und vollendete sich das Geschehen. Eine entscheidende Wende von weltgeschichtlicher Bedeutung bahnte sich an, wie der große Kirchenvater Origenes (ca. 185–254) den Ereignissen ablas.[85] Gleichzeitig konnten auch die «Weisen vom Morgenland» in dem Kindlein zu Bethlehem den verheißenen Heiland erkennen – sie huldigten ihm und beugten sich damit dem Universalanspruch des messianischen Königtums Christi.[86]

4. Soziologie

Helden wachsen rascher heran als gewöhnliche Menschen, manchmal nur in wenigen Tagen;[87] keinerlei «Kinderkrankheiten» behindern ihre Entwicklung[88] – sehr im Gegensatz zu Wechselbutten und andern Mißgeborenen, bei denen das Wachstum stagniert oder einen gleichsam «gekrümmten» Verlauf nimmt. Auf die Erwählten wartet zuviel; Großes liegt vor ihnen.

Die wundersamen Begebenheiten, die ihre Empfängnis und Geburt begleiteten, setzen sich fort, nunmehr allerdings von ihnen selbst bewirkt. Jugendliche Helden bezwingen vielköpfige Ungeheuer, befreien gefangene und verzauberte Jungfrauen aus unzugänglichen Bergfesten mächtiger Geisterfürsten, schlagen ganze Heere in die Flucht und erlösen bedrängte Völker aus Bedrückung und Not.

Die Vorsehung prüft und «testet» sie,[89] vor den Augen der Menschen,
um ihnen Hoffnung zu machen, zu zeigen, daß ihnen ein Retter
entstanden ist. In den sogenannten «Kindheitsevangelien», die von
den ersten zwölf Lebensjahren Jesu berichten, über die sich die ka-
nonischen Schriften des Neuen Testaments bekanntlich weitgehend
ausschweigen, wirkt auch der Jesusknabe bereits aufsehenerregende
Wunder. Vor allem die «Kindheitserzählung des Thomas» (vermutlich Ende des 2. Jh.s entstanden)[90] bekundet das in reicher Weise.
Der erst Fünfjährige formt da etwa Spatzen aus Lehm und erweckt
sie durch Händeklatschen zum Leben, belehrt gestandene Schulmei-
ster und macht Spielgefährten, die seinen Unmut erregen, seine göttliche Wirkkraft auf teils recht drastische Weise deutlich: Einen Knaben, der ihm im Laufen unabsichtlich an die Schulter stieß, ließ er
auf der Stelle tot umfallen; einen anderen, der von ihm in Gruben
zusammengeleitetes Bachwasser wieder zum Abfließen brachte,
herrschte er aufgebracht an: «Du Frecher, du Gottloser, du Dummkopf, was haben dir die Gruben und das Wasser zuleide getan? Siehe,
jetzt sollst auch du wie ein Baum verdorren und weder Blätter noch
Wurzel noch Frucht tragen» – ein wahrlich nur wenig frommer
Wunsch, der sich alsbald erfüllte.[91]

Wunder müssen Niedriggeborenen nicht immer verständlich erscheinen; sie deuten, zeichenhaft, auf die Hochbegnadeten hin, weisen sie aus, begründen ihre Bestimmung und Vorrangstellung unter
den Sterblichen.

Das führt sie nicht in Versuchung. Machtmißbrauch wohnt Helden
gewöhnlich fern. Der Sage nach zieren sie ganz im Gegenteil gerade
Züge wie Großmut und Mildtätigkeit. Helden haben ausgesprochenermaßen ein Herz für die Schwachen, Hilflosen, Armen und Leidenden.[92] Und auch dies läßt sie zum Herrschen bestimmt erscheinen. In traditionellen Gesellschaften genoß Ansehen als Oberhaupt
nur, wer sich *großzügig* zeigte, wer in Not Geratenen aushalf, Bedürf-
tige an seine Tafel lud, das Recht der Schwachen verfocht und min-
destens einmal jährlich ein großes Fest für die gesamte Gemeinschaft
gab. Freilich setzte das eine gewisse Wohlhabenheit voraus, die wiederum erwuchs aus Gesundheit, Kraft und Erfolg – eben den Gaben,
die sichtbar dartaten, daß der Segen der Jenseitsmächte auf den Betreffenden ruhte. Bei den Tiv in Nigeria lautete der Schlüsselbegriff
dafür *tsav*. Wer mehr *tsav* als andere besaß, erfreute sich reicherer
Ernten, konnte sich ein aufwendigeres Leben und mehrere Frauen
leisten, hatte entsprechend viele Kinder, war geschickt, klug und so
auch erfolgreich. Er galt etwas, genoß Prestige. Und wer eben über
ein Höchstmaß an *tsav* zu gebieten schien, stieg zum Oberhaupt der

Gruppe auf[93] – und das schloß dann die genannten Erwartungen an ihn ein, die eigentlich aber eher sozialen Verpflichtungen gleichkamen; hätte er ihnen nur ungenügend entsprochen, wäre sein Ansehen zerronnen, sein gewisser «Heldenglanz» verblaßt. Wer aber im Vollbesitz der guten herrscherlichen Tugenden blühte, der konnte sich gleichsam «sonnen» in der Liebe und Verehrung der Seinen. Oberhäupter residieren *im Zentrum* der Gesellschaft: unmittelbar am Dorfplatz in einem repräsentativen Gehöft, im Palast inmitten der Stadt oder auf dem Burgberg darüber, in Palais am Markt, nahe Kirche und Rathaus, umsäumt von den Sitzen der Patrizier und Honoratioren.[94] Sie schreiten bei öffentlichen Auftritten im Mittelfeld, umringt von Gefolge und Würdenträgern, sitzen bei Versammlungen im Mittelpunkt der beidseitig von ihnen, geradlinig oder bogenförmig, gereihten Ratsmitglieder, leicht erhöht noch vielleicht, oder auch am Kopf eines weitläufigen Audienzsaales auf erhabenem Thron, um sich die Paladine und Hofbeamten geschart. Wann immer sie sichtbar werden, ziehen sie die Blicke aller auf sich; sie wandeln gleichsam, um es mit Hölderlin zu sagen, «droben im Licht auf weichem Boden», und «glänzende Götterlüfte rühren sie leicht, wie die Finger der Künstlerin heilige Saiten.»

Selbst der Tod hat für sie die Schrecken verloren, die er für die niedriggeborenen Sterblichen bereithält. Traditionellem Glauben nach residierten sie im Ahnenreich fort wie auf Erden. Die alten Könige, jedenfalls die großen, gingen unter die Götter ein. Ähnliche Seligkeiten erwarteten auch die verdienten Recken, die im Kampf für die Ihren gefallen waren. Auf Mangaia in Polynesien (Cook-Inseln) stiegen sie, überladen mit Girlanden aus duftenden weißen Gardenien, gelben Bua, den goldenen Früchten der Pandanuspalme, dunklen Crimsonmyrthen und den glockenförmigen Blüten des Lorbeerbaumes, in die höchsten Himmelsgefilde auf, um dort fortan ihre Tage mit Singen und Tanzen zu verbringen – und nur gelegentlich noch einen verächtlichen Blick samt ihren Ausscheidungen auf das Totenreich der gewöhnlichen Inselbewohner fallen zu lassen.[95] Fröhlich, wenn auch weniger musisch als bacchantisch ging es auch im germanischen Heldenparadies, in Wodans wuchtiger Burg Walhall zu, in der die Einherier, die ruhmreich in der Schlacht gefallenen Recken, von dienstfertigen Walküren mit einem Unsterblichkeitscocktail aus Milch und Met regaliert, rauh, wie es ihrer Art entsprach, ihr nachtodliches Veteranendasein verzechten.

In den Himmeln, wo es ewiglich licht ist, sind die Erhabenen, ob Heroen, bedeutende Könige oder Helden, letztlich daheim. Heiligen, großen Propheten und Heilanden kommt dabei, wie den Erzengeln, ein Platz nahe dem Thron des Allerhöchsten zu. Ihnen kann gar widerfahren, daß sie im Tod oder gleich danach unmittelbar in den Himmel – ins Paradies oder eben den Palast Gottes – *entrückt* werden. So geschah es bekanntlich Henoch, «weil er in Gemeinschaft mit Gott gewandelt hatte» (1. Mose 5: 24), und dem Propheten Elia, der auf einem Feuerwagen, gezogen von flammenden Rossen, im Sturm gen Himmel fuhr (2. Könige 2: 11). Nach der Apostelgeschichte des Lukas (1: 9–11) begab sich auf ähnliche Weise auch Jesus zu seinem Vater im Himmel, um fortan zu seiner Rechten zu sitzen – nachdem seine Passion beendet, er gestorben und wiederauferstanden und einigen auserwählten Jüngern erschienen war, um sie noch einmal, abschließend und seine Lehrmission gewissermaßen vollendend, in den wichtigsten Fragen, die das Reich Gottes betrafen, zu unterweisen, ganze vierzig Tage lang (Apostelgeschichte 1: 1–8). Danach wurde er vor ihren Augen «aufgehoben zusehends, und eine Wolke nahm ihn weg.»

Vor dem hellstrahlenden Hintergrund des Guten, Schönen und Erhabenen erst gewinnt das zu Boden Gebogene, Häßliche und Böse so recht an Profil, um so schärfer, je weiter es vortritt in die Arena der Lichtwelt. Darum sucht es den Schatten, verkrümmt sich im Dunkel der Randbereiche und kriecht erst bei Nacht vor. Beide stehen in einem unheilvollen kontrastierenden Wechselverhältnis zueinander, scharf gestochen bisweilen wie in Rembrandtschem *Chiaroscuro*. Wächst das Böse, bedarf es der Guten. Wo Helden und Heilande strahlen, umschleimt sie eine morastige Masse aus Neid, Boshaftigkeit, Verleumdung, Laster, Falschheit und Haß. Während *sie* leuchten in schön-erhabener Einmaligkeit und ihre fürstliche Tracht und Ausstattung oder Aura sie einfaßt wie kostbares Edelmetall den Juwel, sind *jene* allesamt Krüppel an Leib wie an Seele, in modrige Lumpen geschlagen. *Sie* kämpfen für den Erhalt der geschaffenen Ordnung, für den Sieg des Guten und eine heilvolle Zukunft der Menschen; *jene* suchen nur zu zerstören. *Ihnen* gebührt Dankbarkeit, Verehrung und Liebe; *jenen* nichts weiter als Spott und Verachtung. *Sie* sind die Heiligen, der Hort des Sakralen, Hüter des altüberlieferten Erbes; *jene* eigentlich Fremde, die von außen her vordrängen und, kraft ihrer Unreinheit, die Lebensgüter der Gruppe durch Profanierung zu zersetzen drohen. *Sie* fahren zum Himmel auf und genießen, verewigt, paradiesische Freuden, während *jene* schließlich von Schlimmen Toden dahingerafft werden und zu einem unseligen Geisterdasein zwischen den Welten verdammt sind oder vollends dem Höllenfeuer verfallen.

Hoffnung aber liegt darin, daß Helden nicht bloß, wenn Not ist, gleichsam wie Sterne aufgehen und Licht auf der umdunkelten Erde verbreiten. Zu ihren Zielen zählt auch, sich zu vermählen, ihren Edelsinn fortzupflanzen. Märchen und Sagen erzählen davon. Und immer sind es besonders schöne Mädchen, auf die sich des Helden Augenmerk richtet – artgleiche Empfängerinnen ihres aristokratischen Erbguts. Vielfach müssen sie um die Erkorene kämpfen, sie aus der Gewalt von Unheilsmächten befreien. Sind alle Hindernisse endlich aus dem Wege geräumt, findet der Sieger die erlöste Schöne «bereit und willens, ihn zum Gatten zu nehmen» – sie halten Hochzeit und leben fortan glücklich bis ans Ende ihrer Tage.[96]

So entstehen große Herrschergeschlechter, stete Stützen der geschaffenen Ordnung und Garanten des Heils. Oftmals aber überwächst das Böse auch sie. Einzelne erlahmen oder gehen allzu sorglos mit dem überkommenen Erbe um. Sofort dann gewinnen die Gegenkräfte an Macht. Die Herrscher *verzerren* sich zu Tyrannen, Unrecht und Schrecken regieren. Die Prinzen, die noch von der rechten Art sind, werden getötet oder vertrieben. Propheten stehen auf und mahnen zur «Umkehr». Kühne Widerständler bieten dem Terrorregime die Stirn, bereit, mit dem Leben dafür zu bezahlen. Und viele fallen dabei. Aber ihr Leidensweg, ihr Kampf und Tod werden zu bleibenden Erinnerungsmalen. Das Gedenken ihres Martyriums leuchtet wie Fackelschein in der Nacht der Verderbnis[97] – bis eines Tages vielleicht der verstoßene Königssohn aus der Fremde zurückkehrt oder sonst ein großer Held ersteht und der Hydra der Schreckensherrschaft die Häupter abschlägt, um die alte Heilsordnung *wiederherzustellen*.

Doch mehrheitlich ist auch das bereits Sage. Aber es erhält die Erinnerung aufrecht und die Hoffnung am Leben. Dereinst, wenn das Böse scheinbar an Übergewalt gewinnt und die Gebeine der Märtyrer die Erde schier übersäen, wird wie im Feuersturm der Messias erscheinen, König und Heiland zugleich, und alles Krumme und Krüppelige, alle Lügen und Falschheit, alle Bosheit und Tyrannei endgültig austilgen. Den Geretteten wird erneut, nun aber ewig, ein herrliches Heilsreich erstehen.

III.
Maßgestalt

1. Geometrie

Schönheit erwächst aus Idealisierung, die Störendes forttilgt und den Erscheinungen Ebenmaß verleiht. Eine Narbe im Gesicht, der Fehlgriff eines Pianisten, Schmutzflecke auf einem Gemälde, Risse in einer kunstvollen Renaissancefassade verletzen die Harmonie der Proportionen. Das hat auch mit Distanz zu tun; denn aus der Ferne nimmt man geringere Unebenheiten nur kaum mehr wahr. Betrachtet man einen ausgewachsenen Baum aus unmittelbarer Nähe, erscheint das unendlich verästelte Zweigwerk wie ein wucherndes Wirrsal. Erst beim Zurücktreten zeichnen sich Gestaltmaß und Schönheit der Krone zunehmend deutlicher ab und bestimmen den Gesamteindruck.

Wer sich in eine fremde Umgebung begibt, erliegt demselben Näherungseffekt, steigt gleichsam wie ins Innere eines Baumes auf. Die Straßen, die Gebäude, die Siedlungsstruktur, alles ist ihm unvertraut und verwirrt ihn – bis es ihm langsam gelingt, sich zu «orientieren»: der Begriff leitet sich vom lateinischen *oriens* (zu ergänzen: *sol*), «aufgehende Sonne», her und meint ursprünglich: «die Himmelsrichtung nach dem Aufgang der Sonne bestimmen». Wer Orientierung sucht, prägt sich so zunächst einmal einen, dann mehrere topographische Raumpunkte, vielleicht bestimmte, hochaufragende Gebäude, ein, die er nunmehr durch gedachte Linien verbindet, so daß er sich schließlich «ein Bild machen kann». Dies stellt dann einen rudimentären Siedlungs- und Lageplan dar, bestehend aus einigen wenigen «Kardinalpunkten» und ihren Verbindungslinien. Alles andere, vor allem geringer Markante, auch Größen außerhalb der Basisskizze, bleiben zunächst ausgespart; es wäre der Übersicht im Wege. Zweckmäßiger erscheint fürs erste eine quasi *geometrische*, auf nur wenige Striche reduzierte Struktur, die in ihrer klar überschaubaren Simplizität eine optimale Orientierung gewährt – und Gefallen verursacht, weil die Unübersichtlichkeit sich figürlicher Formalisierung fügt. Es vermittelt ein Empfinden «starken, persönlichen ästhetischen Vergnügens ...», der Unordnung und der Unruhe Struktur und Invarianz abzuringen ... Wenn der Künstler seinen Strich zieht, der Komponist seinen Takt schreibt, so wählt er aus der Unendlichkeit der möglichen Formen und Töne einen aus, den er uns als geordnet, strukturiert und bedeutungsvoll vorsetzt.»[98] Anhand seines Basisplans schreitet der Neuankömmling dann weiter aus, weicht von den Magistralen ab, stößt durch verwinkelte Gassen bis in entlegene Viertel vor, entdeckt kleine verborgene Plätze von verwunschener Schönheit, alte Denkmäler, verfallene Palais usw. mehr, bis schließlich seine Ursprungsskizze der Innenansicht einer Baumkrone gleicht – und damit der tatsächlichen Siedlungsstruktur immer näher kommt. Der originale Plan bleibt jedoch weiterhin Leitmodell, dem alle späteren «Eintragungen» folgen («hinter der Kirche», «dritte Seitenstraße rechts», «auf halber Höhe zwischen Rathaus und Museum» usf.). In seiner extremen Vereinfachung stellt er eine reine Abstraktion, ein echtes «Ideal» dar – anwendbar auf jede andere Siedlung auch.

Klare Linien und ausgewogene Proportionen, zu einem durchsichtig konturierten Ganzen verbunden, üben eine wohltuende Wirkung aus, eben weil sie die Orientierung erleichtern, Situationen rascher abschätzen lassen, gleichsam gleitend und «glatt» erscheinen, ohne störende Ecken und Kanten. Das entspricht auch den Prinzipien der Evolution. Die «natürliche Auslese» zieht in der Regel den «Durchschnitt» der individuellen, erst recht extremer Abweichung vor; sie würde die Orientierung, die sozusagen auf «Dutzendmuster» geprägt ist, empfindlich stören – wie die Verwendung fremdsprachlicher Fachausdrücke die Kommunikation im Gespräch mit Kindern.

Gleichmaß erst, das Identifizierung erlaubt, macht Verständigung möglich, und wird eben daher gesucht. Aber nicht unbedingt immer bewußt, sondern offenbar auch organisch-psychisch «tiefengesteuert». Wahrnehmung tendiert an sich schon dahin, Eindrücke *strukturiert*, «gestalthaft», zu erfassen. Mehrere parallele Linien, die jeweils den gleichen Abstand zueinander besitzen, heben sich deutlich von anderen, bei denen das nicht der Fall ist, die Zwischenräume beispielsweise enger sind, als eigene Gestaltgruppe ab – und umgekehrt. Punktreihen, Bögen, Wellenlinien und Gerade, die in einem gegebenen Wahrnehmungsfeld zunächst scheinbar zusammenhanglos neben-, über- und durcheinanderlaufen, formieren sich bei genauerem Zusehen zu bestimmten Figuren, deren Gestalt auch erhalten bleibt, wenn man sie verkleinert oder vergrößert – solange man nur die Distanzverhältnisse, ihre Proportionalität, unberührt läßt.[99] Begegnungen mit anderen Menschen hinterlassen gewisse «Gesamteindrücke». Man erinnert sich, «nachbildhaft», an die gepflegte Erscheinung einer alten Dame, das affektierte Gehabe eines Künstlers, das saloppe Auftreten eines Literaten beim Vortrag eigener Werke, ohne daß man aus dem Gedächtnis heraus sicher angeben könnte, welche

Haar- oder gar Augenfarbe die Betreffenden besaßen, ob sie kleine
oder große Ohren hatten und welches genau die Kleidung war, die
sie trugen.[100] Derartige «Eindrucksgestalten» spielen, nach Erkenntnissen der Gestaltpsychologie, auch in der Ästhetik eine Rolle, das
heißt können einen Betrachter bestimmen, das eine Bild oder Bau-
werk für schön, andere für weniger schön zu halten. Abstrakte Kunst
löst bei manchen, und anfangs zumal, Unbehagen aus, weil sie ge-
wohnte Gestaltstrukturen, ihre quasi «klassische Geometrie», verletzt
und der figuralen Organisation des Wahrgenommenen größere
Schwierigkeiten bereitet.[101]

Analoges gilt für die Akustik. Wenn in der Musik die Töne *c* und
g zusammen erklingen, entsteht, wie Wolfgang Köhler (1887–1967),
prominenter Mitbegründer der Gestaltpsychologie, erklärt,

«eine Qualität, die in der Musik *Quinte* heißt. Die Qualität liegt weder in dem Ton
c noch in dem Ton *g*, noch hängt sie von diesen bestimmten Tönen ab. Jedes
Paar von Tönen mit dem Schwingungsverhältnis 2:3 kann unmittelbar als *Quinte*
erkannt werden, unabhängig davon, in welchem Bereich der Tonleiter es gespielt
wird. Die *Quinte* ist eine ‹Gestalt›, die unterschieden ist von den beiden sie bil-
denden Teilen, und das genaueste Wissen um die isolierten Teile vermag nicht
den geringsten Hinweis zu geben, was eine *Quinte* ist.»[102]

Mehr noch wird eine Melodie nicht als gliedweise Reihung ihrer Teil-
töne, sondern immer als Ganzheit empfunden, deren Lautgestalt
wieder erhalten bleibt, wenn man sie transponiert, also teilweise in
andere Töne überträgt. Beides: die sogenannte «Übersummenhaftig-
keit» wie die Transponierbarkeit, machen die besondere «Gestaltqua-
lität» der Melodie aus.[103]

Derartige lineare, figurale oder klangliche Größen sind, wie Max
Wertheimer (1880–1943), ebenfalls einer der Gründungsväter der
Gestaltpsychologie, bis in die Wortwahl hinein zu verdeutlichen
sucht, «mehr oder weniger durchgestaltete, mehr oder weniger bestimmte Ganze oder Ganzprozesse, mit vielfach sehr konkreten Ganz-
eigenschaften ... charakteristischen Ganztendenzen, mit Ganzbe-
dingtheiten für ihre Teile» oder, wie er auch sagt, präfiguriert von
primären «Ganzgerichtetheiten».[104] Ihre Geschlossenheit schöpft aus
der ihnen eigenen Organisation ihrer Teile. «Das figurale Gestalt-
erlebnis», so auch der Gestaltpsychologe David Katz (1884–1953),

«stellt eine Einheit dar, die vom Erlebenden in der Regel nicht beliebig geändert
werden kann ... In dem Aufbau einer Gestalt bestimmen das Ganze und seine
Glieder sich wechselseitig, wobei die Gesamtqualität phänomenal über die Qualitäten der Glieder dominiert», das heißt «die Teile der Gestalt werden von der
Gestalt her bestimmt, nicht umgekehrt.»[105]

Gleichsam als treibende Kraft der Gestaltbildeprozesse gilt das «Prägnanzprinzip». Es wirkt in der Weise, daß die Wahrnehmung stets der Tendenz folgt, Gesehenes, Gehörtes, Empfundenes usw. zu möglichst einfachen, ausgewogen-einheitlichen, ebenmäßigen, regelsymmetrischen Figuren bzw. Gestalten zu ordnen. Eine Reihe von Punkten, die nahezu auf einer Kreislinie liegen, werden so gesehen, als lägen sie tatsächlich darauf; ein Winkel von 87 oder 93 Grad erscheint als rechter; durchbrochene Konturen wirken geschlossen; nur beinahe symmetrische Gebilde nimmt die Anschauung als voll symmetrisch wahr.[106] Das betrifft auch die Vorstellungsbildung. Sie unterliegt, kraft des Prägnanzprinzips, ganz ebenso einem mehr oder weniger zwingenden «Gestaltdruck», der sie treibt, bestehende Lücken zu schließen, komplizierte Zusammenhänge zu vereinfachen, Widerstrebendes zu vereinheitlichen, zu harmonisieren.[107] Derartige «Denkgestalten» können schon einzelne Sätze, die man gelesen oder gehört hat, Gespräche, die man in der Erinnerung behält, Diskussionen, Beweisverfahren usw. sein.[108] Die Krone prägnanzgestaltiger Kognitionsleistungen freilich stellen wissenschaftliche Thesen, Lehrsätze und Theoriengebäude dar – sofern sie, wie es dem Ideal entspricht, analytisch «elegant» entwickelt und formuliert sind, die Erfahrungsvielfalt durch Reduktion auf die elementaren Strukturprinzipien «vereinfachen», eine klare Systematik aufweisen und so eben als «Ganzgestalten» von hoher Symmetrie, ja Harmonie und «Schönheit» erscheinen.

Symmetrie beherrscht auch natürliche Formen, wie Kristalle, Spinnweben, Vogelnester, Organismen oder Baumkronen, und bestimmt nicht nur Wahrnehmungs- und «Denkgestalten»; sie übte immer auch eine besondere, eben ästhetische Anziehungskraft auf die Menschen aus[109], wurde umgesetzt in Siedlungsstrukturen, Sozialorganisationen und Verhaltensnormierungen, idealisiert in der Kunst und formalisiert in der mathematischen Grundlegung der Naturgesetze. Sie wohnt offensichtlich allem ein. In der Physik hat sich die Erkenntnis durchgesetzt, «daß Symmetrien für das Verständnis des Naturgeschehens entscheidend sind.»[110] Auch ein Leben, das in «geregelten Bahnen» verläuft und von keinerlei ernsten Erkrankungen oder anderen Mißgeschicken beeinträchtigt, «gestört» wird, stellt ein ersehntes Ideal dar, gilt, wenn es einem Glücklichen widerfährt, als «schön».

Symmetrien sind die Grundlage der – klassischen, «euklidischen» – Geometrie, die sie abhebt aus der natürlichen Erfahrungswirklichkeit, abstrahiert, vergeistigt und umgießt in das eherne Gerüst mathematisch-gesetzlicher Formalisierung. Die Maßsetzung ihrer Pro-

portionen geht ein in zeitlose «Invarianz», gewinnt gleichsam schim-
mernde Ewigkeit. Mehr noch als natürliche, «rohe» Symmetrien en-
thusiasmierte daher ihre «geschliffene» Form in der Geometrie die
Geister schon seit der Antike – Mathematiker wie Philosophen, Ar-
chitekten, bildende Künstler, ja Komponisten. Pythagoras (ca. 582–
507 v. Chr.), der Überlieferung nach der Begründer der Geometrie,
sah in den Zahlen und ihren arithmetisch-geometrischen Beziehungen zueinander den tiefsten Ausdruck der göttlichen Weltordnung;
sie bestimmen die Bewegungsprozesse, die Gliederung und den Aufbau des Kosmos.[111] Platon (427–347 v. Chr.) ging nicht ganz so weit,
wies den mathematischen Wissenschaften – Mechanik, Astronomie
und Akustik mit eingeschlossen – aber immerhin die für die Erkenntnis grundlegende Mittlerstellung zwischen der sinnlichen Erschei-
nungswelt und dem Reich der reinen Ideen zu. Von der bloßen Vorstellung unterscheidet sie, daß sie dem Wesen der Dinge, innerhalb
aller empirischen Vielfalt dem Gemeinsamen und Unveränderlichen,
nachspüren, von der Philosophie, daß sie die Ideen nicht rein an
sich, sondern lediglich in ihren stofflichen Ausdrucksformen zu erfassen vermögen. Gleichwohl führt nur über sie der «Königsweg» von
der sinnlichen Anschauung zur rein geistigen Schau der Ideen.[112]
Mathematik und Geometrie strahlten so immerhin im Abglanz der
höheren Lichtwelt, hatten teil an ihrer «Schönheit», die selbst für
Platon wieder nichts anderes als der mit den Sinnen einzig erfahrbare
Ausdruck des Geistigen ist. Aristoteles (384–322 v. Chr.) sah es fast
ebenso, nur nüchterner, weniger «idealistisch». Die mathematischen
Wissenschaften haben insofern teil am «Schönen (und Guten)», als
sie von ihm handeln: «Die hauptsächlichsten Formen des Schönen
sind Ordnung, Ebenmaß und Bestimmtheit, was ja am meisten die
mathematischen Wissenschaften zum Gegenstand ihrer Beweise haben.»[113] Johannes Kepler (1571–1630), der Bedeutendes nicht nur
in der Mathematik und Astronomie, sondern auch der Physik (Optik,
Akustik), ja der Klimatologie leistete und noch tief in den Traditionen des Neuplatonismus wurzelte, begriff die Welt als den sichtbaren
Ausdruck der Vollkommenheit ihres Schöpfers und maß ihr daher
göttliche oder «Goldene Proportionen», das heißt eine *vollendete Symmetrie und Schönheit* zu. Das suchte er ganz besonders in seiner *Welt-
harmonik* (*Harmonice mundi*) darzutun, in der er eine umfassende Syn-
these von Geometrie, Astronomie, Astrologie, Meteorologie, Musik
und Erkenntnistheorie anstrebte: Bestimmte elementargeometrische
Verhältnisse, die den letzten, reinen Harmonien entsprechen, auf die
Gott sein Schöpfungswerk gründete, liegen seither, von Anbeginn an,
ebenso den Bewegungen der Planeten wie dem Wettergeschehen,

den Harmonien der Musik und den Lebensläufen der Menschen zugrunde, strukturieren und leiten sie, spiegeln sich aber auch sonst in unendlicher Vielfalt in allen Seinserscheinungen wider.[114]

Später war weniger von Gott als nur mehr der Natur die Rede. Die Bewunderung für ihre Symmetrien, die Harmonie ihrer Proportionen aber blieb. Am reinsten sah man sie weiterhin ausgeprägt in der Mathematik bzw. Geometrie, die daher, als Regelsysteme der lautere Idealausdruck von Ordnung und Ebenmaß, auch Schönheit besaßen. Hermann von Helmholtz (1821–1894), Physiologe wie Physiker, bemühte Bilder aus der griechischen Mythologie, um das Wunder, als das ihm die Geometrie erschien, faßlich zu machen: «Unter allen Zweigen menschlicher Wissenschaft giebt es keine zweite, die gleich ihr fertig, wie eine erzgerüstete Minerva aus dem Haupte des Zeus, hervorgesprungen erscheint, keine, vor deren vernichtender Aegis Widerspruch und Zweifel so wenig ihre Augen aufzuschlagen wagten.»[115] Sein Zeitgenosse, der französische Mathematiker Henri Poincaré (1854–1912), äußerte die Überzeugung, daß weniger Logik als Ästhetik die mathematische Kreativität dominiere. Der englische theoretische Physiker und Nobelpreisträger Paul Dirac (1902–1984) war der Ansicht, «daß es wichtiger sei, Schönheit in seinen Gleichungen zu haben, als sie dem Experiment anzupassen.»[116] Albert Einstein (1879–1955) schließlich bewunderte vor allem zweierlei: neben Kepler, «diesem herrlichen Mann», dessen Weltsicht er durchaus nahestand, wieder auch, und mit «Ehrfurcht» sogar,

«die rätselhafte Harmonie der Natur, in die wir hineingeboren sind. Die Menschen erdachten schon im Altertum die Linien denkbar einfachster Gesetzmäßigkeit. Darunter waren neben der geraden Linie und dem Kreis in erster Linie Ellipse und Hyperbel. Diese letzteren Formen sehen wir in den Bahnen der Himmelskörper realisiert – wenigstens mit großer Annäherung.»[117]

Die Konsequenz war, daß er hoffte, die gesamte Physik auf Geometrie gründen zu können[118] und die «rätselhafte Harmonie der Natur» damit luzider, wie in gläserner Klarheit erscheinen zu lassen.

Einstein spielte bekanntlich Geige und schätzte vor allem Mozart, in dessen Musik sich, später jedenfalls, ein durchaus gesuchter klar und kunstvoll strukturierter Aufbau mit einer ingeniösen Melodik zu einer oft schlechthin vollendeten Einheit verband. Eigentlich hätte er mehr noch Johann Sebastian Bach (1685–1750) bevorzugen müssen; denn der mag Kepler wohl kaum mehr als dem Namen nach gekannt haben, stand ihm in seinen Auffassungen aber, wie Einstein, sehr nahe. Seit der Antike besaß unter den Künsten gerade die Musik eine enge Affinität zur Mathematik und – über die Akustik – zur

Physik. Neupythagoreische und neuplatonische Zahlenmystik kam
hinzu. Und nicht zuletzt bildete das tragende Regelsystem aller klassischen Musik – die «*Harmonielehre*». Ein Komponist, der sich den
alten Traditionen verbunden fühlte – und Bach war ein sozusagen
«bekennender Traditionalist» – konnte durchaus die Berufung empfinden, die göttlichen Proportionen der «Harmonie der Welt» mikro-
klanglich gleichsam, zum Lobpreis des Allerhöchsten, in Musik zu
setzen.

Es ist sattsam bekannt, daß Bach, zunehmend vor allem im vorge-
rückten Alter, derartigen Idealen anhing. Im Alter von 62, drei Jahre
vor seinem Tod, trat er der «Correspondierenden Societät der Musi-
calischen Wissenschaften» in Leipzig bei. Deren erklärtes, vorrangi-
ges Ziel war, der Musik «eine Grundlage aus Mathematik und Philosophie zu gewinnen».[119] Hinzu kam, daß Bach sich eben um diese
Zeit wachsender Kritik seitens der jüngeren, dem neuen «galanten
Stil» ergebenen Komponistengenerationen ausgesetzt sah. Das verstärkte in ihm sichtlich den Wunsch, die überlegene Größe der alten
Traditionen durch besondere Pflege und höchste Meisterschaft nur
um so überzeugender ins Licht zu setzen, ja ihre unterschiedlichen,
scheinbar disparaten Einzelformen zu einem einzigen geschlossenen
Gesamtsystem, ähnlich wie Einstein das im Alter auf dem Gebiet der
Physik vorschwebte, klingend zusammenzufügen, zu «*vereinheitlichen*».
Formales gewann zunehmend Bedeutung für ihn; immer stärker treten Strukturprinzipien und der Wille zur Symmetrie in den Vordergrund, seine Musik reift zur Vollendung platonischer Abstraktion.[120]
Das entsprach ganz den Intentionen der «Societät», in der Musik die
ewigen Gesetze der Mathematik zum Klingen zu bringen. Satzungs-
gemäß hatte jedes Mitglied unter 65 alljährlich eine neue Arbeit vor-
zulegen, die bewußt in dem Bemühen abgefaßt war, die gemeinsamen Vorstellungen überzeugend ins Werk zu setzen. Bachs Musik seit
seinem Eintritt atmet spürbar den Geist der Gesellschaft. Gesichert
als Obligationsaufgabe sind jedoch lediglich die «Canonischen Veränderungen über Vom Himmel hoch» (BWV 769). Doch spricht immerhin einiges dafür, daß auch die «Kunst der Fuge» (BWV 1080)
als ein derartiges Jahrespräsent gedacht war[121] – Bachs unvollendetes,
unübertroffenes Alterswerk, in dem er nicht nur auf kunstvollste
Weise die Summe alles Vorangegangenen zieht, sondern gleichzeitig
auch einen musikalischen Kosmos von vollendeter Symmetrie und
Schönheit erschafft: ein klingendes Abbild der «Harmonie der Welt»,
in letzter Vervollkommnung der Ziele der «Societät», wohl mehr aber
noch seiner eigenen, höchsten Ideale. Da ist Geometrie gleichsam
allgegenwärtig, Seele wie Strukturystematik des Ganzen. Aus einem

einzigen Thema (in d-Moll) entwickelt Bach über alle Formen des strengen Kontrapunkts ein vielsätziges, insgesamt jedoch auf virtuoseste Weise ineinander verschachteltes, zwingend vereinheitlichtes geschlossenes Klanggebäude aus 15 Fugen und 4 Kanons. Einfache wie Doppel- und Tripelfugen, das Thema melodisch und rhythmisch transformierend, in Engführung, die Reprise in der Gegenbewegung, mal in gleichen Notenwerten, mal in Verkleinerung und Vergrößerung, Fugen im doppelten Kontrapunkt der Oktave, Duodezime und Dezime, wieder andere, in denen alle drei und vier Stimmen in wechselnden Stellungen zueinander umgekehrt werden, daneben zweistimmige Kanons in vergrößerter Gegenbewegung und den drei üblichen Arten des doppelten Kontrapunkts – all das entwickelt und baut sich auf, wächst, gewinnt Größe, ständig bewegt, aber von eherner Regel geleitet, ein Werk von vollendeter Harmonie.[122]

Beim Hören ist man versucht sich zu fragen, woraus man den größten Genuß schöpft, was man am meisten bewundern soll: den streng geometrischen Aufbau, die Meisterschaft im Umgang mit den formalen Traditionen, die Gesamtkonzeption oder ganz einfach den makellosen musikalischen Wohlklang, die «Schönheit» der Musik.

Das fällt leichter bei den großen italienischen Komponisten mit ihrem schier unerschöpflichen Melodienreichtum und ihrer so gestochenen wie einfallsreichen, mitreißenden Rhythmik – dies drängt sich geradezu, betörend, vor allem ins Ohr. Für beides aber stand keiner wie Gioachino Rossini (1792–1868). Der indes empfand sich selbst, und nicht zu Unrecht, als «letzten unter den Klassikern».[123] Seine großen Vorbilder waren, wie er Wagner gegenüber bekundete, Haydn und Mozart; Bach gar galt ihm als «geradezu erdrückendes Genie», als «ein Gotteswunder», wie er im gleichen Gespräch bekannte. Das blieb nicht bloßes Bekenntnis. Im Alter, da er endlich Zeit und Muße fand, subskribierte er die gerade im Erscheinen begriffene Gesamtausgabe Bachs. Jedesmal, wenn ein neuer Band ankam, war ihm das «ein Tag unvergleichlicher Freude». Der Komponist des «Barbier von Sevilla» eröffnete Wagner: «Wie sehr wünschte ich, bevor ich sterbe, noch eine vollständige Aufführung seiner großen Passion zu hören.»[124]

Rossini war ein Regelmensch; daher sein Hang zur Klassik. Seine Musik gerät nie, bei aller strömenden, oft gleichsam überstürzten Melodik, sozusagen «außer Form». Der Maler Guglielmo De Sanctis, der ihn verschiedentlich auf seinem Alterssitz in Passy bei Paris besuchte, war überrascht von der «Regelmäßigkeit seiner Gewohnheiten, ganz zu schweigen von der symmetrischen Ordnung, in der er die Möbel und Gegenstände um sich herum angeordnet hatte.» Auf seinem Schreibtisch, der sich exakt in der Mitte seines Arbeitsraumes befand, «lagen in tadelloser Ordnung die Papiere, seine unentbehrlichen Schabemesser, die Federn, das Tintenfaß und was er sonst noch zum Schreiben benötigte. Drei oder vier Perücken befanden sich in einer Reihe in regelmäßigen Abständen voneinander auf dem Kaminsims» (usw.). Als der Maler, der offensichtlich von der naiven Annahme ausging, die Gewohnheiten bildender Künstler ließen Rückschlüsse auf das – gewöhnlich eher «bürgerliche», das heißt sehr geregelte – Leben von Musikern zu, dem Maestro seine Verwunderung offenbarte, entgegnete der: «Ah, mein lieber Freund, Ordnung ist Reichtum!»[125] Diese Maxime und die Disziplinierung, die sie zur Voraussetzung hatte, erlaubten es ihm, wenn es sein mußte (und das war oft genug der Fall), in nur wenigen Tagen mehrstündige Opern niederzuschreiben – in klar leserlicher, gestochener Notenschrift.

Seine Gaben blieben ihm bis ins Alter, wenn er sie auch schöpferisch kaum mehr nutzte. Vier Jahre vor seinem Tod griff er noch einmal zur Feder und verfaßte gewissermaßen sein musikalisches Testament: die «Petite Messe Solennelle». Darin zog er nicht nur die Summe seines Schaffens, schlicht, geradlinig, quasi geometrisch im Aufbau, von verhalten-melodischer Stimmführung, ja gleichsam asketischer Harmonie, sondern verband damit auch, im Rückgriff auf barocke, nicht zuletzt ganz besonders von Bach gepflegte Traditionen, ein wenig pythagoreisch-platonische Zahlenmystik. Allerdings nahm er es nicht so ernst damit wie sein deutsches Vorbild. Eher augenzwinkernd setzte er auf das Titelblatt die Notiz:

«Zwölf Sänger der drei Geschlechter – Männer, Frauen und Kastraten – genügen für ihre Aufführung, das heißt acht für den Chor und vier für die Soli, im ganzen zwölf Cherubim. Oh Gott verzeihe mir die folgende Zusammenstellung. Zwölf ist auch die Zahl der Apostel in der berühmten ‹Kinnbackenhandlung›, dem von Leonardo als Fresko gemalten sogenannten letzten Abendmahl: wer würde es glauben! Unter deinen Jüngern waren einige, die einen falschen Ton anschlugen!! Gott, sei versichert … bei meinem Frühstück wird es keinen Judas geben, und meine Jünger werden richtig und mit Liebe deine Lobpreisungen und diese kleine Komposition singen, die leider die letzte Todsünde meines Alters ist.»[126]

Rossinis Musik geht ins Ohr, wie sich Bach, Haydn und Mozart auch heute noch weitreichender Popularität erfreuen. Viele Menschen können damit «etwas anfangen». Offenbar birgt die Musik dieser wahrhaft Großen gleichsam einen Horizontalschnitt von Gemeinsamkeiten, aus denen jeder zu schöpfen vermag, die in jedem Gleichgestimmtes zum Klingen bringen.

Darin liegt ein prekärer Zug von Ästhetik: Je breiter die Resonanz, desto mehr ebnet sich «Schönes» dem Durchschnittsempfinden an.

Und entsprechend gerät, was vom konsensharmonisierten Mittelmaß abweicht, in die Abseitigkeit des «Häßlichen». Amerikanische Psychologinnen digitalisierten Paßbilder von je 96 männlichen und weiblichen College-Studenten und teilten sie in drei Gruppen zu je 32 auf. Daraus ließen sie einen Computer mehrfach und wahllos wiederum jeweils zwei herausgreifen und durch *Mitteln* regelrechte «Mischgesichter» generieren. Die wurden dann über den gleichen Kamm des Verfahrens geschoren und so sukzessive Überlagerungen aus vier, acht, sechzehn und zweiunddreißig Gesichtern «*er-mittelt*». Die dergestalt gewonnenen «Kunstporträts» legten die Wissenschaftlerinnen nunmehr, zusammen mit den Originalbildern, 65 Studentinnen und Studenten zur Begutachtung vor. Das Ergebnis war eindeutig: Die aus 16, erst recht die aus 32 Photos quergeschnittenen Gesichter fanden entschieden größeren Zuspruch, wurden als «schöner» empfunden als die überlagerungsärmeren Mischporträts, ganz zu schweigen von den originalen Einzelaufnahmen, die konsequenterweise am Ende der Wertschätzungsskala lagen.[127]

Das geometrisch abstrahierte, «ausgewogene» Mittelmaß besitzt ein Optimum an Gemeinsamkeit – und somit auch an Allgemeingültigkeit; es überhöht, «idealisiert» die Wertmaßstäbe der Gruppe; jeder hat Anteil daran; seine ebenmäßige Glätte vertuscht mögliche Unebenheiten, Rauhstellen, Risse, Flecken und Fehler und gefällt daher auch, erscheint «schön». Verallgemeinert erklärt dies den Traditionalismus in geschlossenen Gesellschaften mit stabiler Identität, wie sie vor allem die klassischen Naturvolk-Gruppen repräsentierten: Alle kannten einander, ja die meisten waren Verwandte; man teilte ein und dieselbe Kultur; ihr «Schnitt», seit alters überliefert, rundete die Summe aller wichtigen Werte zur Idealgestalt ab. Wer sich dem fügte, bahnadäquat den Regeln folgte, wie sie die Harmonie der Schöpfungsordnung vorschrieb, führte ein fehlloses, ideales Leben, schwang mit in der Symmetrie des Ganzen, hatte teil an der Schönheit des Systems. Der aber, der abwich von den Leitgeraden der Tradition, der strauchelte, Kreise durchbrach und Abläufe störte, mußte entfernt, an den Rand abgedrängt oder besser noch ausgetilgt werden – er verletzte die Proportionen, das geometrische Gleichmaß der Ordnung, die formale Eleganz ihres Regelsystems und stellte, nicht zuletzt, ihren Invarianzanspruch in Frage. Sein Gesicht fiel aus der Mitteilung heraus, zeigte die nackten, häßlichen Züge abseitiger Individualität.

Wer aber am Rand oder außerhalb des gruppenweltlichen Eigenkosmos stand, war gleichsam von *ageometrischer* Natur. Wie Kinder bekanntlich, sind auch «Wilde», wie Weiße an der Elfenbeinküste zum Beispiel von den dortigen Afrikanern glaubten, nicht imstande, eine gerade Linie zu ziehen.[128]

2. Topometrie

Was immer geschieht, es spielt sich auf Ebenen, im Raum, in der Zeit, in der kosmischen Raumzeit ab. Doch die Vielfalt und Beweglichkeit des Erlebten droht die geometrische Formalisierung zu sprengen – und bedarf ihrer daher nur um so mehr.

Traditioneller Vorstellung nach bildet die Erde eine runde, seltener rechteckige Scheibe, die *inmitten der Welt* dem Ozean aufruht, der sie rings, in Stromform, umsäumt. Vier Pfeiler, ein Riese oder Tiere – Fische, Schildkröten, Wale, Stiere usw., manchmal übereinanderstehend – tragen und stützen sie ab, um sie unverrückbar in der Mittellage zu halten. Oben überwölbt sie, halbkugelförmig, der Himmel, eine «Feste» aus Stein mit Löchern darin, durch die nachts Licht aus der Oberwelt auf die Erde strahlt. Ein Achsenpfosten aus Holz oder Stein, oder ein «Weltbaum», ragt vom Urgrund des Meeres, die Erdscheibe im Zentrum durchbohrend, durch das Loch im Zenit, das der Polarstern (aus eurasiatischer Optik) bildet, in die Himmel hinauf, sichert und festigt die Verbindung von Unter-, Mittel- und Oberwelt. Um ihn dreht sich das Himmelsgewölbe, so daß es zur – gleichförmigen – Verschiebung der Löcher kommt. Hienieden, im Umfeld rings um die Mittelachse der Welt (die freilich nur besonderen Menschen, wie Schamanen, sichtbar ist), also *im Zentrum der Erde*, sieht jede Gruppe, gemäß ethnozentrischer Optik, ihr eigenes Territorium lokalisiert.

In den Archaischen Hochkulturen wuchs das Wissen über die Welt; der Fernhandel, Kriegszüge, Völkerbewegungen, auch ausgesprochene Erkundungsreisen trugen dazu bei. Gleichwohl blieben die Kosmographien im überlieferten Rahmen. Nach altbabylonischer Anschauung ruhte die Erde auf Pfählen im Weltmeer, das sie rings als «Bitterfluß» kreisend umströmte. Das Innere bildete die engere Umwelt, schematisch geschieden in vier Quadranten: die Reiche Akkad im Süden, Elam im Osten, Amurru im Westen und Subartu im Norden. Auf einer Tontafelkarte aus dem 6. Jahrhundert v. Chr., die aber fraglos auf sehr viel älteren Vorlagen fußt, verschmilzt die Ökumene gar vollends zum eigenen Siedlungsbereich Mesopotamien, während die Außenwelt in Form – ursprünglich – acht gleichschenkliger Dreiecke dargestellt ist, die mit der Basis, in gleichen Abständen zueinander, an der äußeren Peripherie des Ozeans angesetzt sind und mit den Spitzen, strahlenförmig, in ferne, anökumenische Welten hinausweisen. Dem entspricht der Kommentar auf der Rückseite der Tafel. Er gibt zwar die Entfernungen dorthin «exakt» nach Doppelstunden an, warnt den Leser jedoch vor gefährlichen Ungeheuern, die da draußen in der gleichsam akosmischen Wildnis ihr Unwesen trieben, ja im Norden vor ewiger, undurchdringlicher Finsternis.[129]

Gründlicher offenbar als die babylonischen Götter war Jahwe, weiter im Westen wirkend, bei der Schöpfung zu Werke gegangen – mit der Axt wie dem Zirkel sozusagen. Bei ihm wurde die Erdscheibe von soliden sieben oder sogar zwölf Stützpfeilern getragen. Palästina bildete nicht nur ihr zentrales Areal, es besaß zudem noch eine klar gegliederte konzentrische Aufbaustruktur, deren Kreisflächen sich zum Innern hin stetig verdichteten und proportional zum schwindenden Durchmesser, mit Annäherung an den Mittelpunkt an Konzentration und *Sakralität* gewannen. «Das Land Israel», beschreibt eine außerbiblische Überlieferung das System, «liegt im Herzen der Welt, Jerusalem liegt im Herzen des Landes, der Tempel liegt im Herzen Jerusalems, und der Schrein des Bundes ist inmitten des Tempels. Neben der Lade aber ist der Grundstein der Welt.»[130]

Die Epen Homers (ca. 9. Jh. v. Chr.) lassen, setzt man die verschiedenen, bruchstückhaft über das Gesamtwerk verstreuten Hinweise zur Kosmographie zusammen, ein analoges Bild erkennen: Unter der erzenen Kugelschale des Himmels ruht die Erde, ein unermeßliches Rund, auf den Wassern inmitten des Ozeans, der sie stromförmig, «tiefhin sich ergießend», umkreist; in ihrem Mittelpunkt ragt der Olymp auf, der Sitz der Götter.[131] Die späteren griechischen Geographen schenkten ihr Interesse dann mehr der Erde selbst. Anfangs noch als Scheibe begriffen, setzte sich bald die Auffassung durch, daß sie Kugelgestalt besitze. Es blieb jedoch die Tendenz, ihre Oberfläche nach streng geometrischen Formkriterien zu gliedern – in Hälften, Viertel, zyklische «Klimazonen» usw. Der große Eratosthenes (ca. 285–205 v. Chr.) teilte sie beispielsweise in exakte Rechtecke (die sog. «Sphragiden», wörtlich «Siegel») auf; das konnte er, da die Erdscheibe (die Kontinentaldecke oder Ökumene) für ihn auch insgesamt die Gestalt eines – langgezogenen, «mantelförmigen» – Rechtecks besaß.[132] Die Tradition blieb bis zum Anbruch der Neuzeit bestimmend, nicht zuletzt für die Kartographie. Seit den Römern wieder umstritten war die Frage, ob die Erde Scheiben- oder Kugelgestalt besitze.[133] Die Lokalisation ihres Mittelpunkts wechselte mit den politischen Machtverhältnissen. Hatten die Griechen ihn, abgesehen vom Olymp, in der Hauptsache in Athen oder Delphi gesehen, ver-

legten ihn die Römer natürlich nach Rom, während das christliche
Mittelalter auf Jerusalem bestand.

Den einzelnen indessen interessiert das kaum. Für ihn ist Welt, was
sein Blickfeld umfaßt, der täglich erfahrene Raum, den er durch-
schreitet, um seiner Arbeit und seinen Pflichten nachzugehen, in
dem er aufwächst und altert, in dem er lebt, mit dem eigenen häuslichen Heim als ruhendem Mittelpunkt.

Traditionelle Hütten und Häuser, gewöhnlich aus einem einzigen
Raum bestehend, besitzen in der Regel einen runden oder rechtek-
kigen Grundriß. Topographische Aufteilungen entsprechend Alter,
Geschlecht und Stand der Familienangehörigen folgen daher
zwangsläufig entweder zyklischen oder lateralen Kriterien, deren
Konsequenz die dualen Differenzierungskategorien Mitte – Peripherie, Rechts – Links und Vorn – Hinten bilden. Eine – quasi axiale –
Scheidung nach dem Höhenniveau kann suppletorisch dadurch aus-
gedrückt sein, daß etwa das Oberhaupt der Familie ein wenig erhöht,
auf einem Kissen, einem Lehmpodest oder Hocker, sitzt, bzw. im
– seltenen – Fall mehrstöckiger Bauten die Männer den höher-, die
Frauen und Kinder den tiefergelegenen Raum bewohnen. Sonst jedoch kommt üblicherweise den letzteren die linke, den jungen und
erwachsenen Männern die rechte Hälfte des Wohnraums zu, wo auch
die Kultgerätschaften, Reliquien und Idole der Familie aufbewahrt,
die Gäste empfangen und die häuslichen Rituale durchgeführt werden, während links die Gebrauchsgegenstände, gegebenenfalls auch
Vieh und Sklaven untergebracht sind. Das Oberhaupt besitzt seinen
eigenen Ehrenplatz (den es im Bedarfsfall mit geachteten Gästen
teilt), entweder an zentraler Stelle unter den Männern oder, wie bei
sibirischen Völkern vielfach, in der männlichen Abteilung unmittelbar hinter dem Feuer mit Blick auf den Eingang. Wände und Dach
bilden die Peripherie, der Herd den Mittelpunkt des Ganzen – das
Zentrum der häuslichen Welt: auf ihm wird, Tag für Tag, die Nahrung
der Familie zubereitet, sein Feuer spendet Wärme und Licht, zieht
allabendlich die Angehörigen zu geselliger Runde um sich zusammen; er empfängt die Opfergaben von Speise und Trank für die
Ahnen, ist Sitz familiärer Schutzmächte und Ort bestimmter, zentraler Zeremonien innerhalb und auf dem Höhepunkt des Hochzeitsri-
tuals. Er steht für die Lebenskraft, den Bestand, die Identität der
Familie. Hier besitzt die Sakralität des Hauses ihren Maximalwert, der
mit wachsendem Abstand entsprechend zunehmend fällt, um an der
Peripherie schließlich, die in unmittelbarer Berührung mit der Außenwelt steht, seinen Niedrigststand zu erreichen: dort, an den Wänden
(der Frauenabteilung) und im Dach, hat aller Profanbesitz seinen

Platz, befinden sich die Menstruations- und Geburtsverschläge – die drohende außenweltliche Unreinheit wird durch die eigene, ihr gleichsam bollwerkartig entgegengesetzt, neutralisiert; ergänzend dazu bringt man im Dach und an den Wänden häufig auch noch die verschiedensten magischen Abwehrmittel an. Das Haus bildet einen einzigen, baulich überhöhten Zauberkreis zum Schutz der Familie.[134]

In großfamiliären, polygynen Gemeinschaften erweitern und vervielfältigen sich die häuslich-topographischen Elementareinheiten zu komplexen Gehöftanlagen von gewöhnlich konzentrischer Struktur, wie sie besonders typisch für den Westsudan sind. Im Zentrum, mit vorgelagertem freiem Platz und Blick auf das Gehöfttor, liegt die «Residenz» des Oberhaupts, die häufig auch zu Repräsentations- und Kultzwecken dient, rings umgeben von den Hütten der jüngeren Brüder, der Söhne und ihrer Familien, mit wachsender Distanz proportional zum geringeren Alter und Status. An der peripheren Gehöftmauer schließlich befinden sich die Unterkünfte für das Vieh, Abfall- und Dunghaufen, Waschplätze, Latrinen und gegebenenfalls die Menstruations- und Geburtshütten.[135]

Familien, auch Großfamilien, sind zwar elementare, aber keine vollends selbständigen Einheiten, sondern immer Teil eines größeren Verwandtschafts- bzw. Sozialverbandes. Ihre Organisationsstruktur setzt sich, komplexer gefächert, auf der höheren Ebene fort. Entsprechend stellen auch Siedlungsanlagen gleichsam Flächenprojektionen der Topographie von Haus und Hof dar. In der Regel von – annähernd – rundem oder rechteckigem Grundriß, bilden ihre Haupttypen Reihen- oder Straßen-, Rund- oder Haufendörfer. Erstere scheidet ein linearer Mittelbereich in zwei Hälften, der Domäne der Männer ist, die hier in den Abendstunden gesellig beisammensitzen, geplante gemeinsame Unternehmungen, Streitereien unter Familien und anderes besprechen oder Ratsversammlungen abhalten. Das Innere der Häuser dagegen und vor allem der offene Raum *dahinter* ist Sphäre der Frauen, die dort ihren häuslichen Arbeiten nachgehen, die Kinder betreuen und in kleinen Gärten Gemüse und Kräuter für den Küchenbedarf anbauen. Hier auch werden alle größeren Gerätschaften abgestellt, befinden sich die Ställe, Mistgruben, Abfallhaufen sowie unter Umständen Menstruations- und Geburtsverschläge.

Häufiger indessen sind Rundstrukturen; sie dürften auch, da mehr der ethnozentrischen Optik bzw. dem Weltbild entsprechend, die älteren sein – worauf überdies auch der archäologische Befund und der mehrheitlich kreisförmige Lagergrundriß rezenter Wild- und Feldbeutervölker hinweisen. Den Mittelpunktsbereich derartiger «Rundlinge» bildet der öffentliche Versammlungs- und Festplatz im

Zentrum des Dorfes und ist daher gewöhnlich von überallher gleichermaßen gut überschaubar. Hier werden im Kreise der Männer
oder speziell einem Gremium der Geronten alle kommunalen Angelegenheiten beratschlagt, Gemeinschaftsaufgaben besprochen,
Rechtsfälle verhandelt, Kulte zelebriert und Feste gefeiert. Vielfach
findet die Bedeutung des Platzes sichtbaren Ausdruck: Überwiegend
von runder Gestalt, liegt er etwa auf leicht erhabenem Niveau, so daß
man ihn über einige Treppenstufen erreicht. Ein Mäuerchen friedet
ihn ein, der Boden ist mit schweren Steinplatten ausgelegt. Ein im
Mittelpunkt hochaufragender alter Baum mit ausladender Krone
überschattet das Rund. Eine Quelle, ein hindurchgeleiteter kleiner
Kanal spenden Wasser. Rings stehen steinerne Sitze oder Holzbänke,
bemalt und mit Schnitzwerk versehen, für die Ratsmitglieder bereit.
Es ist ein Weihebezirk: Er beherbergt das Grab des Siedlungsgründers
oder auch anderer bedeutender Ahnen, trägt einen Opferaltar,
strahlt aus der Tiefe heraus Kraft und Sakralität aus. In vielen Teilen
der Welt (in Ozeanien, Südostasien und Amazonien zum Beispiel)
hatte dicht am Dorfplatz auch das Männerhaus seinen Platz, in dem
die Pretiosen und Reliquien der Gemeinschaft – Knochen und Schädel großer Ahnen, Masken, Kultrequisiten, Beutestücke, Trophäen
usw. – aufbewahrt wurden und die initiierten erwachsenen Männer,
den Blicken der uneingeweihten Frauen, Kinder und Jugendlichen
entzogen, sich der Pflege des sakralen Überlieferungsguts widmeten,
Rat hielten, geheime Riten vollzogen und die großen öffentlichen
Kultfeierlichkeiten vorbereiteten. Männerhäuser übertrafen die übrigen Baulichkeiten an Umfang und demonstrativer Imposanz. Ihre
hochaufragenden Fassaden trugen breitflächige Malereien, der Kopf
des Firstbalkens und die Türpfosten üppiges Schnitzwerk. In anderen
Teilen der Welt traten an ihre Stelle das Rathaus und die Residenz
des Dorfoberhaupts, in Europa die Schulten-, Meier-, Ding- oder
Fronhöfe.

Rings umrundeten dann das Zentralareal in einem einzigen Ring
oder mehrzeilig gestufter konzentrischer Folge, magischen Abwehr-
kreisen gleich, die Hütten bzw. Häuser und Höfe der Dörfler mittleren Standes, die Eingänge dem Zentrum zugewandt, die Rückfronten
gegen die Außenwelt gerichtet. Gestrüppverhaue, Hecken, Flechtzäu-
ne, ein Palisadenring, Gräben oder Mauern schirmten die Siedlung
schließlich vollends nach außenhin ab. Hier, unmittelbar an der Peripherie, lagerte unbrauchbar Gewordenes und Bruchgut, türmten
sich Abfallhaufen auf, befanden sich Menstruations- und Geburtshütten, hausten Heruntergekommene, unheilbar Kranke, Verfemte und
fahrendes Volk (Musikanten und Schmiede etwa) – Menschen, die

auf der Schwelle, mit einem Fuß noch in der Außenwelt standen.[136] Dort aber dehnte sich, in einem breiten Ring um die Ortschaft herum, zunächst das bebaute Nutz- oder «Kulturland» (die *terra culta* in Antike und Mittelalter) aus, noch Fortsetzung des zentralen Wohnareals und mit ihm das eigentliche Territorium der Gruppe bildend. Jenseits seiner Grenzen begannen Busch, Wald und Wildnis (die *terra inculta*), schlug Kultur in *Unkultur* um, hausten übelwollende Geister, wilde Tiere, Ungeheuer, Wegelagerer, Entwurzelte und Räuber.[137]

Das nämliche Muster setzt sich seit alters, die Dimensionen weiter aus- und übergreifend, in ländlichen Marktflecken, Klein-, Residenz- und Großstädten fort, nur infolge der Bevölkerungsfluktuationen und politischen Wechselverhältnisse oft entstellt oder baulich bis zur Unkenntlichkeit überwuchert. Klar treten jedoch immer aus den gebrochenen Strukturen ein offener Mittelbereich und die periphere Umgrenzung der Siedlung hervor: der – gewöhnlich rechteckige – «Marktplatz», am Kopf das Rathaus (mit Versammlungs- und Gerichtssaal), gegenüber ein Tempel, später die Kirche bzw. Moschee und beiderseits die Palais der Adligen, die Patrizierhäuser und dazwischen ein oder zwei noblere Gasthöfe – gleichsam ausgelagerte und verselbständigte Formen der ursprünglichen Männerhäuser und Residenzen.[138] Dahinter eine gewisse Gliederung nach der Berufsgruppenverteilung; Beamte, Kaufleute, Juweliere, Kupferschmiede, Schreiner, Schneider, Bäcker, Fleischer usw. siedeln in einzelnen Straßenzügen, unter Umständen auch ganzen Vierteln zusammen.[139] Zum Stadtrand hin schließlich Verwilderung aller Formen und Verfall. Die Behausungen werden kleiner, brüchiger, schiefer – als erdrücke sie fast die steinerne Masse und Düsternis der rings hochaufragenden Umgrenzungsmauer; dazwischen Ruinen, Siechenhäuser und Leprosorien, Schutt, Abraum, Morast und Kloake. Jenseits der Mauern dann die Slums der vollends Verelendeten, der Flüchtlinge, Gauner, Bettler, Gaukler und Spielleute, alle ohne den urbanen Rechtsstatus der «*intra muros*» Ansässigen.[140] Die Wildnis beginnt, ihren gähnenden Rachen zu öffnen.

Topographische Strukturen sind in ihren Grundzügen weitgehend deckungsgleich. Sie bilden die Welt und den Aufbau der Gesellschaft ab, mit dem Lichtkreis der mikrokosmischen Eigensphäre im Zentrum, der abschirmt und öffnet zugleich – den Blick auf die Bühne des Lebens, auf der alltäglich ein «kleines Welttheater» zur Schau gestellt wird, wie nach immer den gleichen geometrischen Regeln, im Innern straffer gezogen und zu scharfkonturierten Figuren von symmetrischer Schönheit formalisiert, nach außen sich lösend, zerfließend.

3. Soziometrie

Der Raum ist in Felder aufgeteilt. Die ihn bewohnen, halten die einen besetzt, andere durchqueren, umgehen oder überspringen sie; je nach dem Tages- und Lebensverlauf, dem Alter, Geschlecht und Status. Die Felder besitzen so stets traditionsgemäß definierte soziographische Qualitäten, die Regel und Rhythmus der gesellschaftlichen Bewegungsprozesse bestimmen.[141]

Frauen und Kinder (auch Vieh und Sklaven) nehmen im Wohnbereich die geringerwertigen, quasi «profanen», links, rückwärtig oder tiefer, Männer die höherwertigen, quasi «sakralen», rechts, im Vordergrund oder im Obergeschoß gelegenen Areale ein.[142] Frauen *arbeiten*, Männer *residieren* am Herd; sie gebieten über das Feuer und seine schöpferische Produktivkraft: ihnen obliegt es, nach Abschluß der Trauerfeierlichkeiten, bei bestimmten Jahresfesten zu den großen Wendezeiten (Neujahr), wenn jeweils alle Feuer ausgelöscht werden, oder nach Bezug eines neuen Hauses das Herdfeuer rituell neu zu entfachen.[143] Derartige Privilegien gebühren ihnen, da Frauen aufgrund der meist herrschenden Exogamie in die Gruppe ihrer Gatten einheiraten, diese und ihre männlichen Anverwandten dort also die *Ortsansässigen*, die «Älteren», die Eigner des Landes, seiner Ressourcen und Energien und die Besitzer der Häuser sind.[144]

Unter ihnen selbst haben Anspruch auf die «ersten Plätze» die dem Rang nach Höher- bzw. Höchststehenden: Der Patriarch der Familie sitzt unmittelbar hinter dem Feuer, leicht erhöht auf einem Kissen, einer Bank oder einem Hocker, nimmt in der Männerrunde die zentrale Position ein. Die Familien der «Gründersippe», des ältesten Verwandtschaftsverbandes am Ort, höhere Würdenträger, Priester, das Dorfoberhaupt siedeln *im Zentrum* der Ortschaft, um den Versammlungs- und Festplatz herum. In den Städten rücken an ihre Stelle die «guten alten Familien» des Adels, der Patrizier, des Großbürgertums, hochgestellte Amtsinhaber und Honoratioren. Rings um den noblen Kern gruppieren sich, in statusspezifischer Distanzenabfolge, die Sitze der genealogisch nächstjüngeren Sippen, der minderrangigen Amts- und Würdenträger, der «mittelständischen» und tieferstehenden Bevölkerungsgruppen bis hin schließlich zu den Hütten und Verschlägen des *asozialen* «Lumpengesindels» am Siedlungsrand.[145] Der englische Kolonialbeamte und verdiente Ethnograph James Philip Mills (1890–1960), der in den zwanziger Jahren in Assam arbeitete, hielt die Situation bei den dortigen Ao Naga mit den Worten fest: «Jedes Dorf besitzt seine *Park Lane* – gewöhnlich die Straße auf dem Kamm des Hügels. Dort wohnen die reichen Leute,

während die Häuser der Ärmeren beidseitig davon den Hang hinab
stehen, bis man zuletzt zu den elenden Hütten der alten Witwen ganz
am Rand der Ortschaften kommt.»[146]

In den Zentralarealen zelebrieren die führenden Repräsentanten
der Gruppe die Tradition. Sie schreiten in ruhiger Würde, sitzen in
geometrischer Anordnung, rücken in maßvoller Hoheit gebeugte Normen zurecht, geben ein Beispiel und feiern die Götter; aller Augen
ruhen auf ihnen. Weiter ab, im Umfeld zwischen den Hütten aber
belebt sich der Bewegungsablauf. Der Rhythmus wechselt und springt,
die Regel bricht sich an der Vielfalt der Lokomotionen. Es herrscht
ein fluktuierendes Hin und Her auf dem Weg zum Feld, den Gärten,
Speichern, Brunnen und Backhäusern. Man begegnet einander,
spricht, tauscht Neuigkeiten aus, setzt sich vielleicht eine Weile zusammen, verrichtet eine häusliche Arbeit gemeinsam. Alles ist mehr im
Fluß, gelockerter, weniger gezwungen konventionalisiert. Die Konturen verwischen sich. Ruhepunkte sind eingelagert. Menstruierende
Frauen und Wöchnerinnen werden von der Gesellschaft separiert; sie
verharren eine Zeitlang, meist in vorgeschriebener weitgehender *Be-
wegungslosigkeit*, in eigens für sie bestimmten Verschlägen und Hütten,
teils um sie abzuschirmen vor unheilvollen Einflüssen und Geisteran-
schlägen, teils zum Schutz der Männer vor der krankmachenden Aus-
strahlungskraft ihrer «Unreinheit». Analog verfährt man mit Kranken
und Sterbenden, aber auch Initianden und Brautleuten.

Solche Seklusionshütten standen, wie schon ausgeführt, im Hinter-
hof, an der Gehöftmauer oder am Rand der Siedlung. Dort mehrte
und lagerte sich, wie vom Wind in die Winkel getrieben, auch viel
anderes Unreine an. Zwischen Abraum, Mist- und Müllhaufen hausten da jene, an denen eine unheilbare Versehrung fraß, alle Dauer-
geschädigten – wie Aussätzige, Schwachsinnige, Krüppel, Bastarde,
Waisen, «Hagestolze»[147] und Verarmte. Sie bewegten sich, wie sie waren: ungelenk, schief, verquer, ohne alle Regel, gewürmgleich durcheinander. Der Pesthauch der Außenwelt umfing sie bereits. Von ihnen
strahlten Böse Blicke in die Gesellschaft, drohte die Verbogenheit
ihres Gebarens die Symmetrie des Inneren anzukrümmen.

Unerreichbar im wohlabgezirkelten Zentrum allein vollzog sich
das Regelspiel der Gesellschaft in vollkommener Harmonie. Rings im
Umfeldbereich der Szene lockerten und verschlangen sich die Bande, drohte Verwicklung, teils unter dem zerrenden Zugriff der Anti-
akteure im Hintergrund, gehalten jedoch und immer wieder entwirrt
und gestrafft von der zentralen Regie. Nur wenige fielen aus der
Rolle. Der eherne Rahmen der traditionellen Dramaturgie setzte
dem Spielgeschehen feste Schranken.

Wer den Regeln folgte und seinen Part erfüllte, war Teil des sozie-
tären «Teams», handelte kooperativ und solidarisch, richtig und
recht oder im weiteren Sinne, wie nach Einschätzung der Wampar in
Neuguinea, auch «gut, schön, erfreulich».[148] Richtig nach den Regeln
zu spielen, entspricht der Tradition. Das galt vor allem für «traditionelle» Gesellschaften. Mary Douglas verdeutlicht das am Beispiel der
Talensi in Ghana (nach Meyer Fortes):

> «Bei den Talensi wird die Identität jedes Stammesangehörigen durch ein allge-
> meines System von Pflichten und Rechten vollständig festgelegt; es gibt genaue
> Vorschriften darüber, was er ißt und wann er ißt, wie seine Haartracht aussieht,
> wie er sie zu pflegen hat, wie sich seine Bestattung und seine Geburt vollziehen
> müssen. Die meisten Talensi – vermutlich alle – sind dem Druck der übrigen
> Stammesangehörigen ausgesetzt, und nicht einmal die Häuptlinge und die Prie-
> ster bilden hier eine Ausnahme. Wer in irgendeiner Form revoltiert, wird als
> krankhaft und besessen betrachtet und einem speziellen Heilungsritual unterwor-
> fen.»[149]

Sein Verhalten mißfiel; es störte das Spiel; er konnte nur «irregeleitet» sein. Schlug die Therapie nicht an, schied man einen derartigen
unverbesserlichen Störenfried aus, damit er die Dramaturgie des
Gruppentheaters nicht weiter gefährde. Er kam aus der Bahn, verlor
sich alsbald in den schlüpfrigen Irrsalen der Marginalität – wenn er
nicht vollends gar in die antiweltliche Wildnis, die «*Fremde*», geriet,
wo kein Pfad die Bewegung leitete, Gesetzlose und Wilde ihr Unwesen trieben und regelloses Chaos das Geschehen beherrschte. Wozu
er hier, an Leib wie Seele verkrümmt, nur mehr fähig wäre, hätten
die Wampar, wie viele andere Völker auch, als «böse, häßlich und
unerfreulich» empfunden.[150]

4. Ideometrie

Störenfriede lösen Unruhe aus; Fluktuationen gleichsam, die das ruhende Ordnungsfeld erschüttern. «Stören» bedeutete ursprünglich
«zerstreuen», «verwirren», ja «vernichten»; verwandte Begriffe in anderen Sprachen stehen für «Tumult» und «Kampf». Störenfriede erscheinen «irregeleitet»; sie folgen Impulsen, die aus tiefersitzenden,
vorgängigen Feldbrechungen herrühren – wie verwirrten, «verworfenen» Empfindungen zum Beispiel, die namentlich zu *Neidgefühlen*
führen, die so oft gebrochene und verkrüppelte Existenzen beherrschen und andere, gegen die sie gerichtet sind, krankmachen können.[151] Shakespeare hat die Zerstörungskraft, die derartige verbogene
Emotionen freisetzen, im *Othello* verewigt: «Jago ist», wie Carl Jacob

Burckhardt (1891–1974) ihn charakterisiert, «getragen und bestimmt von der Weltkraft des Neides, überall, wo Jago auftritt, schafft
er den Zweifel, und die Verzweiflung ist seine Ernte. Er ist das eigentliche Genie der Mißgunst!»[152]

Ungute Empfindungen mögen im verborgenen glühen und lediglich, unheilvoll lodernd, durch den «Bösen Blick» ins Freie treten
oder kraft der Gedanken, bei Verwünschungen etwa, ihr Zerstörungs-
werk wirken. Oft ist die Folge *Streit,* der die familiäre oder gesellschaftliche Ordnung erschüttert, ein Kind des Bösen, das Unheil sät,
die Geister verwirrt, zum Unglauben anstiftet[153] und wiederum
Krankheiten verursachen kann.[154] Streit vergiftet die Atmosphäre,
schafft gewissermaßen Fäulnisherde. Aber er äußert sich offen; jede
Gesellschaft hat ihre Mittel, ihn beizulegen, die Emotionen zu ent-
wirren, die Wogen zu glätten. Doch Böses geschieht auch ungesehen.
Eine Norm, die Ehe, ein Tabu wird gebrochen, ohne daß andere
davon Kenntnis erhalten – bis auf die Ahnen, persönlichen Schutzgeister und Götter, deren ewig offenem, allsichtigem Auge nichts ent-
geht. Strafend greifen sie alsobald ein, indem sie die Sünder mit
Krankheit, Verkrüppelung, Verarmung, Tod oder sonst einem Unglück schlagen. Spätestens dann wird die Verfehlung ruchbar. Der
anglikanische Missionar und Forschungsreisende S. I. Curtiss hörte
um die Jahrhundertwende in Syrien «von einem Moslem, dessen
Frau, ein tugendhaftes Weib, ihm vier Kinder geboren hatte. Weil
aber die Kinder gestorben waren, so hielt er sie irgendeiner geheimen Sünde für schuldig und verstieß sie deshalb.»[155] Er tilgte das
Unrecht aus seiner Lebensmitte und suchte dadurch die gebrochene
Symmetrie seiner häuslichen Welt wieder ins Lot zu bringen. Schwerere Verfehlungen, wie Verstöße gegen die Heiratsordnung, Unzucht
mit Minderjährigen oder gar Inzest, können Erdbeben, sintflutartige
Regenfälle, Vulkanausbrüche und landesweite Mißernten auslösen.[156]
Sie bringen die gesamte Lebenswelt einer Gruppe ins Wanken. Es
bedarf dann entsprechend größerer Anstrengungen, um das erschütterte Gleichmaß der Natur wiederherzustellen. Verantwortlich dafür
sind die *Zentralrepräsentanten* – die Ältesten, Oberhäupter oder Könige, die unmittelbar aus der Tradition heraus, im Herzen der Ordnung leben, die Fäden halten und den Überblick besitzen, das Erforderliche zur Restituierung der geborstenen Ordnung zu tun.

Folgenreichere Verhaltensaberrationen werden von den Kaguru in
Tansania zum Beispiel als Perversionen des an sich Gesollten begriffen. Sie erscheinen mit der Lebenswelt der Erwachsenen derart unverträglich, daß man sie als Fremd-, als «Außenphänomene» auffaßt.
Schuldige riskieren, als Hexen verfolgt oder für verrückt gehalten zu

werden. Man verweist dabei auf Analogien bei Tieren. Ein Hund, der ohne ersichtlichen Grund ununterbrochen jault, ein Hahn, der nachts kräht, «verletzen die Norm». Das stört und kann nur Unheil bedeuten. Man tötet sie daher gewöhnlich.[157] Menschen, die sich abweichend verhalten, «brechen», wie die Bashu im östlichen Zaire sich ausdrücken, «die Heimstatt auf», geben ihre Binnengeborgenheit «der Außenwelt preis», was bedeutet, daß sie schutzlos den «Kräften des Buschs», speziell zauberischen Anschlägen ausgesetzt ist.[158] Auch Lüge und Trug, die das gerade Wort, den rechten Gedanken, die Wahrheit beugen, die Abkehr vom Glauben der Väter, führe sie in die Gottlosigkeit oder Häresie, in die Gefolgschaft «falscher Propheten», zählen zu den gefährlichen, immer und allseits gebrandmarkten Verhaltensabweichungen, die aus dem trüben Quell des Bösen schöpfen.[159] Die Sprache, das Medium derartiger Verirrungen, gibt dem in entsprechenden semantischen Modulationen nach. Vielfach besitzt ein und dasselbe Wort die Bedeutungen «krumm», «häßlich», «schlecht» und «verlogen» («unwahr»), bzw. «gerade», «schön», «gut» und «wahr».[160] Der Begriff «Verbrechen» drückt aus, daß Gerades geknickt, verbogen wurde. Das lateinische *scelus*, «Bosheit», «Freveltat», «Greuel» usw., geht etymologisch auf die Wurzel *(s)quel*, «biegen», «krümmen», «verkehrt handeln», zurück und ist verwandt mit griechisch *skolós*, «krumm», «schief», «unredlich», «falsch».[161]

Wo Gebrochenes ungerichtet, versehrt bleibt, droht der Herd der Zersetzung weiterauszugreifen. Verunreinigte, von Schimmel oder Fäulnis befallene Substanzen verrotten, unbotmäßige Kinder können vollends mißraten, Kranke ein Dauerleiden davontragen oder sterben. Es bilden sich bleibende – physische, soziale, mentale – Defekte heraus. Andere sind bereits angeboren, das heißt rühren aus früheren, vielleicht uranfänglichen Verfehlungen her. Manchmal gibt erst eine Autopsie darüber Auskunft. Stellten die Altai-Türken eine Anomalie am Skelett eines Menschen fest, waren sie sicher, daß es sich bei dem Betreffenden um ein Wesen von nichtmenschlicher Art gehandelt haben mußte.[162] In afrikanischen Gesellschaften identifiziert man auf analoge Weise Hexen; hier liefern den Nachweis allerdings gewisse «Substanzen» im Darmbereich oder auffällige innere Wucherungen bzw. Verwachsungen.[163] Bei Albinos, Aussätzigen und Behinderten dagegen ist die «Entstellung» offen für jedermann sichtbar.

Abweichungen verletzen die Regel. Sie bedrohen daher – chronische entsprechend verstärkt – die Funktionsfähigkeit der überlieferten Ordnung und konnten eben deshalb nur unguten Ursprungs sein. Noch der scholastischen Philosophie galten alle irgendwie Andersartigen als der fleischgewordene Ausdruck «einer defekten,

durch dämonische Kräfte gestörten Harmonie der Schöpfungsordnung.»[164] Sie litten, so auch noch Gottfried Wilhelm von Leibniz
(1646–1716), an einer *causa deficiens* – ihnen ging, mehr oder weniger, das Gute ab![165] Wo Männer die traditionelle Lebens- und Weltordnung definierten, trugen und repräsentierten, eigentlich also
überall auf der Welt, wurden auch Frauen als Mängelwesen angesehen. Ihre *causa deficiens* bestand in dem *Untermaß*, in dem sie teilhat-
ten an der Vollkommenheit des männlichen Geschlechts. Insofern
stellten auch sie immerdar eine Bedrohung für den Bestand der Gesellschaft und die Errungenschaften der Kultur und Zivilisation dar.
Die Überlieferungen und Anschauungen der Völker aller Zeiten liefern tausendfältige Belege dafür.[166] In streng dualistischen Glaubens-
systemen, wie dem Zervanismus oder der Gnosis, gewann diese Art
Misogynie gleichsam kosmische Dimensionen: Frauen, wesentlich
Fleisch, sind willfährige Werkzeuge, ja Geschöpfe des Bösen. Mit Verführung zur «Fleischeslust», die ihrem erdhaften Wesen entspricht
und ihre gefährlichste Waffe darstellt, suchen sie das Göttliche im
Mann, seinen Geist, der in seine himmlische Heimat zurückstrebt,
zurück in die Fesseln des Fleisches zu schlagen, wo er verderben
muß.[167]

Vollkommenes leidet, wo es mit Unvollkommenem in Berührung
gerät; seine Strahlkraft trübt sich, seine Wirkfähigkeit, immer auf
Vollendung des Guten gerichtet, erfährt eine Schwächung, deren
Brandherd sich zu weiterer Versehrung ausfrißt, so man dem unheilvollen Prozeß nicht Einhalt gebietet. Neuerungen, die nicht aus der
eigenen Ordnung erwachsen, wie es der Fall wäre, wenn sie stärkend
wirken, zum vermehrten Schutz von Bedrohtem und zur Perfektio-
nierung bestehender Institutionen beitragen würden, zählen auch zu
derart gefahrvollen Entwicklungen. Immer schon beklagten die Alten, die Wahrer und Spitzenrepräsentanten der Tradition, den Wandel.[168] Manche betrachten ihn, wie Krankheiten und andere Mißhelligkeiten, als Strafgericht seitens der Jenseitsmächte für begangene
Sünden. Der Ethnologe Abdulla Lutfiyya beobachtete zum Beispiel
in einem jordanischen Dorf:

«Die meisten Einwohner verstimmt der soziale Wandel, sie lehnen alles Neue, das
im Widerspruch zur Tradition steht, ab. Alte Männer zeigen sich oft unglücklich
darüber, daß sie ihre Frauen und alten Freunde überlebt haben und mitansehen
müssen, wie sich alles verändert. Sie scheinen zu denken, daß Gott sie damit für
ihre Fehler bestraft, die sie im Leben begangen haben. Oft hört man ältere Leute
klagen: ‹O Gott! Was habe ich getan, daß du mich so alt werden und die Ver-
rücktheiten und Schamlosigkeiten der jungen Generation miterleben läßt?› Eine
Mutter ... sagte mir, daß sie lieber tot wäre als zusehen zu müssen, wie ihre

Tochter zusammen mit ihrem Verlobten ins Kino gehe. ‹Die Leute heutzutage›,
setzte sie hinzu, ‹besitzen kein Schamgefühl mehr. Sie haben die alten Tugenden
verloren. Sie sind keine Muslime mehr.›»[169]

Wer aber abläßt von Gott, fällt dem Teufel anheim. Der «verleitet»
ihn, führt ihn auf *ungerade* Pfade, gibt ihm unsaubere Gedanken ein,
entstellt seine Werke – und zuletzt ihn selbst: er wird *häßlich* wie der
Teufel selbst, wie Krüppel, Hexen[170] und andere, die ihm dienstbar
sind und mehr und mehr seine Erscheinung annehmen. Und sie alle
strahlen gefährlich aus. Selbst die Kunst, der Hort des Schönen,
bleibt vom Gifthauch des Bösen nicht frei. *Neuere* Stilrichtungen verletzen die Perspektive, lösen Proportionen und Symmetrien auf, verzerren Gestalten bis zur Unkenntlichkeit. «Die Idee des Bösen», so
der Ethnologe Thomas Achelis (1850–1909), der eine kleine Abhandlung über *Die Entwicklungsgeschichte des Teufelsglaubens* schrieb,
«ist uralt»; selbst der «fressende Skeptizismus der modernen Wissenschaft» habe sie nicht vollends auslöschen können – «in dem weiten
Gebiete der Kunst» zum Beispiel spiele sie «in der Aesthetik des Häßlichen immer noch eine verhängnisvolle Rolle.»[171]

Dergleichen löst Unbehagen aus, wie jede Störung der Sinne. Geht
Gleichmaß – im Organismus wie in der Gruppe – verloren, tritt Un-
sicherheit auf, beginnt alles zu schwanken. Die Regelmechanismen
greifen nicht mehr; der Mensch, die Gesellschaft wird «krank».[172]
Angst wächst auf, weil man *das Böse* wirkend im Hintergrund wähnt.[173]
Überschlägt sich die «Unmäßigkeit», drohen Tod und Vernichtung.
Die Harmonie ist gebrochen, das Böse triumphiert![174]

Der Tod lebt von den Schwächen, Verfehlungen und Abartigkeiten
der Menschen. Er atmet in der Absicht des Betrügers, leuchtet im
Bösen Blick, schlägt im Herzen des Neiders und stößt zu in des Mör-
ders Hand. Paulus hat es im Römerbrief zum Ausdruck gebracht:
«Derhalben, wie durch einen Menschen die Sünde ist gekommen in
die Welt und der Tod durch die Sünde, und ist also der Tod zu allen
Menschen durchgedrungen, dieweil sie alle gesündigt haben» (5:
12). Der Tod vernichtet Gewachsenes, zerreißt lebenstiftende Zusammenhänge – er ist mit dem Bösen im Bunde, das ihn speist; beide
bilden eine unauflösliche, unheilige Allianz: «Dem Bösen», befand
der heilige Augustinus (354–430), «steht das Gute gegenüber und
dem Tod das Leben; ebenso dem Frommen der Sünder» (*De civitate
dei* XI 18). Als Kain durch seine Bluttat an Abel den Brudermord in
die Welt gebracht hatte, strafte ihn Jahwe kaum minder hart als seine
Eltern nach dem Sündenfall: «Verflucht sollst du sein! Wenn du den
Boden bebaust, soll er dir keinen Ertrag mehr geben; unstet und

flüchtig sollst du sein auf Erden!» (1. Mose 4: 11 f.). Gott schloß Kain, der getan hatte, was jede Gesellschaft tödlich im Kern zu zersprengen droht, für immer aus der Gemeinschaft der Menschen aus, überantwortete ihn der Unwelt, erklärte ihn gleichsam für «vogelfrei». So sollte es auch künftig geschehen. Wer fehlte und sich nicht reuig zeigte, den schied man aus – durch Hinrichtung oder Vertreibung. Damit aber geriet er vollends in den Bannbereich des Bösen, das rings die geordnete Heilswelt der Guten düster schwärend umschlang. Man «übergab ihn dem Satan» (vgl. 1. Korinther 5: 5; 1. Timotheus 1: 20), der, wie Gott über das Leben, Gewalt hatte über den Tod (Hebräer 2: 14).

In ihm summiert und ballt sich die Kraft der Zerstörung. In den archaischen Hochkulturen Altvorderasiens und Indiens, in denen es ihm erstmals gefiel, ob als Angra Mainyu (Ahriman), Māra, Seth, Typhon, Beliar, Satan oder in beliebig wechselnder anderer Gestalt, sein Gorgonenhaupt in all seiner Scheußlichkeit zu enthüllen, gewann er die Macht fast eines «Gegengottes». Die Texte apostrophieren ihn oft als «Widersacher» oder auch «Rebellen»[175], da sein Trachten beständig nur darauf zielt, Zwietracht und Haßgefühle zu schüren, Kriege zu entfesseln, Krankheit und Tod zu säen, Geformtes zu zerschlagen, ja letztendlich die gesamte göttliche Schöpfungsordnung zu vernichten.[176]

Sein Reich ist die unweltliche Wildnis. Dort brütet er Böses[177], lauert in sumpfigem Grund und ziehenden Schwaden, wohnt giftigen Pflanzen ein, bewegt sich in Raubtiergestalt durch das Dickicht oder schlägt zu mit grausiger Geisterhand. Alles trägt seinen Atem. Bedachtsame Menschen vermeiden es daher, soweit möglich, die schützende Eigenwelt zu verlassen und den Fuß in Fremdland zu setzen. Vor allem in den traditionellen Naturvolkgesellschaften nahm man es ängstlich genau damit.[178] Schon eine flüchtige Berührung von Fremdem – von Stoffen, Dingen, Gütern, Nahrungsmitteln oder Menschen – löste «Verunreinigung», unter Umständen eine gefährliche Schädigung aus. «Schmutz» setzte sich an der betroffenen Stelle fest und fraß sich, so die «Infizierung» unbemerkt blieb und keine Gegenmaßnahmen getroffen wurden, tiefer und tiefer in den Körper ein. Manchmal wirkte sich der «Schlag» unmittelbar aus; der Getroffene fühlte unversehens einen stechenden Schmerz, brach zusammen, erlitt eine Lähmung. In der Mehrheit jedoch handelte es sich um einen längerwierigen Prozeß, eher eben, wie die amerikanische Ethnologin Shirley Lindenbaum bei den Fore im Hochland von Neuguinea erfuhr, um eine schleichende «Schwächung als plötzlichen Tod».[179] Dabei zersetzte sich die Lebenskraft allmählich. Organe versagten ihren Dienst; der Mensch wurde matter, sein Blick, seine Stimme veränderten sich, er bewegte sich schleppend, erlahmte vielleicht – kurz: seine Gestalt begann sich zu *deformieren*, er nahm gleichsam die Krüppelnatur der Fremdwelt an. Sonderte man ihn dann nicht hermetisch ab, bestand die Gefahr, daß seine «Infektion» auch andere affizierte und die Zerstörung von Leben um sich griff.[180]

Unheil rührt wesentlich daher, so auch die Überzeugung der Bashu in Zaire, daß «Buschweltliches mit Heimweltlichem in Berührung gerät.»[181] Beides ist extrem unverträglich zueinander, so daß es bei Kontakten zu Versehrungs- und Entstellungsprozessen kommen muß. Der binnenweltlich-symmetrischen Ordnung steht die Ungestalt der Fremdwelt gegenüber. «Verunreinigung» ist Ausdruck der Antinomie. Sie resultiert, wie Mary Douglas den Zusammenhang formalanalytisch seziert, generell aus dem Umstand, daß etwas – durch Regelverstoß – in ein anderes, ihm inadäquates Ordnungssystem gelangt. Schuhe zum Beispiel

«sind an sich nichts Schmutziges, sie werden aber dazu, wenn man sie auf den Eßtisch stellt … Das gleiche gilt für Badezimmerutensilien im Wohnzimmer, Kleider, die auf Stühlen liegen, Sachen, die nach draußen gehören, aber drinnen liegen, Dinge, die nach oben gehören, aber unten liegen, Unterwäsche dort, wo die Oberbekleidung liegen sollte usw.»[182]

Traditioneller Vorstellung nach werden Krankheiten wesentlich dadurch verursacht, daß *Fremdes* – ein Partikel, eine Substanz, ein Atemzug, ein Blick, ein böser Gedanke, ein Geist – an oder in den Körper gelangt. Der Vorgang steht im Widerspruch zur organischen Ordnung – und *verletzt* sie daher. «Ansteckungsvorstellungen», so Mary Douglas wieder, «lassen sich sicher auf die Begegnung mit dem Anormalen zurückführen.»[183] Verunreinigung und Versehrung haben mit der «Beziehung zwischen Ordnung und Unordnung, zwischen Sein und Nichtsein, Gestaltetem und Ungestaltetem, Leben und Tod» zu tun.[184]

Auch wer die Fremdwelt meidet, bleibt dem Bösen, wenn auch in geringerem Maße, ausgesetzt. Es wohnt auch *in* der Gesellschaft, im Herzen eines Nachbarn vielleicht. Vor allem aber beherrscht es Hexen und Zauberer, Fremdgänger gleichsam, die «fünfte Kolonne» der Unheilsmächte unter den Menschen, deren Teil sie zwar bilden, gleichzeitig aber, wie etwa die Kaguru (Tansania) der Auffassung sind, als Wesen von anderer Art erscheinen, die jedenfalls «moralisch außerhalb der Gesellschaft» stehen.[185] Zu gewissen Gelegenheiten und Zeiten dringt Fremdweltliches auch in die Binnenwelt ein. Während der Wendephasen zwischen den Jahreszeiten zum Beispiel oder beim

Übergang von einem zu einem anderen Seinszustand (Geburt, Initiation, Hochzeit, Inthronisation, Tod) treten die Systemgrenzen für eine Weile gewissermaßen auseinander und legen empfindliche «Dünnstellen» bloß; Krisen reißen eine Gesellschaft geradezu auseinander – uneingedämmt strömt Böses dann aus der Umwelt ein. Immer aber und unabwendbar folgt auf den Tag die Nacht, in der es nicht nur die Hexen, sondern mehr noch die Geister umtreibt: Die aufkriechende Dunkelheit nämlich zieht sie aus ihren Schlupfwinkeln im Busch mit sich fort und trägt sie unter die Menschen. Wo sie auf Anfällige treffen, die heimlich vielleicht ein Tabu verletzt haben oder ungute Gedanken gegen andere hegen, packen sie zu und krallen sich ein, um ihr Opfer, das sich vergeblich windet, am Morgen verkrümmt, von Entsetzen gelähmt, mit wirrem Geist oder entseelt zurückzulassen. «Sünde», resümiert Geo Widengren den Glauben der Babylonier dazu, «brachte Dämonenherrschaft mit sich, diese wiederum hatte Krankheit zur Folge.»[186] Noch die Christen blieben dem ausgeliefert. Das Evangelium hatte die Macht der Geister nicht gebrochen. Sünder sah man in die Gewalt eines Ungeistes gefallen, der ihnen einwohnte und sie von innen heraus beherrschte; ihr Herz nannten die frühen Kirchenlehrer daher «ein Haus der Dämonen».[187] Vor allem trachteten die Geister danach, die Gläubigen von Gott abzuwenden. Da sie es gewöhnlich schwer damit haben, «verbinden sie sich», wie Marcus Minucius Felix (um 200 n. Chr.) weiß, «mit den Geistern der Ungebildeten und säen Haß gegen uns auf geheime Weise durch das Mittel der Furcht.»[188] In sogenannten «Pastoralmedizinen» wird noch zu Beginn des 20. Jahrhunderts gelehrt: «Die Möglichkeit der Entstehung von Krankheiten durch dämonische Einflüsse muß von jedem gläubigen Katholiken als eine über allen Zweifeln erhabene Tatsache angenommen werden.» Evangelische Geistliche empfehlen dringlich, sich ständig bewußt zu halten, «daß, so gewiß es ein Reich der Finsternis gibt, auch eine Einwirkung dämonischer Kräfte zu Nutzen oder Schaden unter Gottes Zulassung möglich ist.»[189]

Mehr noch vermochte natürlich der Leibhaftige selbst. Wie es ihm zukommt, nahm er immer besonders die Großen ins Visier. Damit begann er gleich zu Lebzeiten Christi. Nachdem er bei diesem allerdings nichts hatte ausrichten können (vgl. Matthäus 4: 1–11), versuchte er es über Petrus (Markus 8: 32 f.), um endlich, dem Heiland stets dicht auf den Fersen, in Judas sein willfähriges Werkzeug zu finden: «Es war aber der Satanas gefahren in den Judas, genannt Ischariot ... Und er ging hin und redete mit den Hohenpriestern und Hauptleuten, wie er ihn wollte ihnen überantworten» (Lukas 22:

3 f.; vgl. Johannes 13: 27).[190] Später stellte er sich bevorzugt werdenden Heiligen in den Weg. Auch Luther sah ihn bekanntlich ständig
um sich. Seiner Meinung nach waren auch die Krankheiten weniger
Geister- als Teufelswerk.[191]

Während die Guten für die Schöpfungsordnung stehen, immer
bereit, für ihren Erhalt, auch unter Einsatz ihres Lebens, zu streiten,
drohen *von außen her*, nimmermüde und stets auf dem Sprung, die
Mächte des Bösen, zupfen, ziehen und reißen, schlagen zu, zerstören
und töten. So erscheint denn auch der Tod oft als *Fremdling* – mal,
wenn er es etwa auf eine junge Frau abgesehen hat, in der Gestalt
eines schönen, scheinbar wohlhabenden Mannes, wie bei den Agni
in der Republik Elfenbeinküste zum Beispiel[192], oder, wie in europäischen Märchen vielfach, als hagerer, finsterer, unheimlicher Gast.[193]

Außen aber, rings um die Eigenwelt, hausen auch die ethnisch
Fremden, dort, wo die Unheilsgeister herrschen, unter deren unmittelbarem Einfluß, ja Gewalt sie stehen. Weltweit verbreiteter Vorstellung nach sind Nachbarethnien der eigenen in der Zauberei überlegen und stellen so eine stete, potentielle Bedrohung dar. Unglücksfälle müssen daher nicht nur auf Geistereinwirkung, sondern können
ebensogut auch auf magische Machenschaften benachbarter Fremd-
gruppen zurückgeführt werden. Hebt man den Gedanken auf die
höhere Ebene einer «Hochreligion», so erscheinen die Heiden zwingend gleichsam als «Teufelsbrut», der Sorge der Gläubigen und der
Errettung durch sie dringend bedürftig. Paulus, der dies zu seiner
Lebensaufgabe machte, erhielt den Auftrag dazu vom Auferstande-
nen selbst, der ihm bekanntlich bei Damaskus in Lichtgestalt gegen-
übertrat und gebot, unter die Heiden zu gehen und «aufzutun ihre
Augen, daß sie sich bekehren von der Finsternis zu dem Licht und
von der *Gewalt des Satans* zu Gott» (Apostelgeschichte 26: 17 f.). Die
Taufe allein vermochte sie, wie vom Konzil von Ferrara-Florenz
(1438–39) feierlich noch einmal bekräftigt, «von der Herrschaft des
Teufels» zu befreien.[194] Zuvor, noch in der Knechtschaft des Bösen,
waren sie geknickt und gebrochen, «voll alles Ungerechten, Hurerei,
Schalkheit, Geizes, Bosheit, voll Neides, Mordes, Haders, List, giftig
... Schädliche, den Eltern ungehorsam, Unvernünftige, Treulose,
Lieblose, unversöhnlich und unbarmherzig», wie Paulus wortreich
bekundet (Römer 1: 22–32). Das Laster zeichnete sie, «*vertierte*» sie
regelrecht. Die frühen Kirchenväter waren sich weithin einig, daß
man in den Heiden kaum «richtige» Menschen sehen könne. Dazu
machte sie erst die Taufe: «Sind sie nun von ihrer Existenz als Tiere
durch Umwandlung losgekommen durch den Glauben an den
Herrn», erläutert zum Beispiel Clemens von Alexandrien (2. Jh.),

«so werden sie Menschen Gottes» (*Stromateis* VI 50). Damit glätteten sich gewissermaßen ihre verzerrten Züge, trat die reine Natur, wie sie an sich der Schöpfungsordnung entsprach, leuchtend in Erscheinung. Denn erst das Böse *verkrümmt* sie, «ist», wie Augustinus lehrt, «so sehr naturwidrig, daß es der Natur nur schaden kann» (*De civitate dei* XI 17). Allein ihre Extraposition läßt fremdethnische Nachbargruppen, Barbaren und Heiden, von den Geistern ihrer Unwelt zudem wie Marionetten an Fäden gezogen, mißbräuchlich mit der Schöpfung umgehen (vgl. Tatian: *Oratio ad Graecos*, c. 17). Um so dringlicher ihre Bekehrung, die sie gleichsam heimholt und wahrhaft Erstaunliches zu wirken vermag: «Das ist schon ganz und gar wunderbar», sucht Johannes Chrysostomos (ca. 354–407), berühmter Prediger und Patriarch von Konstantinopel, seine Begeisterung in Worte zu fassen, «daß die Lehre der Frömmigkeit selbst die barbarischen Völker umgewandelt, sie philosophieren gelehrt, von der alten Gewohnheit abgebracht und zur Frömmigkeit hingewandt hat!»[195]

So mögen es freilich nur die Vertreter der «Geberreligionen» sehen. Den Betroffenen selbst wird die «Bekehrung» eher als Überfremdung, das heißt ernste Gefährdung durch «Verkehrung» erscheinen. Als 1947 erstmals wilde Weiße in die geordnete Welt der Fore im Hochland von Neuguinea einbrachen, griff bei diesen die Empfindung um sich, schon durch den Anblick der Fremden eine derartige Schwächung (*«debilitation»*) erfahren zu haben, daß sie befürchteten, allesamt krank zu werden, ja möglicherweise zu sterben. Um der Gefahr zu wehren, unterzogen sie sich auf der Stelle vielfältigen Reinigungsprozeduren. Aber die Entwicklung war nicht mehr aufzuhalten; es kam zur chronischen «Dauerinfektion» – mit entsprechend perniziösen Folgen. Bereits zehn Jahre später erlagen ihr als erste die jungen Männer: Sie hatten sich gewinnen lassen, für die Missionsstationen, teils auch die Kolonialbehörden zu arbeiten. Prompt brach 1963 unter den Schweinen eine Milzbrandepidemie aus. Die Alten sahen ihre Befürchtungen aufs schlimmste bestätigt. Sie bezichtigten die jungen Männer, unmittelbar schuld an dem Übel zu sein, weil sie fremde Gewohnheiten angenommen und beispielsweise begonnen hatten, Fußball zu spielen und Haaröl für die Mädchen zu kaufen, um sich ihrer Gunst zu versichern. «Der ‹Geruch› von Fußball und Haaröl», so befanden sie, «war in die Nasen der Schweine eingedrungen, hatte ihre Atmung behindert und ihnen so den Tod gebracht.»[196] Es war keine Frage, daß die Menschen die nächsten sein würden. Eine im ganzen ja auch nicht unrealistische Prognose.

Die Alten hatten hier offensichtlich keine Möglichkeit mehr, sich der Verheerung entgegenzustemmen. Der Bazillus war von der Peripherie her schon zu weit ins Innere der Gesellschaft vorgedrungen. Allein der Kernbereich mit dem Korps der Geronten blieb, vorerst, noch unangetastet.

Das hat seinen Grund. Zentren besitzen immer die *größte Entfernung zur Außenwelt*. Fremdes, Zerstörerisches erreicht sie zuletzt. Symmetrie, Ordnung und Reinheit behalten hier am längsten Bestand, gestützt und verkörpert von den Zentralresidenten: den Ältesten, Oberhäuptern und Königen – gesunden, starken und schönen Menschen, von vorbildlicher Moral, hoher Intelligenz, großem Weitblick und überlegener Weisheit. Sie standen nicht nur für die Tradition, sondern strahlten sie auch in lauterem Lichtglanz über die Gesellschaft hin aus. Erlitt ihr Erscheinungsbild eine Trübung oder sprang, indem sie erkrankten, senil wurden oder sich gar eines Normbruchs schuldig machten, das heißt sichtbar einer Fremdeinwirkung erlagen, schwand ihre Autorität, rückten sie, sanft oder mit Nachdruck gedrängt, mehr und mehr an den Rand des Aristokratenkreises und schieden schließlich aus. Mit Königen nahm man es besonders genau. Ihre Fehllosigkeit bürgte für den Erhalt nicht nur der gesellschaftlichen, sondern darüber hinaus auch der kosmischen Ordnung insgesamt. Büßten sie ihre Gesundheit ein, drohte Analoges Land und Leuten; verstießen sie wider die Regel, erschütterte das die Grundfesten der Welt: die Erde bebte, Sterne fielen vom Himmel, Sonne und Mond verfinsterten sich. Unverzüglich mußten sie dann ihres Amtes enthoben, besser noch getötet werden.[197] Prinzen, die irgendeinen Makel aufwiesen oder gar hinkten, einen Buckel besaßen oder auf einem Auge blind waren, hatten daher keinerlei Aussicht auf den Thron ihrer Väter. Rivalisierende Brüder zogen die Konsequenz daraus, indem sie einander zu blenden, bzw. zu *verstümmeln* suchten.

Zentren strahlen überdies auch in «blendender» Schönheit. Die Bauten hier sind höher und ausladender dimensioniert, mit imposanten, reich verzierten Fassaden, kostbarer Ausstattung und häufig hochaufragenden, prunkvoll gestalteten Portalen, durch welche, wirkungsvoll, in archaisch-herrscherlicher Gewandung, schmuckübersät, das Haupt durch kunstvolle Aufsätze überhöht, die würdigen Alten, Amtsträger, Priester, Residenten und Könige nach Zelebrierung feierlicher Kultrituale im Innern gemessenen Schritts in die Öffentlichkeit schreiten, umtönt von festlich-sakraler Musik – heilige Träger der Tradition, wandelnd mit festem Fuß, in unberührbarer, erhabener Schönheit, Segen spendend und Kraft der Menge unten um sie herum.

Dort, wo man des Heils bedurfte, wurde der Boden weicher, büßten die Formen an Vollkommenheit ein, hob Unreinheit an. Profane, «unangemessene» Berührung konnte den Hierophanten im Zentrum nur «abträglich» sein, drohte sie mit Verunreinigung und dem Keim der Versehrung zu affizieren. Man hielt daher auf Distanz. Kontakte unterlagen einem strengen Zeremoniell. Ehe man sich den Mächtigen nahte, mußte man sich einer gründlichen Reinigung unterziehen und frische, möglichst seine beste, «feiertägliche» Kleidung anlegen, um den Kontrast wenigstens annähernd abzumildern. Die Begegnung selbst trug Audienzcharakter. Sie erfolgte niemals abrupt, sondern in langsamen, überschaubaren Schritten. Die Bewegung, das Verhalten, die Sprache – alles war vorgeschrieben, vollzog sich im Rahmen einer speziellen «Etikette». Man warf sich zu Boden, die Stirn im Staub, beugte das Knie oder zumindest das Haupt, mied jedenfalls den Blick des Erhabenen, und brachte sein Anliegen leise, unter Umständen auch über Dritte, eine dafür bereitstehende Amtsperson etwa, vor. Höhergestellte küßten entweder den Saum des Kleides oder gar die Hand ihres Herrn. Hätte sich jemand «vermessen», das Zeremoniell zu verletzen, wäre er «zurechtgewiesen», bzw. «gemaßregelt», in Extremfällen mit dem Tod bestraft worden. Analog pflegte man sich auch den Göttern zu nahen, die hoch über oder tief unter den Zentren residierten. In ihrem Falle hätte eine Ungebührlichkeit eine Erkrankung, eine Mißernte, einen Todesfall in der Familie oder sonst ein Unheil nach sich gezogen, das den Regelbruch, gleichsam echoartig, aber gewaltiger, unter die Angehörigen des Frevlers zurückwarf. Das konnte sie, physisch oder sozial, *zu Krüppeln machen.*

Alledem vorzubeugen diente eine Vielzahl von Schutzmechanismen, die heilige Stätten, zentrale Güter, wie Reliquien, bestimmte mythische Überlieferungen, Rituale und Werte, die Residenzen, Oberhäupter und Könige wirksam abschirmen sollten. Die letzteren bedurften ihrer, als Träger und Hort der Lebenskraft ihres Volkes, in ganz besonderem Maße. Kontakte zu weniger Vollkommenem wurden auf das notwendige Mindestmaß reduziert; mit Unreinem sollten sie nach Möglichkeit überhaupt nicht in Berührung geraten – auch nicht durch den Blick: Sie mieden es anzusehen, was sich im Zersetzungsprozeß befand, wie Kadaver und Leichname vor allem[198], oder von Zersetzung gezeichnet war, wie Kranke, Krüppel und Fremde.[199] Sie besaßen ihre eigenen Sitzmöbel und Gebrauchsgüter, mit denen niemand sonst in Kontakt kommen durfte, und wurden über den Boden, den die Füße so vieler berührt hatten, getragen oder gefahren. Sprachen sie, geschah es vielfach mit leiser Stimme, damit ihr

Atem nicht allzuweit ausgriff. Ein eigens dazu bestimmter Hofbeamter gab das Gesagte dann in der erforderlichen Lautstärke wieder. Nichts durfte geschehen, was ihre Lebenskraft hätte beeinträchtigen können.[200] Oberhäupter, wie «Sakralkönige» zumal, sahen sich dergestalt oftmals in ein dichtmaschiges Netz von Tabus eingeschnürt, das sie erhob und heiligte, aber zugleich zu Gefangenen machte. Ihr Leben war bis ins Detail hinein vorgeschrieben, vom Essen und Trinken über die Art des Sitzens, Gehens und Stehens bis hin zum Schlafen peinlichst reguliert, ja ritualisiert.[201] Niemals durften sie ihr Land, häufig auch nicht den Palast verlassen – wie die Welt keinen Bestand mehr hätte, wenn Gott sich aus ihr zurückziehen würde. Traten sie, etwa bei Audienzen, in der Öffentlichkeit auf, blieb ihr Antlitz nicht selten von einem Schleier oder einer Maske verborgen; manchmal sonderte sie auch ein Vorhang, hinter dem sie saßen, zur Gänze ab. Von Angesicht zu Angesicht sehen durften sie nur ihre engsten Angehörigen sowie die Bediensteten, die ihnen unmittelbar zur Hand gehen mußten, und die höchsten Würdenträger des Reiches.[202]

Der König war die Frucht seines Volkes, die seinen Samen trug und es speiste. Er bedurfte der besonderen Pflege, Abschirmung und Unantastbarkeit, damit seine Kraft gewahrt und er imstande blieb, allezeit Nahrung spenden, segnen und *heilen* zu können; denn auch dies zählte zu seinen Gaben und Pflichten. Da er die uranfängliche Ordnung durch sein Verhalten und Leben in bruchloser Vollkommenheit repräsentierte, besaß er die Autorität und Weisheit, Gebeugtes und Gebrochenes wieder zu «*richten*», Abgekommene zurückzuführen und irreversibel Entstelltes aus der Gemeinschaft auszuscheiden. Derartiges kam in seiner extremen Verkrümmung einem *Fremdkörper* gleich, wie er auch in einem Organismus etwa, in den er auf irgendeine Weise geriet, nach gängigem Glauben eine Krankheit auslöst. Die Therapie kann dann nur erfolgreich sein, wenn man ihn sicher lokalisiert hat und zu «extrahieren» vermag. Die Ao Naga in Assam bezeichnen ihre Heilkundigen in dieser Hinsicht sehr treffend als «*extractors of dirt*».[203] Analog wird vielfach auch Wundfleisch herausgeschnitten, mit Holz oder einem anderen vergänglichen Stoff verbunden und in einen Fluß geworfen oder in der Erde vergraben, damit es fort außer Landes gespült wird, bzw. sich verrottend zersetzt. Menschen, deren schwere Vergehen sie ihrer Gesellschaft irreduzibel «entfremdet», das heißt moralisch *verkrüppelt* haben, verstümmelte man entsprechend, indem man ihnen die Hand abschlug oder sie blendete[204], tötete und verscharrte sie oder wies sie aus. Widersetzlich Handelnde konnten aber auch, wie bei den Talensi in Ghana, als Opfer einer Erkrankung oder Besessene aufgefaßt und zur Heilung einem bestimmten Ritual unterworfen werden,[205] das sie organisch oder psychisch wieder «ins Lot» brachte. Griffe aber Widersetzlichkeit weiter um sich, würde am Ende die ganze Gesellschaft «krank». Die sich mehrenden Regelverstöße machen die Menschen dann, wie die Lele am mittleren Kasai Mary Douglas gegenüber erklärten, immer unruhiger und aggressiver. Alles hängt nunmehr davon ab, ob es den Verantwortlichen gelingt, das Verbogene noch einmal «geradezurichten» (*to set straight*), die entstandenen Schäden «zu reparieren» (*to mend*) und «die Ordnung wiederherzustellen» (*to arrange in order*) – mittels rigoroser Reinigungs- und Sühneriten: Medizin und Ritual sind bei den Lele identische Begriffe.[206]

In differenzierteren Gesellschaften mit erhöhtem Problem- und Konfliktpotential ist dies in letzter Instanz Sache des Königs. Von der Mitte her spannt er dann gleichsam die Fäden, die in seinen Händen zusammenlaufen, vermöge der ihm gegebenen Überkraft aufs äußerste an, strafft sie zu metallischer Härte, damit das verworrene Muster wieder in gestochener Klarheit erscheint. Die sich zu ihm heranziehen lassen, werden, Zug um Zug, reiner und schöner, leuchten vor seinem Angesicht aristokratisch auf. Andere stürzen, den Halt auf den haarscharfen Saiten verlierend, durch die weitgewordenen Maschen hinab in grundlose Tiefe oder krallen sich, zu grotesken Krüppelgestalten verkrümmt, mühsam am Rand des Netzes fest, haßerfüllt und durchbohrt von bösen Gedanken.

Gewönne aber das Böse einmal die Oberhand, würde «Überfremdung» die überlieferte Werteordnung vollends zersetzen, stünde, so der Glaube in vielen Religionen, auch das Ende der Welt bevor. Übermächtig träte der Tod aus dem Dunkel ins Licht und würde erbarmungslos Ernte halten. Nur einige wenige Gerechte vielleicht, die der Böse nicht zu beugen, nicht zu *verkrüppeln* vermochte, entgingen der Massenvernichtung, blieben einzig unversehrt.

IV.
Weltgestalt

1. Kosmographie

Die Erde, eine kreisrunde Scheibe, ruht auf dem Ozean, inmitten der Welt. Das zentrale Rund inmitten der Erde bewohnen die Menschen, die allein diese Bezeichnung verdienen: die Angehörigen des *eigenen* Ethnos.[1] Dies ist «das gute, heilige Land».[2] Hier herrschen Reinheit, regelgebundene Ordnung und vollendete Zivilisation: Alle Natur in diesem Bereich, der *«terra culta»*, wie der antike und mittelalterliche Begriff dafür lautete, wurde umgewandelt, «domestiziert», veredelt zu Kultur.[3]

Das Land ist so schön und vollkommen wie die Menschen, die es trägt. Davon sind australische Aborigines im hohen Nordwesten des Kontinents ebenso überzeugt[4] wie die Konkomba im Norden Ghanas,[5] die Einwohner der südostmexikanischen Provinz Michoacán[6] oder die Papago, die in den heißen Trockengebieten im Südwesten Arizonas ein mehr als kümmerliches Dasein fristen. Eine betagte Informantin erläuterte das hier der amerikanischen Ethnologin Ruth Underhill an dem Beispiel: «Euch Weißen hat Gott den Weizen, die Pfirsiche und den Wein gegeben. *Uns* gab er das Wildgras und den Kaktus mit seinen Früchten – *dies* sind die *guten* Nahrungsmittel.»[7] Ein Entwicklungshelfer, der um 1960 im heutigen Malawi arbeitete, erlebte Ähnliches. Ständig den Hunger und die Not der Bevölkerung vor Augen, wunderte er sich um so mehr, die Menschen ihre Heimat auf das überschwenglichste rühmen zu hören. Da gebe es doch, beteuerte man ihm, «viel Mais und Bananen, Kraut, Karotten, Tomaten und vieles andere. Alles wächst so gut, und alle haben so viel zu essen.»[8] Selbst die Āl Murrah, Beduinen, die in der Rub' al-Khali, einer der gefürchtetsten Wüsten Arabiens nomadisieren, die ihr Ethnograph Donald P. Cole als *«a barren land of madness and death»* charakterisiert, können ihrer heimischen Umwelt nur die besten Züge abgewinnen. Finde man dort doch schlechthin alles: «die tüchtigsten Kamele, hinreichend gute Kamelmilch, eine Überfülle an Wild, frische, saubere Luft und überall nur die eigenen Brüder – eben einfach alles!»[9]

Die Segnungen kommen nicht von ungefähr. Sie sind Folge der *Mittellage,* die das eigene Territorium auf der Erde einnimmt. Wie aufgrund der ethnozentrischen Optik die Dinge mit wachsender Entfernung zunehmend widriger, schlechter und wilder erscheinen, können sie in der zentralen Eigenwelt nur *idealer Natur* sein – nicht zuletzt in klimatischer Hinsicht: Hier glätten sich gleichsam die Extreme der fernen peripheren Bereiche und gehen ein harmonisches Mischungsverhältnis ein, das in jeder Beziehung für Ausgewogenheit bürgt. «Im Reich der Mitte», heißt es in einem taoistischen Text aus dem 3. Jahrhundert n. Chr., «sind Trüb und Klar wohl geschieden, und so lösen Kälte und Wärme einander ab. Dunkel und Hell sind klar getrennt, und so folgen einander Tag und Nacht»[10] – differenziert zwar, aber in komplementärem Gleichmaß zu einem symbiontischen Ganzen aufs beste miteinander verbunden. Griechische Geographen verliehen der uralten Volksanschauung systematische Gestalt in der klassischen Klimazonentheorie, deren Gültigkeit bis ins ausgehende Mittelalter unangefochten blieb. Danach sah man die Erde geschieden in mehrere (wechselnd, je nach dem Maß der Differenzierung), in der Hauptsache jedoch in drei große Klimabereiche: einen kalten und feuchten im Norden, einen heißen und trockenen im Süden und einen gemäßigten in der Mittelzone dazwischen, in dem ausgewogene, ideale Mischungsverhältnisse herrschten – und die je eigene Volksgemeinschaft lebte.[11] Das war in der Tat schon bald gängiges Bildungsgut der gesamten antiken Welt, im Westen wie im Osten. Das *Buch der Jubiläen* zum Beispiel, eine spätjüdische Schrift aus dem 1. Jahrhundert v. Chr., die auch eine ausführliche Erdbeschreibung enthält (Kap. 8–9), baut darin ganz nach diesem Schema auf; hier bildet den Mittelbereich mit seinem ausgeglichenen Klima, harmonisch «gemischt aus Kälte und Wärme» (8: 30), natürlich die Heimat der «Semiten», mit dem Land der Juden (bzw. Jerusalem, dem Berg Zion) im Zentrum.[12] Wo anders auch sonst hätte das «auserwählte Volk Gottes» seinen Wohnsitz haben können. Die Griechen selber schwankten in der Lokalisierung je nach Herkunft der Autoren: Die vorsokratischen Geographen des ionischen Westkleinasien, wie Herodot (ca. 490–430 v. Chr.) vor allem, sahen dort das Zentralareal der Welt mit seinem idealen Klima und optimalen Lebensbedingungen[13]; andere, die im «Mutterland» heimisch waren, gaben diesem den Vorzug; ihnen galten Athen, Delphi oder, wie Platon zum Beispiel (*Timaios* 121 C), der Olymp als Mittelpunkt der Erde.[14]

Später verlagerten sich, entsprechend den Machtverhältnissen, die Gewichte nach Rom – gelegen im Herzen Italiens, «ein Land», wie Plinius der Ältere (23–79 n. Chr.) rühmt, «das nach dem Rat der Götter ausersehen ist, den Himmel selbst noch zu verherrlichen». Er zählt sozusagen die *«Highlights»* auf: «die belebende, ununterbrochen gesunde Luft, die Milde des Klimas, die fruchtbaren Gefilde, die sonnigen Hügel, die ungefährlichen Wälder, die schattigen Haine, die reichausgiebigen Baumpflanzungen, der Anhauch so vieler Berge ...» usw. usw. (III 6). Selbst auf die weitere Umwelt, auf «Europa», strahlt der Glanz Italiens gleichsam noch ab; er charakterisiert es schlichtweg als «das schönste aller Länder» (III 1).

Rom verging, die Optik aber blieb. Im Osten stiegen die Araber zur Weltmacht auf. Zur Zeit des Abbasiden-Kalifats (750–1258) mit der Hauptstadt Bagdad waren die Gelehrten sich einig, daß der Irak unter allen Ländern der Erde das vorzüglichste Klima besitze. Er dankte das göttlicher Vorsehung. Nach Bekunden des Rechtsgelehrten und Theologen al-Dschahiz (al-Ǧāḥiẓ; ca. 776–868) hatte der Allerhöchste nämlich selbst «in seiner Gnade den Mittelpunkt seines Reiches in die vierte Zone gelegt, die beste und edelste der sieben». Dort war vor alters schon «der Verstand der Babylonier ... über das normale Maß des Verstandes und ihre Schönheit über die durchschnittliche Schönheit» hinausgeraten.[15] Der persische Geograph Ibn al-Faqīh al-Hamadānī (aus Hamadan), der im 9. Jahrhundert lebte, sah die Segnungen Allahs weiter nördlich verdichtet. Ihn dünkte seine Heimat als «der vorzüglichste Teil der Erde», vor allem aber die *Zentralprovinz* Fars, die er als «Haupt», «Nabel» und «Höcker» des Landes preist. Dank seiner besonderen klimatischen Gunstlage war es seinem Dafürhalten nach der Iran, der die schönsten Menschen hervorbrachte – blieben ihnen desfalls doch der spärliche Bartwuchs der Chinesen, das Schlichthaar und die Kleinäugigkeit der Türken und die schwarze Haut samt dem wolligen Kraushaar der Afrikaner erspart.[16] Endlich Ibn Khaldun (Ibn Ḫaldūn; 1332–1406), der große islamische Rechtsgelehrte, Geschichtsphilosoph und bedeutendste ethnologische Theoretiker des Mittelalters, setzte die Araber wieder in ihre Vorzugsrechte ein. Um seine Heimat Nordafrika noch in den Segensbereich des klimatisch meistbegünstigten Teils der Erde mit einbeziehen zu können, erweiterte er ihn auf den gesamten Mittelmeerraum, so daß selbst das christliche Frankreich noch Platz darin fand. Das Kerngebiet mit den bestbeschaffenen Lebens- und Entwicklungsbedingungen jedoch bildeten der Irak und Syrien. Damit stellte sich freilich ein gewisses Problem, das einem frommen Muslim, wie Ibn Khaldun es war, zu schaffen machen mußte: Es blieb die Arabische Halbinsel, die nicht eben über ein einladendes Klima gebot, in der aber der Prophet das Licht der Welt erblickt und Gott sich ihm offenbart hatte. Große Gelehrte indessen kann dergleichen nicht in Verlegenheit bringen. Zwar ließe sich, argumentierte Ibn Khaldun nicht ohne Spitzfindigkeit, das arabische Kernland nur schwerlich mehr dem idealen Klimabereich Mesopotamiens und Syriens zurechnen; doch werde es immerhin an drei seiner vier Seiten vom Meer gesäumt, was eine hohe Luftfeuchtigkeit zur Folge habe und die Hitze spürbar abmildere. Daher besitze Arabien, trotz seiner südlichen Lage, ein angenehm gemäßigtes Klima – mit den entsprechenden Konsequenzen für seine Bewohner: die Menschen dort zeichnen sich durch ein besonderes Maß an *harmonischer Ausgeglichenheit* – in der Konstitution, der äußeren Erscheinung, dem Charakter wie der Kultur – aus.[17]

Die Vorzüge der «mittelländischen» Striche schwanden entsprechend, je weiter ab man davon kam. Gewissermaßen das Modell dazu lieferte jede einzelne Siedlung – mit dem umhegten Wohnareal, dem Dorf, im Zentrum, rings herum dem bebauten Land, dann der Flur oder dem Wald, die als Viehweide dienten, schließlich dem «Busch» bzw. der Wildnis. Die Grenzen waren in gewissen Spielbreiten flexibel. Was man dem Wildland abrang, indem man es «urbar» machte, ging in den Bestand des «Kulturlandes» ein, während ruhender, der Brache überlassener Boden zunehmend «verwilderte» und der Kulturlosigkeit verfiel.[18]

Es wuchs, je weiter man fortschritt, die «Unbändigkeit», da mit der Kultur auch alle Regel sich auflöste. In der Wildnis waltet das *Chaos*, die Verkehrung der Ordnung, die das Leben im Dorf, in der Kulturwelt der Menschen bestimmt.[19] Entsprechend verdreht und zerrissen sind die Verhältnisse. Das Klima kennt nur Extreme: entweder ist es durchgängig unangenehm kalt oder immerzu sengend heiß, zu trokken oder zu feucht.[20] Undurchdringliche Dickichte, starrende Einöden, scharfkantige, karstige Höhen, glühende Wüsten, reißende Flüsse und tückische, todbringende Sümpfe kennzeichnen das Landschaftsbild.[21] Am Boden kriechen giftige Schlangen; im Unterholz oder hinter Felsvorsprüngen lauern gefährliche «wilde» Tiere. Es ist eine ebenso häßliche und abstoßende wie lebensfeindliche, bedrohliche, im Grunde *unbewohnbare* Welt.[22] Bestenfalls verrichtet man dort noch seine Notdurft und lagert anderen «unreinen» Unrat ab, tötet und verscharrt die Missetäter und Hexen, bzw. versenkt sie im Sumpf[23] – in naher und passender Nachbarschaft zu allerhand lebendem Gesindel, wie Ausgestoßenen, Wegelagerern, Vagabunden, Räubern, Fahnenflüchtigen und aus der Haft Entwichenen, die in der Wildnis oft ihre letzte, fast sichere Zuflucht fanden.[24]

Dachte man aber darüber hinaus, durchwand in Gedanken gleichsam das umliegende Buschland, so sah man sich zusehends, jeden Schritt mehr, den man tat, in eine wahre Schreckenswelt versetzt. Die

Wildheit von Landschaft, Gewächsen und Kreaturen verkrümmte und verknäulte sich zu den absonderlichsten Zerrformen und Mißgebilden. Die Natur schien in den fernen Randregionen der Erde noch wie im Urzustand; alles befand sich in regellosem, chaotischem Fluß, das eine war vom anderen noch nicht klar und endgültig geschieden, so daß immer wieder sowohl extrem dimensionierte als auch bizarrwüchsige Mischgestalten entstanden. Die Babylonier wähnten im hohen Norden menschenartige Wesen mit Leibern von «Höhlenvögeln» oder «Rabengesichtern»[25], die alten Ägypter glaubten die Wüste mit allen möglichen tierischen wie tier-menschlichen Mischkreaturen bevölkert.[26] Homer (ca. 9. Jh. v. Chr.) erzählt in der *Ilias* (III 3–7) von einem «Geschlecht kleiner Pygmäen» (wörtlich «Faustgroße»), die fern an der Peripherie der irdischen Welt, das heißt unmittelbar am Ozean leben und sich immer wieder Angriffen von Kranichen ausgesetzt sehen, «welche, nachdem sie dem Winter entflohn und unendlichem Regen, dort mit Geschrei hinziehn an Okeanos' strömende Fluten» und sie «mit Mord und Verderben bedrohen». In den antiken länder- und völkerkundlichen Erdbeschreibungen belebt sich die Szene eher noch mehr. Keil- und Großköpfige (Makrokephalen) werden genannt, Einäugige, Nasen- und Mundlose (Astomer), Brustgesichtige, Schattenfüßler (Skiapoden), die so breite Füße besitzen, daß sie sich mit ihnen vor der Sonne schützen können, Langohren, Einschenkelige (Monokoler), Ziegen- und Pferdefüßige (Ägipanen, bzw. Hippopoden) und viele andere mehr. Manche Autoren, wie namentlich Plinius der Ältere, haben ganze Sammlungen derartiger Monstren zusammengestellt.[27] Analoges findet sich auch in einschlägigen Texten anderer alter Hochkulturen. Bei den «Völkern» am äußersten Ende der Welt, faßt der Sinologe Wolfgang Bauer die chinesischen Vorstellungen in der Hinsicht zusammen, nahm die «Abweichung vom Idealbild des Menschen», dem allein natürlich die Bevölkerung im «Reich der Mitte» entsprach, extreme Ausmaße an:

«Bei ihnen sah man die groteskesten Verformungen – angefangen von Löchern, die bei diesen ‹Menschen› durch die Leibesmitte gehen sollten, bis hin zu allerlei Vermischungen von Tier- und Menschenleibern ... Diese Weltrandvölker ... hatten die Funktion, die Übergangsformen zwischen Menschenreich und Tierreich, aber auch zwischen Menschenreich und Geisterreich zu verdeutlichen.»[28]

Daran änderte sich auch später nichts. Mittelalterliche, ja selbst frühneuzeitliche[29] Reise- und Erdbeschreibungen fabulieren weiterhin – meist im Rückgriff auf antike Vorlagen – von «ellenlangen Menschen» *(homines cubitales)* hoch im Norden[30], von Hundsköpfigen und Pferdefüßlern, Giganten, Zentauren usw. mehr. Der für seine Zeit hochgebildete Bischof Isidor von Sevilla (ca. 570–636) lieferte wieder eine ganze, mit viel Akribie zusammengestellte Revue derartiger Mißkreaturen.[31] Johann de Plano Carpini (ca. 1182–1252), der 1246 im Auftrag Papst Innozenz IV. (1243–1254) eine Reise in die Mongolei unternahm, erfuhr dort von «Menschen», die sich nur mühsam erheben können, da sie keine Beingelenke besitzen, von Hundsgesichtigen, Rinderfüßigen und Kyklopeden («Riesenfüßlern») mit nur einem Arm auf der Brust und einem einzigen Mittelstandbein, was sie nötigte, Pfeil und Bogen jeweils zu zweit zu bedienen.[32] Und erstmals konnten sich die Menschen auch durch Augenschein von der Wahrhaftigkeit der Berichte überzeugen: Die Fratzen der Langohren, Plattnasen und Hundsköpfigen blickten, schauererregend, aus den Bogenfeldern (Tympana) der romanischen Kirchenportale auf sie herab,[33] waren vielzählig und formgewaltig in den Illustrationen der beliebten Weltchroniken und Kosmographien – noch bis ins 17. Jahrhundert hinein (namentlich der *Jahrhundertchronik* des Johann Wolf von 1600) – dargestellt. Mehr freilich lieferten immer die Texte selbst. In deutschen Ausgaben der berühmten *Weltchronik (Liber Chronicarum)* des Humanisten Hartmann Schedel (1440–1514) aus den Jahren 1493 und 1500 war beispielsweise zu lesen:

«In dem Land India sind die Menschen mit Hundsköpfen und reden bellend; nähren sich mit Vogelfang und kleiden sich mit Tierhäuten. Item östlich haben allein ein Aug an der Stirn ob der Nasen und essen allein Tierfleisch. Item in dem Land Lidia werden etliche ohne Haupt geboren und haben Mund und Augen (auf der Brust). Etliche sind beiderlei Geschlechts; die rechte Brust ist männlich, die linke weibisch und vermischen sich untereinander und gebären ... Item in dem Land Etiopia wandern etliche so niedergebogen wie das Vieh und leben vierhundert Jahre» (usw.).[34]

Im Zuge der zunehmenden europäischen Erkundungsreisen rund um die Welt lösten sich die bizarren Wundergestalten dann allmählich wie in Nichts auf – oder richtiger gesagt: verschmolzen mit den absonderlichen «Wilden» in den fernen, weitabgelegenen Ländern, mit denen man mehr und mehr in Kontakt kam. Heute leben sie nur in den Märchen noch fort, als verwachsene Gnomen, ungeschlachte, einäugige Riesen, humpelnde Hexen und kannibalische Ogern im tiefen Wald oder gebirgiger Ödnis, am Rand der ethnographisch-phantastischen Kinderwelt.[35]

Die Vorstellung war freilich – zwangsläufige – Folge der immergegebenen ethnozentrischen Optik. Insofern sahen es die «Wilden» selber nicht anders. Nach Überlieferungen der Herero und Bergdama im südwestlichen Afrika hausen fernhin am Ende der Welt halbseitige und riesenwüchsige, einäugige Geschöpfe nach Art der Kyklo-

pen;[36] die Kayapó in Nordbrasilien wähnen dort Frosch-, Vogel-,
Hunds-, Aasgeier- und Schneidegrasmenschen sowie eine Vielzahl
weiterer monströser Mischkreaturen, allesamt ebenso abschreckend
häßlich wie bösartiger Natur;[37] der Anschauung palästinensischer Beduinen zufolge bevölkern ähnliche Zwitterwesen die ferne «östliche
Wüste».[38]

Als die Naturvölker «entdeckt» und erstmals der Weißen ansichtig
wurden, waren sie vermutlich – zunächst – angenehm überrascht, daß
die Geschöpfe vom Rand der Welt doch immerhin einiges mit ihnen,
den Menschen, gemeinsam hatten. Einige meinten daher auch, daß
man es in ihnen vielleicht eher mit Geistwesen aus dem Jenseits zu
tun habe. Diese Ansicht indessen bestätigte sich nicht. Die allzu-
menschlichen Neigungen, von denen man sich alsbald überzeugen
konnte, sprachen dagegen. So deuteten ihre ungewöhnliche Hautfarbe, ihre Häßlichkeit, ihr scharfer Körpergeruch, ihre sprachliche
Unbeholfenheit, die absonderlichen Trachten und Gewohnheiten
doch mehr auf *Wilde* hin. Eine gewisse ethnographische Neugier kam
auf, wenn man auch, so das möglich war, lieber auf Distanz blieb. Als
Mary Douglas Ende der vierziger Jahre ihre Feldarbeit bei den Lele
im südlichen Zaire aufnahm, hatten diese noch wenig direkten Kontakt mit Europäern gehabt. Eine Gesprächspartnerin drückte ihr eines Tages ihre Genugtuung darüber aus, daß ihr Besuch ihnen die
Gelegenheit gegeben habe, sich ein realistisches Bild von den Weißen
zu machen. Zuvor nämlich hätten zum Beispiel Zweifel bestanden,
ob sie überhaupt Zähne und Augenbrauen besäßen.[39] John Middleton, der wenige Jahre später bei den Lugbara im Norden Ugandas
arbeitete, sah sich ähnlichen Auffassungen gegenüber. Zwar war man
dort bereits an den Umgang mit Europäern gewöhnt, schied jedoch
mit Beharrlichkeit zwischen denen, die man vom Sehen her kannte,
und allen anderen, die weiterhin in ihrer Heimat ferne am Rande
der Welt lebten. Diese hielten die Lugbara – wie im übrigen auch
weitab siedelnde afrikanische Völker – allesamt für Kannibalen; sie
würden, versicherten sie Middleton,

«auf ihren Köpfen laufen und dergestalt riesige Entfernungen in einem einzigen
Tag überwinden. In dem Augenblick allerdings, in dem sie sich beobachtet sehen,
beginnen sie unvermittelt, auf den Füßen zu gehen. Werden sie angegriffen, verschwinden sie flugs unter der Erde und tauchen erst in einiger Entfernung wieder
auf, um sich nunmehr erneut auf dem Kopf fortzubewegen.»[40]

Auch hier verschliffen die sich mehrenden Kontakte mit der Zeit
zumindest die bizarreren Züge. In abgelegeneren Regionen der Erde
freilich konnten sich dergleichen Vorstellungen noch länger erhalten

– selbst in schriftführenden Kulturen: Nach einer tibetischen Erdbeschreibung, die Mitte des 19. Jahrhunderts entstand, erreichen auf
der fernen Insel Korsika zum Beispiel die Hunde eine derartige
Größe, daß die Menschen sie als Reittiere benutzen.[41]

Begreiflich, daß zu Zeiten, als derartige Anschauungen noch gang
und gäbe waren, die Fremde nur wenig Anziehendes bot. Sie erschien beispielsweise den Ngadju-Dayak auf Borneo als «das schauer-
liche, das furchterregende Land, wo man sich nicht mehr daheim
fühlt, wo man nicht ohne weiteres ein Haus bauen würde.»[42] Die
Schrecken wuchsen, je weiter man sich von der heimischen Lebenswelt entfernte.[43] Die altägyptische *Lehre für den König Merikare* aus dem
Beginn des 2. Jahrtausends warnt vor Reisen gen Osten: «Bedrohlich
ist dieses Land, wo der Asiate lebt, durch Wasser geschädigt, unüber-
sichtlich wegen der Wälder, die Wege gefährlich wegen der Berge.»
Ein anderer Text (Papyrus Anastasi I) wird noch deutlicher, geht
mehr ins Detail, beschwört die Empfindungen, die Ängste, die den
Reisenden überkommen könnten, geradezu herauf:

«Der Pfad ist voller Felsen und Steine, es gibt keinen Platz für deinen Fuß, alles
ist überwachsen mit Gras und Dorngebüsch. Auf der einen Seite ist der Abgrund,
auf der anderen steigt der Berg steil an. Wird dann aber das Gelände wieder offen,
da fürchtest du, daß der Feind hinter dir her sei, und du zitterst. Hättest du dann
doch wenigstens eine Hecke, um sie zwischen dich und ihn zu legen … Zittern
befällt dich, deine Haare stehen zu Berge, deine Seele liegt in deiner Hand.»[44]

Reisen über die Territoriumsgrenzen hinaus waren daher immer gefürchtet.[45] Man sah darin – wie etwa die Bondo und Lakher in Indien
(Orissa, bzw. Assam) – auf jeden Fall ein unkalkulierbares Risiko.[46]
Die schon genannten Āl Murrah, arabische Beduinen und Vollnoma-
den, bei denen weiträumige Wanderbewegungen zum Alltag gehören, zeigen sich gleichwohl bei Reisen, die sie über ihre angestamm-
ten Weidegründe hinausführen, und namentlich bei Stadtbesuchen,
deutlich verunsichert, ja geradezu eingeschüchtert und verängstigt,
um sichtlich erst wieder aufzuatmen, wenn sie, auf dem Rückweg,
den Fuß auf heimischen Boden setzen und schließlich im eigenen
Lager angelangt sind.[47] Der Kontakt mit Fremden – mit Dingen, Nahrungsmitteln, Gebäuden, Personen usw. – barg zumindest die Gefahr
der infizierenden, unheilvollen Kontaminierung.[48] Heimkehrende
hatten daher häufig sowohl die Güter, die sie möglicherweise mitbrachten, als auch sich selbst einer gründlichen rituellen Reinigung
zu unterziehen, bevor sie das Dorf betraten.

Mehr noch aber war da das gewisse Grauen vor der Fremdwelt
generell. Europäische Forschungsreisende hatten es daher oftmals

schwer, Einheimische als Bedienstete oder Träger für längere Weg-
strecken, erst recht die Gesamtdauer ihrer Vorhaben zu gewinnen.
Émile Torday (1875–1931), der Anfang des Jahrhunderts mehrere
Expeditionen in den Kongoraum unternahm, machte die Erfahrung
u. a. auch bei den Lele. Mit spürbarer Verwunderung konstatierten
die Forscher:

> «So selten verlassen sie die unmittelbare Umgebung ihrer heimischen Siedlun-
> gen, daß nur sehr wenige selbst mit dem Weg zum nächsten Dorf ihres eigenen
> Stammes vertraut sind. Oft stellten wir fest, daß sich die Träger, auch wenn es eine
> Last nur zu einem anderen Lele-Dorf zu befördern galt, mit Waffen versahen, als
> ginge es auf einen Kriegszug.»[49]

Müßte man nachts gar reisen, wozu sich freilich niemand aus freien
Stücken bereitfände, würden einem auch die Waffen nicht mehr viel
helfen, weil man es mit Mächten zu tun bekäme, denen weit wirksa-
mere Mittel zu Gebote stehen. Man sähe sie nicht oder erläge einem
Trugbild; der schußbereite Arm wäre mit einem Mal wie gelähmt, die
Beine versagten einem den Dienst, eine Schreckenserscheinung ließe
das Blut in den Adern gefrieren. «Ein Mann», suchten die Lele das
Jahrzehnte später Mary Douglas begreiflich zu machen – mit Bildern,
die sehr an die Zeugnisse aus dem alten Ägypten erinnern –,

> «der bei Nacht allein durch einen ihm fremden Wald geht, kann erleben, daß
> sich seine Haare zu sträuben beginnen, kalter Schweiß seinen Körper bedeckt
> und sein Herz wie unsinnig schlägt. Mit einem Male steht er an einer Lichtung,
> auf der er zuvor ein helles Licht leuchten sah. Er bemerkt ein glimmendes Feuer
> – aber es ist niemand dabei: Es handelt sich um eine Feuerstelle von Geistern!»[50]

Kam es vor, daß jemand gar eine gewisse Passion für Reisen in die
Fremde verriet, konnte er, traditioneller Anschauung nach, nicht
recht bei Sinnen sein. Die Yurok, eine algonkinsprachige Gruppe im
Nordwesten Kaliforniens, hielten so «jeden, der irgendeine deutliche-
re Neigung zeigte, sich in die Gebiete dort draußen vorzuwagen»,
schlichtweg für «verrückt», bzw. führten seine Abartigkeit auf «unedle
Geburt» zurück – und stießen ihn aus der Gemeinschaft aus.[51] Sein
Verhalten brachte zum Ausdruck, daß er tatsächlich kaum mehr der
Kultur-, sondern eher der Fremdwelt zugehörte, daß er gebrochenen
Wesens, eben *ver-rückt* war. Den Miri, einer Nuba-Gruppe in der Republik Sudan, erschien schon die Idee, Reisen in die Fremde unternehmen zu müssen, schwer denkbar und «schrecklich» *(frightening);*
auch ihrer Meinung nach grenzte das an «Verrücktheit» *(madness).*[52]

Arbeit in heimatfernen Gebieten ließ sich daher in der Kolonialzeit meist nur mit Gewalt erzwingen.[53] Immer wieder kam es zu
Fluchtversuchen. Wo das aussichtslos schien, schickten sich die «Ent-

wurzelten» resignierend und wie abgestumpft in ihr Los; andere zehrte das «Heimweh» förmlich aus: sie siechten mehr und mehr dahin,
falls sie nicht vorzeitig Hand an sich legten.[54] Die neuerliche Arbeits-
emigration wird zumindest anfangs, wenn sie noch eine ungewohnte
Erfahrung darstellt, nicht viel anders empfunden; tröstlich bleibt bestenfalls, daß man sich selbst entschloß. Weithin begreift man jedoch
den Gang in die Stadt, und mehr noch Arbeitsaufenthalte im Ausland, als «Wechsel vom Reinen ins Unreine».[55] Das kann niemanden
unberührt lassen. Auf die Dauer infizieren sich auch die Stärksten.
Das Mißmäßige der Wildwelt greift sie an; es verformt, es *verkrüppelt*
sie zusehends mehr. Sie *«vertieren»* schließlich.[56]

In das zagende Grauen vor der fernen, unbekannten Fremde
mischte sich jedoch auch, fast gleichstark, Faszination. Niemand
mochte sich zwar selbst den Gefahren stellen – um so lieber und
gespannter aber lauschte man den Erzählungen von anderen, die
das Wagnis auf sich genommen hatten oder unfreiwillig in ferne
Lande verschlagen worden und wunderbarerweise sicher heimge-
kehrt waren. Und mit jeder Wiedergabe und je auch nach dem
Geschick des Berichterstatters mehrten sich die bestandenen Gefahren und Schrecken, wuchsen sich aus ins Überdimensionale, gewannen schließlich mirakelhaft-phantastische Züge. Am Beginn dieser
Art Abenteuerliteratur mochten Erzählungen der Schamanen von
ihren Reisen ins Jenseits stehen, Schilderungen von Leuten, denen
es vergönnt gewesen war, ihre verstorbenen Angehörigen im Totenreich zu besuchen,[57] oder quasi-mythische Überlieferungen von beherzten Vorfahren, die einfach die Neugier getrieben hatte, aufzu-
brechen und selbst zu sehen, wie die Welt weit draußen beschaffen
ist. So tat vor alters zum Beispiel ein Kayapó. Er «wanderte und
wanderte so lange, bis er zum Fuß des Himmels kam». Wieder daheim,

«erzählte er alles, was er erlebt und gesehen hatte. Da brachen viele Indianer auf,
von Neugier getrieben, um mit eigenen Augen die seltsamen und schaurigen
Dinge zu sehen, von denen der andere erzählt hatte, und um sich zu überzeugen,
ob er auch wahr gesprochen habe. Sie fanden alles so, wie er es geschildert hatte,
und nahmen auf dem Heimweg sogar ein Kind der häßlichen unheimlichen Wesen mit, denen sie begegnet waren. Das ganze Dorf staunte über das Kind, das
die Männer mitbrachten: Es war das Junge eines Froschmenschen. Der Kopf war
der Kopf eines Froschmenschen, und seine Beine waren Froschbeine, nur der
Leib war ein Indianerleib.»[58]

Hinzu kamen Erzählungen von Jägern («Jägerlatein»), später auch
von Seeleuten («Seemannsgarn»), Handelsreisenden (wie in den
Märchen von tausend und einer Nacht), von Soldaten, die in Gefangen-

schaft geraten und wieder freigekommen waren. Im Altertum hatte sich aus dieser Art Stoff bereits eine ganze Romanliteratur entwickelt, zu der Zeugnisse aus Ägypten (*Sinuhe*-Roman, 18. Jh. v. Chr.)[59] wie aus anderen alten Hochkulturen vorliegen – nicht zu vergessen auch die *Odyssee* Homers. Das beliebteste Beispiel jedoch, *den* «Bestseller» der Antike gewissermaßen, bildete jahrhundertelang der sogenannte *Alexanderroman*, dessen Held mit dem historischen Makedonier-König indes nichts weiter als den Namen gemein hat. Gleichwohl trachtet auch er nach Beherrschung der Welt. Das gelingt ihm auch – zumindest unterwirft er sich die gesamte von Menschen bewohnte Erde. Neugier und das Verlangen, den Quell des Unsterblichkeit schenkenden «Lebenswassers» zu finden, treiben ihn weiter in die Anökumene. Er durchquert die schlimmsten Schreckenslandschaften, stößt auf die absonderlichsten Pflanzen, Tiere und Fabelwesen und hat vielerlei Abenteuer mit Riesen und anderen furchteinflößenden Ungeheuern zu bestehen. Er gelangt schließlich auch an den Quell, wird aber durch Betrug um die ersehnte Frucht seiner entbehrungsreichen Bemühungen gebracht.[60]

Inzwischen ist die Erde weithin bekannt. Dennoch bleibt immer, schon aus identitätsoptischen Gründen, eine außenweltliche Fremde. Da sie ärmer an Monstren geworden ist, bedarf es um so mehr der Imagination. An die Stelle der alten Reise- und Abenteuer- ist die *Science Fiction-, Fantasy-* und Horror-Literatur getreten. Das ursprüngliche Gut aber hat sich im Märchen erhalten.

2. Daimonographie

In der Wildnis gehen überall auf der Welt auch die bösen Geister um. Und sie sind den Menschen bedrohlich nahe, lauern bereits unweit der Dörfer, gleich dort, wo das bebaute Ackerland endet und in Busch, Wald, Steppe und Wüste oder bergige Ödnis übergeht. Manche hausen unter einzelnstehenden, bizarr gestalteten Steinen, in Felsgruppen, dunklen Höhlen, übertägigem wirr verwickeltem Wurzelwerk, in uralten, hochaufragenden oder vom Blitz versengten, geborstenen Baumriesen, an entlegenen Lichtungen, Teichen und Seen. Andere hüten Stätten, die wie sie von tückischer Art, wie natürliche Fallen beschaffen sind: Einöden oder steinige Bergregionen, in denen man leicht den Weg verliert, zu Fall kommt, sich verletzt oder abstürzt, Dickichte tief im Wald, aus denen man nicht mehr herausfindet oder wilden Tieren zum Opfer fällt, Sümpfe, aus denen es kein Entrinnen gibt,[61] Wasserfälle, Strudel und gefährliche Furten.[62]

Bösartigkeit verkrümmt und verkrüppelt. Wann immer sich Geister sichtbar zeigen, erscheinen sie von abschreckender *Häßlichkeit:* mißproportioniert, zwergenhaft, übergroß, eingliedrig usw. mehr – es sei denn, sie verfolgen die Absicht, ihre Opfer zu täuschen; dann nehmen sie etwa die Gestalt schöner Mädchen und Jünglinge oder gütiger Greise an. Da sie das qualvolle Überwindung kostet, bleiben sie der Rolle immer nur kurzfristig treu. Sobald sie am Ziel sind, zeigen sie sofort wieder ihr «wahres Gesicht». Der Getäuschte erstarrt: Vor ihm reckt sich ein Riese mit Rettigkopf empor,[63] ein schlohweißes, durchscheinendes Wesen mit feurigen, tellergroßen Augen oder eine tiermenschliche Mischgestalt mit Bocksfüßen und überlangen, krallenartigen Nägeln an den warzenüberzogenen Händen. Vielfach sind Geister auch am ganzen Körper mit Haaren bedeckt, bestehen nur aus einer Hälfte des Leibes, wechseln ständig die Farbe, bewegen sich hinkend fort, die Füße bisweilen nach hinten gekehrt, tragen die Augen am Hinterkopf oder den Schläfen und besitzen häufig unterzählige – meist drei – Füße und Zehen. Typisch ist die Erscheinung der georgischen Tschinka:

«Sie tritt bald als Mann, bald als Frau, bald als Kind von ein bis vier oder von zehn bis zwölf Jahren auf. Man beschreibt sie als ziemlich kleines, einen Arschin (= 0,71 m) dickes, menschenähnliches Wesen. Ihre Glieder sind groß, entbehren aber jeder Harmonie. In Kindsgestalt hat sie Bockshörner, Ziegenbart und kurzes Haar am Kopfe. Die Füße hat sie bis zur Mitte des Schienbeins mit Haaren bedeckt; sie tritt mit der Ferse auf ... Gewöhnlich trägt sie auf dem Haupte langes reiches Haar, das sie noch auf der Erde nachschleift. Darin, wie auch in ihren langen Nägeln, die sie nach Belieben anlegen und ablegen kann, liegt ihre Kraft.»[64]

Geister sind *Krüppelwesen.* Ihre zerkrümmte, ungefüge, «falsche» Art prägt sich jedoch nicht nur in ihrer Erscheinungsform aus; sie kennzeichnet *alles,* was ausgeht von ihnen. Sie scheuen das Licht, die Tagwelt, und gehen, wie Hexen, Diebe und Mörder, bevorzugt bei Nacht, bzw. in der «dunklen», der «toten» Trocken- und winterlichen Jahreszeit um. Wie anderes Verkommene, Zersetzte, Angebrochene auch, wie Aas, verdorbene Nahrung und Kranke, dünsten sie oft einen widerwärtigen, fauligen Gestank aus,[65] wie er bekanntlich auch den Umgang mit dem Teufel, den eine Wolke von Schwefelgeruch umgibt, so beschwerlich macht. Denn auch der ist eine wahre Krüppelnatur, nicht nur seiner schwarzen «Seele» nach: «Meist wird er mit menschlichem Leibe geschildert, mit Bockshörnern, gelegentlich auch mit Bocksfüßen oder Eselsfüßen; häufig auch laufen die unteren Extremitäten in greifenartige Krallenfüße aus. Vielfach ist er mit einem großen Schwanz begabt, seine Haut schuppig oder rauh.»[66]

Geister sind nicht vom Stoff der eigenen, *vollkommenen* Welt. Ihr
Wesen, was sie sinnen und wirken, steht im Widerspruch zur regelsymmetrischen, uranfänglichen Schöpfungsordnung der Menschen.
Insofern sind sie fremdartiger Natur und kann es geschehen, daß sich
die Totenseelen fremdethnischer feindlicher Nachbarvölker unter sie
mischen.[67] Vor allem aber muß, was der zersetzende, «akosmische»
Pesthauch ihrer Aura, was gar ihre Feuerhand selbst berührt, *versehrt,*
krank, ja unter Umständen zu Tode versengt werden. Geister gelten
überall auf der Welt als die hauptverantwortlichen Urhebermächte
von physischen wie seelischen Leiden, Unglücksfällen, Mißernten,
Viehsterben, Zwietracht und Verelendung. Freilich konnten sie sich
dazu entsprechend prädisponierter, das heißt schwacher und anfälli-
ger, etwa behinderter Menschen bedienen, die ihnen gewissermaßen
artverwandt gelten. Die starben dann, wovon schon früher die Rede
war, stets eines «Schlimmen Todes» und fanden so nicht ins Totenreich zu den Ihren, die sie verraten hatten. Fortan wurden sie Teil
des Geisterheeres, das sich dergestalt ständig vermehrte.[68]

Und bösartig waren sie von Grund auf alle, ob sie nun diese ihre
Natur, die allein schon aus ihrem Dasein in der exosphärischen Wildwelt schöpfte, oder Haß und Rachsucht, wie bei den schlimm aus
dem Leben Geschiedenen, dazu trieb. Das entsprach auch im übrigen noch der Ansicht der Evangelisten.[69] So fügte sich, daß, als der
Satanas aus dem Dunkel der Geschichte zu treten begann, alle Dämonen, wie gezogen von der Allgewalt seiner Bosheit, ihm zuström-
ten und botmäßig wurden[70] – eine Heerschar *verewigter Krüppel,* geleitet von eiserner Hand, die Menschheit, und zumal die Christen, fortan immer enger und angriffsbereiter umkreisend.

3. Ethnographie

Noch freilich bildet – und bildete früher zumal nach der gängigen
Auffassung traditioneller Gesellschaften – einen sicheren, ehernen
Hort, eine Insel der Aufrechten, die eigene Heimat inmitten der
Welt: ein gesegnetes Land, das, die hier siedeln, unmittelbar aus der
Hand des Schöpfers empfingen, klimatisch ideale Bedingungen bie-
tend und reich an allem, wessen man zum Dasein bedarf. Es «repräsentiert», wie etwa die Huaulu auf Seram (Molukken, Indonesien) es
sehen, «die bestgeordnete Lebenswelt, während bei den Nachbarvöl-
kern rings umher die sozialen Bande zunehmend ungefestigter werden oder gar bar aller Regelordnung sind».[71] Hier leben die Nachfahren des ersterschaffenen Menschen – das *älteste* Ethnos also von

allen auf Erden. Ihm ist die *bestentwickelte* Lebensform zu eigen; wurden doch allein seine Vorfahren darin von Göttern und Urzeitheroen unterwiesen und wachten die Ahnen darüber, daß sie unangetastet gewahrt blieb. Einzig die eigenen Leute dürfen sich daher legitim auch als «Menschen» bezeichnen – nichts anderes als ebendies nämlich bedeuten die meisten Ethnonyme.[72] Und als «Kinder Gottes», bevorzugt und verwöhnt von ihrem himmlischen Vater, konnten sie sich gar nicht anders denn als seine «Erwählten» unter allen Sterblichen auf Erden begreifen. Die Bondo im indischen Bundesstaat Orissa sehen sich so «als die Erstgeborenen der Gesamtmenschheit; den Rest bilden Parvenüs».[73] Von den Limbu im Osten Nepals erfuhren die amerikanischen Ethnologen Rex und Shirley Jones: «Wir leben im Zentrum, weil dies unser Land und unsere Heimat ist. Wir sind die Nummer eins ... Außen herum leben die anderen Menschen, weil sie Fremde sind; und sie leben da auch nur, weil wir sie dazu eingeladen haben» – hier waren indische Immigranten gemeint.[74]

Menschsein im eigentlichen, wahrsten Sinne findet sich allein im Mittelbereich der Erde zur vollen Blüte entfaltet. Jenseits davon, in Busch, Wildnis und Außenwelt, lösen sich die sozialen Bande auf, verliert die Ordnung an strukturierender Kraft, krümmen und verbiegen sich die Proportionen zu grobschlächtiger Mißgestalt. Die Welt dort ist von wahren Wilden bevölkert, Geschöpfen der Unnatur, die ihren Lebensraum bildet, und geprägt von der Allgegenwart der Geister. Man zögert, sie zu den Menschen zu zählen. Eine Gruppe in Neuguinea gab dem deutschen Ethnologen Hans Nevermann auf Befragen an, ihr Name sei *Uir* («Männer», bzw. «Menschen») – denn, so der übliche wegwerfende Zusatz: «die anderen Stämme bestünden ja doch nicht aus richtigen Menschen». Ihre Nachbarn, die Marindanim, maßen den umwohnenden Ethnien ihres Gebietes zwar immerhin eine gewisse Menschlichkeit zu, betrachteten allein sich selbst jedoch als «echte Menschen» *(Anim-ha)*, da es sich bei jenen mehr um «Menschen zweiter Güte» handle, um «Wesen, die eigentlich eher menschenähnlich als wirklich vollwertige Menschen» seien.[75] Noch eindeutiger qualifizierten die Kurnai («Menschen») in Südostaustralien ihre fremdstämmigen Nachbargruppen als *Brajerak*, «Wilde», ab.[76] Sie lebten eben abseits des Weltgeschehens, im Busch, bei den wilden Tieren, zurückgeblieben wie diese auf dem Weg zur menschlichen Vervollkommnung. In neuerer Zeit bilden auch Städte gleichsam Verdichtungszonen der Unwelt. Es herrscht, wie bereits erwähnt, nicht selten die Meinung, daß der Aufenthalt dort die Menschen *verunreinigt und verdirbt*. Die Ältesten der Tugen im Nordwesten Kenias etwa bezeichnen sie geradeheraus als Teil der «Wildnis» *(kerti)*.[77]

Natürlich prägt sich die «Wildheit» auch in der äußeren Erscheinung aus. Fremde werden gewöhnlich als häßlich empfunden. Davon war teils schon früher die Rede. Bronislaw Malinowski machte auf den Trobriand-Inseln die Erfahrung, daß «andere Eingeborene meistens für weniger anziehend als der eigene Stamm gelten»; doch würden «Unterschiede gemacht und Grade der Häßlichkeit festgestellt». Man ließ sich dabei vom jeweiligen Maß der Abweichung leiten. Entschieden am wenigsten gefielen den – melanesischen – Trobriandern die Papua von den nahegelegenen Küstenstrichen Neuguineas mit ihrem wolligen Kraushaar, den «vorstehenden dünnen Lippen» und «großen, beinahe jüdisch anmutenden Adlernasen im langen, schmalen Gesicht» – von denen selbst natürlich analoge Zeugnisse vorliegen.[78] Die den Trobriandern bereits näherstehenden (benachbarten) Dobu-Insulaner «mit ihrer dunklen Haut, dem untersetzten Körperbau und den kurzen Hälsen» bildeten immerhin noch einen Quell der Erheiterung. Gnade vor ihren kritischen Augen dagegen fanden allein Gruppen, die ihnen, auch wenn sie entfernter lebten, doch äußerlich *ähnlicher* waren, wie Melanesier weiter östlich gelegener Inseln. Von ihnen erklärten sie kurz und bündig: «Sie sind wie wir, sie sind schön.»[79] Erhard Schlesier fand ähnliches auf Normanby-Island, ebenfalls Melanesien, bestätigt. Dort werde besonders geschätzt, «wenn man im Gesicht des Kindes und später des Erwachsenen typische Merkmale einer (notabene: der je eigenen) Sippe erkennt». Jemand, der keinerlei Ähnlichkeit mit seinen Eltern oder Großeltern aufweise, könne daher niemals ein ‹schöner Mann› bzw. eine ‹schöne Frau› sein.[80] Christoph von Fürer-Haimendorf stellte in der Sache sogar eine Art Experiment an: Er legte Chenchu (Zentralindien) Fotos von – wiederum – Melanesiern (der Salomonen) vor. Das Ergebnis war einhellige Ablehnung. Ein «Proband» entsetzte sich förmlich und meinte, die Leute auf den Bildern sähen wie böse Geister aus; jedermann würde daher mit Sicherheit «davonlaufen, wenn solche Menschen erschienen».[81]

Sie kamen indes, wenn auch in anderer Gestalt; und zum Davonlaufen blieb meist wenig Möglichkeit. Das Äußere der Weißen, von denen die Rede ist, stieß häufig auf besonderen Abscheu. Guaikuru im südamerikanischen Chaco zum Beispiel empfanden die Spanier, im Verhältnis zu sich, als unschön gewachsen, ungelenk in der Bewegung und schwächlich; insgesamt sahen sie überhaupt «die europäische Rasse als weit unter der ihren stehend an».[82] Die Trobriand-Insulaner rückten sie, naheliegenderweise, in die Nähe von Albinos – Defektbeschaffenen also, bzw. Krüppeln; ihre Nasen muteten sie wie scharfgeschliffene Axtklingen, ihre Augen «wie Wasserpfützen» an.[83] Die Washo in Nevada, seit langem mit ihnen vertraut, bezeichnen sie mit einem Ausdruck *(mushege)*, wie er auch für wilde Tiere verwandt wird und so etwas wie Raserei und Wildwütigkeit bedeutet, daher auch Zustände geistiger Verwirrung oder überhaupt Schwachsinn, Verrücktheit usw. meinen kann.[84] Vielfach, so u. a. auch nach Auffassung der Rendille im Norden von Kenia, vor allem der Ältesten, sind aufbrausender Zorn, ein gewisses Maß an Zügellosigkeit, ja Hang zu Gewalttätigkeit typische Charakterzüge junger Männer[85] – die sich eben noch in der Entwicklung befinden, die Reife, «Stete und Maße» der Erwachsenen, die Höhe ihrer Zivilisation noch nicht erreicht haben. Den erforderlichen disziplinierenden Letztschliff leisten da häufig die Initiationen. Fremde, und *in extremis* Weiße zumal, können so auch als minderentwickelt, stagnierend auf den unteren Stufen der kulturellen Evolution, und insofern eben auch als quasi »geistig Behinderte» aufgefaßt werden, die ihre Emotionen daher kaum zu mäßigen wissen, geschweige denn höheren moralischen Wertsetzungen unterzuordnen vermögen. Sie folgen, wie die Tiere, die ihren Lebensraum teilen, noch weithin ihren urwüchsig-«animalischen» Trieben.

Öffnet ein Wilder seinen schiefen Mund, tönt etwas an das Ohr des Zivilisierten, was ehestens noch an die ersten mühsamen Formulierungsversuche von Kindern, oft jedoch geradezu an tierische Lautäußerungen erinnert. Denn der «richtigen», vollkommenen menschlichen Sprache sind einzig die eigenen Leute mächtig. «Reden können» heißt auf Kayapó zum Beispiel *kaben-mari:* «die Sprache der Kayapó beherrschen». Von Fremden sagt man entsprechend, sie seien nicht einmal imstande «zu reden».[86] *They «no have proper speak»,* wie analog die australischen Walpiri von den ihnen benachbarten Pintubi behaupten.[87] Die Sprachkompetenz läßt sich nach ethnozentrischer Optik durch eine Kurve beschreiben, die ihren Scheitelpunkt im Zentrum der eigenen Gruppe (bei den Höchststehenden) besitzt, dann leicht zur Peripherie und schließlich steil zu den Fremdethnien hin abfällt. Das kommt, weil sich gängiger Anschauung nach die uranfängliche menschliche Sprache wahrhaft «rein» *(pure)* allein bei den eigenen Leuten erhalten hat – aber doch eben mit einem gewissen Gefälle: Gruppen gegen den Rand des Territoriums hin beginnen bereits, die Wörter, wie zum Beispiel die Kaguru (Tansania) es sehen, «falsch auszusprechen» *(mispronounce)* und «zu entstellen» *(garble)*.[88] Bei Fremden verliert sich die menschliche Sprache dann vollends. Beduinen Libyens berichteten der arabisch-amerikanischen Ethnologin Lila Abu-Lughod, daß sie bei ausgedehnteren Wanderzügen oftmals auf fremde Stämme stießen, «deren Sprache sie nicht verstehen konnten, auf Leute, die keine Menschen waren».[89] Folglich klingt auch, was man da hört, etwa wie «Vogelgezwitscher» *(bird-speech)*[90] oder sonst irgendeine theriophone Lautgebung. Die Einwohner der Insel Wogeo (Papua Neuguinea) lehnten es daher (wie viele andere Ethnien auch) kategorisch, gleichsam aus sprachpuristischen Gründen, ab, die Idiome ihrer Nachbarn, mit denen sie immerhin regelmäßig Handel trieben, eigens zu lernen, bzw. zu sprechen. Sie fürchteten dadurch ihre eigene Sprache, von deren «einzigartiger Reinheit» sie wieder absolut überzeugt waren, in Gefahr zu bringen, sich sozusagen «den Mund zu verbrennen». Ian Hogbin, der bei ihnen arbeitete, erklärten sie: «Wenn diese Leute so töricht sind, das Beispiel, das die Kulturheroen (gemeint waren natürlich die eigenen) gaben, zu ignorieren und statt dessen das Bellen von Hunden nachzuahmen, so ist das ihre Sache; aber du wirst zugeben, daß wir recht handeln, wenn wir sie verachten.»[91] Fremdzüngige kamen *Sprachbehinderten* gleich.

Nicht besser stand es mit ihren Hand- und Kopffertigkeiten. Zumindest entfernter lebenden Völkern erkannte man selbst die Kenntnis der Feuernutzung ab.[92] Nicht nur, daß sie das nötigte, ihre Nahrung, wie die Tiere, roh zu verzehren[93], es nahm ihnen auch die Möglichkeit, Natur überhaupt in Kultur umzusetzen, das heißt «zivilisiertere» Lebensformen zu entwickeln – ein Herdfeuer im Haus zu unterhalten, das Wärme spendet und Licht, um das sich allabendlich die Familie in geselliger Runde vereint, die Spitzen und Schneidflächen hölzerner Geräte zu härten, aus Lehm Geformtes zu brennen, Brandrodungsbau zu betreiben, Fleisch zu räuchern, Bronze und Eisen zu verarbeiten, Brandopfer darzubringen usw. mehr. Wem die Kenntnis der Feuernutzung abgeht, besitzt, so die gängige Auffassung, keine Kultur.

Man verachtet – oder bedauert sie bestenfalls, etwa, weil sie, wie die Netsilik-Eskimo es sahen, nicht in der Lage waren, Schneehütten zu bauen, im Kajak das Meer zu befahren oder Hunde zum Ziehen von Schlitten abzurichten.[94] Die Lele (Zaire) handelten zwar mit den ihnen benachbarten Nkutu, mieden aber tunlichst engere Kontakte, unter dem Vorgeben, sie besäßen nur eine höchst rudimentäre Hygiene, hielten nicht, wie es anständiger Leute Brauch sei, auf Distanz zu ihren Schwiegermüttern, ihre Frauen wüßten sich nicht zu kleiden und ihre Speisen seien schlechthin zum Erbrechen.[95] In anderen Fällen mutet man den Wilden draußen im Busch gar noch Schlimmeres zu – allgemeine Promiskuität, ja Inzest sowohl zwischen Geschwistern als auch Eltern und Kindern. Es fehlt eben an verbindlich geregelten Formen des sozialen Zusammenlebens; Ehen, selbst wenn sie geschlossen werden, sind daher wenig wert, Tote vergißt man, sobald sie unter der Erde liegen.[96] Weit ist auch die Überzeugung verbreitet, daß, wenn nicht die nächsten, so doch die übernächsten

Nachbarvölker notorische Kannibalen seien.[97] Insofern traf auch die Europäer der Vorwurf.[98]

Oftmals sind es bestimmte einzelne Züge, die man für besonders despektierlich hält und zum Anlaß nimmt, den Stab der Verachtung über die anderen zu brechen. Die Lakher im südlichen Assam bezeichneten so die ihnen nördlich benachbarten Mizo (Lushai) als «Nacktgeher» *(Tlaikopa)* – nur weil sie keine Lendenschurze trugen, wie es ihrer eigenen Tradition entsprach.[99] Die Kaguru schüttelten mißfällig über alle Völker ihrer Umgebung den Kopf, die ihre Knaben weder initiierten noch beschnitten. Denn das konnte ja nur bedeuten, daß sie es mit der Erziehung, wie man sie besonders in der Initiation vermittelt erhält, nicht eben genau nahmen und nur wenig Wert auf genitale Reinlichkeit und ausgeprägte Männlichkeit legten. «Ich hörte sie die Vermutung äußern», berichtet Thomas Beidelman, «daß kein Mann einer solchen nicht beschneidenden Gruppe wirklich handeln kann wie ein richtiger Mann, weil er es nicht in der Initiation gelernt hat. Solch ein Mann», so sagten sie, «wurde mit Sicherheit nicht im gehörigen Erwachsenenverhalten unterwiesen, denn wäre er es, müßte er ja beschnitten sein!»[100]

Immerhin konnte man an derartigen Halbwilden noch menschliche Züge entdecken. Wuchsen die Abweichungen indessen, schwand auch die Bereitschaft, in ihnen wenigstens Quasi-Verwandte zu sehen – sie standen dann eher den Tieren nahe. Die Mundurukú im Nordosten Brasiliens etwa betrachteten alle übrigen Völker im Sinne von jagdbarem Wild.[101] Die Isanzu in Tansania, eine Pflanzerbevölkerung, bezeichneten die ihnen benachbarten wild- und feldbeuterischen Hadza schlankweg als «Busch-Tiere».[102] Die Pygmäen im nordwestlichen Kongo-Raum, selber Wild- und Feldbeuter, stuften analog wiederum die bantusprachigen Bodenbauern ihrer Umgebung als *«animals»* ein,[103] während diese ihrerseits, umfassender, aber im Geiste der gleichen Anschauung, die Lebewesen generell 1) in die eigentlichen Menschen, das heißt die je eigene Gruppe, 2) die Pygmäen, 3) die Schimpansen und 4) das Gros der restlichen Tiere schieden.[104] Den «Affen» schlugen übrigens die Tugen auch die Europäer zu.[105] Wilde neigten unter Umständen sogar, wie beispielsweise die Lugbara glaubten, nach Art ganz bestimmter Tiere zum Rohverzehr von «schlechtem» Fleisch – von Fröschen und Schlangen etwa, Hyänen, ja Aas, nicht zu vergessen auch Menschenfleisch.[106]

Tiere aber lassen sich *zähmen und abrichten* – warum sollte das also nicht auch bei Wilden möglich sein? Sah man eher entwicklungsmäßig Zurückgebliebene, gewissermaßen unfertige, quasi kindhafte Kreaturen in ihnen,[107] konnte man immerhin auf Erziehung setzen,

falls eine Dauerbeziehung unumgänglich erschien. Das war zum Beispiel bei den Lovedu in Südafrika (Transvaal) der Fall, als die Khioga
– «primitive Buschleute» *(primitive denizens of the forest)* – unter ihre
Botmäßigkeit gerieten. Die nämlich

«hatten kein Feuer und lebten wie wilde Tiere, aßen rohes Fleisch. Ihre Hütten
waren schlecht gebaut und schmutzig. Sie bebauten das Land mit zugespitzten
Stecken (d. h. Grabstöcken), statt mit Hacken. Sie besaßen weder ein Oberhaupt
noch sonst irgendeine erkennbare Form von Regierung. Die hellerhäutigen, zivilisierten Lovedu erst begannen, diesen wilden Rohlingen Kultur beizubringen,
indem sie ihnen zeigten, wie man das Feuer nutzen kann. Fortan lernten die
Khioga, den Wohlgeschmack gekochter Nahrung und die Wärme des Herdfeuers
zu schätzen.»[108]

In der Regel aber zog man es vor, auf Distanz zu den Wilden zu
bleiben. Schließlich waren sie ja auch gefährlich. Nicht nur, daß man
sich bei Kontakten verunreinigen, «anstecken», mit dem Keim der
Verkrüppelung infizieren konnte: Fremde galten, wie schon erwähnt,
immer auch als gleichsam teuflisch geübte, auf jeden Fall aber überlegene Schadenszauberer. Man umging einander, wachsam, mißtrau-
isch, abwehrbereit.[109] Der norwegische Ethnologe Frederick Barth beobachtete das selbst bei Teilgruppen ein und desselben Stammes. Oft
mehrere Wochen lang mit Trupps der nomadischen Basseri im zentralen Iran (Fars) unterwegs, stellte er immer wieder mit Verwunderung
fest, daß Lagergemeinschaften, die unter Umständen vierzehn Tage
und mehr in Sichtweite voneinander kampierten, nicht nur keinerlei
Kontakte zueinander aufnahmen, sondern auch ganz ausgesprochen
darauf bedacht waren, daß es nicht dazu kam. Barth fand heraus, daß
dies «teilweise das Ergebnis einer Barriere von Argwohn und Furcht
ist, mit der sich die Angehörigen der Lagergemeinschaft umgeben ...
Alle Außenseiter, die nicht enger mit der eigenen Gruppe verwandt
sind, werden mit äußerster Reserve betrachtet.» Sicherlich wolle man
sich damit auch gegen Viehraub wappnen; in der Hauptsache jedoch
gründe die Vorsicht in «abergläubischen Vorstellungen».[110]

Die bestimmen unter Umständen selbst die Beziehungen unter
Schwiegerverwandten. Zwar besucht man einander, feiert zusammen
und macht auch sonst noch manches gemeinsam, doch hebt das die
Furcht vor möglicher «Verunreinigung», namentlich im Fall besonders enger, «hautnaher» Kontakte, keinesfalls vollends auf. Fällt bei
den Káfe im Hochland von Neuguinea zum Beispiel der Schatten –
der als eine Art Körperausscheidung aufgefaßt wird – eines Verwandten der Ehefrau auf den Topf, in dem diese gerade das Essen für ihre
Familie zubereitet, können weder der Gatte noch dessen Angehörige
mehr davon kosten: es bestünde Gefahr für ihre Gesundheit.[111]

Durchaus in Analogie zur Nahrungsaufnahme zählt zu den unmittelbareren und entsprechend schutzbedürftigen Formen körperlicher Berührung auch, ja erst recht der Sexualkontakt. Dergestalt den Zufluß von «Fremdblut» und damit die sichere Kontamination des eigenen zuzulassen, galt immer als besonders abominabel. Durchgängig herrschte in traditionellen Gesellschaften daher Stammesendogamie: das Gebot, die Ehegatten (bzw. Liebespartner) nur innerhalb des eigenen Ethnos zu wählen, meist sogar eingeschränkt auf bestimmte kleinere Teilgruppen (*Lineages* oder Klane zum Beispiel) des Gesamtverbandes.[112] Frauen, die sich mit Fremdstämmigen einließen, durften gewärtig sein, ihre Fruchtbarkeit zu verlieren oder mißgestaltete Kinder zur Welt zu bringen.[113] Geschah dergleichen, wurde die gewissermaßen «verdorbene» Leibesfrucht – durch Abtreibung oder Tötung nach der Geburt – beseitigt, vor allem, «wenn es ein Knabe war, «‹damit der fremde Vater nicht noch eigene Nachkommen innerhalb des Stammes hinterlasse›», wie die Shuara (Jibaro) in Ekuador den Akt rigoroser «Rassenhygiene» dem finnischen Ethnologen Raphael Karsten gegenüber erklärten.[114]

Sich vor Fremdem durch dessen Vernichtung zu schützen, bildete freilich ein äußerstes Mittel, das nur in Fällen wie den soeben genannten geboten schien. Man zog es vor, einander zu meiden, zumal man in Tötungsfällen nicht nur mit Racheakten der andern, sondern auch Attacken der gleichsam «aus der Bahn geworfenen» Totenseele des Opfers zu rechnen hatte. Fremdentötung kam bei Naturvölkern nur im Einflußbereich der Hochkulturen vor; sie besaß dann, wie im Falle von Kopfjagd und Menschenopfern, überwiegend religiöse Bedeutung, bzw. erfüllte agrarmagische Funktionen. Moralische Skrupel, Fremde zu töten, bestanden zu keiner Zeit. Ein Verbrechen war Mord nur, wenn er ein Mitglied der eigenen Gruppe traf. Fremde – bzw. «Wilde» – wurden ja, wie gesagt, nicht als vollgültige Menschen betrachtet; sie stellten an sich sozusagen *«unwertes Leben»* dar. Jean Peristiany gibt die Auffassung der Kipsigis in Kenia dazu wieder, treffend, typisch – und beliebig belegbar für andere traditionelle Gesellschaften auch:

«Jenseits des Wir und der Leute, die wie Wir sind, liegt das Niemandsland, wo die sozialen Normen, die aus der Vereinigung in einer gemeinsam gebildeten Menschheit entstanden sind, wegfallen, und wir befinden uns im Reich der ‹hundeähnlichen Wesen›, deren Hütten man verbrennen und deren Frauen und Kinder man umbringen darf, ohne Strafe fürchten zu müssen.»[115]

Wichen benachbarte Kulturen besonders markant voneinander ab, verstärkte sich das beiderseitige Dissonanzempfinden entsprechend, wuchsen Mißtrauen wie Abscheu. Geradezu Paradebeispiele dafür liefern die Auffassungen, die Pflanzer bzw. Bauern und Hirtennomaden voneinander hegen. Letztere haben gewöhnlich für das «schollenge-bundene», «unfreie» Dasein der ersteren, nicht minder aber auch für Handwerker, Geschäftsleute und andere städtische Gewerbetreiben-de, die ein Leben in Abhängigkeit führen, nur Verachtung übrig.[116] Sich selbst dagegen betrachten Beduinen zum Beispiel als «die ver-körperte Vollendung der Schöpfung. Ihnen gilt die Wüste nicht nur als bloßer Siedlungsbereich, sondern als Hüterin ihrer geheiligten Traditionen, als Bewahrerin der Reinheit ihres Blutes und ihrer Spra-che.»[117] Die von ihnen Geschmähten zahlen mit gleicher Münze zu-rück. Für sie sind die Beduinen nichts weiter als Wilde, ausgemacht «tölpelhaft, ungehobelt und dumm».[118] Die Berti im nördlichen Dar-fur (Republik Sudan), Pflanzer also, halten natürlich den Bodenbau für die Idealform menschlichen Nahrungserwerbs – «alle, die keinen Ackerbau treiben, werden als dumm und töricht betrachtet. Es ist dies einer der Gründe, warum sie voller Verachtung auf die ihnen benachbarten (hirtennomadischen) Meidob herabblicken.»[119] Man sieht auch moralische Konsequenzen. Die Kaguru sind sich gewiß, daß es bei den ihnen nächstbenachbarten Hirtennomaden, den Ba-raguyu (Kwavi), empörend liederlich zugeht; der Umstand, daß jun-ge Männer die Hütte mit ihren Müttern teilen, gilt ihnen als sicherer Beweis dafür, daß sie selbst den Inzest nicht scheuen.[120] In sudani-schen Pflanzergesellschaften erhebt sich der Finger des Abscheus vor allem gegen die Weiblichkeit des ziehenden Volks. Die Frauen der Bororo-Ful zum Beispiel stehen im Ruf, nichts weiter als feile, gewis-senlose Konkubinen zu sein; um eine zweite oder dritte Ehe einzu-gehen, lassen sie ohne Bedenken, wenn es sein muß, sogar ihre Kin-der im Stich.[121] Ja man hält selbst vom Dung der nomadischen Her-den nichts. Traditionell jedenfalls herrschte der Glaube, daß er Wachstum und Reife der Anbaupflanzen, und vor allem der Hirse, ernstlich gefährden könne.[122]

Die Schiefwinkligkeit in der Optik interethnischer Abschätzungen aber übersteigerte sich vollends, als die Abweichungen mit der Her-ausbildung hochkulturlicher, städtischer, imperialer Zivilisationen nachgerade extreme Dimensionen gewannen. Bei den Trägern der letzteren wuchs sich der traditionelle, selbstgenügsame Ethnozentris-mus zum *absoluten Suprematiebewußtsein* aus – mit der gefährlichen Konsequenz, daß man sich von den Göttern auserwählt und bestimmt zur Weltherrschaft wähnte. Die neuartige, staatliche Form der gesell-schaftlichen Organisation bildete Ausweis und Legitimation dafür. Laut textlicher Bekundung galt den Ägyptern nur, wer sich «freiwillig und in Erkenntnis ihrer absoluten Richtigkeit den Fesseln des dama-

ligen Staates unterwarf, als der wahre Mensch».[123] Ägypten stellte sich
dar wie ein Eiland vollendeter Ordnung und Rechtsstaatlichkeit, um-
brandet von wilder Unweltlichkeit. Hauptaufgabe des Königs war es
daher, das leben- und kulturbedrohende «Chaos» ringsum zu bekämpfen. Die Götter waren mit ihm dabei. Der Pharao kriegte im
Bewußtsein ihrer Verheißung, «alle Fremdländer unter seine Sohlen
zu legen». Hieroglyphen zeigen ihn, wie er «die uralte Birnenkeule
über dem Feind schwingt, den er zu seinen Füßen am Haarschopf
gepackt hält».[124] Die Babylonier sahen es analog: Der König stand für
die staatliche Ordnung; er bürgte für ihren Erhalt durch seinen steten Kampf gegen das Chaos der wilden Fremdweltlichkeit.[125] Nicht
anders schieden im Fernen Osten auch die Chinesen zwischen dem
«Reich der Mitte» und den «draußenlebenden Barbarenstämmen».[126]
Die höchstentwickelte, vollendete Lebensform *(wen)* herrschte in der
zentralen Binnenwelt; nach außenhin mehrten sich Züge der Unfertigkeit *(chih)*, gewann schließlich Wildheit *(yeh)* die Oberhand.[127] Daraus ergab sich das übliche Bewußtsein der «hierarchischen Überlegenheit des Innen über das Außen, der Chinesen über die Barbaren.»[128]

Die alten Hellenen konnten – zumindest *de facto* – nicht auf Weltherrschaft pochen; die Gaben dazu aber besaßen sie allemal. Griechenland, davon war schon die Rede, lag im Herzen der Welt. Es
besaß daher optimale geographisch-klimatische Voraussetzungen
und verdiente laut Platon, der dabei im engeren Sinne natürlich an
seine Heimatlandschaft Attika mit der Hauptstadt Athen dachte, «von
allen Menschen gepriesen zu werden». Von den Göttern vor jeder
anderen Region der Erde geliebt und bevorzugt, brachte es ein Geschlecht an Menschen hervor, «das an Verstand alle übrigen über-
trifft» und so auch prädestiniert war, von den Himmlischen selbst die
vollendetste aller Kulturen zu empfangen *(Menexenos* 237 B–238 B).
Und sie zeigten sich der Auszeichnung würdig: Sie bewahrten die
Vorrangstellung, indem sie weislich darauf bedacht blieben, *nichts
Fremdes* an sich herankommen zu lassen, was ihre Edelart hätte schwächen und zu Bastardisierung führen müssen. Die Athener nahmen
es besonders genau damit; sie blieben «ganz rein hellenisch und unvermischt mit Barbaren»; ebendarum seien sie nicht zuletzt auch «so
kräftig und gesund von Natur» *(Menexenos* 245 C–D). Aristoteles war
derselben Überzeugung. Schlüssig leitete er aus der Zentrallage Grie-
chenlands ab, daß seine Bevölkerung eben nur die Vorzüge der umwohnenden Barbaren in sich vereine: den Mut und Unabhängigkeits-
drang der Europäer und das «technische Geschick» und die Geisteskraft der Asiaten. Daher erhalte sich das Geschlecht der Griechen
«nicht bloß fortwährend frei, sondern auch am meisten in staatlicher

Ordnung (!) und *würde* die Herrschaft über alle anderen Völker zu gewinnen imstande sein, wenn es zu einem einzigen Staat verbunden wäre» (*Politik* VII 7. 1327b, 20 ff.).

Dieser Traum sollte sich alsbald den Römern erfüllen. Italien, das Stammland des Reiches, nunmehr ins Zentrum der Welt gerückt, hatte, wie Plinius der Ältere stolz konstatiert, aufgrund dieser einmaligen Gunstbedingungen «unstreitig das tapferste aller Völker auf der ganzen Erde» hervorgebracht (VII 41; vgl. III 1); ihm konnte nur aufgetragen sein,

«die zerstreuten Staaten zu einem Ganzen zu verbinden, die Sitten zu veredeln, die so verschiedenen und rohen Sprachen so vieler Völker durch Anwendung der Umgangssprache zu vereinigen, mündlichen Verkehr und Veredlung der Menschen selbst herbeizuführen – kurz: das gemeinsame Vaterland sämtlicher Völker der Erde zu werden» (III 6).

Kann ein Volk den Beweis seiner Vorrangigkeit nicht mit der Waffe erbringen, mag es auf seine geistige oder seine moralische und religiöse Überlegenheit, also den Anspruch pochen, allein im Besitz des wahren Glaubens zu sein und unter der besonderen Obhut Gottes zu stehen. Die derzeitige, säkulare Misere erscheint dann als Strafe für wachsende Sündhaftigkeit oder auch Prüfung. Tröstend jedoch bleibt die Gewißheit, daß Gott, so man sich reuig zeigt und Buße übt, bzw. unerschüttert aus allen Anfechtungen hervorgeht, dereinst alle Feinde zerschmettern und seinem Volk, seinen Auserwählten den ersten Rang unter allen Völkern auf Erden für immerdar einräumen wird. Dies war nicht nur, seit ihrem politischen Niedergang, die Überzeugung der Juden; es bildet gemeinhin auch die Hoffnung, von der zahllose religiöse Sekten zehren.

Die Christen waren anfangs in ähnlicher Lage. Das Evangelium gab ihnen die Kraft, gleichwohl unerschrocken das Haupt zu erheben. Nur «uns Christen», erklärt beispielsweise der große Kirchenlehrer Clemens von Alexandrien (2. Jh.), hat Gott «an Kindes Statt angenommen, und nur *unser* Vater will er heißen, nicht der Heiden Vater» (*Protreptikos* XII 123, 1). Sein Zeitgenosse Iustinus «der Märtyrer» schlägt, kräftiger noch, in die gleiche Kerbe: «Wir sind nicht nur ein Volk, sondern auch ein *heiliges* Volk, wir sind keine verächtliche Gemeinde, auch kein barbarischer Stamm noch ein Volkshaufe wie die Karer oder Phryger, sondern die *Erwählten Gottes*.»[129] Später bedurfte es der Rechtfertigung gegenüber Heiden und Barbaren nicht mehr; man besaß auch die politische Macht. Wie etwa die Franken im Westen[130] waren auch die Byzantiner im Osten von der Überzeugung durchdrungen, nicht nur an Tapferkeit, Edelmut, Geisteskraft und Kultur allen Völkern der Erde überlegen, sondern auch die einzig Erlauchten Gottes zu sein.[131]

Gleichwohl unterlagen sie Arabern und Türken, trug der Islam den Sieg über das Christentum davon. Der Grund lag nahe: das Kernland des neuen Glaubens befand sich im Herzen der Welt; seine Bewohner verkörperten, als «Braungetönte», nicht nur in physischer Hinsicht, wie der arabische Gelehrte al-Dschahiz (ca. 776–868) herausstreicht, die vollkommene Kombination von «Weißen» und «Schwarzen», sie vereinigten nach Ansicht etwa des persischen Geographen Ibn al-Faqīh al-Hamadānī (9. Jh.) wieder auch alle Vorzüge ihrer Nachbarvölker in sich – die Intelligenz der Inder zum Beispiel, die technische Kunstfertigkeit der Byzantiner und die kavalleristische Meisterschaft der Türken.[132] Und natürlich genossen sie die besondere Gnade Gottes.

Wohin das dann in der Neuzeit führte, als nunmehr den Europäern wieder revolutionäre Fortschritte in Naturwissenschaften, Technologie und Industrialisierung ungeahnte Schwingen verliehen, ist sattsam bekannt. Indessen, zwar an den politischen Konsequenzen, nicht aber an den Einstellungen änderte das viel. Die «zivilisierten» Nationen gingen allesamt einig in dem Bewußtsein, daß außerhalb ihres lichten Höhenbereichs nur minder- oder «unterentwickelte», sittlich rohsinnige, mißwüchsige Kreaturen, «Wilde» eben, quasi Halbmenschen hausen konnten, ihrer tierischen Ahnenschaft erst kaum entwachsen. Es waren, wie bei Versehrten und Krüppeln, ihre *Defizite* gegenüber den Vollkommenen im Zentrum, die ihre Definition bestimmten. Und sie mehrten sich scheinbar mit der Entfernung, verschwammen aber gleichzeitig auch zu einer unscharf konturierten Masse amorpher Mißförmigkeit, wie Wolken am Horizont sich zu einer Wetterfront verdichten. Ist es schon üblich, von «den» Italienern, «den» Deutschen oder «den» Amerikanern zu reden, spricht man erst recht und sehr viel umfassender von «den Primitiven» – Millionen von Menschen Tausender von Völkern der *unterschiedlichsten* Kulturzugehörigkeit! Der tunesische Sozialwissenschaftler Albert Memmi (geb. 1920) spitzt das auf die Formel von der «Entpersönlichung des Kolonisierten» zu: «Der Kolonisierte wird nie in differenzierender Weise beschrieben; er hat nur das Recht darauf, in einem anonymen Kollektiv zu ertrinken.» Es heiße zum Beispiel immer: «*sie* sind so», «*sie* sind alle unzuverlässig», «*sie* sind alle gleich» usw.[133] Memmi hält das, irrigerweise, für ein typisches Kennzeichen des Kolonialismus. Tatsächlich handelt es sich um eine universal konstatierbare Regel der ethnozentrischen Optik, derzufolge im engeren Eigenbereich alles schärfer und differenzierter, darüber hinaus jedoch, und proportional zum Maß der Entfernung, die Dinge immer verschwommener und einheitlicher wahrgenommen und beurteilt werden. So konnte gut hundert Jahre lang die Ethnologie die Scheinfrage beschäftigen, ob in traditionellen Gesellschaften echte Individualitäten möglich wären. Die meisten – nicht zuletzt unter dem Einfluß von Alfred Vierkandt (1867–1953), Emile Durkheim (1858–1917) und führenden Vertretern des Funktionalismus – plädierten sozusagen dagegen, nur einige wenige, wie vor allem Wilhelm Schmidt (1868–1954) und Paul Radin (1883–1959),[134] dafür. Noch die bedeutende englische Ethnologin Mary Douglas (geb. 1921) setzt unterschiedliche Kultur*typen* mit Stufenniveaus von «Fortschritt» *(progress)* gleich und leitet daraus ab: *«Thus, primitive means undifferentiated; modern means differentiated»* – wobei sie durchaus auch die Kognition, etwa Aspekte der Weltanschauung, mit einschließt.[135] Unlängst trat gar der bekannte französische Ethnologe und Sozialhistoriker Louis Dumont (geb. 1911) mit seiner These an die Öffentlichkeit, der Individualismus sei eine pure Frucht der Hochkulturen, voll aufblühend allerdings erst mit dem Christentum und seine reifste Blüte in der «Ideologie der Moderne» entfaltend[136] – ein wahrer Triumph eurozentrischer Optik!

Wilde erscheinen dagegen wie verschwommene Schattenrisse am Horizont, im fernen Halbdunkel formloser Bewegung versinkend. Altchinesischen Texten zufolge hüllen sie sich allesamt «in Tierfelle und Federn, leben von rohem Fleisch und Blut ... scharen sich zusammen wie Hunde und Schafe, sind dumm wie Tiere, stark, brutal, gierig und pervers wie Tiger und Wölfe».[137] Sumerer und Babylonier sahen in den nördlichen Bergvölkern wie den Nomaden in den Steppenbereichen jenseits des mesopotamischen Kulturlands gleichermaßen ungehobelte Rohlinge ohne jeden Anflug von Zivilisation, «die kein Getreide, keine Häuser und keine Städte kennen», wie Schweine «nach Trüffeln graben», regellos leben und daher «das Knie nicht zu beugen wissen», nach Tierart «rohes Fleisch essen» und «nicht richtig bestattet werden».[138]

Griechen und Römer besaßen bereits eine entwickelte Erd- und Völkerkunde; zahlreiche Reise- und Länderbeschreibungen aus erster Hand lagen vor. Gleichwohl gewannen die «Barbaren» darin nur in wenigen Fällen ethnographisch tatsächlich konkret Gestalt. Mehrheitlich setzte sich das Bild aus den üblichen Zügen zusammen. «Randvölker» außerhalb der griechischen bzw. römischen Welt wurden pauschal als dumm, roh, jähzornig, grausam und zügellos, aber auch als feige, verlogen und unzuverlässig – sowie vor allem: als nahezu bar aller Sittlichkeit und Zivilisation verunglimpft.[139] Bezeichnend ist eine Bemerkung Xenophons (ca. 430–355 v. Chr.) in bezug auf die Mossynoiken an der südlichen Schwarzmeerküste Kleinasiens: Die griechischen Söldner, die unter seiner Führung auf dem Rückmarsch aus Persien ihr Land passierten, «meinten, dies seien die rohesten und extremst-barbarischen *(barbarōtátous)* Leute, deren Gebiet sie berührt hätten» – denn: «ihre Sitten *wichen am meisten von denen der Griechen ab*» *(Anabasis* V 4). Zu den typischen Merkmalen maximaler Wildheit zählten im übrigen natürlich immer auch wieder Unkenntnis des Feuergebrauchs, Rohfleischverzehr und Kannibalismus.[140] Dem entsprach unter Umständen auch der äußere Eindruck. Der römische Feldherr Publius Quinctilius Varus (ca. 46 v.–9 n. Chr.) soll nach dem Zeugnis des Historikers Velleius Paterculus (1. Jh. n. Chr.) während seiner Statthalterschaft in Germanien, also nach unmittelbarem Augenschein, die Überzeugung gewonnen haben, daß die Bevölkerung dort «außer der Stimme und den Gliedmaßen nichts Menschliches» an sich habe (V. Paterculus II 117, 3).

Vor allem in abgelegeneren Regionen – in Gebirgslagen etwa oder auf Inseln – durfte man noch, selbst in Randgebieten der Mittelmeerwelt, mit urwüchsiger Wildheit rechnen. Das «wilde und unbändige Wesen» der westpyrenäischen Bergvölker rührt nach dem großen Geographen Strabo von Amaseia (ca. 63 v.–19 n. Chr.) eben «nicht allein vom Krieg, sondern auch von ihrer *entfernten Lage* her» (III 3, 8). Die Korsen gar, Insulaner und Älpler dazu, erschienen ihm «roher als wilde Tiere» (V 2, 7). Völker wie diese bildeten *Restgruppen* der primordialen Barbarei, wie sie sich innerhalb der Kulturwelt allein in isolierten Rückzugslagen zu erhalten vermochten. Weit draußen am Rand der Ökumene jedoch mußten derartige Zustände die Regel sein. So bei den «Fennen» an der nördlichen Peripherie Europas zum Beispiel, vermutlich den Vorfahren der heutigen Samen («Lappen»), deren Lebensweise Tacitus (ca. 55–120 n. Chr.) etwa, rein nach dem Hörensagen, gleichsam mit grobem Griffel wie folgt charakterisiert: «Bei den Fennen ist ihre Tierhaftigkeit *(feritas)* absonderlich, abstoßend ihre Dürftigkeit: keine Waffen, keine Pferde, kein Zuhause, als Nahrung Kräuter, als Kleidung Felle, als Lager der Erdboden; ihre einzige Hoffnung sind ihre Pfeile, die sie mangels Eisen mit Knochenspitzen schärfen» *(Germania*, c. 46).

Nicht alle indessen vegetierten auf diese annähernd animalische Weise, immer im selben Gleichmaß, wie erstorben in Stumpfsinnigkeit, dahin. Manchmal kam sprunghaft Bewegung in sie, loderte das Feuer ihrer wilden Seelen auf, rannten sie, wie Gehetzte des Bösen, gegen die güldenen Schranken der Kulturwelt an. Derartige unliebsame Erfahrungen mußten die Römer zuletzt in zunehmendem

Maße machen – bis ihre Vorherrschaftsstellung schließlich daran zerschellte. Der Historiker Ammianus Marcellinus (ca. 330–400 n. Chr.), von Hause aus Berufsoffizier und lange Zeit persönlicher Adjutant des Kavalleriegenerals Ursicinus, hatte Gelegenheit, die dramatischen Geschehnisse teilweise aus eigenem, hautnahem Erleben mitzuverfolgen. Entsprechend lebendig setzte er sie ins Bild. Bei den barbarischen Völkervorstößen drängt sich ihm der Vergleich mit wilden Bestien auf, die aus ihren Zwingern ausbrechen (vgl. XXXI 8, 9), heimtückisch ihre ahnungslosen Opfer reißen (vgl. XVI 5, 17) und durch den Blutdunst wie in einen rasenden Rausch geraten (vgl. XXXI 15, 2). Zu diesem Eindruck hatte offensichtlich besonders der Hunneneinbruch beigetragen, von dem Ammianus freilich aus zweiter Hand, gleichwohl aber mit derselben erregenden Anschaulichkeit berichtet – das Geschehen lebt vor dem Leser förmlich wieder auf: Aus dem fernen Osten der Erde plötzlich, wie durch Zauber, angeweht, fremdartig-bizarr in Aussehen und Gebaren, mit narbengezeichneten, fratzenhaften Gesichtern, die Leiber wie grob zugehauene hölzerne Klötze, in Lumpen oder zerschlissene Felle gehüllt, mit ihren Pferden wie zu Zentauren verwachsen, erscheinen die Hunnen gleich flüchtigen Spukgestalten, die daherfahren wie das Wilde Heer, überraschend auftauchen und zuschlagen, lähmenden Schrecken, Verwüstung, Tod und Verwesung verbreitend, um wenig später bereits wieder von den Unendlichkeiten der Steppe wie aufgesogen zu werden (XXXI 2, 1–11).[141] Ammians Zeitgenosse, der – christliche – Dichter Prudentius (ca. 348–405), zog ein poetisches Fazit:

«Alle haben denselben Boden, gemeinsam den Himmel,
Einen Ozean nur, der unseren Erdkreis umschließet.
Ebenso wahr, daß Tiere aus unseren Quellen sich laben;
Ein und derselbe Tau bringt mir Gras und dem Wildesel Futter,
Säue schwimmen in unserem Fluß, und die Luft, die wir atmen,
Weht auch den Hunden und fächelt leise die wildesten Tiere,
Aber ein Abgrund trennt das Römertum* und die Barbaren,
Wie das Tier den Menschen,** der Stumme den Sprechenden fernsteht»
(*Contra Symmachum* II 808–819).

Das Christentum hatte die Gemüter offensichtlich nicht weicher gestimmt. Man konnte sich zudem auf gewichtige Autoritäten berufen. Für Paulus galten die – zumindest *heidnischen* – Barbaren, ja eigentlich alle Nichtchristen generell, als geborene Sünder (*Galater* 2: 15);

---

*   Für Prudentius mit «Christentum» gleichbedeutend!

**   Wörtlich: «Wie der Vierfüßler vom Zweifüßler geschieden ist» (*quantum quadrupes abiuncta est bipedi*).

willige Werkzeuge des Satanas gleichsam, schienen sie ihm verderbt bis in die Knochen, allen nur erdenklichen Lastern – der Verlogenheit, Betrügerei, Mordgier und «schändlichen Lüsten», wie der Homophilie – ergeben (*Römer* 1: 22–32). Der Kirchenvater Lactantius (ca. 250–330) schwankte, ob es angehe, sie bereits zu den Menschen zu zählen.[142] Ambrosius (ca. 340–397) hatte weniger Skrupel: er siedelte sie kurzerhand auf der untersten Stufe der menschlichen Entwicklungsgeschichte an.[143] Noch konsequenter war Clemens von Alexandrien (2. Jh.) gewesen; er entschied mit Blick auf den in *Jesaja* 11: 7 genannten «Bären», hier sei «der Heide mit dem Bären bezeichnet, einem unreinen und *wilden Tier*» (*Stromateis* VI 50). Rund tausend Jahre später sahen es die Nachfahren der einstigen germanischen Barbaren, nunmehr die Erben Westroms, nicht wesentlich anders. Bischof Otto von Freising (ca. 1112–1158), bedeutendster Historiker des Hochmittelalters, urteilt über die Ungarn zur Zeit ihres Einfalls in Europa (um 896), das heißt *vor* ihrer Christianisierung, sie seien damals «so wild, so tierisch gewesen, daß sie rohes Fleisch aßen und sogar Menschenblut tranken. Sollte das jemandem unglaublich erscheinen, so erfahre er, daß die Petschenegen und die Falonen (d. i. die Kumanen)* bis zum heutigen Tage unreines Fleisch, wie Pferde- und Katzenfleisch, roh verzehren.»[144]

Bei den orthodoxen Glaubensbrüdern im byzantinischen «Ostrom» herrschte dieselbe Optik. Barbaren, meinte man, unterschieden sich schon *von Natur aus* (griechisch *phýsei*) von den Byzantinern, das heißt den Menschen im eigentlichen Sinne; sie bildeten sozusagen das Bindeglied zwischen diesen und den Tieren.[145] Entsprechend flachte, proportional zum Maß der Entfernung vom byzantinischen Kultur- und Wertekosmos, das Zivilisationsniveau zunehmend ab, schlug um schließlich in chaotische Wildheit.[146] Alle Autoren – Geographen und Historiker wie Theologen – stimmen darin überein, daß die Barbaren ebenso tückisch, verschlagen und hinterhältig wie maßlos in ihren Begierden, blindwütig, grausam bis zu bestialischer Brutalität und von ungemein roher Sittlichkeit sind, ja ausgesprochen zu Perversitäten neigen.[147] Selbst der Geist des Evangeliums verraucht da unter Umständen oder verliert seine Kraft. So meinte sich Niketas Choniates (ca. 1150–1213), Inhaber hoher Staatsämter und einer der bedeutendsten Geschichtsschreiber seiner Zeit, die besonders brutale Amtsausübung seines Kaisers Andronikos I. (1183–1185) nur dadurch erklären zu können, daß der Monarch jahrelang im barba-

---

* Turksprachige Steppenvölker, die im 10., bzw. 11. Jahrhundert nach Osteuropa vorstießen.

rischen Ausland gelebt hatte. «Allerdings», so sein abwägendes Fazit, «ganz hatte er den Menschen nicht ausgezogen. Er hatte zwei Naturen: halb wildes Tier, trug er doch ein menschliches Antlitz.»[148] Nikephoros Gregoras (ca. 1295–1360), auch er einer der größten byzantinischen Historiographen, der sich zudem noch eigens als Ethnologe hervortat,[149] vermochte den Serben, die er als Gesandter immerhin die Gelegenheit gehabt hatte, gut kennenzulernen, auch 500 Jahre nach ihrer Christianisierung kaum menschliche Züge abzugewinnen. «Alles», so sein vernichtendes Urteil, «was man dort Bildung nennt, ist nur dummes Geschwätz. Rhythmus und heilige Gesänge kennen sie nicht. Sie sprechen eine barbarische Sprache. Ihre Sitten riechen nach Stall. Ihr Gesang gleicht den tierischen Lauten, so wie die Nomadenvölker sie erklingen lassen, wenn sie vor ihren Herden herziehen.»[150]

Entscheidend ist immer der Ausgangspunkt der Betrachtung, der dann die ethnozentrische Selbstüberhebung gleichsam Auftrieb verleiht. Für die islamischen Araber, als «Braune» die Mitte haltend zwischen «Weißen» (insbesondere den «Slawen») und «Schwarzen» (den Afrikanern), stand so ebenfalls fest, daß der Barbarismus sein Höchstmaß weit außerhalb ihres Kultur- und Glaubensbereichs, das heißt bei den «Extremgetönten» am Rand der Ökumene erreiche. Der schon genannte al-Dschahiz sah in der unvermischten «Reinfarbigkeit» ein untrügliches Merkmal. Die «Schwarzen» verglich er mit den Raben und klassifizierte sie als «die schlechtesten der Menschen, die schlechtesten der Geschöpfe in Konstitution und Temperament». Die «Weißen» allerdings gaben ihnen nur wenig nach. Beiden gemeinsam waren die – im Verhältnis zu den «Braunen» – rudimentären Geistesgaben.[151] Der große Ibn Khaldun (1332–1406) bekannte sich, ein halbes Jahrtausend später, noch zu derselben Auffassung. Im hohen Norden (bei den «Slawen») wie im tiefen Süden (bei den Afrikanern) sank das Niveau der Gesittung und Zivilisation annähernd gegen Null; denn da die Bewohner dieser peripheren Erdstriche «in Ländern leben, deren Klimata vom rechten Maß abweichen, so sind auch ihre Sitten und Gebräuche von den *menschlichen* Eigenschaften *entfernt; sie ähneln den Tieren*». Die Afrikaner standen dabei wieder noch ein wenig hinter den «Slawen» zurück: Sie kleideten sich in Blätter oder Felle, manche gingen gar vollends nackt; ihre Bleibe bildeten Höhlen und Wälder; das Zusammenleben war erst in Ansätzen organisiert – und vor allem frönten sie auch dem Kannibalismus.[152]

Natürlich gründeten sich derartige Anschauungen überwiegend auf bloßes Hörensagen. Damit jedoch sollte es bald ein Ende haben. Mit Beginn des 16. Jahrhunderts öffnete sich den Europäern die

Welt. Mutige Männer fuhren hinaus aufs Meer – bis in die fernsten Regionen der Erde. Die Aussicht, dort auch auf die mirakelumwobenen Misch- und Monstergeschöpfe zu stoßen, nahm greifbare Gestalt an. Einige behaupteten auch, ihnen leibhaftig begegnet zu sein, oder gaben die Schilderungen anderer «Augenzeugen» wieder. Zurückhaltendere Autoren versicherten immerhin, *menschenähnliche* Kreaturen gesehen zu haben, deren Wildheit sie freilich fast ihrer Fassung beraubte. Petrus Martyr (1455–1526), Italiener adeliger Abkunft und Geistlicher, zuletzt Abt auf Jamaika, der die erste «Entdeckungsgeschichte» schrieb, zieht darin das Fazit dieser Ersteindrücke wie folgt:

«Die Indianer essen Menschenfleisch. Sie sind Sodomiter, schlimmer als irgendeine andere Nation. Es gibt bei ihnen keine Gerechtigkeit. Sie sind ganz nackt. Sie achten weder die Liebe noch die Jungfräulichkeit. Sie sind dumm und stumpfsinnig. Sie halten sich nur dann an die Wahrheit, wenn es ihnen nützt ... Sie sind brutal, ungehorsam, Verräter, grausam, rachsüchtig, unversöhnlich, diebisch, ohne Treu und Glauben ... Sie sind richtige wilde Tiere. Nie hat Gott eine Rasse erschaffen, die so voller Laster und Bestialität wäre ohne jeden Schimmer von Güte und Kultur.»[153]

Konnte es sich um *echte* Menschen handeln? Die Entscheidung fiel «*ex cathedra*». Papst Paul III. (1534–1549) deklarierte in einer Bulle vom 2. Juli 1537, daß – hier zunächst – die neuweltlichen Wilden durchaus für «richtige Menschen» *(veri homines)* und insofern, wie es in einem bezeichnenden Zusatz heißt, «für fähig zur Aufnahme des katholischen Glaubens und der Sakramente» zu halten seien.[154] Das machte sie nicht unbedingt anziehender, zumal die Verkündigung offenbar nicht bei allen allzuviel ausrichtete. Noch zu Beginn des 18. Jahrhunderts empfing der englische Kapitän Woodes Rogers von den Indianern Kaliforniens einen Eindruck, wie ihn rund 2000 Jahre früher die Griechen Xenophons bereits von den Mossynoiken Kleinasiens gewonnen hatten: «Da sie nackend waren, *nicht das geringste von europäischen Sitten an sich hatten* und kein Wort Spanisch verstanden, so hielten wir sie für *ganz wild*.»[155]

Es gab freilich Ausnahmen. Unter den Missionaren sind hier vor allem der Dominikaner Bartolomé de Las Casas (1474–1566), der seinen Namen unsterblich machte durch sein ebenso unermüdliches wie beherztes Eintreten für die Rechte der geschundenen Indianer, und der französische Jesuit und verdiente Irokesen-Ethnograph Joseph François Lafitau (1670–1740), unter den Forschungsreisenden namentlich Johann Georg Adam Forster (1654–1794) zu nennen, der zusammen mit seinem Vater Johann Reinhold Forster (1729–1798) James Cook (1728–1779) auf seiner zweiten Weltumseglung begleitete. Sie alle – und andere noch – waren aufrichtig bemüht, in den «Wilden» lediglich *andere* Menschen zu sehen, weit zwar in der Entwicklung hinter den Europäern zurück, aber doch voll eigener Würde, ja echten religiösen Empfindens und keinesfalls ohne Sittlichkeit.

Die Genannten hatten es allerdings ausnahmslos mit hellhäutigen Wilden zu tun. Auch Jean-Jacques Rousseau (1712–1778) schwebten bei seinen unschuldigen und glücklichen Urmenschen im »Naturzustand» *(état naturel)* nicht etwa Afrikaner, sondern Indianer Südamerikas (Karaiben) vor. Die Schwarzen kamen, wie schon bei den Arabern, generell schlechter weg – ihre Hautfarbe und Physiognomie stellten das Höchstmaß an Abweichung vom Äußeren der Europäer dar. Schon Charles de Secondat Montesquieu (1689–1755), immerhin einer der geistigen Väter der Französischen Revolution, liefert ein beredtes Zeugnis dafür. «Es ist fast nicht denkbar», verwundert er sich, «daß Gott, der doch die Güte selbst ist, sich habe entschließen können, eine Seele, zumal eine gute Seele, in einen so schwarzen, abscheulichen Negerkörper einzukerkern.»[156] Bei Krüppeln hatte man eine Erklärung dafür: Ihnen wohnten entweder Unheilsgeister ein, oder ihre Seelen waren gleichsam selbst verbogen, etwa aufgrund einer Verfehlung der Eltern. Die Möglichkeit scheint in der Überlegung des Philosophen immerhin noch mit anzuklingen. Sein Zeitgenosse Voltaire (1694–1778), führender Denker der Aufklärung, sah bereits keinen Anlaß mehr, sich über die Psychosomatik der Afrikaner Gedanken zu machen; er war sich in seiner Einschätzung absolut sicher:

«Die schwarze Rasse stellt eine Spezies von Menschen dar, die von der unsrigen so verschieden ist wie der Spaniel vom Windhund ... Ist der Verstand der Schwarzen nicht von anderer Natur als der unsere, so ist er doch jedenfalls von erheblich niederer Art. Sie sind unfähig, in irgendeiner anspruchsvolleren Weise mit Gedanken zu operieren oder Verbindungen aus ihnen zu bilden, und scheinen weder für eine fruchtbare Nutzung noch den Mißbrauch der Philosophie geschaffen.»[157]

Nähere Bekanntschaft mit den Verabscheuten milderte das Urteil keinesfalls. Die kolonialen Interessen vertrugen sich schlecht mit den Idealen der Freiheit, Gleichheit und Brüderlichkeit – die zu verwirklichen sich ohnehin nur die «schönen» hellhäutigen «Herrenrassen» bestimmt und imstande dünkten. Das Bild verzerrte sich eher noch mehr. Vor allem die dunkle Haut weckte düstere Assoziationen, beschwor Empfindungen und Vorstellungen von Trauer und Tod, von Finsternis, Hölle und Verdammnis herauf, schien für Schmutz und Verderbtheit zu zeugen.[158] Ganz besonders spiegelte sich das in den Gesichtern ab. Man empfand sie durchweg als abstoßend häßlich; Kundige charakterisierten sie als «tierhaft» bzw. «affenartig». Lediglich den Körpern, und zumal denen der Frauen, billigte man mitunter eine auffallend ebenmäßige, quasi statuarische Schönheit oder die motorische Geschmeidigkeit von Raubkatzen zu.[159] Analog war, was sich hinter der schwarzen Fassade verbarg. Entmutigte Missionare beklagten den «unwiderstehlichen Hang zum Stehlen und Lügen», das «mangelnde Schamgefühl» und die «stete Bereitschaft zu jeglicher Art von triebbedingten Genüssen», namentlich «die Laxheit auf sexuellem Gebiet».[160] In nachtschwarzen Leibern, hinter den niederen Stirnen über dem äffischen Antlitz konnten nur dunkle und «häßliche Seelen» hausen, wie Missionare nicht selten die Überzeugung gewannen.[161] Aber eben auch für die «Philosophie» war da wenig Raum. Rund hundert Jahre nach Voltaire bestätigten die amerikanischen Anthropologen J. C. Nott und G. R. Gliddon in ihrem Werk *Types of mankind* (1854), daß zumindest in Schwarzafrika eine Bevölkerung lebe, «deren Verstand so dunkel sei als ihre Haut und deren Schädelbildung jede Hoffnung auf künftige Verbesserung als eine utopische Träumerei erscheinen lasse».[162]

Es blieb nicht bei den kolonialen, kirchlichen und wissenschaftlichen Einschätzungen. Literaten erkannten sehr bald, daß da ein lohnender «Stoff» zu heben war, dessen *Kontrastaspekt* vor allem lockte. Edgar Rice Burroughs (1875–1950), der bekannte Verfasser der *Tarzan*-Romane – und neben ihm viele andere, wie etwa der seinerzeit vielgelesene Henry Rider Haggard (1856–1925), zu dessen großen Bewunderern Autoritäten wie Laurens Van der Post, Graham Greene und Henry Miller zählten[163] – porträtiert die Schwarzen, unter denen sich der edelblütige englische Lichtheld Tarzan bewegt, als affenähnliche «Bestien von niedriger und tierischer Roheit der Erscheinung», denen «jedes Kennzeichen unmenschlicher Degeneration groß in das tierische Antlitz geschrieben war». Hirn haben sie kaum; infolgedessen scheinen sie mit Dummheit und Stumpfsinn wie geschlagen. Wenn sie, zusammengerottet, «palavern», klingt lediglich mißtönendes «Heulen und Kreischen» im Urwald auf.[164] Horribel wäre der Gedanke, daß Schwarze und Weiße sich mischten. Haggard sann über diese Möglichkeit nach und meinte, daß die ersteren dadurch sicherlich um einiges sozusagen geschönt werden könnten, letzten Endes aber *Seelenkrüppel* dabei herauskommen müßten – schwarze Teufel mit der Intelligenz der Weißen![165]

Auf die «Ostmelaniden» der Südsee und, eher mehr noch, die australischen *Aborigines* traf die Ungunstbedingung extremer Abweichung vom Äußeren der Weißen ebenfalls zu. Schon Johann Gottfried Herder (1744–1803), dem großen Vordenker der neuzeitlichen Völkerkunde, fielen die Parallelen auf: «Auf den meisten der

asiatischen Inseln gibt's eine Art Negergeschlechter, die die ältesten
(!) Einwohner des Landes zu sein scheinen.» Er nennt Einzelheiten,
wie das wollige Kraushaar, die Flachnase und «die aufgeworfnen
Lippen», ja selbst das «Temperament der Neger» finde sich wieder:
«Eben die rohe, gesunde Stärke, der gedankenlose Sinn, die ge-
schwätzige Wollust, die wir bei den Schwarzen des festen Landes
wahrnahmen.» Und wie diese siedelt er auch jene «auf der untersten
Stufe der Ausbildung» an.[166] Die Einschätzung hielt sich. Der deutsche Soziologe Albert Schäffle (1831–1903) befand die Ureinwoh-
ner Australiens – «Schmalschädel, Schiefgesichter, von schwarzer
Farbe der Haut und der Haare» – auf jeden Fall für «sehr weit
zurückgeblieben».[167] Er gab damit nur eine damals weithin kurante
Ansicht wieder: Nicht nur die Dunkelhäutigkeit, mehr noch das
Grobgeschlachte ihres Äußeren und die vermeintliche Dürftigkeit
ihrer wild- und feldbeuterischen Kultur schienen die Aborigines als
letzte Vertreter der urtümlichsten Wildheit auszuweisen. Viele, darunter keine Geringeren als Emile Durkheim, Sigmund Freud und
James George Frazer, glaubten bei ihnen die Anfänge der sozialen
Organisation und religiösen Vorstellungsbildung aufspüren zu können.
    Heute halten sich Wissenschaftler, zumindest ein Teil der Ethno-
logen, mit derartigen entwicklungsbezogenen Zuordnungen zurück.
Hinter der Hand jedoch, auch bei ihnen, und vor allem bei Laien
dann oftmals in aller Offenheit werden sie weiter gepflogen – weil
sie Bestandteil der ubiquitären ethnozentrischen Optik sind. Diese
bestimmt, nur selten bewußt, ganz ebenso etwa auch die Einstellung
der Mehrheit gegenüber – wie auch immer – abweichenden, gleichsam
«verhaltensgestörten» Minderheiten, der Altsassen gegenüber Neuzu-
züglern (bzw. Flüchtlingen und «Asylanten»), dörflicher Gemeinschaften gegenüber anderen oder Städtern und umgekehrt. Die Alt-
einheimischen einer englischen Arbeitersiedlung bezeichneten später Hinzugezogene Norbert Elias (1897–1991) gegenüber zum
Beispiel als «rohe, ungehobelte Leute», als Menschen von «geringerem Wert»,[168] die keine Manieren, insbesondere eine fragwürdige
Moral besäßen und zum Alkoholismus neigten.[169] Ein Gesprächspartner faßte erklärend zusammen: «Sie sind so verschieden von uns wie
Tag und Nacht.»[170] Südspanische Bauern hörte der englische Ethnologe Julian Alfred Pitt-Rivers (geb. 1919) Einwohner benachbarter
Dörfer u. a. der Gemeinheit, Falschheit, Gewalttätigkeit, Prahlerei
und, wieder auch, notorischen Trunkenheit bezichtigen.[171] Landleute
in der Normandie trauen allen übrigen Franzosen jede nur denkbare
Schlechtigkeit zu[172] – usw. usw.

Der Ethnozentrismus schöpft aus der identitätsstabilisierenden Intention zur Verabsolutierung der Selbstherrlichkeit. Was anders ist, verfällt der «Herabsetzung» – schon aus Bestätigungsgründen. Der Barbarismus verdichtet sich so zum essentiellen Mangelphänomen.

Ein betagter französischer Arzt in Tunis belehrte Albert Memmi einmal, «daß ‹der Kolonisierte nicht richtig atmet›; ein Lehrer äußerte sich schulmeisterhaft: ‹Die Leute hier können überhaupt nicht richtig gehen, sie machen ganz kleine Schritte und kommen gar nicht richtig vorwärts›»[173] – ihre Motorik schien unausgewogen, wie bei Behinderten. Meist werden ganz bestimmte, vermeintlich besonders charakteristische Züge herausgekehrt, teils in Abhängigkeit von den je gegebenen kulturellen Voraussetzungen, teils aber auch generell. Zu den immer wieder genannten Merkmalen zählt beispielsweise, daß «die anderen» äußerlich ungestalt, teils abstoßend häßlich erscheinen. Der Eindruck drängte sich den Römern, wie schon erwähnt, namentlich beim Anblick der Hunnen auf. Der byzantinische Historiker Jordanes (ca. 485–552), der rund 150 Jahre nach Ammianus Marcellinus schrieb, entwirft von ihnen die folgende, gleichsam grobstrichig hingeworfene Skizze: Auf breiten Schultern stemmt sich ein «starker Nacken» auf, «immer emporgerichtet vor Stolz», der weniger einen menschlichen Kopf als «gewissermaßen einen abscheulichen Klumpen» trägt, in dessen vorderer, gesichtsloser Fläche lediglich zwei «Punkte als Augen» brennen.[174] Christliche Autoren der späteren Zeit erkannten in der Mißgestalt der barbarischen Heiden nicht selten, wie bei Krüppeln in der eigenen Gesellschaft, die strafende Hand Gottes. Der französische Staatsphilosoph Joseph Marie de Maistre (1753–1821) faßte die *«sauvages»* so etwa als nicht minder verunstaltete wie verkommene Kreaturen auf, «deren Häßlichkeit und Minderwertigkeit» nichts anderes sind als das Spiegelbild einer «verkrüppelten [!], weil bestraften Seele».[175] Noch Reisende des 19. Jahrhunderts muteten die «Wilden» wie wahre Jammergestalten an, «verkümmert» bzw. «mit dünnen, schwächlichen Gliedmaßen, eckig, mager, abgezehrt bis auf das Knochengerüst» (Australier) oder auch «mit ungewöhnlicher Neigung zur Fettbildung» und auf jeden Fall «von häßlichem Aussehen» wie namentlich «manche amerikanischen und afrikanischen Völkerschaften».[176]

Wer nur bedingtermaßen als Mensch gilt, rückt den Tieren näher. Auch dieser Anwurf kehrte in den vorangehenden Charakterisierungen immer wieder. In China, resümiert der Sinologe und Ethnologe Claudius C. Müller, blieb «die simple Gleichsetzung Barbar – Tier in den zwei Jahrtausenden der Kaiserzeit ein fester Gemeinplatz für Nichtchinesen».[177] Man faßte sie etwa unter der Sammelbezeichnung

«Vierfüßler und Vögel» zusammen.[178] Aristoteles nahm es genauer; er *bewies* es, mit folgendem Syllogismus: Da der Mensch ein *«von Natur nach staatlicher Gemeinschaft strebendes Wesen ist»*, können andere Formen von Leben, die *«von Natur,* und nicht durch zufällige Umstände, außer aller staatlichen Gemeinschaft» existieren, nur entweder mehr oder «weniger als ein Mensch» sein – Geistmächte also oder Tiere (*Politik* I 2. 1253a, 1 ff.). Die islamischen Gelehrten des Mittelalters kannten ihren Aristoteles bekanntlich gut. Aber in diesem speziellen Fall bedurften sie wohl der Belehrung erst gar nicht; hier handelte es sich um simple Evidenz – vor allem, wenn man die Afrikaner ins Auge faßte. Al-Dschahiz schienen sie den Eseln, dem (schiitischen) Astronomen, Polyhistor und Politiker Naṣīr ad-Dīn al-Ṭūsī (1201–1274) mehr den Affen am nächsten zu stehen; von diesen unterscheide sie – positiv – zwar der aufrechte Gang, doch gäben sie ihnen dafür in der Lernbereitschaft um einiges nach. Und wie bereits zur Sprache kam, teilte auch Ibn Khaldun diesen Tenor, wenn er «wenig Menschliches» an den Schwarzen (im Prinzip aber auch an den «Slawen») fand und ihnen Eigenschaften «ganz ähnlich denen einfältiger Tiere» beimaß.[179]

Zu solchen Eigentümlichkeiten der Tiere zählt auch, daß ihnen das menschliche Sprachvermögen abgeht; manche bemühen sich zwar, aber mit geringem Erfolg. Wer ihnen nahesteht, partizipiert an der Schwäche, zumindest weithin. Auch dies gehört zu den Stereotypen der Barbarendiskriminierung. Wilde, empfanden die Chinesen, «sprechen wie Vögel», bzw. «schreien wie Tiere».[180] In den Ohren der Babylonier klang, was die Gutäer von sich gaben, wie Hundegebell.[181] Jordanes meinte, die Hunnen seien «an keiner Sprache kenntlich, außer an einem etwas», das lediglich den «Anschein» davon durchklingen lasse.[182] Ja der Begriff «Barbaren» selbst, eine griechische Wortschöpfung, wurzelt in dieser Mangelzuweisung: er bedeutet «Lallende, Stammler».[183] Der Eindruck vermittelt sich offenbar auch bei längerer Nachbarschaft. Die Russen, Slawen also, das heißt «die der Sprache mächtig sind» (von *slovo*, «Wort», «Sprache»), bezeichnen die Deutschen gar als *«Nemcy»*, wörtlich «Stumme», richtiger «Sprachlose» – als *«Aphasiker»* sozusagen. Als Ausdruck einer Art Sprachbehinderung empfanden gebildete Inder des 19. Jahrhunderts auch das Englische; es klang in ihren Ohren wie «Stottern». Alle europäischen Sprachen gemeinsam faßten sie als *depravierte* Seitenlinien des Sanskrit, «der göttlichen alten Sprache Indiens», auf.[184]

An derartigen Gehörunschärfen litten zu Anfang auch Sprachwissenschaftler noch. Der Berliner Linguist Heymann Steinthal (1823–1899), bekannt auch als Begründer der Völkerpsychologie, befand,

speziell mit Blick auf Afrika, daß es Sprachen gebe, die in bezug auf
ihre innere Struktur einen Vergleich mit den hochorganisierten in-
doeuropäischen ebensowenig zuließen, wie er zwischen «Insekten
und Säugetieren» gerechtfertigt sei.[185] Carl Meinhof (1857–1944),
einer der Väter der modernen Afrikanistik, war noch in den dreißiger
Jahren dieses Jahrhunderts ähnlich unerschütterlich überzeugt von
der Einzigartigkeit der europäischen Sprachentwicklung. «Nichts be-
rechtigt uns», dekretierte er mit deutscher Entschiedenheit, «einen
derartigen Ablauf der Sprachgeschichte für die Sprachen der gelben,
roten, braunen und schwarzen Rassen anzunehmen.»[186] Philologisch
weniger Kundige wußten immerhin noch um die kognitiven Aus-
drucksschwächen der barbarischen Sprachen. Bevorzugt unterstellte
man ihnen zum Beispiel – unter Voraussetzung eines entsprechenden intellektuellen Defizits – das Unvermögen, Abstraktionen zu bilden. Ein Beweis dafür wurde in der besonderen, verbalen wie nomi-
nalen Differenzierung gesehen. Typisch in der Weise äußerte sich der
österreichische Arzt und Ethnologe Richard Lasch (1866–1936), der
seinerzeit ein angesehenes Mitglied der «Anthropologischen Gesellschaft in Wien» war:

«Bekanntlich weist die (!) Sprache der Naturvölker, entsprechend dem niedrigen
geistigen Niveau ihrer Träger (!), eine große Armut an Ausdrücken für abstrakte
Begriffe, dagegen einen ungeheuren Reichtum von Worten für konkrete Dinge,
welche mit der umgebenden Natur und mit dem Alltagsleben im Zusammenhan-
ge stehen, auf. Wenn wir Nahrungsmittel zu uns nehmen, sei es Suppe, Brot,
Fleisch usw., bedienen wir uns stets des Wortes essen; die Huronen wechseln aber
immer den Ausdruck, je nach der Verschiedenheit des Genossen. Die Eskimo
besitzen Sonderausdrücke für das Fleisch, je nach den angewandten Geräten. In der
Aymarasprache gebraucht man zwölf verschiedene Worte für tragen, je nachdem
leichte, schwere, große, kleine, lebende oder unbelebte Wesen getragen werden.»[187]

Ganz selbstverständlich wird in der einheitlichen Sammelbezeichnung «essen» nicht etwa eine sprachliche Verarmungserscheinung,
in der subtilen Differenzierung der Tätigkeitsweisen kein Reichtum
an Ausdrucksvermögen gesehen, der nicht zuletzt Abbild auch der
konkreten Lebensanforderungen und Erfahrungen sowie der Notwendigkeit ist, sich angemessen darüber verständigen zu können. Es
bedarf wohl auch kaum des Hinweises, daß nichtgeschriebene Sprachen (und auch das spielt eine Rolle) natürlich die Mittel zur Abstra-
hierung besitzen; anders wäre eine verbale Kommunikation ja nicht
möglich – und überdies liefern allein schon die verbreiteten «Klas-
sensprachen» (gerade auch in Afrika!) mehr als hinreichende Beweise dafür. Doch das zur Kenntnis zu nehmen, widersprach zunächst
noch der eurozentrischen Optik. Vielfalt *konnte* nur als Unvermögen,

Reichtum *mußte* als Mangel erscheinen. Wilde waren nun mal, auch in sprachlicher Hinsicht, quasi «Behinderte».

Der Ausdruck «Wildheit» ist doppeldeutig. Er meint sowohl den Gegenzustand zu «Zivilisation» als auch ein ungebärdiges wütiges Temperament. Beides ist keinesfalls zwingend miteinander verknüpft – die jahrtausendealte Antiideologie ließ es gleichwohl so erscheinen. Immer wieder wurde Barbaren so auch ein Übermaß an ausgelassenem, rohem Ungestüm, an blinder Triebhaftigkeit und zügelloser, exzessiver Grausamkeit zugeschrieben – kontrastierend eben zur geometrischen Regelordnung der zentralen Kulturvölker. Die Chinesen wieder verglichen die Wilden bevorzugt mit Tigern und Wölfen;[188] Aristoteles verwandte, mit Blick auf die Wütigkeit der Nordbarbaren, den Ausdruck *thymós* (etwa «überschäumende Lebenskraft», «Begierde», »Triebhaftigkeit»),[189] der später dann auch, sinngleich, bei Poseidonios von Apameia (ca. 135–51 v. Chr.), dem größten Ethnologen des Altertums, als Schlüsselbegriff zur Kennzeichnung der Kelten-Psyche wiederkehrt.[190] Römische und mittelalterliche Autoren setzten entsprechend Begriffe wie *ferocitas* («Unbändigkeit») und *saevitia* («Grausamkeit») dafür ein. Helmold von Bosau (ca. 1120–1177), der in Bosau am Plöner See in Wagrien jahrelang eine der ersten Pfarren unter den – damals noch weithin heidnischen – Westslawen Norddeutschlands betreute, charakterisiert die Bevölkerung seines Wirkungsbereichs zum Beispiel als «*von Natur aus* treulos und bösartig» und schreibt ihr eine «angeborene, nicht zu mäßigende Grausamkeit» zu; die – weiterab lebenden! – slawischen Ranen auf Rügen fertigt er gar als «rohes und in tierischer Wildheit wütendes Volk *(gentem rudem et beluina rabie sevientem)*» ab.[191] Auch in der mittelalterlich-islamischen[192] und später der Missions- und Kolonialliteratur kehrt das Stereotyp ständig wieder – besonders häufig in bezug auf afrikanische Völker![193] Die Menschen in den Kolonien erschienen, wie Memmi den Eindruck treffend herausgefühlt hat, wie von einer «beunruhigenden Impulsivität beherrscht».[194] Der Gedanke wurzelte so tief in der Überzeugung der Europäer, daß er zum Gemeingut aller, gerade auch der Intellektuellen, geworden war. Honoré de Balzac (1799–1850) verwandte ihn zur Erläuterung des Charakters der Titelfigur in seinem Roman *Die Cousine Bette* (1846) – er konnte offenbar voraussetzen, daß dies ein Mittel war, mit dem er sich jedermann vollauf verständlich machen würde:

«Immerhin war ihr zuzutrauen, daß sie sich wie die Wilden vom Gefühl leiten ließ und eine böse Tat beging [!]. Vielleicht besteht allein in der Moral, die die Gesetze gibt, der Unterschied zwischen dem Natur- und dem Kulturmenschen. Ein Barbar hat nur Gefühle, der zivilisierte Mensch hat neben dem Gefühl die Überlegung.

Darin ist wohl der Grund zu suchen, weshalb die Wilden, bei denen äußere Eindrücke nur schwache Reaktionen in den Gedanken auslösen, dem Gefühl völlig unterliegen, während im Gegensatz dazu die Handlungen der zivilisierten Menschen von den Überlegungen beeinflußt und verändert werden ... Tante Bette, die im Grunde sehr heimtückisch und eine echte Lothringerin war, gehörte zu diesen Charakteren, die es unter dem Volke häufiger gibt, als man zu denken wagt, und die uns das Verhalten der Massen in den Revolutionszeiten verständlich machen.»[195]

Elegant wird der Bogen, typische Aspekte abweichender Verhaltensmanifestationen rundum gleichsam kurzfristig anleuchtend, von den Wilden, an deren Art kein Zweifel besteht, über die Lothringer, unmittelbare Nachbarn des deutschen «Erbfeinds», zu den eigenen Unterschichten geschlagen, deren Barbarismus sich gelegentlich etwa noch in revolutionären Umtrieben aufbrausend Luft macht, um vor diesem beunruhigend-impulsiven Hintergrund die «wahren Franzosen» in den zentralen Lichtkreis treten und den zu jeder Untat fähigen Seelenkrüppel Bette als ihren bedrohlichen wilden Widerpart erscheinen zu lassen, eine Ausgeburt der chaotischen Umwelt, die, wenn man ihr und ihresgleichen nicht Einhalt gebietet, der Zivilisation im Zentrum zur Gefahr werden könnte. Ein anderer großer Franzose, Emile Durkheim, sekundierte dem Dichter, verlieh dem Credo von der vernunftfernen Zügellosigkeit der Naturvölker durch sein Wort die wissenschaftlichen Weihen. «Weil die Empfindungen und Leidenschaften des Primitiven», so diagnostizierte er dessen Gemütswelt in seinem wohl geschätztesten Werk, der Untersuchung über *Die elementaren Formen des religiösen Lebens* (1912), «nur unzulänglich seiner Vernunft und seinem Willen unterworfen sind, verliert er leicht die Selbstbeherrschung».[196] Die Washo in Nevada waren derselben Überzeugung – nur in bezug auf die Weißen natürlich.[197]

Die Kusine Bette war alles andere als eine schöne Frau. Balzac beschreibt sie als «mager, von brauner Hautfarbe, mit nachtschwarzem glänzendem Haar, verwachsenen dichten Augenbrauen, langen grobknochigen Armen, plumpen breitgetretenen Füßen und einigen Warzen in dem länglichen Affengesicht».[198] Sie hätte selbst eine Wilde sein können. Dazu war sie «im Grunde sehr heimtückisch», schien fähig, Böses zu tun. Beides steht, wovon schon bei Behandlung individueller Behinderungen die Rede gewesen ist, in einem wechselseitigen Bedingungsverhältnis. Aber die inneren Antriebskräfte sind stärker. Die Seele bedient sich des schwachen Fleisches und prägt so die äußere Erscheinungsform des Menschen.

Der Gedanke ließ sich verallgemeinern. Schon der Arzt und Philosoph Sextus Empiricus (2. Jh. n. Chr.) vertrat die Ansicht, daß der

gewissermaßen «rassischen» wohl auch eine *seelische* Differenzierung
entspreche. Denn «da eine so große Verschiedenheit unter den Menschen in bezug auf die Körper herrscht» – er hat hier speziell Inder
und Skythen im Blick –, «so ist es wahrscheinlich, daß sich die Menschen auch hinsichtlich der Seele selbst voneinander unterscheiden»;
sei doch der Körper eine Art «Abdruck der Seele» *(týpos tēs psychēs)*.[199]
Und da die Barbaren, als quasi *ethnische Versehrte,* nun einmal häßlich
waren, konnten sie auch nur *bösartig* sein. Helmold von Bosau warnt
seine Zeitgenossen, acht vor den Slawen zu haben, «da sie *von Natur
aus* [!] treulosen und bösartigen Charakters» seien *(quod Slavorum
animi naturaliter sint infidi et ad malum proni).*[200] In vielen Sprachen
werden bekanntlich für die Begriffe «schön» und «gut», bzw. «häßlich» und «schlecht» jeweils dieselben Ausdrücke verwandt oder beide sinngleich füreinander eingesetzt[201] – wie etwa, wenn von einer
«schönen» Geste, bzw. einem «häßlichen» Vergehen die Rede ist.

Besondere Nuancen konnten den Eindruck noch verstärken, vor
allem die Dunkeltönung der Haut. Es sei nur an die Auffassungen
Montesquieus und anderer erinnert, daß die äußere Ausdruck einer
inneren, seelischen «Verfinsterung» sei. Der Gedanke war allerdings
nicht neu. Auch in der Antike wurden die Adjektive griechisch *mélas,*
bzw. lateinisch *ater* und *niger,* «dunkel», «schwarz», im übertragenen
Sinne für «boshaft», «schlecht» usw. verwandt. Marc Aurel (121–180
n. Chr.) gibt ein Beispiel dafür: Wenn man von einem «schwarzen
Sinn» spreche, bedeute das «Weichlichkeit, Eigensinn, tierische Gesinnung, Flegelhaftigkeit, Trägheit, Falschheit, Possenreißerei, Betrügerei, Tyrannei».[202]

«Finstere» Seelen aber sind nicht nur den Menschen gefährlich –
sie kehren sich auch gegen die Götter. Barbaren dazu allemal, da sie
von Hause aus Heiden, «Ungläubige» sind. Ihre Hand muß, was sie
berührt, profanieren. Insofern betrachteten sie die Assyrer etwa gerade auch, potentiell oder *de facto,* als «religiöse Frevler», da sie dem
Weltherrschaftsanspruch des Gottes Assur nicht eben gewogen waren
oder sich ihm unter Umständen gar widersetzten.[203] Jedenfalls, so
empfand man das in den alten Hochkulturen generell, mußten eine
Kultfeierlichkeit, an der ein Barbar sich beteiligte, ein Heiligtum, das
er betrat, ein Sakralgegenstand, den er berührte, ihrer Weihe und
Wirkkraft verlustig gehen, so daß es einer eigenen Reinigungszere-
monie bedurfte, um ihre Heiligkeit wiederherzustellen.[204] Möglicherweise schleppten sie auch Unheilsgeister aus der «akosmischen» Außenwelt mit ein oder bedienten sich ihre Götter gar ihrer, um zerstörerisch Einfluß auf die Kulturwelt zu nehmen. Darin sahen vor allem
die Christen eine massive Bedrohung; denn wer Heide war, befand

sich auf Abwegen, wirkte zwangsläufig Böses – er konnte nur ein Werkzeug des Teufels sein![205] Und wieder prägte sich das auch im Äußeren aus. Wer den Satanas vollends in sich trug, wirkte wie überschattet von Finsternis, schien, wie der Kirchenvater Origenes (ca. 185–254) sich bildkräftig ausdrückt, wie übertüncht von der «schwarzen Schminke der Bosheit»; bei ägyptischen Christen zumindest war der Vergleich «des unbußfertigen Sünders mit dem schwarzen in seiner Hautfarbe unveränderlichen Äthiopier» gang und gäbe.[206] Heiden, die sich nicht willens zeigten, ihr Haupt in den Schoß der Kirche zu betten, machten sich konsequenterweise der Aufrührerei gegen die göttliche Weltordnung verdächtig.[207] Noch Laonikos Chalkokondyles (ca. 1432–1490), der letzte große byzantinische Historiograph, apostrophiert sie rundweg als «Feinde der Anhänger Jesu»[208] – und sprach damit nur noch einmal, nunmehr in die Welt des Glaubens gewendet, den uralten Antagonismus zwischen Kulturvolk und umwohnenden Wilden an. Große waren ihm darin vorangegangen. Bereits Platon hatte mit kategorischer Bündigkeit erklärt, daß zwischen «Hellenen und Barbaren» generell, weil *«von Natur aus» (phýsei)*, Feindschaft walte (*Politeia* 470 C). Ein knappes Jahrtausend später wiederholt der byzantinische Geschichtsschreiber – und beachtenswerte Ethnograph – Prokopios von Kaisareia (ca. 500–565) im *Gotischen Krieg* die platonische Feststellung fast formulierungsgleich: «Von Natur aus herrscht Feindschaft zwischen Byzantiner und Barbar» (*Bellum Gothicum* II 28). Er freilich konnte sich auf einschlägige Erfahrungen berufen. Als Günstling des großen Feldherrn Belisar (ca. 505–565) hatte er an etlichen von dessen Kriegszügen teilgenommen und dabei den begreiflichen Eindruck gewonnen, daß «alle Barbaren in der Regel möglichst gefährliche Entscheidungen zum Schaden der Byzantiner treffen» (*De aedificiis* VI 5); sie galten ihm daher als Summe und Inbegriff alles Bösen (vgl. *Bellum Vandalicum* II 15). Damit aber traf er nur wieder den Tenor der allgemeinen Barbareneinschätzung.

Was *tun* mit den Wilden? Natürlich den Umgang mit ihnen nach Möglichkeit meiden, vor allem jeden körperlichen Kontakt. Vollends horribel schien vielen, sich mit ihnen zu «mischen». Das verdirbt bekanntlich die Art. Platon führt die gute, kräftige Konstitution und den Edelsinn der Athener darauf zurück, daß sie immer acht darauf hatten, «ganz rein hellenisch und unvermischt mit Barbaren» zu bleiben; «denn kein Pelops und Kadmos oder Aigyptos und Danaos oder sonst andere, die von Natur Barbaren und nur durch Gesetz Hellenen sind, wohnen mit uns, sondern als reine Hellenen und nicht als Mischlinge wohnen wir hier. Daher ist der Stadt ein ganz reiner Haß eingegossen gegen fremde Natur» (*Menexenos* 245 C–D). Der Maxime waren u. a. auch die Sachsen gefolgt, eben in demselben Bestreben, sich ihre besondere, überlegene Art *(genus ac nobilitas)* unverfälscht zu erhalten. So übten sie Selbstzucht und «befleckten» sich, wie die «Fuldaer Annalen» (8./9. Jh.) rühmend hervorheben, «nicht leicht durch eheliche Verbindungen mit anderen oder gar unterlegenen Völkern». Das Ergebnis konnte sich sehen lassen: es gelang ihnen dergestalt, «aus ihrem Volk ein unvermischtes ohne seinesgleichen zu machen».[209] Das blieb bekanntlich ein Aristokratenideal. Es klingt noch im *Stechlin* Theodor Fontanes (1819–1898) durch, versetzt mit dem uralten Anspruch, die Zentrallage in der Welt einzunehmen, und ein wenig verwischt durch landschaftlich-heimatliche und religiöse Kriterien. Der Titelheld Woldemar von Stechlin kommt in die Jahre, da man ans Heiraten denkt. Seine Tante und Patin Adelheid von Stechlin nimmt dies zum Anlaß, ihm diesenthalben einen besorgten Brief zu schreiben, in dem sie ihm dringlich rät, seine Zukünftige nur ja in der eigenen märkischen Heimat zu suchen:

«Ich nehme an, mein lieber Woldemar, daß Du meine letzten Worte noch in Erinnerung hast. Sie liefen auf den Rat und die Bitte hinaus: gib auch in dieser Frage die Heimat nicht auf, halte Dich, wenn es sein kann, an das Nächste. Schon unsere Provinzen sind so sehr verschieden ... Was ich Adel nenne, das gibt es nur noch in unserer Mark und in unserer alten Nachbar- und Schwesterprovinz ... Da sind z. B. die rheinischen jungen Damen, also die von Köln und Aachen; nun ja, die mögen ganz gut sein, aber sie sind katholisch, und wenn sie nicht katholisch sind, dann sind sie was andres, wo der Vater erst geadelt wurde ... Die schlesischen Herrschaften, die sich mitunter auch Magnaten nennen, sind alle so gut wie polnisch und leben von Jeu ... Und dann sind da noch weiterhin die preußischen, d. h. die ostpreußischen, wo schon alles aufhört ... Und nun wirst Du fragen, warum ich gegen andre so streng und so sehr für unsre Mark bin, ja speziell für unsre Mittelmark. Deshalb, mein lieber Woldemar, weil wir in unsrer Mittelmark nicht so bloß äußerlich in der Mitte liegen, sondern weil wir auch in allem die rechte Mitte haben und halten ... Das ist das, worauf es ankommt, Mittelzustand – darauf baut sich das Glück auf. Und dann haben wir hier noch zweierlei: in unserer Bevölkerung die reine Lehre und in unserm Adel das reine Blut ... Und so schließe ich denn mit der Bitte: heirate heimisch und heirate lutherisch.»[210]

Beide Empfehlungen spielen indessen auch sonst, wo immer es sich um einigermaßen geschlossene Sozietäten mit ausgeprägtem Identitätsbewußtsein handelt, eine Rolle. Selbst in modernen Großgesellschaften, auch «Nationen» also, «gehen», wie der russische Ethnologe und bekannte Ethnos-Theoretiker Julian Vladimirovič Bromlej (1921–1990) herausfand, «über 90 Prozent der Bevölkerung ethnisch homogene Ehen ein».[211] Bei näherem Zusehen lassen sich die Kreise noch enger ziehen. Ausschlaggebend sind dabei allerdings –

abgesehen von dergestalt definierten Minoritäten – nicht eigentlich «ethnische» Kriterien, sondern die Abwehr von Fremdartigem generell, mit dem man sich nicht einzulassen wünscht. So gewinnt an Bedeutung, was Menschen überhaupt an Gemeinsamkeiten verbindet, allem voran offenbar, wie der englische Sozialanthropologe Meyer Fortes (1906–1983) die Hauptmotive resümiert, «räumliche Nähe im Sinne von klassenspezifischer, beruflicher, erziehungsbedingter, religiöser und dergleichen anderer Solidarität» – in europäischen wie in amerikanischen Stadtgesellschaften. Untersuchungen ergaben, daß bis zu 70 Prozent der Ehen unter Partnern geschlossen wurden, die in einem Umfeld von zwanzig Häuserblocks lebten![212]

Und Glaubenskriterien spielen eben auch eine Rolle, und namentlich dann, wenn der Glaube für die Identitätsideologie tragende Bedeutung besitzt. Im Judentum bildete das Verbot der «Mischehe» geradezu eine «Grundforderung des jüdischen Gesetzes»: seine Verletzung hätte den Anspruch auf die Sonderstellung des Volkes untergraben. In den *Jubiläen,* einem pseudepigraphischen Kommentar zur biblischen Genesis aus der zweiten Hälfte des 2. Jahrhunderts v. Chr., steht drohend geschrieben: «Und wenn ein Mann unter Israel ist, der seine Tochter oder seine Schwester irgendeinem Manne aus dem Samen der Heiden geben will, der soll des Todes sterben, und man soll ihn steinigen, denn er hat eine Schandtat in Israel verübt. Andererseits sollen sie das Weib mit Feuer verbrennen, weil es den Namen des Hauses seines Volkes verunreinigt hat, und es soll aus Israel hinweggetilgt werden» (30: 7). Man empfahl gleich gewissermaßen das Gegenextrem: die Verwandtenheirat.[213] Unter den frühen Christen nahm Paulus zunächst eine bemerkenswert liberale Haltung ein (vgl. z. B. 1. Korinther 7: 12–16); spätere Kirchenlehrer, wie Ambrosius (ca. 340–397), wollten dann aber bereits wieder Ehen zwischen Gläubigen und Heiden, vor allem solchen barbarischer Abkunft, möglichst ausgeschlossen sehen.[214] Man blieb im ganzen dabei, in Übereinstimmung übrigens auch mit islamischen Theologen.[215] Erst in jüngster Zeit scheint sich zögernd Umdenken anzubahnen.

Meidung indessen löste das Problem nicht; sie «schob» es gewissermaßen nur «hinaus». Denn da die Barbaren «von Natur aus» bösartig waren, blieben sie eine stete Gefährdung für die Kulturwelt. Was konnte, was sollte man also tun? Im Grunde gab es nur dreierlei Möglichkeiten: kriegerisch niederhalten mit dem Fernziel völliger Ausrottung, versklaven oder «zähmen», bzw. «akkulturieren».

Nicht wenigen schien die erstere Alternative die gründlichste, sozusagen die «Endlösung». Exempel genug lagen aus der alten Geschichte vor. Vor allem war, wie u. a. auch von den Sumerern über-

liefert, der «ständige Kampf der Kulturlandbewohner gegen die Barbaren» Aufgabe des Königs.[216] Den Pharaonen Ägyptens, denen, wie
schon erwähnt, die Götter selbst mit der Verheißung Mut machten,
«alle Fremdländer unter ihre Sohlen zu legen», konnte die Priester-
schaft zuarbeiten, indem sie Abbilder feindlicher Barbaren «rituell
mit der Keule zerschmetterte».[217] Platon hatte es grundsätzlicher, phi-
losophischer gesehen. Der «reine Haß», der die Griechen von den
Barbaren, aufgrund des zwischen beiden bestehenden essentiellen
Antagonismus, schied, schloß seines Erachtens die Forderung ein,
daß es die Pflicht eines jeden sei, sich einzusetzen für den *Vernich-
tungskrieg* gegen sie.[218]

Die frühchristlichen Kirchenväter besaßen bekanntlich gewisse
Sympathien für das platonische (und stoische) Gedankengut. Athanasios von Alexandrien (295–373) gab der Auffassung Ausdruck, daß
Barbaren *per se* «Feinde des Friedens» *(pacis inimici)* sind – womit
natürlich die *«Pax Christiana»* gemeint war. Daraus folge, daß sie eine
stete, unbezwingliche Neigung zu kriegerischem Aufruhr besäßen,
der ihrer zügellosen Grausamkeit wegen meist unvorstellbare Formen annehme. Allein ihre Bekehrung könne sie befrieden und ein-
führen ins Kulturreich des *«Orbis Christianus»*.[219] Umstritten war allerdings, wie man ihnen den Weg dahin ebnen solle. Der heilige Augustinus (354–430), zunächst noch überzeugt, «keiner dürfe zur
Einheit in Christus gezwungen werden, die Predigt müsse unsere Waffe, das Religionsgespräch unser Kampf, die Vernunft unser Sieg sein»,
fand später zu der praktikableren Auffassung, «daß es nicht darauf
ankommt, *ob* einer gezwungen wird, sondern allein darauf, *wozu* er
gezwungen wird, ob es nämlich etwas Gutes oder etwas Böses ist».[220]
Der Historiker Orosius (5. Jh.), der sich seines persönlichen Vertrau-
ens wie seiner besonderen Wertschätzung erfreute, dachte noch einen Schritt weiter und meinte, daß es «das Beste» sei, «wenn alle
Barbaren umkommen».[221]

Das Wort aus geweihtem Munde trug seine Früchte – vor allem für
die Elbslawen, ebenso rohe wie verstockte Wilde, die nun seit Jahrhunderten schon in unmittelbarer Nachbarschaft zu den Christen lebten
und dennoch kaum Bereitschaft gezeigt hatten, der erlösenden Botschaft ihr Ohr zu öffnen. «Wie ihr von der Religion aller anderen
abweicht», gab man ihnen zum Beispiel zu bedenken, «so seid ihr auch
allen zur Plünderung preisgegeben.» Kam es dabei zu «Mißhandlungen», hatten die Opfer sich das selbst zuzuschreiben. Das brutale Vorgehen der deutschen Fürsten gegen die Elbslawen im Hochmittelalter
sollte nach einer bischöflichen Verlautbarung nicht eigentlich verwundern: «Sie glauben eben nicht ernstlich zu sündigen, wenn es gegen

Götzendiener und Gottlose geschieht.»[222] Indessen mochte es noch einen anderen als diesen christlichen Beweggrund geben. In einer Kampfschrift eines flandrischen Geistlichen von 1108 werden die wilden Westslawen als wahre Teufel porträtiert, während ihr Land gleichsam als Paradies auf Erden dargestellt ist – mit der naheliegenden Schlußfolgerung, wie der Mediävist Hermann Krabbo die Intentionen des Autors vermutlich zutreffend interpretiert, «diese Bestien totzuschlagen und ihr schönes Land in Besitz zu nehmen».[223]

Der Krieg bildete ein legitimes Mittel, den Heiden zur ewigen Glückseligkeit zu verhelfen. Besonders verantwortungsbewußt zeigte sich der sächsische Missionsbischof Brun von Querfurt (2. Hälfte des 10. Jh.s) darin. Er wußte offensichtlich besser als andere um die Macht des Teufels und ging davon aus, daß sich einzelne Gruppen vielleicht, wohl kaum aber die Heiden in ihrer Gesamtheit jemals auf friedlichem Wege bekehren lassen würden. Darum forderte er, um der in Verdammnis Schmachtenden willen, gleich zu ihrer gewaltsamen Beugung unter das Kreuz auf. Der «heilige Krieg» wider die Ungläubigen sei das Gebot der Stunde; jeder, der seinen Arm dazu reiche, werde dereinst am Tage des Jüngsten Gerichts reichen Lohn dafür ernten.[224] Appelle wie dieser verhallten nicht ungehört. Sie verliehen der Kreuzzugsbewegung Schwingen und trugen nicht zuletzt auch mit zur Bildung der geistlichen Ritterorden bei. Bernhard von Clairvaux (ca. 1090–1153), der große Prediger und Hauptinitiator des II. Kreuzzugs, rühmt in einer an den Stifter des Templerordens, Hugo de Payens (ca. 1080–1137), gerichteten Schrift mit dem bezeichnenden Titel *De laude novae militiae* als das Besondere an der neuen Gründung ebengerade die Verbindung von Mönch und Krieger; nicht um politischer Ziele oder äußerer Ehren willen, wohl aber für die Sache Gottes zu kämpfen, zähle zu den verdienstlichsten Tugenden christlichen Daseins.[225] Bei besonders Verstockten schien, schon um ein Exempel zu statuieren, gestrenge Züchtigung ratsam. Der kaiserliche Hofkaplan und Historiker Wipo (1. Hälfte des 11. Jh.s) lobt in seiner Lebensbeschreibung Konrads II. (1024–1039) den Kaiser ausdrücklich dafür, daß er die – westslawischen – Lutizen (in Mecklenburg) nach seinem Sieg über sie zur Strafe für ihren «so abscheulichen Aberglauben» in hellen Haufen niedermetzeln ließ.[226]

Das war im Grunde auch sein Auftrag vor Gott. Er hatte, allerhöchst, den Glauben nicht nur zu schützen, sondern eher noch mehr auch für seine breitestmögliche Verkündigung Sorge zu tragen.[227] Insofern lastete auf den Schultern der christlichen Herrscher ein Mehr an Bürden, als sie ihre Vorgänger in den altorientalischen Reichen drückten. Dafür aber stand ihnen, wie schon an früherer Stelle erwähnt, die gesamte Christenheit auch im Gebet bei, in West wie in Ost. Beiderseits gipfelte das Flehen in dem frommen Wunsch, der Allmächtige möge dem Kaiser «alle Barbarenvölker untertan machen».[228] Auch die Byzantiner sahen hierin das Endziel des «heiligen Krieges»; an jeden neuen Herrscher heftete sich die sehnliche Hoffnung, daß es ihm endlich gelingen werde, den allesentscheidenden vernichtenden Schlag wider die Heidenvölker zu führen und sie endgültig unter das Kreuz zu zwingen. Der Zweck heiligte dabei, allgemeiner Auffassung nach, *jedes* Mittel.[229]

Die Aufgabe wurde nicht einfacher dadurch, daß sie es zunehmend mit Muslimen zu tun bekamen – Heiden nicht eigentlich im strengen Sinne, eher «Andersgläubige». Und die dachten genauso wie sie: Das Zentrum der Welt bildete der islamische Glaubensbereich; ihn umgab rings die Heidenwelt, treffend als «Kriegsgebiet» (*dār al-ḥarb*) ausgewiesen, denn zwischen beiden bestand, ganz im platonischen Sinne, *Kriegszustand,* solange jedenfalls nicht alle Völker der Erde dem Islam gewonnen waren, wofür, im «heiligen Krieg» (*ǧihād*), unter Einsatz seines Lebens zu streiten der Glaube auch dem gottesfürchtigen Muslim gebot. Schonend brauchte er dabei nicht vorzugehen. Ungläubige konnten, da sie außerhalb der göttlichen Weltordnung standen, beliebig behandelt werden; sie besaßen keinerlei gültige Rechtsansprüche, Verträge mit ihnen verpflichteten Gläubige nicht. Widersetzten sie sich dem Wort Gottes, konnte das ihr Todesurteil sein: Unbelehrbare Heiden totzuschlagen gefiel auch Allah und sicherte den tapferen Vollstreckern seines Zorns ewiges Heil.[230] Die gute alte Tradition lebt weiterhin fort. Ungläubige werden zumindest in ländlichen Bereichen, wo noch Frömmigkeit herrscht, Ehrlosen gleichgesetzt, das heißt bestenfalls an der Peripherie der Gesellschaft geduldet; sie zu töten, versicherte ein türkischer Bauer dem deutschen Ethnologen Werner Schiffauer, sei «keine Sünde».[231] Neuerlich reift diese Art Tugendhaftigkeit auch unter den «Fundamentalisten» wieder heran.

Im Westen dagegen sind entgötterte Zeiten angebrochen. Nicht der Allmächtige, sondern die «natürliche Auslese», so erkannten große Denker im 19. Jahrhundert, entscheidet über das Schicksal der Völker. Die Tüchtigeren trägt sie an die Spitze, die anderen verwirft sie mit kalter Hand – das traf vor allem die «Wilden», selektionstheoretisch «unwertes Leben». Aber sie hatten, wie man ihnen nunmehr zugestand, immerhin ein Opfer für den Fortschritt der Menschheit gebracht. Der früher schon erwähnte angesehene englische Mathematiker, Biologe («Eugeniker») und überzeugte Sozialist Karl Pearson (1857–1936) rief es ihnen gleichsam ins Grab nach:

«Der Pfad des menschlichen Fortschritts ist übersät mit verfaulenden Gebeinen alter Nationen, überall können wir die hinterlassenen Spuren minderwertiger Rassen sehen, die Opfer jener, die nicht den engen Pfad zur Perfektion gefunden haben. Doch diese toten Nationen und Rassen sind in Wahrheit die Stufen, auf denen die Menschheit zu der höheren intellektuellen Stufe des heutigen Lebens emporgestiegen ist.»[232]

Vernunft hatte Aberglaube, Zivilisation Barbarei besiegt. Großartige Zeiten standen bevor: die Menschen würden immer gesünder, klüger, tüchtiger und schöner werden – von Visionen in dieser Hinsicht, namentlich der Trotzkis, ist schon die Rede gewesen (o. S. 53 f.). Aber Leuten wie Pearson hatte die Begeisterung den Blick verstellt. Optimisten, die sie waren, griffen sie der Entwicklung leuchtenden Auges vor. Denn in Wahrheit gab es da immer noch Wilde, und nicht einmal wenige. Gewiß, man durfte sich in der Sicherheit wiegen, daß sie aussterben würden. Der Allmächtige selbst hatte ihnen dieses Los bestimmt, wie Gläubige jedenfalls meinten, die im Selektionsmechanismus den Ausdruck seines allerhöchsten schöpferischen Willens sahen. «Es ist eine Entscheidung Gottes, die sich an den Wilden vollstreckt», so ein Autor namens Carl Hermann Conrad Burmeister, der Mitte des letzten Jahrhunderts ein Werk *Geologische Bilder zur Geschichte der Erde und ihrer Bewohner* verfaßte und hier speziell an «den schwarzen Menschen» denkt, «daß sie bei der Berührung mit der Zivilisation untergehen müssen».[233] Aber auch gottlose Sowjets zogen dies Fazit aus der Geschichte. «Die Kirgisen», befand zum Beispiel Tobolin, erster Regierungschef der – ursprünglich – Autonomen Sozialistischen Sowjetrepublik Turkestan, die bereits 1924 in der Usbekischen Sozialistischen Sowjetrepublik aufging, «müssen als ökonomisch Schwache (d. h. als *Nomaden*) vom Standpunkt der Marxisten sowieso aussterben, deshalb brauchen sie im Falle einer Hungersnot keine Unterstützung».[234]

Aber nicht immer konnte man auf Hungersnöte oder andere «natürliche Auslesemechanismen» zählen. Was sollte also, gewissermaßen in der «Zwischenzeit», mit den Wilden geschehen? Hier bot sich die zweite der oben genannten Alternativen an: Versklavung. Häufig ergab sie sich ja auch mit aus der Praktizierung der ersten – dem Versuch, die «Barbarenfrage» auf kriegerischem Wege zu lösen. Man mußte nicht alle töten; die Gesunden und Kräftigen ließen sich ökonomisch kostengünstig für große Bauvorhaben, im Bergbau, als Ruderknechte, als Land- und Plantagenarbeiter oder als Bedienstete im Haus verwenden. Das kam auch irgendwie ihrer Art entgegen. Schon Aristoteles hatte den Beweis erbracht, daß Barbaren aufgrund der in ihren Heimatländern herrschenden klimatischen Bedingungen «von

Natur aus sklavischen Sinnes» sind.[235] Später sah man in der disziplinierenden Wirkung geregelter Fron auch ein heilsames Mittel, ihnen
bei der Meisterung ihrer kriminellen Neigungen zu helfen, die sie,
wie man voraussetzen durfte, aufgrund ihres triebhaften Ungestüms
und ihrer arteigenen Bösartigkeit natürlich besaßen.[236] Andererseits,
dies ein eher versöhnlicher Seitenaspekt, konnten Wilde in zivilisier-
ter Umgebung auch ausgesprochen komisch wirken, also sehr unterhaltsam sein. Denn, wie Kinder gleichsam, die gerade erst gehen
lernen, unter grotesken Anstrengungen zu sprechen versuchen oder
sich erfolglos mühen, die Erwachsenen nachzuahmen, begingen
auch Sklaven im Umgang mit ihren Herren oftmals die amüsantesten
Ungeschicklichkeiten und Fehler.[237] Die Anekdoten darüber werden
über die Jahrhunderte hin zahllose herrschaftliche Abendgesellschaf-
ten aufs beste unterhalten haben. Man denke nur an die köstlichen
Späße, zu denen gegen Ende der Kolonialzeit der «Hosennigger» so
unerschöpflich Anlaß bot. Hier hatte man das doppelte Vergnügen,
einen «Hofnarren» zu haben, der seine Rolle spielte, ohne davon zu
wissen!
    Es gab aber auch Stimmen, die in dem «Umweg» über die Sklave-
rei, auf längere Sicht jedenfalls, keine praktikable Lösung zu erkennen vermochten. Pearson zählte zu ihnen. Er verwies auf Südafrika.
Dort könnten sich, gab er zu bedenken, gesunde soziale Verhältnisse
sichtlich erst einstellen, wenn die Einheimischen entweder allesamt
vertrieben oder restlos ausgerottet seien.[238]
    Da aber die Massenvernichtung dem christlichen Ethos wider-
sprach und einer Massenvertreibung – wohin zum Beispiel? – praktische Bedenken entgegenstanden, blieb es letzten Endes doch immer
nur bei «halbherzigen» Lösungsversuchen. Wie die Assyrer, aber neben ihnen auch andere mächtige Nationen des Altertums, bereits
ganze Völkerschaften, die ihnen im Wege waren, kurzerhand «umge-
siedelt» hatten,[239] schob man die autochthonen Altsassen nunmehr
in Reservationen (zu deutsch: «Verwahrbereiche») ab, um ihnen sozusagen noch einen «ruhigen Lebensabend» zu bescheren, oder
räumte ihnen eigene *Homelands* ein, die ihnen immerhin die Möglichkeit boten, tagsüber am Arbeitsleben draußen partizipieren, im
Alter gewissermaßen noch «mittun» zu können.
    Aber da war noch die dritte, die eigentlich humanste der mög-
lichen Alternativen: Wilde standen den Tieren nahe – warum nicht
den Versuch wagen, sie gleichsam zu *«zähmen»* und ihnen so die
Chance zu geben, sich zu zivilisierten Menschen fortzuentwickeln?
Wie die Erfahrung ja hinreichend lehrte, ließen sich auch Esel und
Ochsen durchaus zu mancherlei nützlichen Formen der Zusammen-

arbeit abrichten – um Schöpfvorrichtungen in Bewegung zu halten, Pflüge oder Dreschbretter zu ziehen usw. mehr. Hier mußte man ansetzen, wie verständigere Geister das auch mit Nachdruck forderten. Der fromme Ibn Khaldun zum Beispiel argumentierte, daß es vernünftiger sei, die Wilden an sinnvolle Arbeit, wie etwa Lastentragen, heranzuführen, statt sie in tierischer Abgestumpftheit vor sich hinbrüten zu lassen oder kostspielige Vernichtungskriege gegen sie zu führen.[240] Sie kamen dadurch mit der Zivilisation in Kontakt; dem ersten konnten weitere Schritte folgen. Zudem hatten viele Völker schon ermutigende Erfahrungen mit dieser Art schrittweisen Assimilation gemacht – wie sich eindrucksvoll in einer weithin übereinstimmenden klassifikatorischen Differenzierung widerspiegelt: Sowohl, um nur diese herauszugreifen, die – hochkulturlich geprägten – aruaksprachigen Indianer Südamerikas als auch Inder, Malaien und Chinesen schieden zwischen «wilden» und «gezähmten» Barbaren. Mit letzteren waren eben jene gemeint, die sich der überlegenen Kultur jeweils weitgehend angepaßt, bzw. der Führung der sie tragenden Bevölkerungen anvertraut hatten.[241] Die Römer machten bekanntlich daraus eine gezielte, lange Zeit auch sehr erfolgreiche Politik: Der gewaltsamen Unterwerfung folgte die Zivilisierung und schließlich Einbürgerung der «romanisierten» Barbaren ins Reich. Die Byzantiner suchten es ihnen nachzutun. Einschlägige Beobachtungen bestätigten sie darin. Die Goten, so Jordanes, «wurden in ihrem dritten Wohnsitz oberhalb des Pontischen Meeres» – als sie also auf ihrer Nord-Süd-Wanderung der byzantinischen Kulturwelt unmittelbar nahe gekommen waren – «schon menschlicher und gebildeter» (*De origine actibusque Getarum* V 42). Die Lasen, eine georgische Bevölkerungsgruppe im Südwesten Kaukasiens, gaben ihre barbarische Lebensart nach ihrer Eingliederung ins Reich vollends auf; sie hatten eben ihre Chance wahrgenommen und sich, wie der Historiker Agathias (ca. 536–582) mit Genugtuung konstatiert, «durch die Berührung mit den Rhomäern [den Byzantinern] zum Bürgerlichen und Gesetzlichen hin bekehrt» (Agathias III 5).

Gerade bei den Barbaren Asiens schienen die Voraussetzungen dazu nicht hoffnungslos. Schon Aristoteles hatte ihnen «Denkvermögen und technisches Geschick» attestiert; es fehle ihnen lediglich an Mut (*Politik* VII 7. 1327b, 20 ff.). Den ihnen zu geben, mußten sich, allen voran, die Christen verpflichtet fühlen. Den Einsatz lohnte es schon; denn sobald sie nur «von ihrer Existenz als Tiere durch Umwandlung losgekommen sind durch den Glauben an den Herrn», war sich Clemens von Alexandrien sicher, werden sie *«Menschen Gottes»* (*Stromateis* VI 50). Sie bekehren hieß, wie Athanasios von Alexandrien seinen Glaubensbrüdern ins Bewußtsein rief, ihnen den Weg ins Reich der Kultur und des Friedens ebnen.[242]

Natürlich gab sich niemand der Illusion hin, daß dies eine leichte Aufgabe sei. Es setzte Langmut, unendliche Mühen und Opferbereitschaft, ja letztlich die Beihilfe des Allerhöchsten selbst voraus, «aus einem Barbaren einen Menschen zu machen»; denn im Grunde kam der Versuch einem *Eingriff in die Natur* gleich – ging es doch sozusagen darum, «einen Neger weiß waschen zu wollen».[243] Gelang es dennoch, lag nahe, an ein Wunder zu glauben. «O Gott», drückt der byzantinische Hagiograph Konstantinos Akropolites (um 1300) seine grenzenlose Zuversicht in der Hinsicht aus, «der du das Sein aus dem Nichts erschaffen, der du aus Steinen die Kinder Abrahams erweckt hast, du kannst auch aus einem Barbaren einen Christen und Heiligen machen!»[244] Die Tzanen im Nordosten Kleinasiens, denen dies Glück widerfuhr, gelangten, wie Prokopios bezeugt, «so erst zu dem Bewußtsein, daß sie Menschen seien» (*De aedificiis* III 6).

Ähnlich positive Erfahrungen mögen auch die so oftmals enttäuschten Brüder im Westen bewogen haben, es nicht nur mit dem Schwert zu versuchen. Herrscher des Hochmittelalters, die es vermochten, die «wilden Völker *(feroces gentes)* mit den Zügeln der Güte zu bändigen», empfingen ausdrücklich Lob dafür. Freilich hielt man das auch hier nur für möglich, wenn Gott das Seine hinzutat. Otto I. (936–973) gelang es zum Beispiel nur, wie Hrotsvit von Gandersheim (ca. 935–975) in ihrem Versepos über ihn hervorhebt, sie «mit Christi Gunst zu zähmen».[245]

Jahrhunderte später, als man unendlich viel mehr Erfahrungen mit den «Wilden» gemacht hatte und das Gottvertrauen schwächer geworden war, wuchs wieder die Skepsis. Der seinerzeit sehr populäre und einflußreiche Kulturhistoriker Friedrich von Hellwald (1842–1892) lieh der verbreiteten Resignation die Worte: «Der Neger läßt sich zwar abrichten, aber nicht erziehen.»[246] Es spricht für die Europäer, daß sie sich nicht entmutigen ließen. Die Menschlichkeit triumphierte: Missionare gaben nicht auf, Politiker propagierten «Assimilations-», dann «Akkulturations-», schließlich «Entwicklungshilfeprogramme». Der Erfolg blieb nicht aus. Neuerlich kann bereits von «wirtschaftlicher *Zusammenarbeit*» gesprochen werden.

Doch dürfen wir glücklich sein über das Gewonnene? Droht uns am Ende nicht Selbstverlust? Denn, wie schon der weitsichtige Georg Christoph Lichtenberg (1742–1799) prophezeite: «Wenn es einmal in der Welt keine Wilden und keine Barbaren mehr gibt, so ist es um uns geschehen.»[247]

V.
Weltgestaltung

1. Kosmogonie

Ordnung verdankt sich planvoller Schöpfung. Sie erreicht ihre Vollendung und ein Höchstmaß an Schönheit im Mittelbereich der Welt, nach außenhin kunstvoll gefaßt in die vollkommenste aller Kulturen. Dies war Wille und Werk der uranfänglichen Götter und bleibt ihr Vermächtnis. Zeigen sich die zentralen Verantwortungsträger, die sie eingesetzt haben, die Schöpfung zu wahren, säumig oder ihrer Aufgabe nicht voll gewachsen, verwildern Felder und Vieh, verfallen die Sitten, sinken die Menschen, Stufe um Stufe, ab in die Barbarei. Das Chaos hätte sie wieder, dem sie einst abgerungen waren.

Traditionellen Schöpfungsmythen zufolge erfüllte zu Anbeginn eine einzige schlammige Masse, *strukturlos und unbewegt,* die Welt, in sich, *noch ungeschieden,* alle Elemente und Möglichkeiten künftiger Gestaltung enthaltend. Weder Raum noch Zeit existierten; alles war in tiefste Finsternis gehüllt, eine «undurchdringliche, unermeßliche Dunkelheit», wie es in Überlieferungen der Maori (Neuseeland) heißt, hinbrütend, wie ein altindischer Mythos den Zustand beschreibt, über «einem Ozean ohne Licht, in Nacht verloren».[1] Über den Wassern aber, in der Dunkelheit, war eine unbestimmte Bewegung: dort schwebte, lautlos, der urewige Gott in Vogelgestalt durch das «trübe, dunkle Durcheinander» dahin, wie etwa phönizische Mythen berichten.[2] Offenbar hatte er bereits etwas im Sinn; vielleicht fühlte er das «Sehnen», das nach Auffassung der Maori die Urnacht erfüllte,[3] oder aber – und dies verständliche Motiv geben die Mythen tatsächlich immer wieder an – er «langweilte» sich ganz einfach. Jedenfalls begann er zu handeln. Manchen Überlieferungen nach gebot er dem breiigen Urstoff allein kraft seines Wortes auseinanderzutreten, sich in Flüssiges und Festes, in Hell und Dunkel zu scheiden, im Raum zu verteilen und die gewünschte Gestalt anzunehmen; anderen zufolge legte er selber mit Hand an, stemmte etwa Himmel und Erde auseinander oder holte, tauchend, einen Schnabelvoll Schlamm aus den Tiefen des Urozeans herauf, formte daraus die Erdscheibe und verankerte sie auf dem Weltmeer. Weitere Schritte bildeten die Modellierung der Erdoberfläche, die Erschaffung der Himmelskörper, der Pflanzen, Tiere und Menschen.

Des Schöpfers Entschluß hatte impulsartig gewissermaßen «gezündet». Ungleiches wurde auseinandergetrieben und in Flüssiges und Festes, Tag und Nacht, Himmel und Erde, Gestalt und Ungestalt getrennt. Die in der Urmasse ruhende Kraft war geweckt und wirksam geworden, um fortan zum Antrieb der natürlichen Bewegungsabläufe zu dienen. Die stoffliche Differenzierung und die in Gang gesetzte, regelgeleitete Energie hatten Raum und Zeit, besser die «Raumzeit» entstehen lassen.[4]

Anfangs lebten die Menschen noch ganz nach Art ihrer tierischen «Vettern», genossen, was die Natur ihnen bot, trieben in aller Unschuld selbst Inzest, erschlugen, ja fraßen einander auf. Das führte zu unschönen Mißhelligkeiten und trübte ihr paradiesisches Dasein mitunter doch in bedenklicher Weise. Die Schöpfermächte begriffen, daß ihrem Werk noch die letzte Vollendung fehlte. Sie entsandten Heroen, «Heilbringer», auf die Erde, um die Menschen ein geordnetes Sozialverhalten und die Gesetze der Verwandtschaftlichkeit zu lehren, sie in den Regeln der Moral, in Glaube und Kult und den Techniken des Unterhaltserwerbs zu unterweisen. So krönte zuletzt Kultur das Schöpfungswerk.[5]

Aber die Welt war nicht durch Umwandlung des chaotischen Urstoffs in gestaltete Ordnung, sondern durch differenzierende Scheidung und Formung lediglich des Festen entstanden. Es blieb eine erhebliche *Restmasse* – außerhalb des zentralen Vollendungsbereichs. Oft ragt sie, zungen- und inselgleich, schon in das nähere Umland jenseits der Territoriumsgrenzen hinein, in Gestalt etwa sengender, lebensfeindlicher Wüsten, steilaufragender, karstiger Bergregionen, undurchdringlicher Wälder und vor allem *mooriger Böden,* in denen sich der primordiale Mischzustand aus Flüssigem und Festem noch unangerührt erhalten hat: Sumpflandschaften flößen immer furchtsame Scheu, ja Grauen ein; dort wähnt man die bösartigsten und gefährlichsten Geister, schlammüberdeckte Gestalten, wenn sie sich Opfern zeigen, um sie zu lähmen und in die grundlose Tiefe zu ziehen, hohläugig, das fahle Haupt mit triefendem Grünzeug überhangen. Als Urstätte präkosmischer Regellosigkeit schienen sie stets wie ideal zur Aufnahme all jener geeignet, die ihrer körperlichen wie seelischen Beschaffenheit nach bereits am Rande oder schon außerhalb der Schöpfungsordnung standen, bzw. sie massiv gebrochen hatten: unehelich geborene, mißgebildete, behinderte Kinder, Feiglinge, Ehrlose, sexueller «Abartigkeit» Überführte, Verbrecher, eines Schlimmen Todes Verstorbene, Schwarzmagier, Hexen und Werwölfe wurden vielfach bevorzugt in Moor und Sumpf gleichsam «entsorgt».[6]

Dort aber, wo die Erdscheibe endet, jenseits der bewohnbaren

Welt, dehnen sich vollends, unheilvoll wogend und rollend, die Rest-
wasser des Urozeans aus, dünnflüssig, weil ihres Feststoffs beraubt,
salzschwer, «bitter» und ungenießbar, tückisch und todbringend. Lediglich in ihrer Tiefe, auf dem Urgrund, besteht noch der ursprüngliche Zustand, ist, wie u. a. die Nanai (Golden) am unteren Amur
glaubten, die Erde schlammig mit Wasser gemischt – und «herrscht
ewige Finsternis».[7] Doch nicht nur dort. Das urweltliche Dunkel war ja,
wie die Wasser, nicht umgewandelt oder aufgelöst, sondern vom Hellen lediglich geschieden und abgedrängt worden in die Hintergrün-
de des Alls. Nacht für Nacht aber frißt es sich immer wieder vor, vom
Meer her, aus dem Dickicht der Wälder, aus Höhlen, Abgründen und
felsigen Schluchten, und überzieht, unheildräuend, Heere von bösartigen Geistern, Hexen und anderen Schreckensmächten in seinen
schwarzen Nebeln mitschleppend, die Welt, bis es allmorgendlich die
Sonne besiegt und zurückdrängt. Auch im Winter, vor allem im Norden, erstarkt es, bringt mit den dämonischen Mächten in seinem
Gefolge Krankheit und Unheil über die Menschen, um erst der Früh-
jahrssonne wieder zu weichen.

An sich also ist die Schöpfung unvollkommen. Nur im Mittelbereich, auf den die Götter ihre bevorzugte Aufmerksamkeit verwandten, erreichte sie annähernd Vollendung – doch eben nicht ganz.
Denn anders wäre nur kaum erklärlich, daß es auch dort immer wieder
zu Fehlgriffen, Mißverhalten, Unglück, Leid und Elend kommt. Freilich tragen die Menschen die Schuld daran, aber doch nur, weil sie
offenbar schwach und anfällig, also unvollkommen beschaffen sind.
So wurde es durchaus gesehen; und man nannte auch Gründe dafür.

Die Schöpfung nämlich erlangte ihre endgültige Gestalt erst am
Ende der Urzeit. Davor aber, in der kreativen Phase zwischen pri-
mordialem Chaos und der Vollendung des kosmischen Aufbauwerks,
herrschte ein gleichsam fließend-beweglicher, labiler Übergangszustand, in dem alles, erst werdend, noch offen war für eine Vielzahl von
Möglichkeiten und Modifizierungen,[8] unter denen die Schöpfermächte dann ihre Auswahl trafen. Allein, das taten sie den Mythen zufolge
nicht unbedingt planvoll und konsequent; eine Stimmung, ja eine
Augenblickslaune konnte den Ausschlag geben. Allmächtig zwar, waren sie gleichwohl noch ohne Erfahrung, experimentierten, spielten
mit den Möglichkeiten und bekamen die Dinge sichtlich erst allmählich sozusagen «in den Griff». Manches Begonnene ließen sie unvoll-
endet liegen, weil ihre Lust daran erlosch; anderes vergaßen sie auch
ganz einfach – eine Achtlosigkeit, die mitunter nicht folgenlos blieb.
Ihrer Aufmerksamkeit entrückt, entwickelten derartige unfertige oder
mißglückte Schöpfungen nämlich oftmals ein unkontrolliertes Eigen-

dasein. Vielen mythischen Überlieferungen nach durchzogen in der Frühzeit noch zahlreiche bizarr geformte, riesengestaltige Monster- und Mischkreaturen – Zwitter in Kugelgestalt, vierleibige Hunde, Rinder mit Menschen-, geflügelte Drachen mit Löwenköpfen, Zwerg- oder Riesenmänner mit überlangen Geschlechtsteilen – die kosmogonische Urlandschaft[9] und trugen auf ihre «akosmische» Art zur Schöpfung mit bei. Num, der Hochgott der Jurak-Samojeden in Sibirien, hatte zum Beispiel, den Menschen zuliebe, die Erde ursprünglich eben erschaffen. Dem Mammut indessen, einem der Urzeitmonster, gefiel das nicht. Also grub es die Erdoberfläche auf, bzw. drückte sie ein, so daß Berge und Seen entstanden. Num bemerkte es erst, als es bereits zu spät war; ärgerlich aufbrausend verbannte er das Ungetüm unter die Erde.[10]

Auch sogar bei der Erschaffung der Menschen ließen es die Götter oftmals an der notwendigen Sorgfalt fehlen. Es konnte zum Beispiel geschehen, daß sie schlichtweg vergaßen, deren Leiber mit den für die verdauungsbedingten Ausscheidungen unentbehrlichen Öffnungen auszustatten, so daß, als der Mangel sich fühlbar machte, entsprechend «nachgebessert» werden mußte.[11] Nach einer sumerischen Mythe versetzte schon allein die Idee, Menschen zu schaffen, die Götter in eine derartige Hochgestimmtheit, daß sie, noch ehe sie ihr Vorhaben in die Tat umsetzten, begeistert zum Becher griffen und einander in einem bacchantischen Gelage hochleben ließen. Der Erfolg war, daß sie zunächst nur *defekte* und *mißgebildete* Geschöpfe zuwege brachten. Sie erlahmten und ruhten indessen nicht, bis es ihnen dann endlich doch noch glückte, die Form zu finden, die ihren Vorstellungen entsprach.[12]

Allerdings beseelte sie der Wille zur Vollendung nicht immer. Wie im Falle der Tiere, deren mißglückte Schöpfungsversuche sie achtlos ihres Weges ziehen ließen, begnügten sie sich auch bei den Menschen, selbst den vollkommensten ihrer Art im zentralen Mittelbereich der Welt, gelegentlich durchaus mit Stückwerk. Einer Mythe der Muria zufolge, einer Gond-Gruppe im zentralen Indien, trug Gott (Bhagavan), um den Menschen zu machen, zunächst einmal körbeweise Mehl zusammen. Allein seine Töchter, deren er etliche hatte, vergriffen sich, während er abwesend war, an dem Mehl und aßen davon. Bei einzelnen Haufen fehlte es also an Werkstoff. Die Menschen, die Gott daraus bilden wollte, kamen daher buchstäblich zu kurz – sie gerieten zu *unvollkommenen, fehlerhaften* Geschöpfen, d. h. wurden zu *Zauberern* und *Hexen:* «Da es ihnen an Fleisch und Blut fehlt, sind sie darauf aus, das Fleisch anderer Menschen zu stehlen und ihr Blut zu trinken.»[13]

Generell, im Vergleich zu den Göttern gesehen, sind an sich jedoch *alle* Menschen Mängelwesen, unzulänglich beschaffen, mit teils
erheblichen Schwächen, quasi «Behinderte» unterschiedlicher Abstu-
fung. Denn ein Geschöpf kann nun mal, bei aller angestrebten Got-
tesebenbildlichkeit, wie die Scholastiker, und allen voran der heilige
Thomas von Aquin (1225–1274), die uralte Anschauung philoso-
phisch präzisierten, nicht seinem Schöpfer gleich, sondern immer
nur minder vollkommen als er sein: «Die Seins-Ähnlichkeit an Stelle
von Seins-Gleichheit bedeutet *Seins-Unvollkommenheit.*»[14] Und daraus
erwächst zwangsläufig das Böse, das eben nichts anderes als ein Mangel an Gutem, eine *causa deficiens* ist, aus einem defizitären, einem
Makelzustand herrührt.[15]

Das hat nicht zuletzt auch wieder die bekannten olfaktorischen
Konsequenzen: Wie Asoziale, Schwerkranke, Krüppel, Unheilsgeister
und zumal der Teufel *unangenehm riechen,* sticht guten Geistmächten
und Göttern der Geruch der Menschen generell auf das empfindlich-
ste in die Nase. Statten sie den Irdischen Besuche ab, macht ihnen
oft vor allem dies zu schaffen. Man sucht ihnen daher entgegenzu-
kommen, indem man sich in Erwartung derartiger Begegnungen,
etwa zu bestimmten Festlichkeiten, gründlich reinigt, frische Kleider
anlegt und Räucherwerk abbrennt. Und analog verfährt man, wenn
man sich anschickt, seinerseits eine Reise ins Jenseits anzutreten.[16]

Die Mängelnatur hatte aber noch Schlimmeres zur Folge. Die Menschen konnten nicht umhin, Fehler zu machen, ja Verbrechen zu
begehen. Und dadurch gingen sie dann gewöhnlich ihres ursprünglich paradiesischen Daseins verlustig. Jemand erschlug zum Beispiel
einen Rivalen. Fortan breitete sich, wie es in einer Überlieferung der
Chagga im Nordosten Tansanias heißt,

«das Gift seiner Untat unter dem Volk aus; die einstige Atmosphäre des Friedens
und der Solidarität verging. Die Leute begannen, einander Böses zu tun, und so
brachen unter ihnen Krankheiten und Epidemien, wie die Lepra, aus, die sie
vordem nicht gekannt hatten.»[17]

Ihre Unzulänglichkeit machte die Menschen sterblich. Davon erzählen die Mythen überall auf der Welt. Ursprünglich nämlich hatten
die Götter ihnen mit dem paradiesischen Dasein auch die Unsterblichkeit zugedacht. Aber eben ein schweres Vergehen, manchmal
auch nur pure Unachtsamkeit, handelten ihnen letztendlich dann
doch den Tod ein. Nach einer Überlieferung von Sulawesi verscherz-
ten sich die Altvorderen der Menschheit das ewige Leben auch durch
eine unüberlegte, vorschnelle Wahl. Der Schöpfer, offenbar bedacht,
ihre Weisheit auf die Probe zu stellen, ließ einen Strick aus dem

Himmel herab, an dem sich ein Stein und eine Banane befanden. Statt nun nach dem ersteren, der ihnen Unvergänglichkeit beschert hätte, griffen sie nach der süßen Frucht und wählten damit ihr künftiges Los, zu vergehen, erneut zu erstehen, zu reifen, Früchte zu tragen und wieder zu sterben.[18]

Fortan blieb der Tod, als «der Sünde Sold» (Römer 6: 23), untrennbar mit dem Bösen verbunden. Aber die Menschen schickten sich nicht unbedingt demutsvoll in ihre «Bestimmung». Physisch zwar Mängelwesen, besaßen sie doch Vernunft, und die lehrte sie den Widersinn sehen, der darin lag, für etwas büßen zu müssen, was in Wahrheit zu Lasten der Schöpfer ging.[19] Verschiedentlich berichten – zum Beispiel babylonische und altägyptische – Mythen davon, daß sich die Menschen, verzweifelnd an ihrem elenden Los, tatsächlich aufrafften, wider die Götter zu rebellieren. Allein, bei der ungleichen Machtverteilung stand der Ausgang von vornherein fest: die Himmlischen tilgten die Aufrührer, bis auf einige wenige «Gerechte», mit Wasser oder Feuer von der Erde hinweg.[20]

Aber da waren auch noch die mißratenen Monster und Riesenkrüppelkreaturen vom Beginn der Schöpfung, mächtiger als die Menschen und zudem imstande, ebenso in den schlammigen Tiefen des Meeres wie auf dem Land zu leben, ja sich selbst in die Luft zu erheben: Vielfach nämlich besitzen sie eine Art Drachengestalt, mit schuppigem Schlangenleib, kurzen, kräftigen, krallenbewehrten Füßen und weitausladenden Schwingen, die sie bis an den Himmel zu tragen vermögen, so daß ihnen weder Wasser noch Feuer etwas anhaben konnten. Nicht Wurm, nicht Fisch, nicht Echse noch Vogel, sondern alles in einem, waren sie ganz der geschöpfliche Ausdruck des Mischzustandes zu Anfang der Urzeit.[21] Mit dem Werden der Welt indessen, der Herausbildung und dem Erstarken der klaren, geometrisch wohlproportionierten Gestaltstrukturen blieb immer weniger Platz für sie; sie wurden abgedrängt, wichen zurück in die schöpferisch vernachlässigten Randbereiche der Erde oder in die Urtiefen des Ozeans. Auch sie waren mit ihrem Los nicht zufrieden und erhoben sich wider die Götter, die rasch begriffen, daß diese Rebellion ihr gesamtes Schöpfungswerk in Gefahr brachte, daß ihnen hier die Elemente nichts helfen konnten und sie selber zum Kampf antreten mußten, wollten sie das Geschaffene nicht preisgeben.[22]

Mythen überall auf der Welt berichten von diesem gigantischen Ringen, in dem die Götter ihre Gegner entweder vernichten oder zumindest mattzusetzen versuchen. Oft sind es zum Beispiel urzeitliche Riesengeschlechter, die von den Himmlischen niedergerungen und ausgelöscht werden.[23] Nach indianischen Überlieferungen Nordamerikas ist das Leben der Menschen auf Erden erst gesichert, nachdem die Schöpfermächte erst einmal unter den Urzeitmonstern – die bevorzugt auf Menschenfleisch aus waren – gehörig aufgeräumt haben.[24] In lettischen Erzählungen übermächtigt Gott rebellische Riesen- und Zwergengeschlechter mitsamt seinen gefallenen Engeln, vernichtet sie jedoch nicht, sondern schmiedet sie entweder in der «Hölle» an oder verbannt sie teils unter die Erde, teils auf den Grund des Meeres.[25]

Besonders ausgiebig beschäftigen sich mit dem Thema die Mythen der alten Hochkulturvölker. Sumerische Texte schreiben zum Beispiel dem Gott Ninurta die Segenstat zu, den unterweltlichen Unhold Asag (oder Kur), der die Quellwasser zurückhielt und damit das Leben auf Erden bedrohte, überwältigt und erschlagen zu haben.[26] Nach einer babylonischen Schöpfungsversion traten den Göttern aus den Tiefen des Urozeans die drachengestaltige, vielköpfige Tiāmat und ein Haufe ähnlich bizarr beschaffener Helfershelfer entgegen, deren Anblick allein die Himmlischen in lähmenden Schrecken versetzte. Einzig Marduk blieb unbeeindruckt, stellte sich dem Kampf und zerhieb die scheußliche Brut. Aus dem Leichnam Tiāmats bildete er dann die Welt, zu deren Herrscher und ihrem Oberherrn ihn die Götter, zum Dank für die Tat, umgehend bestimmten.[27] Nach altägyptischen Mythen erhob sich Seth, auch er in Drachengestalt, nach hethitischen der Unhold Kumarbi, zusammen mit dem felsgeborenen Riesenmonster Ullukummi, gegen die Götter, um ihnen die Herrschaft streitig zu machen; beide erfolglos.[28] In Indien triumphierte Indra über das Drachenmonster Ahi (oder Vrtra), das, wie der sumerische Asag, die lebenspendenden Wasser zurückhielt und die Erde unbewohnbar zu machen drohte; erst mit Indras Sieg gewann «alles Gute in der Schöpfung die Oberhand».[29] Nicht ganz so glücklich war der altiranische Heros Thraētaona (oder Krsāspa); ihm gelang es zwar, den Drachen Aži Dahāka zu überwältigen, aber nicht zu töten; immerhin vermochte er seine Zerstörungskraft für eine Zeitlang gewissermaßen lahmzulegen, indem er ihn fesselte und unter dem Demawend, der höchsten Erhebung im Elbursgebirge, einschloß.[30] Ähnlich erging es altgriechischen Urzeitmonstern. Hesiod (8. Jh. v. Chr.) führt etliche von ihnen auf und beschreibt sie mit der ihm eigenen Wortgewalt eines schrecklicher als das andere, allen voran «die göttliche, wilde Echidna, ein unsagbares Scheusal, weder den sterblichen Menschen noch auch den Ewigen ähnlich, halb ein äugelndes Mädchen im Schmucke rosiger Wangen, halb eine greuliche Schlange, entsetzenerregend und riesig.» Dergestaltige Kreaturen waren durch die vollendete Schöpfungsordnung «überholt», zu obsole-

ten Urzeitfossilien geworden; sie hätten das Leben auf Erden bedroht. Die Olympier schlossen Echidna ein «in einem Felsengewölbe,
fern den unsterblichen Göttern und weit von den sterblichen Menschen» (*Theogonie* 295 ff.). So tat, eine göttliche Generation später,
auch Zeus mit Typhon, wiederum einem drachengestaltigen, vielköpfigen Ungeheuer riesigen Ausmaßes, das sich wider den Göttervater
erhob und von diesem erst nach langem, wechselvollem Ringen be-
zwungen werden konnte: Zeus lähmte es zuletzt mit einem Blitzstrahl
und begrub es darauf lebendigen Leibes unter dem Ätna.[31] Der ger-
manische Loki war zwar, wenn auch nicht dem Geschlecht der Asen
entstammend, ein Gott wie andere, unterhielt aber zu seinen Mitgöt-
tern ein sehr gespaltenes Verhältnis. Als er schließlich den Bogen
überspannte und Baldr ermorden ließ, wurde er kurzerhand in Fesseln geschlagen und in einer Höhle tief unter der Erde an einen
Felsen geschmiedet.[32] In finsteren Höhlen und Felsschluchten, fern
am äußersten Rand der Erde, hausten auch die gewaltigen Jöten, ein
urweltliches Riesengeschlecht, das mit den Göttern in ewiger Feindschaft lebte.[33]

Auch die Bibel weiß von derartigen grobschlächtigen Riesenkrea-
turen in grauer Vorzeit. Sie dankten ihr Dasein der Begehrlichkeit
der Engel, die sahen, daß die Töchter der Menschen schön waren,
zu ihnen «eingingen» und jenes Monstergeschlecht mit ihnen er-
zeugten. Gewaltiger als die Sterblichen und aus einer verbotenen
Verbindung entstanden, hatten diese Riesenbastarde nur Böses im
Sinn, tyrannisierten und verdarben die Menschen, so daß Gott sich
schließlich entschloß, die verworfenen Kreaturen mit der Sintflut
hinwegzuschwemmen (1. Mose 6: 1 ff.). Ergänzend dazu überliefert
das apokryphe Henochbuch, daß die gargantuanischen Geschöpfe
der «gefallenen Engel» die Menschen auch ihrerseits zur Unzucht
verführten, sie im Gebrauch von Verschönerungsmitteln, in der
Schmuck- und Waffenherstellung, in Zauber und Sterndeuterei unterwiesen, Mord und Krieg unter ihnen heraufbeschworen, ihre Nahrungsmittel wegfraßen, ja sich schließlich, in kannibalischem Heiß-
hunger, an ihnen selbst vergriffen, bis zuletzt alles aufging in einer
einzigen Blut- und Schreckensorgie, die «den großen Heiligen» zum
Handeln zwang. Hier ging er indes differenzierter vor. Bevor er die
Sintflut sandte, gebot er seinen Erzengeln, kräftig Haß unter Menschen und Riesen zu säen, damit sie sich vielzählig schon untereinander erschlügen; andere – «die Bastarde, die Verworfenen und die
Hurenkinder» – hieß er sie selbst austilgen. Für die Hauptschuldigen
jedoch hatte er eine besondere Strafe bereit: sie sollten gebunden
werden «unter die Hügel der Erde bis zum Tag ihres Gerichts»; zumal

den Asasel, einen der führenden Köpfe der gefallenen Engel, wollte
er auf diese Art zu ewiger Ohnmacht verurteilt wissen. «Feßle ihn»,
befahl er dem Raphael, «an Händen und Füßen und wirf ihn in die
Finsternis; mache in der Wüste in Dudael ein Loch und wirf ihn
hinein. Lege unter ihn scharfe und spitze Steine und bedecke ihn
mit Finsternis. Er soll für ewig dort wohnen, und bedecke sein Angesicht mit Finsternis, damit er kein Licht schaue. Aber am Tage des
großen Gerichts soll er in den Feuerpfuhl geworfen werden» (*Henoch*
10: 1–16; vgl. 6–10).[34] Spuren der Überlieferung finden sich auch
vereinzelt noch im Neuen Testament. Im 2. Petrusbrief wird zum Beispiel warnend darauf verwiesen, daß Gott die sündigen Engel «nicht
verschont, sondern mit Ketten der Finsternis zur Hölle verstoßen»
habe, «damit sie zum Gericht behalten werden» (2: 4); eine kürzere
Anspielung liegt im Judasbrief (Vers 6) vor.[35]

Die Abrechnung mit den sozusagen landgängigen, halb- und voll-
menschlichen Urchaoten konnte der Heilige offensichtlich getrost
seinen Erzengeln überlassen. Aber das Böse besaß auch altisraeliti-
scher Überlieferung nach noch eine andere, urtümlichere, bedroh-
lichere Gestalt. Tief am Grunde des Meeres nämlich hausten seit
Urbeginn drachenartige Ungeheuer, Leviathan, Behemoth, Rahab,
Tannin und möglicherweise noch andere, die weder die Schöpfung
dulden noch sich der Herrschaft Jahves fügen mochten, daher auf-
begehrten wider ihn und immerhin gefährlich genug schienen, um
den Allerhöchsten selbst zum Eingreifen zu veranlassen. Er bezwang
sie nach hartem Kampf – aber nicht vollends. Verbannt zwar in die
fernen Urgründe des Ozeans, leben sie gleichwohl noch, eine bleibende, potentielle Gefahr, bereit, bei sich bietender günstiger Gelegenheit ihre Drachenhäupter über die Fluten zu recken und verder-
ben- und todbringend über die Schöpfung herzufallen.[36]

Das sahen auch viele andere Völker so. Die mißratenen wilden
Monster- und Mischwesen hausen weltweitem Glauben nach, wie erwähnt, fern am Rande der Erde oder in den Tiefen des Meeres,[37] in
Sümpfen und Mooren,[38] in Höhlen, am Grund von Tümpeln, Quellen und abgelegenen Seen – das Ungeheuer von Loch Ness räkelt
sich sozusagen durchaus auf gediegenem Boden. Wie «Nessie» hielten indessen auch andere nicht still. Märchen, Sagen, Epen und Legenden überall auf der Welt wissen von greifvogel-, löwen-, schweine-,
flußpferd-, ja krakengestaltigen Monstern,[39] vor allem aber feuer- und
giftspeienden, vielköpfigen Drachen zu berichten, die ihre Umgebung in Angst und Schrecken versetzen. Oft bildet ihren Sitz eine
Quelle, von deren Wasser das Leben der Menschen abhängt. Der
Drache droht dann gewöhnlich, die Zufuhr zu sperren, falls ihm

nicht jährlich Menschen – meist Jungfrauen, bzw. Prinzessinnen – zum Opfer dargebracht werden. Das kann auf die Dauer nur einen unguten Verlauf nehmen, da der Bestand an Mädchen und Frauen, die den Bedingungen des Monsters genügen, allmählich dahinschmilzt. In dieser bedrohlichen Situation tritt – aus dem eigenen Volk oder von irgendwoher aus der Fremde – ein Held auf den Plan, stellt sich dem Ungeheuer zum Kampf, erschlägt es, befreit das ihm zuletzt zugeführte Opfer, erhält die Jungfrau bzw. Königstochter zur Frau und tritt die Nachfolge des begreiflicherweise erschöpften und herrschaftsmüden Königs an – die Wasser fließen wieder, das Leben blüht auf, die Menschen sind glücklich; *der Held hat sie erlöst,* eine neue Heilsära bricht an.

Anfangs schlugen sich noch immer wieder aufs neue die Götter mit den Ungeheuern herum. In Phönizien erledigte Baal alljährlich den «hydragestaltigen» Yam,[40] bei den Hethitern der Wettergott die «Schlange» Illujankas, bzw. das Monster Hahhimas,[41] nach altägyptischem Glauben rang Horus jedes Jahr vor Einsetzen der Nilhochflut, wenn das Land also trocken und ausgebrannt war, den – auch krokodils- oder nilpferdgestaltigen – Seth,[42] einer anderen Vorstellungstradition nach dieser selbst, im Dienste des Sonnengottes Rê, Nacht für Nacht die «Schlange» Apophis nieder, die Herrin der Finsternis, die unermüdlich darauf aus ist, Rê am Wiedererscheinen zu hindern.[43] Später traten Heroen wie Herakles, der die vielköpfige Hydra bezwang, die zahllosen in den Märchen verewigten Helden, Recken, wie nach fränkischer Überlieferung Siegmund und Siegfried, nach ostgotischer Dietrich von Bern, ja wehrhafte Heilige an die Stelle der Götter – das Christentum kennt über fünfzig derartiger sogenannter «Drachenheiliger», im Westen allen voran St. Georg, im Osten St. Theodor von Euchaita (im anatolischen Pontos-Gebirge). Von diesem erzählt zum Beispiel ein geistliches Lied aus der byzantinischen Spätzeit:

«Es war einmal eine Stadt, in der ein König mit Namen Saul regierte. Die Menschen dort bezogen ihr Wasser aus einer einzigen Quelle. Die aber wurde von einem Drachen beherrscht, der als Entgelt alljährlich Hekatomben von Schafen und Rindern begehrte. Eines Tages stach den König der Übermut, und er beschloß, die Opfer einzustellen. Prompt setzte der Drache die Stadt aufs Trockene. Die Mutter des – später geheiligten – Helden jammerte vor allem das Leid seines Pferdes; sie konnte es nicht länger dürsten sehen und führte es zu der Quelle. Ihr Anblick entfesselte die Leidenschaft in dem Monster. Es bemächtigte sich ihrer und setzte sie in der Höhle, in der es hauste, fest. Nun mußte Theodor handeln. Er machte sein Testament, in dem er den König bat, alljährlich am ersten Fasten-Samstag sein Gedächtnis feiern zu lassen, begab sich zum Sitz des Drachen, sprach ein Gebet und erschlug das Untier.»[44]

Es war der ewige Kampf gegen die Mächte des Bösen, die der Schöpfung ihre *Mißgestalt* aufzuprägen und sie ins Verderben zu ziehen suchten. Vor ihnen das Volk und die Welt zu bewahren, bildete seit alters die Hauptaufgabe der Ältesten, Oberhäupter und Könige – gewissermaßen der «institutionalisierten Dauerhelden». Nicht nur die Barbaren, wovon schon die Rede war, sondern Unrecht, Gesetzesbruch, Frevel und Chaos, eben das Böse generell zu bekämpfen forderte ihr hohes Amt von ihnen.[45] Dazu bedurfte es nicht zuletzt auch der stetigen rituellen Versicherung. Erstmals offenbar im Rahmen ihrer Krönungsfeierlichkeiten, danach dann jeweils zu Neujahr hatten die Herrscher der altorientalischen Königreiche in einem zeremoniellen «Schaukampf» ein künstliches Drachenmonster zu erlegen.[46] Noch der römische Kaiser Lucius Commodus (180–192 n. Chr.) soll der Tradition gehuldigt haben.[47] In Europa lebte sie in den sogenannten «Drachenstich-Spielen» bis teils in die jüngste Vergangenheit hinein fort. Üblicherweise fanden sie an Fronleichnam, bzw. zu St. Johannis statt. In den Prozessionen wurde die Nachbildung eines stattlichen Drachen mitgeführt, den dann am Nachmittag ein als «Ritter» oder «St. Georg» kostümierter Mann zu Pferd auf dem Marktplatz mit einem Lanzenstich zu Boden streckte.[48] Seitdem es keine Drachentöter mehr gibt, scheint das Böse in der Welt zugenommen zu haben.

Doch nicht an allem Defekten in der Welt tragen die Götter die Schuld. Denn da war nach offensichtlich sehr altem, wieder weltweit verbreitetem Glauben[49] noch eine andere uranfängliche Gottheit, unerschaffen zumeist wie der Schöpfer selbst und diesem alles andere als wohlgesonnen – eine Art «Gegengott»,[50] von zwielichtiger Natur und teils bis ins Groteske *verformter* Erscheinung, als würfe er die Züge des ersteren aus gebrochenem Spiegel zurück. Wie umgespült seinen Launen und Leidenschaften ergeben, zu haarsträubenden Obszönitäten wie wahren Freßorgien neigend, unstetig, von quasi *chaotischer* Umtriebigkeit, dabei verschlagen und listenreich, gleichzeitig aber immer wieder auch Opfer seiner überhasteten, giergetriebenen Kurzsichtigkeit, meist boshaft, doch oft auch von einer Art tölpelhaften Gutmütigkeit, bildet sein Treiben den Gegenstand, ist er der «Antiheld» zahlloser Erzählungen voller Komik, Witz und burlesker Derbheit. Da er dem Schöpfer nur durch «Tricks» beizukommen vermag, ja diese das eigentliche Element seines Handelns darstellen, ging er in die Literatur als *«Trickster»* ein.

Diese absonderliche, verquere göttliche Krummgestalt tritt in der Regel urplötzlich, wie dem Nichts entwachsen,[51] aus dem Dunkel der Weltnacht hervor[52] in den aufdämmernden Lichtkreis der erstehenden Schöpfung. Die Finsternis bleibt ein bestimmender Zug ihres Wesens, erfüllt und umschattet sie unaustilgbar.[53] Ist sie nicht diesen otiosen, akosmischen, sondern konkret überlieferten Ursprungs, sind Unreinheit, Tabubruch und Frevel an ihrer Entstehung beteiligt. Polynesischen Mythen zufolge ging der Trickster (Maui) aus einem Blutgerinnsel, das seine Mutter in ihren Schamschurz gewickelt und ins Meer geworfen hatte, hervor, ein andermal war er die Frucht einer verbotenen, gewaltsam erzwungenen Beziehung eines Götterpaares.[54] Ob Bastard oder *«made of darkness»*[55] – seine Erscheinung ist von beidem geprägt, trägt vielfach Züge *asymmetrischer Gebrochenheit*. Tritt er, wie häufig, in theriomorpher Gestalt auf, wählt er bevorzugt Verkörperungsformen schwarzer oder nachtaktiver Tiere, etwa des Raben oder Kojoten.[56] Gibt er sich quasi anthropomorph, dann auf wunderlich *verkrüppelte* Weise, ähnlich den mißwüchsigen Monstergeschöpfen vom Rande der Welt. Einer verbreiteten Vorstellung der Buschmänner in Südafrika nach trägt der Trickster seine Augen zum Beispiel nicht am Kopf, sondern zwischen den Zehen oder ist von spindeldürrer, kleinwüchsiger Gestalt und besitzt einen flachen, pilzhutförmigen Kopf.[57] Gleichwohl zeigt er sich mal auch wieder in tierischer, mal sogar in pflanzlicher, ja in Baumgestalt.[58] Bei den Irokesen figuriert er als «Großes Falschgesicht» (Tawiskaron), dem der «Große Schöpfer» (Teharonhiawagon) nach Vollendung seines Schöpfungswerks eines Tages überraschend am Rande der Erde begegnete. Tawiskaron konfrontierte ihn mit der dreisten Behauptung, er selbst und niemand sonst habe die Welt erschaffen. Gott schlug seinem Widersacher zur Entscheidung der Frage einen Wettkampf vor. Aufgabe sollte sein, einen Berg heranzuholen. Während sich der Trickster umsonst bemühte, war es seinem Herausforderer ein leichtes, den Berg in Bewegung zu setzen – er fuhr mit derart rasanter Geschwindigkeit auf Tawiskaron zu, daß dieser ihm nicht mehr ausweichen konnte und voll ins Gesicht getroffen wurde. Seine Nase brach, sein Mund verzog sich im Aufschrei des Schmerzes. Seitdem denkt man sich die Züge des Tricksters in dieser Weise *entstellt*.

Die Irokesen bildeten das Schreckensgesicht in Masken nach. Die wurden getragen von den Mitgliedern des «Falschgesichter»-Bundes, der in der Hauptsache medizinische, ärztliche Aufgaben wahrnahm[59] – und das nicht von ungefähr. Denn der Trickster tut, getreu seiner zwiespältigen Natur, durchaus auch Gutes. Schon in der Urzeit trat er nicht nur als übelgestimmter Störenfried, sondern auch als ausgesprochener Wohltäter der Menschen, als Kulturheros auf, der sie die Herstellung nützlicher Geräte und die Techniken iher Handhabung lehrte, Ungeheuer, die ihnen zusetzten, erschlug, ihnen das Wild zuführte – und sie eben auch in der Heilung von Krankheiten unterwies. Allerdings tat er das alles nicht mit der geradlinigen Konsequenz der planvoll agierenden Götter, sondern immer eher aus einer gerade ihm beifallenden Laune heraus. Schlug sie um, sah ihn der nächste Augenblick schon wieder üble Streiche aushecken, und auf Böses bedacht, brachte er – und bringt auch heute noch – den Menschen Krankheiten, ja den Tod, ein *«benefactor and buffoon»* eben in einem.[60]

Besonders aber wurmt ihn, was da immer vollkommener und offensichtlich so segensreich für die Menschen aus den Händen des Schöpfers hervorwächst. Ihm dabei in die Quere zu kommen, seine wohlmeinenden Absichten zu *durchkreuzen*, treibt ihn letztlich vor allem um.[61] Er beteiligt sich daher an der Schöpfung, dient sich heuchlerisch an, aber nur, um die Gelegenheit zu erhalten, Gott nach Kräften ins Handwerk zu pfuschen, Wohlbezwecktes falsch zu machen. So wühlte er zum Beispiel die zu Anfang noch glatte Erdoberfläche auf, schnitt tiefe Täler und Schluchten ein, pflanzte sperrige Felsmassive in die Landschaft und türmte steinige Gebirge auf, ganz einfach, um den Menschen fortan das Fortkommen zu erschweren.[62] Auch Moore und Sümpfe werden oftmals nicht der Nachlässigkeit Gottes, sondern der bedachten Querulanz des Tricksters angelastet.[63] Teils eifrig bemüht, es dem Schöpfer nachzutun, teils wieder auch aus purer Bosheit, erschuf er in versuchter, aber fehlerhafter Nachbildung der Schwalbe und Biene die Elster und Fledermaus, bzw. Wespe sowie, aus eigener Ideentücke heraus, dornige Disteln, Brennesseln, wildwucherndes Feldunkraut und allerhand schaden- und peinstiftende Tiere wie Schlangen, Mäuse, Ratten, Käfer und Stechmücken, die den Menschen das Leben ordentlich sauer machen.[64]

Wahrhaft teuflisch aber war, daß er sich auch in die Erschaffung des Menschen mischte. Mal versucht er es selbst, wobei jedoch, beispielsweise, nur Maulwürfe oder Affen herauskommen, mal macht er sich an dem Menschenmodell Gottes zu schaffen und beschädigt es, wenn der göttliche Bildner einmal in seiner Achtsamkeit nachläßt oder sich vorübergehend fortbegibt, in folgenschwerer Weise – denn die Mängel machten die Menschen fortan verletzlich und krankheitsanfällig.[65] Nach einer Mythe der Wogulen in Westsibirien etwa hatte der Schöpfer den menschlichen Leib ursprünglich mit einer dicken, widerstandsfähigen Hornhaut überzogen. Als er sich dann jedoch in den Himmel begab, um die Seele zur Belebung seines Geschöpfes zu holen, nutzte der Trickster flugs seine Chance und kratzte und hieb so lange an dem Modell herum, daß zuletzt nur mehr wenige Reste der Schutzhülle an Finger- und Fußspitzen zurückblieben: So mußte der Mensch seinen Weg ins Leben mit einer weichen, leicht verletzlichen Haut antreten, was oft genug Ursache seines Todes war.[66]

Für viele Unzulänglichkeiten und Mängel der Schöpfung trägt also der Trickster die Verantwortung, der immerhin machtvoll genug war, dem Herrn der Welten erfolgreich zu trotzen. Und wie dieser seinen Geschöpfen das Leben gab, suchte jener es ihnen zu nehmen.[67] Unterhaltsam komisch, clownisch und burlesk zwar, lauert in seinem Rücken doch stets auch der Übel größtes – der Tod, den er wie seinen Schatten nach sich zieht. Beide können mitunter auch derart miteinander verschmelzen, daß sie wie zu einer einzigen dunklen Figur, zum Herrn des Todes zusammengewachsen erscheinen. Eine Mythe der Samojeden im hohen Norden Sibiriens erzählt, wie Gott am Abend des ersten Schöpfungstages, als es zu *dunkeln* begann, Besuch von einem geheimnisvollen alten Mann erhielt, der ihn bat, bei ihm übernachten zu dürfen. Gott gab dem nur widerstrebend statt, da außer ihm selbst an sich niemand etwas über die Erschaffung der Erde erfahren sollte. Als es indessen *Tag* wurde, war der sonderliche Alte schon wieder verschwunden, hatte sich gleichsam aufgelöst in das gestaltlose Nichts, aus dem er, wie sonst der Trickster, gekommen schien. Allerdings trat er unmittelbar nach Vollendung der Schöpfung erneut auf den Plan. Diesmal bat er Gott um eine Dauerbleibe auf Erden. Der jedoch, allmählich stutzig geworden, wies ihn zurück. Der Alte aber wollte nicht lockerlassen und gab vor, daß ihm schon eine winzige Stelle vom Umfang einer Stockspitze genügen würde. Als Gott ihm dies schließlich zugestand, stieß jener mit einem Stab ein Loch in die Erde, verschwand darin und ließ von untenheraus dumpftönend die höhnischen Worte hören: «Gut, jetzt bin ich *unter* der Erde, aber ich werde [wieder heraufkommen und] Menschen rauben!»[68] Der Böse, der Tod hatte sich auf Erden eingerichtet, wenn auch im finsteren, tiefen Urgrund, wo die Elemente noch weithin unentmischt und schlammig in den ewig nächtlichen Räumen der Unterwelt standen und die Leiber der einstmals rebellischen Urmonster einschlossen. In dieser «Hölle» hauste fortan der Tod. Die Samojeden stellten ihn sich übergroß, den Körper mit einem dichten schwarzen Haarkleid bedeckt, mit riesigen scharfen Klauen an Händen und Füßen und blind vor – in abstoßender Krüppelgestalt, ein Heer entsprechend gearteter Geister zu seinen Diensten.[69]

Ob in Trickstergestalt oder als Verkörperung des Todes – mit der Entstehung der Archaischen Hochkulturen wuchs sich die Macht des Bösen, die beide verband, sprunghaft ins Ungemessene aus. Massenausbeutung, Versklavung, Hunger und Elend, Kriege und verheerende

Seuchen wischten alles Burleske hinweg; in den Vordergrund traten die Züge des Todes, zunehmend grauenvoller verzerrt zur finsteren Fratze nahezu gottgleicher Schreckensdämonen.[70] In den Texten werden sie häufig umschreibend als «Widersacher», ja «Rebellen» bezeichnet,[71] da ihr Trachten nur von dem einen Gedanken beherrscht ist, Zwietracht zu säen und Haß zu schüren, Kriege zu entfesseln und namenlose Not über die Menschen zu bringen, um so, auf morastigem Boden, zuletzt leichteres Spiel mit der vollständigen Zerstörung der Schöpfungsordnung zu haben. In der Bibel enthüllt der Böse seine wahre Gestalt nur allmählich. Anfangs tritt er als Ordnungshüter auf, vom Allerhöchsten selbst bestellt, Schuldige dem Gericht zu überantworten und dort seines Amtes als ihr Ankläger zu walten.[72] In anderen Fällen sucht er Sünder auch mit Krankheiten heim oder stürzt sie sonst ins Verderben, alles sichtlich jedoch in höherem Auftrag. Langsam, mehr und mehr indessen gewinnt dann das Gegenpartige in ihm an Selbständigkeit – er tritt Gott gegenüber. Die Anonymität löst sich auf und gibt das feurig leuchtende Antlitz des Luzifer, des höchstrangigen aller gefallenen Engel frei, wechselnd mal auch als «Mastema», «Belial» (bzw. «Beliar»), «Sammael», «Asasel»[73] oder «Satan» («Widersacher», «Ankläger», auch «Verleumder») apostrophiert.[74] Vollends in der Zeit vor dem Erscheinen Christi auf Erden wirft sich der Böse zu seiner ganzen kosmischen Größe, zum erklärten Widerpart Gottes auf.[75] Er regiert als «Fürst dieser Welt» und tritt selbst dem Heiland offen als Versucher entgegen (*Matthäus* 4: 1–11).[76] Und wieder geht ihm der Tod zur Seite. «Der Teufel», heißt es im Hebräerbrief, «das ist, der des Todes Gewalt hat» (2: 14) – über die Sünde, in die er die Menschen verstrickt. Augustinus (354–430) bringt es Jahrhunderte später auf die Formel: «Dem Bösen steht das Gute gegenüber *und dem Tod das Leben;* ebenso *dem Frommen der Sünder.*»[77]

Der Satan hat viele Häupter, wie der Drache, mit dem er immer wieder identifiziert wird.[78] Eines erhob und enthüllte er, Jahrhunderte früher, bereits im alten Iran. Gleich zu Anbeginn trat er dort dem guten und lichten Schöpfer Ahura Mazda (später Ormazd) als Gott der Finsternis Angra Mainyu (Ahriman) gegenüber, an Macht ihm nahezu gleich und wieder getrieben nur von dem einen Verlangen, dessen Aufbauwerk zu zerstören. Beider Ringen bestimmte fortan die Geschicke der Welt. Wie schon der Trickster setzte der Böse auch hier mit Bedacht beim Menschen, an der weichsten Stelle der Schöpfung an. Bereits das Urpaar vermochte er mit Erfolg zu Fall zu bringen, indem er sein «Denken *verfinsterte*», ihm Zweifel an der Allkraft, Größe und Güte Ahura Mazdas einsuggerierte.[79] Doch war er damit noch längst nicht am Ziel. Es gab auch Gerechte, und ihrer nicht wenige, die unerschütterlich zu ihrem Schöpfer standen, sowie viele andere, die zumindest nicht von ihm lassen wollten. Der Böse sah sich gezwungen, in der Folge seine Bemühungen nur um so mehr zu verstärken, die Menschen, unterstützt von einer Heerschar von Helfershelfern (darunter auch Aēshma Daēva, der biblische Asmodäus), sei es mit List oder Gewalt, auf seine Seite zu ziehen.[80] Und zunehmend gewann er Macht über sie, stieg unaufhaltsam auf zum «Fürsten dieser Welt»[81] – unter den verschiedenen, allüberall sich hochreckenden Häuptern wurde der eine sie tragende, haarige Riesenleib sichtbar.

In seiner wahren Gestalt indessen zeigt sich der Böse den Menschen nur selten – es wäre seinen Absichten hinderlich; denn sein Wesen kann äußerlich nur Ausdruck in abschreckender Häßlichkeit und körperlicher Mißbildung finden. Einigen immerhin ließ er die zweifelhafte Gunst seines ungeschminkten Anblicks zuteil werden. Ihr Zeugnis bekundet im wesentlichen übereinstimmend, daß der Teufel ein erdig-fahles Gesicht mit einem übergroßen, schiefen Mund darin hat, einen Buckel trägt und insofern gebeugt geht, zudem hinkt, zumindest an einem seiner Füße einen Bocks- oder Pferdehuf, an den Händen oft Klauen besitzt, schwarze Kleider, wie der Tod, und eine Kopfbedeckung bevorzugt, die geeignet ist, die Hörner, die ihm aus dem Vorderhaupt wachsen, zu verbergen[82] – ein tierisch-menschliches Mischwesen nicht nur, sondern eine wahre *Krüppelgestalt!*

Die Schöpfung erscheint ständig bedroht. Sie zu wahren, ist nicht zuletzt auch den Menschen, den wahren Menschen im Zentrum der Ökumene aufgegeben, für die Gott sie ebendort zu ihrem vollendeten Höhepunkt führte. Dazu zählt vor allem, daß niemand des vom Weltenlenker dergestalt auserwählten Volkes abweicht von der uranfänglichen Ordnung, unachtsam die Tradition auch nur um ein Kleines verletzt, fehlgeht auf krummen Wegen oder verkrümmenden Außeneinflüssen, der Macht des Bösen, Zugang gewährt. Ja die Menschen können noch mehr tun und zur Absicherung im Vorfeld versuchen, gegenstrebend dem unfertigen Schöpfungsland in der Wildnis ringsum Stück um Stück Boden abzuringen, indem sie Moore und Sümpfe trockenlegen, Flüsse begradigen, Wüsten bewässern, Steilhänge terrassieren, Wälder wegholzen und Wildkräuter beseitigen, auf daß sich mehr und mehr urwüchsiger Grund alsbald in blühendes Kulturland verwandelt. Sieghaft besingt es Vergil (70–19 v. Chr.) in den Versen:

«Wo der Bauer im Zorn den Wald zerhaun und gerodet,
Wo er den Grund umbrach, der so lang untätig gelegen,

Wo mit den Wurzeln er der Vögel Wohnungen ausriß
– Jene schwangen sich auf in die Luft und ließen ihr Nest stehn –
Doch das umbrochne Gefild glänzt auf von der schneidenden Pflugschar.
Denn der magere Kies am Rand des Hügels, er trägt kaum
Niederen Zeiland dir und Rosmarin für die Bienen.
....
Land, das flatternden Dunst aushaucht und flüchtige Nebel,
Das die Feuchte trinkt und sie von selber zurückgibt,
Das sich von selbst mit Gras von ewiger Grüne bekleidet
Und dem Eisen des Pflugs mit Scharten nicht und mit Rost droht,
Das wird lachende Reben dereinst um die Ulme dir schlingen,
Das ist ergiebig an Öl, das wird sich bewähren beim Anbau
Als willfährig dem Vieh, geduldig dem Haken des Pfluges»
(*Georgica* II 207 ff.)

Derartige Kolonisierungs- und Naturveredelungsakte kamen im
Grunde einem mikrokosmischen Nachvollzug der Schöpfung, jedenfalls während der «Verfeinerungsphase» am Ende, gleich. Damals zogen die Kulturheroen über das urjungfräuliche Land und legten gewissermaßen letzte Hand an – drängten hier die Wasser zurück und
schlugen dort die eine oder andere Lichtung in den Wald, um Ak-
kerland für die Menschen zu gewinnen, vernichteten Ungeheuer und
vertrieben Völker, deren Schöpfungsvorstellungen im Widerspruch
zu den ihrigen standen.[83] Die nachfolgenden Geschlechter taten es
ihnen nach.[84] In traditionellen Gesellschaften erfolgten Siedlungs-
neugründungen und die Urbarmachung von Wildland immer auf
strikt ritualisierte Weise, nach altüberliefertem, schöpfungszeitlichem
Vorbild; die Verantwortung dafür lag in den Händen der Ältesten
oder Oberhäupter.[85] In den Archaischen Hochkulturen, in denen die
Anschauung fortlebte, ja mit dem Imperialismus eine verstärkte Ex-
pansivkraft gewann, war den Königen aufgetragen, wie dem Pharao
zum Beispiel, «die Grenzen Ägyptens zu erweitern» und immer bemüht zu sein, noch «über das hinauszugehen, was seit der Zeit der
Vorfahren geleistet worden ist.»[86] Seine Aufgabe begann mit der Erhebung ins Amt: «Durch seine Thronbesteigung beseitigt er das Chaos,
setzt Recht an die Stelle von Unrecht und verteidigt die etablierte
Ordnungswelt Ägyptens gegen ihre ‹Feinde› in jeglicher Gestalt, gegen Fremdvölker, Aufrührer und Tiere der Wüste.»[87] Es galt, Schöpfung und Zivilisation im Innern zu stärken und die wilden Kräfte des
Chaos ringsum durch nachschöpferisch-modellierende Gestaltung
und Einbezug in die vollendete Harmonie der eigenen Ordnung zu
bändigen. «Die Kultur», so der niederländische Theologe und Reli-
gionswissenschaftler Gerardus van der Leeuw (1890–1950), «ist sozu-

sagen die Befestigung und Bewährung des Gegebenen, die Handhabung des Kosmos dem Chaos gegenüber.»[88]

Noch die Christen huldigten der Auffassung von der unvollende-
ten Schöpfung. In einem Kommentar zum *Timaios* Platos aus der
Feder des christlichen Neuplatonikers Chalcidius (4. Jh.), der bis ins
Hochmittelalter zu den meistgelesenen und einflußreichsten Lehr-
schriften zählte, wird das primordiale Chaos am Bild des «dschungel-
haften und doch baustoffreichen Waldes» *(silva)* veranschaulicht, der
des «Kultivators» bedürfe, um Struktur und Gestaltordnung zu gewinnen und zu nutzbringendem Kulturland zu werden. Bernardus
Silvestris (12. Jh.), auch er Neuplatoniker, spricht sinngleich vom
Wald als einem «formlosen Chaos, einem widerspenstigen Dickicht,
einem seinsfremden Gebilde, einer in sich uneinigen Masse», die
«aus wirbeliger Unruhe in maßvolle Ordnung, aus der Roheit in die
Form, aus der Wildnis in die Kultivation» strebe. Wie vorzeiten Gott
selbst hat der Mensch dabei tatkräftig mit Hand anzulegen; Kultur
ist ein Kunstwerk, sie erwächst nicht wild. «Urmaterie und Waldwild-
nis», kommentiert der Mediävist Wilhelm Berges die stete Analogisie-
rung von Schöpfung und Rodung, «beiden kann offenbar die Kultivation nur gegen Widerstand aufgezwungen werden.»[89] Bei dieser
zivilisatorischen Zwangsveredlung – auch der wilden Menschen in der
chaotischen Umwelt – hatten, wovon schon die Rede war, wieder
Könige und Kaiser, in West wie in Ost, ein führendes Beispiel zu
geben.

Strenge war indessen auch im Innern geboten, im Kern der Schöpfung. Würden hier Sünde und Verderbnis um sich greifen und dem
exosphärischen Chaos ungehemmt Zufluß gewähren, könnte es
gleichsam zur «Kernexplosion» kommen, die alles zerrisse. Warnende
Menetekel wurden schon allen Völkern zuteil. Schwerwiegende Verletzungen der Schöpfungsordnung, Vergehen wider Norm und Moral
hatten prompt Naturkatastrophen, verheerende Ernteausfälle, Hungersnöte, Kriege oder Seuchen zur Folge. Besonders grobe Verstöße,
wie Inzest oder Brudermord, können zum Beispiel Mond-, vor allem
aber Sonnenfinsternisse auslösen: Dann scheint, für eine atemberau-
bende Schreckenszeit lang, die Schöpfung zurück ins urweltliche
Chaos zu stürzen. Einer weltweit verbreiteten Vorstellung nach rührt
die Verfinsterung von einem riesigen Monster her, das überwiegend
Drachengestalt besitzt und irgendwo aus der Weltnacht auftaucht, um
die lichtspendenden Himmelskörper zu verschlingen. Bislang indes
gelang es den Menschen noch immer, das Untier – meist durch
ohrenbetäubendes Lärmen – an seinem Vorhaben irrezumachen und
zu vertreiben – bevor das Dunkel, wie zu Anbeginn, wieder Besitz von

der gesamten Welt zu ergreifen vermochte.[90] Aber was wird sein, wenn die Sünder einmal über die Rechtschaffenen triumphieren und das Übel untilgbar überhandnimmt?

2. Daimonogonie

Der Böse kommt selten allein. Viele seinesgleichen begleiten ihn, tun mit bei seinem unheiligen Weidwerk oder harren im Hintergrund seiner Befehle. Auch manche Menschen sind ihm bekanntlich zu Diensten. In alter Zeit, als die Erdgeborenen noch nicht so gut wie heute, noch allesamt Heiden waren, hatte es der Satanas leichter, konnte bequemer, fast heiterer Muße frönen. Er griff nur gelegentlich, mehr, wie es scheint, um sich ein wenig Unterhaltung zu schaffen, späßetreibend als Trickster ein; die öde Routine indessen überließ er zur Hauptsache den bösen Geistern.

Die sind in der Tat Legion. Doch ihre geprüften Opfer hatten offenbar immer soviel mit ihrer Abwehr zu tun, daß sie sich nur wenig Gedanken über ihre Entstehung machten. Entsprechende Mythen sind selten und werden eher beiläufig miterzählt. Geister erscheinen so selbstverständlich wie der Sand am Meer, über dessen Herkunft man auch nicht weiter nachdenkt. Einhellig war man gleichwohl der Meinung, daß sie nur auf eine irgendwie *ungute* Weise, ähnlich wie heute noch Asoziale und Krüppel erzeugt werden, entstanden sein konnten.

Manchmal glaubt man, daß Gott selbst für ihre Existenz verantwortlich ist; es mangelte ihm ja anfangs noch an Erfahrung, so daß ihm das eine oder andere danebenging. Einem malaiischen Mythos nach hielt das Lehmmodell des ersten Menschen nur, weil der Schöpfer ihm eiserne Stützen eingezogen hatte. Allerdings kam er auf diesen glücklichen Gedanken erst beim zweiten Versuch. Beim ersten nämlich war der Torso, als er ihm seinen Odem einblies, «explodiert» – und aus den angekohlten Trümmern, die weitverstreut überall niedergingen, wurden die Geister[91], geboren aus fehlerhaftem Verhalten und Bruchwerk. Ähnlich ungeschickt stellte sich Gott auch nach einer außerbiblisch-jüdischen Überlieferung an. Hier hatte er zunächst statt der Leiber die Seelen der ersten Menschen erschaffen. Als er nun fortfahren und die Lehmkörper bilden wollte, wurde er vom Sabbat überrascht – er hatte völlig zu bedenken vergessen, wieviel Zeit er für sein Vorhaben brauchen würde. Natürlich brach er die Arbeit auf der Stelle ab. So kam es, daß die armen Geschöpfe *unfertig*, das heißt «bis auf heute Seelen ohne Leib» blieben.[92] Handelte der

Allmächtige in diesen Fällen sträflich unüberlegt, so waren es nach
hinduistischem Glauben quälende Empfindungen von Unwohlsein,
die ihn zur Erschaffung bösartiger Geistwesen animierten: Nach Vollendung eines Großteils der Schöpfung überfielen ihn nämlich Hunger und Durst; diese Passionen setzten ihm mächtig zu; das erzürnte
ihn und verfinsterte seinen Sinn – und so erschuf er Wesen, die
seiner unguten Stimmung entsprachen: mißgebildete Kreaturen, aus-
gemergelt vor Hunger, von wilder, zügelloser Grausamkeit und un-
stillbarer Gier nach Menschenfleisch; eben das Schreckensheer der
Dämonen.[93]

In der Hauptsache jedoch hat Gott nicht unmittelbar mit der Entstehung der Unheilsgeister zu tun. Sie können sich etwa auch wie
von selbst, wie Geschmeiß in verrottendem Fleisch, aus *Abfallstoffen*
der Schöpfung, aus Spänen, Fortgeworfenem oder Asche von Ver-
branntem bilden.[94] Denn «in Gottes Weltenplan», so versichert der
katholische Theologe und ehemalige Päpstliche Geheim-Kämmerer
Egon von Petersdorff in seiner *Daemonologie* aus den fünfziger Jahren,
sind «auch die Geschöpfe in der Verneinung, *im Abfall* eingeschlossen.»[95] Doch gewinnt man den Eindruck, daß der Allmächtige in der
Hinsicht gespalten war. Denn die abtrünnigen Engel, von deren un-
heiligem Wirken im vorangegangenen Kapitel die Rede war, ließ er
nicht gerne «fallen» und schließlich tief unter der Erde, in der Finsternis, in Fesseln schlagen; und die Riesenbastarde gar, die sie mit
den Töchtern der Menschen gezeugt und die so ungeheuerliches
Elend über die Menschen gebracht hatten, hieß er vollends vernichten. Allein es heißt, daß die mit dem Strafgericht beauftragten Erzengel nur den fleischlichen Hüllen der «Hurenkinder» den Garaus
zu machen vermochten: ihre verderbten Seelen fuhren unversehrt
aus «und treiben seither als böse Geister oder Dämonen ihr Unwesen
auf der Erde.»[96] Einer schweizerischen Volksüberlieferung nach dürfen sie sogar auch einige der gefallenen Engel selbst zu den Ihrigen
zählen. Gott hatte diesen nämlich, als er sie in die Hölle verwies, eine
Frist gesetzt. «Ihre Zahl aber war so groß, daß es dichte Haufen vom
Himmel schneite, wobei wie beim Schneefall einige schneller und
früher, andere langsamer und später auffielen. Im Augenblick, da die
Frist auslief, waren ihrer noch viele im Fallen begriffen, zwischen
Himmel und Hölle» – und dort verblieben sie dann, *nolens volens,* als
ruhelos Böses wirkende Geister, im Nacken der Menschen.[97]

Vor allem aber mußte natürlich der Böse selbst ein Interesse an
geeigneten Helfershelfern haben. Der einfachste Weg war, sich ein
Weib seiner Art zu suchen und mit ihr unzählige kleiner Teufel in
die Welt zu setzen – wie er zum Beispiel nach dem Glauben der

Andamanen-Insulaner tat.[98] Aber er hatte, als echter, uranfänglicher
«Gegengott», durchaus auch noch andere, kreativere Möglichkeiten.
Einer weitverbreiteten mittel-, ost- und nordeuropäischen Volksüberlieferung nach saßen Gott und der Teufel vor langer, langer Zeit
einmal im Himmel beisammen. Da sie wenig Gemeinsames hatten,
überkam den Teufel Langeweile. Gott in seiner Güte wollte ihm helfen und regte ihn an, einen seiner Finger in Wasser zu tauchen und
hinter sich abzuschütteln. Das Spiel fand zwar des Teufels Gefallen,
doch wollte er es nicht so zimperlich angehen. Er tauchte deshalb
gleich «die ganze Hand ein, und als er sie zu schütteln begann, entstanden Scharen von Teufeln.» Wie zu erwarten, konnte das nichts
Gutes für das Zusammenleben im Himmel bedeuten. Es kam zu Kon-
troversen, bis Gott schließlich die Geduld verlor und die Teufel allesamt aus dem Himmel warf - und: «wer ins Wasser fiel, wurde Was-
sergeist, wer in den Sumpf fiel, wurde Sumpfgeist usw.»[99]

Damit war es dann aus mit der ursprünglichen Idylle. Die Bosheit
der Gefallenen wuchs, verzehrte sie vollends. Skrupellos suchten sie
nunmehr nach Gesinnungsgenossen unter den Menschen. Alle, die
ihnen ins Netz gingen, starben den «Schlimmen Tod»; ihren Seelen
blieb der Eintritt ins Totenreich verwehrt; so irrten sie fortan ruhelos
und von bitterem Haß wider die glücklicheren Menschen erfüllt im
Grenzbereich zwischen den Welten umher, das Heer der dort hau-
senden bösen Geister Jahr für Jahr um Tausende verstärkend. Und
ein Ende ist da nicht abzusehen; denn weder die Teufelchen noch
die Teufel rasten. In früheren Jahrhunderten gönnte sich der Satanas
auch gelegentlich galantere Mittel, verführte höchstselbst züchtige
Damen oder buhlte mit Hexen, was ihm im letzteren Falle eine zusätzliche Geisterbrut eintrug;[100] im ersteren hatte es bekanntlich die
Geburt von Behinderten oder *Krüppeln* zur Folge. Auch deren Seelen,
schwarz wie die ihres Vaters, verstärkten nach ihrem Tod das Geister-
heer.

Hätte sich das alles vermeiden lassen, gesetzt etwa, es wäre den
Menschen, noch früh genug, möglich gewesen, dem Bösen ganz und
gar den Garaus zu machen? Die Tschuwaschen, eine ethnische, heute
turksprachige Minderheit von vermutlich finnougrischem Ursprung
in Rußland, besitzen eine derartige Überlieferung. Ihr nach brachten
es die Menschen vorzeiten tatsächlich zuwege, den Teufel zu übermächtigen und zu töten. Um auch ganz sicherzugehen, verbrannten
sie seinen Leichnam – doch was war die Folge? Aus der dampfenden
Asche erhoben sich Myriaden böser Geister und schwärmten aus über
die Welt.[101]

3. Ethnogonie

Aber die Schöpfung wird nicht allein von Drachenmonstern, satanischen Gegengöttern und Unheilsgeistern bedroht. Längst schon haben der Böse und sein vielköpfiges Gefolge den Weg zu den Herzen der Menschen gefunden. Selbst manche der Bestbeschaffenen im zentralen Mittelbereich erlagen ihrem giftigen Anhauch. Mehr und weiter indessen vermochte ihr Ungeist in den abgelegeneren, peripheren Strichen der Erde um sich und durchzugreifen, auf dem sumpfigen oder steinigen Grund, in den Wüsteneien und verwachsenen Wäldern der liegengebliebenen, noch rohen und kaum erst geformten Schöpfungslandschaften, wo Mißkreaturen, Geister und wilde, tiernahe Menschen in enger Nachbarschaft beieinander hausen und Angleichungen, selbst Durchmischungen unvermeidlich sind.

Konsequent nur, daß entsprechende Vorstellungen über den Ursprung ferner, fremder und vor allem äußerlich andersartiger Völkerschaften im Umlauf waren. Wieder konnte es sich etwa um die Nachfahren *mißglückter Schöpfungsversuche* handeln. Nach einer mythischen Überlieferung der Seminolen in Florida ließ der Große Geist das Lehmmodell des ersten Menschen mangels Erfahrung zu lange im Feuer, so daß die Oberfläche verbrannte, rußig und krustig wurde. Ungewollt schuf er so die Schwarzen; sie gefielen ihm zwar nicht, aber er ließ sie am Leben. Bei einem erneuten Versuch verfiel er ins andere Extrem und brach den Brennungsprozeß zu früh ab, so daß sein Geschöpf zu fahl geriet: er hatte den Ahnherrn der Weißen erschaffen. Der entsprach zwar schon mehr seiner Vorstellung, aber doch nicht ganz dem, was ihm eigentlich vorschwebte. Also machte er sich ein drittes Mal an die Arbeit. Und nunmehr hatte er die Technik vollends im Griff – herauskam der rote Mensch, der genau die Mitte zwischen Schwarz und Weiß hielt. Mit ihm war ihm sein *Meisterstück* gelungen, «dieser gefiel ihm».[102] Nach Auffassung der Buschmänner (Südafrika) vollzog sich die Schöpfung in zwei scharf voneinander geschiedenen Etappen. Während der ersten war alles noch Ansatz, befand sich im Werden, in stetigem Übergang. Die Menschen hatten äußerlich noch viel von den Tieren, wenngleich sie bereits aufrecht gingen, Ehen schlossen, jagten und sammelten. Allerdings hielten sie sich an keinerlei Regel, kannten weder handlungsleitende Normen noch Brauchtum. Gott kehrte dann in der zweiten Schöpfungsetappe die unerträglich gewordenen Verhältnisse um und erschuf so die noch heute gültige Seinsordnung – mit den Buschmännern als ihren menschlichen Repräsentanten.[103] Auch wenn die Überlieferung keinen eigenen Hinweis darauf enthält, lag doch die

Vorstellung nahe, daß Reste der urtümlichen, tierhaften Menschheit noch irgendwo in der Ferne, hinter dem Horizont, fortlebten.

Zu derartigen, wenngleich in die zeitliche Vertikale versetzten Schlußfolgerungen kamen jedenfalls europäische Gelehrte, als in der zweiten Hälfte des 19. Jahrhunderts die ersten fossilen Skelettfragmente einer von der gegenwärtigen, dem *Homo sapiens recens,* auffallend abweichenden Menschenart entdeckt wurden. Eben der besonderen Divergenzen wegen mußte es sich um eine urtümliche, sehr frühe Spezies handeln, die hier nicht hinter dem Horizont hauste, sondern gewissermaßen abgestorben «darunter» lag. Die Funde stammten vom «Neandertaler» (*Homo sapiens neanderthalensis,* auch *H. s. primigenius*). Von dem ihm vorausgegangenen *«Pithecanthropus«* («Affenmensch»), geschweige denn den noch früheren *«Australopithecinen»* («Südaffen»), wußte man damals noch nichts. Indessen, der Neandertaler erschreckte die Gemüter bereits genug. Man konnte erkennen, daß er offensichtlich eine flache Stirn, kräftige Überaugenwülste, ein «Spitzgesicht» mit fliehendem Kinn, ein kegelförmiges Hinterhaupt, ein massiges Skelett und leichte Biegungen des Oberschenkelbeins und anderer Gliedmaßenknochen besessen hatte. Es herrschte erhebliche Unsicherheit, ob man das Ungetüm schon zu den Ahnen der «eigentlichen», der Jetztzeitmenschen, rechnen dürfe. Viele vermuteten überhaupt (in bezug auf den ersten Fund), es handle sich um die Überreste eines von Krankheit *entstellten* Menschen oder auch den Vertreter einer *fernen* Rasse, den es auf irgendeine Weise nach Europa verschlagen habe. Selbst Rudolf Virchow (1821–1902), der große Anatom und Pathologe, schloß auf einen bedauernswerten armen Teufel, der in seiner Jugend Opfer einer Rachitis und im Alter der Gicht geworden sei. Am treffendsten wohl resümierte ein englischer Autor, was dem Urteil der damaligen Zeit entsprach:

«Es mag einer von den wilden, unterbegabten, *halbverrückten,* grausamen und harten Menschen gewesen sein, die man mehr oder weniger immer am Rande *barbarischer* Stämme finden kann. Sie treten hier und da auch in zivilisierten Gemeinschaften auf, wo sie vielleicht zu Zuchthaus oder zum Galgen verurteilt werden, wenn ihre *mörderischen Neigungen* sichtbar werden.»[104]

So war die Parallele gezogen. Es konnte sich bei diesen frühen Formen nur um wahre Bestien in Menschengestalt gehandelt haben, deren häßliches, grobschlächtiges Äußeres entsprechend auf eine «vertierte» Seele und Kultur bestenfalls in den rudimentärsten Ansätzen schließen ließ. Aber die Neandertaler lebten als Wild- und Feldbeuter, die den rezenten Befunden nach zu den friedlichsten Men-

schen zählen und ausgesprochen verträglich miteinander umzuge-
hen pflegen, ja meist auch als besonders heiteren Sinns geschildert
werden. Ausgrabungen erbrachten Beispiele dafür, daß die Neandertaler versehrte, möglicherweise durch Unfall jagduntauglich gewor-
dene Gruppenmitglieder zeitlebens mitversorgten[105] und auf die Gräber ihrer Toten duftende Blumen streuten![106] Desohngeachtet por-
trätierte sie der bekannte französische Paläontologe Pierre Marcellin
Boule (1861–1942) noch 1952, als die ethnologische Wild- und Feld-
beuterforschung bereits soviel Material zusammengetragen hatte,
daß eine Revision des Bildes eigentlich zwingend geboten schien, in
einem gängigen Lehrbuch noch ganz auf die altvertraute Weise:

«Die Verwendung nur einer kleinen Anzahl von Rohstoffen, die Urtümlichkeit
(*simplicité*) seiner steinernen Gerätschaften, das Fehlen aller Spuren ästhetischer
oder moralischer Ausdrucksintentionen, jedenfalls dem Anschein nach, *stimmen
gut mit der brutalen Erscheinung dieses mächtigen und schweren Körpers, dieses knochigen
Schädels mit den robusten Kiefern,* überein und liefern nur einmal mehr die Bestätigung für die Prädominanz der rein vegetativen oder animalischen (*bestiales*) über
die geistigen (*cérébrales*) Funktionen.»[107]

Die Evolution indessen fegte die prähistorischen Krüppel via Selektion, auf dem Schlachtfeld des *bellum omnium contra omnes,* wie ihn
schon Thomas Hobbes (1588–1679) und nach ihm noch viele andere
große Köpfe als unfehlbaren Mechanismus des Fortschritts gefeiert
hatten,[108] hinweg – bis auf wenige ethnische Überdauerlinge, die
«Barbaren», «Wilden», «Primitiven» oder «Unterentwickelten» jenseits der zentralen Hochkulturwelt.

Allerdings konnte es mit ihrem Ursprung auch eine andere Bewandtnis haben. Manche Überlieferungen nämlich führen ihn wieder auf ein Urvergehen ihrer ältesten Altvorderen zurück. Nach Anschauung der Beduinen Arabiens rühren zum Beispiel die Sulaba
(Sleb), Angehörige einer ehemals noch weitgehend jägerischen
Pariaethnie des Landes, von einem Inzest in grauer Vorzeit her.[109] In
Indien glaubt man entsprechend die Kehrer und Abfallbeseitiger, die
als geborene Mitglieder der niedrigsten Kasten gewissermaßen den
«Abschaum» der Gesellschaft bilden, aus einer normwidrigen Vermi-
schung von Leuten ihrer und der ranghöchsten, der Brahmanen-
kaste entstanden.[110] Auf Samoa leiteten sich Häuptlingsgeschlechter
vom Himmelsgott Tangaloa ab – «wohingegen das gemeine Volk aus
Maden entstanden sein soll, die in verfaulendem Schlingkraut wim-
melten.»[111] In beiden Fällen handelte es sich sozusagen um binnen-
gesellschaftliche Barbaren, den Bodensatz der Gemeinwesen, über
den die Höhergeborenen, getragen von ihm, hinwegschritten. Andere

Völker holten ethnographisch auch weiter aus, vor allem, wenn es um Menschen mit auffallend abweichendem Äußeren ging. Hellhäutige machten sich so beispielsweise immer wieder Gedanken über den Ursprung der Schwarzafrikaner. Auch die alten Israeliten. In einer außerbiblischen Überlieferung, die möglicherweise eine ursprünglichere, ungekürzte Fassung der Erzählung vom trunkenen Noah, der nackt in seiner Hütte liegend seinen Rausch ausschläft (1. Mose 9: 20–27), darstellt, wird wiederum eine schwere Verfehlung als Ursache dafür ins Feld geführt:

«Dafür, daß Ham [der Urvater der Schwarzafrikaner] mit seinen Augen die Blöße seines Vaters geschaut hatte, wurden seine Augen rot, dafür, daß er mit seinen Lippen darüber gesprochen hatte [zu seinen Brüdern Sem und Japhet], wurden seine Lippen schief, dafür, daß er sein Angesicht nicht abgewandt hatte, wurden die Haare seines Kopfes und seines Bartes wie versengt; dafür, daß er seines Vaters Blöße nicht zugedeckt hatte, sollte er selber nackend herumgehen mit bloßer Scham; denn dies ist des Herrn Gesetz: Maß für Maß.»[112]

Gott strafte den Frevel mit harter Hand – Ham und seine Kindeskinder blieben für immer «entstellt»; sie wanderten ab aus der zentralen Kulturwelt Vorderasiens in die heißen Randbereiche der Erde, ins «dunkle Afrika». Dort mag ihre Haut allmählich die heutige Tönung erhalten haben; denn auffallenderweise enthält dafür die Erzählung keinerlei Begründung. Auf in etwa das gleiche läuft die chinesische Erklärung hinaus, die Barbaren seien die Nachfahren *abtrünniger* Söhne ihrer urzeitlichen Gründerheroen, die seinerzeit im Kampf geschlagen und «in die äußersten Weltgegenden» vertrieben wurden.[113]

Fern der Zivilisation, in einer wilden Welt unter verqueren Kreaturen und Geistern lebend, mußte ihre weitere Entwicklung dann vollends ins Absonderliche gehen, so daß später auch Vermutungen aufkommen konnten, sie stammten wohl gar nicht von rein menschlichen Eltern, sondern aus der Verbindung eines Mannes oder einer Frau mit einem Tier ab. So etwa bezichtigten die Netsilik, eine Eskimo-Gruppe, die ihnen südlich benachbarten Indianer, aus der Buhlschaft eines verworfenen Eskimoweibes mit einem Hund hervorgegangen zu sein.[114] In anderen Fällen sah man wieder auch die Geister beteiligt. Einer derartigen Beziehung dankten nach zoroastrischer Auffassung zum Beispiel die Menschen «mit schwarzer Haut» ihre Entstehung.[115] Unter Goten und anderen germanischen Völkern, die mit den Hunnen unmittelbar in Kontakt gekommen und von ihrem fremdartigen Äußeren und «wilden» Gehabe ebenso abgestoßen wie verschreckt waren, ging die Überlieferung um, ein gotischer König

habe vor alters «gewisse Zauberweiber» aus seinem Volk, die man
besonders im Verdacht hatte, auf das übelste schadenstiftend tätig
geworden zu sein, vertrieben und dazu verurteilt, fürderhin weit fort
in der Ödnis ihr Dasein zu fristen. Und dort dann «wurden sie von
unreinen Geistern, als sie in der Wüste umherschweiften, erblickt;
diese begatteten sich mit ihnen und umarmten sie, und so entstand»,
wie der Gotenhistoriker Jordanes (ca. 485–552) die Geschichte wie-
dergibt, «dieses wilde Geschlecht» der Hunnen.[116]

Nicht immer nimmt man es gewissermaßen mit dem «Vaterschafts-
nachweis» so genau. In manchen Fällen sieht man, wie schon bei der
Anschauung der Buschmänner deutlich wurde, die Erklärung eher
in quasi evolutionären Prozessen. In den Mythen der Mundurukú im
Nordosten Brasiliens zum Beispiel bleibt die Entstehung der Völker
selbst im wahrsten Sinne des Wortes im dunkeln. Die Überlieferung
setzt – wie im übrigen auch sonst nicht selten – ein, als die Menschen
vorzeiten, Gruppe für Gruppe, aus einem Loch an die Erdoberfläche
stiegen – in bezeichnender Reihenfolge:

«Zuerst erschienen die Parintintin, d. h. den Mundurukú fremde und feindliche
Indianerstämme. Dann kamen die Brasilianer. Dann die Neger. Schließlich unsere
Leute, die Mundurukú. Die ersten dieser Leute waren klein und häßlich. Aber
die folgenden waren schon schöner. Die Mundurukú selbst waren sehr schön, von
kräftiger und feiner Gestalt.»[117]

Die Letztankömmlinge – offenbar, wie im Falle der Seminolen, die
reifste Leistung bei der vorangegangenen Erschaffung der Menschen
– blieben natürlich, wo sie das Licht der Welt erblickt hatten: rings
um die axiale Öffnung, *im Zentrum* der Ökumene, während die andern Schub um Schub abgedrängt wurden, am weitesten fort die
kleinen, häßlichen zuerst Gekommenen, die Vertreter der ältesten
Menschheit!

Die antiken und mittelalterlichen Gelehrten, in West wie in Ost,
waren über derartige Fabeleien natürlich erhaben. Sie führten das
Aussehen, die Art, Kulturarmut und Wildheit der Barbaren allein auf
die extremen Ungunstbedingungen ihrer Sitze in den Randbereichen der Erde zurück – wo eben, wie sich ergänzen läßt, die Schöpfung noch unvollkommen, nicht zur Vollendung ausgereift wie in der
klimatisch gemäßigten Zentralzone war. Der Araber Al-Dschahiz (ca.
776–868) zum Beispiel polemisiert gegen die Auffassung, die Wilden
verdankten ihre abartige Physis – etwa das äffische Aussehen – einem
Strafakt Gottes. Es sei das Klima, das «verderbe»; je kälter bzw. heißer,
desto durchschlagender seine Wirkung, wie in den Extremfällen der
Schwarzen und Weißen («Slaven»): «Schwärze wie Weiße sind die

Resultate eines unmäßigen Klimas, das sich seine direkte Entsprechung in physiognomischer und charakterlicher Unmäßigkeit schafft.»[118]

Aber die klimatischen «Extremitäten» sind nur Ausdruck der akosmischen Natur jener Randregionen, die eben wahrhaft des Teufels sind. Und der mischte sich, wie berichtet, ja gerne auch selbst in die Schöpfung ein, ob nun aus Langeweile, purer Bosheit oder weil er mit Klima und Geistergefolgschaft den Erfolg seiner Ziele nicht hinreichend gewährleistet sah. So konnte leicht der Verdacht aufkommen, daß er seine krummen Finger auch bei der Entstehung mancher Barbarenvölker im Spiel gehabt hatte. Die Machiguenga in Peru kannten ihn erst als mächtigen «bösen Geist». Aber sie waren sich sicher, daß ebendieser die feindlichen Stämme der näheren und ferneren Nachbarschaft erschaffen hatte.[119] Vor allem aber drängte sich der Verdacht bei den Schwarzen auf. Als Gott mit der Modellierung Adams begann, wollte einer brasilianischen Überlieferung nach auch Satan

«einen Menschen erschaffen mit Hilfe der erforderlichen Menge von Ton, wie er es beim lieben Gott gesehen hatte, und es gelang ihm auch ziemlich gut; aber alles, was er berührte, wurde schwarz, und sein Mensch hatte natürlich auch diese Farbe. Wie Meister Satan das sah, wollte er ihn reinigen und ging, um ihn in den Jordan zu tauchen. Aber die Wasser des Jordan wichen sogleich zurück, und nur die Handflächen und die Fußsohlen des ersten Negers tauchten in das Gefäß ein, was ihre verhältnismäßig weiße Farbe erklärt. Wütend versetzte der Teufel seiner Kreatur einen furchtbaren Faustschlag auf die Nase, welche dadurch platt wurde, Der Unglückliche flehte um Gnade, und da er an seinem eigenen Unglück nicht schuld war, sah der Teufel ein, daß er sich mit Unrecht gegen ihn ereifert hatte, und strich ihm mit einer Art höllischer Zärtlichkeit mit der Hand durch die Haare; da aber diese Hand sehr heiß war, so verrichtete sie sogleich den Dienst der Brennschere. Darum sind die Neger schwarz, haben eine verhältnismäßig helle Handfläche und Fußsohle, eine plattgedrückte Nase und krauses Haar.»[120]

Juden und Christen erschienen die Heiden allesamt als Teufelskinder, bzw. «Söhne Beliars».[121] Nach abendländisch-mittelalterlicher Auffassung erklärte das neben ihrer besonderen Bösartigkeit gerade auch ihre «arteigenen» Abnormitäten, gleichsam ihre *Krüppelnatur.*[122]

So freilich mußten den Naturvölkern auch die Weißen erscheinen – zu blaß, wie leichenfahl, von überhohem, grobschlächtigem Wuchs, mit scharfkantigen Nasen in einem Gesicht voller Haare, also insgesamt abschreckend häßlich und zudem bösartig und grausam wie fleischgewordene Teufel. Nach der erwähnten Überlieferung der Munduruкú entstiegen sie gleich als zweite, unmittelbar nach den ältesten, dem Schöpfer am wenigsten gelungenen Menschen und

noch vor den Schwarzen dem Erdloch; auch dem Großen Geist der
Seminolen war ihr Urahn ja nur unvollkommen geglückt. Die Machiguenga schrieben ihre Erschaffung demselben übermächtigen Unheilsgeist zu, den sie für den Ursprung ihrer feindlichen Nachbarn
verantwortlich machten.[123] Gruppen Guayanas gingen davon aus, der
Schöpfer habe die Weißen aus *schlechterem* Holz als die Indianer ge-
schnitzt. Wieder anderen Überlieferungen nach stammten sie von
urzeitlichen Monstern oder dem Mißgeschöpf aus der Verbindung
einer ausgestoßenen Frau mit einem Tier – einem Hund zum Beispiel – ab.[124]

Heranrückend vom Rand der Welt, waren die häßlichen weißen
Teufel, wie Gog und Magog nach den apokalyptischen Visionen der
Johannesoffenbarung (20: 7ff.), über die schönen farbigen Men-
schen im Herzen der Erde gekommen, hatten verdorben, zerstört
und getötet – wahrlich, das Ende aller Tage scheint ihnen über die
Schöpfung hereingebrochen.

VI.

Gestaltwandel

1. Transgression

Die schönen, wahren und guten Menschen leben nun mal nicht allein auf der Erde; sie müssen sie, zu ihrem Unglück, mit anderen teilen. So gibt es immer zwei Welten: die eigene und die uneigene, fremde außenherum; beide überdies allüberall durchdrungen und rings bis in die Unendlichkeit umfangen von Jenseitigkeit, in der sich ihr Widerspiel unheil- wie heilvoll und fließend übersteigt.

Die erstere stellt die Vollendung der Schöpfung dar. In ihr gibt es nichts zu verbessern, lediglich Verhaltensaberrationen zu korrigieren, Störungen zu beheben, Beschädigtes wiederherzustellen, Querschlägiges, das aus der Fremdwelt Zugang fand, nach außenhin abzudrängen, besser noch vollends auszuscheiden, wenn nicht zu vernichten. Das Ideal ist der unangetastete Erhalt der seit Anbeginn überlieferten Ordnung. Insofern kann nur «Ruhe» Ausdruck des Guten, muß «Bewegung», die potentiell immer Veränderung in sich trägt, des Bösen verdächtig sein, wie es zum Beispiel – aber natürlich nicht nur – hinduistischer Auffassung entspricht.[1]

Doch da ist das stete Problem, daß die eigene rings an die Außenwelt grenzt und man kaum umhinkann, schon um des eigenen Existenzerhalts willen seinen Fuß auf Fremdland zu setzen – unentbehrlicher Rohstoffe wegen, aus Handelsgründen, um Ehepartner zu gewinnen, Absprachen mit Nachbargruppen zu treffen oder Bündnisabkommen zu schließen. So besteht nicht eigentlich «Niemandsland» zwischen den Welten, sondern eher ein besonderer dritter, ein intermediärer Übergangsbereich, in dem Beidseitiges ineinander übergeht, Brechungen erfährt, sich auflöst und neue, ungewöhnliche Verbindungen eingeht, in dem Fluktuationen entstehen, Oszillationen aufscheinen und unkalkulierbare Bewegung aufkommt: Grenzzonen bilden Problemfelder *par excellence* (ein Satz, der sich auch umkehren läßt).

Wer aus dem heimischen Binnenbereich zu einer Reise in die Außenwelt aufbricht, muß, ehe er das Fremdland betritt, in dem die Verhältnisse, weil durch Umkehrung des Eigenvertrauten definiert, insgesamt doch kalkulierbar erscheinen, zunächst die Grenze zwischen beiden passieren. Das geschah – und geschieht im Ansatz noch

immer – auf ritualisierte Weise, auf irgendeine Art der bekannten
«Rites de passage». Dadurch sollte gewährleistet werden, daß man festen Fußes und geradewegs auf dem unsicheren Grund und durch
die trügerische Gestaltwechselwelt der Grenzzone «hinübergelangte»
und vor den Gefahren, möglichen Schädigungen und Brechungen
«draußen» gefeit war.

Indessen gab es schon immer auch Menschen, deren eigentliche
Lebensräume gerade die Grenzbereiche bildeten. Teils blieb ihnen
gar keine andere Wahl, weil man sie aus den Binnenarealen verwiesen
und an den Rand der Gesellschaft abgedrängt hatte, wie Aussätzige,
Bettler, Krüppel und anderes «Lumpengesindel»; teils handelte es sich
um heimatlose, irgendwann durch Eigenverschulden oder Unglück
verknickte und gebrochene Kreaturen, die in den offenen, struktur-
schwachen, labilen Übergangszonen ihr adäquates Milieu fanden, deren Luft sie atmen, in deren Welt sie noch leben konnten. Die Grenze
war eben ihre Straße, auf der sie, tänzelnd, hinkend und taumelnd,
nur mühsam eine Zeitlang das Gleichgewicht wahrend, ihres Weges
dahinzogen, mal hierhin, mal dorthin, als ewig «fahrendes Volk».

Sie mußten sich nützlich machen, um überleben zu können. Ver-
weilend, wo man sie brauchte, flickten sie Kessel, schienten gebrochene Knochen und zogen Zähne, banden Besen und Bürsten, floch-
ten Körbe, handelten mit Amuletten und Devotionalien oder spielten
zu Festlichkeiten auf.[2] Da sie weit herumgekommen waren, wußten
sie mehr, vor allem von Dingen, mit denen redliche Leute, öffentlich
zumindest, nur ungern zu tun hatten, gleichwohl ihrer gelegentlich
aber doch bedurften. So suchte man die Kundigen dann im verborgenen auf oder schickte unverdächtige Mittelsleute, um einen Talis-
man oder ein potenzstärkendes Mittel zu erwerben, sich wahrsagen,
eine heilkräftige Medizin, ja ein tödliches Gift mischen oder einen
wirksamen Zauber nennen zu lassen, mit dem man mißliebige Rivalen fühlbar schädigen konnte.[3]

Fahrende waren zwielichtige Naturen, schwankend in einem steten
«Schwellenzustand», und als «Grenzgänger» solchergestalt «notwendi-
gerweise unbestimmt», wie der Ethnologe Victor Turner (1920–
1983), der sich jahrzehntelang intensiv mit Fragen und Phänomena-
lität dieser Art Übergangsproblematik beschäftigte, diese ihre «Limi-
nalität» zu fassen sucht – unbestimmt,

«da dieser Zustand und diese Personen durch das Netz der Klassifikationen, die
normalerweise Zustände und Positionen im kulturellen Raum fixieren, hindurch-
schlüpfen. Schwellenwesen sind weder hier noch da; sie sind weder das eine noch
das andere, sondern befinden sich zwischen den vom Gesetz, der Tradition, der
Konvention und dem Zeremonial fixierten Positionen.»[4]

Sie könnten Irren entsprechen, wie sie ja häufig auch mit ihnen zogen und deren verqueres Gehabe und Gerede oftmals Beklommenheit auslöst, weil niemand sich sicher ist, ob ein Ungeist oder Gott sich ihrer bedient. In vielen Kulturen, auch in der islamischen und der christlichen Welt begriff man die «Narrheit» eher im letzteren Sinne. Geistesgestörte galten als Gezeichnete Gottes, der sie angerührt und in ihre von menschlichen Gedanken leeren Köpfe von seinem Geist gegossen hatte: «Der Wahnsinnige sieht, was anderen verschlossen ist, er kennt die Zukunft und das Schicksal der Menschen. Er ist ein hellsehender Prophet.»[5] Er war eine Zwittergestalt von der Art eines Wechselbalgs und zu Recht an seinem Platz.

Andere machten die Vieldeutigkeit ihrer Welt bewußt zum Gewerbe; Akrobaten etwa, die ihr Publikum unterhielten, indem sie wie spielerisch mit Zerbrechlichem jonglierten, auf scheinbar «halsbrecherische» Weise, zwischen Gestalt und Ungestalt wechselnd, ihre Leiber verbogen oder auf einem schwankenden, hochgespannten Seil balancierten; Gaukler lösten durch kunstvolle Täuschung die Scheide zwischen Schein und Wirklichkeit auf, während Possenreißer die ernste Figürlichkeit des Erhabenen durch Verkehrung und vielfältige Brechung herab ins Lächerliche zogen. Sie lebten von *Verstellung* und Trug, wie es ihrem Janusdasein entsprach, waren geborene Komödianten, Menschen, die nicht anders konnten, als ihren Balg, ihre «Rolle», stetig zu wechseln: Zwischen den Welten entstand das Theater, das seine Wirksamkeit aus dieser «Überweltlichkeit» bezieht und in Gefahr ist, wenn es zu sehr auf die eine oder andere Seite gerät, sich dem «Realismus» oder der Absurdität verpflichtet.

Grenzgänger waren wohl nur selten glückliche Menschen; auch dieser Satz ließe sich, wie viele im folgenden, umkehren. Selbst die sozusagen kommunal approbierten unter ihnen, wie Schäfer und Jäger etwa, blieben nicht frei vom Anhauch der Unweltlichkeit, mit der immer wieder in Berührung zu treten Teil ihres Metiers war. Man traute ihnen allerhand ungewöhnliches Wissen, die Kenntnis wirkmächtiger magischer Praktiken, das «Zweite Gesicht» und dergleichen zu. Ihr Doppeldasein ließ sie nicht Wurzel schlagen. Es sonderte sie ab, machte sie einsam und so offenbar oft auch melancholisch, zu Grüblern und «Sonderlingen».

Schäfer sind dafür bekannt genug. Aber bei ihnen handelte es sich eher um sanfte, friedfertige Naturen. Jäger dagegen «greifen an», sind professionsbedingt aggressiv. Das machte ihre Ausflüge in die Wildnis riskanter, setzte ein besonderes Maß an Umsicht, Erfahrung, Kenntnis und Geschick im Umgang mit den draußen drohenden Gefahren voraus, um sie schadlos bestehen zu können. In traditionellen Pflanzergesellschaften, in denen es gewerbliche Jäger gab, glaubte man denn auch, daß sie über ungewöhnliche Zaubermittel verfügten, die Sprache der Tiere und selbst Bäume verstünden,[6] ja imstande seien, sich unsichtbar zu machen.[7] Ihre Streifzüge boten ihnen zudem auch die Chance, nicht nur ihren persönlichen Erfahrungs- und Wissenshorizont zu erweitern, sondern auch neue, gewinnbringende Entdeckungen für die Ihren zu machen. Nach einer Mythe der Kayapó im Nordosten Brasiliens zum Beispiel stieß einer ihrer Urvorfahren, die damals noch auf dem Himmelsdach in der Oberwelt lebten, bei der Jagd auf das Loch eines Gürteltieres. Begierig nachgrabend, durchstieß er schließlich die Himmelsdecke und gewahrte erstaunt tief unter sich die irdische Welt. Nicht alle, aber viele seines Volkes ließen sich dann an einem Seil durch die Öffnung hinab und begannen die Erde hienieden zu bevölkern.[8] Nach einer Überlieferung der Nuna in Burkina Faso gelang es einem Jäger, Kenntnis von einem Maskenkult der Buschgeister zu erlangen. Er

«sah einmal im Busch vom Ansitz aus seltsame Wesen tanzen. Voll Furcht schlich er zurück und berichtete das Geschehnis seinem Vater. Der beauftragte ihn, solche Wesen zu fangen. Der Sohn pirschte sich also wieder an die Tanzenden heran und rannte dann auf sie los. Sofort versanken sie im Erdboden. Der Jäger konnte gerade noch einen Kopf, das heißt eine Maske, herausziehen und seinem Vater bringen. Der fragte ihn, ob er gut aufgepaßt habe und nun selbst so tanzen könne. Der Sohn bejahte. Darauf entschloß sich der Vater, Masken selbst herzustellen und Maskentänze zu veranstalten, da dies ‹eine gute Sache› sei. Der Jäger wurde Chef der Maskentänzer und lehrte die Nachkommen sein Wissen.»[9]

Vollends feien konnte die Jäger ihr magisches Mehrwissen freilich nicht. Manchmal überstiegen die Schrecken der Wildnis – unheimliche, grauenerregende Erscheinungen etwa, die plötzlich, wie aus dem Boden gewachsen, unmittelbar vor ihnen Gestalt annahmen – auch ihre Fassungs- und Abwehrkraft, so daß sie, regelrecht ihrer Sinne beraubt, den Verstand verloren.[10] Die jedoch erfolgreich und heil immer wieder zurückkehrten, gewannen mit ihrer Geheimnisumwitterung nicht nur Respekt, sondern auch Ansehen; man achtete sie, wie in westafrikanischen Gesellschaften etwa, großen Kriegern gleich.[11] «Die Jagd», bestätigt Thomas O. Beidelman auch für den Osten des Kontinents, «ist Ausdruck für die Beherrschung der Wildnis und wird bei den Kaguru, wie bei vielen anderen ostafrikanischen Völkern, mit besonders erfolgreichem, heldenmütigem Führertum assoziiert.»[12] Ein Mehr an Fortüne konnte hinzukommen, wenn ein Jäger die besondere Gunst einer Geistmacht gewann, wie in Hunza im Norden von Pakistan, wo es gelegentlich einer Bergfee gefiel, einem Jäger, der sich allerdings durch einen untadeligen Lebenswandel auszeichnen mußte, ihre Liebe zu schenken.[13]

Gewöhnliche Sterbliche jedoch mieden die Fremde. Selbst beherzten Männern widerstrebte es ausgesprochen, wie schon früher ausführlich behandelt, Reisen über die Grenzen ihres Territoriums hinaus zu unternehmen. Gleichwohl galt es, gewisse Kontakte zu pflegen. Das geschah dann nicht nur, wie schon gesagt, auf streng ritualisierte, sondern oft auch ausgesucht behutsame, ja bisweilen sogar betont distanzierte Weise. Ein typisches Beispiel dafür ist der sogenannte «Stumme Handel», der gewöhnlich und nicht von ungefähr statthatte unter Völkern, die entweder auf wenig vertrautem Fuß miteinander standen oder sich in ihrer Lebensweise deutlich voneinander unterschieden. Der Handel ging dergestalt vor sich, daß zunächst die eine Partei ihr Angebot an einer bestimmten, dafür üblichen Stelle niederlegte und sich sodann zurückzog, worauf die andere in Erscheinung trat, die Waren aufnahm und entsprechende Gegengüter deponierte. War eine Seite mit dem Tausch nicht zufrieden, ließ sie die Dinge unberührt, verschwand und gab der anderen die Gelegenheit, ihr Angebot zu ergänzen. Beide kamen so persönlich nicht miteinander in Berührung. Fälle dieser besonderen Handelsform sind praktisch aus allen Teilen der Welt belegt.[14] Andernorts, wie bei Papua auf Neuguinea, pflegte man «Gastfreundschaften», um das Bedrohliche der Handelskontakte mit Fremden gleichsam in einer quasifamiliären Bindung aufzulösen. Solche Beziehungen bestanden oft über Generationen hin. Die Söhne beider Seiten wurden im Alter von dreizehn bis fünfzehn Jahren für eine gewisse Zeitlang in die Familie der je anderen entsandt, um sich mit der Sprache und Lebensweise dort gehörig vertraut zu machen. Wann immer die Handelsfreunde einander besuchten, garantierte ihnen die Bindung Schutz und Gastrecht – mit Billigung der beiderseitigen Gruppen: kam es zwischen diesen nämlich zu Streitereien oder gar bewaffneten Auseinandersetzungen, hatte man in ihnen ideale *Vermittler*, weshalb sie generell auch Immunität genossen.[15] Ein analoges Institut bildete in der Antike die *Proxenia*[16] («Gastfreundschaft», wörtlich etwa «Fürfremdlichkeit»!). Reiche Griechen und Römer hielten für ihre Handelsfreunde oft eigene Räumlichkeiten, ja separate Gästehäuser bereit.[17] Die wohl elaborierteste Form des ritualisierten Gütertransfers stellte der melanesische «Kula-Handel» dar. Dabei zirkulierten, in immer den gleichen Bahnen, über weite Teile benachbarter Inseln hinweg bestimmte, rein kommerziell an sich belanglose Güter (Armbänder und Halsketten aus Muscheln), kamen nach Jahren also immer wieder an ihren Ausgangspunkt zurück. Das

sicherte gewissermaßen eine Art «Ringpartnerschaft», die wesentlich
mit zum Erhalt des Friedens beitrug und in deren schützendem Rahmen dann eben auch der eigentliche, merkantile Warenverkehr ge-
fahrlos abgewickelt werden konnte.[18]

Kontakte nicht rein kommerzieller, eher sozusagen «diplomati-
scher» oder «außenpolitischer» Art, bei denen es etwa um Absprachen über die (befristete) Gewährung grenzüberschreitender Jagd-
oder Weidenutzungsrechte, die gemeinsame Inanspruchnahme von
Wasser- und Rohstoffvorkommen, um Bündnisabkommen und dergleichen ging, waren dagegen in der Regel den Ältesten bzw. Oberhäuptern vorbehalten. Bei ihnen glaubte man voraussetzen zu dürfen, daß sie, als gestandene Statusträger, über die gehörigen Kenntnisse und Abwehrkräfte geboten, um sich in der Fremdwelt bewegen
zu können, ohne Schaden zu nehmen. Zudem rückte sie, wie die
Lugbara in Uganda ergänzend bedachten, ihr Alter «Gott näher als
andere Leute», so daß sie immer auch allerhöchsten Schutz genossen.[19] Mit den Ahnen standen sie ohnehin auf vertrauterem Fuß,
besaßen mithin respektgebietende Hilfsmächte in der jenseitigen
Welt – beste Voraussetzungen nach Meinung der Gogo in Ostafrika,
furchtlos auch den Geistern im Busch zu begegnen.[20] Das galt auch
von den «Big Men» in Melanesien und Neuguinea, Männern «von
Einfluß», nicht aufgrund einer offiziellen Führungsposition, die es in
dem Sinne nicht gab, sondern besonderer wirtschaftlicher Erfolge
wegen, die ihnen die Möglichkeit gaben, sich andere durch Geschenke
zu verpflichten und dadurch ein erhöhtes Prestige samt entsprechendem Sozialstatus zu gewinnen. Der Umgang mit Gleichgestellten in
anderen Gesellschaften trug ihnen zudem noch, wie man allgemein
argwöhnte, zusätzliche Kenntnisse aus deren Schatz an magischem
Wissen ein, was sie noch um einiges mehr unanfechtbar machte.
Insofern erwartete man von ihnen auch geradezu, daß sie «externe
Kontakte unterhielten und sich auf den geheimen Umgang mit
mächtigen Männern außerhalb der eigenen Siedlung verstanden.»[21]
Es bildete mit eine Stütze zur Behauptung ihrer Dominanzposition.
Oberhäupter sind, wie sich die Iraqw in Tansania gegenüber dem
englischen Ethnologen Robert J. Thornton ausdrückten, «Männer,
die sich in der Wildnis bewegt haben.»[22] Noch Platon empfahl, nur
Geronten zwischen dem fünfzigsten und dem sechzigsten Lebensjahr
reisen zu lassen; teils sei es aus Handelsgründen und zu diplomati-
schen Zwecken unvermeidlich, teils könne es zur Mehrung von Erkenntnis und Bildung beitragen. «Hegen einige Bürger den Wunsch,
in größerer Muße das Tun anderer Menschen kennenzulernen, dann
halte kein Gesetz sie zurück; denn ein Staat, welcher bei mangelndem

Verkehre gute und schlechte Menschen nicht kennenlernte, vermochte wohl weder zu genügender Milde und Vollkommenheit zu gelangen noch auch seine Gesetze aufrechtzuerhalten, ohne durch Einsicht, nicht bloß durch Gewöhnung sie aufzufassen» – denn eben hieran hat er kaum einen Zweifel: daß Reiseerfahrungen vor allem dazu angetan sind, die Überzeugung von der Überlegenheit der *eigenen* Lebensform zu bestärken. Darum sollten die Reisenden nach ihrer Rückkehr auch «die Jüngeren belehren, wie die auf den Staat bezüglichen Einrichtungen anderer *den ihrigen nachstehen*» (*Nomoi* XII 950 A – 952 D). Reisen unter anderen als den genannten Bedingungen dünkten den großen Philosophen äußerst bedenklich; er riet, sie zu unterbinden.

In den alten Naturvolkgesellschaften sah man es zwar analog, hatte indes nicht so scharfsinnige und weitblickende Erklärungen dafür. Hier war es die dumpfe Furcht vor der Fremde, die den Menschen die Lust am Reisen nahm. Hin und wieder bestand jedoch auch für weniger Hochgestellte ein unabweislicher Anlaß dazu – Vorbereitungsgespräche für eine geplante Heirat, ein Trauerfall, ein turnusmäßiger Verwandten- oder ein Gegenbesuch bei Freunden. Und obwohl man in derartigen Fällen einander kannte, ja schwieger- oder blutsverwandt war, handelte es sich eben doch um einen Wechsel von der heimischen Eigen- in die Außenwelt, der entsprechende Schutzvorkehrungen erforderlich machte. Man unterzog sich vorbereitend vielleicht gewissen Enthaltsamkeitsübungen, mied etwa den Beischlaf in der Nacht zuvor, um bei Kräften zu bleiben, bemalte sich, wie bei südamerikanischen Indianergruppen zum Beispiel, das Gesicht oder auch den ganzen Körper – vornehmlich aus Furcht vor dem Bösen Blick der anderen – in bestimmter Weise, das heißt mit Farben, denen man eine apotropäische Wirkung zuschrieb, legte eine entsprechende Kleidung an, versah sich mit schützenden Talismanen und stärkenden Amuletten und wählte für den Aufbruch eine möglichst günstige Tageszeit, wie den frühen Morgen vor allem. Während der Abwesenheit des Reisenden hatten sich seine Angehörigen daheim – traditioneller Anschauung nach besteht zwischen Ehegatten und engen Verwandten eine Art sympathetischer Wechselbeziehung[23] – in einer Weise zu verhalten, daß nichts geschah, was ihn fernwirkend hätte gefährden können, wie ein Tabubruch zum Beispiel. Kehrte er dann wohlbehalten zurück, mußte er sich, ehe er das Dorf betrat, einer gründlichen Reinigung unterziehen.[24]

Doch mehr noch blickte die Gruppe, die er besuchte, seiner Ankunft mit Besorgnis entgegen. Wiederum hatte er sich, ehe er Zutritt erhielt, *de facto* wie rituell zu reinigen. Frauen und Kinder zogen sich

derweil in die Hütten zurück und schlossen die Türen, um seinem
Blick zu entgehen. Die Männer, vielleicht auch zunächst nur die Ältesten oder das Oberhaupt, treten ihm dagegen gemessenen Schritts
entgegen; nichts darf eilig geschehen, das heißt keine Bewegung aus
dem Auge geraten. Man wechselt gewisse, oft langwierige Begrü-
ßungsformeln, berührt oder umarmt auch einander, bis der Gast
schließlich ins Haus geleitet wird. Auch jetzt unterhält man sich zunächst noch auf eine festgelegte formelle Weise. Erst wenn man gemeinsam zu Tische sitzt und zusammen gegessen und getrunken hat,
lockert sich der Umgang mehr und mehr – der Besucher ist *Teil der
Familie* geworden; man kann einander vertrauen.[25] Reiste man *en
groupe*, bauschte sich das Zeremoniell entsprechend auf: die erste
Annäherung konnte getanzt werden, begleitet von einem formellen
Wechselgesang, verschiedentlich maß man sich auch, in entsprechender Bemalung, Kostümierung und Armatur, in einem dramatischen
Scheinkampf, begrüßte sich dann schließlich, tauschte Gaben aus
und vereinte sich zu einem rauschenden Willkommensfest.[26]

Das alles verdichtete sich dann noch mehr zu den streng struktu-
rierten Formen des Gastrechts, wenn unbekannte oder offizielle Besucher – Gesandte bzw. Oberhäupter benachbarter Gruppen – kamen. Im ersteren Falle allerdings konnten die Ankömmlinge auch,
der befürchteten Risiken wegen, kurzerhand getötet werden. Im letzteren jedoch wurden sie regelrecht, da nicht nur mit den Unheilskräften der Außenwelt affiziert, sondern, vom Standpunkt der gast-
gebenden Gruppe aus, auch in einem Zustand der Rechtlosigkeit
befindlich,[27] durch ein gemeinhin höchstelaboriertes Ritual «geman-
gelt», das in seinen Grundzügen weltweit übereinstimmte.[28] Zustän-
dig für die Kontaktaufnahme und Unterbringung waren, wie schon
gesagt, die Notabeln der Gesellschaft. Sie gingen zunächst, den Ankömmling zu begrüßen, natürlich auf formelle Weise, in der Art des
Herantretens, in Bewegung, Gestik, Mimik und gewissen, stan-
dardisierten Wechselreden. Darauf unterzog man ihn der üblichen
Reinigung, das heißt räucherte ihn unter Umständen ein, wusch ihm
Füße und Hände oder ließ ihn auch ein Bad nehmen und anschließend neue – gruppeneigene! – Kleider anlegen. Nunmehr erst geleitete man ihn zu seiner Unterkunft. Das konnten das Männer-, oft
auch ein eigenes Gästehaus oder ein bestimmter Raum im Gehöft
des Ältesten, bzw. der Residenz des Oberhaupts sein – dergleichen
gesonderte Unterbringungsmöglichkeiten kannte man praktisch in
allen Naturvolkkulturen. Dort erhielt er einen Ehrenplatz zugewiesen, worauf das Aufnahmeritual seine «Krönung» in der wahrhaft
«königlichen» Bewirtung des Gastes durch den Gastgeber höchstper-

sönlich (dem seine Söhne dabei zur Hand gehen konnten) oder
wieder auch in einem gemeinsam eingenommenen Mahl fand, das
die «Adoption» des Besuchers vervollständigte, ihn – befristet – zum
Quasi-Verwandten der Familie seines Gastherrn machte. Und nunmehr
erst war es üblich, ihm Fragen zu stellen – nach seinem Namen,
seiner Herkunft, dem Ziel seiner Reise usw.[29]

Die Gastfreundschaft war gewöhnlich auf maximal drei Tage be-
schränkt. Spätestens danach hatte sich der Gast zu verabschieden. Dabei ging der Umgang wieder in distanzierte Förmlichkeit über; Rede
und Gegenrede, die ganze Etikette «gefroren» gleichsam zu gestelzter
Förmlichkeit. Der Scheidende erhielt Wegzehrung, in der Regel auch
ein Geschenk und wurde vom Gastherrn bis zum Gehöfttor oder bis
ans Ende der Siedlung, von dessen Söhnen, bzw. einer «offiziellen
Abordnung» dann weiter bis zur Territoriumsgrenze geleitet. Damit
erlosch das Gastrecht. Wollte man die Beziehung aufrechterhalten,
pflegte der Besucher zum Abschied auch seinem Gastherrn ein Geschenk zu machen[30] – das heißt man ging ein Reziprozitätsverhältnis
ein, wie es unter Verwandten und Gruppenmitgliedern üblich, ja ob-
ligatorisch ist.

Die ganze so umständliche und komplexe Prozedur hatte also er-
sichtlich zum Ziel, die Annäherung des Fremden bis zur unmittelbaren Berührung *zeitlich zu dehnen*, um den Ankömmling nicht «mit der
Tür ins Haus fallen» zu lassen, die Schrittfolge zu *formalisieren*, um sie
kontrollierbarer zu machen, einander durch den Austausch von
Wunsch- und Segensformeln seiner guten Absichten zu versichern
und schließlich beiderseits verpflichtende Bindungen einzugehen.
Der Besucher wurde gewissermaßen «enkulturiert»,[31] ja adoptiert: Er
nahm für die Dauer seines Aufenthalts die Stellung eines «jüngeren
Bruders» seines Gastherrn ein. Tat er ein Unrecht, mußte sein «älte-
rer Bruder» konsequenterweise für ihn haften; starb er, trat dieser
sein Erbe an, hatte entsprechend aber auch, falls er getötet wurde,
die Pflicht, ihn zu rächen. Der Schutz des Gastes besaß sogar Vorrang
vor dem der eigenen Angehörigen – selbst dann noch, wenn sich
herausstellte, daß er einen Angehörigen seines Wirts erschlagen hatte! Dafür die Hand wider ihn zu erheben, wäre als derart grobe Verletzung der guten Sitten aufgefaßt worden, daß die Gruppe, die ja
teil an der Schande hatte, den betreffenden Gastherrn zum Tode
verurteilen konnte.[32]

Die Nähe der Regel zum Institut des Asyls ist unverkennbar. Auch
diese gewisse Extremform des Gastrechts war in traditionellen Naturvolkkulturen weithin bekannt: Flüchtlinge, auch solche, die sich eines
schweren Vergehens schuldig gemacht hatten, wurden für ihre Ver-

folger unantastbar, wenn es ihnen gelang, ein Heiligtum oder die Residenz eines Oberhaupts zu betreten, bzw. irgend etwas aus dem Besitz des letzteren zu berühren.[33] Sie erzwangen sich damit gleichsam den Schutz, den ein Gastgeber seinem Besucher schuldete. Die Sitte hatte noch lange auch in den Hochkulturen Bestand. Im europäischen Mittelalter boten zum Beispiel zur Hauptsache wieder sakrale Stätten, wie Kirchen, Klöster und Friedhöfe, sowie «grundherrliche Höfe», also Residenzen, manchmal auch bestimmte Dörfer, die zu beiden in engerer Beziehung standen, Asyl.[34]

Die Zeiten haben sich inzwischen geändert. Ganze, mehr und mehr wachsende Ströme von Flüchtlingen und Verfolgten sind, von Elend, Krieg und Terror getrieben, unterwegs auf der verzweifelten Suche nach einem gesicherten Verbleib, einer Chance zum Überleben und Schutz. Die Massenbewegung erdrückte förmlich die Möglichkeiten zu persönlichen Beziehungsaufnahmen, der Kontaktprozeß geriet ins Räderwerk anonymer «Abwicklungsorgane». An die Stelle des höchsteigen haftenden, verantwortungtragenden Gruppenoberhaupts traten «der Staat» und seine Behörden. Das hatte seine unausweichlichen Konsequenzen; es entfielen vor allem:

– der wohlkanalisierte, ritualisierte Zugang mit dem Austausch von Höflichkeiten, Glück- und Segenswünschen, den ersten «vertrauenstiftenden Maßnahmen», wenn man so will;
– die «Adoption», bzw. Aufnahme in Familie und Verwandtschaftsverband, das heißt das eigentlich gastrechtliche Verhältnis (was verbal freilich kaschiert wird durch Euphemismen wie «Gastarbeiter»);
– die daraus resultierende Verpflichtung, für die Bedürfnisse des Gastes aufzukommen und ihn um jeden Preis zu schützen, gerade auch vor Mitgliedern der eigenen Gruppe.

Flüchtlinge und Asylanten *bleiben* so zwangsläufig Fremde, verwiesen an den Rand der Gesellschaft, wo sie *nolens volens* in Kontakt mit den dort Heimischen geraten, mit Entwurzelten, vom Schicksal Geschlagenen und Kriminellen. Besitzen sie noch genügend Abwehrkraft, werden sie nun um so mehr, gleichsam verbissener, zu ihren Traditionen stehen, in Tracht, Brauchtum, Folklore usw. entsprechend greller «exotisch» erscheinen – womit sie in den Augen der binnensässigen Gesellschaft vollends ins Bild der bewegten, gestaltvarianten, schillernd farbigen Welt der grenztänzerischen Marginalexistenzen passen. Das nährt und stärkt das Mißtrauen und die Vorurteile nur um so mehr.[35] Selbst zauberischer Machenschaften verdächtigt man sie; ihre Frauen stehen im Ruch, rechtschaffene Christenmänner in den Sumpf sündiger Leidenschaften ziehen zu können. Besser daher, so wohl der Wunsch nicht weniger, man hält auf Distanz; noch besser wäre vielleicht, ein für allemal reinen Tisch zu machen und die ganze Brut außer Landes zu kehren; und einige wünschen insgeheim und zuweilen sogar lautstark, man löschte sie einfach aus. Mit den Sklaven hatte man da weniger Probleme gehabt. Den Zusammenhängen ihrer Ursprungsgemeinschaft und Heimat «entäußert», entsprachen sie – nicht physisch, aber sozial – Verstorbenen, also gewissermaßen Last- und Arbeitstieren, die, gleich anderen Handelsgütern, Grenzen und Besitzer ohne sonderliches Aufheben wechseln konnten, sofern nur die Regeln des Warenverkehrs, die Gesetze des Marktes gewahrt blieben.[36]

Einen gewissen «Marktwert» besaßen auch Frauen. Aber dabei handelte es sich nur um einen sehr äußerlichen und zudem von Europäern meist mißverstandenen Aspekt der Heirat. Man «zahlte» auf der einen Seite für die erworbene Arbeits- und vor allem Reproduktionskraft («Brautpreis»), auf der anderen erhielt die Braut eine Art materieller «Lebensversicherung» seitens der Ihren («Mitgift»), die ihr einen gewissen Rückhalt in der Familie des Gatten bot und auf die sie in persönlichen Notlagen zurückgreifen konnte. Mehr ging es bei der Verehelichung um das diffizile und prekäre Problem, einer fremden Frau sozusagen lebenslang «Gastrecht» im eigenen, patrilinearen Verwandtschaftsverband zu gewähren. Denn in der Regel herrschte Exogamie, das heißt die Ehepartner stammten aus unterschiedlichen, überwiegend zwei ganz bestimmten, manchmal auch aus mehreren benachbarten Gruppen, wobei die Frau gewöhnlich, aufgrund der mit der patrilinearen Abstammungsfolge fast immer verbundenen patrilokalen Wohnsitzregelung, in Siedlung und Haus der Familie ihres Gatten überwechselte. Und das warf eben spezielle Probleme auf. Man glaubte, wie Bantu Südostafrikas etwa einem Ethnologen gegenüber erklärten, daß einheiratende Frauen «als Angehörige eines anderen Klans ... generell unheilvolle Eigenschaften besäßen.»[37] Und zudem kamen sie mit einem Angehörigen des eigenen Klans, ihrem Gatten, physisch in die engstdenkbare Berührung, während Gäste und Gastgeber einander höchstens flüchtig umarmten. Gleichwohl wurde die Lösung auf analogem Wege, nur unter rituell ungleich komplexerem Aufwand, gesucht.

Wieder erfolgte die Annäherung zunächst behutsam und schrittweise. Vertreter beider Familien – zuerst vielleicht nur die Männer, dann erst die Frauen, manchmal auch umgekehrt – begannen, einander Besuche abzustatten, bei denen sie ihr Anliegen anfangs gar nicht, in der Folge nur vorsichtig, unter Umständen in gewissen Anspielungen zur Sprache brachten. Man tauschte Geschenke aus, aß und trank gemeinsam, und allmählich verlor der Umgang an Förm-

lichkeit, man riskierte, zum Kern der Sache zu kommen – manchmal
waren darüber Jahre vergangen! Stieß man auf Zeichen der Zustimmung, wurden noch weitere Verwandte hinzugezogen, bis man sich
endlich einig wußte und dem Eheschluß selbst nichts mehr im Wege
stand. Dieser freilich bildete, als Endvollzug der Annäherung, den
Höhepunkt des Ganzen. Folglich galt ihm die konzentrierteste Aufmerksamkeit, erreichte der Ritualablauf hier seine elaborierteste
Komplexität. Dennoch lag dem Ganzen eine simple, die übliche Ba-
sisstruktur der Grenzüberschreitungs- und Inkorporationsrituale zugrunde: Die fremde Braut wurde zur Quasi-Verwandten gemacht, das
heißt in aller Form adoptiert, was hier jedoch nicht lediglich andeu-
tend, sondern in voller Konsequenz auf dem Wege einer rituellen
Wiedergeburt geschah. In der Regel vollzog sich der Prozeß dabei in
den folgenden Schritten:

– Die Braut wurde, meist von Freunden des Bräutigams, in ihrem Elternhaus
  abgeholt, manchmal auch zum Schein «gewaltsam entführt» – das heißt «getötet»; ihre Angehörigen blieben weinend und wehklagend zurück («Trennungs-
  riten»).
– Man verbrachte sie – vielfach für die Dauer von drei Tagen! – in ein Versteck
  oder schloß sie in einem gesonderten Raum im Elternhaus ihres Zükünftigen
  ein. Wurde sie indes, was auch geschah, sichtbar unter die Hochzeitsgäste gesetzt, hatte sie, tiefverschleiert, möglichst bewegungslos dazusitzen und durfte
  auch sonst keinerlei Lebenszeichen von sich geben – sie war «tot».
– Schließlich, nach Stunden meist, wurde sie von der Festgesellschaft «aufer-
  weckt» und «ins Leben zurückgerufen» (Abschluß der «Übergangs-», bzw. «Um-
  wandlungsriten»).
– Wiedergeboren, war sie nunmehr gerüstet, frischen Fußes in ihren neuen Le-
  bensabschnitt einzutreten. Es folgte jetzt eine Vielzahl an «Eingliederungs-»
  und «Binderiten»: Die Brautleute wurden zusammengeführt, man steckte etwa
  mit Nadeln ihre Kleider zusammen oder umschnürte sie gemeinsam mit einem
  Band; sie tauschten Geschenke, wechselten nicht selten auch Ringe und teilten
  schließlich eine besondere, nur für sie bestimmte Hochzeitsspeise.
– Endlich den Höhepunkt und Abschluß des langwierigen Annäherungsprozes-
  ses bildete dann die Hochzeitsnacht selbst, des besonderen Risikoreichtums
  wegen förmlich umgarnt von den verschiedensten, sehr strengen Verhaltens-
  vorschriften und Tabus, draußen von der Festgesellschaft mit apotropäischem
  Lärmen, Singen, Tanzen und fortwährendem Gewehrfeuer noch einmal durch
  einen Schutzwall umsichert.

Endgültig galt die Ehe allerdings auch damit noch nicht als geschlossen. Zunächst blieben den Jungvermählten noch zahlreiche Tabus
auferlegt, die nicht von ungefähr vor allem den unmittelbaren Umgang mit den Schwiegerverwandten (Ansehen, Ansprechen, Benut-
zung von Gegenständen, Berühren usw.) betrafen. Erst wenn ein
Kind geboren war, begannen sich die Restriktionen mehr und mehr

zu lockern: Nunmehr bestand ein echtes, lebendiges Bindeglied zwischen den Gatten, ihren Familien und Verwandtschaftsverbänden; die Fremdheit der Frau war zum Großteil getilgt, ihre Quasi-Verwandtschaft in «Blutsbindung» übergegangen. Das gemeinsame Kind stellte die tragfähigste, verläßlichste Brückenverbindung über dem Abgrund zwischen den beiden Gruppen her.

Nicht selten tat man ein übriges. Um die Grenzen noch mehr zu verwischen, wuchsen Gesellschaften, die über Generationen hin durch Exogamie miteinander verbunden und «verschwägert» waren, zu «Dualgemeinschaften» zusammen, wie es sie überall auf der Welt, wenn auch nicht in durchgängiger Verbreitung gab. Bildeten beide einen geschlossenen Siedlungsverband, nahm jede je eine Hälfte des Dorfareals ein (begrifflich geschieden zum Beispiel in «Unter-» und «Oberdorf») mit je eigenem Versammlungs- und Festplatz, Männerhaus und Zentralheiligtum. Spezifische Differenzierungsmerkmale – unterschiedliche Sets von Personennamen und Totems, bestimmte Farben und Muster der Körperbemalung und Tatauierung, Lieder, Tänze, selbst Kriegsschreie, Zuordnungen etwa zu Land- und Wassertieren, Tag und Nacht, Sommer und Winter, Berg und Tal usw. – markierten die Eigenständigkeit, stets gleichsam durchflochten und verknüpft jedoch durch eine Vielzahl reziproker Wechselverpflichtungen, die beide eben doch zu einem komplementären, ja symbiontischen Ganzen verbanden: man tauschte beispielsweise bestimmte Nahrungsgüter aus, nahm gegenseitig wichtige Funktionen bei Initiationen, Hochzeiten, Bestattungsfeierlichkeiten und agrarischen Jahresritualen wahr. Durch alles dies wurden die Maschen, die kraft der gewachsenen Schwägerschaft geknüpft waren, letztlich so fest gezogen, daß die Trennlinie zwischen den Gruppen darunter verschwamm.

Aber doch nicht völlig. Während mancher Feste nämlich, wie bei Hochzeiten zum Beispiel, wenn die Bande durch einen weiteren Knoten verstärkt wurden, riß, in festgemäß farblicher Brechung zwar, doch sichtbar genug unter den vorübergehend gelockerten Fäden der Abgrund immer wieder auf: Spaßmacher, Clowns sprangen ins Bild und brachten, grenztänzerisch den Feiernden in die Quere kommend, den Ernst des Geschehens gehörig ins Wanken. Sie führten, wie bei Südslawen auf dem Balkan, den Brautzug an, hüpften, statt gemessen zu schreiten, karikierten und verspotteten das Würdegehabe der Prozessionsgesellschaft.[38] Bei den Armeniern fuhr in dem Augenblick, da die Braut, betont langsam und in zeremonieller Förmlichkeit, dem Bräutigam zugeführt wurde, ein junger Mann mit einem Knüppel *dazwischen*, tollte und sprang wie ein Irrwisch herum, als wolle er den Zusammenschluß beider Gruppen in letzter Minute zunichte machen.[39] Im südlichen Kurdistan pflegten derartige Possenreißer im Raum *zwischen* den – getrennt – tanzenden jungen Männern und Frauen ihr Unwesen zu treiben, die gestochene Rhythmik durch schiefe, querstrebige Bewegungen und «Bocksprünge» gleichsam brechend.[40] Dem entsprach immer auch ihre Aufmachung: Sie waren nicht festlich, nach Art der Hochzeitsgäste, *ge-*, sondern *ver*kleidet, traten, wie man am Theater sagt, «in Kostüm und Maske» auf. Bei pakistanischen Emigrantengruppen in England zum Beispiel spielen die Rolle junge Frauen in der – übertrieben schäbigen – Gewandung alter Männer; sowohl das Geschlechter- als auch das Generationenverhältnis erscheinen hier gleichermaßen «übers Kreuz gebrochen».[41]

Sonst traten (bzw. treten) derartige burleske «Gegenspieler» – in tatsächlich weltweiter Verbreitung, bei Naturvölkern als strikt dramaturgiegebundene «Ritualclowns», einzeln oder in Gruppen (wie teils bei nordamerikanischen Indianern) – im Rahmen der großen agrarischen Jahresfeste, bei bedeutsamen Kulten und Bestattungsfeierlichkeiten,[42] in römisch-katholischen Gegenden Europas und Lateinamerikas, auch bei Christen im Kaukasus,[43] bevorzugt während der Weihnachtszeit, bei kirchlichen Patronatsfesten, zu Ostern und vor allem während der letzten Karnevalstage, ja verschiedentlich selbst noch in der Fastenzeit auf, *entstellend* vermummt und maskiert, in Gestalt verschiedener Tiere, tölpische Bauern, heruntergekommene Bettler, «typische» Zigeuner, Juden und Türken, Mohren und Indianer, Tod und Teufel verkörpernd, immer *gegen* die Regel agierend, Männer in Frauen-, Frauen in Männertracht, wahrhaft «ausgelassen», teils rüde und schockierend obszön in ihrem Gebaren, selbst heiligste Sakraltraditionen, wie das «Vaterunser», gnadenlos parodierend.[44] In Spanien finden neben den feierlichen, «großen» Stierkämpfen komödiantische Gegenveranstaltungen (*toreos cómicos*) statt, in denen, ganz anders eben als während der seriösen *Corridas*, allerhand groteske Figuren, wie der «Feuerwehrmann», «Chinesen» oder «amerikanische Baseballspieler», die Arena bevölkern, zu schmissiger Unterhaltungsmusik tanzen und allen möglichen Klamauk aufführen, hinter Kälbern herjagen und, völlig wider alle Regel, sie festhalten, während sie ihnen, mehrfach zum Takt der Musik, das Schwert in den Leib stoßen, und überdies noch zwergwüchsige «Matadoren» auftreten, die auf Steckenpferden reiten, Besen statt Spieße führen, davonlaufen und sich verstecken statt anzugreifen und dabei, immer wieder zu ernstem Gebaren sich straffend, die typischen Posen der Toreros, insbesondere bekannte Maniriertheiten gefeierter Berühmtheiten mit spielerisch-arroganter Gekonntheit parodieren.[45]

Mißwüchsigkeit und Narretei scheinen auch in der ursprünglichen Bedeutung des originär englischen Wortes *Clown* enthalten; vieles weist jedenfalls darauf hin, daß es derselben Wurzel wie *clod* bzw. *clot*, «unförmiger Klumpen», «Trottel», *clumsy*, «plump», «unbeholfen», und verwandter Begriffe entstammt.[46] Und noch unmittelbarer ist der Bezug zumindest in einem der beiden Bedeutungsaspekte ja auch in dem Synonym *fool* (französisch *le fou*), «Dummkopf», «Narr», «Verrückter», gegeben.[47] Ohne Frage liegt das auch in der Absicht, im «Rollenverständnis» der Clowns. Ihr Äußeres spielt ins Groteske, kann ebenso jedoch abstoßend bis furchteinflößend sein. Sie gehen etwa nackt und lehmüberschmiert oder in verrottenden Lumpen, das Gesicht entstellend bemalt, mit aufgesetzter vorspringender Hakennase, das Haar filzig zerzaust oder mit einem phantastischen Kopfputz bedeckt, vorn einen wölbigen «Trommelbauch», auf dem Rükken einen künstlichen Buckel, zum Beispiel aus Stroh: Sind sie es nicht von Natur aus, geben sie sich häßlich und ekelerregend, mimen den Behinderten, indem sie wie blind herumtappen, mühselig hinken, die Schultern verziehen – und, dies vor allem, sich so verhalten, als hätten sie ihre Sinne nicht mehr beisammen: Sie grinsen töricht und schneiden Grimassen, tun die absurdesten Dinge, gebaren sich schamlos und frivol, ja teils in schockierender Weise obszön, drangsalieren das Publikum, indem sie es nicht nur aufs vulgärste beschimpfen und verhöhnen, sondern es etwa mit Schmutz oder Kot bewerfen und ihm andere üble Streiche spielen, unter Umständen auch gewalttätig bis zur Entfaltung hemmungsloser Zerstörungswut werden – kurz, sie *verkehren die Ordnung*, brechen jedes Tabu und stellen inmitten von Kult und Gesellschaft die komisch-beklemmende, hell-dunkel oszillierende Imagination von Chaos her.[48]

Der institutionalisierte szenische Gestaltbruch konnte «echten» Behinderten die Chance bieten, aus der Marginalität, zeitweilig zumindest, ins volle Rampenlicht der Gesellschaft zu treten. Viele scheinen sie genutzt zu haben, wie u. a. von den Thonga in Südafrika belegt.[49] Früher war schon die Rede davon, daß Zwerge, Bucklige, Albinos usw. in römischen Patrizierfamilien als Haus-, in Herrscherresidenzen überall auf der Welt als Hofnarren dienten. Ihre große Stunde aber kam mit der Geburt des Theaters. Über der Grenze Gebrochene, mußten sie leben von doppeltem Spiel, verdammt wie prädestiniert zur Schauspielerei. Ihre Rolle blieb ihnen zwar, aber sie gewann nunmehr transzendierende Dimensionen. Das Verhängnis, zwischen der ehernen Ordnung und den hohen Idealen der Binnen- und den dämonischen Mächten der Außenwelt zerdrückt und zunichte gemacht zu werden, nahm in ihnen sichtbar Gestalt an. Die Komik ihrer grotesken Erscheinung jedoch brach die Tragik auch wieder, löste die starren Konturen des Widerspiels zwischen Gut und Böse, zwischen Helden und Schurken, scheinbar leichthändig auf. Verdreht, verwickelt und wieder entwirrt, verloren die ernsten getragenen Züge der Handlung an düsterer Unabdinglichkeit, wuchsen, mit dem «erlösenden» Lachen, Hoffnung und Mut. Im antiken Griechenland folgte auf die übliche Tragödien-Trilogie das Satyrspiel, das die vorangegangenen, von strengem Verhängnis bestimmten Geschehnisse respektlos parodierte. Seine Akteure waren halb bocksgestaltige, grotesk aufgeputzte clownische Wesen, eben die Satyrn, das heißt eigentlich Waldgeister im Gefolge des Weingotts Dionysos, von ungeschlachter Erscheinung, mit struppigem Haar über den Hörnern, aufgeworfener Nase und spitz zulaufenden Ohren, trinkfreudig wie ihr Gott und von entsprechend unsicherer, sprunghaft-gebrochener Art der Bewegung. Kaum anziehender wird der typische Clown der klassischen Sanskrit-Dramen Indiens geschildert – als «buckliger Zwerg mit Wolfsrachen und vorstehenden Zähnen, kahlem Schädel, gelben Augen und verzogenen Gesichtszügen».[50] Häßlich bis eben zur «Lächerlichkeit» sind auch die europäischen Theaterclowns, allen voran die verschiedenen Possentreiber der Commedia dell'arte (*Pantalone, il Dottore, il Capitano Spavento, Colombina* u. a., namentlich *Arlecchino*), der «Hanswurst» des Wiener Volkstheaters,[51] Shakespeares große Clowns, in denen alle Aspekte der Marginalität, auch die Hellsichtigkeit ins Dunkel jenseits der Grenze hinein, zur kaleidoskopischen Übererscheinung manchmal wie zusammengestückt sind, der bucklige Rigoletto und schließlich der «Dumme August» und seine pygmäischen Partner im Zirkus.

Dies alles war gleichsam erzwungene Profession. Doch vielen erscheinen eher noch komische «Laien», die unwillentlich unter den Clownshut geraten, jenseits der «Bretter, welche die Welt bedeuten», auf der Straße, im «wirklichen Leben», Menschen, die sich irgendwie «verkehrt» verhalten und dadurch «lächerlich machen». Früher, aber auch heute zum Teil noch, zählten Männer dazu, die sich «weibisch» benahmen, Frauen, die in Hosen gingen und rauchten, Alte, die sich jugendlich gaben. Gnadenlos traf der Spott all jene, die unverheiratet blieben.[52] Nach dem Glauben vieler traditioneller Gesellschaften perpetuierte sich ihre «Verdrehtheit» im Jenseits: Nach ihrem Ableben an einen finsteren Strafort verwiesen, hatten sie dort ihre nachtodlichen Tage mit Tätigkeiten bar allen vernünftigen Sinns hinzubringen – wie «Felsen abreiben, kleinen Ameisen Ringe durch das Maul ziehen, wie Schweinen durch den Rüssel, Nebel schichten, Linsen wie Scheitholz aufklaftern, schwarzen Gänsekot zu weißem Wachs kauen» und dergleichen mehr.⁵³ Zur Kolonialzeit wirkten «Eingeborene», die quasi versuchsweise in europäische Kleider schlüpften, zum Umfallen komisch, wie Affen gleichsam, die man in einen Anzug steckt, denen man einen Hut aufsetzt und ein Buch in die Hand gibt. Abende lang werden Anekdoten über das linkische Bemühen dieser «Hosennigger», sich «typisch» in der artfremden Tracht zu bewegen, Stoff für die Unterhaltung in den Herrenhäusern gebildet haben.⁵⁴ Noch heute empfinden es manche Amerikaner als irgendwie anormal, «daß ein Neger Arzt oder Universitätsprofessor ist.»⁵⁵

Ethnologen kann es umgekehrt ähnlich gehen, wie das zum Beispiel Colin Turnbull erlebte. Die Mbuti, zentralafrikanische Pygmäen, unter denen er lange arbeitete, begriffen ihn anfangs sozusagen als geborenen Clown, weil er irgendwie *mißbeschaffen* schien: Er war viel zu groß, um sich geräuschlos durch den Wald bewegen zu können, seine helle Gesichtsfarbe hob sich im Dämmerlicht unter dem dichten Blattwerk deutlich von der Umgebung ab, sein spezifischer, fremdartiger Körpergeruch, meinte man, treibe selbst Großwild in die Flucht. «Ich war so für sie eine Art von Krüppel (*cripple*) und erhielt die Rolle zugewiesen, die bei ihnen traditionellerweise all jene einnehmen, die ‹anders› sind» – wie namentlich Behinderte aller Art; Turnbull erwähnt einige Fälle, u. a. einen Poliogeschädigten. Sie alle hatten in der Gesellschaft ihren Platz: sie waren die Clowns. Den fremden Europäer allerdings bemühten sich die Mbuti durch Adoption und Initiation zu integrieren, um ihn aus seiner despektierlichen, beschämenden Situation zu befreien.⁵⁶

Clowns bewegen sich auf dem schmalen Grat im Zwielicht zwischen zwei Welten. Sie bilden die schwer faßbare «Manifestation der ‹Grenzhaftigkeit›, ausgestattet mit den typischen Zügen des Übergangs: des Paradoxen, Fließend-Bewegten, der Inkonsistenz, Verwandlungsfähigkeit und des klaren Bewußtseins dafür, sich ‹im Prozeß› zu befinden.»⁵⁷ Sie wechseln Kleider und Rollen, ja scheinbar auch das Geschlecht, stehen halb außerhalb der sozialen und rechtlichen Geltungsordnung⁵⁸, spielerisch mit den Möglichkeiten jonglierend, die ihnen die wendige Janusnatur verleiht. Das räumt ihnen gewisse Freiheiten ein, macht sie schwerer belangbar, läßt sie andererseits aber auch als ideale *Vermittler* erscheinen, da sie niemandem voll verpflichtet sind. Kommt es bei den Murngin in Australien zum Streit, «springt ein Clown dazwischen, beginnt zu essen und auf absurde Weise um sich zu schlagen, so daß alle in Gelächter ausbrechen und eine Atmosphäre entsteht, in der Zorn und Gewaltbereitschaft verrauchen.»⁵⁹ Auch ganz gewöhnliche Spannungen, wie sie aus der gebotenen Normentreue und belastenden Obligationen, ja der

Maxime sozialer Verträglichkeit erwachsen, können durch Clownerien, periodisch zumindest, gelöst und ihres drückenden Ernstes enthoben werden – und sei's selbst durch rüde Obszönitäten und offenen Tabubruch. Clowns erschüttern immer wieder auch den lastenden Geschiebedruck zwischen gesellschaftlich Höher- und Tieferpositionierten, indem sie, was niemandem sonst verstattet wäre, Autoritäten, Würdenträger und Oberhäupter verspotten und durch karikierende Imitation der Lächerlichkeit preisgeben, ja selbst Götter gnadenlos parodieren und so unterdrückten Unmut und mögliche Konfliktbereitschaften entschärfen. Einen festen Bestandteil, fast ein institutionalisiertes Gebaren bildet das bekanntlich im europäischen Karnevalstreiben. Narren kehren Skandale heraus, prangern notorische Geizhälse oder Großsprecher, skrupellose Geschäftemacher, früher auch Heiratsunwillige an, halten Gericht und verhängen Strafen, zum Beispiel öffentliche Prügeltrachten.[60]

Die Mittel, die sie verwenden, wachsen ihnen zu aus ihrer Natur: Sie haben ein besonderes Auge gerade für alles, was verbogen und krumm, was falsch ist in einer Gesellschaft, für Täuschung, Lug und Betrug. Und sie ziehen es unter dem Grauschleier der Verdeckung hervor, indem sie ihm durch verzerrende Überzeichnung um so krassere Konturen verleihen, spielerisch, um dem Ärger der Betroffenen den Wind aus den Segeln zu nehmen, das Ganze in verquere Tölpelei und den Unernst heiterer Unterhaltung kleidend.[61] Eine steile Übersteigerung erfuhr dies «Narrentheater» in zahlreichen alten Königskulturen einmal jährlich während der großen Wendezeit im Rahmen der Neujahrsfeierlichkeiten, wenn der Herrscher – etwa, wie in Babylonien, vom Oberpriester – abgesetzt, seiner Insignien beraubt, zumindest andeutungsweise ins Gesicht geschlagen, an den Ohren gezogen und kniend zu einem Bußgebet genötigt und an seiner Statt ein gemeiner Mann, ein Bediensteter, ein Sklave oder ein zum Tode verurteilter Verbrecher auf den Thron gesetzt wurde, der für die Festzeit schalten und walten konnte, auch im Harem des Königs, wie ihm beliebte, dann jedoch seinen Platz wieder räumen und nicht selten sein kurzes Glück auch mit dem Leben bezahlen mußte. In Byzanz ritt er zum Beispiel, in einen schwarzen Mantel gehüllt und von Knoblauchkränzen umwunden, auf einem Esel durch die Straßen, von der begeisterten Bevölkerung lärmend als «Kaiser» gefeiert.[62] Überhaupt fand das allerhöchst despektierliche Geschehen rings um die Paläste auf Plätzen, in Gassen und Schenken seinen schrillen Widerklang in einem wilden karnevalsartigen Treiben, in dem alles auf den Kopf gestellt schien. Männer in Frauen- und Frauen in Männertracht, Maskierte aller Art füllten die Straßen, anstößige

Stegreifspiele, obszöne Pantomimen fanden statt, der Wein floß in Strömen, man aß nicht, man fraß und frönte dem sonst untersagten Würfelspiel wie dem freiesten Liebesgenuß. Herrschaft und Gesinde tauschten die Rollen; Sklaven selbst wurden von ihren Herren bedient, befahlen ihnen und verhöhnten sie, wie es nicht anders draußen in der Öffentlichkeit auch den Obrigkeiten mit dem König an der Spitze geschah.[63]

Auch die Geistlichkeiten gerieten mit in den Strudel. In Tibet wurde zu Neujahr ein einfacher Mönch zum Haupt des Klerus erhoben und entfaltete, getragen vom Karnevalstreiben der Gläubigen, eher ein Schreckens- denn ein Narrenregiment.[64] In Europa spielte sich Analoges vom Hochmittelalter bis zur Frühen Neuzeit in den geheiligten Räumen von Klöstern, Kirchen und Kathedralen ab. Vertreter der niederen Geistlichkeit (Diakone, Subdiakone), jüngere Kleriker, Chorknaben und Ministranten ergriffen hier, wieder um Neujahr, sozusagen die «Macht», vertrieben ihre Oberen und wählten an ihrer Stelle einen «Narrenbischof», ja «Narrenpapst» aus ihren eigenen Reihen; das konnte selbst ein Kind sein, ein «Bischöfchen» (*episcopellus*) bzw. «Knabenbischof» (*episcopus puerorum*). Regeln, geistliche Grade, Standesschranken und Prärogative galten nichts mehr. Die Kirche verwandelte sich zum Schankraum. Die Feiernden kleideten sich wie Clowns oder legten teils wieder auch Frauentracht an und stülpten sich Masken über. Wein und derbe Speisen wurden auf dem Altar aufgetragen, auf dem alsbald auch die Würfel rollten. Den Rauchfässern, mit Lederfetzen alter Schuhe gefüllt, entströmte ein beißender Gestank. Man stimmte mißtönende, obszöne Gesänge an, parodierte die liturgischen Texte, tanzte und veranstaltete «Narrenoffizien» (*officia fatuorum*). Manchenorts wurde feierlich ein Esel in die Kirche geführt, dem zu Ehren die «Priester» eine Messe zelebrierten, die lateinischen Formeln mit Eselsgeschrei versetzend. In den Klöstern – der Franziskaner zum Beispiel – hüllten sich die Laienbrüder in zerlumpte Priestergewänder, klemmten sich Brillen aus Orangenschalen auf die Nase und lasen, das Missale verkehrtherum haltend, mal kauderwelsch murmelnd, mal wilde Schreie ausstoßend, die «heilige» Messe. Die kirchlichen Obrigkeiten sahen das Treiben begreiflicherweise nicht gern, waren indes machtlos; Konziliar- und Synodalbeschlüsse, selbst päpstliche Verweise gingen ins Leere. Der Spuk fand erst zu Epiphanias (6. Januar) sein Ende, oft mit einem Umzug durch die Stadt.[65] Dort machte das Beispiel unter Umständen Schule. Das Volk wollte auch seinen «Narrenpapst» haben. Der Wunsch danach konnte spontan entstehen, aus der übermütigen Stimmung der «Tollen Tage» heraus. Victor Hugo beschreibt in *Notre-*

Dame de Paris, wie sich die Bevölkerung während des «Narrenfestes» am 6. Januar 1482 hochgestimmt dahin entschied, den zu küren, dem es gelänge, «die tollste Fratze» zu schneiden, das heißt seine Züge zu einem Höchstmaß an Häßlichkeit zu verzerren – und natürlich fiel die Wahl auf Quasimodo, der sich dazu freilich nicht erst zu verstellen brauchte.[66] Als Krüppel schlechthin war er zur Verkörperung der Verkehrung des geistlichen Oberhaupts der Kirche Christi wie geboren.

Eigentlich handelt es sich um die rituell ins Extrem getriebene Überspitzung des Hofnarrenamtes. Der Narr wird kurzfristig frei. Seine kantige Verkrüppelung, schonungslos vorgetragen, macht sich «anstößig» fühlbar, dringt schmerzhaft ins Fleisch. Er sagt und tut, was er sich sonst nicht getraute. Seine Zunge verdreht und überschlägt sich; seine mißgestalteten Züge verzerren sich zur scheußlichen Fratze, bei deren Anblick die Belustigung unversehens zu Grauen gefriert – man meint zu ahnen, wer sich in Wahrheit lauernd dahinter versteckt hält.

Dem Hochgestellten ist das nicht unlieb. Er erscheint als Opfer. Seine erhabene Schönheit, Würde und unantastbare Majestät, das ersehnte Ideal aller unter ihm, werden unkenntlich unter den hagelnden Anwürfen besudelnden Schmutzes. Die Kontraste treten schärfer hervor. Und schließlich, wenn alles vorbei ist und der Herrscher gereinigt, im neuen Ornat feierlich im festlichen Zeremoniell vor das Volk tritt, strahlt seine Herrlichkeit nur um so heller. Könige zeigen sich darum überhaupt, wie stereotyp auch in altindischen Dramen, gern in Begleitung verwachsener, unförmiger und manierenloser Clowns;[67] in traditionellen Kulturen werfen Ritualclowns gleichsam das gebrochene Spiegelbild der im Zentrum der Handlung erhaben agierenden Heroengestalten zurück, mimen deren «perverse Verkehrung», stellen «symbolische Anti-Typen, die antithetischen Kräfte der Destruktion verkörpernd, dar»;[68] als «Antitypen» des «weisen Königs», Prototyp des christlichen Herrschers, konnten Hofnarren auch in Europa begriffen werden;[69] zuletzt, gänzlich säkularisiert, nur mehr in kauziger Verkümmerung die wohlgebauten, muskulösen Prachtgestalten der Athleten und Akrobaten im Zirkus kontrastierend.[70] In der Literatur erlangten die «Narren» Ruhm im Genre der «Schelmenromane» (ab Ende des 16. Jahrhunderts) – als typische Gegengestalt zum unerschrockenen, edelmütigen und hochsinnigen ritterlichen Helden und Prinzen. Der «Picaro» (spanisch «Schelm», «Spitzbube»), die namengebende Leitfigur dieser «pikaresken» Literaturgattung, ist niederer, ja unbekannter Herkunft. Sein Lebensweg stellt die übliche Biographie eines idealen Aristokraten geradezu auf

den Kopf. Um voranzukommen, sind ihm alle, auch schmähliche, ja
unlautere Mittel recht. Ernst und Würde rückt er mit Spott und Possen zu Leibe. Soziale Normen respektiert er nur da, wo er die Chance
sieht, seinen Vorteil daraus zu ziehen. Trägt er einen «Sieg» davon,
dankt er es nicht seinem Wagemut oder standhafter Redlichkeit, sondern geschickter Täuschung, Lug und Betrug, namentlich aber seiner gleichsam «verdrehten» Schläue. Seine Lehrmeister können
«blinde Bettler», «verlogene Priester», «Ablaßschwindler» und «heruntergekommene Edelleute» sein. Und natürlich entspricht auch ihr
Äußeres immer ihrer *gebrochenen* Seele.[71]

Das rückt sie alle – wie physisch und geistig Versehrte vermeintlich
ja auch – den Geistern der Wildnis näher. Als Grenzlinge halb schon
von der Umwelt draußen angezehrt und verunstaltend affiziert, bieten sie deren Mächten auch leichter Zugang. Ihre verkrümmten
Seelen verschränken sich und verschmelzen zur wechselwendischen
Zwienatur. Der ursprüngliche, volkstümliche Mephisto erscheint, wie
spätmittelalterlichen Erzählungen und Darstellungen zu entnehmen,
bevorzugt im Gewand des Possentreibers und Narren, als «dummer
Teufel». In zeitgenössischen – und heute noch in lateinamerikani-
schen – Fasten- und Osterspielen paradieren Clowns und Teufel
nebeneinander in bübischer Bruderschaft, fahren auf einem «Höl-
lenwagen» oder verwachsen auch zu einer einzigen vielfarbig-facet-
tenreichen Gestalt, «machen sich», wie ein altelsässischer Text überliefert, «als die teufel, etlich lauffend nackend on alle scham gar
entplößt durch die statt. Etlich das sy kein scham habend verbutzen
sy sich in laruen und schönpart, das man sy nit kenne, nit seer ungleich den heydnischen Lupercalischen festen.»[72] Auch der harmlose
Harlekin der Commedia dell'arte verbirgt ein düsteres Erbe. Sein
Name nämlich geht auf das altenglisch-normannische *harilo-king*,
«Heerkönig», das heißt «Herr des Totenheeres», bzw. der *«Familia
Herlechini»* zurück, Wotans «Wildes Heer», das in der Neujahrsnacht
brausend mit Mißmusik, Pfeifen und schrillem Geschrei durch die
Lüfte zog, herabfuhr auf Dörfer und Städte und in Schreckensmas-
ken, lärmend und possentreibend durch die Gassen stürmte, ein ra-
sender Spuk, dessen «Streiche» weniger Erheiterung als Grauen aus-
lösten.[73] Später war dem entgötterten Harlekin immerhin noch der
Ruch geblieben, Meister allerhand teuflischer Künste zu sein.[74]

Gerade sie, die auf dem schmalen Grenzgrat schwanken, sucht der
Böse zu nutzen. Ihre Krummnatur, ihr Komödiantentum, ihre Kunst
zur Vorspiegelei kommen ihm bestens entgegen. Er tut das Seine
hinzu – und erscheint in tausenderlei Wechselgestalten, wie ihn die
Situation das gerade geraten sein läßt: mal als närrischer Tor, als

grinsender Blödian, Clown, Mime, vollendeter Gaukler, mal als Esel oder meckernder Geißbock, ein andermal wieder als verführerisch betörendes Weib, auch, wie der heilige Paulus die Gläubigen warnt, als falscher Prediger im Priestergewand, als Lügenapostel, ja selbst als «Engel des Lichts».[75]

Läßt er das Blendwerk indessen fahren und ergreift, unmittelbar, hart und zur Gänze, von einem Menschen Besitz, dann beginnt sich binnen kurzem mit dem Betreffenden eine grauenvolle Wandlung zu vollziehen. Er verkrampft sich zu bizarrer Verkrümmung, ein Zittern überkommt ihn, durchbrochen von ruckartigem, fahrigem Zucken, die Augen rollen, verdrehen sich, Schaum tritt vor seinen stöhnend-gepreßten Mund, sein Antlitz verzerrt sich, wird maskenhaft, erstarrt zur Fratze.

Die Gesichter Besessener ähneln nicht von ungefähr Masken: Sie prägen die Züge derer ab, die sich gewaltsam ihrer bemächtigen.[76] Und Geister, allen voran der Gehörnte, sind, wovon schon die Rede war, gewöhnlich von abstoßender, oft bizarrer Häßlichkeit – sofern sie eine ihrer Natur adäquate Materialisationsform wählen. Der Begriff «Maske» ist zwiefachen Ursprungs. Zum einen läßt er sich vom althochdeutschen *«masca»*, «Masche», «Netz», ableiten, das neben dem Vogel- und Fischfang auch zur Umwicklung der Leichname diente, bei denen man die Möglichkeit zur Wiedergängerei befürchtete; *masca* konnte daher auch den «Wiedergänger im Netz», «Gespenst», den als Totengeist Maskierten bedeuten.[77] Zum andern führt das Wort aber auch auf das arabische *masḥara* zurück, das sowohl die Spott- und Possentreiberei als auch den Possenreißer selbst bezeichnet und über das italienische *maschera* und das französische *masque* während des 17. Jahrhunderts ins Deutsche gelangte, nunmehr in der noch heute gängigen Bedeutung «Gesichtslarve», bzw. allgemeiner «Verkleidung».[78]

Masken, ob nur den Kopf oder den ganzen Körper bedeckend, stellen ursprünglicher und universaler Anschauung nach Repräsentationsformen jenseitiger Mächte dar, wie zumeist auch ihre Bezeichnungen ausweisen. Es kann sich dabei um Ahnen-, also Toten-, aber auch Naturgeister aller Art sowie häufig auch Krankheitsdämonen handeln – in überdimensionaler oder Zwergen-, vielfach auch theriomorpher Gestalt, die «typischen» Züge bis zur Groteske herausgetrieben, ungestalt, in den Proportionen Verwachsener, abschreckend häßlich, grauenerregend.[79] Wer die Maske trägt, «spielt» die Geistmacht nicht nur; er identifiziert sich, in Ritualen vor allem, unter Umständen derart mit ihr, daß sie Besitz von ihm ergreift, daß er besessen, vollends der Geist wird, dem er den Körper lieh.[80]

Masken dieser ursprünglichen, eigentlichen Art traten stets nur zu Wendezeiten, bzw. in Übergangsphasen auf – nachts, im Winter, zum Jahreswechsel (in der Weihnachts- und Neujahrsnacht, in der Zeit «zwischen den Jahren», anläßlich des Erntefestes, gegen Ende der Fastnachtszeit, an Ostern usw.), während der Initiationen, Bestattungsfeierlichkeiten und Totengedenkfeste (Allerseelen), wenn eben, allgemeinem Glauben nach, «die Geister umgehen».[81] Handelte es sich um die Ahnen, die immer sehr erpicht darauf sind, daß die überlieferten Normen gewahrt und die traditionelle Ordnung aufrechterhalten bleiben, ergreifen sie stets die Gelegenheit, Verfehlungen der vergangenen, abgelaufenen Zeitphase zu benennen und zu «rügen», gegebenenfalls Gericht zu halten und Strafen zu verhängen, aber auch Rechtschaffene und Guttaten lobend zu würdigen und zu belohnen.[82] In anderen Fällen, wenn die Situation dazu angetan ist, wie in Neujahrsnächten oder gegen Ende der Initiationsrituale, weissagen und prophezeien sie auch, bzw. offenbaren Weihlingen und Neophyten das sakrale Geheimwissen ihrer Gruppe oder Glaubensgemeinschaft.

Und bei vielen, vor allem festlichen Anlässen sind es gerade Clowns, die sich bemalen, verkleiden und «verstellen», nie in ihrer «wahren» Gestalt, sondern immer nur kostümiert, in der Maske etwa einer Geistmacht, wie die berühmten «Falschgesichter» der Irokesen, auftreten.[83] Die Posse freilich, ein wesentlicher Aspekt ihres Wirkens, hielt sie stets auf der Grenze zwischen Sakralwelt und Profanie, ließ sie nie vollends Teil der erhabenen Numinosität der Geistmächte werden. Sie fanden ihr Element mehr in Spiel und Theater, enthüllten, rügten und prophezeiten auch, aber nicht mit dem feierlichen Ernst der Ahnen, sondern eher dem Ulk von verschrobenen Wurzelzwergen und Kobolden, kauzigen Spukgeistern und menschlichen Sonderlingen, Narren, Vertickten, verdrehten Schläulingen usw. Der gewisse Schematisierungsdruck der Bühne schnitt sie dabei alsbald auf spezifische Typen zu, maß ihnen gängige, «charakteristische» Masken gesellschaftlicher Sonderständigkeit an. Schon im griechischen, vor allem aber im römischen *Mimus* (bzw. *Mimos*), Stegreif- und Possenspielen fahrender Gaukler, teils auch in der Komödie, traten stereotype «Witzfiguren» wie der «dumme Alte» (*stupidus senex*), der bucklige *Dossennus* (eine Art römischer Schildbürger), der gefräßige Tölpel *Maccus*, der Possenreißer *Scurra*, der «Barbier», der «Arzt» und der «Jude» auf[84], später fortlebend in den Gestalten der Commedia dell'arte, der französischen Farce, bei Molière u. a., auf dem Land in Europa noch bis in die jüngere Vergangenheit hinein bei Possen zu Hochzeiten und anderen, auch kirchlichen Festen in den «komischen Alten» beiderlei Geschlechts, dem «Bettler», «Händler», wiederum «Barbier» und «Arzt», dem «Teufel», «Tod», «Zigeuner» und «Juden».[85]

Es blieb die Vieldeutigkeit; und damit ein Mehr an Möglichkeiten, ein *kreatives Potential*. Clowns changieren zwar eher zu Geistern denn Göttern; in gewisser Hinsicht jedoch ist es, als verkörperten sie geradezu eine ganz bestimmte – freilich ihnen artadäquate – Gottheit: den *Trickster*, von dem schon ausführlich die Rede war. In nordamerikanischen Indianerkulturen ist der Bezug auch unmittelbar gegeben und wird entsprechend ausgespielt.[86] Beide sind Grenzgänger zwischen den Welten, daher verwandlungsfähig bis zur Unkenntlichkeit, geborene Gaukler und Künstler der Verstellung, gebrochen im Äußeren ihrer Gestalt, ihrem Charakter und ihrem Verhältnis zu Regel und Norm, komisch in dem, was sie tun und was ihnen geschieht, zeigen Weit- und Voraussicht, besitzen immer auch gewisse magische, das heißt innovatorische, schöpferische Gaben: Der Trickster greift ein, biegt Gerades krumm, sucht zu zerstören, stiftet den Menschen aber auch wichtige Kulturgüter, bringt ihnen das Feuer, unterweist sie in besonderen Fertigkeiten und Techniken, die ihnen das Dasein erleichtern. Clowns gebieten neben ihrer Hellsichtigkeit oftmals vor allem über heilende Kräfte und spezielle medizinisch-therapeutische Kenntnisse, können magisch Einfluß auf das Wettergeschehen und die Fruchtbarkeit von Boden, Mensch und Vieh nehmen, lösen durch ihren Witz soziale Spannungen auf und beugen drohenden Konflikten vor.[87]

Clowns bildeten in den alten, traditionellen Dorfgemeinschaften in der Regel eine feste, gewöhnlich sogar sakrale Institution. Das verlor sich allmählich in den differenzierteren, hochkulturlichen Gesellschaften. Sie «fielen» da gleichsam zunehmend «aus ihrer Rolle», behaupteten sich nur mehr auf der Bühne, als Hofnarren, im Karnevalstreiben und im Zirkus, gingen sonst aber ganz in der bunten Figurenvielfalt des randständigen «Lumpengesindels» und fahrenden Volks auf. Die rituelle Verankerung löste sich, erlag der «Säkularisierung» oder lebte vereinzelt noch in kirchlichen Festspielen fort. In der neuen Umgebung verwischten sich die Konturen, sprangen die Züge vom einen auf den anderen über. Clowns waren auch Akrobaten, Gaukler gleichzeitig Possenreißer, Bettler und «Zigeuner» sagten wahr, Narren posierten als «Propheten». Zu ihnen allen fanden schon früh auch entwurzelte oder wurzellose «Intellektuelle», wie Diogenes «der Hund» (4. Jh. v. Chr.), der Begründer der kynischen Philosophie, dessen kauzige Clownerien noch lange sprichwörtlich waren,[88] im Mittelalter vor allem erfolglose Theologiestudenten und gescheiterte Geistliche, oftmals «als *lotterpfaffen mit dem langen hare* in einem Atemzug mit Spielleuten genannt», ferner Pilger «ohne reales Ziel», Wanderprediger, religiöse Schwärmer, Häretiker.[89]

In der gewissen «Akulturierung» des Äußeren scheint Tradition, wenn nicht Zwanghaftigkeit zu liegen. Auch später pflegten Künstler, Schauspieler, Philosophen, Propheten und Verkünder neuer, «revolutionärer» Lehren und Lebensweisen, die bei der Gesellschaft nicht den erhofften Anklang fanden und sich in Randbereiche versetzt sahen, gewissermaßen aus der Not eine Tugend zu machen und – bis heute bekanntlich – eine besondere Sorgfalt auf die Stilisierung ihrer Außenseiterrolle zu verwenden, sich in Lebensführung, Tracht und Gehabe auffallend unkonventionell zu geben, sich gleichsam zu «entstellen» und das verachtete «Spießbürgertum» (das ihnen die ersehnte Liebe und Verehrung versagte) durch möglichst schockierendes, gerade auch obszönes Gebaren, durch gezielte Tabubrüche, clownische «Happenings» und nicht zuletzt auch «kritisches *Rügen*» nach Kräften «herauszufordern».[90] Dem Kopf kommt dabei, durchaus in der Polyvalenz von Begriff, Symbolik und Expressionsmöglichkeiten, eine «herausragende» Signalfunktion zu. Die englische Ethnologin Mary Douglas spricht in dem Zusammenhang von gleichsam gezierter «Zerzaustheit» als gewolltem Kontrast zur Konventionalität der «Glattgekämmten» und Protagonistik des Protests. Man könne geradezu sagen, «daß mit dem Maximum der ‹Zerzaustheitsmerkmale› ein Minimum von Bindung an die traditionellen Normen» Hand in Hand gehe.[91] Das gelte nicht zuletzt auch für Propheten, wie sie ja eben «sehr häufig in den Randbereichen ihrer Gesellschaft aufzutreten» pflegten, «und zwar als langhaarige, ungepflegte Individuen, die durch die Vernachlässigung ihres körperlichen Erscheinungsbildes die Unabhängigkeit von den geltenden sozialen Normen zum Ausdruck bringen.» Sie erwähnt die Propheten der Nuer im Süden der Republik Sudan, die sich Bärte wachsen lassen und die Haare lang tragen, «was bei den gewöhnlichen Nuer als anstößig» und Ausdruck der «Verwilderung» gelte. So gesehen, sei es auch «nicht bloß ein pittoresker Zufall, daß Johannes der Täufer in der Wüste lebte und als Kleidung Felle benutzte.»[92] In dem Sinne ließen sich die «Verfalls- und Randbereiche der Sozialstruktur als ‹die Wildnis› kennzeichnen, aus der die Propheten kommen.»[93]

In differenzierten Gesellschaften blüht, wie gesagt, periphere Vielgestaltigkeit geradezu auf, wechseln scheinbar, in steter Bewegung, Formen und Farben – aber doch nur an der Oberfläche: Auch die gewollteste Akulturierung folgt sichtlich ehernen Konventionen, wie sie ihr zwangsläufig aus den Strukturbedingungen der Grenzständig-

keit zuwachsen. Die «Punks» in den europäischen Großstädten der
Gegenwart zum Beispiel haben sicherlich, auch nach eigenem Verständnis, nur kaum etwas mit Philosophen und Propheten gemein.
Aber immerhin – sie wenden, wie der Soziologe Hans-Georg Soeffner
beobachtete, auffallend viel Mühe für das Arrangement ihrer Haartracht im «Indianer-Look», ihre spezielle Gesichtskosmetik, die oft –
wie bei Clowns – auf eine «bleichfahle» Tönung zielt, und eine ausgesucht «ärmliche und schäbige Kleidung» auf, verdreckt und mit
Flicken besetzt, bei einigen um die Hüften statt eines Gürtels von
einer Kordel gehalten. Sicherheitsnadeln in Ohrläppchen oder Wangen, dazu Narben bilden «Ornamente des Schmerzes oder ästhetischen Stigmas».[94] Keine Frage, es geht um Protest und Provokation,
«die Demonstration einer strikten Feindseligkeit gegen Luxus, Mas-
senkonsum und seriell reproduzierbare Verschönerung» durch die
Ostentation von Armut und Schäbigkeit, ja eine «spezifische Ästhetik
des *Häßlichen*», durch eine Darstellung von Jugendlichkeit, die das
gängige Werbeklischee karikiert.[95] Punks pointieren sich durch gezielte Sonderung und Überhebung von «der Gesellschaft» als eigene,
antithetische Elite – als «Entsagungselite».[96] Manchen, nicht zuletzt
den Zugehörigen selbst, scheint das auch hier, wie immer wieder,
neu, ist *de facto* jedoch nur eine Variante stets sich wiederholender
analoger Erscheinungen. Soeffner verweist etwa auf das alte Vagan-
tentum mit seiner gelebten Bedürfnislosigkeit und dem Verzicht auf
Behaustheit in dieser Welt, mit seinem Spott und seiner höhnenden
Geißelung der saturierten Bürgerlichkeit sowie auf das Armutsideal
bestimmter geistlicher und laizistischer Orden früherer Zeiten, der
«Brüder» im Bettler- und Büßergewand, die Kordel um die Hüften
geschlungen.[97]

Randständige sind als solche *alternativ* orientiert, daher freier
auch, zwischen mehreren und vor allem anderen als den überkommenen Möglichkeiten zu wählen. Der gewissen Ungebundenheit, die
ihr Element ist, wohnt, wie dem primordialen Chaos, ein kreatives
Potential ein, wie es nicht nur die Clowns zu nutzen wissen. Außenseiter, und gerade sie, können «Neues stiften, neuartige Hinweise
geben, Lösungen vorschlagen, die das Außerhalb-Stehen erst zur
Sicht gebracht hat.»[98] Sie sind offener, nicht nur den Visionen einer
imaginierten Gegen-, auch der jenseitigen «Anderswelt» gegenüber.
Zu ihnen gehen die Geister eher ein, bevorzugt in Frauen und Narren.[99] Manche indes meinen, aus ihrem elitären Gegendünkel heraus, auch den Göttern näher zu stehen. Sie werfen sich zu Propheten
auf, die namens der Himmelsmächte – oder des einen, allmächtigen
Gottes – selbst die Höchststehenden einem «Rügegericht» unterzie-

hen. Unter den weniger bigotten alten Hellenen waren es eher wieder die Künstler, Dichter und Philosophen, denen man besondere seherische Gaben zuschrieb.[100] Die Vorstellung hat sich bekanntlich erhalten. Auch heutige Intellektuelle, die in der dünnen Luft mangelnder Anerkennung mühsam nach Atem ringen, maßen sich gleichsam trotzig an, in Wort und Schrift, von den kleinen und großen Brettern der Bühne aus, mit dem Pinsel oder als Verfasser scharfzüngiger, «kritischer» Kommentare und Glossen den borniertesten Zentralsassen, nicht selten noch mit der satirischen Verschlagenheit des – klügeren – Narren, ins verstockte Gewissen zu reden und vor allem «die Wahrheit zu sagen». Denn sie wiegen sich im Bewußtsein «außerordentlicher Erkenntnismöglichkeiten», und zwar eben, wie Justin Stagl analysiert, kraft ihrer «Daseinsordnung jenseits der Wissenschaft und der Ideologien, welche das Leben des Bürgers prägen, ohne es auszufüllen.»[101]

Man könnte es, sogar mit dem Pessimisten Schopenhauer, auch mehr positiv sehen. Der «Anblick des Übels und des Bösen in der Welt» muß ja nicht nur zu Hohn und Kritik, er kann auch zum «Erstaunen» führen, «welches zum Philosophieren treibt»,[102] also sowohl Selbsterkenntnis- als auch vielleicht produktive, ja therapeutische Potentiale enthält. Aber der Preis bleibt der «Anblick des Bösen», der die Randständigen, die ihm unmittelbar ausgesetzt sind, stets zu verkrümmen, zu verderben droht. Außenseiter können dann, wenn sie Opfer der Verkrüppelung wurden, den Bestand der Ordnung gefährden, sie «vergiften, zersetzen und zerstören».[103] Manche indessen halten stand. Kraft ihrer Seelenstärke, ihrer kreativen Möglichkeiten und ihres überlegenen Weitblicks sind sie gegebenenfalls imstande, zu «wahren» Propheten, zu Reformatoren, Rettern, Helden und *Heilsbringern* zu werden. Dazu jedoch muß es ihnen gelingen, den schwankenden Grund der Randposition, auf welche Weise auch immer, zu verlassen und Fuß im zentralen Hoheitsareal der Gesellschaft zu fassen.

2. Transzendierung

Dafür freilich bedürfte es ganz besonderer, außergewöhnlicher Gegebenheiten. Denn Randständige stehen auch der Wahrheit fern, wie sie in Tempeln und Lehrhallen der gesellschaftlichen Kernbereiche gewahrt und gepflegt wird, hätten also Mühe, die binnensässige Bevölkerung, oder gar deren Verantwortungsträger, von der Berechtigung und Notwendigkeit ihrer Anliegen zu überzeugen. Ihre periphere Positionierung setzt sie der steten, auch mental verunstalten-

den Affizierung der exosphärischen Außenwelt aus, die, wie bereits
ausgeführt wurde, allgemeiner, identitätsideologischer Anschauung
nach wachsend gleichsam das *Zerrbild*, schließlich die totale Inversion
der binnenweltlich-endosphärischen *Ordnung* darstellt. Dort sprießen
auf moorigem oder dürrem Grund, in undurchdringlichem Dickicht
gifttragende Pflanzen, hausen absonderliche, gefährliche Tiere, wilde
Menschen, Ungeheuer und bösartige Geistmächte, walten chaotische
Zustände, kann man keiner Erscheinung trauen, weil alles trügerisch,
irgendwie «falsch» ist.

Das setzt sich konsequentermaßen in die Transzendenz hinein fort.
Generell wird die jenseitige Welt als *Inversion* der diesseitigen begriffen, freilich, wie auf Erden auch, fortschreitend in fließenden Über-
gängen. In lebensnäheren, noch unmittelbarer erfahrbaren Grenzbereichen, wie der Toten- und Geisterwelt, herrscht noch eine gewisse,
wenn auch nur mehr konturenschwache, quasi luftgespinstige Ge-
stalthaftigkeit: Tote haben noch teil an der Zeit; sie überwachen den
Wandel der Ihren auf Erden und reinkarnieren sich in der Regel
eines Tages auch wieder. Geister sind den Menschen immerzu nahe,
greifen in ihre Geschicke ein und «materialisieren» sich dabei auch
gern in der einen oder anderen Form. Im Totenreich walten zwar
«verkehrte», doch deutlich genug noch sozusagen «erdadäquate»
Verhältnisse – herrscht, wenn es hienieden Tag oder Sommer ist,
Nacht bzw. Winter, scheint statt der Sonne der Mond, entspricht die
linke Seite der rechten (und umgekehrt), verkehren sich Jugend und
Alter usw. mehr. Mit fortschreitender Entfernung von der irdisch-
stofflichen Welt lösen sich die Formen dann mehr und mehr auf,
gehen über in reine Spiritualität: Raum und Zeit existieren nicht
mehr; die Wesen dort, Geister und vollends die «ewigen Götter» in
den fernsten Bereichen der Jenseitigkeit, essen und altern nicht, sind
körperlos und unsterblich, bilden gleichsam «Antiexistenzen» zu den
Geschöpfen auf Erden.[104]

Das hat seine Konsequenzen für die Kommunikation, sei es mit
der Außen-, sei es mit der jenseitigen Welt. Fremde, Barbaren (zu
deutsch: «Lallende», «Stammler»), davon war schon sattsam die
Rede, sind geborene Lügner. Ihr Wesen macht sie dazu. Ihre «Verdrehtheit» erlaubt ihnen weder eine klare «anthropophone» Artiku-
lation noch überhaupt den Besitz einer «richtigen» Sprache. Selbst
wenn sie fähig zur Erkenntnis der Wahrheit wären – es würde ihnen
an der Möglichkeit mangeln, sprachlich adäquat davon Ausdruck zu
geben. Bei Randständigen flacht zwar die Inversionskurve ab, zeigt
aber noch Wirkung: An der Peripherie der Gesellschaft sammelt und
drängt sich das Gesindel der «unehrlichen» Leute, der Gaukler,

Falschspieler, gefallenen Pfaffen, Betrüger und Diebe, denen man nirgendwo traut, die immer für ebenso verlogen wie treulos gelten.[105] Zwiefach von Verkrümmung zerbogen – zum einen als Ausgeworfene der eigenen Welt, zum andern unter dem zerstörerischen Andruck von außen – beherrscht ihre Köpfe, krankhaft gleichsam, «kognitive Dissonanz»,[106] *können* ihren Lippen nur Lügen entspringen.

Im Umgang mit ihnen ist daher wachsame Vorsicht geboten; besser, man hält auf Distanz. Das nötigt im Gegenzug wiederum jene zur «Anbiederung» und Heuchelei, unter «schlauer» Nutzung der ihnen eigenen oder attestierten Gaben. Komik mildert und bricht dabei den gespannten Argwohn – man schlüpft mit Bedacht ins Narrengewand. Clowns sprechen nicht von ungefähr mit «verstellter» Stimme, mimen, auch in der «verrückten» Kleidung, gewissermaßen Barbaren, gleichzeitig deren Bedrohlichkeit durch Tölpelei entschärfend. Narren bedienen sich einer vieldeutigen, teils auch «verdrehten» Sprache, reden in dunklen Rätseln, manchmal auch scheinbar wirr. Das macht, was sie sagen, weniger angreifbar, löst entspannende Erheiterung aus, hinter der freilich immer und unangenehm dicht die Unsicherheit lauert, ob nicht doch auch bitterer, ätzender Ernst mit im Spiel sein könnte – wie offen zu Wendezeiten, wenn die vagen Andeutungen umschlagen zu unverhüllt *inversiver* Kritik.

Narren können Meister der Sprache sein; oft sind sie den Dichtern nahe – oder diese ihnen. Klügere wissen darum und bedienen sich, je nach der Opportunität der Situation, beider Gestalten. Ihre Wortakrobatik erlaubt ihnen dann die bewußte Nutzung der plastikablen Übergangsformen, das Spiel mit verdrehter Verkehrung, Entfremdung und erheiternder Auflösung. Dazu gehört neben sprachlich wendigem Ausdrucksvermögen nicht von ungefähr eben auch «Witz» – ein Wort, das auf eine gemeinindogermanische Wurzelvokabel mit der Bedeutung «Wissen», «Verstand» zurückgeht. Im Englischen kann *wit* noch beides, «Geist» wie «Witz» zum Ausdruck bringen. Im Deutschen wurde «Witz» seit dem 17. Jahrhundert mit «Esprit» – nicht zuletzt auch im Sinne geistreicher Formulierkunst – gleichgesetzt, erst später dann mehr und mehr sozusagen als Verstärkungsform von «Scherz» verstanden. Die ursprüngliche Bedeutung von «gewitztem» Verstand, auch Schläue, klingt indessen noch immer mit an. Wer spielerisch und artifiziell gekonnt mit Worten umgeht, sie verdreht, zerlegt und auf unübliche Weise wieder zusammensetzt, die «reine» Sprache entstellt, gleichsam *verkrüppelt*, löst nicht nur Erheiterung und bewunderndes Staunen aus, sondern erweckt auch den Eindruck, daß seiner verbalen Artistik ein «tieferer Sinn» zugrunde liege. Dadaistische und expressionistische Dichter setzten geradezu

darauf. Ihre Wortfetzereien sollten «den Bourgeois» aus seiner bie-
dermännischen Behäbigkeit rütteln, ihm durch die Sprache die Zer-
borstenheit seiner bürgerlichen «Scheinordnung» deutlich machen.
Darin lag abermals ein unverkennbarer kritischer Anspruch. «Scherz,
Satire, Ironie und tiefere Bedeutung» bilden ein gesammeltes Ganzes, dessen heiterer Anschein oftmals – und bezeichnend für den
Ursprungsraum des Genres – vorgetäuscht ist.

Zu gefährlicher Bosheit brach sich der diesenfalls kaum mehr als
angetünchte Frohsinn in «beißenden» Verspottungen und Schmäh-
reden, wie sie in traditionellen Gesellschaften zu bestimmten Anlässen in fast schon formalisierter Wortgestalt üblich sein konnten; nach
außenhin etwa vor Beginn einer Kampfhandlung zur gezielten, ver-
balmagisch effeminierenden «Herabsetzung» des Gegners.[107] Wahre
Meister der Kunst kannten die alten, vorislamischen Araber. Mit ein-
seitig gesalbtem Haar, den Mantel locker über die Schulter geworfen
und lediglich mit einer Sandale beschuht, also quasi im Clownsge-
wand, zogen sie den Ihren voran ins Treffen und überschütteten den
Feind pfeilwolkenartig mit ihren höhnenden Versen. Und wieder
standen sie auch im Ruch, neben ihren dichterischen auch seherische Gaben und eine besondere Zauberkraft zu besitzen. Nach innen
zu ließ sich auf ähnliche, freilich verdecktere Weise der Unmut über
die eherne Geradlinigkeit des Binnengehabes artikulieren, das man
durch «Anwürfe» dieser Art zumindest zum Erzittern zu bringen versuchte. Daraus entwickelte sich die Kunstform der Satire. Im alten
Griechenland soll sie meisterlich bereits der Dichter Archilochos von
Paros (7. Jh. v. Chr.) beherrscht haben. Er war der Tochter des Königs
Lykambes versprochen, der dann jedoch so unklug war, seine Zusage
wieder zurückzuziehen. Archilochos rächte sich, indem er derart ät-
zend-verletzende Jamben wider den Herrscher und seine Familie verfaßte und öffentlich Jahr für Jahr während eines Festes zu Ehren der
Göttin Demeter vortrug, daß Vater und Tochter schließlich keinen
anderen Ausweg mehr sahen, als den Strick zu nehmen. Ähnliches
ist von den alten Iren bekannt. Auch hier sagte man den Satirikern
zusätzlich besondere magische und seherische Gaben nach. Sie sollen imstande gewesen sein, selbst Ratten zu Tode zu reimen. Laid-
cenn, einer der berühmtesten von ihnen, verhöhnte einer Überlieferung nach «die Leute von Leinster, bis bei ihnen weder Gras noch
Korn wuchs, nicht ein einziges Blatt, bis zum Ende des Jahres.» Eine
Satire Nédes wider seinen königlichen Onkel traf diesen derart, daß
er vor Scham den Geist aufgab.[108]

Satiriker versprühen Galle und Gift; die Erheiterung, die der Spott
weckt, soll lediglich blind machen für die letztlich tötende Absicht.

Das kommt nicht von ungefähr. Als Randständigen sitzt ihnen das Böse buchstäblich im Nacken: Ständig sehen sie sich dem Gaukelspiel der übelwollenden Geistmächte ausgesetzt, die sie auf allerlei trügerische Weise, mal hinter der Larve mädchenhaft-anmutiger Schönheit, mal in der Biedergestalt eines Betbruders, mal durch die scheinbar hilfreiche Hand eines vermeintlich gütigen Greises, in ihre Netze zu ziehen versuchen, durch lockende Einflüsterungen auch, wenn sie schon nahe heran sind, oder Machtversprechen. Der stete Kontakt führt zur Anverwandlung. Letztlich ist kaum mehr – auch für die Betreffenden selbst nicht – zu scheiden, ob sie oder die Geister in ihren Herzen und Köpfen es sind, die ihre Gedanken formen und in Sprache oder Reime umsetzen. Die Lust am Lügen, zu Täuschung und Trug, vernichtender Boshaftigkeit ergreift zunehmend von ihnen Besitz.

Manche Menschen können von «abwegigen» Ideen «wie besessen» sein; andere sind es *de facto.* Ihre Glieder zucken, erscheinen wie seltsam verkrümmt; sie selber wirken wie trunken, wenn nicht vollends «entrückt». Was sie sagen, klingt unverständlich und wirr. Sie lallen und stammeln wie die Barbaren – denn sie reden in den Zungen der Geister, deren «Sprache» an sich schon von anderer Art ist und nun, beim Durchgang durch die verkrampften Artikulationsorgane der Medien, noch einmal gebrochen wird.[109] Der spätbekehrte altchristliche Autor Marcus Minucius Felix (um 200 n. Chr.) weiß wahrlich ein Lied davon zu singen; denn zu seiner Zeit begannen die Geister begründet zu bangen, daß der neue Glaube sie alsbald um ihren Einfluß auf die Menschen bringen werde. Ihre Aktivitäten verstärkten sich, zunehmend auch wurden sie aggressiver. Auf Täuschung und Verderben der Menschen bedacht,

«drücken sie vom Himmel nach unten und ziehen vom wahren Gott zur Materie ab, verwirren das Leben, beunruhigen den Schlaf, indem sie sich sogar in die Leiber einstehlen, bilden als feine Geister Krankheiten, setzen die Seelen in Furcht, zerren an den Gliedern, um sie zu ihrer Verehrung zu zwingen und sich den Anschein zu geben, als hätten sie, durch den Glanz der Altäre und die Opferschmäuse gesättigt, eine Heilung bewirkt, während sie nur die Glieder wieder freigeben, welche sie gebunden hatten. Daher kommen auch die Rasenden, die ihr auf der Straße stürzen seht, auch Wahrsager, aber ohne Tempel; so wüten sie, so toll gebärden sie sich, so drehen sie sich ... Dies alles, wie ihr der Mehrheit nach wißt, bekennen die Dämonen selbst als ihre Taten ein, so oft sie von uns durch die Folter der Beschwörungen und durch die Glut des Gebetes aus den Leibern getrieben werden» (Octavius, c. 27).

Ähnliches konnte im übrigen immer auch schon im Rahmen offizieller Kult- und Festveranstaltungen beobachtet werden, wenn die Geister in Maskengestalt unter die Menschen traten, schaudereinflößend anzuschaun und lautlich sich auf seltsam-befremdliche, manchmal tierartige, ja geradezu inverse Weise äußernd. «Die einzelne Maske», so Karl Meuli in bezug auf schweizerisches Brauchtum, «spricht kaum je normal; sie *verstellt* die Stimme, redet ‹hinderschi› (*rückwärts*), sie brummt, grunzt, stöhnt, röchelt, flüstert, fistelt, pfeift.»[110]

In komplizierteren oder besonders lohnenden Fällen greift auch *der Böse selbst* ein, der «Geist der Lüge», wie ihn schon die alten Inder,[111] Perser[112] und Ägypter[113] nannten, der sich wie kein anderer auf die Kunst der Verstellung und Täuschung versteht. Wo er Erfolg hat, verwandeln sich die Menschen zu Hexen und Zauberern, werden zu wortgewaltigen «Lügenpropheten», die seinen Ungeist verbreiten und gefährliche Häresien begründen. Der dort auflodernde, «bis zum Gottesmord gesteigerte Christus-Haß, der daemonische Haß auf die Gottesmutter und der Haß und Neid auf die bevorzugte menschliche Natur» finden, ist der katholische Theologe Egon von Petersdorff der Überzeugung, in der Annahme teuflischer Einwirkung ihre «einleuchtende und wahrscheinliche Erklärung», die vollends bestätigt wird «durch viele Haeresien, in denen Satan sich ‹als Gegengott›, wenn auch unter mancherlei *Verschleierung und Entstellung*, feiern läßt.»[114] Im Jahre 1022 trat so zum Beispiel ein scheinbar «ungebildeter Laie» eine Gruppe von Kanonikern der Kathedrale von Orléans an und gab ihnen die Asche toter und verbrannter Kinder zu essen. Deren Genuß band sie an ihn, machte sie zu Mitgliedern einer Sekte, die jener ins Leben gerufen hatte. Danach zeigt sich ihnen der Leibhaftige auch selbst, «manchmal als Neger, manchmal in der Truggestalt eines Lichtengels»[115] – der «Neger» entsprach offenbar seiner Natur so sehr, daß es hier nur der Verkörperung, keiner Täuschung bedurfte. Wie Barbaren pflegte man damals auch Häretiker gern mit Tieren gleichzusetzen, indem man sie mit theriotypischen Bezeichnungen – «Schlange», «Fuchs», «Wolf», «Affe» usw. – belegte.[116] Handelte es sich lediglich um unter- oder hintergründigen «Aberglauben», sah man den Teufel nur mittelbar beteiligt; er überließ diese leichtgewichtigere «Abart von Versuchungen, mit denen wohl jeder Mensch einmal in Berührung kommt», wie Egon von Petersdorff meint, seinen dämonischen Helfershelfern.[117] «Der Aberglaube» dünkt ihn «so eine recht eigentlich daemonische Erscheinung», die man indes nicht auf die leichte Schulter nehmen solle; es gehe durchaus «um eine sehr ernst zu nehmende Versuchung der Daemonen, durch die es ihnen nur zu oft gelingt, die Menschen zur Verführung und unter die ‚Gewalt des Teufels' zu bringen».[118]

Der freilich, geschmeidig und wandelbar, wie er ist, hat sich längst auch der Aufklärung und Säkularisierung gefügt. Weitsichtiger als andere, setzte er damit schon im Mittelalter an und machte sich an die ersten, mehr tastend noch ihren Weg suchenden Wissenschaftler heran – wie weiland den berüchtigten Dr. Faust. Die Gelehrsamkeit bot auf Dauer eine entschieden zukunftsträchtigere Möglichkeit als Aber- und Irrglaube, die Menschen Gott abzugewinnen. Fortan wich der Satanas nicht mehr von der Seite der Wissenschaftler. Wache, scharfäugige und ihrer Verantwortung bewußte Gläubige erkannten die neuerliche Gefahr. Sie wiesen ihre Zeitgenossen, an ihrem Gewissen, wie an verschlossenen Türen, gleichsam rüttelnd, immer und immer wieder darauf hin, daß «Weltwissen» lediglich auf «Sinnenschein» beruhe, daher vordergründig sei, zu kurz greife und bestenfalls die Schale des rein Materiellen durchdringe, was eben die Erfolge in der Technik erkläre.

Kind der Sinne, schmeichelt die Weltwissenschaft der Genußsucht – auf Kosten der Sittlichkeit. Hier wird die Bedrohung offenbar, läßt sich unschwer ersehen, wer leitend aus dem Hintergrund seine Hand im Spiel hat. Der Pietist Johann Heinrich Jung-Stilling (1740–1817) setzte, wie andere seinesgleichen auch, sein Leben und Schaffen daran, diesen verhängnisvollen Zusammenhang seinen Zeitgenossen ins Bewußtsein zu rücken. «Gott», lehrt er, «schuf die ersten Menschen als freiwirkende Wesen, mit der Tendenz zu immer wachsender sittlicher Vervollkommnung.» Die Erfahrung habe über die Jahrhunderte hin «an Millionen einzelner Menschen» erwiesen, «daß *die altchristliche Glaubenslehre* ihre Anhänger zu guten und heiligen Bürgern, Ehegatten, Freunden, Eltern und Kindern» heranzubilden vermag. Selbst im verborgenen, ohne den billigen Beifall der Masse zu suchen, erzeigt der Gläubige, «völlig unbekannt, aus wahrer Gottes- und Menschenliebe, auch den Feinden, mit Aufopferung, Wohltaten». Doch das eben sei «schlechterdings nur da möglich, wo *der Geist Christi* herrschend ist». Wer sich indessen der Aufklärung verschrieb, «kann wohl hin und wieder einen honetten Menschen» aus sich machen «und bürgerliche Tugend – aber doch nur zur Not – zustandebringen» – mehr jedoch nicht. Denn ohne sich dessen inne zu sein oder es wahrhaben zu wollen, ließen sich diese Verblendeten «durch ein unbekanntes böses Wesen verführen, daß sie ihre Tendenzen zu immer wachsender sinnlichen Vervollkommnung, und damit im gleichen Schritt gehenden Genuß der irdischen Güter anwendeten.» Daraus folgt als unabweisliches Fazit: «Wer auf diese Vordersätze eine richtige logische Demonstration gründet, der findet die ganze christliche Heilslehre sehr vernünftig, und die heutige Aufklärung sehr unvernünftig.»[119]

Die dergestalt geistig Versehrten, «Verblendeten» befanden sich
zudem noch insofern im Nachteil gegenüber den Gläubigen, als sie
den, der in ihrem Schatten dicht hinter ihnen schritt, nicht mehr
wahrzunehmen vermochten. Der aber hat seit alters immer noch ein
wenig vom Trickster; er kann der Neigung nur schwer widerstehen,
selbst seine willfährigsten Helfer zu hörnen. Lieb ist ihm natürlich,
daß sie die Gläubigen ihrerseits, stillschweigend oder in offener Bekundung, für arm im Geiste, rückständig, unfähig zu rationaler Re-
flexion und hoffnungslos abergläubisch erklären; doch das genügt
ihm nicht, es unterhält ihn nicht sonderlich. Also sät er den *Zweifel*
unter seine gelehrten Adepten, stachelt sie zu Innovationen an, läßt
Jüngere wider Ältere rebellieren. Es kommt zu Dissens, erbittertem
Streit, ja unter Umständen einem «Paradigmenwechsel». Die «Ältesten» der Gelehrtenrepublik reagieren mit Spott, Hohn, am Ende
Schimpf und Verweis. Die Abweichler werden der Versponnenheit,
Spekulation oder «Ketzerei» bezichtigt, Opfer absurder Eingebungen
und «unsauberer» Denkweisen. Wer jeweils triumphiert, sieht sich auf
dem Gipfel eines nur mühevoll und unter Opfern bezwingbaren Berges, den Weg zum Aufstieg gesäumt mit den Knochen und Gepäck-
resten der Irregeleiteten und Illusionäre. In englischsprachigen
Übersichtswerken zur Geschichte der Psychologie zum Beispiel wird
der je gegenwärtige Stand – sofern er sich auf den überwiegenden
Konsens der Gelehrten gründet – gleichsam als «der Sieg der Kinder
des Lichts über die Kinder der Dunkelheit» beschrieben, als

«Höhepunkt einer historischen Entwicklung angesehen, an der alle früheren
Theorien, Methoden und Ergebnisse gemessen werden. In der Geschichte der
Experimentalpsychologie macht sich ein solcher Präsentismus an der *Unterdrük-
kung oder Verächtlichmachung* derjenigen Hinweise bemerkbar, die die ‹nicht wissenschaftlichen› Interessen und Aktivitäten bedeutender Psychologen auf *umstrittenen* Gebieten wie Phrenologie, Physiognomie, Hypnose, Religion, Parapsychologie, die Psychologie der Mystik sowie das Leben nach dem Tode zum Thema
haben.»[120]

Dergleichen ist bestenfalls «Grenzwissenschaft». Insofern gesteht
man ihren Adepten auch zu, sich ein wenig wie Clowns zu gebärden,
sich in gewissen originellen «Kunststückchen» zu gefallen, *Schein-
innovationen* gleichsam aufzublasen, wie das zum Handwerk der Ta-
schenspieler zählt, ja ihnen zur «zweiten Natur» geworden ist. Neueren Erkenntnissen zufolge teilen kreative und geisteskranke Menschen die besondere Fähigkeit, Gegensätzen in ihrem Bewußtsein
Raum zu geben, ohne sie gleich versöhnen zu wollen. Das läßt die
These begründet erscheinen, «daß Geistesgestörtheit, wie Alkoholismus, Homosexualität oder jede andere Form devianten Verhaltens,

eine gedoppelte Wahrnehmung, gleichzeitig die unmittelbare Innen-
und Außenerfahrung und deshalb auch beider Interpretation erlaubt.»[121] Aber wo sollte das hinführen? Den Widerspruch als solchen
gelten zu lassen, ja ihn gar zum Prinzip zu erheben, ohne den Willen,
ihn aufzulösen? Die Universitäten sind zur Wahrheitsfindung verpflichtet; sie schulden der Gesellschaft die Wahrheit, nichts als die
«reine» Wahrheit. Die dort ihres Amtes walten, wachen zu Recht gestrenge darüber, daß weder unsaubere Denker («Querdenker») noch
Träumer ihren Fuß auf den gefegten Boden setzen. Ihr Platz ist
draußen, auf dem morastig-schlüpfrigen Grund am Rand der Gesellschaft, wo Zwiesicht und Doppeldeutigkeiten, krumme Gedanken
und Hirngespinste strukturbedingt allfällig sind.

In den Universitäten der Neuzeit leben die Männerhäuser der ab-
sterbenden Naturvolkkulturen nach, in denen die erwachsenen Männer und Greise weiland das gesammelte Wissen der Gruppe pfleglich
bewahrten. Knochen, Trachtstücke, Geräte, Relikte und Reliquien
der Gründerheroen und großer Ahnen hielten ihr Gedenken in ge-
genständlich-anschaulicher Weise fest, Mythen, Sagen und Legenden, ständig memoriert, erzählten von den Anfängen und ersten,
wegweisenden Taten der frühen Altvorderen, denen das Dasein seine
bestehende Ordnung verdankte, Rituale und Kultfeiern, hier vorbe-
reitet und eingeübt oder auch unter Ausschluß der Öffentlichkeit
geheim zelebriert, sicherten den Bestand der altüberlieferten Tradition. In patrilinearen Gesellschaften, in denen sich die Lebenskraft
oder Vitalseele, das «Blut», das Territorium mit seinen Unterhalts-
quellen sowie das kulturelle Besitztum einschließlich der wichtigsten
Wissensgüter in der männlichen Abstammungslinie vererbten, bot
das eine verläßliche Gewähr für bruchlose, geradlinige Kontinuität.
Die erwachsenen Männer, die Ältesten zumal, setzten das Beispiel der
Ahnen fort, das sich so sichtlich bewährt hatte; Aberrationen konnten
da nur gefährlich erscheinen. Auf die Frage der Ethnographen, warum eine Arbeit, ein Handwerk, ein Ritual usw. gerade so und nicht
anders durchgeführt werden, erfolgt in der Regel die lakonische Antwort: «weil die Heroen es so bestimmten»,[122] bzw. «die Ahnen es so
gemacht haben». Wer sich daher strikt an die Traditionen hält, lebt,
wie die Bondo im indischen Orissa der Meinung sind, «in Wahrheit».[123] Und auch sonst gilt, ob bei Eskimo[124] oder afrikanischen
Gruppen, allgemein für wahr, «was durch die Ahnen als tatsächlich
geschehen überliefert ist. Solange eine Bezeugung mit vorausgehen-
den übereinstimmt, ist sie wahr ... Die Menschen trachten daher in
allem, nichts von dem zu verändern, was ihnen an Tradition von den
Ahnen übermittelt wurde.»[125] Anton Lukesch machte bei den Kayapó

im Nordosten Brasiliens den Test, indem er gezielt in ihre mythische Überlieferung eingriff: «Wenn ich selber versuchsweise die Geschichte ... bewußt anders erzählte, wurde beinahe schroff auf den echten Inhalt verwiesen. Der Mythos ist den Indianern wie eine ungeschriebene Kodifikation ihrer Weltauffassung, von der sie keine Abweichung dulden.»[126]

Das setzte natürlich ausgefeilte mnemotechnische Verfahren voraus, wie sie in traditionellen Gesellschaften denn auch teils auf das meisterlichste entwickelt waren. Ernst wurde es spätestens während der Initiationen damit, wenn die älteren Männer die Knaben – im Männerhaus oder einem abgelegenen «Buschcamp» – in allen wichtigeren, das heißt vor allem sakralen Wissensgütern der Gruppe – in Mythen, Liedern, liturgischen Texten, Zauberformeln usw. – unterwiesen. Die unter Umständen sehr umfänglichen Stoffe mußten binnen weniger Wochen oder Monate gelernt werden. Das geschah durch Anhören und Wiedergabe, stetiges Memorieren und Korrigieren. Dabei fanden vielfältige Gedächtnisstützen Verwendung – bei den Iatmul am mittleren Sepik in Neuguinea zum Beispiel sieben bis acht Meter lange Schnüre mit Knoten: die Abschnitte dazwischen markierten einzelne Phasen der Wanderbewegungen, von denen die Überlieferungen berichteten, die großen Knoten die Haltepunkte, das heißt Siedlungsgründungen, die kleinen die Namen der Totems der Orte, verbunden mit einer bestimmten Tat, die sie dort vollzogen hatten. Mit Hilfe dieser Technik hielt man sich ganze Gesangszyklen von bis zu zehn Stunden Dauer (und mehr) ständig parat,[127] manche Männer beherrschten so «Zehntausende von Totemnamen, und zwar in der richtigen Reihenfolge» – neben vielem anderen natürlich.[128]

Am massereichsten und dichtesten war der Wissensschatz einer Gruppe in den Köpfen der Alten und Ältesten, entsprechend auch der Oberhäupter konzentriert – sie besaßen die größte Erfahrung, auch im Umgang mit den Ahnen, deren noch weiter und tiefer reichendes Wissen sich, rückläufig gleichsam, aus ihrer steten Kommunikation mit den ihnen Vorangegangenen, den höheren Geistmächten und Göttern bis hinauf zuletzt zum uranfänglichen, *«allwissenden»* Hochgott speiste. Das bürgte für den Wahrheitsgehalt ihrer Aussagen. Jüngere irrten schon mal, Älteste kaum.[129] Wie laut Robert Thornton bei den Iraqw und ihren Nachbarn in Tansania bildete in traditionellen Gesellschaften generell das «kulturelle Wissen, speziell die Kenntnis, die zu tun hatte mit der Durchführung von Ritualen, der korrekten Wiedergabe von Mythen und Erzählungen sowie überhaupt dem richtigen Vollzug aller Arten von Zeremonien, den legitimen Besitz der relativ kleinen Gruppe der Alten.»[130] Wer sich in einer

Sache unsicher fühlte, konnte seinen Worten Gewicht durch Bezug auf das Beispiel der Ahnen oder das Zeugnis eines Geronten verleihen. Dies war nicht nur so unter «Halbzivilisierten»; es ist auch in «aufgeklärten» Neuzeitgesellschaften weithin Tradition. Einen höheren Verläßlichkeitsanspruch besitzt, was durch «soziale Autoritäten gestützt» erscheint; «*Realitätsentsprechung* kann weitgehend durch *soziale Verankerung* ersetzt werden» – so der Philosoph Hans Albert.[131] Schon Kindern ist die Kraft des Prinzips bewußt. Wollen sie Beteuerungen mehr Nachdruck versetzen, berufen sie sich auf ihre Eltern, einen allseits respektierten Lehrer, ein Idol ihrer Generation – oder schwören «in aller Aufrichtigkeit bei Gott».[132] Je höher hinauf der Bezug reicht, desto sicherer die Wahrheitsgewähr des Gesagten oder Verlautbarten.

Die Verknüpfung von Hochständigkeit, Weitsicht, Autorität und Wahrhaftigkeit gipfelte konsequentermaßen in Oberhäuptern und Königen (später auch «Kirchenfürsten» und Päpsten). Ein Erfahrungssatz der Gola in Liberia empfahl: «Wenn du mit dem König gehst und es regnet, achte gut auf seine Worte. Vielleicht sieht er zum Himmel auf und sagt: ‹Sieh, wie die Sonne scheint und wie klar es ist.› Dann solltest du erwidern: ‹Ja, mein König, die Sonne scheint, noch nie hat es einen klareren Tag gegeben.›»[133] Auch wenn es dem Augenschein widerspricht, wohnt ihm doch, da der Mund des Königs es spricht, eine zumindest nicht offenkundige Wahrheit ein, die der verblendete Blick des Tieferstehenden nicht zu erfassen vermag. Im alten Ägypten galten die Pharaonen als fleischgewordene «Söhne» bzw. Inkarnationen der Götter (etwa des Rê).[134] Waren sie gut, durfte man sicher sein, daß «die Wahrheit blieb, die Lüge verabscheut wurde» und Verhältnisse, lauter und unverfälscht, «wie in der Urzeit» herrschten.[135] Ramses II. (1290–1224 v. Chr.) wurde mit den Worten gehuldigt: «Der Thron deiner Zunge ist ein Tempel der Wahrheit, und Gott sitzt auf deinen Lippen.»[136] Aus dem Mund der altisraelitischen Könige, der «Gesalbten Jahwes», sprach letztlich dieser. David (ca. 1004–965 v. Chr.) wird gerühmt, er komme «an Weisheit dem Engel Gottes gleich, daß er alles weiß, was auf Erden vorgeht» (2. *Samuel* 14: 20). Das bot in rezenten Zeiten unschätzbare Möglichkeiten für die Ethnographie. Konnten schon alte Leute, wie ein Oberhaupt der Moba dem deutschen Ethnologen Jürgen Zwernemann gegenüber erklärte, «nicht lügen»[137] und empfahlen sich insofern als ideale Informanten, so mußte dies um so mehr für gekrönte Häupter gelten. Dem englischen Kolonialbeamten und verdienten Ethnographen Charles Kingsley Meek (1885–1965), dessen Erhebungen in Nigeria heute zu den klassischen Quellen der Völkerkunde des Lan-

des zählen, versicherte denn auch ein Herrscher daselbst (der im
Norden siedelnden Kam), er wäre «ein Gott, weshalb ich gewiß sein
dürfe, daß er sich bei den Informationen, die er mir über die anderen Gottheiten oder die Kulte der Kam lieferte, unmöglich zu Täuschungen verleiten lassen könne, da Götter niemals lügen würden.»[138]

Die Wahrheit wohnt in den Zentren – in Männerhäusern, Tempeln
und Residenzen, nach unten zu tiefengrundiert in der Weisheit der
Ahnen, nach oben hin *in excelsis* überhöht in der Allwissenheit Gottes.
Das lud den dort Residierenden auch Verantwortung, doch vor allem
die Last auf, in strittigen – und kritischen – Fällen die notwendigen
letztgültigen Entscheidungen zu treffen. «Anführer», heißt es bei den
Beduinen, «haben das Wort».[139] Ihre Schwüre, so die Überzeugung
der Sema Naga in Assam, verdienen absolutes Vertrauen.[140] Rechtsfälle werden allgemein von den Ältesten und Oberhäuptern verhandelt; ihre höhere Einsicht bürgt für Gerechtigkeit wie die Richtigkeit
der gefällten Urteile – streng nach «Erfahrung und Alter» der Juro-
ren, wie Jean Buxton etwa für die Mandari im Südsudan bestätigt;
schwierigere Fälle hatte letztlich das Oberhaupt zu entscheiden, denn
«sein Mund ist von Gott gegeben, darum respektieren wir ihn.»[141]
Ähnlich hielten es die alten Israeliten. Laut Deuteronomium übten
auch bei ihnen die Ältesten das Richteramt aus, sowohl in zivil- wie
in strafrechtlichen Angelegenheiten.[142] Noch in der Königszeit wird
den Herrschern immerhin empfohlen, auf den Rat der Alten zu hören;[143] folgen mußten sie ihm nicht unbedingt; denn des Königs
«Mund fehlt nicht im Gericht» (*Sprüche Salomos* 16: 10). Der Wahr-
heitsbesitz trug auch forensische Früchte.

Das besondere, überlegene Wissen und Rat in schwierigen Fragen
floß Ältesten und Oberhäuptern oft auch unmittelbar aus der Transzendenz zu, wie den Patriarchen Altisraels in der Väterzeit. Das
geschah vor allem im Traum, wenn der Körper in totenähnlichem
Zustand ruhte, das heißt die sinnengebundene Wahrnehmung erlo-
schen und die Seele frei und unverstellt zur Zwiesprache mit den
Jenseitsmächten war. Den Patriarchen der Naturvölker wandten sich
dann überwiegend ihre Nächststehenden «drüben», die Ahnen zu.[144]
Sippenahnen pflegten den Ältesten der Sippe in Sippenangelegen-
heiten, Häuptlingsahnen das Oberhaupt in Fragen, die für die Ge-
samtgruppe von Belang waren, zu beraten.[145] Gelegentlich gaben sie
auch praktische Tips und sagten zum Beispiel, wie bei den Trobri-
and-Insulanern (Melanesien), den Leitern geplanter Jagd- oder
Fischfangunternehmungen – erfahrenen, älteren Männern – die
Wetterentwicklung und den Wildstand voraus.[146] Alte hatten das Ohr

der Ahnen, weil sie schon fast ihresgleichen waren. Die Gola hatten
das Bild dafür,

«daß sie bereits ‹mit ihren Köpfen in der anderen Welt› leben. Sie beginnen so
Dinge zu lernen, die sie in diesem Leben niemals gelernt haben. Ihr Geist (*mind*)
ist ähnlich dem großer Doktoren und Propheten geworden, die Umgang mit den
Totengeistern haben. Die Dinge, von denen sie sprechen, sind *ke gwa*: ‹Traumdin-
ge›, die ihnen in ‹anderer Form› als durch Erfahrung zuteil wurden.»[147]

Ahnen schrecken ihre Nächsten hienieden, denen sie sich offenbaren, nicht. Sie erscheinen ihnen in vertrauter Gestalt und sprechen
die Sprache der Ihren. Auch Schutzgeistmächte oder gute Feen versetzen niemanden, dem sie sich zeigen, in lähmendes Entsetzen, das
ihn krank oder *zum Krüppel* macht. Sie geben sich sanft, gütig, hilfreich und sind oft von «überirdischer» Schönheit. Götter treten den
Menschen zwar, ihrer Majestät gemäß, unter Donner und Blitz, im
Feuer oder umstrahlt von einer blendenden Lichtaura an; aber sie
lösen nur fromme Erschütterung, Ergriffenheit, Ehrfurcht, nicht tödliche Angst aus. Begegnungen mit gutartigen Übermächten stärken,
läutern und «erheben».

Die begrenzte, elitäre Auswahl der irdischen Ansprechpartner zeigte schon an, daß die Jenseitigen nicht wünschten, daß ihre Offenbarungen Unwürdigen zur Kenntnis kamen, das heißt Gefahr liefen,
verfälscht zu werden. Manches hielten die Alten daher vollends geheim und tradierten es nur an die Nächstnachrückenden ihres inneren Zirkels fort; anderes enthüllten sie nur zu besonderen festlichen
Anlässen, wie die Schöpfungsmythen zum Beispiel, und auch dann
nur in der altüberlieferten, in feierlichem Singsang vorgetragenen
«archaischen» Sprache, die ohnehin den Uneingeweihten kaum
mehr voll verständlich war.[148] Spezielle Wissensbestände, wie sie etwa
zum Besitz bestimmter Geheim- und Kultbünde zählen konnten, wurden entsprechend in esoterischen «Sondersprachen» tradiert.

In differenzierteren traditionellen Gesellschaften, in denen spezifische Detailkenntnisse an Gewicht gewannen, deren Gesamtsumme
nicht mehr Platz in den wenigen Köpfen der Ältesten und Oberhäupter fand, bildeten sich durchaus schon Spezialisten dafür mit wachsendem einschlägigem «Fachwissen» heraus, die ihre Tätigkeit
freilich immer nur mit Billigung und unter scharfer Kontrolle der
Oberen ausübten. Das waren in der Hauptsache etwa Heiler, bzw.
Schamanen, geschulte Divinatoren, ja ausgesprochene «Hellseher»
(*clairvoyants*),[149] Opferpriester, Regenmacher[150] und überhaupt ver-
sierte Zauberer sozusagen mit polytechnischer Breitenausbildung,
die sich zu allen möglichen Zwecken verwenden ließen. Bei den Ganda

(Uganda) pflegte der König die geschicktesten und wirkmächtigsten an seinen Hof zu ziehen, um sich ihrer zur Abwehr feindlicher Machenschaften zu bedienen – und sie gleichzeitig voll unter seiner Kontrolle zu wissen.[151] Wohl aus dem nämlichen Grund suchten auch die altorientalischen und antiken Herrscher den Umgang mit den Jenseitsmächten, der ihnen über der Fülle ihrer säkularen Aufgaben zunehmend entglitten war, strikte zu institutionalisieren und an bestimmte, staatlich kontrollierte Tempel zu binden, deren Geistlichkeit ihnen untertan und rechenschaftspflichtig war.

Verbürgte, «reine» Wahrheit setzt eine glaubwürdig ungebrochene kontinuierliche Überlieferung optimal höchsten Alters unter der Obhut der Ältesten und Oberhäupter voraus. Das traf allein auf die Mythen zu, die daher immer auch als unantastbar und schlechthin wahr galten.[152] Die Wahrheit, sofern sie tatsächlich ungetrübt rein ist, erscheint, religiös Gläubigen zumindest, auch als Inbegriff des Guten;[153] es handelt sich lediglich um unterschiedliche Aspekte ein und desselben; beiden fehlt nichts an Vollkommenheit, wie ihrem Antiextrem, dem Trug und der Täuschung, dem Bösen an der Peripherie, das in seiner arttypischen Verkrüppelung stets auch abstoßend häßlich erscheint. Die Wahrheit dagegen, so befinden auch Physiker, wie der berühmte Richard Feynman zum Beispiel (1918–1988, Nobelpreis 1965), «erkennt man an ihrer Schönheit und Einfachheit».[154]

Die Geometrie der klarkonturierten Strukturen, ihre «Schönheit» und Abdrücklichkeit eherner Gültigkeiten, verwischte sich merklich bereits zum Rand der Zentralareale hin. Auch die Wahrheit litt. Jüngeren, weniger nahe Verwandten, Frauen, Tiefergestellten, Bediensteten oder Sklaven gar war nur mehr bedingt zu trauen. Sie unterlagen zunehmend Außeneinflüssen, die ihre Sinne und Urteilskraft trübten.[155] Die Kayapó begründeten die Glaubwürdigkeit einer Angabe mit dem nahen Verwandtschaftsgrad ihres Informanten.[156] Die Trobriand-Insulaner lieferten Malinowski bei wichtigen Zaubersprüchen, um ihn von deren Echtheit und Wirkkraft zu überzeugen, gleich die «Ahnenregister» all derer mit, die sie, geradlinig und getreu, tradiert hatten.[157] Jenseits und weiter ab vom engeren Verwandtschafts- und Vertrautenkreis wuchsen und häuften sich jedoch zwangsläufig die Brechungen der Informationen mit Alter, Geschlecht, Status und Zahl der Übermittler – proportional sozusagen zu Strecke und Dauer des Kommunikationsdurchlaufs. Hinzu kam der freie, unkontrollierte Umgang, das «Spiel mit den Worten», brach gezielte Verfälschung, Lüge ein, trugen Soziolekte, Berufs- und «Gaunersprachen» zu weiteren Beugungseffekten und *Verunstaltungen* bei.

Vollends aber mußte man damit bei ungeleiteten Informationszu-
flüssen aus dem Jenseits rechnen, die an sich ja jedermann zugänglich waren, dem Verständnis, und Unwissender zumal, jedoch noch
größere Schwierigkeiten machten, da sie beim Eintritt in die konden-
sierte Stofflichkeit des Diesseits und fortschreitend dann beim Durchgang durch die vielfältig geschachtelten Erscheinungsfluchten hienieden oft bis zur Unkenntlichkeit entstellt die Sinne der Menschen
erreichten. Manche Omina lösen, gerade ihrer Ungestalt wegen, wie
bei Krüppelgeburten (die immer Unheilsbedeutung besitzen),[158]
Schrecken, Eklipsen, Panik aus. Geister zeigen sich, wenn sie eine
ihrem Wesen adäquate Erscheinung wählen, in grauenerregend verformter Gestalt, Besessene reden «in Zungen», stammeln und schreien
kaum verständliche Laute und Wortfetzen heraus, Traumbilder ver-
fließen, Schemen nehmen flüchtig Gestalt an und lösen sich wieder
auf; wenig Greifbares bleibt, der Träumende wähnt sich in eine «Zwi-
schenwelt» versetzt. Verstärkend kommt noch hinzu, daß Diesseits
und Jenseits sich, wie schon gesagt, *in extremis* inversiv zueinander
verhalten. Die Samojeden in Sibirien gingen so ganz konsequent davon aus, daß Träume künftige Geschehnisse immer nur «in verkehr-
ter Form» wiedergeben.[159] Nimmt man es so, das heißt läßt sich nicht
von dem Wirrspiel des rein bildlich Geschauten irritieren, waren
auch die Jibaro in Ecuador – und nicht nur sie – der Überzeugung,
schaut man die «wahre Wirklichkeit (*true reality*)» hinter dem Blendwerk aller Sinnestäuschung.[160]

Fraglos barg das jedoch Gefahren. Nicht jeder konnte begreifen,
was er da sah, geschweige denn *richtig* interpretieren. Keinesfalls durfte
das Deuten dem freien Belieben anheimgestellt bleiben. Irreführen-
des, von bösartigen Geistern in harmlose Verbrämung gekleidet, hätte zudem mit einfließen und die Gesellschaft vergiften können. Die
Dekodierung war daher mit gutem Grund Privileg der Alten und
Hochgestellten, die alle notwendigen Erfahrungsvoraussetzungen
und das erforderliche Mehrwissen besaßen, die «Botschaften», die
das Geschaute möglicherweise enthielt, zu «entzerren», ihren Gehalt
zu «entschlüsseln» und in verständliche Sprache und Begrifflichkeit
umzusetzen, bzw. gegebenenfalls zu «entlarven».[161] Jüngere und Frau-
en wandten sich daher, wenn sie von verwirrenden Träumen oder
Visionen heimgesucht wurden, vertrauensvoll an die Alten, um sich
das Geschaute erklären zu lassen. Was ihnen zumeist nur bruchstückhaft bekannt und begreiflich war, überblickten jene in voller Geschlossenheit, «als ein einheitliches, systematisches, sinnerfülltes
Ganzes».[162] In besonderen Fällen, die einschlägiges Detailwissen erforderlich machten, konnte man auch entsprechende Spezialisten

konsultieren – Hellsichtige etwa[163] oder Schamanen. Herrschte unter den Alten Unstimmigkeit über die Deutung, überprüfte man den Fall auf divinatorischem Wege, das heißt stellte gezielte «Rückfragen» mittels verschiedener, *alternativer* Orakeltechniken.[164]

So gesehen, verdienten nur wenig Vertrauen auch alle Erzählungen von nachurzeitlichen Begebenheiten. Für sie galt gleichsam vertikal, was in der Horizontalen die tagtägliche Kommunikation verdächtig machte. Über die Jahrhunderte hin hatten sie zahllose Übermittler unterschiedlichen Alters, Sozial- und Wissensstandes durchlaufen, konnten nicht anders als vielfach geknickt und verbogen, zerstückt und oft unpassend wieder zusammengesetzt sein. Und zudem schilderten sie die «Gesta» sterblicher Menschen oder Heroen, die nicht, wie die Schöpfungstaten der Götter, von unvergänglichem Bestand, sondern stetigem Wandel unterworfen, beliebig biegbar, veränderlich waren. Viele traditionelle Gesellschaften schieden daher ihre Überlieferungen sehr gewissenhaft in «wahre» und «falsche» Geschichten. Mit letzteren waren Märchen, Legenden, Sagen, Heldenepen, Reiseerzählungen – eben alles, was neuerem Verständnis nach in den breiteren Bereich der «Geschichte» fällt, gemeint; zu ersterem dagegen zählten allein die Mythen, die «Gesta» der Götter, und verbürgte Offenbarungen aus ihrem oder der Ahnen Mund. Denn ihre Tradierung war striktestens reglementiert, duldete keinerlei Eingriff und blieb in der alleinigen Obhut der Alten, Priester und Oberhäupter.[165] Und denen sahen direkt die Götter auf Finger und Mund. «Die Wahrheit», schrieb der große altchristliche Kirchenlehrer Clemens von Alexandrien (2. Jh.), «wird nicht gefunden durch Umsetzung der Bedeutungen (denn so wird man jede wahre Lehre umstürzen), sondern durch Ermittlung dessen, was dem Herrn und dem allmächtigen Gott eigentümlich und geziemend ist, und durch Beglaubigung eines jeden von dem, was nach der Schrift aus ähnlichen Stellen wiederum aus der Schrift bewiesen wird» (*Stromateis* VII 96).

Dies Wissen und die Wahrheitsgewißheit verleiht Alten und Oberhäuptern die Autorität, flößt ihnen die Kraft ein, wie Eltern an ihren Kindern tun, Verkrümmtes geradezubiegen, Zerbrochenes wieder zusammenzufügen, Verfälschtes zu berichtigen, Täuschungen zu enttarnen, das Böse zu stellen – unheilbar Verkrüppeltes aber fern von den Ihren zu halten oder vollends auszutilgen.

VII.

Gestaltverklärung

1. Transmutation

Vormals wachten im Männerhaus inmitten der Siedlung die Alten
über das Wohl der Gemeinschaft, traten, wenn es nottat, auf den zentralen Dorfplatz heraus und sprachen Recht; oder es wuchs auch ein
einzelner «Ältester» ein wenig über die andern hinaus, um die Haupt-
last der Verantwortung zu tragen, ein Oberhaupt, schließlich in vielen
Teilen der Welt ein «sakraler König», in dem das Gemeinwohl, die
Heilsgewähr aller, sich verdichtend und sichtbar konkretisierte, der es
verkörperte, das heißt einstand mit seinem Leben dafür – fehlte er und
traten entsprechend Dürrezeiten, Mißernten, Zwietracht, Krankheit
und andere Unglücksfälle zuhauf auf, mußte er sterben oder auf andere Weise, wie Aussätzige und Schwerverbrecher, «eliminiert» werden,
um die Versehrung, die er ausgelöst hatte, zu tilgen.

Zu seinem und aller Schutz hielt man den «Heilsträger» eingeschlossen in einem wohlumwehrten Palast, verstrickte ihn in ein dich-
tes Netz von Tabus, das ihn fast unbeweglich machte, und ließ ihn
nur selten ins Licht der Öffentlichkeit treten, auch dann oft mit
verhülltem Haupt oder den Blicken zur Gänze durch einen Wand-
schirm entzogen – wie weiland die Männerhäuser durch eine Art
«Bannmeile» ringsum vor der Annäherung Nichtinitiierter geschützt
waren; wer unbefugt seinen Fuß auf den verbotenen Boden setzte,
mußte mit Tötung oder Kollektivvergewaltigung rechnen. Die Menschen selbst sicherten Hecken, Zäune, Palisaden, Mauern und Gräben, die das Dorf umgaben, mehr freilich dank zusätzlicher magischer denn der mechanischen Abwehrmaßnahmen. Draußen, wo
man Teilen seiner täglichen Arbeit nachging, schritt man immerhin
noch über die eigene Feldflur, «Kulturland», das seit alters unter der
Hand der Menschen war und in dem, tief unten, die Ahnen wohnten
und allezeit wachsamen Auges Wohl und Wehe der Ihren oben verfolgten. Diese «Gemarkung» ging schließlich über in Ödland, ehe mit
Busch und Wald die «Wildnis» begann. Flüsse, Hügel, Taleinschnitte,
Feld- oder Baumgruppen schlossen sich hier zur – wiederum magisch
auf vielfältige Weise gesicherten – Territoriumsgrenze zusammen.

Der identitätsideologischen Norm, dem Ideal nach bildete dieser
endosphärische Raum mit der Siedlung im Zentrum und Männer-

haus oder Residenz im Mittelpunkt die geordnete Welt und eine Oase des Friedens[1] – und würde es auch *de facto* immer geblieben sein, wäre nicht ringsum die Außenwelt mit ihren ständig sehrenden Unheilseinflüssen gewesen. Eherne Traditionstreue und Fehllosigkeit lieferten an sich die verläßlichste Schutzwehr dagegen. Aber es gab die – biographischen, jahreszeitlichen, kosmischen – Übergangsphasen zwischen den einzelnen Bogenabschnitten der Geschehensverläufe, in denen die Grenzen sich auftaten und Exosphärisches, gutes wie böses, einströmen konnte. An wem letzteres sich festzusetzen vermochte, weil es ihn vielleicht an einer «schwachen Stelle» oder unaufmerksam, das heißt in geschwächtem Zustand traf, den nagte es an, machte ihn krank, verkrümmte ihn schlimmerenfalls bis zur Entstellung oder vernichtete ihn vollends.

Dagegen suchte sich jede Gesellschaft auf vielerlei Weise zu wappnen. Erste, universal übliche Schritte, wenn ein Kontakt mit Fremdweltlichem (mit Dingen, Geräten, Nahrungsmitteln, Menschen) oder fremdweltlich bereits sichtbar Gebrandmarktem (mit Fauligem, übermäßig Wucherndem, mit Kranken, Krüppeln, Kriminellen, Sterbenden und Toten) stattgehabt hatte und die Folgen entweder schon spürbar oder doch zu befürchten waren, bestanden in Reinigungsmaßnahmen. Dabei schied man, je nach Art und Ausmaß der Affizierung, zwischen äußerlich *abtragenden,* aus dem Innern eines Organismus oder Systems *hinaustreibenden* und *Vernichtungsverfahren.* Im ersteren Falle wusch man die betroffenen Flächen mit Wasser, auch Blut und Rinderurin, rieb sie, etwa mit «desinfizierenden» Substanzen wie Kuhdung, bestimmten Aschen und Erden, Blättern und Früchten, räucherte sie (zum Beispiel mit Wacholderrauch) ab oder suchte das «Befleckende» abzustreifen, indem man durch Reifen sprang oder Ringe kroch, sich zwischen zwei engstehenden Pfosten, bzw. einen Zwiesel hindurchzwängte.[2] Von Unreinem, das sozusagen bereits «in die Blutbahn» und weiter ins Innere des Körpers gelangt war, befreite man sich durch Skarifizieren (am Penis, im Nasen- und Rachenraum), durch Schwitzkuren, wie man sie nicht nur bei Völkern der nördlichen Hemisphäre, sondern auch anderwärts, wie in Neuguinea zum Beispiel,[3] kannte, durch Kauen oder den vollen Genuß bestimmter Pflanzensäfte, Blätter, Rinden, Früchte und Gewürze, die abführend wirkten oder Erbrechen auslösten, durch regelrechtes Herausprügeln, wie häufig bei Initianden oder, wie etwa bei den Orotschen in Ostsibirien, um einen notorischen Dieb von seinem Laster zu befreien,[4] und schließlich auch Scheren bzw. Abschneiden der – von innen her «kontaminierten» – Kopfhaare, Finger- und Fußnägel. Ein komplizierteres Verfahren praktizieren – offenbar noch immer – die

Buschmänner in Südafrika. Es dient sowohl der Abwehr als auch der Heilung von Krankheiten, mehr aber noch der regelmäßigen, periodischen Abfuhr von «Toxischem» im Organismus überhaupt. Davon glaubt man in der Hauptsache die Frauen betroffen oder hält sie auch nur für zu schwach, sich selbst zu helfen. Wann immer diese daher das Bedürfnis nach einer gründlichen Entschlackung ankommt, entzünden sie ein Feuer, lassen sich im Kreis darum nieder und beginnen zu singen und rhythmisch dazu in die Hände zu klatschen. Dies ist das Zeichen für die Männer, die nunmehr hinzutreten und die Frauengruppe im Tanzschritt umrunden. Dabei berühren sie mit den Händen immer wieder Scheitel und Schultern der «Befallenen», um die Unheilskraft (das «Schlechte und Böse»), das sich in ihnen befindet, auf sich selber überzuleiten. Dadurch zunehmend giftaufgeladen, versinken sie allmählich in Trance und brechen schließlich zusammen. Manche lassen sich zuvor noch ins Feuer fallen oder pressen glühende Kohle an ihre Brust – ohne Verletzungen davonzutragen:[5] sie besitzen hinreichend Widerstandskraft, das akkumulierte «Gift» aus dem eigenen Leibe fortzubrennen.

Hilft anderes nicht, greift man zum dritten der genannten Verfahren, zu dem die soeben geschilderte Prozedur bereits überleitet – zur unmittelbaren Vernichtung des Unheilsträchtigen. Dem können ebenso Amulette und Talismane, ja selbst Idole, die sichtlich nichts taugen, bzw. ihren Besitzern «kein Glück gebracht» haben, wie Behinderte, Schwerstkriminelle und Hexen, auch Häuser und ganze Dörfer anheimfallen, die man niederbrennt und verläßt, nachdem darin jemand starb oder eine Epidemie ausbrach. In Großbritannien war es noch bis vor kurzem Brauch, Schiffe, die irgendwie vom Unglück verfolgt schienen, bei der nächsten Gelegenheit, zum Beispiel nach einer abermaligen Havarie, zu verbrennen, um sich «von dem Tod, der in ihnen lauert, zu befreien *(to get rid of the death in it).*» Noch 1960 wurde ein Fährschiff nach einem Unglück auf diese Weise, ganz zeremoniell und bei Nacht, vernichtet.[6]

Es ging um die Rückgewinnung des Reinheitszustandes vor der Kontaminierung, um Katharsis, um Heilung und «Gesundung». Verunreinigung macht krank. In schwereren Fällen ist der Erkrankte so geschwächt, daß jeder weitere Unheilsanprall ihm vollends zum Verhängnis werden, er selber jedoch ebenso andere kraft seiner sehrenden Ausstrahlung in Gefahr bringen könnte. Beides wird häufig zum Anlaß genommen, Betroffene weitgehend zu isolieren – in einer Ecke im Haus oder einer gesonderten Hütte im Dorf, ja auch außerhalb im Busch. Die «Quarantäne» der Seklusion entrückt sie für eine Zeitlang der Gesellschaft und versetzt sie artifiziell in einen Übergangszustand,

der als solcher therapeutische Maßnahmen ebenso möglich wie wirksam macht. Sie unterhalten höchstens mit einigen wenigen Engstan-
gehörigen Kontakt; sie entledigen sich aller Kleider oder tragen lediglich Lumpen, sprechen nicht, fasten, bzw. genießen nur reinigende
Säfte, Gewürze und Speisen usw. mehr, bis sie endlich «als geheilt
entlassen» werden können. Ein festliches Aufnahmeritual reintegriert
sie in die Gesellschaft, manchmal verbunden mit dem Bezug eines
neuen Hauses: unverkennbar trägt das Ganze Züge einer rituellen
Wiedergeburt – bei den Bondo im indischen Orissa hat der», «Patient», hier das Opfer einer extremen Verunreinigung, zuletzt «durch
einen kleinen Verschlag im Bett eines Flusses zu kriechen, der», wie
der Berichterstatter Verrier Elwin vermutet, «sicherlich ein Symbol der
Vagina ist, durch die er zu einem neuen Leben wiedergeboren wird».[7]
   Generell gesehen, läßt sich der Kontakt mit Unreinem niemals
gänzlich vermeiden; jeder infiziert sich auf irgendeine Weise immer
wieder einmal. Aus diesem Grund veranstaltete praktisch jede – zumindest jede seßhafte – Gesellschaft einmal jährlich, gewöhnlich zum
Jahreszeitenwechsel, also an «Neujahr», und analog zudem zur Wiederbelebung, zur «Erneuerung» der Natur, ein großes kollektives Reinigungsritual. Wie die ersten Regenfälle, etwa nach dem Glauben der
Ao Naga (Assam), zu Beginn der Feldbausaison die Welt jeweils reinwaschen[8] (und die Sintflut vorzeiten alles Böse hinwegtilgte, um einen Neuanfang möglich zu machen), pflegen die Menschen zu Neujahr die alten – verunreinigten – Feuer zu löschen, Haus und Hof
gründlich zu säubern, um «alle Krankheit, alles Unglück und Unerwünschte, das sich über das Jahr hin angesammelt hat, fortzukehren»[9], die Wände neu zu tünchen, Schadhaftes wieder instandzusetzen, selber zu baden und sich auf andere Weise rituell zu reinigen,
frische Kleidung anzuziehen und die Feuer aufs neue zu entzünden
– um anschließend mit einem gemeinsamen Freudenfest das neue
Jahr zu beginnen.[10]
   Die ursprüngliche Ordnung war wiederhergestellt, Trübendes restlos getilgt; alles erstrahlte in neuem Glanz. «Schmutz», so Mary Douglas,

«verstößt gegen das Ordnungsempfinden. Ihn zu beseitigen, stellt keine negative,
sondern die positive Bemühung dar, die Umwelt zu reorganisieren … In unserem
Kampf gegen Schmutz, beim Neutapezieren, Aufräumen und Dekorieren leitet
uns nicht die Furcht vor Erkrankung; vielmehr treibt uns das Bedürfnis, unsere
Umgebung wieder in Ordnung zu bringen.»[11]

Doch die Mächte des Bösen ruhen nicht. Sie sind erfinderisch, wenn
sie auf Widerstand stoßen, und den Menschen überlegen – den meisten zumindest, nicht allen. In den Jahrzehntausenden schmerzlicher

Erfahrung fanden einzelne, gewitztere Mittel und Wege heraus, auch tückischeren Anschlägen erfolgreich zu begegnen. Sie erprobten und verbesserten sie ständig aufs neue und gaben das Erlernte an Schüler weiter – es bildete sich ein Spezialistentum im Umgang mit den Geistern und der Behandlung ihrer Schadenseinwirkungen heraus. Dazu reichten freilich ein einschlägiges Wissen und bloße technische Versiertheit nicht aus. Es bedurfte zusätzlich besonderer Gaben. Die «Heiler» mußten imstande sein, sich, ohne selber Schaden zu nehmen, im Busch, in der Welt der Geister zu bewegen, um sie und ihren Wandel gehörig studieren und ihre Angriffsweisen und Schädigungsmittel kennenlernen zu können, ja sich ihnen unter Umständen gar «anzuverwandeln».

Universal ist daher die Überzeugung verbreitet, daß Heiler, Schamanen, auch Seher und Propheten, um zu Großem in ihrer Profession befähigt zu sein, sich eine Zeitlang *außerhalb ihrer Gruppe*, vor allem aber in der «Wildnis» aufgehalten haben müssen. Bei den Miri, einer Sektion der Nuba in der Republik Sudan, empfingen angehende Heiler früher die Aufforderung dazu in einer Eingebung, die sie anwies, sich hinaus in den Busch zu begeben und Schlangen zu töten[12] – eine Mutprobe also, wie sie Bestandteil vieler Initiationen ist, vielleicht aber auch mehr. Vor Jahren pflegten auch junge Heilkundige der Kurg in Südindien, wie der Sage nach schon bestimmte ihrer Urheroen getan hatten, nach Malabar zu ziehen, um dort ihre Ausbildung zu vervollständigen; nach ihrer Rückkehr wuchsen ihnen rasch beträchtlicher Einfluß, ja Macht über ihre Landsleute zu.[13] Sie hatten die Fährnisse der Fremde nicht nur, ohne Versehrung zu leiden, bestanden, sondern waren auch gewachsen dabei, reicher geworden an wichtigem Wissen um heilende Kräuter und magisch-therapeutische Techniken, ja vielleicht imstande gewesen, sich Geister als Helfer zu verpflichten. «Der Busch», resümiert Thomas O. Beidelman die Bedeutung der exosphärischen «Wildnis» in bezug auf die Kaguru im Norden Tansanias,

«wird mit vielen gefährlichen und verunreinigenden, gleichzeitig aber auch immens wirksamen Kräften assoziiert. Tatsächlich vollzieht sich jede bedeutsame Kontaktnahme mit mächtigen Geistwesen im Busch. Je weiter ab sich eine Region von der heimischen Siedlung befindet, desto größer die Kräfte, die sie enthält, so daß die dichtbewaldeten Höhen der Bergwelt mit ihren bizarren Felsformationen und einsam gelegenen, unheimlich anmutenden Tümpeln für die am meisten gefahrvollen gelten. Es heißt, daß Regenzauberer und Wahrsager sie aufsuchen würden.»[14]

Dort herrschen andere, «verkrümmte», ja teils schon inverse Verhältnisse, die den, der sich ihnen aussetzt und stellt, unvermeidlich in ihren Bann ziehen und verändern; er durchläuft, in Ansätzen oder auch nicht, eine Metamorphose, wird gleichsam «wild», bewegt und verhält sich entsprechend, sieht und hört, was er sonst nicht wahrnahm, beginnt, die Sprache der Tiere zu verstehen und zuletzt auch die Geister selbst zu schauen und in Kontakt mit ihnen zu treten.

Manchen ver-rückt das den Verstand; sie fallen den Geistern zum Opfer, statt sie in Dienst zu nehmen. Hexen und der «Wergängerei» Verfallene sind typische Beispiele dafür. Beide treiben sich bevorzugt nachts im Wald herum, nehmen dort Tiergestalt an – in Ostafrika etwa verwandeln sich Hexen gerne in Eulen und Hyänen – fressen Aas und fallen über ihre schlafenden Gruppenangehörigen im Dorf her.[15] Werwölfe, Wertiger, Werkojoten, Werjaguare usw., «jene entsetzlichen Geistererscheinungen, die verzweifelt umherirren und weder zur Menschen- noch zur Tierwelt gehören», wie man auch in Frankreich glaubte,[16] *bleiben* gewöhnlich im Wald, um Verirrten oder Unbesonnenen, die töricht genug sind, sich bei Nacht noch dorthin zu begeben, aufzulauern und den Garaus zu machen.[17] Menschen, deren Lebenswelt der Wald ist, können so anderen, die außerhalb, in freiem Gelände zu Hause sind, leicht als eine derartige, verewigte Übergangsspezies zwischen Tier und Mensch erscheinen, mehr noch als die «eigentlichen» Barbaren. Die Malaien der Halbinsel Malakka denken so zum Beispiel von den verschiedenen Negrito-Gruppen, die als Wild- und Feldbeuter in den dortigen Regenwäldern leben. Sie hätten, meint man, bereits einiges von den Waldgeistern an sich (*«being akin to the spirits»*), besäßen vor allem aber die Fähigkeit, sich in Tiger zu verwandeln: «Wertiger und Negrito teilen die Zwischenstellung zwischen Menschen und wilden Tieren ... Wertiger und Negrito werden als ähnlich (*similar*) betrachtet und als halbnatürliche Waldwesen gefürchtet.»[18] In Europa suchten sich früher Kriminelle oftmals dem Zugriff der Obrigkeit durch Flucht in den Wald zu entziehen, wurden zu Wegelagerern, ja brutalen Raubmördern und «vertierten» dabei förmlich mehr und mehr. Weithin war der Glaube verbreitet, sie würden sich allmählich in Wölfe verwandeln. Gervasius von Tilbury (um 1200) berichtet zum Beispiel von einem Adligen namens Raimbaud de Ponto, «der, aus seinem Erbe vertrieben, in den Wäldern der Auvergne umhergeirrt und ‹aus Verzweiflung› Wolf geworden sei; in dieser Gestalt habe er Kinder gefressen und alte Leute angefallen.»[19]

Andere wieder finden, nachdem sie der Kontakt mit der Fremdwelt gelähmt, blind gemacht, der Sprache beraubt oder um den Verstand gebracht hat, nach Hause zurück oder werden dortselbst in kritischen Momenten (bei der Zeugung, unmittelbar nach der Geburt) Opfer eines Geisteranschlags. Und gelegentlich schreibt man auch diesen – Albinos, Verwachsenen oder sonstwie Entstellten, bei Malaien und nordamerikanischen Indianern zum Beispiel – heilende Kräfte[20] oder die Befähigung zu, in Notsituationen gleichsam über sich selbst hinauszuwachsen und wahre Heldentaten zu vollbringen, mit denen sie die Ihren aus der Bedrängnis befreien.[21] Vor allem aber geistig Behinderte glaubt man vielfach im Besitz sowohl hellseherischer als auch therapeutischer Gaben.[22] Allerdings können sie selbst natürlich keinen kontrollierten, bewußten Gebrauch davon machen; Leidende müssen ihre Nähe, möglichst den unmittelbaren Kontakt zu ihnen suchen (der unter Umständen, wie in islamischen Mittelmeerländern, auch den Geschlechtsverkehr einschließt) – wie es in der Antike Glück bringen konnte, den verwachsenen Rücken eines Buckligen zu berühren.[23]

Unversehrt und gleichwohl reicher an Wissen und Wirkkraft überstanden allein gute und starke Menschen den Kontakt mit der Fremdwelt und ihren Mächten. Der Gedanke tritt übrigens oft auch in der erweiterten, verallgemeinerten Form auf, daß überhaupt *fremde* Heiler (und Wahrsager) – sofern sie freilich gute, das heißt der Gastgruppe zuträgliche Absichten leiten – größere Heilkräfte (bzw. Sehergaben; der Prophet gilt bekanntlich «nichts im eigenen Lande») als die einheimischen besitzen. Analog pflegte man auch in ländlichen Bereichen Europas noch um die Jahrhundertwende mehr von auswärtigen – in protestantischen Gemeinden etwa von katholischen – Geisterbannern und Exorzisten als von denen des eigenen Kirchspiels zu halten.[24] Natürlich konnte man nur selten von ihnen erwarten, daß sie sich selbst auf die beschwerliche Reise zu den fremden Notleidenden machten. Die mußten sich dann schon ihrerseits auf den Weg zu den «berühmten Kapazitäten» begeben, wie u. a. etwa die Fore im östlichen Hochland von Neuguinea taten, da auch sie der Überzeugung waren, daß fremdethnische Heiler über größere, wirkmächtigere Kräfte geböten.[25] Auch «ausländischen» Medizinen traute man oft mehr als den eigenen zu, wie Robert Thornton zum Beispiel für die Iraqw in Tansania bezeugt.[26] Noch heute kann man in Ländern der Dritten Welt die Erfahrung machen, daß Medikamente, die unmittelbar aus dem westlichen Ausland stammen, ein entschieden größeres Zutrauen genießen als die gleichen Präparate, die in Lizenz im eigenen Land hergestellt werden.

Mehrwissen *ist* nur außerhalb der vertrauten Erfahrungswelt zu gewinnen. Damit sind Risiken verbunden. Wen aber der Wille, den Seinen in ihren Nöten zu helfen, oder die bloße Wißbegier, der platonische Eros treibt, der nimmt sie, auch das mögliche Leiden, in

Kauf. Antiken Überlieferungen zufolge unternahmen große Gelehrte und Philosophen, wie Thales von Milet (ca. 624–546 v. Chr.), Pythagoras (ca. 582–507 v. Chr.), Demokrit (ca. 460–370 v. Chr.), Platon (427–347 v. Chr.) und Eudoxos von Knidos (ca. 395–342 v. Chr.), gewissermaßen «Studienreisen» in den Orient, um bei den Weisen Ägyptens, Phöniziens, Babyloniens und Persiens (hier bei Zarathustra!) in die Schule zu gehen, bzw. sich in ihr «geheimes, höheres» Wissen «einweihen» zu lassen.[27] Propheten bis zu Johannes suchten in der Wüste das Gespräch mit Gott; Christus und Muhammad taten desgleichen; Buddha wählte die Einsiedelei zu Einkehr und Sammlung; frühchristliche Heilige zogen sich wiederum in die Wüste, später auch in die Abgeschiedenheit der Klöster zurück.[28]

Sie alle leitete das eine Ziel, mehr Einsicht und Kraft zu gewinnen, um dem Bösen erfolgreicher wehren zu können. Im Grunde aber war ihr Bemühen nur mehr ein matter Abglanz dessen, was Jahrzehntausende vor ihnen schon andere konsequenter, unter stetem persönlichen Einsatz ihres Lebens, ja ihrer Existentialität überhaupt getan hatten. Wer dem Bösen vollends beikommen will, muß es zur Gänze, von innen, aus seiner eigenen Natur heraus verstehen lernen. Da reicht es nicht mehr, imstande zu sein, sich offenen Auges und unversehrt in der Wildnis zu bewegen; man muß die Bereitschaft aufbringen, sich in die Hand der Unheilsmächte zu geben und einer der Ihren zu werden, um sie beherrschen zu können. Das setzte freilich eine radikale Metamorphose voraus, bei der die Betreffenden gleichwohl weder das Ziel, das sie zu ihrem Opfergang bestimmt hatte, aus dem Bewußtsein noch die Kraft verlieren durften, verwandelt zwar, aber unaffiziert vom Bösen in ihre Gemeinschaft zurückzukehren.

Diesseits und Jenseits, die Welt der Geister und Götter, sind traditioneller Anschauung nach nicht scharf voneinander geschieden, sondern durchdringen einander allüberall auf die vielfältigste Weise. Menschen vermögen Nutzen daraus zu ziehen und «hinter die Dinge» zu sehen – sofern es ihnen gelingt, ihre geistigen «Sinne» entsprechend zu schärfen, was konkret heißt, indem sie z. B. fasten oder sich sonstwie kasteien und an abgeschiedene «reizarme» Orte, also in Seklusion begeben, dergestalt ihre physischen Sensorien deaktivieren, so daß ihre – leibunabhängige, geistartige – «Freiseele» gleichsam unverstellter, klarer und weiter schauen, ja sich auch leichter vom Körper lösen kann. Unbeabsichtigt erfährt jeder dergleichen allnächtlich im Traum: Während der Organismus schläft und seine Wahrnehmung ruht, tritt die Seele, die gelockerten leiblichen Bande leicht überwindend, aus und begibt sich auf Reisen, unter Umständen durch «Dünnstellen» der diesseitigen Materialität hindurch bis ins Jenseits. Was sie dabei sieht und erlebt, macht gängiger traditioneller Auffassung nach den Inhalt der Träume aus.[29] Analoge Bedingungen gelten in Trancezuständen oder während des Sterbens, wenn der Körper zunehmend kollabesziert, so daß die Freiseele sich immer leichter von ihm zu lösen vermag, was sich entsprechend in Phasen delirierenden Dahindämmerns, ja Ohnmachten – und Hellsichtigkeit anzeigt, wie sie Sterbenden vielfach zugeschrieben wird.[30] Tauchte die Seele des Träumers oder «Entrückten» wieder ein in die Dichte der Diesseitigkeit, kehrte zurück in die Verfangenheit des Leibes, wurden Schlaf und Trancezustand spürbar «flacher», brach sich die Wahrnehmung gleichsam mehr und mehr – die Gesichte verwirrten sich in scheinbar beschleunigtem Wechsel, bis der Betreffende erwachte, seine physischen Sensorien langsam die Oberhand und die Bilder wieder feste Konturen zu gewinnen begannen.[31]

Der Kontakt zu den Jenseitsmächten, den guten, der Hilfe und Vorausschau halber, mehr aber noch den bösen, auf deren Anschläge überwiegend Krankheiten, Unfälle und Mißgeschicke zurückgingen, war für traditionelle Gesellschaften eine schiere Überlebensfrage. Optimale Voraussetzungen dazu bestanden, wenn es gelang, das, was in Traum oder Trance geschah, aus der bloßen Passivität des Erlebens heraus in bewußtes, selbstbestimmtes Handeln umzusetzen. Und Menschen, die das in Meisterschaft beherrschten, waren die schon genannten Schamanen, wie es sie vorwiegend in wild- und feldbeuterischen, also sehr altertümlichen Kulturen und allem Anschein nach bereits im Jungpaläolithikum gab.

Auf ihren Schultern ruhten immense Lasten. Vor allem nahmen sie therapeutische Aufgaben wahr, behandelten zur Hauptsache jedoch nur schwerere Erkrankungen, nicht zuletzt Psychosen, die ja entstanden, wenn die Freiseele nicht mehr zurück in den Verbund von Lebensseele und Körper fand, das heißt von Geistern irgendwo festgehalten und gequält oder auch im Leib selbst drangsaliert, «besessen» wurde. Der Schamane hatte sie ihren Peinigern dann – durch geduldiges Verhandeln, Opferversprechen oder List – wieder abzugewinnen, bzw. aus der Umklammerung durch Exorzismus zu befreien. Weitere Aufgaben bestanden darin, unfruchtbaren Frauen zu Kindern zu verhelfen, das heißt die Ahnen (so zum Beispiel in Ostsibirien) oder Gott zur Herausgabe der notwendigen Freiseele zu überreden oder sie auch an einem «Seelenkeimzentrum» der Gruppe (einem Teich, einer Quelle, einem Baum, einer Felsgruppe) ganz einfach «einzufangen»; ferner bei bevorstehenden Jagd- und Fischfangunternehmungen (auf See) das Wetter vorauszusagen, die Wildstandorte zu erkunden und die «Herren der Tiere» dazu zu bewegen, einen Teil des unter ihrer Obhut stehenden Wilds den Menschen zur Beute zu überlassen. Schamanen hatten die Ihren auch überhaupt vor den Anschlägen böser Geistmächte zu schützen und geleiteten schließlich nicht selten auch die Seelen der Verstorbenen sicher durch die weglosen und wilden Landschaften des Jenseits ins Totenreich. Ohne die Hilfe hätten die Abgeschiedenen sich verirren können und das Los der eines Schlimmen Todes Gestorbenen geteilt – sie wären zu *«Geistkrüppeln»* geworden!

Schamanen erscheinen so insgesamt als Heiler *par excellence*. Sie verhindern den Hunger, der krank, böse und asozial macht, und tragen Sorge, daß möglichst niemand durch Geisteinwirkung an Leib oder Seele zum «Krüppel» wird. Sie schleppten so eine Verantwortung mit sich, deren Übermaß andere zerdrückt hätte.

Um zu leisten, was ihnen aufgetragen war, mußten sie über die Gabe und «Technik» gebieten, sich im Bedarfsfall, also *jederzeit*, in Ekstase zu versetzen, das heißt sozusagen «ganz Seele» zu werden und dergestalt ins Jenseits überzugehen, dabei jedoch den Vorgang allezeit bewußt unter Kontrolle zu halten, also auch abbrechen zu können, wenn der Zeitpunkt dafür gekommen schien. Und das setzte in der Tat eine radikale Metamorphose voraus, die sie sozusagen zu «Übermenschen» machte, das heißt ihnen eine *«Doppelnatur»* verlieh, die sie vor allem eben in den Stand setzte, sich im Diesseits wie im jenseits gleichermaßen sicher zu bewegen.

In Sibirien, wo der Schamanismus in besonders elaborierter Form vorkam und daher im folgenden auch die Grundlage der Darstellung bilden soll[32], waren «große» Schamanen bereits lange vor ihrer Geburt auf Erden für ihre künftige Aufgabe «ausersehen». Das bedeutete, daß sie zuvor schon, noch im Jenseits, eine «spirituelle» Reifung und «Geburt» durchlaufen mußten. Ihre Seelen wurden dazu beispielsweise von einer «Tiermutter» in Vogelgestalt (meist Adler oder Rabe) in einem Nest auf dem Weltbaum (also in der Oberwelt) ausgebrütet; je höher das Nest lag, desto größer das Wirkvermögen des künftigen Schamanen. Die Brutzeit konnte bis zu drei Jahren dauern. Nachdem sie dann «geschlüpft» waren, brachte sie ein kleinerer Vogel, zum Beispiel ein Specht, ins Diesseits und übermittelte sie ihrer irdischen Mutter, die daraufhin schwanger wurde. Anderen Versionen zufolge besaßen die Tiermütter vorwiegend Cervidengestalt, das heißt waren Elch-, Hirsch- oder Renkühe, die an der Wurzel des kosmischen Baumes (also in der Unterwelt) hausten und die Seelen der zu Schamanen Bestimmten zunächst verschlangen, um sie anschließend wiederzugebären und zu säugen, bis die Zeit zu ihrer Verkörperung auf Erden gekommen war. Die Tiermütter wachten indes auch fürderhin, wie «gute Feen», über die Geschicke ihrer Schützlinge, bzw. «Söhne».

Künftige Schamanen standen bereits in ihrer Kindheit erkennbar wie unter einer besonderen psychischen Spannung, wirkten labil und hypersensibel – der Preis, den sie für ihre Schickung zu zahlen hatten, begann sich fühlbar zu machen. Ihre eigentliche Leidenszeit setzte jedoch erst mit Erreichen der Pubertät ein, beim abschließenden Formungsprozeß zum Erwachsenen. In dieser Zeit wurden sie zunehmend «zerstreut», verfielen in anhaltende Grübeleien, waren wie abwesend, schliefen lange, sprachen im Traum und fühlten sich matt und zerschlagen. Dann plötzlich überfielen sie Fieberanfälle, sie rollten wild mit den Augen, stießen unartikulierte, quasi tierische Schreie aus und drehten sich wirbelnd im Kreis, bis sie erschöpft zusammenbrachen und sich zitternd, von Krämpfen geschüttelt, am Boden wanden. Fühllosigkeit, Überempfindlichkeit gegenüber Licht und Schwebeerlebnisse waren weitere typische Begleiterscheinungen dieses Zustands. Manche stoben verstört in die Wildnis, irrten dort ziellos umher, kletterten Bäume hoch oder krochen in Höhlen, fasteten und litten teils qualvoll, bis man sie aufspürte und zurück ins Lager brachte.

Die Erschütterung kam nicht von ungefähr. Sie war Folge einer Erscheinung: Geister hatten sich dem Auserkorenen gezeigt und ihn von seiner Berufung unterrichtet. Da er wußte, was ihm bevorstehen würde, versuchte er sich mit allen Kräften dagegen zu wehren – hatte letztlich jedoch keine Wahl. Verweigerte er sich dem Ruf, wurde er mit lebenslänglichem Wahnsinn geschlagen. Nicht wenige legten daher in ihrer Verzweiflung Hand an sich selbst.

Mit der resignierenden Schickung in das aufgebürdete Amt indes war der Werdegang des Schamanen noch keineswegs abgeschlossen. Nun erst bedurfte er seiner eigentlichen Spezialausbildung, mußte das besondere Wissen und die «Technik», die seine Aufgaben, allen voran der Umgang mit den Jenseitsmächten, erforderlich machen, erwerben. Das aber hatte allererst zur Voraussetzung, daß er quasi Geistqualitäten erlangte, das heißt zu den Geistern selbst in ein genuin verwandtschaftliches Verhältnis trat, das beide zu wechselseitigen Hilfeleistungen, zur Reziprozität verpflichtete, wie sie unabdinglich für den Erfolg seiner Arbeit war. Er mußte dazu ganz einer der Ihren, in ihrer Welt und Lebensweise, gewissermaßen in ihrer «Kultur» unterwiesen werden.

Unbestimmte Zeit nach seiner «Berufung» erkrankte der junge Mann ein zweites Mal. Nunmehr sank er in einen Zustand tiefer Bewußtlosigkeit, atmete kaum mehr, schien wie tot. Gleichzeitig traten an seinem Leib dunkelviolette, blutunterlaufene «Druckstellen» auf, zeigten sich Blutergüsse, oft auch Ausschlag. An den Gelenken begann sich Blut abzusondern, aus dem Mund brach weißlicher Schaum, der Körper mergelte mehr und mehr aus. Die Phänomene bildeten äußerlich ab, was den Adepten in dieser Zeit, während der «Schamanen-Initiation», seelisch widerfuhr, waren die leiblichen Reaktionen darauf. Die Gruppe kannte die Zeichen. Um den störungsfreien Verlauf des Geschehens zu sichern, sonderte sie den Leidenden in einem abgetrennten, mit Tüchern verhängten Winkel des Zeltes ab oder bettete ihn draußen im Wald, weitab von der Siedlung, auf eine Lage frisch abgezogener Birkenrinde, je nach Witterung auch in ein eigenes kleines Zelt. Dort wurde er versorgt und gepflegt von einem «reinen», das heißt noch im vorpubertären Alter befindlichen Knaben oder Mädchen; gewöhnlich nahm er jedoch lediglich Wasser zu sich.

Die Initiation dauerte in der Regel drei Tage. Der Novize erlebte in einer Art Traumvision, wie die Geister – gewöhnlich dieselben, die ihn auch berufen hatten – seinen «Leichnam» Stück für Stück auseinandernahmen. Als erstes trennten sie seinen Kopf ab und stellten ihn auf ein Wandbrett, damit er von dort das weitere Geschehen bequem verfolgen konnte. Daraufhin führten sie eiserne Haken in die Gelenke ein und zogen sie damit auseinander, lösten dann das Fleisch von den Knochen und verteilten es, in kleine, vom Blut des Initianden durchtränkte Bissen zerlegt, an die anwesenden Geister, die es verzehrten und so «eins» mit dem künftigen Schamanen wurden. Auf die dergestalt vollzogene «Tötung» des Kandidaten erfolgte nunmehr seine «Wiederbelebung»: Die Knochen wurden zunächst in der gehörigen Anordnung zusammengelegt, die Gelenke dann mit Eisenfäden aneinandergenäht und das ganze Skelett schließlich mit neuem Fleisch umkleidet. Nachdem zuletzt auch der Kopf wieder aufgesetzt war, «lebte» der Initiand, *gewandelt,* «auf» – allerdings noch im Jenseits, bei den Geistern, deren «Kind» er durch die Neugeburt, deren «Verwandter» er durch ihren Verzehr seines Fleisches und Blutes geworden war. Den letzten Schritt bildete gleichsam seine «Sozialisation»: Die Geister unterwiesen ihn in der Topographie der jenseitigen Welt, machten ihn mit den Geistmächten, die für den Fisch- und Wildreichtum Verantwortung trugen, vertraut (damit er wußte, wohin er sich in Notzeiten zu wenden hatte!) und lehrten ihn, die verschiedenen Krankheitsgeister exakt und sicher zu unterscheiden, das heißt übten mit ihm die Kunst der Diagnostik ein, unterrichteten ihn in den entsprechenden Behandlungsmethoden usw. mehr.

Nach Abschluß der Initiation genas auch der irdische Leib des

Schamanen. Die Seele kehrte zurück und verband sich aufs neue mit ihm. Der Mensch aber war ein anderer, eben ein wahres Doppelwesen geworden, das ihn sowohl fähig für seine künftigen *grenzgängerischen* Aufgaben zwischen den Welten machte als auch sein Dasein fortan drückend bestimmte.

Es gab auch andere Formen der Umwandlung; aber in den Grundzügen stimmten Verlauf und Intention des Ganzen stets überein. Bei bestimmten Tungusen-Gruppen wurde der Initiand zum Beispiel in einem Ofen «erhitzt» und dann mit Hammer und Amboß regelrecht «umgeschmiedet». In Australien erhielt der von den Geistern zum «*clever man*» Bestimmte oft ebenfalls zunächst einen «Ruf» *(calling)*, worauf er sich weitab vom Lager in die Wildnis zurückzog und vor einer Höhle niederließ. Dort versank er in Schlaf oder Trance und «träumte» dann etwa, daß die Geister ihn skelettierten, seine Knochen in einen Beutel packten und sich mit ihm (bzw. seiner Seele) in die himmlische Oberwelt begaben. Hier führten sie, nach Wiederzusammensetzung des Körpers, durch Einschnitte oder ein in die Schädeldecke getriebenes Loch bestimmte magische Stoffe, vor allem aber Quarz-Kristalle, in seinen Leib ein oder nahmen auch seine Eingeweide heraus, um sie durch derartige neue «Zauberorgane» zu ersetzen.[33] Manchen Traditionen zufolge empfingen die Kandidaten während der Initiation auch ein Federkleid, das sie fortan in den Stand setzte, sich selber, falls ihre Aufgaben das verlangten, geistergleich und in Vogelgestalt hinauf in die Himmel zu erheben.[34]

Solchergestalt zu «Übermenschen» geworden, vermochten die Schamanen (bzw. «*clever men*») mehr als gewöhnliche Sterbliche. Sie konnten – wie andere lediglich in Grenzsituationen[35] – Verstorbene und Geister sehen, besaßen die Gaben der Hellsichtigkeit[36], Telepathie und Präkognition, ein entsprechend überlegenes Wissen und vor allem die gebotene außergewöhnliche Heilkraft.[37] Wie sie dazu des Beistands der guten, ihrer «Hilfsgeister» allezeit sicher sein durften, waren sie nunmehr auch voll gerüstet, die bösen nicht nur abzuwehren, sondern auch erfolgreich zu bekämpfen.[38]

Nach ihrer spirituellen Initiation und Umwandlung begaben sich sibirische Schamanen oftmals noch für mehrere Jahre zu einem besonders erfahrenen, namhaften Meister in die Lehre, um sich in den mehr praktisch-profanen Kenntnissen und Techniken ihrer Profession ausbilden zu lassen. Bei südlichen – hochkulturlich beeinflußten – Gruppen schloß diesen Lehrgang nicht selten eine öffentliche Prüfungsséance ab, der, wenn sie zur allgemeinen Zufriedenheit ausfiel, die Approbation durch die Ältesten und ein offizieller Weiheritus folgten.

Die Hauptaufgabe der Schamanen bestand, wie schon gesagt, in der Behandlung schwerer, vor allem psychotischer Erkrankungen, deren Ursache man darin sah, daß es einem Unheilsgeist gelungen war, sich der Freiseele des Patienten zu bemächtigen. Aber auch in den meisten anderen Fällen lautete die Diagnose auf Geisteinwirkung. Das hieß, daß der Schamane, um therapeutisch tätig werden zu können, sich in die jenseitige Welt zu den Verursachungsmächten selbst begeben, also in Ekstase versetzen mußte. Das geschah in den großen *«Séancen»* und hatte zur Voraussetzung, daß der Schamane zunächst einmal in Trance geriet, das heißt seinen Körper quasi «abtötete», um seiner Freiseele die Möglichkeit zu geben, gleichsam «abzuheben» und ihre spirituelle Wirkmächtigkeit voll zu entfalten. Nur wenige, die wahrhaft «großen» Schamanen vermochten das allein mittels Konzentration und Willenskraft. Die übrigen bedienten sich dazu spezifischer Hilfsstimulantien. Sie trommelten und sangen, bewegten ihre Körper in rhythmischer Gleichförmigkeit hin und her, sprangen schließlich auf und tanzten in stetig sich steigernder Raserei, bis sie in Trance fielen. Manchen genügte auch das nicht. Namentlich im Süden Sibiriens halfen sich die Schamanen dazu noch mit dem Genuß von Milch- oder Hirsebranntwein, Gerstenbier oder Wodka (bis zu einer Flasche pro Séance!), Zigarren oder Pfeifen (bis zu sieben hintereinander). Bei den Völkern hoch im Norden jedoch war seit alters ein einheimisches Gewächs aus den Tiefen der Taiga als tranceauslösende Droge gebräuchlich: der Fliegenpilz *(Amanita muscaria)*. Seine – hochhalluzinogene – Wirkung beruht auf dem Muskarin, einem stark toxischen Alkaloid. Man konnte lediglich den Absud davon trinken; erfahrene, «große» Schamanen indes zogen es vor, den Pilz – bis zu sieben Stück während einer Séance! – im Rohzustand zu genießen, wenn auch getrocknet, weil er dann besser verträglich sein soll. Vladimir Germanovič Bogoraz (1865–1936) beobachtete, was daraufhin geschah, bei den Tschuktschen im Nordosten Sibiriens:

«Zunächst fühlt sich der Pilzesser besonders kräftig, froh und in jeder Hinsicht auf der Höhe; er ist in bester Stimmung, singt laut, lacht und springt oder unterzieht sich physischen Beschwerden, ohne Müdigkeit zu empfinden. Im zweiten Stadium hört er befehlende Stimmen und sieht die Geister des Fliegenpilzes, alles erscheint ihm in vergrößertem Maßstab; er imitiert die Geister und unterbricht sein Sprechen mit abrupten Grüßen an die Gesichte, die er hat, oder mit Ausrufen. Im dritten Stadium ist die Verbindung mit der Umgebung gelöst ... Jetzt hat er das große Flugerlebnis.»[39]

Dazu befähigte ihn nicht zuletzt seine pränatal erworbene spirituelle Vogelnatur. Schamanen dieses Typs trugen während der Séance Kostüme, die über und über mit Leder- oder Stoffstreifen sowie echten

Federn – von Eule, Uhu oder Adler – besetzt waren. Solche, die eine Umwandlung in Cerviden erfahren hatten, schamanisierten mit Geweihattrappen auf Rücken und Kopf.

Mit dem «Flugerlebnis» war der Höhepunkt der Séance erreicht. Die Schamanen schienen nun vollends «entrückt». Mit geschlossenen Augen oder wie weithin in unergründliche Fernen gerichteten Blikken berichteten sie, singend, bis zur Unverständlichkeit stammelnd oder auch leise wimmernd, von ihren Reisegesichten, verhandelten hörbar mit den Geistern, geboten ihnen in energischem Ton, kämpften widerspenstige nieder und führten zuletzt, im Erfolgsfall der Heilbehandlung, die verlorene Seele des Erkrankten heim.

Danach brachen die Schamanen zumeist in totaler Erschöpfung zusammen. Sie lagen dann lange da, wachend, ohne ein Wort zu reden, oder fielen in tiefen Schlaf, ja Bewußtlosigkeit, oft über vierundzwanzig Stunden hin. Ihre Tätigkeit forderte wahrhaft das Letzte von ihnen, ein Übermaß an physischer Disziplinierung, Opferbereitschaft und Selbstlosigkeit – denn die Geister, die sie berufen hatten, erwarteten von ihnen, daß sie nicht nur, wann immer sie gerufen und gebraucht wurden, auf der Stelle dem Hilfeersuchen folgten, sondern ihre Arbeit auch unentgeltlich taten. Irgendwelche Vorteile hatten sie also nicht davon; ihr Leben war im Gegenteil eine einzige Qual, zum Wohl der ihnen Anvertrauten.

Das hinterließ natürlich seine Spuren. Frühe Reisende, denen sich noch die Gelegenheit bot, echte, «große» Schamanen zu erleben, zeigten sich immer aufs äußerste beeindruckt, ja geradezu betroffen von ihrem tiefen, durch nichts zu erschütternden Ernst und der eigenartigen, drückenden, unheimlichen Atmosphäre während der Séancen. Der russische Admiral und Forschungsreisende Ferdinand Petrovič von Wrangel (ca. 1797–1870), der von 1820 bis 1827 an einer Expedition zur Erkundung Nordostsibiriens teilnahm, schildert seinen Eindruck von Tschuktschen-Schamanen zum Beispiel:

«Ein echter Schamane ist gewiß eine höchst merkwürdige psychologische Erscheinung. So oft ich hier und an anderen Orten operierende Schamane sah, ließen sie immer einen lange dauernden, düstern Eindruck in mir zurück. Der wilde Blick, die blutrünstigen Augen, die heisere Stimme, die mit äußerster Anstrengung sich aus der krampfhaft zusammengepreßten Brust einen Weg zu bahnen schien, die unnatürliche, krampfhafte Verzerrung des Gesichtes und des ganzen Körpers, das empor gesträubte Haar, ja selbst der hohle Ton der Zaubertrommel – alles das gibt der Szene etwas Grauenvolles, Mysteriöses, das mich jedesmal ganz seltsam ergriffen hat.»[40]

Ähnlich wirkten die sibirischen Schamanen auch auf spätere Beobachter noch. Meist werden sie als hager und abgezehrt beschrieben, von fahler Farbe, nachdenklich und in sich gekehrt, ohne Anflug von Heiterkeit, ernst, ja düster. Beherrscht und würdevoll in Bewegung, straffte sie gleichsam tragische Größe, das Bewußtsein, nicht nur von dieser Welt, zu mehr als andere geboren zu sein. Das Mysteriöse und Unheimliche, das sie wie eine bleierne Aura umgab, verlieh ihnen zwar eine Art dunkler Strahlkraft, erfüllte die Ihren jedoch mit einer gewissen unsicheren Scheu, so daß man ihnen kaum unbefangen, sondern eher zurückhaltend und furchtsam begegnete und sie letztendlich ein weithin isoliertes, einsames Leben führten. «Göttersöhne», die sie waren, konnten sie den Kelch nicht von sich weisen. Sie kamen und litten, um das Los der Menschen zu lindern. Starben sie, fanden sie ihre Ruhestätte nicht dort, wo die Angehörigen ihrer Gruppe begraben lagen, sondern wurden weit draußen an entlegener Stelle in der Taiga beigesetzt, zum Beispiel in einem hohlen Baum, wo einer Vorstellung der Jakuten nach auch die Adler den Winter verbrachten, schlafend bis zu ihrer alljährlichen Wiederkehr, wenn die Natur zu neuem Leben erwachte.

Das Bild gewann an Erlebniskraft und besonderer Bedeutung in den Agrarkulturen, in denen der Schamanismus – bis auf die tropischen Pflanzergesellschaften Südamerikas – nur mehr eine untergeordnete Rolle spielte: Mit der Seßhaftigkeit begann man die Toten im Haus, im Dorf oder in der näheren Umgebung der Siedlung zu begraben – die religiöse Vorstellungswelt konzentrierte sich mehr und mehr um den Ahnenglauben.[41] Viele Erkrankungen und Unglücksfälle wurden fortan als Strafakte der Manen für Traditionsverletzungen ihrer Nachgeborenen auf Erden verstanden; und den Ahnen am nächsten standen die Ältesten, die demzufolge auch die Hauptverantwortung für ihren Kult trugen. Entsprechend traten Normentreue als Prophylaxe und Sühnehandlungen und Opfer als Ausgleichs- und Heilverfahren verstärkt in den Vordergrund.

Man konnte ein übriges tun und sich, analog zum Wiedererstehen der Vegetation, «erneuern», indem man sich während der Jahreszeitenwende der schon erwähnten gründlichen Reinigungsriten unterzog, um gleichsam immer wieder seine «kindliche Unschuld» zurückzugewinnen, sauber, makellos und frei von Sünden zu werden. Dabei kam es ganz konkret darauf an, sich möglichst restlos alles «Verderbten», das in den vergangenen Monaten Besitz von einem ergriffen oder Wurzel im Dorf geschlagen hatte, zu entledigen. Bei den Ao Naga in Assam umschritt zum Beispiel alljährlich im Frühjahr, unmittelbar vor Wiederaufnahme der Feldbauarbeiten, ein Priester die Siedlung, betete, daß sie von allem Übel befreit werden möge, und rief die Einwohner auf, das Böse, das sie in der zurückliegenden Zeit auf sich geladen hatten, von sich zu tun. Dazu folgte ihm ein Gehilfe mit einem Korb, in den jeder irgend etwas – gewöhnlich einen alten Lappen oder einen Fetzen schmutziger Baumwolle – warf und dabei sprach: «Möge damit alles Böse fortgehen!» Nach Beendigung des Rundgangs begaben sich der Priester und sein Adlatus zu einem Fluß und kippten den Inhalt des Korbes mit den Worten «möge das Wasser alles Böse mit sich forttragen» hinein.[42] Ähnliches geschah, auf die eine oder andere Weise, auch anderwärts allgemein.[43] Oft scheint man indessen Tiere – Vögel und Kleinvieh, seltener Rinder, Büffel und Pferde – zur Abfuhr der «Sündenaltlast» bevorzugt zu haben. Man lud ihnen, verbal wie gegenständlich, den Abraum an Unreinem auf und jagte sie über die Gemarkungsgrenze hinaus in die Wildnis.[44] Der Brauch wurde besonders bekannt durch seine Erwähnung im Alten Testament. Dort läßt Jahwe (durch Moses) an Aaron die Weisung ergehen, er solle alljährlich am «Versöhnungstag», das heißt zu Neujahr[45], einen Ziegenbock nehmen,

> «seine beiden Hände auf den Kopf des lebendigen Bockes aufstemmen und über ihm alle Verschuldungen der Israeliten bekennen und alle Übertretungen, die sie irgend begangen haben, und soll sie auf den Kopf des Bockes legen und diesen durch einen bereitgehaltenen Mann in die Wüste entsenden. So soll der Bock alle ihre Verschuldungen auf sich hinwegtragen in eine abgelegene Gegend, und man soll den Bock in der Wüste loslassen» (3. *Mose* 16: 20–22).

Nach einer Parallelversion wurde das Tier auch rücklings in eine felsige Schlucht hinabgestürzt.[46] Jedenfalls erhielten Sühnehandlungen dieser Art von daher die Bezeichnung «Sündenbock-Riten». Im europäischen Mittelalter folgte man weithin noch dem biblischen Beispiel, verwandte neben Ziegenböcken aber auch Widder, ja Katzen zur Sündenentsorgung.[47]

Noch unmittelbarer wirksam mußte der Befreiungsprozeß indessen erscheinen, wenn man einen Menschen für den Opfergang gewann. Die Konsequenz wurde in der Tat auch vielfach – namentlich in komplexeren, hochkulturlichen Gesellschaften, in denen die Verfehlungen proportional zu den Möglichkeiten ungleich wuchsen – gezogen. Frazer hat eine große Zahl von Beispielen dafür zusammengetragen.[48] Da Verwandte wie «Unbescholtene» nur kaum für die Rolle in Betracht kommen konnten, wählte man gewöhnlich Gefangene, Sklaven oder zum Tode verurteilte Verbrecher dafür aus. Der Vorgang selbst folgte in der Regel ganz dem beschriebenen Muster: Der Betreffende wurde durch die Gassen der Ortschaft getrieben, jedermann «hängte» ihm gleichsam seinen Teil «auf», indem er ihn etwa mit Unrat bewarf oder ihm alle möglichen Verwünschungen

nachrief (das heißt sich verbal des ihn versehrenden Bösen ent-
äußerte), worauf man ihn aus dem Dorf, der Stadt oder dem Land
hinausexpedierte und der «Wildnis» überließ – oder auch tötete.
Nicht selten wurde das Opfer für seine Bestimmung auch eine Zeitlang, etwa ein Jahr, «präpariert» – durch eine besondere, oft ausgesprochen pflegliche Behandlung, unter der Obhut von Priestern. Bei
den Yoruba in Westafrika schloß man den Auserkorenen ein, ernähr-
te ihn fürstlich und gewährte ihm jeden erfüllbaren Wunsch. War
seine Stunde gekommen, wurde er, über und über mit Aschenpaste
beschmiert, um ihn unkenntlich zu machen, von Priestern öffentlich
ausgeführt, um den Menschen Gelegenheit zu geben, sich von dem
Übel, das sie trugen, zu befreien. Sie taten das, indem sie an ihn
herantraten und ihre Hände auf ihn legten, auf daß er all ihre Sünden, ihre Schuld, auch ihre Sorgen und Mißhelligkeiten mit sich
davontrage. Dergestalt überladen, wurde er von seinen priesterlichen
Begleitern in ein Heiligtum verbracht und dort enthauptet – was
unter der Bevölkerung draußen einen wahren Freudentaumel aus-
löste: ein ausgelassenes Feiern hob an, die Menschen wußten sich
aufs neue *«erlöst»*.[49]

Die Sitte war auch den alten Griechen bekannt. Hier nahm man
anhaltende Dürren, Seuchen, Hungersnöte und andere verheerende
Katastrophen – alles Anzeichen für ein Übermaß an Vergehen und
Schuld – zum Anlaß dafür. Die einzelnen Städte und Kolonien, wie
Massalia (Marseille) zum Beispiel, scheinen sich dazu gewisse Verarmte, auch Behinderte oder sonstwie an den Rand der Gesellschaft
Geratene regelrecht «auf Vorrat gehalten» zu haben. Sie wurden
gewöhnlich wieder großzügigst verköstigt und, wenn man ihrer bedurfte, auf die übliche Weise «vorgeführt», von der Menge mit Unflat
beworfen und verflucht, dann aus der Stadt und über die Landes-
grenze getrieben oder getötet – zum Beispiel gesteinigt oder lebendigen Leibes verbrannt (wie in Kolophon).[50]

So schrecklich indessen ihr Los auch erschien, wog ihr Leiden
doch die Gewißheit auf, daß sie, die *pharmakoi*, «Heiler», wie man sie
nannte, Ausgezeichnete unter den Elenden waren: Ihre Passion trug
zur Entsühnung der Menschen bei, ihr Opfertod machte die Gesellschaft wieder «heil».[51]

Doch warum eigentlich Jahr für Jahr zagen und bangen, alljährlich
immer wieder aufs neue die Schuld von sich abwälzen, um letztlich
nur kurzfristig die befreiende Erlösung zu finden? Warum nicht den
umgekehrten Weg gehen und die ersehnte, das Überleben verbür-
gende Fehllosigkeit magisch gleichsam figürlich fixieren, sich des
Heilserhalts in Gestalt des höchsten Repräsentanten der Gesellschaft

versichern, den man im Kern des Gemeinwesens einschloß und «versiegelte», schützend vor Verunreinigung und Versehrung vielfältig als sein allerheiligstes Gut umwallte und in dem man dann einen steten Kraftquell besaß, aus dem sich allezeit schöpfen ließ?

Auch diese Konsequenz wurde in der Tat gezogen. Sie fand Ausdruck in dem zu Kapitelbeginn bereits angesprochenen Sakralkönigtum. Zu dessen Ausbildung und vollen Funktionsfähigkeit freilich bedurfte es zweier Voraussetzungen: Es mußte sich abermals um seßhafte Agrargesellschaften handeln, die dabei weitab von den Zentren der Archaischen Hochkulturen lagen, von deren kriegerischer Dynamik und wechselvollen Geschichte also weitgehend unberührt blieben. Sakralkönigtümer «klassischen» Typs fanden sich daher zu historischer Zeit etwa noch in Indonesien und Polynesien, in Teilen Indiens und Hinterindiens, auch in Alteuropa (Skandinavien) und vor allem – bis in die Gegenwart hinein – in tropischen Bereichen Afrikas.

König wurde man zwar auf dem Erbwege, doch besaß ein Thronprätendent die besonderen Gaben, die eine untadelige Amtsführung von ihm forderte, nicht schon allein aufgrund seines königlichen «Geblüts» – er mußte, ehe er es antreten konnte, *verwandelt* werden. In Afrika bestimmten gewöhnlich die Ältesten der Gesellschaft, wer neuer König werden sollte. Sickerte durch, wen sie erkoren hatten, suchte sich der betreffende Prinz nicht selten der Wahl durch Flucht zu entziehen; er wußte zu gut, was auf ihn zukam; in neuerer Zeit traten manche auch zum Islam über, weil sie dann als «Fremdgläubige» nicht mehr in Betracht kamen.[52] Schickte sich der Kandidat jedoch in sein Los, erging gleichwohl der Befehl, ihn nötigenfalls gewaltsam zu «greifen» und in seinem Gehöft oder bei Verwandten regelrecht «festzusetzen» – er befand sich von Stund an – für Tage, manchmal auch einen Monat – in Seklusion, das heißt durfte seinen Gewahrsam unter keinen Umständen verlassen. Man nahm ihm seine bisherigen Kleider ab und legte ihm – weiße – Totengewänder an: er galt als «verstorben», das heißt durchlief eine rituelle Neugeburt. So verlor er auch seinen Namen, um vom Zeitpunkt der Inthronisation an allein noch mit seinem Titel angeredet zu werden. Während der Initiation erfolgten umfassende Reinigungsriten. Die Kandidaten der – großenteils viehzüchterisch lebenden – Mandari im Süden der Republik Sudan wurden zum Beispiel nach einem Wasservollbad mit Milch übergossen und Öl gesalbt; später, bei den Königsweihezeremonien selbst, hatten sie vollends in Milch zu baden.[53] Bei den Mongo in Zaire suchten die Initianden die Gräber ihrer königlichen Vorfahren auf, um sich ihrer Zustimmung und kraftstiftenden Unterstützung zu versichern.[54] Andere Völker nahmen es mit der Kontinuitätssicherung noch genauer. Bei den Djukun, Yoruba und Ekoi in Westafrika hatten die designierten Thronanwärter das pulverisierte Herz ihrer Vorgänger zu genießen, bei den Rukuba (Nigeria) schrieb ihnen das Ritual vor, Bier aus der Kalotte eines früheren Königs zu trinken.[55] Nach Abschluß der Seklusionszeit kehrten die Kandidaten, mit neuen Kleidern angetan, zu Königen gewandelt und wiedergeboren in die Gesellschaft zurück, um alsbald dann offiziell inthronisiert zu werden und ihre Residenz zu beziehen.[56]

Sie waren «anders» geworden *(hommes différents).*[57] Man glaubte, sie besäßen nunmehr eher göttliche als menschliche Eigenschaften;[58] und wieder konnten sie sich auch in Tiere, speziell in Leoparden verwandeln, wie bei den Kuba im Kongo zum Beispiel.[59] Vor allem aber geboten sie über ein Maximalmaß an Fruchtbarkeits- und Heilkräften. Infolgedessen kam es auch vor, daß sie selbst als Heiler wirkten[60] – wie noch Könige und Kaiser bei Römern, Germanen und in der europäischen Neuzeit taten, indem sie Leidenden die Hand auflegten oder die erkrankten Körperpartien mit dem Finger berührten.[61]

Mehr indessen standen Sakralkönige mit ihrer ganzen Person, ihrem Leben und Dasein für die Wohlfahrt, für das unverbrüchliche «Heil» der Ihren ein. Sie hatten die Fruchtbarkeit und Gesundheit von Land, Pflanzen, Vieh und Menschen, den Wildbestand, die notwendigen Niederschläge und reiche Ernten zu garantieren, schadensmagische Machenschaften und überhaupt jegliches Unheil von der Gemeinschaft zu wenden, den Frieden, im Innern wie nach außen, zu sichern und im Kriegsfall, allein kraft ihres übergewöhnlichen Wirkvermögens, den Ihren zum Sieg zu verhelfen.[62] Letzteres, ihr besonderes Segenskraftpotential, bestimmte sie auch dazu, alle wichtigeren Rituale und Opferhandlungen entweder vollends selbst durchzuführen oder doch einzuleiten, zu eröffnen – wie etwa den ersten Hackenschlag zu Beginn der Feldbausaison zu tun, die erste Furche zu ziehen, die erste Handvoll Saatgut auszuwerfen usw. mehr.[63]

Um ihre Pflichten freilich erfolgreich erfüllen zu können, mußten sie selbst bei bester Gesundheit und im Vollbesitz ihrer Kräfte sein. War das der Fall, so gedieh und blühte das Reich, wechselten, wie man auch im alten Ägypten glaubte, Tag und Nacht in den gewohnten Regelphasen einander weiterhin ab, trat im Frühjahr die Nilflut zum richtigen Zeitpunkt ein und konnte man auf üppige Ernteerträge rechnen,[64] dann «floß», wie es in einem sumerischen Hymnus heißt, «in den Bächen frisches Wasser, wuchs auf den Feldern reichlich

Korn, war das Meer voller Karpfen ... und Fische ... waren die Wälder voller Hirsche und wilder Ziegen ... die Gärten reich an Honig
und Wein».[65] Ein guter König verbürgte, so ein südäthiopischer Ge-
währsmann zu dem deutschen Ethnologen Eike Haberland, «daß alle
satt und zufrieden sind».[66]

Dies sicherzustellen, war verständlicherweise Sorge aller. Schon bei
der Wahl des künftigen Königs achteten die Ältesten sorgsam darauf,
daß der Kandidat, in physischer wie in sittlicher Hinsicht, *keinerlei
Makel* aufwies. Er sollte nicht nur gesund, stark und potent, sondern
auch freigebig, huldvoll, gerecht usw. sein. Irgendwie Versehrte, wie
Lahme, Taube, Blinde (daher die häufige Blendung von Rivalen im
Kampf um die Macht), Bucklige oder sonstwie Verwachsene und Verkrüppelte, kamen nicht in Betracht.[67] In jeder Beziehung vollkommen, galten sie auch als idealmäßig «schön» – selbst (oder gerade)
wenn sie bis zur Unförmigkeit korpulent waren: denn ebendies wurde nur als weiterer Ausweis ihres Übermaßes an Vitalität und Kraft-
besitz begriffen.[68]

Der König bildete so das *Gegenideal zum Krüppel;* Inbegriff und Optimum des Wahren, Guten und Schönen, ragte er einsam über alle
– irgendwie doch immer fehlerbehafteten – Angehörigen seines Gemeinwesens hinaus in die Höhensphäre der Sakralität.[69] Und wie
segensträchtige Reliquien, kostbares Kultgerät, Devotionalien und
Götterbilder, im tiefinnern Allerheiligsten der Tempel geborgen, bedurfte auch er mehrfacher, *in extremis* verläßlicher Abschirmung, um
das Heil des Volkes, das er verkörperte, durch Einbußen seiner Inte-
grität nicht zu gefährden. Sakralkönige sahen sich förmlich eingeschnürt in ein dichtmaschiges Netz von Verhaltensreglements und
Tabus. Vielfach durften sie zum Beispiel niemals die Residenz verlassen, nichts genießen oder zur Hand nehmen, was an Speisen und
Gebrauchsgütern eingeführt, also fremd war, und von niemandem,
außer den engsten Familienangehörigen und höchsten Würdenträgern, gesehen, geschweige denn berührt werden, weshalb sie bei Audienzen auch meist verschleiert bzw. maskiert auftraten oder vollends
unsichtbar hinter einem Paravent der Feierlichkeit beiwohnten.[70] Ein
Schritt nur hinaus über den magischen Schutzkreis hätte gefährliche
Folgen für sie selbst wie für das Gemeinwohl haben können. Sie
waren Gefangene ihres hohen Geschicks. Die Umwandlung hatte sie
gleichsam zum «lebenden Fetisch» gemacht, in dem das Herz der
Gemeinschaft schlug.[71]

Um jedes Risiko zu vermeiden, wurden meist auch in periodischen
Abständen, manchmal sogar alljährlich, Rituale zur «Verjüngung»
des Königs *(rites de rajeunissement),* zur Wiederauffrischung seiner in-

zwischen möglicherweise ein wenig abgezehrten Vitalkraft vollzogen. Er konnte dazu etwa gewisse stärkende «Medizinen» genießen[72] oder, wie bei den Merina im Innern Madagaskars, auch wieder ein Bad in Wasser nehmen, das mit Erde von den Gräbern seiner königlichen Ahnen versetzt war.[73] In der Regel jedoch bestand das Ritual in einer Reinkarnationszeremonie mit anschließender Neuinthronisation[74] – auch in den altorientalischen Reichen. In Ägypten wurde dem Pharao dabei mit den Worten gehuldigt:

«Du erfährst deine Wiedererneuerung, es ist dir gewährt, wiederaufzublühen wie das göttliche Mondkind, du wirst jung jedes Jahr aufs neue wie Nun am Morgen der Zeiten, du wurdest wiedergeboren.»[75]

Gleichwohl blieb der König, wie die Schamanen, immer auch Mensch. Er konnte Fehler begehen oder erkranken und war vor allem nicht vor dem Altersverfall gefeit. Ließ er erkennen, daß seine Kräfte sichtlich schwanden, oder fiel einem Leiden zum Opfer, das seine Amtsführung ernstlich beeinträchtigte, ja schlimmer noch, traten Dürren, Hungersnöte, Seuchen und andere verheerende Unglücksfälle auf, die untrüglich seinen Schwächezustand offenbarten, hatte auch seine Stunde geschlagen, sein Los sich unerbittlich erfüllt. Um die Seinen zu retten, mußte er *sich opfern* und einem Vollkommeneren Platz machen. Den Notabeln seiner engsten Umgebung oblag dann, ihn seines Amts zu entheben und entweder außer Landes zu schaffen oder, wie in früheren Zeiten offensichtlich zumeist, zu töten (was gewöhnlich durch Erdrosseln geschah). Die bedachte Besorgnis der Verantwortlichen ließ es in etlichen Fällen erst gar nicht soweit kommen: laut Tradition war der Regierung des Königs dann ohnehin eine bestimmte Frist – etwa von sieben Jahren – gesetzt; danach stand ihm, ganz gleich, wie er sich persönlich und in welchen Verhältnissen sich sein Land befand, auf jeden Fall sein Golgatha bevor.[76]

Die Sakralkönige trugen das Heil ihres Volkes; drohte sie die Last zu erdrücken, gaben sie ihr Leben für die Errettung der Ihren hin. Das erinnert an die Sündenböcke in Menschengestalt. Kein Geringerer als der große James George Frazer (1854–1941), ein ebenso bescheidener wie wegweisender Theoretiker der Ethnologie, dessen Anerkennung erst allmählich die verdiente Renaissance erfährt, sah diesen Zusammenhang bereits. Luc de Heusch, Jean-Claude Muller u. a. griffen den Gedanken neuerlich wieder auf, gingen aber so weit, beide Gestalten zu identifizieren, bzw. den Sakralkönig seiner Funktion nach wesentlich *als Sündenbock* zu begreifen.[77] Frazer dagegen schied sehr genau – und richtiger – zwischen beiden Aspekten und sprach lediglich von «einer Kombination zweier Brauchtümer, die einmal getrennt und unabhängig voneinander waren.»[78] Das Problem, so unauslöschlich wie qualvoll in die Herzen der Menschen geschrieben, ließ eben mehrere, auch kombinationsfähige Lösungsmöglichkeiten zu – den steten und aufopferungsvollen Kampf des Schamanen, den Gang des Sakralkönigs in die tödliche Engnis lebenslänglicher Gefangenschaft zur Erhaltung des Heils und die Tötung kommunaler Sündenträger. Gemeinsam aber war allen eins: die Ihren vor physischer wie seelischer Verkrüppelung zu bewahren, ihre Sündenlast auf sich zu nehmen und für ihre Erlösung sowohl zu leiden als auch zu sterben.

2. Transformation

Die Opferbereitschaft einiger weniger erleichtert den Leidensweg der vielen. Behinderte und Angehörige ethnischer oder religiöser Minderheiten tragen den Abscheu, der auf sie fällt, die häßlichen Anwürfe, den Haß, der sie trifft, den Wunsch sie loszuwerden, mit sich fort, bis in den Tod.

In Afrika, in der Republik Sudan, leben in den Nuba-Bergen im Zentrum des Landes die Miri, eine Gruppe des Volkes, das dem Gebirgsmassiv seinen Namen gab. Eine Ethnie der «typischen» Art, wie die Vergangenheit ihrer unzählige kannte und die Gegenwart immer noch viele in den abgelegeneren Bereichen der Welt kennt. Die Miri scheiden ihren Lebensraum in drei konzentrisch aufeinanderfolgende Flächenareale: den Hügel mit dem je eigenen Dorf darauf, die Feldflur ringsum und anschließend das Wildland, die Savanne. Das Leben spielt sich im Binnenbereich, im rhythmischen Wechsel, je nach den Tätigkeiten, mal in der heimischen Siedlung, mal auf den umliegenden Feldern ab. Bestimmte Verhaltensrestriktionen, in kritischen Fällen spezielle Rituale, schützen die Endosphäre vor der Wildwelt der Savanne, die als «Reich unkontrollierbarer Kräfte und Gefahren» gilt. Man weiß indessen, daß derartige Einzelmaßnahmen keinesfalls ausreichen können, eine sichere Gewähr zur Abwehr der Bedrohung zu bieten. Alljährlich tut man ein übriges, indem man alles Unreine und Übel, das sich in der Zwischenzeit in der Ortschaft angelagert und aufgehäuft hat, hinaus in die Wildnis schleudert. Brennende Strohbündel und Fackeln werden geschwungen, Verwünschungen ausgestoßen und immer wieder gebieterisch die Worte geschrien: «Ab in die Ödnis!»

Kein gewöhnlicher Sterblicher könnte dort überleben. Dazu bedarf es besonderer Gaben und Kräfte, wie sie nur Jäger und Heiler besitzen. Beide wagten einmal den Gang in die Unwelt und wurden der Schrecken Herr. Das stählte und feite sie, machte sie fähig, auch ernstere Anschläge der Unheilsmächte wider das Dorf und seine schwächeren Einwohner mit Erfolg zu parieren.[79]

Manchen Schlägen indes sind auch Spezialisten kaum mehr gewachsen. In Fällen schier auswegloser Not können sich die Menschen gezwungen sehen, ihr Heil in extremen, verbotenen Abhilfemaßnahmen zu suchen. Als im Herbst 1973 ungewöhnlich langanhaltende und heftige Niederschläge das Territorium der G/wi-Buschmänner in Südafrika überschwemmten, darauf Schwärme von Fiebermücken das Land überzogen und die Malaria tödlich zu wüten begann, kamen die Ältesten überein, das Äußerste zu wagen und – ein Chamäleon zu töten. Das nämlich galt als eines der gröblichsten Vergehen wider den Hochgott, den man mit diesem Akt der Verzweiflung gezielt zu einer entsprechend abrupten Gegenreaktion herausfordern wollte. Das Tier wurde erschlagen und gut sichtbar auf einem Brett, den aufgeschlitzten Leib nach oben, ausgelegt. Unmittelbar danach hörten die Regenfälle auf. Es blieb nur die Sorge, was weiter geschähe. Man bangte nunmehr um die Niederschläge im kommenden Jahr.[80]

Ein schwerer Tabubruch setzt gefährliche, das heißt höchst wirksame Kräfte frei, derer man sich – zum Schutz der Gesellschaft allerdings mit der Billigung aller und streng kontrolliert – bedienen kann, wenn Situation und Ziele dies rechtfertigen. Zentralaustralier beginnen, wovon schon früher die Rede war, zum Beispiel Inzest, wenn ihnen ein riskanter Waffengang bevorstand, Niloten vor einer Flußpferd-Jagd, Shona (Südafrika), um besonders gefährliche Verletzungen zu kurieren, andere, wenn es überhaupt schwierigere Aufgaben zu bewältigen galt.[81] Die standen Königen generell bei der Übernahme ihres Amtes bevor. Häufig bildete daher der Inzest mit einer Schwester, seltener einer Tochter oder der Mutter, einen zentralen Bestandteil des Inthronisationsrituals.[82] In bestimmten altmediterranen, afrikanischen und polynesischen Königskulturen wurde die überhöhte herrscherliche Wirkfähigkeit – auch davon war eingehender bereits früher die Rede – durch eheliche Bindungen dieser Art auf Dauer sichergestellt.[83] Der Mythos lieferte probate Exempel dafür: Einem im Inzest lebenden Urpaar verdanken die Menschen etwa, wie beispielsweise nach dem Glauben der Magar in Nepal, die Erfindung aller lebenswichtigen Gerätschaften und Techniken[84]; Kulturheroen, Klangründer und übermächtige Helden schöpfen ihre besondere Kreativität und Kraft nicht selten ebendaraus, daß sie einer inzestuösen Verbindung entstammen.[85]

Der Inzest sprengt den familiären *Kernverbund* der Gemeinschaft. Das setzt an sich *Antikräfte* ungeheuren Ausmaßes frei, die gewöhnlich gewaltige Katastrophen wie Erdbeben, Dürren, Seuchen und dergleichen auslösen. In Not und unter Billigung der Gesellschaft begangen, wirkt der verheerende Tabubruch jedoch wie ein hochpotenziertes antidotisches Gegengift, das auch größeres Unheil förmlich fortbrennt.[86] Setzen sich Hochgeborene ihm aus, geschieht es um des Gemeinwohls willen, zu Sicherung und Erhalt des Heils der Ihren. Recken wie Siegfried erwachsen daraus, die imstande sind, Ungeheuer, die sonst niemand zu bezwingen vermag, zu erschlagen.

Doch kann es sein, daß ein Unheil unaufhaltsam sich ein- und fortfrißt und ein Volk zu verschlingen droht. Verzweiflung greift um sich, bestehende Bande lösen sich auf. Es herrscht dann, wie die Safwa in Tansania einen derartigen Zustand charakterisieren, keinerlei Einverständnis mehr. Die Menschen sind uneins, mißtrauen einander. «Jeder verfolgt lediglich noch seine eigenen Ziele ... Alle gehen ihre eigenen Wege, verbreiten Lügen wider einander, bestehlen sich, kümmern sich nicht um ihre kranken Angehörigen, zeigen keinerlei Interesse mehr am gütlichen Ausgleich von Rechtsstreitigkeiten.»[87] Die Zerrüttung schlägt in Selbstzerstörung um. Schamanen und Heiler sind dem Ausmaß der Misere nicht mehr gewachsen; die Könige erdrückt sie desgleichen, sofern sie nicht selbst schon unter die Räder der allgemeinen Demoralisierung gerieten. Vielleicht rafft man sich noch ein letztes Mal auf und versucht, wie Einwohner melanesischer Inseln in derartigen Fällen taten, lärmend, fluchend und stöckeschwingend die teuflischen Dämonen, die man vor allem für das Unglück verantwortlich macht, fort aus dem Land ins Meer zu treiben,[88] oder hofft das Verhängnis wenden zu können, indem man alles überflüssige und «unwerte» Leben, «Abschaum» der Gesellschaft, der vermeintlich hinter der Chaotisierung der Verhältnisse steht, über die Grenzen zu kehren, wenn nicht gar auszutilgen. Nach dem Dreißigjährigen Krieg waren Heere von Entwurzelten und Verelendeten auf den Straßen Europas unterwegs, wälzten sich Haufen von Bettlern, Dieben, Gaunern, Huren, Straßenhändlern, Spielleuten, Kranken und Krüppeln von Ortschaft zu Ortschaft. Niemand wollte mit dem Gesindel zu tun haben. Man jagte sie unversehens weiter, schlug und brandmarkte sie, wenn sie sich unwillig zeigten, verkaufte sie auf die venezianischen Galeeren oder sperrte sie kurzerhand ein und ließ sie hängen. Es half auch nichts, wenn jemanden seine Füße auch beim besten Willen nicht mehr trugen. Die Verfügung lautete dann: «Wenn nemlich in einem Dorfe sich ein Krüppel oder kranker Bettler findet, der nicht fort kann, so wird er von dem

Anspänner, an dem Reihe ist, aufgeladen, ins nächste Dorf gefahren, dort von neuem aufgeladen und so lange herumgefahren, bis er tot ist oder wieder gehen lernt, welches letztere selten geschieht.»[89]

In derartigen Zeiten lassen sich auch «falsche Propheten» hören, treten zauberische Volksverführer auf, wie der unselige Teufelsbündner Doktor Faust, erheben Verschwörer ihr Haupt oder mergeln skrupellose Tyrannen die Menschen aus. Verderbtheit, Irrglaube und Verblendung, trügerische Tröstungen in heilloser Zeit, triumphieren. Und während die einen, den Taumelkelch des Lasters bis zur Hefe leerend, sich den Gaukeleien des Bösen anheimgeben, verzweifeln die andern oder werden zertreten.

Die Götter schauen nicht untätig zu. Ehe sie indessen zum Äußersten greifen und die verworfene Menschheit gänzlich vertilgen, setzen sie warnende Zeichen: Sie suchen sie etwa mit Seuchen oder langanhaltenden Dürreperioden heim, überschütten sie mit Heuschreckenschwärmen oder drohen ihr mit einem feurigen Kometen. Die Bevölkerung von Sodom und Gomorrha ließ sich bekanntlich nicht beirren. So löschte sie Gott mit einem Regen aus Feuer und Schwefel aus – «und kehrte die Städte um und die ganze Gegend» (1. *Mose* 19:24 f.). Dergleichen kann jederzeit auch andere treffen. Als 1861 die argentinische Stadt Mendoza durch ein Erdbeben fast vollständig zerstört wurde, «gab ein Jeder der allgemeinen Sittenlosigkeit und dem Arbeiten an den heiligen Tagen Schuld»; niemand zweifelte, daß die Katastrophe «als eine Strafe Gottes» zu begreifen sei.[90]

Anlaß zu vermehrtem Eingreifen bot sich den Göttern schon früh nach Entstehen der Archaischen Hochkulturen. Die Städte zerbarsten an den Schwären des Lasters, versanken im Morast von Unzucht, Raffgier und skrupelloser Genußsucht, versumpften zu «Sündenbabeln». Die Menschen übersahen die Zeichen, mit denen die Götter ihnen warnend Einhalt geboten. Schließlich schlugen sie zu, mit der Geißel verheerender Kriege, Fremdherrschaft, blutiger Ausbeutung, Hunger, Pest und Versklavung. Mit der Schrift werden die Klagen vernehmlich. In den «Bußliedern» Altmesopotamiens – und analogen Texten Ägyptens – bricht sich der Jammer über das Elend solcher «Fluchzeiten», in denen «der Feind als Zuchtrute Gottes ins Land kommt», auf das bewegendste Bahn.[91] Sehnsucht nach «Erlösung» aus den «Verstrickungen» von Versuchung, Sünde und Schuld[92] kommt auf, der Ruf nach dem «Erretter» wird laut. Man lebt von der Hoffnung auf die Zeit, da, wie Hölderlin sie singend in *Brot und Wein* beschwor, «Helden genug in der ehernen Wiege gewachsen, Herzen an Kraft, wie sonst, ähnlich den Himmlischen sind. Donnernd kommen sie drauf.»

Wenn die Not am größten ist und aus geheimnisvoller Ferne; denn die Gesellschaft selbst hat nicht mehr die Kraft, Helden hervorzubringen. Märchen und Sagen, auch Filme aus dem «wilden» Westen, erzählen von ihnen. Kraftvoll und schön, «den Himmlischen ähnlich», treten sie eines Tages, wie aus schimmernder Unwirklichkeit, in Erscheinung, reiten, ziehen ein in «die Stadt», die den Atem anhält, «donnernd» mit unzerbrechlichem Schwert oder unfehlbarer Büchse, bieten dem Bösen die Stirn und «räumen auf», gnadenlos Gerechtigkeit übend, doch gütig und hilfreich gegenüber den Elenden und Geknechteten.[93]

Nachdem der menschenmordende «Drache» erschlagen, sein letztes Opfer befreit ist, fließen die Wasser wieder; die Felder beginnen zu grünen, alles gedeiht erneut. Der Erretter verläßt die Stadt, um woanders Bedrängten zu helfen – oder bleibt, heiratet die Königstochter und tritt die Nachfolge ihres Vaters an. Seine weiterwirkende wundersame Segenskraft sichert dem Volk beständiges Heil. Eine neue, glückvolle Ära bricht an.[94]

Helden *sind* in «eherner Wiege gewachsen». Manche haben Götter zu Vätern, andere genießen die Huld hilfreicher Feen. Auf jeden Fall sind sie nicht ganz von dieser Welt, wie oft schon ihre außergewöhnliche Niederkunft – aus dem Rücken oder der Wade des Vaters, aus einem Fels oder einer Flamme – anzeigt,[95] oder müssen, um zu den Übertaten, die sie zu tun bestimmt sind, imstande zu sein, in spezifischer Weise *verwandelt* werden. In den Erzählungen der Naturvölker wachsen sie zum Beispiel fern in der Wildnis bei Tieren auf, lernen, nach Belieben ihre Gestalt anzunehmen, erwerben ein Wissen und Fähigkeiten, wie sie gewöhnlichen, «*Nur*-Menschen» nicht zugänglich sind[96], oder ziehen aus ihrer Heimat fort in die Ferne, bestehen dort zahlreiche absonderliche und gefährliche Abenteuer, um schließlich, dadurch «über sich hinausgewachsen», als wundertätige Helden wieder heimzukehren und Großes zum Segen der Ihren zu wirken.[97] Auch Moses wuchs so zum Heroen heran. Von seiner Mutter wenige Monate nach der Geburt in einem Korb im Schilf am Ufer des Nils ausgesetzt, wurde er dort von der Tochter des Pharao entdeckt, die sich seiner erbarmte, ihn mit an den Hof nahm und an Sohnes Statt aufzog. Als er eines Tages einen Aufseher einen Hebräer züchtigen sah, erbitterte ihn das so, daß er den Ägypter erschlug. Auf der Flucht gelangte er schließlich zu den nomadischen Midianitern. Dort heiratete er und lebte eine Zeitlang in der Familie seines Schwiegervaters, eines Priesters, dessen Schafe er weidete. Unterwegs mit der Herde, gelangte er eines Tages weit draußen, fast schon in der Wüste, an den heiligen Berg Horeb. Und ebenda, in tiefster Abgeschiedenheit,

offenbarte sich ihm Gott aus einem brennenden Busch heraus und
hieß ihn, sein Volk zu befreien. Moses kehrte nach Ägypten zurück,
begegnete zunächst aber erheblichen Schwierigkeiten. Erst die bekannten zehn Plagen, mit denen Gott dem «verstockten» Pharao die
Augen zu öffnen suchte, sowie die überzeugende Demonstration der
besonderen magischen Wunderkraft der Brüder Moses und Aaron
führten dann zum Erfolg, zur letztendlichen Entlassung aus der
Knechtschaft (2. *Mose* 2–14). Moses, als Kind von den Seinen getrennt, in der Fremde *verwandelt* und für seine Berufung herange-
reift, war zum *Erretter* seines Volkes aus Elend und Unterdrückung
geworden.

Derartige Überlieferungen sind tatsächlich weltweit verbreitet.
Manchmal haben die künftigen Helden sogar auch Tiere zu leiblichen Müttern, eine Bärin etwa, eine Wölfin oder Stute, von denen
sie die «Bärenstärke» erben, die sie fähig macht, die Übergewalt des
Bösen zu brechen.[98] Auf jeden Fall jedoch bewirkt ihr Erlösungswerk
eine wahre «Umwälzung» der Verhältnisse, eine *revolutio,* die schief
Gewickeltes wieder «aufrollt» bis zum Ursprungszustand hin, alles
obenauf befindliche Falsche wegräumt und das originäre Unterste
erneut nach oben kehrt.

Das vermag nur, wer selbst ganz «von unten» kommt, in der *kul-
turlosen* Wildnis, fern am Rande der Welt, dem Ursprung und den
Göttern noch nahe, unter Tieren geboren, Umgang mit grenzgängerischen Jägern und Hirten pflog oder, den Leidenden gleich, die er
zu erlösen bestimmt ist, von tyrannischen Herrschern niedergetreten,
bzw. vertrieben, «ausgesetzt» wurde. Große afrikanische Dynastie-
gründer und Könige lebten, gängiger Überlieferung nach, vormals
als Jäger[99] oder kamen *als Fremde* ins Land, die der notleidenden und
durch Knechtung unwissend gewordenen Bevölkerung zu einer *neuen
Heilszeit* verhalfen, indem sie die verderbten Machthabenden hinweg-
fegten und das Dasein, wie weiland die Kulturheroen der mythischen
Vorzeit, durch Einführung verbesserter Wirtschaftsformen, Gerätschaften und Techniken, einer stabilen Sozialordnung und gerech-
tigkeitssichernder Gesetze von Grund auf erneuerten.[100] Ähnlich
Umwälzendes wird auch von Sargon I. (ca. 2350–2295 v. Chr.), dem
Begründer des akkadischen Reiches, berichtet: Von einer «Gottes-
schwester» heimlich geboren und ausgesetzt, fand ihn ein Gärtner
und zog ihn an Sohnes Statt auf. Ischtar jedoch, die große Göttin,
behielt ihn im Auge, erwählte ihn zu ihrem Geliebten und verhalf
ihm zu Thron und Weltherrschaft.[101] Analoge Legenden waren von
vielen anderen Königen Altmesopotamiens im Umlauf. Assurnasir-
pal II. (883–859 v. Chr.) behauptete selbst von sich: «Ich bin mitten

in unbekannten Bergen geboren, Ischtar hat mich auserwählt und zum Hirten der Menschen gemacht bis zum Altern der Welt.»[102] Auch die sagenumwobene assyrische Königin «Semiramis» (Sammuramat, um 800 v. Chr.), die große Eroberungen gemacht und zahlreiche Städte gegründet haben soll, hatte, wie es heißt, eine Göttin (Derketo) zur Mutter, die sie wiederum aussetzte und von Tauben ernähren ließ, bis ein Hirte des Königs sie auffand und zu sich nahm.[103] Entsprechendes wird von alten Königen der westlichen Mittelmeerwelt überliefert.[104] Den Hippothoos zum Beispiel, Sproß einer Verbindung des Meergotts Poseidon mit der arkadischen Prinzessin Alope, setzte sein königlicher Großvater auf einem Berg aus, wo er von einer Stute gesäugt, dann von einem Hirten entdeckt und betreut wurde, um sich schließlich, mit Hilfe des Theseus, den Thron Arkadiens zu erobern.[105] Romulus und Remus, die Gründer der nachmaligen Weltmetropole Rom, hatten eine Königstochter von Alba und den Kriegsgott Mars zu Eltern. Von ihrem Onkel ausgesetzt, ernährten die Kinder, die gleich von Geburt an «von ungemeiner Größe und Schönheit» waren, eine Wölfin und ein Specht (beides dem Mars geheiligte Tiere), bis sie ein Hirte fand und bei sich aufzog.[106]

Königskinder dürfen nur kaum, zumal wenn sie Gottheiten zu Müttern oder Vätern haben, von Menschenhand getötet werden. Man überantwortet sie über die Aussetzung (Exkommunikation) dem «sozialen Tod» in der unweltlichen Wildnis. Aufgrund ihrer Abkunft und um ihrer Bestimmung willen genießen sie jedoch sichtlich *göttlichen Schutz.* Weder ertrinken noch verhungern sie; Tiere nehmen sich ihrer an, später Hirten oder Jäger.[107] In ihrem Heranwachsen wiederholt sich die Entwicklungsgeschichte der Menschheit: Sie beginnen «ganz unten», gleichsam noch einmal von vorn wie in der Urzeit inmitten von Tieren in der Natur. Das macht sie nicht nur hart, stark und widerstandsfähig, sondern erzieht sie auch zu strenger Genügsamkeit und einem ebenso schlichten wie geradlinigen und unverfälschten Wandel – zu wahrhaft «edlen Wilden». Dergestalt neugeboren, königliches oder göttliches Blut in den Adern und durch Bären- oder Wolfsmilch noch einmal mehr gestärkt und vollends zu «Übermenschen» gewandelt, sind sie gerüstet, hinaus in die verworfene, gebrochene, zerkrümmte und verseuchte Welt zu gehen und auszutilgen, was faul ist, Verbogenes geradezurichten und Krankes zu heilen, die Geknechteten zu befreien. Der große Hammurapi (1728– 1686 v. Chr.), Schöpfer des ersten babylonischen Reiches, das er mit starker Hand über den Trümmern Sumers (Ur III) errichtete, sagte unumwunden, daß er gesandt war, «um das Recht im Lande zur Geltung zu bringen, auf daß der Schlechte und Böse ausgerottet werde, auf daß der Starke dem Schwachen nicht mehr Schaden zufüge, damit die Sonne aufgehe über den Menschen und das Land erleuchte».[108]

Und in der Tat, selbst die Natur, von der Zerrüttung unter den Menschen mit ins Wanken gebracht, kam wieder ins Lot, wenn ein starker König die Herrschaft antrat. In Ägypten strahlte dann nicht nur die Sonne glanzvoll aufs neue auf[109], auch die Jahreszeiten fanden zu ihrer geregelten Abfolgeordnung zurück, der Nil stieg wieder, segenbringend, zur rechten Zeit, «erquickende Winde» begannen zu wehen.[110] Und wie dankten die Menschen ihren Erlösern! Spätestens seit der hellenistischen Zeit werden große Befreier, Könige, später die römischen Kaiser begeistert als «Heilande» (griechisch *sōtēres*) gefeiert,[111] allen voran der «göttliche» Augustus (31 v.–14 n. Chr.), der «die Welt erneuerte», indem er dem Reich, nach langen, zermürbenden Kriegen, eine anhaltende Friedens- und Heilszeit bescherte. Die griechischen Städte Kleinasiens erklärten ihn offiziell in einem gemeinsam verfaßten Dekret (9 v. Chr.) zum gottgesandten Erlöser (*sōtér*), von den Himmelsmächten bestimmt, «dem Krieg ein Ende zu machen und alles zu ordnen». Künftighin solle das Jahr mit seinem Geburtstag beginnen, da er an Bedeutung dem Anfang aller Dinge, also der Schöpfung gleichkomme und den Menschen die «frohe Botschaft» (griechisch *euangélion*) der anbrechenden Heilszeit gebracht habe.[112] Nach ihm wurde jede Kunde von der Thronbesteigung eines neuen kaiserlichen «Heilands» als eine derartige Freudenbotschaft, als «Evangelium», begrüßt.[113] Trajan (98–117 n. Chr.) gar, unter dessen Herrschaft das Römische Reich seine größte Ausdehnung erreichte, trug nicht nur den Titel «Heiland», sondern ergänzend auch den eines «Wohltäters der ganzen Welt».[114]

Könige und Kaiser aber beherbergt, trotz aller Göttlichkeit ihres eingeborenen Geistes, eine sterbliche Hülle. Eines Tages trägt sie der Leib nicht mehr; sie neigen das Haupt, sinken ins Grab und kehren nicht wieder. Und dann, wenn ihre Kraft die Menschen nicht mehr aufrechterhält, nicht mehr den Elementen und der Natur gebietet, kriecht das Böse aus den verborgenen Winkeln, den untergründigen Tiefen und abseitigen Ödgebieten der Wildnis hervor, in die es zurückwich, als die Starken regierten, breitet sich schleichend aus, zögernd zunächst, doch unaufhaltsam steigend, drängt in die Herzen der Schwachen und Schwankenden, trübt und verstellt ihre Sinne, greift und umkrampft ihren Arm, bis er hochfährt und zuschlägt, zertrümmert, tötet, verwüstet.

Wenn dann der Gerechten zu wenige sind, um dem Übel zu wehren, und kein übergewaltiger Retter ersteht, ist das Ende der

Tage gekommen. Das Böse ergreift vollends Besitz von den Menschen, es zerkrallt und erdrückt sie, *macht sie zu Krüppeln an Leib und Seele*. Brüder ermorden einander, verkehren mit Schwestern, Müttern und Töchtern, ja Tieren; die Herrschenden treiben im Strudel mit; kein Arm mehr, der Laster, Verbrechen und Zügellosigkeit Einhalt gebietet. Barbarische Fremdvölker, nach zoroastrischem Glauben ein «kleinwüchsiges, mißgeschaffenes Geschlecht unbekannten Ursprungs»,[115] gewinnen Macht über die Mittelwelt, brandschatzen, verheeren, knechten die Menschen. Die Verhältnisse *kehren sich um*, die Welt scheint zurück *ins primordiale Chaos* zu stürzen: Hoch- und Tiefstehende wechseln die Rollen, Dämonen beherrschen die Herzen der Verwirrten, Ketzerei und Irrgläubigkeit triumphieren. Regionen schmelzen zu Städten, Städte zu Dörfern zusammen. Jahre, Monate und Tage verkürzen sich drastisch. Die Lebenserwartung der Menschen sinkt; zuletzt erreichen sie, nach buddhistischem Glauben, nur mehr fünfzehn bis achtzehn Jahre, die physische Reife setzt bereits mit dem fünften ein. Düsternis verschleiert die Leuchtkraft der Sonne, sie wird zum Nacht-, der Mond zum Tagesgestirn. Gewaltige Beben erschüttern die Erde, reißen sie auf. Hitze- und Dürrezeiten, dann Phasen sintflutartiger Regenfälle folgen einander in immer rascherem Wechsel. Feurige Kometen stürzen vom Himmel – die Hölle «ist los».[116]

Aber nicht alle lassen sich in den Abgrund ziehen. Einige wenige halten stand. Auf schwankendem Boden, umzüngelt von den Lohen von Laster und Lüge, in Wirrsal und Verwüstung, stehen sie unerschüttert da und erheben laut ihre Stimme, kündigen das nahende Ende an, mahnen, rufen zur rigorosen «Entsagung», zu Buße, Gebet und Sühne, zur *radikalen «Umkehr»* auf.[117] Und einzelne wenden sich vom Saulus zum Paulus; andere finden sich zu kleinen Gruppen zusammen, «Resten» der Rechtgläubigkeit, fliehen «die Welt», suchen Zuflucht weit draußen, in der Wildnis oder Wüste, wie die Essener einst, reinigen und kasteien sich, lassen nichts Befleckendes mehr an sich herankommen, um würdig des Endes gewärtig zu sein und auf die Gnade des Himmels hoffen zu können.[118]

In ihnen allein lebt noch echte Erlösungssehnsucht.[119] Wie auch in jenen Gerechten, den Puritanern («Reinen»), die im 16. Jahrhundert der «Hölle Europa» entflohen, wie einst die Israeliten aus Ägypten auszogen, und überzeugt waren, in der *Wildnis* «Neuenglands» in Nordamerika das «irdische Paradies» gefunden zu haben, «jenes verheißene Kanaan», das Gott selbst ihnen bestimmt hatte, «um die Mühen eines auserwählten Volkes zu segnen.»[120] Dort glaubten sie, «neugeboren» zu sein und «ein *neues Leben* beginnen zu können»,[121] in asketischer Frömmigkeit, Selbstzucht und mit harter, unermüdlicher Arbeit, um sich der göttlichen Gnadenwahl gewachsen und würdig zu zeigen, während in Rom der «Antichrist» herrschte und die verrottete, morsche «Alte Welt» vollends unter seine Gewalt zu bringen suchte. Doch eine letzte Prüfung hatten sie noch zu bestehen. Dem Bösen, der sich dem Endsieg so nahe sah, waren die letzten Gerechten im Wege; die ganze Erde mußte ihm untertan sein. Der Krieg seiner spanischen, französischen und englischen Heerscharen, seiner verblendeten katholischen und anglikanischen Knechte um die neuen Kolonien sollte ihnen endgültig den Garaus machen oder sie doch in eine erneute «babylonische Gefangenschaft» führen.[122]

Sie ringen noch immer mit ihm. Das ist schwer, da er nicht offen zum Kampf antritt, sondern aus dem Verborgenen heraus, mal in der Maske der altweltlichen Faschisten oder Kommunisten, mal in Gestalt der gelben Asiaten, mal der Schwarzen agiert oder sie durch Irrlehren wie den Darwinismus zu Fall zu bringen versucht.

Eines Tages aber, wenn die Verkommenheit der Welt auch die Gerechten selbst zu ersticken droht, wird er sein scheußliches Haupt vollends enthüllen und, plötzlich und überall, aus dem Dunkel heraus den Menschen seine Fratze als Beliar, Ahriman, Mara oder Satanas zukehren, ja als *«Drache»* (Rahab, Leviathan, Seth, Typhon, Aži Dahāka usw.) aus den Tiefen der Erde und den ozeanischen Wassern wiedererstehen, von grauenerregender *Häßlichkeit,* ein Ungeheuer mit schiefstehenden roten Augen, zwei Köpfen und grünen Füßen etwa, wie nach spätjüdisch-apokalyptischen Vorstellungen der Teufel Armillus.[123]

Für die alten Naturvölker hat die Schreckenszeit schon längst begonnen. Ihnen trat der Böse in Gestalt der *Weißen* entgegen, wie den Timbira – und vielen anderen südamerikanischen Ethnien – die vielköpfige Hydra der Brasilianer zum Beispiel. Mythen berichten, wie das Ungeheuer entstand; alles geschah dabei auf verkehrte Weise: Der erste Brasilianer wurde als Sohn eines unverheirateten Mädchens von liederlichem Lebenswandel geboren. Daß sie schwanger war, erfuhr sie erst durch den tierischen Schrei eines Meerschweinchens aus ihrem Leib heraus, mit dem sich ihr künftiger Sohn ihr ankündigte. Um ihre Ausschweifungen nicht aufgeben zu müssen, wollte sie das Kind gleich nach der Niederkunft töten, wurde daran von anderen aber gehindert. Daraufhin schob sie es an ihre Mutter ab, die es aufzog. Je älter indessen es wurde, desto deutlicher trat seine Monsternatur zutage. Es konnte sich zum Beispiel ganz nach Belieben in die verschiedensten Tiere verwandeln, bevorzugte jedoch die Gestalt des reißenden Jaguars. Immer wieder erschlugen es die Indianer;

doch ebensooft kehrte es zum Leben zurück. Schließlich, nach einem letzten Versuch, verbrannten sie seinen Leib, flohen das Dorf und ließen sich andernorts nieder. Aber das Ungeheuer erstand aufs neue, diesmal in seiner Endgestalt als die vielköpfige Hydra der Brasilianer, um fortan sein tödliches Schreckensregiment zu errichten, mit dem Ziel, die Indianer vollends von der Erde auszutilgen.[124]

Und eben in dieser *Artverkehrung* liegt der Beweis, daß es nicht die Weißen an sich sind, sondern der Teufel ist, der sich ihrer bedient; denn als Christen war jenen ja aufgetragen, diese «aus der Gewalt des Satans» zu *befreien* und «zu Gott zu bekehren.»[125]

Doch da ist Hoffnung. Den Timbira wird, wie allen Erniedrigten und zu Boden Getretenen, ein *göttlicher* Retter erstehen. Zuletzt nämlich, da der Böse selbst offen und unmittelbar in das Geschehen eingreift, trachtend, mit seinem Flammenschwert alles Lebendige niederzumähen und die verhaßte Schöpfung endgültig wieder in das uranfängliche Chaos zurückzustürzen, würde die Kraft von Helden und großen Königen, auch von Heroen nicht mehr ausreichen, rettend noch etwas auszurichten. Nunmehr ist die Stunde der Götter gekommen, sind allein sie noch imstande, ihrem ewigen Antagonisten entgegenzutreten und ihn, wie in der Urzeit schon, niederzuzwingen und diesmal für immer unschädlich zu machen. Überall, wo er rast, fahren sie, in ihrer eigenen oder in Menschengestalt, auf die Erde nieder: Agni, Indra und Vishnu, der Bodhisattva Maitreya, der zoroastrische Saošyant, Mithras, der Messias. Sie vernichten zunächst die Dämonen, richten die Abtrünnigen und Verworfenen, die sich dem Bösen ergaben, und *heilen,* die ihnen zum Opfer fielen, die Wundgeschlagenen, Entstellten und Sterbenden.[126] Jesus nimmt sich bevorzugt der Blinden, Lahmen, Stummen, Tauben, Geistesverwirrten und Aussätzigen, aller Versehrten und Behinderten dieser Welt an – sofern sie freilich noch «glauben», das heißt dem Ungeist noch nicht vollends erlegen sind («gehe hin, dein Glaube hat dir geholfen!»); ja er heißt Tote wiederauferstehen.

Dann aber greift der göttliche Heiland den, der hinter alledem steht, den Antichristen, das Drachenmonster, den Satanas selbst, die himmlischen Heerscharen in seinem Gefolge, an. Eine gigantische, die Endzeitschlacht zwischen den Mächten des Lichts und der Finsternis bricht an. Quasimodo sieht die Hölle heraufziehen. Wie eine schmutzige Woge wälzt sich der Mob von Paris, lärmend, Hämmer, Brechstangen und Stemmeisen schwingend, an die Kathedrale heran, um die Zigeunerin Esmeralda, die der Hexerei angeklagt ist und die man in den Händen der Geistlichen glaubt, zu «befreien». Aber Quasimodo hat sie vor ihren Schergen gerettet. Er hält sie, wie ein

Juwel, in der Kirche verwahrt, die *sein* «Haus, Vaterland und Weltall» ist, mit dem ihn ein «geheimnisvolles, vorbestimmtes Zusammenklingen» verbindet,[127] eine feste, unerschütterliche Burg vor dem entfesselten Wüten draußen in den Straßen der Stadt. Schon brandet die Menge vor das Portal, um es aus den Angeln zu reißen – da stürzen gewaltige Balken wie vom Himmel auf die Menschen herab. Über ihre zerschmetterten, zuckenden Leiber stoßen von hinten, wie rasend, andere vor. Quasimodo überschüttet sie mit einem Hagel von Mauergestein, gießt schließlich auf die durch Blut, zerschlagenes Fleisch und Zerfetzung noch immer Heranstürmenden Ströme kochenden Bleis, weithin umschauert von Wolken siedender Tropfen. Der Mob weicht zurück, versucht es nunmehr jedoch mit langen Leitern. Aber Quasimodo wird auch dieser Bedrohung Herr; er stemmt sie, hin- und herhetzend oben auf dem Gesims, eine nach der anderen ab, so daß sie mit den Angreifern in der Tiefe zerschellen. Dann treffen Regierungstruppen ein und metzeln, was nicht entkommen kann, nieder. Berge von Toten und stöhnenden Verwundeten bleiben auf dem Domplatz zurück, überhangen von dem Gestank verbrannten Fleisches.[128]

Quasimodo ist Sieger. Er «sinkt auf die Knie und hebt die Hände gen Himmel.»[129] Doch die Kammer, in der er Esmeralda sicher geborgen glaubte, findet er leer – der Teufel selbst, in Gestalt des Erzdechanten Claude Frollo, hatte sie inzwischen entführt und, da sie ihm nicht zu Willen sein wollte, dem Henker ausgeliefert. Dafür stürzt ihn der *Krüppel* von der Kathedrale hinab. Dann raubt er den Leichnam der Gehenkten vom Galgen, schleppt sie in ein Gewölbe darunter, umschlingt ihren geschundenen, erkalteten Leib und stirbt.[130]

Ein Krüppel kann kein Heiland sein; er bedarf eines solchen. Der aber wird in der letzten gewaltigen Weltschlacht den Drachen, der ihn quälte, endgültig zunichte machen, so daß er für immer dahin ist.[131] Dann taucht er die Welt in ein verheerendes Feuer, den *Sintbrand*, der alles Verdorbene und die letzten Verstockten hinweggrafft und die Erde gereinigt zurückläßt: «Entsühnt und geläutert sind Welt und Menschheit, Sünde und Schlechtigkeit gibt es nicht mehr.»[132]

Mit dem Bösen, «der des Todes Gewalt hatte»,[133] ist auch dieser getilgt. Die Menschen, Auferstandene wie Überlebende, die als schuldlos und untadelig fromm Befundene vor dem Richter bestanden, werden fortan weder Krankheit noch Entstellung, weder Leiden noch Mißgeschick kennen und niemals mehr altern.[134] Der Heiland *«gestaltet»* sie *«neu»*. Sie «leben in Reinheit des Herzens, sind mit den geistigen Vollkommenheiten der Freigebigkeit, der sittlichen Zucht und der Erkenntnis begabt und ... lieben einander wie eine Mutter ihren Sohn.»[135] Von Grund auf verwandelt und selig geworden, gehen sie ins ewige Leben ein. «Erlösen» ist in semitischen Sprachen bedeutungsgleich mit «lebendigmachen.»[136]

Auch die Erde wird eine andere sein, frei von allen *Unebenheiten,* von rissigen Schründen, Buckeln, spitzigen Bergen, Felsklüften, fauligen Tümpeln, Schwären morastiger Flächen und finsteren Höhlen. Wenn der Buddha Maitreya auf ihr wandelt, ist sie «glatt wie ein Spiegel.»[137] Selbst der Berg, der nach zoroastrischem Glauben die Brücke trug, die vormals vom Diesseits ins Jenseits führte, «wird nicht mehr bestehen.»[138] Zu der Zeit, da «alles Fleisch den Heiland Gottes» sieht, prophezeit Johannes der Täufer, «sollen alle Täler voll werden, und alle Berge und Hügel sollen erniedrigt werden; und was krumm ist, soll richtig werden, und was uneben ist, soll schlichter Weg werden» (*Lukas* 3: 5–6). Der Heiland *richtet,* das heißt «macht gerade»;[139] in Fällen extremer Verkrümmung «richtet er hin».

Alles kommt so endgültig zum *Ausgleich;* kein Fehl, keine Veruntrübung, nichts «Anstößiges» bleibt, «und die seligen Augen blicken», wie Hölderlin einst in *Hyperions Schicksalslied* sang, «in stiller ewiger Klarheit» hin über eine reine paradiesische Welt geradlinig-geometrischer Formen, wie sie Ausdruck des Guten, Wahren und Schönen sind.

Verschlungene, überkrümmte Linien nämlich und Komplexität schaffen nicht nur, wie die Mathematik lehrt, Probleme, sie erhöhen auch ihre *Unlösbarkeit;* «Glattheit» dagegen «mildert» sie.[140] Musik führt mehrere, manchmal eine Vielzahl von Stimmen aufeinander zu, verschränkt sie zu einem komplexen Ganzen, das *dissonant,* ja – wie in der «Elektra» von Richard Strauss – «chaotisch» anmuten kann, die dann wieder aufgelöst werden und ausklingen in der wohltönenden Harmonie der Schlußakkorde.

Doch Musik, so Rainer Maria Rilke in der siebten seiner *Duineser Elegien,* «reicht weiter hinan und übersteigt uns». Unter den geträumten Sphärenklängen himmlischer Zukunftsmusik bleibt, traurig tönend wie ein kleiner Sekundschritt, eine Frage, ein Widerspruch: Auch die Seligen werden, als *Geschöpfe* Gottes, niemals Seine Vollendung erreichen, Ihm gegenüber allezeit unvollkommen, wie *Behinderte* erscheinen. Oder sollte es so sein, daß Er, der sie als «Mängelwesen» hervorbrachte, selber der Urgrund, der Quell aller Unzulänglichkeit ist und *ihrer* bedarf? Daher von Angesicht zu Angesicht nicht gesehen sein will und sich nur hinter wechselnden Masken, mal donnernd, mal im Feuer zu erkennen gibt – wie der Böse auch?

Vor Seiner Übererhabenheit zerrinnen die Gradmaße menschlicher Mängel: *Jeder ist seines Nächsten Krüppel,* den zu lieben ein Heiland in Menschengestalt einmal gebot. Lange Zeit, bevor sich das
zutrug, viele Jahrzehntausende früher, lebten die Neandertaler auf
Erden, ein urtümliches Übergangsgeschlecht zum heutigen Menschen, dem *Homo sapiens sapiens.* Sie fristeten ihr Dasein mit dem
Einsammeln von Wildvegetabilien, Früchten, Pilzen, Insekten und
Jagd. Eine Gruppe im heutigen südlichen Kurdistan hatte einen
Krüppel in ihrer Mitte. Sein rechter Arm, infolge einer Unterentwick-
lung der Schulterpartie gebrauchsuntauglich, war ihm oberhalb des
Ellenbogens amputiert worden. Das bedeutete unter den damaligen
Lebensumständen, daß er von den Seinen mitunterhalten werden
mußte. Das geschah offenbar über viele Jahre hin. Getötet hatte man
ihn jedenfalls nicht. Er kam vielmehr durch einen Unfall zu Tode,
dessen Ursache vermutlich ein Erdbeben war. Ahnungslos bei seiner
Feuerstelle im Innern einer Höhle beschäftigt, wurde er von einem
Teil plötzlich herabstürzenden Deckengesteins erschlagen. Was von
seinem Leichnam noch sichtbar war, schichteten Angehörige seiner
Gruppe sorgfältig mit Geröllbrocken zu, um sein Grab zu schließen.

Obenauf aber legten sie bündelweise blühende Malven, Lichtnel-
ken und Traubenhyazinthen, das Todesgestein überschüttend mit
einem Meer vielfarbig leuchtender Blumen, deren Blüten ein aro-
matisch-würziger Duft entstieg und sich über dem Grabmal ver-
strömte.[141]

Anhang

Literatur

Abbott, G. F., 1903: Macedonian folklore. Cambridge.

Abegg, Emil, 1928: Der Messiasglaube in Indien und Iran, auf Grund der Quellen dargestellt. Berlin und Leipzig.

Abeghian, M., 1899: Der armenische Volksglaube. Leipzig.

Abēla, Eijūb, 1884: Beiträge zur Kenntnis abergläubischer Gebräuche in Syrien. In: Zeitschrift des Deutschen Palaestina-Vereins 7.

Abramjan, Levon Amajakovič, 1983: Pervobytnyj prazdnik i mifologija. Erevan.

Abu-Lughod, Lila, 1986: Veiled sentiments: honor and poetry in a Bedouin society. Berkeley, Los Angeles, London.

Achelis, Thomas, 1891: Die Entwicklungsgeschichte des Teufelsglaubens. In: Das Ausland 64: 93–95.

Albert, Friedrich, 1956: Die Waldmenschen Udehe: Forschungsreisen im Amur- und Ussurigebiet. Darmstadt.

Albert, Hans, 1969: Traktat über kritische Vernunft. Tübingen. (Studien in den Grenzbereichen der Wirtschafts- und Sozialwissenschaften; 9).

Alekseev, Nikolaj Alekseevič, 1987: Schamanismus der Türken Sibiriens: Versuch einer vergleichenden arealen Untersuchung. Hamburg. (Studia Eurasia; 1).

Andree, Richard, 1889: Ethnographische Parallelen und Vergleiche: neue Folge. Leipzig.

Anisimov, Arkadij Fedorovič, 1959: Kosmologičeskie predstavlenija narodov severa. Moskva i Leningrad.

Baaren, Th. P. van, 1964: Menschen wie wir: Religion und Kult der schriftlosen Völker. Gütersloh.

Babcock, Barbara A., 1978: «Liberty's a whore»: inversions, marginalia, and picaresque narrative. In: Barbara A. Babcock (ed.): The reversible world: symbolic inversion in art and society. Ithaca and London. S. 95–116.

Bachofen, Johann Jakob, 1951: Die Sage von Tanaquil. In: Johann Jakob Bachofens Gesammelte Werke, hg. von E. Kienzle. Bd. VI. Basel.

Bader, Karl Siegfried, 1957: Das mittelalterliche Dorf als Friedens- und Rechtsbereich. Weimar.

Bächtold, Andreas, 1981: Behinderte Jugendliche: soziale Isolierung oder Partizipation? Ergebnisse einer repräsentativen Umfrage. Bern und Stuttgart. (Publikationen des Schweizerischen Nationalfonds aus den Nationalen Forschungsprogrammen; 9).

Baier, Herwig, Gebauer, Georg, 1972: Die Einschätzung verschiedenartiger Körperbehinderungen durch behinderte und nichtbehinderte Kinder. In: Praxis der Kinderpsychologie und Kinderpsychiatrie 21: 171–175.

Bajburin, Al'bert Kašfullovič, Toporkov, Andrej L'vovič, 1990: U istokov étiketa. Leningrad.

Balfour, Henry, 1923: The welfare of primitive peoples. In: Folk-Lore 34: 12–24.

Balzac, Honoré de, 1960: Die Cousine Bette. München. (Goldmanns Gelbe Taschenbücher; 632–633).

Banaszkiewicz, Jacek, 1982: Königliche Karrieren von Hirten, Gärtnern und Pflügern: zu einem mittelalterlichen Erzählschema vom Erwerb der Königsherrschaft. In: Saeculum 33, 3–4: 265–286.

Barnes, Robert H., 1974: Kédang: a study of the collective thought of an eastern Indonesian people. Oxford. (Oxford Monographs on Social Anthropology; 10).

Baroja, Julio Caro, 1963: The city and the country: reflexions on some ancient commonplaces. In: Julian Pitt-Rivers (ed.): Mediterranean countrymen: essays in the social anthropology of the Mediterranean. Paris and Le Haye. (Recherches Méditerranéennes. Etudes; 1). S. 27–40.

Barth, Fredrik, 1961: Nomads of South Persia: the Basseri tribe of the Khamseh confederacy. London.

– 1975: Ritual and knowledge among the Baktaman of New Guinea. Oslo.

Barwig, Edgar, Schmitz, Ralf, 1990: Narren, Geisteskranke und Hofleute. In: Bernd-Ulrich Hergemöller (Hg.): Randgruppen der spätmittelalterlichen Gesellschaft: ein Hand- und Studienbuch. Warendorf. S. 167–199.

Batchelor, John, 1892: The Ainu of Japan: the religion, superstitions, and general history of the hairy aborigines of Japan. London.

Bateson, Gregory, 1958: Naven: a survey of the problems suggested by a composite picture of the culture of a New Guinea tribe drawn from three points of view. Stanford.

Bauer, Wolfgang (Hg.), 1980: China und die Fremden: 3000 Jahre Auseinandersetzung in Krieg und Frieden. München.

Baumann, Gerd, 1987: National integration and local integrity: the Miri of the Nuba Mountains in the Sudan. Oxford.

Baumann, Hermann, 1959: Mythos in ethnologischer Sicht. In: Studium Generale 12, 1: 1–17.

Beattie, John, 1963: Sorcery in Bunyoro. In: John Middleton, E. M. Winter (eds.): Witchcraft and sorcery in East Africa. London. S. 27–55.

– 1965: Other cultures: aims, methods, and achievements in social anthropology. London.

Becker, Franz, 1867: Vorahnungen wilder Volksstämme bei großen Naturereignissen. In: Globus 11: 153–154.

Becker, Howard S., 1981: Außenseiter: zur Soziologie abweichenden Verhaltens. Frankfurt a. M. (Fischer Taschenbücher; 6624).

Beckerath, Jürgen von, 1978: Geschichtsüberlieferung im Alten Ägypten. In: Saeculum 29, 1: 11–17.

Beer, Georg, 1919: Die soziale und religiöse Stellung der Frau im israelitischen Altertum. Tübingen. (Sammlung gemeinverständlicher Vorträge; 88).

Behrend, Heike, 1987: Die Zeit geht krumme Wege: Raum, Zeit und Ritual bei den Tugen in Kenia. Frankfurt a. M. und New York. (Campus Forschung; 537).

Beidelman, Thomas O., 1964: Intertribal insult and opprobrium in an East African chiefdom (Ukaguru). In: Anthropological Quarterly 37: 33–52.

– 1971: The Kaguru: a matrilineal people of East Africa. New York. (Case Studies in Cultural Anthropology; 44).

– 1986: Moral imagination in Kaguru modes of thought. Bloomington. (African Systems of Thought; 5).

Beitl, Richard, 1942: Der Kinderbaum: Brauchtum und Glauben um Mutter und Kind. Berlin.

Bell, Charles, 1928: The people of Tibet. Oxford.

Bergel, J., 1881: Der Himmel und seine Wunder: eine archäologische Studie nach alten jüdischen Mythografien. Leipzig.

Berges, Wilhelm, 1972: Land und Umland in der mittelalterlichen Welt. In: Festschrift für Hermann Heimpel. Bd. III. Göttingen. (Veröffentlichungen des Max-Planck-Instituts für Geschichte; 36, 3). S. 399–439.

Berndt, Catherine H., Berndt, Ronald M., 1971: The barbarians: an anthropological view. London.

Berndt, Ronald M., 1965: Law and order in Aboriginal Australia. In: Ronald M. Berndt, Catherine H. Berndt (eds.): Aboriginal man in Australia: essays in honour of emeritus professor A. P. Elkin. London, Sydney, Melbourne. S. 167–206.

Bernhard, Norbert, 1986: Tarzan und die Herrenrasse: Rassismus in der Literatur. Basel.

Bettelheim, Bruno, 1977: Kinder brauchen Märchen. Stuttgart.

Bianchi, Ugo, 1959–61: Der demiurgische Trickster und die Religionsethnologie. In: Paideuma 7: 335–344.

– 1959–61a: Prometheus, der titanische Trickster. In: Paideuma 7: 414–437.

Biezais, Haralds, 1983: Der Gegengott als Grundelement religiöser Strukturen. In: Saeculum 34, 3–4: 280–291.

Bin Gorion, Micha Josef, 1962: Die Sagen der Juden. Frankfurt a. M.

Birket-Smith, Kaj, 1948: Geschichte der Kultur: eine allgemeine Ethnologie. München.

Bleichsteiner, Robert, 1919: Kaukasische Forschungen. Wien. (Osten und Orient; I 1).

– 1931: Beiträge zur Sprach- und Volkskunde des georgischen Stammes der Gurier, II. In: Caucasica 9.

– 1935: Die gelbe Kirche. Wien.

Bloch, Maurice, 1982: Death, women and power. In: Maurice Bloch, Jonathan Parry (eds.): Death and the regeneration of life. Cambridge. S. 211–230.

Bödiger, Ute, 1965: Die Religion der Tukano im nordwestlichen Amazonas. Köln. (Kölner Ethnologische Mitteilungen; 3).

Boehncke, Heiner, 1991: Bettler, Gaukler, Fahrende – Vagantenreisen. In: Hermann Bausinger et al. (Hg.): Reisekultur: von der Pilgerfahrt zum modernen Tourismus. München. S. 69–74.

Boggs, Ralph S., 1931: The hero in the folk tales of Spain, Germany and Russia. In: The Journal of American Folk-Lore 44: 27–42.

Bogoras, Waldemar, 1928: Le mythe de l'Animal-Dieux, mourant et ressuscitant. In: Atti del XXII Congresso Internazionale degli Americanisti, Roma – settembre 1926. Bd. II. Roma. S. 35–52.

Boule, Marcellin, Vallois, Henri V., [4]1952: Les hommes fossiles: eléments de paléontologie humaine. Paris.

Bourdieu, Pierre, 1976: Entwurf einer Theorie der Praxis auf der ethnologischen Grundlage der kabylischen Gesellschaft. Frankfurt a. M.

Bourke, John Gregory, 1913: Der Unrat in Sitte, Brauch, Glauben und Gewohnheitsrecht der Völker. Leipzig.

Bousset, Wilhelm, 1903: Die Religion des Judentums im neutestamentlichen Zeit-alter. Berlin.

Boyd, Malcolm, 1992: Johann Sebastian Bach: Leben und Werk. München.

Brandon, S. G. F., ²1963: Creation legends of the ancient Near East. London.

Bringmann, Wolfgang et al., 1990: Fechner und die Parapsychologie. In: Zeit-schrift für Parapsychologie und Grenzgebiete der Psychologie 32, 1–2: 19–43.

Bromley, Yu., 1974: The term *ethnos* and its definition. In: Yu. Bromley (ed.): Soviet ethnology and anthropology today. The Hague and Paris. S. 55–72.

Brown, G. Gordon, 1934: Hehe cross-cousin marriage. In: Edward E. Evans-Pritchard et al. (eds.): Essays presented to C. G. Seligman. London. S. 27–39.

Brunner, Hellmut, 1983: Seth und Apophis – Gegengötter im ägyptischen Pan-theon? In: Saeculum 34; 3–4: 226–234.

Bryce, James, 1903: The relations of the advanced and the backward races of mankind. Oxford.

Bucher, Herbert, 1980: Spirits and power: an analysis of Shona cosmology. Cape Town.

Bünding-Naujoks, Margret, 1963: Das Imperium Christianum und die deutschen Ostkriege vom zehnten bis zum zwölften Jahrhundert. In: Helmut Beumann (Hg.): Heidenmission und Kreuzzugsgedanke in der deutschen Ostpolitik des Mittelalters. Darmstadt. (Wege der Forschung; 7).

Bürkle, Horst, 1968: Der Tod in den afrikanischen Gemeinschaften. Zur Frage theologisch relevanter Aspekte im afrikanischen Denken. In: Leben angesichts des Todes: Helmut Thielicke zum 60. Geburtstag. Tübingen. S. 243–267.

Bullock, Charles, 1927: The Mashona. Cape Town and Johannesburg.

Buschan, Georg, 1932: Die Entstehung des Menschen im Völkerglauben. In: Die Medizinische Welt 6: 973–975.

Buxton, J. C., 1963: Chiefs and strangers: a study of political assimilation among the Mandari. Oxford. (Oxford Monographs on Social Anthropology; 1).

Campbell, Joseph, 1953: Der Heros in tausend Gestalten. Frankfurt a. M.

Capelle, Wilhelm, 1940: Die Vorsokratiker. Stuttgart. (Kröners Taschenausgabe; 119).

Caplan, Patricia, 1978: Women's organizations in Madras City, India. In: Patricia Caplan, Janet M. Bujra (eds.): Women united, women divided: cross-cultural perspectives on female solidarity. London. S. 99–128.

Caputi, Jane E., 1984: Beauty secrets: tabooing the ugly woman. In: Ray B. Browne (ed.): Forbidden fruits: taboos and tabooism in culture. Bowling Green. S. 36–56.

Caratini, Sophie, 1989: Les Rgaybāt (1610–1934). Bd. II. Paris.

Chalatianz, B., 1904: Die iranische Heldensage bei den Armeniern. In: Zeitschrift des Vereins für Volkskunde 14: 35–395.

Chang, Chin-Gill, 1981: Der Held im europäischen und koreanischen Märchen: ein literaturwissenschaftlicher Vergleich unter besonderer Berücksichtigung der Handlung. Basel. (Schweizerische Gesellschaft für Volkskunde. Beiträge zur Volkskunde; 1).

Charles, Lucile Hoerr, 1945: The clown's function. In: Journal of American Folk-lore 58: 25–34.

Christiansen-Berndt, Kerrin, 1981: Vorurteile gegenüber geistig behinderten Kin-dern. Wien. (Pädagogik der Gegenwart; 715).

Cipolletti, Maria Susana, 1983: Jenseitsvorstellungen bei den Indianern Südame-rikas. Berlin.

Cloerkes, Günther, 1985: Einstellung und Verhalten gegenüber Behinderten: eine kritische Bestandsaufnahme der Ergebnisse internationaler Forschung. Berlin.

Cohn, Norman, 1970: The myth of Satan and his human servants. In: Mary Douglas (ed): Witchcraft confessions and accusations. London. (A.S.A. Mono-graphs; 9). S. 3–16.

Cole, Donald Powell, 1975: Nomads of the nomads: the Āl Murrah Bedouin of the Empty Quarter. Chicago.

Corbin, Alain, 1984: Pesthauch und Blütenduft: eine Geschichte des Geruchs. Darmstadt.

Cowan, James G., 1992: The Aborigine tradition. Shaftesbury.

Crumrine, N. Ross, 1969: Čapakoba, the Mayo Easter ceremonial impersonator: explanations of ritual clowning. In: Journal for the Scientific Study of Religion 8, 1: 1–22.

Cullmann, O., ³1959: Kindheitsevangelien. In: Edgar Hennecke: Neutestamentli-che Apokryphen in deutscher Übersetzung, hg. von Wilhelm Schneemelcher. Bd. I. Tübingen. S. 272–311.

Curtiss, S. I., 1903: Ursemitische Religion im Volksleben des heutigen Orients. Leipzig.

Dähnhardt, Oskar, 1907: Natursagen: eine Sammlung naturdeutender Sagen, Märchen, Fabeln und Legenden. Bd. I. Leipzig und Berlin.

Dafinger, Andreas, 1994: Gründersippen: Legitimation, Autorität und Prärogative von Aristokratie in traditionellen Gesellschaften. Bonn. (Mundus Reihe Ethno-logie; 79).

Dahl, Niels A., 1942: Das Volk Gottes: eine Untersuchung zum Kirchenbewußtsein des Urchristentums. Oslo. (Skrifter utgitt av det Norske Videnskaps-Akademi i Oslo II. Historisk-filosofisk Klasse; 1).

Daly, Martin, Wilson, Margo, 1988: Homicide. New York.

Daphinoff, Dimiter, 1991: Shakespeares Narren. In: Der Narr: Beiträge zu einem interdisziplinären Gespräch. Freiburg Schweiz. (Studia Ethnographica Fribur-gensia; 17).

Darwin, Charles, ²1871–72: Die Abstammung des Menschen und die geschlecht-liche Zuchtwahl. 2 Bde. Stuttgart.

Davidson, D. S., 1928: The family hunting territory in Australia. In: American Anthropologist 30: 614–631.

Davis, Philip J., Hersh, Reuben, 1986: Erfahrung Mathematik. Basel, Boston, Stutt-gart.

D'Azevedo, W. L., 1962: Uses of the past in Gola discourse. In: The Journal of African History 3: 11–34.

Deubner, Ludwig, 1962: Attische Feste. Darmstadt.

Dirr, Adolf, 1908: Die alte Religion der Tschetschenen. Nach einer Abhandlung von Baschir Dalgat. In: Anthropos 3: 729–1076.

Ditten, Hans, 1968: Der Rußland-Exkurs des Laonikos Chalkokondyles. Berlin. (Berliner Byzantinistische Arbeiten; 39).

Dittmer, Kunz, 1961: Die sakralen Häuptlinge der Gurunsi im Obervolta-Gebiet. Hamburg. (Mitteilungen aus dem Museum für Völkerkunde in Hamburg; 27).

Dölger, Franz Joseph, [2]1971: Die Sonne der Gerechtigkeit und der Schwarze: eine religionsgeschichtliche Studie zum Taufgelöbnis. Münster. (Liturgiewissenschaftliche Quellen und Forschungen; 14).

Dömötör, Tekla, 1968: Masken in Ungarn. In: Robert Wildhaber (Hg.): Masken und Maskenbrauchtum aus Ost- und Südosteuropa. Basel und Bonn. S. 16–35.

Doob, Leonard W., 1978: Panorama of evil: insights from the behavioral sciences. Westport and London. (Contributions in Philosophy; 10).

Dostojewski, Fjodor M., 1989: Die Dämonen. München und Zürich. (Serie Piper; 403).

Doty, William G., 1986: Mythography: the study of myths and rituals. Alabama.

Douglas, Mary, 1963: The Lele of the Kasai. London.

– 1965: The Lele of Kasai. In: Daryll Forde (ed.): African worlds: studies in the cosmological ideas and social values of African peoples. London. S. 1–26.

– 1966: Purity and danger: an analysis of concepts of pollution and taboo. New York and Washington.

– 1974: Ritual, Tabu und Körpersymbolik. Frankfurt a. M.

– 1985: Reinheit und Gefährdung: eine Studie zu Vorstellungen von Verunreinigung und Tabu. Berlin.

Downs, James F., 1966: The two worlds of the Washo: an Indian tribe of California and Nevada. New York.

Dürr, Lorenz, 1938: Die Wertung des göttlichen Wortes im Alten Testament und im antiken Orient. Zugleich ein Beitrag zur Vorgeschichte des neutestamentlichen Logosbegriffes. Leipzig. (Mitteilungen der Vorderasiatisch-Ägyptischen Gesellschaft; 42, 1).

Dumézil, Georges, 1942–43: Légendes sur les Nartes, nouveaux textes relatifs à Sosryko. In: Revue de l'Histoire des Religions 125.

– 1959: Loki. Darmstadt.

Dumont, Louis, 1983: Essais sur l'individualisme: une perspective anthropologique sur l'idéologie moderne. Paris (dt.: Individualismus: zur Ideologie der Moderne. Frankfurt a. M. und New York 1991).

Dundes, Alan, 1962: Washington Irving's version of the Seminole origin of races. In: Ethnohistory 9: 257–264.

Dupire, Marguerita, 1963: The position of women in a pastoral society: the Fulani WoDaaBe, nomads of the Niger. In: Denise Paulme (ed.): Women of tropical Africa. Berkeley and Los Angeles. S. 45–92.

Durkheim, Emile, [2]1984: Die elementaren Formen des religiösen Lebens. Frankfurt a. M.

Ehlers, Joachim, 1980: Elemente mittelalterlicher Nationsbildung in Frankreich (10.–13. Jahrhundert). In: Historische Zeitschrift 231: 565–587.

Eibl-Eibesfeldt, Irenäus, 1972: Die !Ko-Buschmann-Gesellschaft: Gruppenbindung und Aggressionskontrolle bei einem Jäger- und Sammlervolk. München. (Monographien zur Humanethologie; 1).

– 1973: Der vorprogrammierte Mensch: das Ererbte als bestimmender Faktor im menschlichen Verhalten. Wien, München, Zürich.

– 1978: Territorialität und Aggressivität der Jäger- und Sammlervölker. In: Roger Alfred Stamm, Hans Zeier (Hg.): Lorenz und die Folgen: Tierpsychologie, Verhaltensforschung, physiologische Psychologie. Zürich. (Die Psychologie des 20. Jahrhunderts; VI). S. 477–494.

- 1979: Ritual and ritualization from a biological perspective. In: Mario von Cranach et al. (eds.): Human ethology: claims and limits of a new discipline. Cambridge and Paris. S. 3–55.

Eilers, W., 1953: Der alte Name des persischen Neujahrsfestes. Wiesbaden. (Abhandlungen der Akademie der Wissenschaften und der Literatur in Mainz. Geistes- und sozialwissenschaftliche Klasse, Jg. 1953: 2).

Einstein, Albert, 1955: Mein Weltbild. Frankfurt a. M.

Eliade, Mircea, 1954: Die Religionen und das Heilige: Elemente der Religionsgeschichte. Salzburg.

- 1957: Schamanismus und archaische Ekstasetechnik. Zürich und Stuttgart.
- 1963: Myth and reality. New York and Evanston. (Harper Torchbooks; 1369).
- 1981: Die Sehnsucht nach dem Ursprung: von den Quellen der Humanität. Frankfurt a. M. (Bibliothek Suhrkamp; 408).

Elias, Norbert, Scotson, John L., 1990: Etablierte und Außenseiter. Frankfurt a. M.

Elkin, A. P., 1945: Aboriginal men of high degree. Sydney.

- 1964: The Australian Aborigines. Garden City.

Elliott, Robert C., 1963: Satire und Magie. In: Antaios 4: 313–326.

Elphinston, W. G., 1945: The future of the Bedouin of northern Arabia. In: International Affairs 21, 3: 370–375.

Elwin, Verrier, 1943: Conception, pregnancy and birth among the tribesmen of the Maikal Hills. In: The Journal of the Royal Asiatic Society of Bengal 9: 99–148.

- 1947: The Muria and their ghotul. London.
- 1950: Bondo highlander. Bombay.

Enderwitz, Susanne, 1979: Gesellschaftlicher Rang und ethische Legitimation: der arabische Schriftsteller Abū ʿUṭmān al-Ǧāḥiẓ (gest. 868) über die Afrikaner, Perser und Araber in der islamischen Gesellschaft. Freiburg i. Br. (Islamkundliche Untersuchungen; 53).

Endicott, Kirk Michael, 1970: An analysis of Malay magic. Oxford.

- 1979: Batek Negrito religion: the world-view and rituals of a hunting and gathering people of peninsular Malaysia. Oxford.

Engelbrektsson, Ulla-Britt, 1978: The force of tradition: Turkish migrants at home and abroad. Göteborg. (Gothenburg Studies in Social Anthropology; 1).

Erckert, R. von, 1887: Der Kaukasus und seine Völker. Leipzig.

Erdmann, C., 1935: Die Entstehung des Kreuzzugsgedankens. Stuttgart. (Forschungen zur Kirchen- und Geistesgeschichte; 6).

Erikson, Erik H., [4]1971: Kindheit und Gesellschaft. Stuttgart.

Erman, Adolf, 1923: Die Literatur der Aegypter: Gedichte, Erzählungen und Lehrbücher aus dem 3. und 2. Jahrtausend v. Chr. Leipzig.

Evans-Pritchard, Edward E., 1929: Some collective expressions of obscenity in Africa. In: The Journal of the Royal Anthropological Institute of Great Britain and Ireland 59: 311–331.

- 1929a: Witchcraft *(mangu)* amongst the A-Zande. In: Sudan Notes and Records 12: 163–249.
- 1937: Witchcraft, oracles and magic among the Azande. Oxford.
- 1974: Man and woman among the Azande. London.
- 1978: Hexerei, Orakel und Magie bei den Zande. Frankfurt a. M.

Literatur

Faithorn, Elizabeth, 1975: The concept of pollution among the Káfe of the Papua New Guinea Highlands. In: Rayna R. Reiter (ed.): Toward an anthropology of women. New York and London. S. 127–140.

Fehrle, Eugen, o. J.: Geisterhafte Wesen im Kehricht. In: Festschrift für Marie Andree-Eysn: Beiträge zur Volks- und Völkerkunde, hg. von Joseph Maria Ritz. München. S. 59–63.

Ferguson, John C., 1928: Chinese mythology. Boston. (The Mythology of All Races; VIII).

Feynman, Richard P., 1990: Vom Wesen physikalischer Gesetze. München und Zürich.

Finamore, G., 1890: Credenze, usi e costumi Abruzzesi. Palermo. (Curiosità Popolari Tradizionali; 7).

Findeisen, Hans, 1956: Der Adler als Kulturbringer im nordasiatischen Raum und in der amerikanischen Arktis. In: Zeitschrift für Ethnologie 81: 70–82.

– 1957: Schamanentum, dargestellt am Beispiel der Besessenheitspriester nordeurasiatischer Völker. Stuttgart. (Urban-Bücher; 28).

– 1970: Dokumente urtümlicher Weltanschauung der Völker Nordeurasiens: ihre Mythen, Mären und Legenden, nach vorwiegend russischen Quellen zusammengestellt, bearbeitet und eingeleitet. Oosterhout. (Studien und Materialien aus dem Institut für Menschen- und Menschheitskunde; 1).

Fischer, Hans, 1987: Heilserwartung: Geister, Medien und Träumer in Neuguinea. Frankfurt a. M. und New York.

Fischer, Henry G., 1987: The ancient Egyptian attitude towards the monstrous. In: Ann A. Farkas (ed.): Monsters and demons in the ancient and medieval worlds: papers presented in honor of Edith Porada. Mainz. S. 13–26.

Fischer, J., 1903: Die Entdeckungen der Normannen in Amerika. Unter besonderer Berücksichtigung der kartographischen Darstellungen. Freiburg i. Br. (Stimmen aus Maria-Laach. Ergänzungsband 21).

Fontane, Theodor, 1959: Der Stechlin. München.

Forde, Daryll, Scott, Richenda, ²1946: The native economies of Nigeria. London.

Forge, Anthony, 1970: Prestige, influence, and sorcery: a New Guinea example. In: Mary Douglas (ed.): Witchcraft confessions and accusations. London. (A.S.A. Monographs; 9). S. 257–275.

Fortes, Meyer, 1966: Religious premises and logical technique in divinatory ritual. In: Philosophical Transactions of the Royal Society of London. Series B; 251: 409–422.

– 1972: Marriage in tribal societies. Cambridge. (Cambridge Papers in Social Anthropology; 3).

Foster, George M., ²1979: Tzintzuntzan: Mexican peasants in a changing world. New York and Oxford.

Frankfort, Henri, 1948: Kingship and the gods: a study of ancient Near Eastern religion as the integration of society and nature. Chicago.

Franz, Gabriele, 1992: Falschgesichter zwischen Langhaus und Highway. In: Eva Ch. Raabe (Hg.): Mythos Maske: Ideen, Menschen, Weltbilder. Frankfurt a. M. (Roter Faden zur Ausstellung; 19). S. 211–225.

Frazer, James George, 1930: Myths of the origin of fire: an essay. London.

– 1963: The magic art and the evolution of kings. 2 Bde. London.

– 1963a: Taboo and the perils of the soul. London.

- 1963b: The dying god. London.
- 1963 c: Adonis, Attis, Osiris: studies in the history of oriental religion. 2 Bde. London.
- 1963 d: The scapegoat. London.
- 1963 e: Balder the beautiful. Bd. II. London.
- 1963 f: Aftermath: a supplement to the Golden Bough. London.

Freedman, Daniel Z., Nieuwenhuizen, Pieter van, 1987: Supergravitation und die Einheit der Naturgesetze. In: Gravitation: Raumzeit-Struktur und Wechselwirkung. Heidelberg. S. 46–61.

Frey, Winfried, 1984: Passionsspiel und geistliche Malerei als Instrumente der Judenhetze in Frankfurt am Main um 1500. In: Jahrbuch des Instituts für Deutsche Geschichte (Universität Tel Aviv) 13: 15–57.

Fried, Johannes, 1986: Auf der Suche nach der Wirklichkeit: die Mongolen und die europäische Erfahrungswissenschaft im 13. Jahrhundert. In: Historische Zeitschrift 243: 287–332.

Friedl, Ernestine, 1975: Women and men: an anthropologist's view. New York. (Basic Anthropology Units; 4).

Friedlaender, I., 1913: Die Chadhirlegende und der Alexanderroman: eine sagengeschichtliche und literaturhistorische Untersuchung. Leipzig und Berlin.

Friedrich, Adolf, 1955: Einleitung. In: Schamanengeschichten aus Sibirien. München-Planegg. S. 13–55.

Frobenius, Leo, 1904: Das Zeitalter des Sonnengottes. Berlin.
- 1929: Atlas Africanus: Belege zur Morphologie der afrikanischen Kulturen. (Zusammen mit Ritter von Wilm). Berlin und Leipzig.

Fuchs, Stephen, 1950: The Children of Hari: a study of the Nimar Balahis in the central provinces of India. Wien. (Wiener Beiträge zur Kulturgeschichte und Linguistik; 8).

Fürer-Haimendorf, Christoph von, 1943: The Chenchus: jungle folk of the Deccan. London.
- 1948: The Raj Gonds of Adilabad: a peasant culture of the Deccan. Bd. I: Myth and ritual. London.

Fürer-Haimendorf, Christoph von, Mills, James Philip, 1936: The sacred founder's kin among the eastern Angami Nagas. In: Anthropos 31: 922–933.

Gahs, Alexander, 1928: Kopf-, Schädel- und Langknochenopfer bei Rentiervölkern. In: Festschrift P. W. Schmidt. Wien. S. 231–268.

Gaster, Theodor H., 1951: The religion of the Canaanites. In: V. Ferm (ed.): Forgotten religions. New York.
- 1961: Thespis: ritual, myth, and drama in the ancient Near East. Garden City. (Anchor; A 230).

Gebhard, Dietlinde, 1981: Gesundheits- und Vitalitätsauffassungen bei Naga-Völkern im Hochland von Assam. Magisterhausarbeit. Frankfurt a. M.

Geertz, Clifford, [2]1970: Ethos, world-view and the analysis of sacred symbols. In: Eugene A. Hammel, William S. Simmons (eds.): Man makes sense: a reader in modern cultural anthropology. Boston. S. 324–338.

Gehlen, A., 1962: Asyle. In: Randzonen menschlichen Verhaltens: Beiträge zur Psychiatrie und Neurologie; Festschrift zum 65. Geburtstag von Prof. Dr. Hans Bürger-Prinz, Hamburg. Stuttgart. S. 19–36.

Gehrke, Hans-Joachim, 1994: Mythos, Geschichte, Politik – antik und modern. In: Saeculum 45, 2: 239–264.

Geiringer, Karl, ³1985: Johann Sebastian Bach. München.

Gennep, Arnold van, 1960: The rites of passage. Chicago.

– 1986: Übergangsriten. Frankfurt a. M., New York, Paris.

Genz, Henning, ²1992: Symmetrie: Bauplan der Natur. München, Zürich. (Serie Piper; 1579).

Georgi, Johann Gottfried, 1775: Bemerkungen einer Reise im Russischen Reich im Jahre 1772. Bd. I. St. Petersburg.

Gerhards, Eva, 1981: Mythen im Wandel: Veränderungen in der Mythologie verschiedener Ethnien des außerandinen Südamerika durch den Kontakt mit den Weißen. Hohenschäftlarn. (Münchner Beiträge zur Amerikanistik; 4).

Giese, H., Hansen, J., 1962: Zur Psychologie des Außenseiters: Gedanken über Marcel Proust. In: Randzonen menschlichen Verhaltens: Beiträge zur Psychiatrie und Neurologie. Festschrift zum 65. Geburtstag von Prof. Dr. Hans Bürger-Prinz, Hamburg. Stuttgart. S. 242–254.

Gifford, E. S., 1958: The evil eye: studies in the folklore of vision. New York.

Gladigow, Burkhard, 1983: Strukturprobleme polytheistischer Religionen. In: Saeculum 34, 3–4: 292–304.

Gluckman, Max, 1938: Social aspects of first fruits ceremonies among the South-Eastern Bantu. In: Africa 11: 25–41.

– 1965: Politics, law and ritual in tribal society. Chicago.

Goethe, Friedrich, 1939: Über das «Anstoß-Nehmen» bei Vögeln. In: Zeitschrift für Tierpsychologie 3: 371–374.

Goldman, Irving, 1963: The Cubeo Indians of the Northwest Amazon. Urbana. (Illinois Studies in Anthropology; 2).

Gračeva, G. N., 1976: Čelovek, smert' i zemlja mertvych u nganasan. In: I. S. Vdovin (Hg.): Priroda i čelovek v religioznych predstavlenijach narodov Sibiri i severa (vtoraja polovina XIX – načalo XX v.). Leningrad. S. 44–66.

Graebner, Fritz, 1924: Das Weltbild der Primitiven: eine Untersuchung der Urformen weltanschaulichen Denkens bei Naturvölkern. München. (Geschichte der Philosophie in Einzeldarstellungen, I: Das Weltbild der Primitiven und die Philosophie des Morgenlandes; 1).

Gräf, E., 1952: Das Rechtswesen der heutigen Beduinen. Walldorf. (Beiträge zur Sprach- und Kulturgeschichte des Orients; 5).

Graus, František, 1981: Randgruppen der städtischen Gesellschaft im Spätmittelalter. In: Zeitschrift für Historische Forschung 8, 4: 385–437.

Greeley, Andrew, 1993: Religion in der Popkultur: Musik, Film und Roman. Graz, Wien, Köln.

Gregor, A. James, 1963: Ethnocentrism among the Australian Aborigines: some preliminary notes. In: The Sociological Quarterly 1963: 162–167.

Grierson, P. J. H., 1903: The silent trade: a contribution to the early history of human intercourse. Edinburgh.

Grigson, Wilfrid, 1949: The Maria Gonds of Bastar. Oxford.

Grube-Verhoeven, Regine, 1966: Die Verwendung von Büchern christlich-religiösen Inhalts zu magischen Zwecken. In: Zauberei und Frömmigkeit. Tübingen. (Volksleben; 13). S. 11–57.

Grunebaum, Gustav Edmund von, 1963: Der Islam im Mittelalter. Zürich, Stuttgart. (Die Bibliothek des Morgenlandes; 1).

Güntert, Hermann, 1923: Der arische Weltkönig und Heiland: bedeutungsgeschichtliche Untersuchungen zur indo-iranischen Religionsgeschichte und Altertumskunde. Halle.

Guenther, Mathias, 1989: Bushman folktales: oral traditions of the Nharo of Botswana and the /Xam of the Cape. Stuttgart. (Studien zur Kulturkunde; 93).

Gunkel, Hermann, 1895: Schöpfung und Chaos in Urzeit und Endzeit: eine religionsgeschichtliche Untersuchung über Gen. 1 und Ap. Joh. 12. Göttingen.

Gurdon, P. R. T., 1914: The Khasis. London.

Gusinde, Martin, 1937: Die Yamana: vom Leben und Denken der Wassernomaden am Kap Hoorn. Mödling bei Wien.

Guting, Wolfgang, 1986: Zur Funktion prä- und postnataler Bräuche bei den Indianern im Tiefland Südamerikas. Bonn. (Mundus Reihe Ethnologie; 2).

Haaf, Ernst, 1967: Die Kusase: eine medizinisch-ethnologische Studie über einen Stamm in Nordghana. Stuttgart. (Gießener Beiträge zur Entwicklungsforschung. Reihe II: 1).

Haag, Herbert, 1983: Der Teufel im Judentum und Christentum. In: Saeculum 34, 3–4: 248–258.

Haberland, Carl, 1878: Altjungfernschicksal nach dem Tode. In: Globus 34: 205–206.

Haberland, Eike, 1965: Untersuchungen zum äthiopischen Königtum. Wiesbaden. (Studien zur Kulturkunde; 18).

– 1975: Mündliche Überlieferungen über die Geschichte von Gofa (Süd-Äthiopien) bis 1889. In: Zeitschrift für Ethnologie 100; 27–37.

Haddon, Alfred Cort, 1934: History of anthropology. London.

Haeckel, Josef, 1939: Zweiklassensystem, Männerhaus und Totemismus in Südamerika. In: Zeitschrift für Ethnologie 70: 426–454.

Haefeli, L., 1938: Die Beduinen von Beerseba: ihre Rechtsverhältnisse, Sitten und Gebräuche. Luzern.

Haffter, Carl, 1968: The changeling: history and psychodynamics of attitudes to handicapped children in European folklore. In: Journal of the History of the Behavioral Sciences 4, 1: 55–61.

Hahn, Carl, 1911: Neue kaukasische Reisen und Studien. Leipzig.

Hallowell, A. Irving, 1969: Ojibwa ontology, behavior, and world view. In: Stanley Diamond (ed.): Primitive views of the world. New York and London. S. 49–82.

Hallpike, Christopher Robert, 1979: The foundations of primitive thought. Oxford.

Handelman, Don, 1981: The ritual-clown: attributes and affinities. In: Anthropos 76, 3–4: 321–370.

Hanks, Jane R., Hanks, L. M., 1948: The physically handicapped in certain non-occidental societies. In: The Journal of Social Issues 4, 4: 11–20.

Hartland, Edwin Sidney, 1894–96: The legend of Perseus: a study of tradition in story, custom and belief. Bd. I u. III. London.

– 1909–10: Primitive paternity: the myth of supernatural birth in relation to the history of the family. 2 Bde. London.

Hartmann, Hans, 1952: Der Totenkult in Irland: ein Beitrag zur Religion der Indogermanen. Heidelberg.

Hartmann, R., 1938: Zur heutigen Lage des Beduinentums. In: Die Welt des Islams 20: 51–73.

Hartung, Wolfgang, 1986: Gesellschaftliche Randgruppen im Spätmittelalter. In: Bernhard Kirchgässner, Fritz Reuter (Hg.): Städtische Randgruppen und Minderheiten. Sigmaringen. (Stadt in der Geschichte; 13). S. 49–114.

Harva, Uno, 1938: Die religiösen Vorstellungen der altaischen Völker. Porvoo, Helsinki. (FF Communications; 125).

Harwood, Alan, 1970: Witchcraft, sorcery, and social categories among the Safwa. Glasgow.

Hasenfratz, Hans-Peter, 1982: Die toten Lebenden: eine religionsphänomenologische Studie zum sozialen Tod in archaischen Gesellschaften. Leiden. (Beihefte der Zeitschrift für Religions- und Geistesgeschichte; 24).

– 1983: Zum sozialen Tod in archaischen Gesellschaften. In: Saeculum 34, 2: 126–137.

– 1983a: Iran: Antagonismus als Universalprinzip. In: Saeculum 34, 3–4: 235–247.

Hauser-Schäublin, Brigitta, 1977: Frauen in Kararau: zur Rolle der Frauen bei den Iatmul am Mittelsepik, Papua New Guinea. Basel. (Basler Beiträge zur Ethnologie; 18).

– 1977–78: Vom Terror und Segen des Blutes, oder: die Emanzipation des Mannes von der Frau. In: Wiener Völkerkundliche Mitteilungen, Neue Folge 19–20: 93–116.

Haussig, Hans-Wilhelm, 1966: Kulturgeschichte von Byzanz. Stuttgart. (Kröners Taschenausgabe; 211).

Haxthausen, A. L. M., 1856: Transkaukasia: Andeutungen über das Familien- und Gemeindeleben und die socialen Verhältnisse einiger Völker zwischen dem Schwarzen und dem Kaspischen Meere; Reiseerinnerungen und gesammelte Notizen. Bd. I. Leipzig.

Hayley, T. T. S., 1947: The anatomy of Lango religion and groups. Cambridge.

Hebbel, Friedrich, 1906: Meine Kindheit. Hamburg.

Heberer, Gerhard et al., [2]1961: Anthropologie. Frankfurt a. M. (Das Fischer Lexikon; 15).

Heers, Jacques, 1986: Vom Mummenschanz zum Machttheater: europäische Festkultur im Mittelalter. Frankfurt a. M.

Heeschen, Volker, 1994: Mythen und Wandergeschichten der Mek-Leute im Bergland von West-Neuguinea (Irian Jaya, Indonesien). In: Brigitta Hauser-Schäublin (Hg): Geschichte und mündliche Überlieferung in Ozeanien. Basel. (Basler Beiträge zur Ethnologie; 37). S. 161–184.

Heidel, Alexander, 1963: The Babylonian Genesis: the story of creation. Chicago and London.

Heintze, Beatrix, 1971: Bestattung in Angola: eine synchronisch-diachronische Analyse. In: Paideuma 17: 145–205.

Helander, Bernhard, 1988: Death and the end of society: offical ideology and ritual communication in the southern Somali funeral. In: S. Cederroth et al. (eds.): On the meaning of death: essays on mortuary rituals and eschatological beliefs. Uppsala. (Uppsala Studies in Cultural Anthropology; 8). S. 113–135.

Helck, Wolfgang, 1964: Die Ägypter und die Fremden. In: Saeculum 15, 2: 103–114.

Hellmuth, Leopold, 1984: Gastfreundschaft und Gastrecht bei den Germanen. Wien. (Österreichische Akademie der Wissenschaften; Sitzungsberichte, phil.-hist. Kl.; 440).

Helmholtz, Hermann von, 1968: Über Geometrie. Darmstadt. (Reihe «Libelli»; 177).

Henderson, Richard N., 1972: The king in every man: evolutionary trends in Onitsha Ibo society and culture. New Haven and London.

Hengstenberg, Willy, 1912: Der Drachenkampf des heiligen Theodor. In: Oriens Christianus 2: 78–106, 241–280.

Henninger, Joseph, 1943: Die Familie bei den heutigen Beduinen Arabiens und seiner Randgebiete: ein Beitrag zur Frage der ursprünglichen Familienform der Semiten. In: Internationales Archiv für Ethnographie 42: 1–189.

Herder, Johann Gottfried, 1965: Ideen zur Philosophie der Geschichte der Menschheit. Bd. I. Berlin und Weimar.

Hergemöller, Bernd-Ulrich, 1990: Randgruppen der spätmittelalterlichen Gesellschaft: Einheit und Vielfalt. In: Ders. (Hg.): Randgruppen der spätmittelalterlichen Gesellschaft: ein Hand- und Studienbuch. Warendorf. S. 1–51.

Herzog, Rolf, 1963: Seßhaftwerden von Nomaden: Geschichte, gegenwärtiger Stand eines wirtschaftlichen wie sozialen Prozesses und Möglichkeiten der sinnvollen technischen Unterstützung. Köln und Opladen. (Forschungsberichte des Landes Nordrhein-Westfalen; Geisteswissenschaften; 1238).

Heusch, Luc de, 1990: Introduction. In: Ders. (ed.): Chefs et rois sacrés. Paris. (Systèmes de Pensée en Afrique Noire; 10). S. 7–33.

– 1990a: Nkumi et Nkumu: la sacralisation du pouvoir chez les Mongo (Zaire). In: Ders. (ed.): Chefs et rois sacrés. Paris. (Systèmes de Pensée en Afrique Noire; 10). S. 169–205.

– 1991: The king comes from elsewhere. In: Anita Jacobson-Widding (ed.): Body and space: symbolic models of unity and division in African cosmology and experience. Uppsala. (Uppsala Studies in Cultural Anthropology; 16). S. 109–117.

Heymer, Armin, 1993: Der ethno-kulturelle Werdegang apotropäischer Verflechtungen von Pygmäen, Chondrodystrophen und Zwergenfiguren. In: Saeculum 44, 2–4: 116–178.

Hillner, Johann, 1876–77: Volksthümlicher Glaube und Brauch bei Geburt und Taufe im Siebenbürger Sachsenlande. In: Programm des evangelischen Gymnasiums in Schäßburg und der damit verbundenen Lehr-Anstalten, 1876–77. Schäßburg. S. 3–52.

Hiltbrunner, Otto, 1983: Gastfreundschaft und Gasthaus in der Antike. In: Conrad Peyer (Hg.): Gastfreundschaft, Taverne und Gasthaus im Mittelalter. München und Wien. (Schriften des Historischen Kollegs; Kolloquien; 3). S. 1–20.

Hirsch, Hans, 1963: Der mittelalterliche Kaisergedanke in den liturgischen Gebeten. In: Helmut Beumann (Hg.): Heidenmission und Kreuzzugsgedanke in der deutschen Ostpolitik des Mittelalters. Darmstadt. (Wege der Forschung; 7). S. 22–46.

Hitti, P. K., [3]1946: History of the Arabs. London.

Hoebel, E. Adamson, 1968: Das Recht der Naturvölker: eine vergleichende Untersuchung rechtlicher Abläufe. Olten und Freiburg i. Br.

Höffner, J., 1947: Christentum und Menschenwürde: das Anliegen der spanischen Kolonialethik im Goldenen Zeitalter. Trier.

Hölscher, G., 1949: Drei Erdkarten: ein Beitrag zur Erdkenntnis des hebräischen

Altertums. Heidelberg. (Sitzungsberichte der Heidelberger Akademie der Wissenschaften; phil.-hist. Kl. 34, Jg. 1944–48).

Höpfner, Gerd, 1969: Masken aus Ceylon. Berlin. (Veröffentlichungen des Museums für Völkerkunde Berlin; Neue Folge; 19. Abteilung: Südasien; 1).

Hogbin, Ian, 1943: A New Guinea infancy: from conception to weaning in Wogeo. In: Oceania 13: 285–309.

– 1970: The island of menstruating men: religion in Wogeo, New Guinea. Scranton.

Holländer, Eugen, 1921: Wunder, Wundergeburt und Wundergestalt in Einblattdrucken des fünfzehnten bis achtzehnten Jahrhunderts: kulturhistorische Studie. Stuttgart.

Holt, P. M., 1963: Funj origins: a critique and new evidence. In: The Journal of African History 4, 1: 39–55.

Holý, Ladislav, 1974: Neighbours and kinsmen: a study of the Berti people of Darfur. London.

Honigmann, John J., 1942: An interpretation of the social-psychological functions of the ritual clown. In: Character and Personality 10, 3: 220–226.

Honko, Lauri, 1962: Geisterglaube in Ingermanland. Helsinki. (FF Communications; 185).

Hopfner, Theodor, 1965: Artikel «Mageia», in: Pauly-Wissowa: Realencyclopädie der Classischen Altertumswissenschaft. Bd. XIV 1. Stuttgart. S. 301–393.

Horn, Hartmut, 1975: Einstellungen und Reaktionen gegenüber Behinderten im sozialen Wandel. In: Zeitschrift für Heilpädagogik 26, 5: 281–291.

Hornung, Erik, 1986: Handeln und Wissen in primären Hochkulturen: das Beispiel Altägyptens. In: Herbert Stachowiak (Hg.): Pragmatik: Handbuch pragmatischen Denkens. Bd. I: Pragmatisches Denken von den Ursprüngen bis zum 18. Jahrhundert. Hamburg. S. 38–53.

Horst, F., 1962: Artikel «Teufel», in: Die Religion in Geschichte und Gegenwart. Bd. VI. Tübingen. S. 706–707.

Horton, Robin, 1962: The Kalabari world-view: an outline and interpretation. In: Africa 32, 3: 197–219.

Howell, Signe, 1984: Society and cosmos: Chewong of peninsular Malaysia. Singapore, Oxford, New York.

Howitt, A. W., 1885: The Jeraeil, or initiation ceremonies of the Kurnai tribe. In: The Journal of the Anthropological Institute of Great Britain and Ireland 14: 301–325.

Hubad, F., 1886: Die Entstehung der Welt nach slavischem Volksglauben. In: Globus 50: 218–221.

Huber, Hugo, 1965: Tod und Leben: weltanschauliche Problematik bei Andangme- und Ewe-Gruppen am Unteren Volta. In: Réincarnation et vie mystique en Afrique Noire. Paris. S. 87–99.

– 1991: Der Narr, die Zeit und der Tod – Narrenzeiten, Narrengestalten. In: Der Narr: Beiträge zu einem interdisziplinären Gespräch. Freiburg, Schweiz. (Studia Ethnographica Friburgensia; 17). S. 143–168.

Hübschmann, H., 1887: Sage und Glaube der Osseten. In: Zeitschrift der Deutschen Morgenländischen Gesellschaft 41: 523–576.

Hugo, Victor, 1977: Notre-Dame von Paris. Frankfurt a. M. (Insel Taschenbuch; 298).

Hutson, Susan, 1971: Social ranking in a French Alpine community. In: F. G. Bailey (ed.): Gifts and poison: the politics of reputation. Oxford. S. 41–68.

Hutton, John Henry, 1921: The Sema Nagas. London.
– 1928: The significance of head-hunting in Assam. In: The Journal of the Royal Anthropological Institute of Great Britain and Ireland 58: 399–408.

Immelmann, Klaus, Immelmann, Thomas, 1985: Historische Anthropologie aus biologischer Sicht. In: Saeculum 36, 1: 70–79.
Iordanskij, Vladimir Borisovič, 1982: Chaos i garmonija. Moskva.
Isleib, L., 1864: Die slavischen Bewohner an der südöstlichen Grenze des deutschen Bundes. In: Globus 6: 311–313.

Jacob, Georg, 1909: Die Bektaschijje in ihrem Verhältnis zu verwandten Erscheinungen. München. (Abhandlungen der Königlich Bayerischen Akademie der Wissenschaften, philosoph.-philolog. Kl.; 24, 3).
Jacobeit, Wolfgang, 1961: Schafhaltung und Schäfer in Zentraleuropa bis zum Beginn des 20. Jahrhunderts. Berlin. (Deutsche Akademie der Wissenschaften zu Berlin. Veröffentlichungen des Instituts für Deutsche Volkskunde, 25).
Jacobsen, Thorkild, 1946: Mesopotamia. In: Henri Frankfort et al.: The intellectual adventure of ancient man: an essay on speculative thought in the ancient Near East. Chicago.
Jacobson, Doranne, 1974: The women of North and Central India: goddesses and wives. In: Carolyn J. Matthiasson (ed.): Many sisters: women in cross-cultural perspective. New York and London. S. 99–175.
Jansen, Wilhelmina Helena Maria, 1987: Women without men: gender and marginality in an Algerian town. Leiden.
Jastrow, M., 1905: Die Religion Babyloniens und Assyriens. Bd. I. Gießen.
Jens, Hermann, 1958: Mythologisches Lexikon: Gestalten der griechischen, römischen und nordischen Mythologie. München. (Goldmanns Gelbe Taschenbücher; 490).
Jeremias, Alfred, 1927: Die außerbiblische Erlösererwartung: Zeugnisse aller Jahrtausende in ihrer Einheitlichkeit dargestellt. Sannerz und Leipzig.
Johansons, Andrejs, 1965: Der Sumpf im lettischen und weißrussischen Zauberwesen. In: Scando-Slavica 11, 255–262.
– 1966: Der Sumpfgeist im ostbaltischen Raum und bei den Ostslaven. In: Zeitschrift für Ethnologie 91: 237–247.
Jonckers, Danielle, 1990: La sacralisation du pouvoir chez les Minyanka du Mali. In: Luc de Heusch (ed.): Chefs et rois sacrés. Paris. (Systèmes de Pensée en Afrique Noire; 10). S. 145–167.
Jones, Rex L., Jones, Shirley Kurz, 1976: The Himalayan woman: a study of Limbu women in marriage and divorce. Palo Alto.
Josefsson, Claes, 1988: The politics of chaos: on the meaning of human sacrifice among the Kuba of Zaire. In: Uppsala Studies in Cultural Anthropology 8: 155–167.
Jüthner, J., 1923: Hellenen und Barbaren: aus der Geschichte des Nationalbewußtseins. Leipzig. (Das Erbe der Alten; 8).
Jung, L., 1925: Fallen angels in Jewish, Christian and Mohammedan literature: a study in comparative folk-lore. In: The Jewish Quarterly Review. New Series 15, 4: 467–502.

Jungbauer, Gustav, 1936–37: Artikel «Sonntagskind», in: Handwörterbuch des deutschen Aberglaubens. Bd. VIII. Berlin und Leipzig. S. 114–120.

Jungraithmayr, Herrmann, 1990: Evolution or reduction? On the history of research into the development of African languages. In: Aion. Sezione linguistica 12: 19–33.

Jung-Stilling, Johann Heinrich, 1983: Lebensgeschichte. Frankfurt a. M.

Kaberry, Phyllis M., 1939: Aboriginal woman, sacred and profane. London.

Kahl, Hans-Dietrich, 1963: Compellere intrare: die Wendenpolitik Bruns von Querfurt im Lichte hochmittelalterlichen Missions- und Völkerrechts. In: Helmut Beumann (Hg.): Heidenmission und Kreuzzugsgedanke in der deutschen Ostpolitik des Mittelalters. Darmstadt. (Wege der Forschung; 7). S. 177–274.

Karsten, Rafael, 1935: The head-hunters of western Amazonas: the life and culture of the Jibaro Indians of eastern Ecuador and Peru. Helsingfors. (Societas Scientiarum Fennica. Commentationes Humanarum Litterarum; 7, 1).

Katz, David, 1948: Gestaltpsychologie. Basel.

Kautzsch, Emil, 1962: Die Apokryphen und Pseudepigraphen des Alten Testaments. Bd. II. Darmstadt.

Keitel, Wilhelm, Neuner, Dominik, 1992: Gioachino Rossini. München.

Kelsen, Hans, 1947: Society and nature: a sociological enquiry. London.

Kerényi, Karl, 1961: Das Problem des Bösen in der Mythologie. In: Das Böse. Zürich und Stuttgart. (Studien aus dem C. G. Jung-Institut Zürich; 13). S. 9–24.

Kerken, Georges van der, 1938: Religion, science et magie au pays des Mongo. In: Bulletin des Séances d'Institut Royal Colonial Belge 1938: 2.

Kirk, G. S., 1970: Myth: its meaning and function in ancient and other cultures. Cambridge. (Sather Classical Lectures; 40).

Kissling, Hans-Joachim, 1969: Betrachtungen über Grenztradition und Grenzorganisation der Osmanen. In: Scientia 63; Serie 7; 104: 647–656.

Klapp, Orrin E., 1948–49: The creation of popular heroes. In: American Journal of Sociology 54: 135–141.

– 1949: The folk hero. In: Journal of American Folklore 62: 17–25.

– 1949a: The fool as a social type. In: American Journal of Sociology 55: 157–162.

Klaproth, Julius von, 1812: Reise in den Kaukasus und nach Georgien. Bd. I. Halle und Berlin.

Klengel, Horst, 1972: Zwischen Zelt und Palast: die Begegnung von Nomaden und Seßhaften im alten Vorderasien. Wien.

Knortz, Karl, 1909: Der menschliche Körper in Sage, Brauch und Sprichwort. Würzburg.

Koch, Hannsjoachim W., 1973: Der Sozialdarwinismus: seine Genese und sein Einfluß auf das imperialistische Denken. München. (Beck'sche Schwarze Reihe; 97).

Koch, K., 1842: Reise durch Rußland nach dem kaukasischen Isthmus in den Jahren 1836, 1837 und 1838. Stuttgart und Tübingen.

Köhler, Wolfgang, 1971: Die Aufgabe der Gestaltpsychologie. Berlin und New York.

Köngäs-Maranda, Elli, 1974: Lau, Malaita: «a woman is an alien spirit». In: Carolyn J. Matthiasson (ed.): Many sisters: women in cross-cultural perspective. New York and London. S. 177–202.

Koepping, Klaus-Peter, 1984: Trickster, Schelm, Pikaro: sozialanthropologische Ansätze zur Problematik der Zweideutigkeit von Symbolsystemen. In: Ernst Wilhelm Müller et al. (Hg.): Ethnologie als Sozialwissenschaft. Opladen. (Kölner Zeitschrift für Soziologie und Sozialpsychologie. Sonderheft; 26).

Koestler, Arthur, 1963: Die Nachtwandler: die Entstehungsgeschichte unserer Welterkenntnis. Bern, Stuttgart, Wien. (Das moderne Sachbuch; 18).

Koffka, Kurt, ³1950: Principles of gestalt psychology. London.

Kohl-Larsen, Ludwig, 1958: Wildbeuter in Ostafrika: die Tindiga, ein Jäger- und Sammlervolk. Berlin.

Kornemann, Ernst, 1927: Die Stellung der Frau in der vorgriechischen Mittelmeerkultur. Heidelberg. (Orient und Antike; 4).

Kowatscheff, I. D., 1932: Bulgarischer Volksglaube aus dem Gebiet der Himmelskunde. In: Zeitschrift für Ethnologie 63: 322–346.

Krabbo, Hermann, 1926: Eine Schilderung der Elbslawen aus dem Jahre 1108. In: Albert Brackmann (Hg.): Papsttum und Kaisertum: Forschungen zur politischen Geschichte und Geisteskultur des Mittelalters. Paul Kehr zum 65. Geburtstag dargebracht. München.

Kramer, Samuel Noah, 1944: Sumerian mythology: a study of spiritual and literary achievement in the third millennium B. C. Philadelphia. (Memoirs of the American Philosophical Society; 21).

– 1969: The sacred marriage rite: aspects of faith, myth, and ritual in ancient Sumer. Bloomington.

Krauß, Friedrich S., 1888: Vilenglauben in Slawonien. In: Das Ausland 61: 8–10, 29–31, 52–55, 65–67.

Kremer, Alfred von, 1853: Mittelsyrien und Damascus: geschichtliche, ethnografische und geografische Studien. Wien.

Krige, Eileen Jensen, Krige, J. D., 1947: The realm of a rain-queen: a study of the pattern of Lovedu society. London.

Kris, Ernst, Kurz, Otto, 1980: Die Legende vom Künstler: ein geschichtlicher Versuch. Frankfurt a. M. (Edition Suhrkamp. Neue Folge; 34).

Kröger, Franz, 1978: Übergangsriten im Wandel: Kindheit, Reife und Heirat bei den Bulsa in Nord-Ghana. Hohenschäftlarn. (Kulturanthropologische Studien; 1).

Kuhrt, Amelie, 1987: Usurpation, conquest and ceremonial: from Babylon to Persia. In: David Cannadine, Simon Price (eds.): Rituals of royalty: power and ceremonial in traditional societies. Cambridge. S. 20–55.

Kurath, Gertrude Prokosch, ³1972: Artikel «Clowns». In: Funk and Wagnalls Standard Dictionary of Folklore, Mythology and Legend. New York. S. 238.

Kuret, Niko, 1968: Masken der Slowenen. In: Robert Wildhaber (Hg.): Masken und Maskenbrauchtum aus Ost- und Südosteuropa. Basel. S. 77–98.

– 1969: Zu Karl Meulis Maskentheorie. In: Antaios 11, 2: 154–163.

Ladner, Pascal, 1991: Narrentum und Liturgie: religiöse Parodie im Mittelalter. In: Der Narr: Beiträge zu einem interdisziplinären Gespräch. Freiburg Schweiz. (Studia Ethnographica Friburgensia; 17). S. 29–40.

Lammers, Walther (Hg.), 1965: Geschichtsdenken und Geschichtsbild im Mittelalter: ausgewählte Aufsätze und Arbeiten aus den Jahren 1933 bis 1959. Darmstadt. (Wege der Forschung; 21).

Landersdorfer, Simon, 1924: Studien zum biblischen Versöhnungstag. Münster. (Alttestamentliche Abhandlungen; 10, 1).

Landes, Ruth, 1938: The Ojibwa woman. New York. (Columbia University Contributions to Anthropology; 31).

Lar'kin, Viktor Grigor'evič, 1964: Oroči (istoriko-étnografičeskij očerk s serediny XIX v. do našich dnej). Moskva.

Lasch, Richard, 1901: Die Verbleibsorte der Seelen der im Wochenbette Gestorbenen. In: Globus 80: 108–113.

– 1907: Über Sondersprachen und ihre Entstehung. In: Mitteilungen der Anthropologischen Gesellschaft in Wien 37: 89–101, 140–162.

Lattimore, Owen, ²1969: The Mongols of Manchuria: their tribal divisions, geographical distribution, historical relations with Manchus and Chinese, and present political problems. New York.

Lautmann, Rüdiger et al., 1972: Zur Struktur von Stigmata: das Bild der Blinden und Unehelichen. In: Kölner Zeitschrift für Soziologie und Sozialpsychologie 24, 1: 83–100.

Lechner, Kilian, 1955: Hellenen und Barbaren im Weltbild der Byzantiner: die alten Bezeichnungen als Ausdruck eines neuen Kulturbewußtseins. München.

– 1955a: Byzanz und die Barbaren. In: Saeculum 6, 3: 292–306.

Leeuw, Gerardus van der, 1950: Urzeit und Endzeit. In: Eranos-Jahrbuch 18: 11–51.

Leeuwen-Turnovcova, Jiřina van, 1990: Rechts und Links in Europa: ein Beitrag zur Semantik und Symbolik der Geschlechterpolarität. Berlin und Wiesbaden. (Osteuropa-Institut an der Freien Universität Berlin. Balkanologische Veröffentlichungen; 16).

Lehmann, F. Rudolf, 1930: Die polynesischen Tabusitten: eine ethno-soziologische und religionswissenschaftliche Untersuchung. Leipzig. (Veröffentlichungen des Staatlich-sächsischen Forschungsinstitutes für Völkerkunde in Leipzig. Erste Reihe: Ethnographie und Ethnologie; 10).

– 1959: Der Omulodi-Glaube: «schuldig» oder «unschuldig» im Bereiche des «Todeszauber-» oder «Hexenglaubens» in Afrika. In: Jahrbuch des Museums für Völkerkunde zu Leipzig 16: 62–109.

Lehmann-Haupt, Ferdinand Friedrich Carl, 1926: Armenien einst und jetzt. Bd. II 1. Berlin und Leipzig.

Lehtisalo, T., 1924: Entwurf einer Mythologie der Jurak-Samojeden. Helsinki. (Mémoires de la Société Finno-Ougrienne; 53).

– 1937: Der Tod und die Wiedergeburt des künftigen Schamanen. Helsinki. (Journal de la Société Finno-Ougrienne; XLVIII 3).

Leith-Ross, Sylvia, 1965: African women: a study of the Ibo of Nigeria. London.

Leopold, Joan, 1974: Britische Anwendungen der arischen Rassentheorie auf Indien 1850–1870. In: Saeculum 25, 4: 386–411.

Leon Diakonos, 1961: Nikephoros Phokas – «Der bleiche Tod der Sarazenen». Graz, Wien, Köln. (Byzantinische Geschichtsschreiber; 10).

Lévy-Bruhl, Lucien, 1959: Die geistige Welt der Primitiven. Darmstadt.

Lewis, I. M., 1966: Spirit possession and deprivation cults. In: Man 1: 307–329.

Lichtenberg, Georg Christoph, 1958: Aphorismen. Zürich.

Lidzbarski, Mark, 1915: Das Johannesbuch der Mandäer. Gießen.

Lilek, E., 1896: Volksglaube und volksthümlicher Cultus in Bosnien und der

Hercegovina. In: Wissenschaftliche Mittheilungen aus Bosnien und der Hercegovina 4.

Lindenbaum, Shirley, 1979: Kuru sorcery: disease and danger in New Guinea Highlands. Palo Alto.

Lindig, Wolfgang, 1970: Geheimbünde und Männerbünde der Prärie- und der Waldlandindianer Nordamerikas: untersucht am Beispiel der Omaha und Irokesen. Wiesbaden. (Studien zur Kulturkunde; 23).

Lippold, A., 1952: Rom und die Barbaren in der Beurteilung des Orosius. Erlanger phil. Diss. Vervielfältigtes Maschinen-Manuskript. Erlangen.

Littlewood, Roland, 1993: Pathology and identity: the work of Mother Earth in Trinidad. Cambridge. (Cambridge Studies in Social and Cultural Anthropology; 90).

Lixfeld, Hannjost, 1971: Gott und Teufel als Weltschöpfer: eine Untersuchung über die dualistische Tiererschaffung in der europäischen und außereuropäischen Volksüberlieferung. München. (Motive; 2).

Löwith, Karl, 1961: Der philosophische Begriff des Besten und Bösen. In: Das Böse. Zürich und Stuttgart. (Studien aus dem C. G. Jung-Institut Zürich; 13). S. 211–236.

Loiskandl, Helmut, 1966: Edle Wilde, Heiden und Barbaren: Fremdheit als Bewertungskriterium zwischen Kulturen. Mödling bei Wien. (St. Gabrieler Studien; 21).

Lopatin, I. A., 1960: The cult of the dead among the natives of the Amur Basin. 'S-Gravenhage. (Central Asiatic Studies; 6).

Loux, Françoise, 1980: Das Kind und sein Körper: Volksmedizin, Hausmittel, Bräuche. Frankfurt a. M. (Ullstein Taschenbuch; 39068).

Lowie, Robert H., [3]1952: Primitive religion. New York. (Universal Library; 35).

Lukas, Franz, 1893: Die Grundbegriffe in den Kosmogonien der alten Völker. Leipzig.

Lukesch, Anton, 1968: Mythos und Leben der Kayapo. Wien. (Acta Ethnologica et Linguistica; 12).

Lutfiyya, Abdulla M., 1966: Baytīn: a Jordanian village; a study of social institutions and social change in a folk community. London, The Hague, Paris. (Studies in Social Anthropology; 1).

Luzbetak, Louis Joseph, 1951: Marriage and the family in Caucasia: a contribution to the study of North Caucasian ethnology and customary law. Wien-Mödling. (Studia Instituti Anthropos; 3).

Maag, Victor, 1961: Der Antichrist als Symbol des Bösen. In: Das Böse. Zürich und Stuttgart. (Studien aus dem C. G. Jung-Institut Zürich; 13). S. 63–89.

MacCulloch, J. A., 1911: The religion of the ancient Celts. Edinburgh.

Makarius, Laura, 1969: Le mythe du «Trickster». In: Revue de l'Histoire des Religions 175, 1: 17–46.

Malcolm, L. W. G., 1925: Note on the seclusion of girls among the Efik at Old Calabar. In: Man 25: 113–114.

Malinowski, Bronislaw, 1927: Das Geschlechtsleben der Wilden in Nordwest-Melanesien: Liebe, Ehe und Familienleben bei den Eingeborenen der Trobriand-Inseln, Britisch-Neu-Guinea. Leipzig und Zürich.

– 1979: Argonauten des westlichen Pazifik. Frankfurt a. M.

Maloney, Clarence, 1974: Peoples of South Asia. New York.

Man, E. H., 1883: On the aboriginal inhabitants of the Andaman Islands. In: The Journal of the Anthropological Institute of Great Britain and Ireland 12: 69–175, 327–434.

Maple, Eric, 1971: Superstition and the superstitious. London and New York.

Margetts, Edward L., 1975: Canada: Indian and Eskimo medicine, with notes on the early history of psychiatry among French and British colonists. In: John G. Howells (ed.): World history of psychiatry. New York. S. 400–431.

Margwelaschwili, T. von, 1938: Der Kaukasus und der alte Orient. In: Zeitschrift für Ethnologie 69: 141–180, 306–365.

Marsch, Edgar, 1991: Genarrte Welt und geprellter Narr: Entwicklungen in der Konzeption der Figur des Narren, von L. Tiecks zu F. Dürrenmatts Komödien. In: Der Narr: Beiträge zu einem interdisziplinären Gespräch. Freiburg Schweiz. (Studia Ethnographica Friburgensis; 17). S. 93–119.

Marshall, Lorna, 1961: Sharing, talking, and giving: relief of social tensions among !Kung Bushmen. In: Africa 31: 231–249.

– 1976: The !Kung of Nyae Nyae: the !Kung Bushmen of the Kalahari Desert in South West Africa. Cambridge.

Marvin, Garry, 1988: Bullfight. Oxford.

Marwick, M. G., 1970: Sorcery in its social setting: a study of the northern Rhodesian Cewa. Manchester.

Mattingly, Garrett, 1962: Katharina von Aragon. Stuttgart.

Mauss, Marcel, 1972: A general theory of magic. London and Boston.

McDaniel, James W., [2]1976: Physical disability and human behavior. New York. (Pergamon General Psychology Series; 3).

McKellin, William H., 1982: Social stratification and knowledge: the case of rural public employees. In: Oceania 53, 1: 67–81.

Meek, C. K., 1931: Tribal studies in northern Nigeria. Bd. II. London.

Mehren, Günther, 1969: Sinn und Gestalt der Maske: über den Umgang mit Göttern und Dämonen. In: Antaios 11, 2: 136–153.

Meissner, Bruno, 1920–25: Babylonien und Assyrien. 2 Bde. Heidelberg.

Memmi, Albert, 1980: Der Kolonisator und der Kolonisierte: zwei Porträts. Frankfurt a. M.

Merkelbach, Reinhold, 1963: Isisfeste in griechisch-römischer Zeit: Daten und Riten. Meisenheim am Glan. (Beiträge zur Klassischen Philologie; 5).

Merzbacher, Gottfried, 1901: Aus den Hochregionen des Kaukasus: Wanderungen, Erlebnisse, Beobachtungen. Bd. II. Leipzig.

Mészáros, J., 1906: Osmanisch-türkischer Volksglaube. In: Keleti Szemle 7.

Meuli, Karl, 1943: Schweizerische Maskenbräuche. In: Schweizer Masken. Zürich. S. 11–84.

– 1969: Der Ursprung der Fastnacht. In: Antaios 11, 2: 164–180.

Middleton, John, 1960: Lugbara religion: ritual and authority among an East African people. London.

– 1972: Secrecy in Lugbara religion. In: History of religions 12, 4: 299–316.

– 1982: Lugbara death. In: Maurice Bloch, Jonathan Parry (eds.): Death and the regeneration of life. Cambridge. S. 134–154.

Miller, Nathan, 1928: The child in primitive society. London.

Millingen, Frederick, 1870: Wild life among the Koords. London.

Mills, James Philip, 1926: The Ao Nagas. London.

Mörner, B., 1924: Tinara: die Vorstellungen der Naturvölker vom Jenseits. Jena.

Mohr, Richard, 1956: Wertungen und Normen im Bereiche des Geschlechtlichen. in: Josef Haekel et al. (Hg.): Die Wiener Schule der Völkerkunde: Festschrift anläßlich des 25jährigen Bestandes des Institutes für Völkerkunde der Universität Wien (1929–1954). Wien. S. 160–181.

Moore, Carlos, 1972: Were Marx and Engels white racists? The prolet-aryan outlook of Marx and Engels. Chicago.

Moortgat, Anton, 1949: Tammuz: der Unsterblichkeitsglaube in der altorientalischen Bildkunst. Berlin.

Morgan, E. D., 1888: The customs of the Ossetes and the light they throw on the evolution of law. In: The Journal of the Royal Asiatic Society of Great Britain and Ireland; 20.

Morris, Brian, 1982: Forest traders: a socio-economic study of the Hill Pandaram. London. (London School of Economics. Monographs on Social Anthropology; 55).

Moser, Dietz-Rüdiger, 1986: Fastnacht, Fasching, Karneval: das Fest der «Verkehrten Welt». Graz, Wien, Köln.

Mühlmann, Wilhelm E., 1940: Krieg und Frieden: ein Leitfaden der politischen Ethnologie; mit Berücksichtigung völkerkundlichen und geschichtlichen Stoffes. Heidelberg. (Kulturgeschichtliche Bibliothek. Neue Folge; Zweite Reihe: Lehrbücher; 2).

– 1964: Rassen, Ethnien, Kulturen: moderne Ethnologie. Neuwied und Berlin. (Soziologische Texte; 24).

– 1968: Geschichte der Anthropologie. Frankfurt a. M. und Bonn.

Müller, Carl, 1969: Volksmedizinisch-geburtshilfliche Aufzeichnungen aus dem Lötschental. Bern. (Berner Beiträge zur Geschichte der Medizin und der Naturwissenschaften. Neue Folge; 3).

Müller, Claudius C., 1980: Die Herausbildung der Gegensätze: Chinesen und Barbaren in der frühen Zeit (1. Jahrtausend v. Chr. bis 220 n. Chr.). In: Wolfgang Bauer (Hg.): China und die Fremden: 3000 Jahre Auseinandersetzung in Krieg und Frieden. München. S. 43–76.

Müller, Klaus E., 1966: Zur Problematik der kaukasischen Steingeburt-Mythen. In: Anthropos 61: 481–515.

– 1967: Kulturhistorische Studien zur Genese pseudo-islamischer Sektengebilde in Vorderasien. Wiesbaden. (Studien zur Kulturkunde; 22).

– 1972–80: Geschichte der antiken Ethnographie und ethnologischen Theoriebildung: von den Anfängen bis auf die byzantinischen Historiographen. 2 Bde. Wiesbaden. (Studien zur Kulturkunde; 29 u. 52).

– 1973–74: Grundzüge der agrarischen Lebens- und Weltanschauung. In: Paideuma 19–20: 54–124.

– 1973–74a: Die Beziehung zwischen Subjekt und Objekt in der ethnologischen Erkenntnis. In: Ethnologia Europaea 7, 1: 1–16.

– (Hg.), 1983: Menschenbilder früher Gesellschaften: ethnologische Studien zum Verhältnis von Mensch und Natur; Gedächtnisschrift für Hermann Baumann. Frankfurt a. M. und New York.

– 1983a: Einführung. In: Klaus E. Müller (Hg.), 1983. S. 13–69.

– 1983b: Vorderasien. In: Klaus E. Müller (Hg.), 1983. S. 297–339.

- 1984: Die bessere und die schlechtere Hälfte: Ethnologie des Geschlechterkonflikts. Frankfurt a. M. und New York.
- 1987: Vom Ursprung der Anfänglichkeit. In: Mark Münzel (Hg.): Ursprung: Vortragszyklus 1986/87 über die Entstehung des Menschen und der Welt in den Mythen der Völker. Frankfurt a. M. (Interim; 6). S. 113–123.
- 1987a: Sterben und Tod in Naturvolkkulturen. In: Hansjakob Becker et al. (Hg.): Im Angesicht des Todes: ein interdisziplinäres Kompendium. Bd. I. St. Ottilien. (Pietas liturgica; 3). S. 49–90.
- 1987b: Das magische Universum der Identität: Elementarformen sozialen Verhaltens; ein ethnologischer Grundriß. Frankfurt a. M. und New York.
- 1990: Epistemologische Grenzfälle: «Höhere» Erkenntnis in traditionellen Gesellschaften. In: Zeitschrift für Parapsychologie und Grenzgebiete der Psychologie 32, 3–4: 137–152.
- 1992: Kindheitsvorstellungen. In: Klaus E. Müller, Alfred K. Treml (Hg.): Ethnopädagogik: Sozialisation und Erziehung in traditionellen Gesellschaften; eine Einführung. Berlin. S. 11–30.
- 1992a: Initiationen. In: Klaus E. Müller, Alfred K. Treml (Hg.): Ethnopädagogik: Sozialisation und Erziehung in traditionellen Gesellschaften; eine Einführung. Berlin. S. 61–82.
- 1992b: Prinzipien der Haus- und Siedlungstopographie. In: Sociologus 42, 1: 43–58.
- 1992c: Reguläre Anomalien im Schnittbereich zweier Welten. In: Zeitschrift für Parapsychologie und Grenzgebiete der Psychologie 34, 1–2: 33–50.
Müller-Stellrecht, Irmtraud, 1983: Hunza. In: Klaus E. Müller (Hg.), 1983. S. 388–415.
Muller, Jean-Claude, 1971: Pouvoir mystique, sorcellerie et structure sociale chez les Rukuba (Benue-Plateau State, Nigeria). In: L'Homme 11: 71–111.
- 1975: La royauté divine chez les Rukuba (Benue-Plateau State, Nigeria). In: L'Homme 15: 5–27.
- 1990: Transgression, rites de rajeunissement et mort culturelle du roi chez les Jukun et les Rukuba (Nigéria central). In: Luc de Heusch (ed.): Chefs et rois sacrés. Paris. (Systèmes de Pensée en Afrique Noire; 10). S. 49–67.
Murgoci, Agnes, Murgoci, Helen B., 1929: The devil in Roumanian folklore. In: Folk-Lore 40: 134–167.
Murphy, Robert F., 1957: Intergroup hostility and social cohesion. In: American Anthropologist 59: 1018–1035.
Murphy, Yolanda, Murphy, Robert F., 1974: Women of the forest. New York.

Nadel, Siegfried F., 1947: The Nuba: an anthropological study of the hill tribes in Kordofan. London.
Neubert, Dieter, Cloerkes, Günther, 1987: Behinderung und Behinderte in verschiedenen Kulturen: eine vergleichende Analyse ethnologischer Studien. Heidelberg.
Neumann, Gerd-Heinrich, 1977: Vorurteile und Negativeinstellungen Behinderten gegenüber: Entstehung und Möglichkeiten des Abbaues aus der Sicht der Verhaltensbiologie. In: Rehabilitation 16: 101–106.
- 1979: Einführung in die Humanethologie. Heidelberg. (Biologische Arbeitsbücher; 26).

Nevermann, Hans, 1948: Die Naturvölker und die Humanität. Leipzig. (Die Humboldt-Bücherei; 8).

Newman, Lucile F., 1969: Folklore of pregnancy: wives' tales in Contra Costa County, California. In: Western Folklore 28, 2: 112–135.

Nicolaisen, Johannes, 1963: Ecology and culture of the pastoral Tuareg: with particular reference to the Tuareg of Ahaggar and Ayr. Copenhagen. (Nationalmuseets Skrifter: Etnografisk Raekke; 9).

Niderberger, Franz, 1978: Sagen und Gebräuche aus Unterwalden. Zürich.

Nieuwenhuis, A. W., 1928: Die ursprünglichsten Ansichten über das Geschlechtsleben des Menschen. In: Janus 32.

Nikitine, Basile, 1923: Les superstitions des Chaldéens du plateau d'Ourmiah. In: Revue d'Ethnographie et des Traditions Populaires 4.

Nilsson, Martin P., 1950: The Minoan-Mycenaean religion and its survival in Greek religion. Lund. (Skrifter utgivna av Kungl. Humanistiska Vetenskapssamfundet i Lund; 9).

– 1961: Geschichte der griechischen Religion. Bd. I. München. (Handbuch der Altertumswissenschaft; 5, 2).

Nimuendajù, Curt, 1939: The Apinayé. Washington. (The Catholic University of America. Anthropological Series; 8).

Nioradze, Georg, 1925: Der Schamanismus bei den sibirischen Völkern. Stuttgart.

Numelin, Ragnar, 1950: The beginnings of diplomacy: a sociological study of intertribal and international relations. London.

Nyberg, Bertel, 1931: Kind und Erde: ethnologische Studien zur Urgeschichte der Elternschaft und des Kinderschutzes. Helsingfors.

Nyberg, Henrik Samuel, 1938: Die Religionen des alten Iran. Leipzig. (Mitteilungen der Vorderasiatisch-Ägyptischen Gesellschaft; 43).

O'Flaherty, Wendy Doniger, 1976: The origins of evil in Hindu mythology. Berkeley, Los Angeles, London. (Hermeneutics; 6).

Ohlmarks, Åke, 1939: Studien zum Problem des Schamanismus. Lund und Kopenhagen.

Okladnikov, A. P., 1970: Yakutia before its incorporation into the Russian state. Montreal, London. (Arctic Institute of North America. Anthropology of the North; Translations from Russian sources; 8).

Opie, Iona, Opie, Peter, 1959: The lore and language of school-children. London.

Oppenheim, Max Freiherr von, 1939: Die Beduinen. Bd. I. Leipzig.

Oppitz, Michael, 1992: Mythische Reisen. In: Karl-Heinz Kohl (Hg.): Mythen im Kontext: ethnologische Perspektiven. Frankfurt a. M. und New York. S. 19–48.

Ortner, Sherry B., 1978: The white-black ones: the Sherpa view of human nature. In: James F. Fisher (ed.): Himalayan anthropology: the Indo-Tibetan interface. The Hague and Paris. (World Anthropology; 66). S. 263–285.

Otten, Heinrich, 1950: Mythen vom Gotte Kumarbi: neue Fragmente. Berlin. (Deutsche Akademie der Wissenschaften zu Berlin. Institut für Orientforschung. Veröffentlichung 3).

Otto, Eberhard, 1938: Beiträge zur Geschichte der Stierkulte in Aegypten. Leipzig. (Untersuchungen zur Geschichte und Altertumskunde Aegyptens; 13).

Packard, Randall M., 1980: Social change and the history of misfortune among the Bashu of eastern Zaire. In: Ivan Karp, Charles S. Bird (eds.): Explorations in African systems of thought. Bloomington. (African Systems of Thought; 1). S. 237–267.

Pallas, Peter Simon, 1778: Reise durch verschiedene Provinzen des Russischen Reichs in einem ausführlichen Auszuge. Bd. III. Frankfurt a. M. und Leipzig.

Pancritius, Marie, 1913: Die magische Flucht, ein Nachhall uralter Jenseitsvorstellungen. In: Anthropos 8: 854–879, 929–943.

– 1917–18: Europäischer Totemismus. In: Anthropos 12–13: 338–350.

Parry, Nevill Edward, 1932: The Lakhers. London.

Parsons, Talcott, 1967: Definition von Gesundheit und Krankheit im Lichte der Wertbegriffe und der sozialen Struktur Amerikas. In: Alexander Mitscherlich et al. (Hg.): Der Kranke in der modernen Gesellschaft. Köln und Berlin. S. 57–87.

Parsons, Elsie Clews, Beals, Ralph L., 1934: The sacred clowns of the Pueblo and Mayo-Yaqui Indians. In: American Anthropologist 36, 4: 491–514.

Patterson, Orlando, 1982: Slavery and social death: a comparative study. Cambridge, Mass., London.

Pentikäinen, Juha, 1969: The dead without status. In: Temenos 4: 92–102.

Peristiany, Jean G., 1967: Recht. In: Institutionen in primitiven Gesellschaften. Frankfurt a. M. (Edition Suhrkamp; 195). S. 46–58.

Peschel, Oscar, 1870: Über den Einfluß der Ortsbeschaffenheit auf einige Arten der Bewaffnung. In: Das Ausland 43: 433–439.

Petermann, B., 1929: Die Wertheimer-Koffka-Köhlersche Gestalttheorie und das Gestaltproblem systematisch und kritisch dargestellt: ein Kapitel aus der Prinzipienrevision in der gegenwärtigen Psychologie. Leipzig.

Petersdorff, Egon von, 1956–57: Daemonologie. 2 Bde. München.

Pettersson, Olof, 1963–64: Magic and medicine in South African Bantu psychiatry. In: Centaurus 9: 293–316.

Pettinato, Giovanni, 1971: Das altorientalische Menschenbild und die sumerischen und akkadischen Schöpfungsmythen. Heidelberg. (Abhandlungen der Heidelberger Akademie der Wissenschaften, phil.-hist. Kl., Jg. 1971: 1. Abhdlg.).

Peyer, Hans Conrad, 1987: Von der Gastfreundschaft zum Gasthaus: Studien zur Gastlichkeit im Mittelalter. Hannover. (Schriften der Monumenta Germaniae Historica; 31).

Piaschewski, Gisela, 1935: Der Wechselbalg: ein Beitrag zum Aberglauben der nordeuropäischen Völker. Breslau. (Deutschkundliche Arbeiten. A: Allgemeine Reihe; 5).

Pitt-Rivers, Julian Alfred, [2]1955: The people of the Sierra. London.

– 1968: The stranger, the guest and the hostile host: introduction to the study of the laws of hospitality. In: J.-G. Peristiany (ed.): Contributions to Mediterranean sociology: Mediterranean rural communities and social change. Paris, The Hague. (Publications of the Social Sciences Centre Athens; 4). S. 13–30.

Planert, W., 1924: Le développement des idées morales examiné au point de vue linguistique. In: Le Monde Orientale 18: 122–139.

Playfair, A., 1909: The Garos. London.

Plischke, Hans, 1925: Von den Barbaren zu den Primitiven: die Naturvölker durch die Jahrhunderte. Leipzig.

Ploss, Hermann Heinrich, 1876: Das Kind in Brauch und Sitte der Völker: anthropologische Studien. Bd. II. Stuttgart.

Polak, Jacob Eduard, 1865: Persien, das Land und seine Bewohner: ethnographische Schilderungen. Bd. I. Leipzig.

Poole, Fitz John Porter, 1981: Transforming «natural» woman: female ritual leaders and gender ideology among Bimin-Kuskusmin. In: Sherry B. Ortner, Harriet Whitehead (eds.): Sexual meanings: the cultural construction of gender and sexuality. Cambridge. S. 116–165.

Popov, A. A., 1976: Duša i smert' po vozzrenijam nganasanov. In: I. S. Vdovin (Hg.): Priroda i čelovek v religioznych predstavlenijach narodov Sibiri i severa (vtoroja polovina XIX – načalo XX v.). Leningrad. S. 31–43.

Preisendanz, Karl, 1926: Akephalos, der kopflose Gott. Leipzig. (Beihefte zum Alten Orient; 8).

Preuß, Konrad Theodor, 1905: Der Ursprung der Religion und Kunst. In: Globus 87: 333–419.

– 1930: Tod und Unsterblichkeit im Glauben der Naturvölker. Tübingen. (Sammlung gemeinverständlicher Vorträge und Schriften aus dem Gebiet der Theologie und Religionsgeschichte; 146).

Price, Simon, 1987: From noble funerals to divine cult: the consecration of Roman emperors. In: David Cannadine, Simon Price (eds.): Rituals of royalty: power and ceremonial in traditional societies. Cambridge. S. 56–105.

Querner, Hans, 1968: Stammesgeschichte des Menschen. Stuttgart. (Urban Bücher; 110).

Rabeneck, Ferdinand, ²1932: Artikel «Findelhäuser», in: Lexikon für Theologie und Kirche. Bd. IV. Freiburg i. Br. S. 9–11.

Radin, Paul, 1927: Primitive man as philosopher. New York.

– 1956: The trickster: a study in American mythology. London.

Ranke-Graves, Robert von, 1955: Griechische Mythologie: Quellen und Deutung. Bd. I. Reinbek bei Hamburg. (Rowohlts deutsche Enzyklopädie; 113–114).

Rau, R., 1971: Einleitung, zu: A. Bauer, R. Rau (Hg.): Widukind von Korvei: Sachsengeschichte. Darmstadt. (Ausgewählte Quellen zur Deutschen Geschichte des Mittelalters. Freiherr vom Stein-Gedächtnisausgabe; 8).

Raum, Johannes W., 1978: Die Stellung des Kindes und Jugendlichen in einer repräsentativen Auswahl von Stammesgesellschaften. In: Evelyn Kühn et al. (Hg.): Das Selbstbestimmungsrecht des Jugendlichen im Spannungsfeld von Familie, Gesellschaft und Staat. Bielefeld. (Industriegesellschaft und Recht; 10). S. 33–328.

Redfield, Robert, ²1968: The primitive world and its transformations. Harmondsworth. (Peregrine Books; Y 78).

Reimbold, Ernst Thomas, 1970: Die Nacht im Mythos, Kultus, Volksglauben und in der transpersonalen Erfahrung: eine religionsphänomenologische Untersuchung. Köln.

Reinach, Théodore, 1895: Mithradates Eupator, König von Pontos. Leipzig.

Reinfuß, Roman, 1968: Die Volksmasken in Polen. In: Robert Wildhaber (Hg.): Masken und Maskenbrauchtum aus Ost- und Südosteuropa. Basel. S. 8–15.

Reinsberg-Düringsfeld, Freiherr von, 1864: Die Südslaven. In: Globus 5: 97–105.

Reiter, Rayna R., 1975: Men and women in the south of France: public and private domains. In: Rayna R. Reiter (ed.): Toward an anthropology of women. New York and London. S. 252–282.

Reports, 1904: Reports of the Cambridge Anthropological expedition to Torres Straits, V: Sociology, magic and religion of the western islanders. Cambridge.

Ricketts, Mac Linscott, 1965–66: The North American Indian trickster. In: History of Religions 5: 327–350.

Rigby, Peter, 1967: The structural context of girls' puberty rites. In: Man 2: 434–444.

Ritter, Carl, 1841: Die Erdkunde von Asien. Bd. IX. Berlin.

Ritz-Müller, Ute, 1990: Würde Gott sterblich sein, wären es auch die Menschen (Akan-Sprichwort). In: Josef Franz Thiel (Hg.): Der Tod: Ende oder Tor zum Leben? Tod und Jenseitsvorstellungen der Völker. Frankfurt a. M. (Interim; 9). S. 57–69.

Rivers, William Halse R., 1922: The psychological factor. In: William Halse R. Rivers (ed.): Essays on the depopulation of Melanesia. Cambridge. S. 84–113.

Robertson Smith, William, 1967: Die Religion der Semiten. Darmstadt.

Röhrich, Lutz, 1980: Der Tod in Sage und Märchen. In: Gunther Stephenson (Hg.): Leben und Tod in den Religionen: Symbol und Wirklichkeit. Darmstadt. S. 165–183.

Rosaldo, Renato I., Jr., 1978: The rhetoric of control: Ilongots viewed as natural bandits and wild Indians. In: Barbara A. Babcock (ed.): The reversible world: symbolic inversion in art and society. Ithaca and London. S. 240–257.

Roscoe, John, 1902: Further notes on the manners and customs of the Baganda. In: The Journal of the Royal Anthropological Institute of Great Britain and Ireland 32: 25–80.

– 1923: Magic and its power. In: Folk-Lore 34: 25–44.

Roy, Sarat Chandra, 1925: The Birhors: a little known jungle tribe of Chota Nagpur. Ranchi.

Rudwin, Maximilian, 1970: The devil in legend and literature. New York.

Runeberg, Arne, 1947: Witches, demons and fertility magic: analysis of their significance and mutual relations in West-European folk religion. Helsingfors. (Societas Scientiarum Fennica. Commentationes Humanarum Litterarum; XIV 4).

Rupp, Alfred, 1965: Der Zwerg in der ägyptischen Gemeinschaft: Studien zur ägyptischen Anthropologie. In: Chronique d'Egypte 40: 260–309.

Russell, Jeffrey Burton, 1977: The devil: perceptions of evil from antiquity to primitive Christianity. Ithaca and London.

Sarasin, Fritz, 1934: Die Anschauungen der Völker über Ehe und Junggesellentum. In: Schweizerisches Archiv für Volkskunde 33: 99–151.

Schade, Herbert, 1962: Dämonen und Monstren: Gestaltungen des Bösen in der Kunst des frühen Mittelalters. Regensburg.

Schäfer, Herbert, 1958: Der Okkulttäter. (Hexenbanner, magische Heiler, Erdenstrahler). Bonn.

Schäffle, Albert, 1896: Bau und Leben des Socialen Körpers. Bd. II. Tübingen.

Schärer, Hans, 1946: Die Gottesidee der Ngadju Dajak in Süd-Borneo. Leiden.

Schärf, R., 1948: Die Gestalt des Satans im Alten Testament. In: C. G. Jung: Symbolik des Geistes. Zürich. (Psychologische Abhandlungen; 6).

Schakir-Zade, T., 1931: Grundzüge der Nomadenwirtschaft: Betrachtung des Wirtschaftslebens der sibirisch-centralasiatischen Nomadenvölker. Bruchsal.

Schamanengeschichten, 1955: Schamanengeschichten aus Sibirien. München-Planegg.

Scharbert, Josef, 1979: Das Alter und die Alten in der Bibel. In: Saeculum 30, 4: 338–354.

Schebesta, Paul, 1941: Die Bambuti-Pygmäen vom Ituri: Ergebnisse zweier Forschungsreisen zu den zentralafrikanischen Pygmäen. Bd. II. Bruxelles. (Institut Royal Colonial Belge. Section des Sciences Morales et Politiques. Mémoires; 2).

Scheftelowitz, I., 1914: Die Sündentilgung durch Wasser. In: Archiv für Religionswissenschaft 17: 353–412.

Schiffauer, Werner, 1987: Die Bauern von Subay: das Leben in einem türkischen Dorf. Stuttgart.

Schilde, Willy, 1921–25: Beiträge zur Hamitenfrage. In: Tagungsberichte der Deutschen Anthropologischen Gesellschaft 45–47: 61–63.

Schlee, Günther, 1979: Das Glaubens- und Sozialsystem der Rendille, Kamelnomaden Nord-Kenias. Berlin. (Marburger Studien zur Afrika- und Asienkunde. Serie A: Afrika; 16).

Schlesier, Erhard, 1961: Über die Zweisprachigkeit und die Stellung der Zweisprachigen in Melanesien, besonders auf Neuguinea. In: Beiträge zur Völkerforschung: Hans Damm zum 65. Geburtstag. Berlin. (Veröffentlichungen des Museums für Völkerkunde zu Leipzig; 11). S. 550–575.

– 1979: Me'udana (Südost-Neuguinea): die Empfängnis-Theorie und ihre Auswirkungen. In: Curare 2: 97–104.

Schlosser, Katesa, 1952: Körperliche Anomalien als Ursache sozialer Ausstoßung bei Naturvölkern. In: Zeitschrift für Morphologie und Anthropologie 44, 1–2: 220–236.

Schmidbauer, Wolfgang, 1971: Psychotherapie: ihr Weg von der Magie zur Wissenschaft. München.

Schmidt, B., 1877: Griechische Märchen, Sagen und Volkslieder. Leipzig.

Schmidt, Leopold, 1955: Die österreichische Maskenforschung 1930–1955. In: Leopold Schmidt (Hg.): Masken in Mitteleuropa: Volkskundliche Beiträge zur europäischen Maskenforschung. Wien. (Sonderschriften des Vereins für Volkskunde in Wien; 1). S. 4–71.

Schmidt, Max, 1917: Die Aruaken: ein Beitrag zum Problem der Kulturverbreitung. Leipzig. (Studien zur Ethnologie und Soziologie; 1).

Schmidt, Wilhelm, 1906: Die moderne Ethnologie. In: Anthropos 1: 134ff. (4 Tle.).

Schmökel, Hartmut, 1956: Das Land Sumer. Stuttgart. (Urban Bücher; 13).

– 1957: Geschichte des alten Vorderasien. Leiden. (Handbuch der Orientalistik; II 3).

Schneemelcher, Wilhelm, 1959: Haupteinleitung. In: Edgar Hennecke: Neutestamentliche Apokryphen in deutscher Übersetzung. Bd. I. Tübingen. S. 1–38.

Schneider, Wilhelm, 1885–86: Die Naturvölker: Mißverständnisse, Mißdeutungen und Mißhandlungen. 2 Bde. in 1. Paderborn und Münster.

Schöffler, Max, 1956: Der Blinde im Leben des Volkes: eine Soziologie der Blindheit. Leipzig.

Schoeps, Hans-Joachim, 1956: Urgemeinde, Judenchristentum, Gnosis. Tübingen.

Schopenhauer, Arthur, 1892: Die Welt als Wille und Vorstellung. Bd. II. Leipzig. (Sämtliche Werke, hg. von Eduard Grisebach, Bd. II).

Schott, Rüdiger, 1990: Die Macht des Überlieferungswissens in schriftlosen Gesellschaften. In: Saeculum 41, 3–4: 273–316.

Schubert, Ernst, 1988: Soziale Randgruppen und Bevölkerungsentwicklung im Mittelalter. In: Saeculum 39, 3–4: 294–339.

Schur, Israel, 1935: Versöhnungstag und Sündenbock. Helsingfors. (Societas Scientiarum Fennica. Commentationes Humanarum Litterarum; 6, 3).

Schurtz, Heinrich, 1900: Urgeschichte der Kultur. Leipzig und Wien.

Seeger, Anthony, 1989: Dualism: fuzzy thinking or fuzzy sets? In: David Maybury-Lewis, Uri Almagor (eds.): The attraction of opposites: thought and society in the dualistic mode. Ann Arbor. S. 191–208.

Seippel, G., 1939: Der Typhonmythus. Greifswald. (Greifswalder Beiträge; 24).

Seligmann, S., 1922: Die Zauberkraft des Auges und das Berufen: ein Kapitel aus der Geschichte des Aberglaubens. Hamburg.

Sell, Hans Joachim, 1955: Der schlimme Tod bei den Völkern Indonesiens. 'S-Gravenhage.

Semjonow, J. I., 1966: Die Entstehung gesellschaftlicher Verhältnisse. In: Sowjetwissenschaft. Gesellschaftswissenschaftliche Beiträge; 8: 879–898.

Seywald, Aiga, [2]1978: Physische Abweichung und soziale Stigmatisierung: zur sozialen Isolation und gestörten Rollenbeziehung physisch Behinderter und Entstellter. Rheinstetten. (Dortmunder Studien zur Philosophie, Psychologie, Soziologie und Erziehungswissenschaft; 3).

Shulman, David Dean, 1985: The king and the clown in South Indian myth and poetry. Princeton.

Sibeth, Achim, 1992: Masken in krisenhaften Situationen an Beispielen aus Indonesien. In: Eva Ch. Raabe (Hg.): Mythos Maske: Ideen, Menschen, Weltbilder. Frankfurt a. M. (Roter Faden zur Ausstellung; 19). S. 47–88.

Siegel, Lee, 1987: Laughing matters: comic tradition in India. Chicago and London.

Silberbauer, George B., 1981: Hunter and habitat in the central Kalahari Desert. Cambridge.

Simon, Heinrich, 1959: Ibn Khaldūns Wissenschaft von der menschlichen Kultur. Leipzig. (Beiträge zur Orientalistik; 2).

Širokogorov, S. M., 1935: Versuch einer Erforschung der Grundlagen des Schamanentums bei den Tungusen. In: Baessler-Archiv 18: 41–96.

Skrodenis, Stasys, 1968: Kostüme und Masken in Litauen. In: Robert Wildhaber (Hg.): Masken und Maskenbrauchtum aus Ost- und Südosteuropa. Basel und Bonn. S. 1–7.

Smith, William Carlson, 1925: The Ao Naga tribe of Assam. London.

Smoljak, Anna Vasil'evna, 1991: Šaman: Ličnost', funkcii, mirovozzrenie (narody Nižnego Amura). Moskva.

Smolla, Günter, 1967: Epochen der menschlichen Frühzeit. Freiburg i. Br. und München.

Snoy, Peter, 1962: Die Kafiren: Formen der Wirtschaft und geistigen Kultur. Frankfurt a. M.

Söderblom, Nathan, 1914: Die Heilandsgestalten der Antike und der Heiland des Evangeliums. In: Deutsch-Evangelisch. Monatsblätter für den gesamten deutschen Protestantismus 5: 449–468.

Soeffner, Hans-Georg, 1992: Die Ordnung der Rituale. Frankfurt a. M. (Suhrkamp Taschenbuch Wissenschaft; 993).

Sonnen, J., 1952: Die Beduinen am See Genesareth: ihre Lebensbedingungen, soziale Struktur, Religion und Rechtsverhältnisse. Köln. (Palästinahefte des Deutschen Vereins vom Heiligen Lande; 43–45).

Spencer, Edmund, 1837: Travels in Circassia, Krim Tartary, etc., including a steam voyage down the Danube, from Vienna to Constantinople and round the Black Sea, in 1836. Bd. II. London.

Spencer, Baldwin, Gillen, F. J., 1899: The native tribes of central Australia. London.

– 1912: Across Australia. London.

Spitta, Philipp, 1949: Joh. Seb. Bach. In: Serge Maiwald (Hg.): Meisterwerke: Bibliothek universaler Bildung; Biographien. Bd. I. Freiburg i. Br. S. 143–174.

Spooner, Brian, 1970: The evil eye in the Middle East. In: Mary Douglas (ed.): Witchcraft confessions and accusations. London. (A.S.A. Monographs; 9). S. 311–319.

Sprandel, Rolf, 1986: Die Diskriminierung der unehelichen Kinder im Mittelalter. In: Jochen Martin, August Nitschke (Hg.): Zur Sozialgeschichte der Kindheit. Freiburg i. Br. und München. (Veröffentlichungen des Instituts für Historische Anthropologie e. V.; 4: Kindheit, Jugend, Familie; 2). S. 487–502.

Sprockhoff, Joachim-Friedrich, 1964: Religiöse Lebensformen und Gestalt der Lebensräume: über das Verhältnis von Religionsgeographie und Religionswissenschaft. In: Numen 11: 85–146.

Srinivas, M. N., 1952: Religion and society among the Coorgs of South India. Oxford.

Stagl, Justin, 1982: Mäzene und Sympathisanten. In: Justin Stagl (Hg.): Aspekte der Kultursoziologie: Aufsätze zur Soziologie, Philosophie, Anthropologie und Geschichte der Kultur; zum 60. Geburtstag von Mohammed Rassem. Berlin. S. 221–238.

– 1986: Theorie und Praxis in segmentären Gesellschaften. In: Herbert Stachowiak (Hg.): Pragmatik: Handbuch pragmatischen Denkens. Bd. I: Pragmatisches Denken von den Ursprüngen bis zum 18. Jahrhundert. Hamburg. S. 24–37.

Steins, Martin, 1972: Das Bild des Schwarzen in der europäischen Kolonialliteratur 1870–1918: ein Beitrag zur literarischen Imagologie. Frankfurt a. M. (Vergleichende Literaturwissenschaft; 1).

Stemplinger, Eduard, 1919: Sympathieglaube und Sympathiekuren in Altertum und Neuzeit. München.

Steward, Julian H., 1977: The ceremonial buffoon of the American Indian. In: Julian H. Steward: Evolution and ecology: essays on social transformation. Urbana. S. 347–365.

Straube, Hanne, 1987: Türkisches Leben in der Bundesrepublik. Frankfurt a. M. und New York.

Straubergs, Karlis, 1957: Zur Jenseitstopographie. In: ARV Journal of Scandinavian Folklore 13: 56–110.

Strothmann, R., 1953: Morgenländische Geheimsekten in abendländischer Forschung und die Handschrift Kiel Arab. 19. Berlin. (Abhandlungen der Deutschen Akademie der Wissenschaften zu Berlin; Klasse für Sprachen, Literatur und Kunst, Jg. 1952; 5).

Studer, Eduard, 1991: Über Sebastian Brants «Narrenschiff» und das Erasmische «Lob der Torheit». In: Der Narr: Beiträge zu einem interdisziplinären Gespräch. Freiburg Schweiz. (Studia Ethnographica Friburgensia; 17). S. 13–27.

Sturtevant, William C., 1963: Seminole myths of the origin of races. In: Ethnohistory 10: 80–86.

Suhrbier, Mona B., 1992: Reifefeier für Mädchen bei den Tukuna-Indianern. In: Eva Ch. Raabe (Hg.): Mythos Maske: Ideen, Menschen, Weltbilder. Frankfurt a. M. (Roter Faden zur Ausstellung; 19). S. 121–130.

– 1992a: Fremde Menschen und fremde Götter: die Verarbeitung kultureller Gegensätze in Lateinamerika. In: Eva Ch. Raabe (Hg.): Mythos Maske: Ideen, Menschen, Weltbilder. Frankfurt a. M. (Roter Faden zur Ausstellung; 19). S. 153–183.

Swanson, Richard Alan, 1985: Gourmantché ethnoanthropology: a theory of human being. Lanham, New York, London.

Sytek, William, 1972: Luo of Kenya. New Haven.

Tait, David, 1961: The Konkomba of northern Ghana. London.

Tardits, Claude, 1990: A propos du pouvoir sacré en Afrique: que disent les textes? In: Luc de Heusch (ed.): Chefs et rois sacrés. Paris. (Systèmes de Pensée en Afrique Noire; 10). S. 35–48.

Tetzner, F., 1904: Die Kroaten. In: Globus 85: 21–26, 37–42.

Thiel, Josef Franz, 1990: Der Inzest bei den Yansi: eine Feldstudie. In: Karl-Heinz Kohl et al. (Hg.): Die Vielfalt der Kultur: ethnologische Aspekte von Verwandtschaft, Kunst und Weltauffassung. Ernst Wilhelm Müller zum 65. Geburtstag. Berlin. (Mainzer Ethnologica; 4). S. 129–143.

– 1992: Initiationszeremonien in Zentralafrika. In: Eva Ch. Raabe (Hg.): Mythos Maske: Ideen, Menschen, Weltbilder. Frankfurt a. M. (Roter Faden zur Ausstellung; 19). S. 91–119.

Thompson, Stith, 1977: The folktale. Berkeley, Los Angeles, London.

Thornton, Robert J., 1980: Space, time, and culture among the Iraqw of Tanzania. New York. (Studies in Anthropology; 22).

Thulin, C. O., 1909: Die etruskische Disciplin. Bd. III: Die Ritualbücher und zur Geschichte und Organisation der Haruspices. Göteborg. (Göteborgs Högskolas Arsskrift; 15).

Thurnwald, Richard, 1935: Black and White in East Africa: the fabric of a new civilization; a study in social contact and adaptation of life in East Africa. London.

– 1951: Des Menschengeistes Erwachen, Wachsen und Irren: Versuch einer Paläopsychologie von Naturvölkern mit Einschluß der archaischen Stufe und der allgemein menschlichen Züge. Berlin.

Tobler, L., 1883: Die alten Jungfern im Glauben und Brauch des deutschen Volkes. In: Zeitschrift für Völkerpsychologie und Sprachwissenschaft 14: 64–90.

Tokarev, Sergej Aleksandrovič, 1959: Sušbnost' i proischoždenie magii. In: Issledovanija i materialy po voprosam pervobytnych religioznych verovanij. Moskva. (Trudy Instituta Ėtnografii. Novaja Serija; 51). S. 7–75.

Tradicionnoe mirovozzrenie, 1989: Tradicionnoe mirovozzrenie tjurkov južnoj Sibiri: čelovek; obščestvo. Novosibirsk.

Trageser, Gerhard, 1990: Was ist Schönheit? In: Spektrum der Wissenschaft 1990 (7): 24.

Traub, Joseph F., Wozniakowski, Henryk, 1994: Wege aus der Unberechenbarkeit. In: Spektrum der Wissenschaft 1994 (4): 64–69.

Trotzkij, Leo, 1968: Literatur und Revolution. Berlin.

Tüllmann, Adolf, ⁶1966: Das Liebesleben der Naturvölker: eine Darstellung des sexuellen Verhaltens in urtümlichen Gemeinschaften. Stuttgart.

Turnbull, Colin M., 1981: Mbuti womanhood. In: Frances Dahlberg (ed.): Woman the gatherer. New Haven and London. S. 205–219.

Turner, Terence, 1988: History, myth, and social consciousness among the Kayapó of central Brazil. In: Jonathan D. Hill (ed.): Rethinking history and myth: indigenous South American perspectives on the past. Urbana. S. 195–213.

– 1988a: Ethno-ethnohistory: myth and history in native South American representations of contact with Western society. In: Jonathan D. Hill (ed.): Rethinking history and myth: indigenous South American perspectives on the past. Urbana. S. 235–281.

Turner, Victor, 1989: Das Ritual: Struktur und Anti-Struktur. Frankfurt a. M. und New York. (Theorie und Gesellschaft; 10).

Uberoi, J. P. Singh, 1962: Politics of the Kula Ring: an analysis of the findings of Bronislaw Malinowski. Manchester.

Ufer, Heinrich, 1930: Religion und religiöse Sitte bei den Samojeden. Erlangen. (Veröffentlichungen des Indogermanischen Seminars der Universität Erlangen; 5).

Underhill, Ruth M., 1968: Singing for power: the song magic of the Papago Indians of southern Arizona. Berkeley and Los Angeles.

Urtel, Hermann, 1928: Beiträge zur portugiesischen Volkskunde. Hamburg. (Hamburgische Universität. Abhandlungen aus dem Gebiet der Auslandskunde; 27).

Valeri, Valerio, 1989: Reciprocal centers: the Siwa-Lima system in the central Moluccas. In: David Maybury-Lewis, Uri Almagor (eds.): The attraction of opposites: thought and society in the dualistic mode. Ann Arbor. S. 117–141.

Vansina, Jan, 1965: Oral tradition: a study in historical methodology. London.

Veerkamp, D., 1956: Stummer Handel: seine Verbreitung, sein Wesen. Göttingen.

Vetter, George B., 1958: Magic and religion: their psychological nature, origin, and function. New York.

Victor, Jeffrey S., 1980: Privacy, intimacy and shame in a French community. In: Stanton K. Tefft (ed.): Secrecy: a cross-cultural perspective. New York and London. S. 100–115.

Vidyarthi, L. P., Rai, B. K., 1977: The tribal culture of India. Delhi.

Vilkuna, Asko, 1959: Die Ausrüstung des Menschen für seinen Lebensweg. Helsinki. (FF Communications; 179).

Vincent, Jeanne-Françoise, 1990: Des rois sacrés montagnards? Hadjeray du Tchad et Mofu-Diamaré du Cameroun. In: Luc de Heusch (ed.): Chefs et rois sacrés. Paris. S. 121–144.

Voegelin, Erminie W., ³1972: Artikel «Clowns». In: Funk and Wagnalls Standard Dictionary of Folklore, Mythology and Legend. New York. S. 237–238.

Völkel, R., 1963: Entwicklungshilfe als Weltproblem. Frankfurt a. M.

Vogt, Joseph, 1967: Kulturwelt und Barbaren: zum Menschheitsbild der spätantiken Gesellschaft. Mainz. (Abhandlungen der Akademie der Wissenschaften und der Literatur in Mainz. Geistes- und sozialwissenschaftliche Klasse; Jg. 1967: 1).

– 1968: Toleranz und Intoleranz im constantinischen Zeitalter: der Weg der lateinischen Apologetik. In: Saeculum 19, 4: 344–361.

Vordemfelde, Hans, 1924: Die Hexe im deutschen Volksmärchen. In: Festschrift Eugen Mogk zum 70. Geburtstag 19. Juli 1924. Halle. S. 558–574.

Wach, Joachim, 1922: Der Erlösungsgedanke und seine Deutung. Leipzig. (Veröffentlichungen des Forschungsinstituts für vergleichende Religionsgeschichte an der Universität Leipzig; 8).

Wakeman, Mary K., 1973: God's battle with the monster: a study in biblical imagery. Leiden.

Wardrop, M., 1894: Georgian folk tales. London. (Grimm Library; 1).

Wassmann, Jürg, 1982: Der Gesang an den Fliegenden Hund: Untersuchungen zu den totemistischen Gesängen und geheimen Namen des Dorfes Kandingei am Mittelsepik (Papua New Guinea) anhand der *kirugu*-Knotenschnüre. Basel. (Basler Beiträge zur Ethnologie; 22).

– 1984: Die Vergangenheits-Konzeption der Nyaura (Papua Neuguinea). In: Diachronica: zum Verhältnis von Ethnologie, Geschichte und Geschichtswissenschaft. Bern. (Ethnologica Helvetica; 8). S. 117–135.

Weber, Wolfgang, Weber, Ingeborg, 1983: Auf den Spuren des göttlichen Schelms: Bauformen des nordamerikanischen Indianermärchens und des europäischen Volksmärchens. Stuttgart-Bad Cannstatt. (Problemata; 98).

Webster, Hutton, 1948: Magic: a sociological study. Stanford and London.

Weidkuhn, Peter, 1973: Die Rechtfertigung des Mannes aus der Frau bei Ituri-Pygmäen. In: Anthropos 68, 3–4: 442–455.

Weinberg, R., 1904: Der syrjänische Pam-Kultus. In: Globus 86: 259–261.

Wellhausen, Julius, [3]1961: Reste arabischen Heidentums. Berlin.

Wensinck, A. J., 1922: The Semitic New Year and the origin of eschatology. In: Acta Orientalia 1: 158–199.

Werbner, Richard P., 1989: Ritual passage, sacred journey: the form, process and organization of religious movement. Washington and Manchester. (Smithsonian Series in Ethnographic Inquiry; 14).

Wesendonk, O. G. von, 1933: Das Weltbild der Iranier. München. (Geschichte der Philosophie in Einzeldarstellungen. Abtlg. I: Das Weltbild der Primitiven und die Philosophie des Morgenlandes; 1a).

Westermann, Diedrich, 1921: Die Kpelle: ein Negerstamm in Liberia, dargestellt auf der Grundlage von Eingeborenen-Berichten. Göttingen und Leipzig.

– 1952: Geschichte Afrikas: Staatenbildungen südlich der Sahara. Köln.

Westermarck, Eduard, 1907: Ursprung und Entwickelung der Moralbegriffe. Bd. I. Leipzig.

White, Geoffrey M., 1991: Identity through history: living stories in a Solomon Islands society. Cambridge. (Cambridge Studies in Social and Cultural Anthropology; 83).

White, J. E. Manchip, 1954: Anthropology. London.

Widengren, Geo, 1953: Harlekintracht und Mönchskutte, Clownhut und Derwischmütze. In: Orientalia Suecana 2, 2–4: 41–111.

– 1960: Iranisch-semitische Kulturbegegnung in parthischer Zeit. Köln und Opladen. (Arbeitsgemeinschaft für Forschung des Landes Nordrhein-Westfalen; 70).

– 1961: Das Prinzip des Bösen in den östlichen Religionen. In: Das Böse. Zürich und Stuttgart. (Studien aus dem C. G. Jung-Institut Zürich; 13). S. 25–61.

– 1961a: Mani und der Manichäismus. Stuttgart. (Urban-Bücher; 57).

– 1969: Religionsphänomenologie. Berlin.

– 1969a: Der Feudalismus im alten Iran: Männerbund, Gefolgswesen, Feudalismus in der iranischen Gesellschaft im Hinblick auf die indogermanischen Verhältnisse. Köln und Opladen. (Wissenschaftliche Abhandlungen der Arbeitsgemeinschaft für Forschung des Landes Nordrhein-Westfalen; 40).

Wiener, Michael, 1992: Maskierte Männer – besessene Frauen? In: Eva Ch. Raabe (Hg.): Mythos Maske: Ideen, Menschen, Weltbilder. Frankfurt a. M. (Roter Faden zur Ausstellung; 19). S. 243–264.

Wilcken, Ulrich, 1905: Zur ägyptischen Prophetie. In: Hermes 40: 544–560.

Willeford, William, 1969: Der Narr an der Grenze. In: Antaios 10: 539–561.

Wilson, Godfrey, Wilson, Monica, 1954: The analysis of social change: based on observations in Central Africa. Cambridge.

Wilson, Monica, 1957: Rituals of kinship among the Nyakyusa. London.

– 1959: Divine kings and the «breath of men». Cambridge. (The Frazer Lecture for 1959).

– 1979: Strangers in Africa: reflections on Nyakyusa, Nguni, and Sotho evidence. In: William A. Shack, Elliott P. Skinner (eds.): Strangers in African societies. Berkeley, Los Angeles, London. S. 51–66.

Winckler, Hugo, 1906: Die babylonische Weltschöpfung. Leipzig. (Der Alte Orient; 8, 1).

Windischmann, Friedrich, 1863: Zoroastrische Studien: Abhandlungen zur Mythologie und Sagengeschichte des alten Iran. Berlin.

Winkler, Eike-Meinrad, 1992: Die Evolution des menschlichen Bewußtseins aus der Sicht der Paläanthropologie und der Archäologie. In: Wiener Studien zur Wissenschaftstheorie 4: 181–208.

Wipprecht, F., 1908: Zur Entwicklung der rationalistischen Mythendeutung bei den Griechen. Tl. II. Tübingen. (Beilage zum Programm des Gr. Gymnasiums in Donaueschingen für das Schuljahr 1907/1908. Programm Nr. 196).

Wisse, J., 1933: Selbstmord und Todesfurcht bei den Naturvölkern. Zutphen.

Wissowa, Georg, 1912: Religion und Kultus der Römer. München. (Handbuch der Klassischen Altertumswissenschaft; V 4).

Woodburn, James, 1982: Social dimensions of death in four African hunting and gathering societies. In: Maurice Bloch, Jonathan Parry (eds.): Death and the regeneration of life. Cambridge. S. 187–210.

Wrangel, Ferdinand von, 1839: Reise längs der Nordküste von Sibirien und auf dem Eismeere in den Jahren 1820–1824. Bd. I. Berlin.

Wundt, Wilhelm, ³1923: Mythus und Religion. Bd. II. Leipzig. (Wilhelm Wundt: Völkerpsychologie: eine Untersuchung der Entwicklungsgesetze von Sprache, Mythus und Sitte; V).

Wuttke, Adolf, 1900: Der deutsche Volksaberglaube der Gegenwart. Berlin.

Yamaguchi, Masao, 1977: Kingship, theatricality, and marginal reality in Japan. In: Ravindra K. Jain (ed.): Text and context: the social anthropology of tradition. Philadelphia. (ASA Essays in Social Anthropology; 2).

Young, M. W., 1966: The divine kingship of the Jukun: a re-evaluation of some theories. In: Africa 36, 2: 135–153.

Zegwaard, Gerard A., 1959: Headhunting practices of the Asmat of Netherlands New Guinea. In: Anthropos 61, 6: 1020–1041.

Zeißberg, Heinrich, 1963: Die öffentliche Meinung im 11. Jahrhundert über Deutschlands Politik gegen Polen. In: Helmut Beumann (Hg.): Heidenmission und Kreuzzugsgedanke in der deutschen Ostpolitik des Mittelalters. Darmstadt. (Wege der Forschung; 7). S. 1–21.

Zelenin, D., 1928: Ein erotischer Ritus in den Opferungen der altaischen Türken. In: Internationales Archiv für Ethnographie 29: 83–98.

Zeller, Eduard, ³1875: Die Philosophie der Griechen in ihrer geschichtlichen Entwicklung. Bd. II 1. Leipzig.

Ziegler, Konrat, 1913: Menschen und Weltenwerden: ein Beitrag zur Geschichte der Mikrokosmosidee. In: Neue Jahrbücher für das Klassische Altertum 31: 529–573.

Zimmern, Heinrich, 1926: Das babylonische Neujahrsfest. Leipzig. (Der Alte Orient; 25).

Zonabend, Françoise, 1984: The enduring memory: time and history in a French village. Manchester.

Zucker, Wolfgang M., 1969: The clown as the Lord of Disorder. In: M. Conrad Hyers (ed.): Holy laughter: essays on religion in the comic perspective. New York. S. 75–88.

Zwernemann, Jürgen, 1974: Magische Vorstellungen der Gurma Nord-Togos. In: In Memoriam António Jorge Dias. Bd. I. Lisboa. S. 477–489.

– 1981: Das Maskenwesen der Bobo-Ule und Nuna in Obervolta (Westafrika). In: Matreier Gespräche, II: Maske, Mode, Kleingruppe: Beiträge zur interdisziplinären Kulturforschung. Wien und München. S. 133–136.

– 1983: Feldnotizen von den Nankanse in Obervolta. In: Mitteilungen aus dem Museum für Völkerkunde Hamburg 13: 15–49.

– 1984: Essen und Trinken bei den Moba in Nord-Togo. In: Matreier Gespräche: Otto Koenig 70 Jahre. Wien und Heidelberg. S. 371–376.

Anmerkungen

Zu «Ungestalt»

1 Bleichsteiner 1931: 71.
2 Haefeli 1938: 192.
3 Schoeps 1956: 54 f.
4 Bin Gorion 1962: 15.
5 Vgl. z. B. Mészáros 1906: 150.
6 Sonnen 1952: 140.
7 Leeuwen-Turnovcova 1990: 11.
8 Knortz 1909: 37. Vgl. Schlosser 1952: 227. Baier, Gebauer 1972: passim. Seywald 1978: 10 f., 14. Cloerkes 1985: 12, 177 ff. Neubert, Cloerkes 1987: 37 ff.
9 Schäfer 1958: 81.
10 Parsons 1967: 58.
11 Cloerkes 1985: 57.
12 Hugo 1977: 100 f.
13 Hugo 1977: 102 f.
14 Hugo 1977: 158 f.
15 Hugo 1977: 158 (Hervorhebung von mir, KEM).
16 Hugo 1977: 159 f.
17 Hugo 1977: 165.
18 Hugo 1977: 62.
19 Seywald 1978: 14.
20 Klaus E. Müller 1992: 21.
21 Zonabend 1984: 75.
22 Klaus E. Müller 1992: 24 f.
23 Klaus E. Müller 1992a: 76 f.
24 Klaus E. Müller 1992: 12.
25 Klaus E. Müller 1984: 117. 1992: 13.
26 Klaus E. Müller 1984: 170, 198, 219, 230.
27 Beitl 1942: 102.
28 Klaus E. Müller 1984: 101 ff.
29 Klaus E. Müller 1992: 22.
30 Lowie 1952: 210.
31 Evans-Pritchard 1974: 120. Vgl. Klaus E. Müller 1984: 112 ff.

32 Aristoteles: De generatione animalium I 20, 728a, 15 ff. II 1, 732a, 5 ff.; 3. 737a, 25 ff. IV 1. 765b, 9 ff.; 766a, 30 ff.; 3. 767b, 5 ff.; 6. 775a, 10 ff. V 3. 784a, 5 ff.; 7. 787a, 30 ff.
33 Klaus E. Müller 1984: 118 ff.
34 Klaus E. Müller 1984: 127 f., 135.
35 Middleton 1982: 138.
36 Vgl. Tradicionnoe mirovozzrenie 1989: 49 f.
37 Klaus E. Müller 1984: 112 ff.
38 Bourdieu 1976: 42 (Hervorhebungen von mir, KEM).
39 Klaus E. Müller 1984: 124 f.
40 Srinivas 1952: 138, 88.
41 Epheser 5: 22 f. 1. Korinther 11: 3. Kolosser 3: 18.
42 Klaus E. Müller 1984: 136 ff. Widengren 1961: 51 f.
43 Vordemfelde 1924: 558 f.
44 Beidelman 1986: 138 ff.
45 Beidelman 1986: 99.
46 Vordemfelde 1924: 562, 570.
47 Barnes 1974: 210.
48 Vgl. Gennep 1986: 35. Middleton 1972: 311. Peyer 1987: 2.
49 Man schreibt ihnen den «Bösen Blick» zu; vgl. Gifford 1958: 25. Gennep 1986: 35.
50 Numelin 1950: 114. Beattie 1965: 3. Pitt-Rivers 1968: 20. Klaus E. Müller 1983a: 52 f. 1987b: 86 f.
51 Spencer, Gillen 1899: 541. 1912: 350. Parry 1932: 464 f. Evans-Pritchard 1937: 201. Webster 1948: 373. Tokarev 1959: 35, 38. Mauss 1972: 31.
52 Gennep 1986: 34 ff.

53 Gifford 1958: 88.
54 Preuß 1905: 377a.
55 Pitt-Rivers 1968: 13ff.
56 Heers 1986: 278. Moser 1986: 137, 139, 251ff.
57 Klaus E. Müller 1987b: 255f.
58 Müller-Stellrecht 1983: 397f.
59 Friedrich 1955: 39f. Vgl. Helander 1988: 116 (Somali).
60 Vgl. etwa Erckert 1887: 310f. Höpfner 1969: 5f. Jacobson 1974: 124. Caplan 1978: 109.
61 Ditten 1968: 29.
62 Vgl. z. B. Malinowski 1927: 160, 201. Nimuendajù 1939: 99. Fuchs 1950: 127.
63 Yamaguchi 1977: 171, 173. Vgl. Elias, Scotson 1990: 53f.
64 Heers 1986: 278; vgl. 337. Graus 1981: 417.
65 Sell 1955: 144.
66 Vgl. Buxton 1963: 116. Helander 1988: 116.
67 So laut einer Umfrage Ende der 60er Jahre in der Bundesrepublik Deutschland, deren Ergebnisse sich aber, schon von der Logik des Gegebenen her, ohne weiteres verallgemeinern ließen. Lautmann et al. 1972: 97.
68 Jacobeit 1961: 189.
69 Schubert 1988: 297. Vgl. Jacobeit 1961: 173f., 93, 201.
70 Hergemöller 1990: 2. Vgl. Patterson 1982: 5.
71 Moser 1986: 86f., 252.
72 Mauss 1972: 31. Klaus E. Müller 1987b: 255f.
73 Schäfer 1958: 89.
74 Nach Corbin 1984: 56.
75 Corbin 1984: 57.
76 Vgl. Heberer et al. 1961: 177. Tüllmann 1966: 267f.
77 Hergemöller 1990: 46. Graus 1981: 417. Vgl. Sell 1955: 144.
78 Lautmann et al. 1972: 86. Bächtold 1981: 257ff.
79 Caputi 1984: 40.

80 Vordemfelde 1924: 562.
81 Vordemfelde 1924: 563.
82 Frey 1984: 30 (Hervorhebung von mir, KEM).
83 Bächtold 1981: 261; vgl. 257ff.
84 Scheftelowitz 1914: 386. Fehrle o. J.: 59ff.
85 Müller-Stellrecht 1983: 394.
86 Scheftelowitz 1914: 386.
87 Cloerkes 1985: 34.
88 McDaniel 1976: 34f.
89 Hugo 1977: 101.
90 Vgl. Maple 1971: 84 (England).
91 Klaus E. Müller 1987b: 277f., 287.
92 Knortz 1909: 38.
93 Vgl. Spencer 1837: 408f. Abbott 1903: 105. Bleichsteiner 1931: 71.
94 Kröger 1978: 57.
95 Hugo 1977: 63.
96 Hugo 1977: 160.
97 Hugo 1977: 158.
98 Schlosser 1952: 228. Holländer 1921: 4, 83ff.
99 Thurnwald 1935: 296. Vilkuna 1959: 37.
100 Vgl. Piaschewski 1935: 39.
101 Thiel 1990: 142.
102 Hergemöller 1990: 30.
103 Thurnwald 1951: 117.
104 Neubert, Cloerkes 1987: 58.
105 Dostojewski 1989: 190.
106 Hebbel 1906: 28.
107 Hugo 1977: 63.
108 Vgl. etwa Schlosser 1952: 228. Jacobeit 1961: 188f. Hutson 1971: 46. Lautmann et al. 1972: 89, 93, 96. Christiansen-Berndt 1981: 26, 29. Müller-Stellrecht 1983: 397f. Hasenfratz 1983a: 241, Anm. 55. Cloerkes 1985: 311. Elias, Scotson 1990: 7ff. Thiel 1990: 142.
109 Hergemöller 1990: 17.
110 Seligmann 1922: 4, 381ff.
111 Vgl. z. B. Malinowski 1927: 243ff. Evans-Pritchard 1929a: 211f.,

215. Elwin 1943: 101. Lehmann 1959: 77f. Wilson 1959: 7f. Middleton 1960: 38, 239ff. Beattie 1963: 51f. Douglas 1963: 100, 220ff.

112 Vgl. etwa Andree 1889: 240. Piascheswki 1935: 35f. Schlosser 1952: 227. Gifford 1958: 20ff. Beidelman 1971: 39.

113 Mauss 1972: 29. Jacobeit 1961: 212f., 395, 397.

114 Vgl. etwa Müller-Stellrecht 1983: 398. Helander 1988: 116.

115 Schäfer 1958: 89. Mauss 1972: 31.

116 Vgl. Webster 1948: 373. Tokarev 1959: 35, 38. Mauss 1972: 31. Spencer, Gillen 1899: 541, 1912: 350. Parry 1932: 464f. Evans-Pritchard 1937: 201. Middleton 1972: 311.

117 Vgl. z. B. Preuß 1905: 377a. Gifford 1958: 25, 88.

118 Andree 1889: 272. Vgl. Knortz 1909: 38ff.

119 Andree 1889: 271. Wuttke 1900: 218. Abbott 1903: 105.

120 Andree 1889: 272.

121 Seligmann 1922: 233.

122 Hugo 1977: 63.

123 Spencer 1837: 408f.

124 Evans-Pritchard 1929a: 215.

125 Vilkuna 1959: 39.

126 Seligmann 1922: 63ff., 130, 365ff. Spooner 1970: 313. Maple 1971: 84. Maloney 1974: 213.

127 Hugo 1977: 63.

128 Andree 1889: 4.

129 Heers 1986: 166.

130 Graus 1981: 399. Vgl. Haag 1983: 253. Hartung 1986: 104.

131 Jacobeit 1961: 212, 389. Hartung 1986: 104.

132 Vordemfelde 1924: 559. Haag 1983: 257.

133 Schlosser 1952: 224f.

134 Vgl. Beidelman 1986: 140f.

135 Vordemfelde 1924: 562. Runeberg 1947: 103.

136 Mattingly 1962: 261.

137 Seligmann 1922: 252. Vgl. Maple 1971: 84. Vilkuna 1959: 37.

138 Vordemfelde 1924: 558.

139 Newman 1969: 113f.

140 Newman 1969: 113, 125ff. Vgl. Cloerkes 1985: 314f.

141 Howell 1984: 55f.

142 Piaschewski 1935: 18.

143 Barth 1975: 142f.

144 Holländer 1921: 180.

145 Vgl. etwa Caratini 1989: 106.

146 Vgl. Klaus E. Müller 1972–80: II, 372ff.

147 Petersdorff 1956–57: II, 120f.

148 H. Hartmann 1952: 52f. Finamore 1890: 76.

149 Loux 1980: 100f.

150 Klaus E. Müller 1987b: 182. Piaschewski 1935: 62.

151 Klaus E. Müller 1987b: 225, 279. Vgl. Newman 1969: 135.

152 Vgl. Hanks, Hanks 1948: 19. Barth 1975: 143. Howell 1984: 134.

153 Reports 1904: 197.

154 Nimuendajù 1939: 99.

155 Miller 1928: 23.

156 Hauser-Schäublin 1977: 120.

157 Elwin 1943: 138.

158 Roy 1925: 217.

159 Newman 1969: 131, 135.

160 Loux 1980: 64.

161 Loux 1980: 135.

162 Knortz 1909: 189f. Seywald 1978: 7f. Cloerkes 1985: 310f.

163 Siegel 1987: 19.

164 Holländer 1921: 321. Vgl. Hartung 1986: 100.

165 Haffter 1968: 59. Heers 1986: 165f.

166 Bächtold 1981: 312.

167 Cloerkes 1985: 312.

168 Cloerkes 1985: 311. Christiansen-Berndt 1981: 11.

169 Haffter 1968: 55.

170 Christiansen-Berndt 1981: 12.

171 Silberbauer 1981: 58.

172 Aristoteles: Politik VII 16, 1335a–b.
173 Vgl. etwa Karsten 1935: 252. Elwin 1943: 102. Thiel 1990: 134.
174 Vgl. Fürer-Haimendorf 1948: 40.
175 Schlee 1979: 195 ff., 215.
176 Haffter 1968: 58.
177 Thornton 1980: 141.
178 Vgl. Henninger 1943: 130 f. Jones, Jones 1976: 51.
179 Hoebel 1968: 59.
180 Lautmann et al. 1972: 90 ff.
181 Hergemöller 1990: 1 f.
182 Vgl. z. B. Grigson 1949: 246.
183 Thornton 1980: 141.
184 Graus 1981: 417.
185 Hugo 1977: 158.
186 Andree 1889: 241. Piaschewski 1935: 16 f. Schlosser 1952: 223, 226. Vgl. z. B. Marshall 1976: 268 (Buschmänner, Südafrika). Swanson 1985: 247 (Gourmantché [vgl. S. 352] Burkina Faso). Elwin 1943: 137 f. (Gond, Zentralindien). Fuchs 1950: 101 (Balahi, Zentralindien). Karsten 1935: 217 (Shuara, Ekuador). Bödiger 1965: 126 (Tukano-Gruppen, NW-Amazonien). Sonnen 1952: 35 (Beduinen Palästinas). Luzbetak 1951: 142 (Osseten, Kaukasus).
187 Elwin 1943: 137.
188 Vgl. Johannes 8: 44. Apostelgeschichte 13: 10. 1. Johannes 3: 10.
189 Zegwaard 1959: 1034.
190 Haffter 1968: 59. Holländer 1921: 51, 313 ff.
191 Piaschewski 1935: 28. Holländer 1921: 311; vgl. 315.
192 Piaschewski 1935: 145.
193 Piaschewski 1935: 152. Holländer 1921: 180.
194 Loux 1980: 64 f. Vgl. Wuttke 1900: 384. Murgoci, Murgoci 1929: 143.
195 Piaschewski 1935: 15, 44, 150 ff. Haffter 1968: 56 ff. Murgoci, Murgoci 1929: 143.

196 Piaschewski 1935: 62. Beitl 1942: 142.
197 Merzbacher 1901: 71.
198 Piaschewski 1935: 27 ff. Haffter 1968: 56. Vgl. Beitl 1942: 142. Sonnen 1952: 134.
199 Abēla 1884: 84. Vgl. a. Sonnen 1952: 133 f.
200 Beitl 1942: 142.
201 Vgl. H. S. Becker 1981: 13.
202 Neumann 1979: 77 ff. Immelmann, Immelmann 1985: 76.
203 Schlosser 1952: 220 f. Neumann 1979: 78 ff.
204 Nimuendajù 1939: 100.
205 Vgl. etwa Miller 1928: 47 f. Margwelaschwili 1938: 161, 170. Henninger 1943: 102. Luzbetak 1951: 142. Sonnen 1952: 35. Raum 1978: 189.
206 Hogbin 1943: 291 (Wogeo, Neuguinea).
207 Thulin 1909: 115, 117 ff. (Etrusker).
208 Ploss 1876: 172. Schlosser 1952: 222 f., 225 f., 230 f. Margetts 1975: 416. Poole 1981: 137. Guting 1986: 101 f. Neubert, Cloerkes 1987: 52 f., 75.
209 Plutarch: Lykurgos, c. 16.
210 Wissowa 1912: 388, Fußn. 11.
211 Beitl 1942: 106.
212 Rabeneck 1932: 9 f. Schöffler 1956: 114 f.
213 Hugo 1977: 157.
214 Horn 1975: 285, 318. Haffter 1968: 59.
215 Cloerkes 1985: 1.
216 Ploss 1876: 173. Vgl. Beitl 1942: 109.
217 Piaschewski 1935: 104 ff., 145 f.
218 Horn 1975: 286.
219 Neubert, Cloerkes 1987: 75.
220 Schlosser 1952: 226.
221 Beidelman 1986: 145.
222 Schlosser 1952: 230 ff. Neubert, Cloerkes 1987: 75.
223 Hogbin 1943: 291.

224 Holländer 1921: 51.
225 Darwin 1871–72: I, 146.
226 Nach H. W. Koch 1973: 42 f.
227 Nach H. W. Koch 1973: 113.
228 Nach H. W. Koch 1973: 128 ff.
229 Nach H. W. Koch 1973: 60.
230 Nach H. W. Koch 1973: 20.
231 Trotzkij 1968: 215.
232 Daly, Wilson 1988: 72 f.
233 Neubert, Cloerkes 1987: 96.
234 Christiansen-Berndt 1981: 26. McDaniel 1976: 23 f. Vgl. Heers 1986: 165.
235 Neumann 1977: 103.
236 Vgl. Cloerkes 1985: 56 f.
237 Hergemöller 1990: 2.
238 Vgl. Klaus E. Müller 1967: 34, 196.
239 Jüthner 1923: 6.
240 Malinowski 1927: 199.
241 Knortz 1909: 189. Graus 1981: 417 ff. Hartung 1986: 103. Heers 1986: 166, 176 f. Hergemöller 1990: 17.
242 Vgl. Cloerkes 1985: 179.
243 Birket-Smith 1948: 5.
244 Goethe 1939: 374. Eibl-Eibesfeldt 1973: 104 f.
245 Vgl. Heers 1986: 176. Hartung 1986: 60. Hergemöller 1990: 1. Siegel 1987: 19.
246 Vgl. Seywald 1978: 55 f.
247 Neubert, Cloerkes 1987: 59. Seywald 1978: 55 f.
248 Vgl. z. B. Marshall 1961: 231 (Buschmänner).
249 Middleton 1960: 216. Klaus E. Müller 1973–74: 92. Zonabend 1984: 100. Thiel 1990: 142.
250 Vgl. z. B. Fuchs 1950: 66 (Balahi, Indien).
251 Murphy, Murphy 1974: 101.
252 Thiel 1990: 129.
253 Geertz 1970: 327.
254 Hugo 1977: 249 f.
255 Seywald 1978: 56 f.
256 Vgl. Hartung 1986: 60 f., 66, 72 f. Hergemöller 1990: 1.

257 Hergemöller 1990: 30.
258 Heers 1986: 176 f.
259 Schäfer 1958: 89.
260 Schäfer 1958: 89.
261 Elias, Scotson 1990: 7, 9, 175.
262 Strothmann 1953: 20. Vgl. Sarasin 1934: 103. Malinowski 1927: 199. Neubert, Cloerkes 1987: 53 f., 58 f., 103.
263 Neubert, Cloerkes 1987: 59.
264 Klaproth 1812: 231. Ortner 1978: 278.
265 Hutton 1921: 178.
266 Hartung 1986: 61 f., 66. Schubert 1988: 297. Hergemöller 1990: 1 f.
267 Zonabend 1984: 99. Vgl. Lautmann et al. 1972: 87.
268 Seywald 1978: 29. McDaniel 1976: 23.
269 Caputi 1984: 40.
270 Schubert 1988: 296. Hergemöller 1990: 1 f.
271 Sprandel 1986: 500.
272 Neubert, Cloerkes 1987: 59. Schlosser 1952: 223.
273 Vgl. Malinowski 1927: 197 ff.
274 Schlosser 1952: 223.
275 Sarasin 1934: 102. Vgl. etwa Lindenbaum 1979: 122. Murphy, Murphy 1974: 101.
276 Vgl. Georgi 1775: 273. Fuchs 1950: 67.
277 Müller-Stellrecht 1983: 395 f.
278 Neumann 1977: 102 f.
279 Fuchs 1950: 184.
280 Vgl. Margetts 1975: 416.
281 Jacobeit 1961: 201. Hergemöller 1990: 4.
282 Neumann 1977: 103. Cloerkes 1985: 35, 179.
283 Seywald 1978: 18.
284 Seywald 1978: 50, 54.
285 Seywald 1978: 17; vgl. 30.
286 Klaus E. Müller 1992b: 55 f.; vgl. 48 ff.
287 Schubert 1988: 296.
288 Baroja 1963: 34. Graus 1981: 419 f. Hartung 1986: 66, 75 ff.

Schubert 1988: 311f. Klaus E. Müller 1992b: 56.

289 Frey 1984: 16.

290 Heers 1986: 170. Barwig, Schmitz 1990: 167, 177.

291 Horn 1975: 288.

292 Neubert, Cloerkes 1987: 75.

293 Neubert, Cloerkes 1987: 75.

294 Christiansen-Berndt 1981: 26.

295 Lautmann et al. 1972: 89f.

296 Baier, Gebauer 1972: 172.

297 Vgl. Neubert, Cloerkes 1987: 58, 75.

298 Barwig, Schmitz 1990: 179.

299 Willeford 1969: 543. Holländer 1921: 25.

300 Graus 1981: 417. Heers 1986: 184, 277ff.

301 Holländer 1921: 98.

302 Rupp 1965: 274; vgl. passim.

303 Schlosser 1952: 232. Vgl. Andree 1889: 240f.

304 Schlosser 1952: 232. Vgl. Andree 1889: 241.

305 Holländer 1921: 25.

306 Vgl. Neubert, Cloerkes 1987: 60.

307 Millingen 1870: 255.

308 Heers 1986: 178f. Barwig, Schmitz 1990: 167, 172f. Hergemöller 1990: 4. Daphinoff 1991: 64. Heymer 1993: 124, 138f.

309 Barwig, Schmitz 1990: 168.

310 Caputi 1984: 41f., 44f.

311 Roscoe 1902: 38, 56.

312 Hasenfratz 1983: 134f. Vgl. Sell 1955: 133. Neubert, Cloerkes 1987: 52.

313 Douglas 1974: 91 (nach M. Fortes).

314 Vgl. Schlosser 1952: 229.

315 Hasenfratz 1983: 134f.

316 Vgl. Mühlmann 1940: 30f.

317 Leges XI 936 C.

318 Leges XII 949 C.

319 Leges XII 950 A.

320 Leges V 735 B–736 B.

321 Iordanskij 1982: 31.

322 Heers 1986: 171f.

323 Hasenfratz 1983: 135.

324 Hartung 1986: 74.

325 Hartung 1986: 74f. Hasenfratz 1983: 135. Vgl. Knortz 1909: 189f.

326 Sell 1955: 3, 9, 97, 145. Vgl. Wisse 1933: 516ff. Maple 1971: 84. Beidelman 1971: 40.

327 Sell 1955: 9.

328 Middleton 1960: 143.

329 Vgl. Huber 1965: 93.

330 Gennep 1960: 106f. Sell 1955: 32f., 36, 144f. Vgl. etwa Playfair 1909: 105f. Grigson 1949: 279, 283. Buxton 1963: 134. Beidelman 1971: 40. 1986: 145. Heintze 1971: 148. Henderson 1972: 176. Middleton 1982: 140. Swanson 1985: 155.

331 Leith-Ross 1965: 210.

332 Nach Mörner 1924: 88.

333 Mörner 1924: 126f. Pentikäinen 1969: 93.

334 Mörner 1924: 125.

335 Pentikäinen 1969: 93.

336 Vgl. Mörner 1924: 123ff.

337 Vgl. Sell 1955: 120, 129.

338 Vgl. Sell 1955: 20f.

339 Sell 1955: 44; vgl. 43f.

340 Vgl. Lasch 1901: 109ff. Jastrow 1905: 358f. Mörner 1924: 58, 85, 88, 130ff. Parry 1932: 397. Wisse 1933: 516ff. Sell 1955: 120, 129. Lopatin 1960: 58. Hopfner 1965: 306, 330f. Pentikäinen 1969: 92f. Beidelman 1971: 40, 114. Swanson 1985: 150ff. Klaus E. Müller 1987b: 167.

Zu «Wohlgestalt» und «Maßgestalt»

1 Vgl. Löwith 1961: 212 f.
2 Vgl. Löwith 1961: 220.
3 Klaus E. Müller 1973–74: 93 f. Vgl. Schilde 1921–25: 61 ff. Malcolm 1925: 113 f. Frobenius 1929: Heft 1.
4 Beer 1919: 21.
5 Elwin 1947: 381.
6 Schlesier 1979: 102.
7 Elwin 1950: 14.
8 Vgl. etwa Fürer-Haimendorf 1943: 23, 272.
9 Malinowski 1927: 208 f. (Hervorhebung von mir, KEM).
10 Darwin 1871–72: II, 302 f.
11 Boggs 1931: 29 f.
12 Bettelheim 1977: 15.
13 Caputi 1984: 39.
14 Kirk 1970: 135, 137. Vgl. Moortgat 1949: 34 (Dumuzi).
15 Kirk 1970: 192.
16 Fehrle o. J.: 60.
17 Vgl. Westermann 1921: 180. Downs 1966: 59.
18 D'Azevedo 1962: 33.
19 Vgl. Fürer-Haimendorf, Mills 1936: 922 ff. Sell 1955: 143 f. Müller-Stellrecht 1983: 394. Dafinger 1994: 53 ff.
20 Müller-Stellrecht 1983: 389 ff.
21 Müller-Stellrecht 1983: 394.
22 Friedrich 1955: 39 f.
23 Nach persönlicher Auskunft eines Angehörigen des Hochadels von Hunza.
24 Schärer 1946: 90.
25 Nach Lammers 1965: XVI.
26 Notker Balbulus: De gestis Karoli imperatoris I 1.
27 Caputi 1984: 39.
28 Boggs 1931: 33.
29 Vgl. etwa Georgi 1775: 276. Morgan 1888: 392. Finamore 1890: 47 f. Lilek 1896: 459. Abeghian 1899: 25. Wuttke 1900: 196. Mészáros 1906: 170. Nikitine 1923:

174. Urtel 1928: 69. Kowatscheff 1931: 325. Bin Gorion 1962: 23. Frazer 1963b: 65 ff. Loux 1980: 101.
30 Krauß 1888: 944a.
31 Eliade 1957: 81 f.
32 Müller-Stellrecht 1983: 394 f.
33 Klaus E. Müller 1987b: 187.
34 Klaus E. Müller 1972–80: II, 264.
35 Klaus E. Müller 1972–80: II, 437.
36 Holländer 1921: 262 ff.
37 Hahn 1911: 57.
38 Harva 1938: 465 f. Findeisen 1956: 71 ff.; vgl. 1970: 159 ff.
39 Wundt 1923: 183 ff.
40 Schott 1990: 283 f.
41 Vgl. etwa Mills 1926: 14, 25. Gurdon 1914: 197. Ferguson 1928: 27 f. E. Haberland 1975: 30 f.
42 Vgl. etwa Hartland 1894–96: I, passim. Wardrop 1894: 71 f. MacCulloch 1911: 349 ff. Ferguson 1928: 27 f. Nieuwenhuis 1928: 299 f. Buschan 1932: 975a. Bin Gorion 1962: 737. Frazer 1963c: I, 263 f.
43 Abeghian 1899: 86 f.
44 Lidzbarski 1915: 80.
45 Lidzbarski 1915: 115; vgl. 82.
46 Hubad 1886: 220a.
47 Vgl. z. B. B. Schmidt 1877: 76 ff. Hübschmann 1887: 540.
48 Vgl. Klaus E. Müller 1966: passim.
49 Reiches Material dazu bei Hartland 1894–96: I, 71–181. 1909–10: I, 1–29.
50 Snoy 1962: 132.
51 Otto 1938: 9. Vgl. Frazer 1963: I, 419; II, 195 ff. 1963b: 26 ff.
52 Frazer 1963: I, 403, 417 ff.
53 Schamanengeschichten 1955: 107 f.
54 Bleichsteiner 1919: LXVII.
55 Klaus E. Müller 1987b: 279, 345.
56 Klaus E. Müller 1987b: 346.

57 Marwick 1970: 80. Evans-Pritchard 1929: 325.

58 Vgl. Bullock 1927: 316, Fußn. 1. Evans-Pritchard 1929: 325. Brown 1934: 29. Kerken 1938: 55. Hayley 1947: 13. Mohr 1956: 175 f. Vetter 1958: 186 f. Marwick 1970: 80. Bucher 1980: 32 f. Abramjan 1983: 109 ff. (mit zahlreichen weiteren Belegen).

59 Vgl. Kornemann 1927: 31 f. Frazer 1963c: I, 43. Klaus E. Müller 1967: 251, 264, Anm. 15. 1987b: 347. Abramjan 1983: 111.

60 Bin Gorion 1962: 95.

61 Bin Gorion 1962: 253.

62 Bin Gorion 1962: 371.

63 Bin Gorion 1962: 326.

64 Klaus E. Müller 1967: 246 ff.

65 Claudius C. Müller 1980: 48.

66 Nach Rau 1971: 13. Vgl. Adam von Bremen: Gesta Hammaburgensis ecclesiae pontificum I 6.

67 Helander 1988: 116. Vgl. Schlee 1979: 277.

68 Matthäus 1: 1–16. Lukas 3: 23–38. Vgl. Cullmann 1959: 273.

69 Vgl. Boggs 1931: 32. Price 1987: 81.

70 Srinivas 1952: 69, 203 f.

71 Vgl. z. B. Hillner 1876–77: 26 f. Gusinde 1937: 1305 f. Fürer-Haimendorf 1943: 143.

72 Loux 1980: 102.

73 Vgl. Hillner 1876–77: 26. Krauß 1888: 942b. Wuttke 1900: 65, 316. Jungbauer 1936–37: 114 ff. H. Hartmann 1952: 95. Frazer 1963e: 288, Fußn. 5. Maple 1971: 68. Loux 1980: 100 ff., 131 f.

74 Klaus E. Müller 1967: 256.

75 Price 1987: 81.

76 Lidzbarski 1915: 75 f., 77.

77 Lidzbarski 1915: 77 f.

78 Thurnwald 1951: 377.

79 Pompeius Trogus bei Iustinus XXXVII 2. Reinach 1895: 42 f.

80 Leon Diakonos I, S. 12.

81 Plinius II 25; vgl. 28.

82 Plinius II 8.

83 Widengren 1960: 66 ff.

84 Bin Gorion 1962: 182 ff.

85 Origenes: Contra Celsum I 58 f.

86 Cullmann 1959: 273.

87 Thompson 1977: 338. Vgl. Srinivas 1952: 204.

88 Vgl. z. B. Schamanengeschichten 1955: 107 f.

89 Vgl. Thompson 1977: 329 ff.

90 Cullmann 1959: 292.

91 Cullmann 1959: 294; vgl. 290 ff.

92 Boggs 1931: 30.

93 Klaus E. Müller 1973–74: 93; vgl. 74.

94 Klaus E. Müller 1992b: 56.

95 Mörner 1924: 61.

96 Boggs 1931: 33.

97 Vgl. Klapp 1949: 22.

98 Davis, Hersh 1986: 176 f.

99 Köhler 1971: 35.

100 Köhler 1971: 16.

101 Köhler 1971: 16 f.

102 Köhler 1971: 8.

103 Katz 1948: 39 f. Vgl. Köhler 1971: 34 f.

104 Nach Petermann 1929: 44 f. Vgl. Koffka 1950: 682 f. Katz 1948: 91.

105 Katz 1948: 51, 55.

106 Katz 1948: 46 ff. Vgl. Köhler 1971: 43 f.

107 Katz 1948: 86 f.

108 Katz 1948: 43 f.

109 Freedman, Nieuwenhuizen 1987: 51.

110 Freedman, Nieuwenhuizen 1987: 51.

111 Vgl. Koestler 1963: 26.

112 Vgl. Zeller 1875: 533 f., 657.

113 Aristoteles: Metaphysik XIII 3. 1078b, 1 ff.

114 Vgl. Koestler 1963: 394 ff.

115 Helmholtz 1968: 3.

116 Davis, Hersh 1986: 172.

117 Einstein 1955: 191.

118 Genz 1992: 308.

119 Boyd 1992: 252.

120 Geiringer 1985: 103, 121.
121 Boyd 1992: 255.
122 Spitta 1949: 169.
123 Keitel, Neuner 1992: 114.
124 Keitel, Neuner 1992: 211 f.; vgl.
172.
125 Keitel, Neuner 1992: 224 f.
126 Keitel, Neuner 1992: 227.
127 Trageser 1990: 24.
128 Iordanskij 1982: 5.
129 Klaus E. Müller 1972–80: I, 15 ff.
130 Bin Gorion 1962: 637. Klaus E.
Müller 1972–80: I, 31.
131 Klaus E. Müller 1972–80: I, 55.
132 Klaus E. Müller 1972–80: I, 279.
133 Vgl. Klaus E. Müller 1972–80: II,
23, 281 f.
134 Klaus E. Müller 1992b: 49 f.
135 Klaus E. Müller 1992b: 54.
136 Klaus E. Müller 1987b: 17 ff.
1992b: 55 f.
137 Vgl. Klaus E. Müller 1987b: 28,
140 f. Berges 1972: 399, 432.
138 Klaus E. Müller 1992b: 56.
139 Vgl. Baroja 1963: 34.
140 Schubert 1988: 311 f.
141 Klaus E. Müller 1992b: 43.
142 Klaus E. Müller 1987b: 4 ff.
143 Klaus E. Müller 1987b: 10 ff.
144 Vgl. Klaus E. Müller 1992b: 51.
145 Klaus E. Müller 1992b: 56.
146 Mills 1926: 80 f.
147 Vgl. Schubert 1988: 296.
148 Hans Fischer 1987: 160.
149 Douglas 1974: 91.
150 Hans Fischer 1987: 160. Vgl.
Middleton 1982: 138. Berges
1972: 432.
151 Vgl. Foster 1979: 191. Abu-Lughod 1986: 202. Schiffauer 1987:
266.
152 Nach Kerényi 1961: 13.
153 Vgl. O'Flaherty 1976: 48.
154 Vgl. Haaf 1967: 30, 120.
155 Curtiss 1903: 130 f. Vgl. Haaf
1967: 119.
156 Frazer 1963: II, 111 ff.
157 Beidelman 1986: 99.

158 Packard 1980: 245.
159 Vgl. Widengren 1961: 30 f., 42.
Maag 1961: 65. O'Flaherty 1976:
48, 51.
160 Planert 1924: 24 ff.
161 Planert 1924: 138.
162 Tradicionnoe mirovozzrenie 1989:
64.
163 Vgl. etwa Evans-Pritchard 1978:
56 ff. 1929a: 165 f.
164 Hergemöller 1990: 30.
165 Löwith 1961: 222.
166 Vgl. Klaus E. Müller 1984: 16 ff.,
101 ff.
167 Widengren 1961: 51 f.
168 Klaus E. Müller 1987b: 149,
169 f., 273 f. 1992a: 62 f.
169 Lutfiyya 1966: 50 f.
170 Vgl. Vordemfelde 1924: 558 ff.
Hasenfratz 1983a: 236.
171 Achelis 1891: 93.
172 Vgl. Foster 1979: 184 f., 191.
173 Doob 1978: 8.
174 Vgl. O'Flaherty 1976: 212 f. Kerényi 1961: 10.
175 Klaus E. Müller 1983b: 309 f.,
327 f.
176 Widengren 1961: 31, 42. Hasenfratz 1983a: 241, Anm. 55, 243.
177 Russell 1977: 34.
178 Klaus E. Müller 1983a: 47.
179 Lindenbaum 1979: 128. Vgl.
Klaus E. Müller 1983a: 50 f.
180 Vgl. z. B. Thornton 1980: 139.
Jones, Jones 1976: 53.
181 Packard 1980: 244.
182 Douglas 1985: 52 f.
183 Douglas 1985: 16.
184 Douglas 1985: 17.
185 Beidelman 1986: 138 f.
186 Widengren 1961: 26. Vgl. Schiffauer 1987: 266. Caratini 1989: 106.
187 Scheftelowitz 1914: 378.
188 Minucius Felix: Octavius, c. 27;
vgl. c. 26; Tatian: Oratio ad Graecos XVII 7 f.
189 Carl Müller 1969: 40 f.
190 Vgl. Haag 1983: 253.

191 Carl Müller 1969: 40.
192 Ritz-Müller 1990: 61 f. Vgl. Bürkle 1968: 249.
193 Röhrich 1980: 169.
194 Petersdorff 1956–57: I, 171.
195 Klaus E. Müller 1972–80: II, 263; vgl. insgesamt 237–268.
196 Lindenbaum 1979: 130.
197 Klaus E. Müller 1987b: 81 ff.
198 Frazer 1963 f: 194.

199 Frazer 1963a: 9. 1963 f: 197.
200 Frazer 1963a: 3 ff. 1963 f: 195 ff.
201 Frazer 1963a: 8, 116 ff.
202 Frazer 1963a: 1 f., 5, 120 ff. 1963 f: 197. Klaus E. Müller 1987b: 84.
203 Gebhard 1981: 88.
204 Vgl. Schöffler 1956: 107 f.
205 Douglas 1974: 91.
206 Douglas 1965: 8.

«Weltgestalt»

1 Klaus E. Müller 1972–80: I, 2. Vgl. z. B. Haxthausen 1856: 168, Fußn. 1. Okladnikov 1970: 446. Poole 1981: 121. Hogbin 1970: 27 f. Batchelor 1892: 277 f.
2 Sell 1955: 144.
3 Vgl. Packard 1980: 244. Berges 1972: 399.
4 Vgl. Kaberry 1939: 177, 184.
5 Tait 1961: 159.
6 Foster 1979: 19.
7 Underhill 1968: 3 (Hervorhebung von mir, KEM).
8 Völkel 1963: 117.
9 Cole 1975: 16, 31. Vgl. Elphinston 1945: 370.
10 Bauer 1980: 8.
11 Klaus E. Müller 1972–80: I, 37, 141 f.; vgl. Sachregister: «Klimazonentheorie».
12 Klaus E. Müller 1972–80: II, 270.
13 Klaus E. Müller 1972–80: I, 126.
14 Klaus E. Müller 1972–80: I, 55, 75 f.
15 Grunebaum 1963: 50. Enderwitz 1979: 82 f.
16 Enderwitz 1979: 83.
17 Simon 1959: 84.
18 Vgl. Claudius C. Müller 1980: 48. Behrend 1987: 84. Berges 1972: 399, 406 f., 415.
19 Klaus E. Müller 1987b: 14, 141. Vgl. Packard 1980: 244.
20 Vgl. Bauer 1980: 8. Memmi 1980: 70.

21 Vgl. Hasenfratz 1982: 14, 16 f., 23. Berges 1972: 406 f. Johansons 1965: 255 f. 1966: 238, 245.
22 Vgl. Hasenfratz 1982: 14 ff. Behrend 1987: 84.
23 Vgl. Buxton 1963: 134. Sell 1955: 145. Johansons 1965: 255.
24 Berges 1972: 432.
25 Klengel 1972: 218.
26 Henry G. Fischer 1987: 16.
27 Vgl. Klaus E. Müller 1972–80: I u. II, Sachregister: «Fabelvölker».
28 Bauer 1980: 10; vgl. 8. Claudius C. Müller 1980: 50; vgl. 64.
29 Vgl. Haddon 1934: 25 ff.
30 J. Fischer 1903: 68 f.
31 Isidor Hispalensis: Etymologiae sive origines XI 3, 12–39. Vgl. Adam von Bremen: Gesta Hammaburgensis ecclesiae Pontificum IV 19 u. 25. Klaus E. Müller 1972–80: II, 304 ff.
32 Fried 1986: 319 ff.
33 Schade 1962: 24 f., 32 f., 51 f.
34 Holländer 1921: 295 f.; vgl. 185 f., 286 ff.
35 Vgl. Vordemfelde 1924: 562 ff. Runeberg 1947: 97.
36 Klaus E. Müller 1972–80: I, 5.
37 Lukesch 1968: 22 f., 30, 48, 142 f., 178 f.
38 Sonnen 1952: 137.
39 Douglas 1963: 259.
40 Middleton 1960: 234.

41 Bell 1928: 8.
42 Sell 1955: 144 f.
43 Vgl. Beidelman 1986: 41.
44 Helck 1964: 109.
45 Vgl. Lévy-Bruhl 1959: 193 f.
46 Elwin 1950: 24. Parry 1932: 259. Vgl. etwa Eibl-Eibesfeldt 1978: 486. Marshall 1976: 242, 292 f. Schebesta 1941: 274. Leith-Ross 1965: 181 f. Tait 1961: 124, 208. Henderson 1972: 176. Fürer-Haimendorf 1943: 266. Köngäs-Maranda 1974: 181. Davidson 1928: 626 f. Karsten 1935: 278.
47 Cole 1975: 111.
48 Vgl. etwa Elwin 1947: 488. Cole 1975: 16.
49 Nach Douglas 1963: 9.
50 Douglas 1965: 10.
51 Erikson 1971: 162.
52 G. Baumann 1987: 170.
53 Vgl. Davidson 1928: 626 f.
54 Vgl. Peschel 1870: 438. Balfour 1923: 18. J. E. M. White 954: 180 f. Birket-Smith 1948: 35. Rivers 1922: 94 ff.
55 Vgl. Thornton 1980: 27. G. Baumann 1987: 61. Straube 1987: 279 ff.
56 Vgl. Claudius C. Müller 1980: 49.
57 Vgl. Straubergs 1957: 70 ff.
58 Lukesch 1968: 144. Vgl. Landes 1938: 30.
59 Vgl. Erman 1923: 225 ff.
60 Vgl. z. B. Friedlaender 1913: passim.
61 Vgl. Johansons 1966: 237 ff.
62 Baaren 1964: 58 ff. Vgl. etwa Wellhausen 1961: 149. Robertson Smith 1967: 92. Niderberger 1978: 17 f.
63 Vgl. F. Albert 1956: 250.
64 Bleichsteiner 1919: LXIV. Vgl. Baaren 1964: 60 f. Seligmann 1922: 232. Russell 1977: 73. Sell 1955: 43 f., 120, 129. Howell 1984: 104 f. Schlosser 1952: 225. Elwin 1943: 137. F. Albert 1956: 250. Lehtisalo 1924: 63. Gračeva

1976: 54. Tradicionnoe mirovozzrenie 1989: 64. Dirr 1908: 1069. Niderberger 1978: 17 f., 246.
65 Vgl. Baaren 1964: 60 f. Fehrle o. J.: 59 f. Petersdorff 1956–57: I, 176 f.
66 Holländer 1921: 315.
67 Sell 1955: 97.
68 Vgl. Sell 1955: 20 f., 97. Preisendanz 1926: 6 ff. Dölger 1971: 68.
69 Vgl. etwa Matthäus 17: 18. Lukas 7: 21; 8: 2 u. 27 ff. Apostelgeschichte 19: 12.
70 Haag 1983: 257.
71 Valeri 1989: 124. Vgl. Middleton 1982: 138. Sell 1955: 144 f. Seeger 1989: 197 f.
72 Klaus E. Müller 1972–80: I, 2.
73 Elwin 1950: 266.
74 Jones, Jones 1976: 40.
75 Nevermann 1948: 11 f.
76 Howitt 1885: 301, Fußn. 3, 311, Fußn. 8.
77 Behrend 1987: 39.
78 Vgl. z. B. Hans Fischer 1987: 160.
79 Malinowski 1927: 208 f.
80 Schlesier 1979: 102.
81 Fürer-Haimendorf 1943: 274.
82 Mühlmann 1940: 40. Vgl. Darwin 1871–72: II, 302 ff.
83 Malinowski 1927: 209.
84 Downs 1966: 78.
85 Schlee 1979: 335 f.
86 Lukesch 1968: 26.
87 Gregor 1963: 164.
88 Beidelman 1964: 43. 1986: 186. Vgl. M. Wilson 1979: 63.
89 Abu-Lughod 1986: 196.
90 Berndt, Berndt 1971: 76.
91 Hogbin 1970: 28.
92 Frazer 1930: 117. Vgl. Krige, Krige 1947: 6. Endicott 1979: 1, Fußn. 1.
93 Frazer 1930: 202 f. Vgl. etwa Endicott 1979: 1, Fußn. 1. Marshall 1976: 348. Sytek 1972: 62. M. Wilson 1959: 6.

94 Mühlmann 1940: 41.
95 Douglas 1963: 13 f.
96 Vgl. z. B. Morris 1982: 110. Kaberry 1939: 185. Goldman 1963:
   106.
97 Vgl. z. B. Man 1883: 113. Hutton
   1928: 405. Elkin 1964: 37.
98 Vgl. z. B. Behrend 1987: 31.
99 Parry 1932: 199.
100 Beidelman 1964: 40 f.
101 Murphy 1957: 1028.
102 Kohl-Larsen 1958: 31.
103 Weidkuhn 1973: 447.
104 Redfield 1968: 64.
105 Behrend 1987: 31.
106 Middleton 1960: 237.
107 Vgl. Mühlmann 1940: 41.
108 Krige, Krige 1947: 6 (der erste
    Teil des Zitats wurde von mir in
    die Vergangenheitsform gesetzt,
    KEM).
109 Vgl. Honko 1962: 119. Hans Fi-
    scher 1987: 160.
110 Barth 1961: 46 f.; vgl. 94, 95.
111 Faithorn 1975: 138.
112 Vgl. etwa Friedl 1975: 24. Nadel
    1947: 322. Beidelman 1971: 50.
    Vidyarthi, Rai 1977: 283 f. Srinivas
    1952: 33. Goldman 1963: 105.
    Henninger 1943: 48, 52. Engel-
    brektsson 1978: 46 ff.
113 Vgl. Elwin 1943: 102.
114 Karsten 1935: 184.
115 Peristiany 1967: 57.
116 Vgl. R. Hartmann 1938: 52. Op-
    penheim 1939: 27, 32. Elphin-
    ston 1945: 370. Barth 1961: 9.
    Herzog 1963: 85 f. Nicolaisen
    1963: 21. Cole 1975: 53, 160. Lat-
    timore 1969: 65. Klengel 1972:
    146 ff., 215 ff.
117 Hitti 1946: 24. Vgl. Oppenheim
    1939: 26.
118 Cole 1975: 53.
119 Holý 1974: 22.
120 Beidelman 1964: 48.
121 Dupire 1963: 47 f.
122 Forde, Scott 1946: 197 f.

123 Helck 1964: 104.
124 Helck 1964: 105, 107.
125 Kuhrt 1987: 30.
126 Claudius C. Müller 1980: 52.
127 Claudius C. Müller 1980: 47 f.
    Bauer 1980: 9.
128 Claudius C. Müller 1980: 52.
129 Iustinus Martyr: Dialogus com
    Tryphone Judaeo, c. 119 = J. P.
    Migne (ed.): Patrologiae cursus
    completus. Series Graeca, Bd. VI,
    p. 212 C, col. 752.
130 Vgl. Lammers 1965: XVI.
131 Klaus E. Müller 1972–80: II, 426.
132 Enderwitz 1979: 82 f.
133 Memmi 1980: 85.
134 W. Schmidt 1906. Radin 1927.
135 Douglas 1966: 77, 78 ff.
136 Dumont 1983 (dt. 1991).
137 Claudius C. Müller 1980: 75.
138 Pettinato 1971: 35 f. Klaus E. Mül-
    ler 1972–80: I, 17 f.
139 Jüthner 1923: 7 ff.
140 Vgl. Klaus E. Müller 1972–80: I,
    18, 57, 121, 175 (Anm. 75a), 201,
    240, 250; II, 134, 194, 321, 429
    (Anm. 164).
141 Vgl. Klaus E. Müller 1972–80: II,
    188 ff.
142 Lactantius: Divinae institutiones I
    21, 1 ff.; II 3, 14 u. 22. Vgl. Vogt
    1968: 351.
143 Ambrosius: De officiis ministro-
    rum II 15, 71; 28, 136. III 13, 84
    = J. P. Migne (ed.): Patrologiae
    cursus completus. Series Latina,
    Bd. XVI, p. 87B, col. 129; p. 102A
    – 103 B, col. 148; p. 128 D, col.
    178 f.
144 Otto von Freising: Chronica sive
    Historia de duabus civitatibus VI
    10.
145 Klaus E. Müller 1972–80: II, 429.
146 Lechner 1955: 73 f., 123. 1955a:
    293 f.
147 Klaus E. Müller 1972–80: II,
    426 ff.
148 Niketas Choniates: Imperium An-

dronici Comneni II 13, p. 462 = J. P. Migne (ed.): Patrologiae cursus completus. Series Graeca, Bd. CXXXIX, col. 716.

149 Vgl. Klaus E. Müller 1972–80: II, 485 ff.

150 Nikephoros Gregoras: Historia Romana VIII 14, p. 379 = J. P. Migne (ed.): Patrologiae cursus completus. Series Graeca, Bd. CXLVIII, col. 565.

151 Enderwitz 1979: 81 f.

152 Simon 1959: 85.

153 Zusammengestellt bei Höffner 1947: 90.

154 Höffner 1947: 245 f.

155 Nach Plischke 1925: 75 (Hervorhebungen von mir, KEM).

156 Nach Schneider 1885–86: II, 168.

157 Nach Moore 1972: 12.

158 Steins 1972: 35 ff.

159 Steins 1972: 92 ff.

160 Steins 1972: 66, 72.

161 Steins 1972: 92.

162 Nach Schneider 1885–86: II, 168.

163 Bernhard 1986: 57 f.

164 Bernhard 1986: 35 ff.; vgl. 49.

165 Bernhard 1986: 77.

166 Herder 1965: 231 f.

167 Schäffle 1896: 611.

168 Elias, Scotson 1990: 7, 9.

169 Elias, Scotson 1990: 153 f.

170 Elias, Scotson 1990: 153.

171 Pitt-Rivers 1955: 8 f.

172 Victor 1980: 111.

173 Memmi 1980: 70.

174 Jordanes: De origine actibusque Getarum XXIV 122; 127 f.

175 Nach Steins 1972: 92.

176 Schneider 1885–86: I, 75 f.

177 Claudius C. Müller 1980: 60.

178 Claudius C. Müller 1980: 75; vgl. a. 58.

179 Enderwitz 1979: 49 f., 68, 71, 85.

180 Claudius C. Müller 1980: 75.

181 Klengel 1972: 217.

182 Jordanes: De origine actibusque Getarum XXIV 122.

183 Vgl. Klaus E. Müller 1972–80: I, 4 f.

184 Leopold 1974: 390.

185 Jungraithmayr 1990: 19.

186 Jungraithmayr 1990: 25.

187 Lasch 1907: 91.

188 Claudius C. Müller 1980: 58.

189 Klaus E. Müller 1972–80: I, 203 f. Vgl. Aristoteles: Politik VII 7. 1327b, 23 ff.; III 14. 1285a, 20 ff. Historia animalium VIII 28. 606b, 17 ff.

190 Klaus E. Müller 1972–80: I, 325 ff. Vgl. Plutarch: Theseus, c. 36.

191 Helmold von Bosau: Chronica Slavorum, c. 14, 52, 108. Vgl. Klaus E. Müller 1972–80: II, 255 ff.

192 Enderwitz 1979: 49.

193 Steins 1972: 72.

194 Memmi 1980: 85.

195 Balzac 1960: 39 f.

196 Durkheim 1984: 296. Zu weiteren gleichlautenden Äußerungen vgl. Klaus E. Müller 1973–74a: 3, Fußn. 12.

197 Downs 1966: 78.

198 Balzac 1960: 34.

199 Sextus Empiricus: Pyrrhoniae hypotyposes I 85.

200 Helmold von Bosau: Chronica Slavorum, c. 14. Vgl. Nadel 1947: 147!

201 So z. B. auch bei den Kayapó in Zentralbrasilien: Lukesch 1968: 193.

202 Dölger 1971: 60; vgl. 58 f.

203 Helck 1964: 105.

204 Jüthner 1923: 6.

205 Haag 1983: 253 f.

206 Dölger 1971: 61 f.

207 Lechner 1955a: 299.

208 Klaus E. Müller 1972–80: II, 436 f.

209 Nach Rau 1971: 13.

210 Fontane 1959: 148 f.

211 Bromley 1974: 65.

212 Fortes 1972: 5. Vgl. Reiter 1975: 262.

213 Bousset 1903: 191 f.

214 Ambrosius: Epistolae 19 = J. P. Migne (ed.): Patrologiae cursus completus. Series Latina, Bd. XVI, col. 1024 ff. Vgl. Vogt 1967: 36.

215 Bryce 1903: 22.

216 Schmökel 1956: 150.

217 Helck 1964: 107.

218 Politeia 470 C, 471 B; vgl. Menexenos 242 D.

219 Klaus E. Müller 1972–80: II, 255.

220 Augustinus: Epistolae 93: 5, 16–17 = J. P. Migne (ed.): Patrologiae cursus completus. Series Latina, Bd. XXXIII, col. 529 f. Vgl. Höffner 1947: 40.

221 Lippold 1952: 87.

222 Helmold von Bosau: Chronica Slavorum, c. 84.

223 Krabbo 1926: 250 f.

224 Erdmann 1935: 97 f.; vgl. Bünding-Naujoks 1963: 83 ff. Zeißberg 1963: 11. Kahl 1963: 190 f.

225 Bernhard von Clairvaux: De laude novae militiae, bei J. P. Migne (ed.): Patrologiae cursus completus. Series Latina, Bd. CLXXXII, p. 544 ff., col. 921 ff. Vgl. Klaus E. Müller 1972–80: II, 264 ff.

226 Wipo: Gesta Chuonradi II. Imperatoris, c. 33. Vgl. Bünding-Naujoks 1963: 84. Kahl 1963: 255.

227 Höffner 1947: 16, 37. Bünding-Naujoks 1963: 120. Hirsch 1963: 26, 36.

228 Höffner 1947: 16 f. Hirsch 1963: 23 f. Klaus E. Müller 1972–80: II, 436 f.

229 Lechner 1955: 79. 1955a: 294. Klaus E. Müller 1972–80: II, 437.

230 Kissling 1969: 4 f. Sprockhoff 1964: 144.

231 Schiffauer 1987: 69.

232 Nach H. Koch 1973: 117 f.

233 Nach Haddon 1934: 82.

234 Nach Schakir-Zade 1931: 49.

235 Politik III 14. 1285a, 20 ff.; vgl. I 2. 1252b, 5 ff.; VII 7. 1327b, 20 ff.

236 Vgl. Rosaldo 1978: 240, 242, 254.

237 Vgl. Ehlers 1980: 569. Memmi 1980: 114. Pitt-Rivers 1955: 9 f. Klaus E. Müller 1984: 351.

238 Vgl. H. Koch 1973: 117 f.

239 Vgl. Schmökel 1957: 260.

240 Enderwitz 1979: 49; vgl. 26 ff.

241 M. Schmidt 1917: 13. Mühlmann 1964: 191. Claudius C. Müller 1980: 53.

242 Athanasios von Alexandrien: Oratio de incarnatione verbi, c. 51 = J. P. Migne (ed.): Patrologiae cursus completus. Series Graeca, Bd. XXV, p. 73 f., col. 185/188. Vgl. Klaus E. Müller 1972–80: II, 254 ff.

243 Lechner 1955: 110. Vgl. Prokopios: Bellum Gothicum II 14 u. 25.

244 Vgl. Lechner 1955: 111. 1955a: 300.

245 Hrotsvit von Gandersheim: Gesta Ottonis, v. 114–118, 214–218. Vgl. Bünding-Naujoks 1963: 69 f.

246 Nach Schneider 1885–86: II, 168.

247 Lichtenberg 1958: 478.

«Weltgestaltung»

1 Reimbold 1970: 8, 17 ff.

2 Klaus E. Müller 1983b: 303.

3 Reimbold 1970: 20.

4 Klaus E. Müller 1987b: 55 f.

5 Klaus E. Müller 1987: 120.

6 Vgl. Tacitus: Germania, c. 12. B.

Nyberg 1931: 57. Sell 1955: 144 f. Johansons 1965: 255 f.

7 Smoljak 1991: 21 (Hervorhebung von mir, KEM).

8 Vgl. Eliade 1954: 446 f.

9 Vgl. etwa Lukas 1893: 264. Winck-

ler 1906: 21 f. Ziegler 1913: 25 f., 44. Capelle 1940: 35 ff.

10 Anisimov 1959: 19.

11 Vgl. z. B. Klaus E. Müller 1987b: 57.

12 Jacobsen 1946: 161 ff.

13 Elwin 1947: 180, 202.

14 Petersdorff 1956–57: I, 13 (Hervorhebung im Original).

15 Petersdorff 1956–57: I, 47 f., 51. Löwith 1961: 222.

16 Pancritius 1913: 932 f.

17 Iordanskij 1982: 12.

18 Preuß 1930: 9 f.

19 Vgl. O'Flaherty 1976: 20. Biezais 1983: 285. Klaus E. Müller 1983b: 308 f.

20 Vgl. Kramer 1944: 69, 72. Pettinato 1971: 21 f., 27 ff. Klaus E. Müller 1983b: 310 f. Hornung 1986: 44.

21 Schade 1962: 31.

22 Widengren 1961: 25.

23 Frobenius 1904: 384 f.

24 Ricketts 1965–66: 327, 336.

25 Lukas 1893: 264 f.

26 Wakeman 1973: 7 f. Brandon 1963: 86.

27 Winckler 1906: 23 ff. Gunkel 1895: 112 f. Heidel 1963: 141 f. Brandon 1963: 91 ff. Vgl. Wakeman 1973: 13 f.

28 Otten 1950: 17 f., 24 f. Klaus E. Müller 1966: 498 f.

29 Widengren 1961: 28 f. Vgl. Gladigow 1983: 299. Wakeman 1973: 9 ff.

30 Abegg 1928: 212. Widengren 1961: 34 f.

31 Seippel 1939: 51 f., 56 f. Klaus E. Müller 1966: 498 f.

32 Dumézil 1959: 35 ff.

33 Jens 1958: 137.

34 In der Übersetzung von Emil Kautzsch 1962: 238–243. Vgl. Landersdorfer 1924: 20 f.

35 Vgl. Offenbarung 20: 1–3. Haag 1983: 255. Petersdorff 1956–57: I, 72 f., 296.

36 Gunkel 1895: 112. Hölscher 1949: 8 ff. Leeuw 1950: 42 f. Vgl. die Belegstellen bei Wakeman 1973: 56 ff.

37 Vgl. z. B. Smoljak 1991: 21.

38 Vgl. z. B. Johansons 1965: 258.

39 Vgl. Klapp 1949: 21.

40 Gaster 1951: 122.

41 Seippel 1939: 37. Wakeman 1973: 14 f.

42 Merkelbach 1963: 21 f., 53.

43 Seippel 1939: 6. Helck 1964: 105. Wakeman 1973: 15 f. Hornung 1986: 44.

44 Hengstenberg 1912: 101 f.

45 Maag 1961: 74.

46 Gaster 1961: 250 ff. Merkelbach 1963: 51 ff. Widengren 1969a: 16, 18. 1969: 247 ff. Maag 1961: 75, 87.

47 Widengren 1969a: 18.

48 Vgl. a. Gaster 1961: 250.

49 Radin 1956: IX. Ricketts 1965–66: 328.

50 Biezais 1983: passim.

51 Radin 1956: 125. Bianchi 1959–61: 341.

52 Vgl. z. B. Lukas 1893: 263 f.

53 Weinberg 1904: 260, Fußn. 6 u. 8. Löwith 1961: 222. Rudwin 1970: 45. Dölger 1971: 49, 52 ff., 66 f. Russel 1977: 64.

54 Makarius 1969: 31 f.

55 O'Flaherty 1976: 51.

56 Ricketts 1965–66: 328.

57 Guenther 1989: 115 f.

58 Guenther 1989: 115.

59 Franz 1992: 214 f. Vgl. Lindig 1970: 189 ff.

60 Radin 1956: 124 f. Vgl. Bianchi 1959–61a: 435 f. Ricketts 1965–66: 329 f., 335. Makarius 1969: 18 f. Thompson 1977: 319. Guenther 1989: 89, 115, 117. Franz 1992: 215.

61 Ricketts 1965–66: 349.

62 Dähnhardt 1907: 52 ff. Lixfeld 1971: 178. Bianchi 1959–61a: 436.

63 Lixfeld 1971: 131.

64 Dähnhardt 1907: 164ff., 185ff. Harva 1938: 100. Lixfeld 1971: 13f., 19, 23f., 40ff., 149f.

65 Dähnhardt 1907: 95ff., 156f. Lixfeld 1971: 14.

66 Harva 1938: 118, 122ff.

67 Bianchi 1959–61a: 435f. Guenther 1989: 117.

68 Biezais 1983: 283. Vgl. Gahs 1928: 236f.

69 Ufer 1930: 16f.

70 Schärf 1948: passim. Vgl. Jung 1925: 484.

71 Klaus E. Müller 1983b: 309f., 327f.

72 Haag 1983: 252.

73 Vgl. Landersdorfer 1924: 20f. Schur 1935: 67f.

74 Petersdorff 1956–57: I, 60, 77f. Cohn 1970: 5. Horst 1962: 705f.

75 Schärf 1948: passim. Jung 1925: 484. Petersdorff 1956–57: I, 171f. Horst 1962: 706f.

76 Vgl. Haag 1983: 253.

77 Augustinus: De civitate dei XI 18, im Anschluß an Jesus Sirach 33: 15.

78 Russell 1977: 68. Rudwin 1970: 45. Moser 1986: 207f.

79 Windischmann 1863: 82.

80 Windischmann 1863: 29, 38f.

81 Wesendonk 1933: 72. H. S. Nyberg 1938: 359. Widengren 1961a: 49, 52f.

82 Runeberg 1947: 100. Rudwin 1970: 47ff. Lixfeld 1971: 76, 141. Tradicionnoe mirovozzrenie 1989: 92.

83 Vgl. z. B. Claudius C. Müller 1980: 63.

84 Vgl. Frazer 1930: 202f. Hogbin 1970: 27.

85 Klaus E. Müller 1987b: 32ff. 1992b: 47, 53.

86 Hornung 1986: 47.

87 Hornung 1986: 40. Vgl. Helck 1964: 107.

88 Leeuw 1950: 29.

89 Berges 1972: 408; vgl. 407ff.

90 Vgl. Klaus E. Müller 1987b: 168f.

91 Endicott 1970: 55, 133. Vgl. a. Howell 1984: 104.

92 Bin Gorion 1962: 34.

93 O'Flaherty 1976: 51f.

94 Vgl. Bödiger 1965: 91. Lukas 1893: 263f.

95 Petersdorff 1956–57: I, 2 (Hervorhebung von mir, KEM).

96 Haag 1983: 255. Vgl. Bergel 1881: 8. Cohn 1970: 5.

97 Niderberger 1978: 18.

98 Man 1883: 158f.

99 Johansons 1966: 244. Vgl. Hubad 1886: 219. Lixfeld 1971: 131.

100 Heymer 1993: 116.

101 Nioradze 1925: 28.

102 Dundes 1962: 259f. Sturtevant 1963: 80ff.

103 Guenther 1989: 31f.

104 Nach Querner 1968: 69f. (Hervorhebungen von mir, KEM).

105 Smolla 1967: 61f. Semjonow 1966: 895.

106 Klaus E. Müller 1987a: 50.

107 Boule, Vallois 1952: 262f. (Hervorhebung von mir, KEM). Daß Boule der Autor der Passage ist, lehrt ein Blick in frühere, von ihm noch allein besorgte Ausgaben des Buchs. Vgl. Winkler 1992: 190f.

108 Vgl. Plischke 1925: 90. Mühlmann 1968: 38.

109 Henninger 1943: 64.

110 Hasenfratz 1983: 132, Anm. 30.

111 Schott 1990: 284.

112 Bin Gorion 1962: 162.

113 Claudius C. Müller 1980: 63.

114 Mühlmann 1940: 42. Vgl. Bogoras 1928: 50f.

115 Windischmann 1863: 31.

116 Jordanes: De origine actibusque Getarum XXIV 121ff.

117 Gerhards 1981: 104.

118 Enderwitz 1979: 82; vgl. 80f.

119 Gerhards 1981: 112.

120 Dähnhardt 1907: 157. Vgl. Lixfeld 1971: 150.
121 Dahl 1942: 79f.
122 Plischke 1925: 45.

123 Gerhards 1981: 112.
124 Bogoras 1928: 51. Gerhards 1981: 116ff., 226ff. Mühlmann 1940: 42.

«Gestaltwandel»

1 O'Flaherty 1976: 18.
2 Hartung 1986: 57, 60f.
3 Vgl. z. B. Caratini 1989: 138.
4 V. Turner 1989: 95.
5 Vgl. z. B. Zwernemann 1974: 488f. G. Baumann 1987: 169f.
6 Zwernemann 1974: 488f.
7 Haaf 1967: 106f.
8 Lukesch 1968: 26ff.
9 Zwernemann 1981: 134.
10 So z. B. nach Überzeugung der Gurma im Norden von Togo: Zwernemann 1974: 486, 489.
11 Dittmer 1961: 140a.
12 Beidelman 1986: 172.
13 Müller-Stellrecht 1983: 394.
14 Vgl. Grierson 1903: passim. Veerkamp 1956: passim.
15 Schlesier 1961: 558ff. Vgl. Nadel 1947: 310f. (Nuba, Sudan).
16 Mühlmann 1940: 45ff., 127f.
17 Peyer 1987: 9.
18 Vgl. Malinowski 1979 ([1]1922). Uberoi 1962.
19 Middleton 1960: 252.
20 Rigby 1967: 437.
21 Forge 1970: 273; vgl. 269ff. G. M. White 1991: 59.
22 Thornton 1980: 27.
23 Klaus E. Müller 1990: 141. 1992c: 38f.
24 Gennep 1960: 26ff. Gifford 1958: 25, 88.
25 Vgl. Gennep 1960: 35ff. Eibl-Eibesfeldt 1973: 162ff., 184ff.
26 Vgl. Preuß 1905: 377a. Eibl-Eibesfeldt 1973: 202ff.
27 Westermarck 1907: 480ff. Numelin 1950: 114f. Pitt-Rivers 1968: 20. Hellmuth 1984: 15. Peyer 1987: 2.

28 Bajburin, Toporkov 1990: 113.
29 Vgl. Westermarck 1907: 473. Hiltbrunner 1983: 2. Hellmuth 1984: 33, 348. Peyer 1987: 5.
30 Vgl. Numelin 1950: 115. Hellmuth 1984: 273, 350f.
31 Pitt-Rivers 1968: 20.
32 Westermarck 1907: 474f. Hiltbrunner 1983: 2f. Hellmuth 1984: 349. Bajburin, Toporkov 1990: 115.
33 Westermarck 1907: 483f. Graebner 1924: 50. Vgl. z. B. K. Koch 1842: 444. Gräf 1952: 24ff. Nadel 1947: 70, 346. Dittmer 1961: 21b. Zwernemann 1983: 28.
34 Bader 1957: 106, 126ff.
35 Vgl. Schäfer 1958: 89.
36 Patterson 1982: 51.
37 Pettersson 1963–64: 307.
38 Isleib 1864: 312. Vgl. Tetzner 1904: 38. Reinsberg-Düringsfeld 1864: 99.
39 Lehmann-Haupt 1926: 172f.
40 Ritter 1841: 623.
41 Handelman 1981: 324ff. Vgl. Kuret 1968: 77. Skrodenis 1968: 5.
42 Steward 1977: 348ff. Handelman 1981: 329, 353, 364. Charles 1945: 25, 28ff. Huber 1991: 161. Suhrbier 1992a: 159.
43 Zelenin 1928: 97f.
44 L. Schmidt 1955: 49f. Dömötör 1968: 19f., 24, 31. Reinfuß 1968: 9f. Skrodenis 1968: 1ff. Crumrine 1969: 1. Heers 1986: 178, 277ff. Moser 1986: 85ff. Marsch 1991: 99f. Suhrbier 1992a: 173f.
45 Marvin 1988: 39f.
46 Zucker 1969: 82. Handelman 1981: 328.

47 Huber 1991: 144.
48 Parsons, Beals 1934: 499 ff. Charles 1945: 28 f., 33. Klapp 1949a: 157 f. Voegelin 1972: 237 f. Steward 1977: 348 ff. Weber, Weber 1983: 85. Shulman 1985: 153 ff., 201, 204 f. Moser 1986: 68. Huber 1991: 161. Suhrbier 1992a: 173 ff.
49 Hanks, Hanks 1948: 19.
50 Siegel 1987: 19.
51 Vgl. Moser 1986: 126.
52 Jansen 1987: 10 f. Zonabend 1984: 100. Studer 1991: 16 f.
53 C. Haberland 1878: 205 f. Tobler 1883: 68 f., 81. Sarasin 1934: 125 f. Meuli 1943: 84. Vgl. Klaus E. Müller 1973–74: 92 f.
54 Vgl. Wilson, Wilson 1954: 146. Steins 1972: 78 f.
55 H. S. Becker 1981: 28.
56 Turnbull 1981: 210 u. passim.
57 Shulman 1985: 208. Vgl. Handelman 1981: 344. V. Turner 1989: 95. Doty 1986: 91. Suhrbier 1992a: 174 f.
58 Zucker 1969: 82 f.
59 Charles 1945: 28. Vgl. Berndt 1965: 177, 182.
60 Meuli 1969: 174 ff. 1943: 83 f. Mehren 1969: 141 f. Suhrbier 1992a: 173.
61 Honigmann 1942: 221. Charles 1945: 27, 32 f. Gluckman 1965: 102 f. Crumrine 1969: 15 f. Voegelin 1972: 237. Steward 1977: 348 ff. Handelman 1981: 353, 364. Weber, Weber 1983: 99. Heers 1986: 179 ff. Huber 1991: 144.
62 Haussig 1966: 176.
63 Vgl. generell Frazer 1963b: 148–159; speziell: 113 f. Polak 1865: 322. Kremer 1853: 121. MacCulloch 1911: 160 f. Wissowa 1912: 204 ff. Wensinck 1922: 185. Meissner 1920–25: I, 200, 377; II, 98 f. Zimmern 1926: 23. Roscoe

1923: 39. Moortgat 1949: 59. Bachofen 1951: 197 f., 216 ff. Eilers 1953: 42 f. Nilsson 1961: 510 ff. Haussig 1966: 176.
64 Bleichsteiner 1935: 211 ff.
65 Ladner 1991: 38 f. Zucker 1969: 84. Schmidbauer 1971: 63 f.
66 Hugo 1977: 56 ff. Vgl. Bourke 1913: 21.
67 Siegel 1987: 19.
68 Werbner 1989: 162 f., 176.
69 Barwig, Schmitz 1990: 170.
70 Zucker 1969: 77 ff.
71 Babcock 1978: 95 ff. Koepping 1984: 206 f. Vgl. a. Shulman 1985: 153 ff.
72 Runeberg 1947: 236. Parsons, Beals 1934: 509. Suhrbier 1992a: 173.
73 Meuli 1943: 61. 1969: 169. Widengren 1953: 85. Mehren 1969: 138.
74 Zucker 1969: 83.
75 2. Korinther 11: 13–15. Rudwin 1970: 35 f., 52 f. Petersdorff 1956–57: I, 178.
76 Wiener 1992: 247, 256. Vgl. Steward 1977: 358.
77 Mehren 1969: 138.
78 Nach Duden «Etymologie» (Der Große Duden, Bd. 7), Mannheim 1963.
79 Meuli 1969: 166 ff. 1943: 57, 60 ff. Kuret 1969: 155 ff. Sibeth 1992: 51. Thiel 1992: 93 f., 101. Suhrbier 1992: 123 f. Franz 1992: 218.
80 Vgl. Sibeth 1992: 51.
81 Mehren 1969: 140 f. Dömötör 1968: 29. Reinfuß 1968: 9. Skrodenis 1968: 1, 5. Kuret 1968: 77, 89. L. Schmidt 1955: 49 f.
82 Vgl. Meuli 1943: 61. 1969: 174 ff. Skrodenis 1968: 1. Kuret 1968: 89.
83 Vgl. Kurath 1972: 238. Parsons, Beals 1934: 500 ff.
84 Kuret 1969: 160 f.

85 Vgl. Meuli 1943: 57. Skrodenis 1968: 1 ff. Reinfuß 1968: 10. Dömötör 1968: 19 f., 24, 31. Suhrbier 1992a: 175.

86 Weber, Weber 1983: 5, 98 ff.

87 Vgl. Radin 1956: IX, 125. Bianchi 1959–61: 335. 1959–61a: 432, 436. Ricketts 1965–66: 327, 335 f., 340 ff. Makarius 1969: 18, 25 f., 41 f. Kurath 1972: 238. Voegelin 1972: 237. Thompson 1977: 319. Koepping 1984: 203 f. Shulman 1985: 183. Guenther 1989: 32, 115, 117. Huber 1991: 161. Franz 1992: 213 ff., 218.

88 Vgl. Diogenes Laertios VI 20–81.

89 Hartung 1986: 62 f.

90 Kris, Kurz 1980: 120. Stagl 1982: 227. Eibl-Eibesfeldt 1979: 48.

91 Douglas 1974: 110 f.

92 Douglas 1974: 130, 134.

93 Douglas 1974: 125.

94 Soeffner 1992: 84.

95 Soeffner 1992: 85, 87 (Hervorhebung im Zitat von mir, KEM).

96 Soeffner 1992: 89 (Hervorhebung im Zitat von mir, KEM).

97 Soeffner 1992: 89 f.

98 Giese, Hansen 1962: 242.

99 Lewis 1966: 321. Douglas 1974: 128. Werbner 1989: 66 ff.

100 Gehrke 1994: 254.

101 Stagl 1982: 227 (Hervorhebung von mir, KEM).

102 Schopenhauer 1892: 199.

103 Giese, Hansen 1962: 242.

104 Klaus E. Müller 1990: 139 f. 1992c: 36.

105 Vgl. z. B. Müller-Stellrecht 1983: 398. Jacobeit 1961: 188 f.

106 Cloerkes 1985: 32.

107 Preuß 1905: 396.

108 Elliott 1963: 314 ff.

109 Klaus E. Müller 1990: 148. Vgl. Lewis 1966: 316.

110 Meuli 1969: 170 (Hervorhebungen von mir, KEM).

111 Widengren 1961: 30 f., 42.

112 Hasenfratz 1983a: 239.

113 Brunner 1983: 228.

114 Petersdorff 1956–57: I, 65 (Hervorhebung von mir, KEM).

115 Cohn 1970: 8.

116 Hergemöller 1990: 46.

117 Petersdorff 1956–57: II, 102.

118 Petersdorff 1956–57: II, 104.

119 Jung-Stilling 1983: 590 f. (Hervorhebungen im Original).

120 Bringmann et al. 1990: 19 f. (Hervorhebungen von mir, KEM).

121 Littlewood 1993: 19.

122 Hogbin 1970: 28.

123 Elwin 1950: 196.

124 Vgl. Kelsen 1947: 22.

125 Vansina 1965: 103.

126 Lukesch 1968: 16.

127 Wassmann 1984: 123 ff. 1982: 52 ff.

128 Stagl 1986: 24 ff. Vgl. Bateson 1958: 221 ff.

129 Vgl. Hallpike 1979: 398.

130 Thornton 1980: 211. Vgl. McKellin 1982: 68.

131 H. Albert 1969: 94; vgl. 92 (Hervorhebungen im Original).

132 Opie, Opie 1959: 121 ff.

133 D'Azevedo 1962: 27.

134 Dürr 1938: 92 f.

135 Leeuw 1950: 30.

136 Dürr 1938: 97.

137 Zwernemann 1984: 375.

138 Meek 1931: 539 f.

139 Abu-Lughod 1986: 108.

140 Hutton 1921: 26.

141 Buxton 1963: 77.

142 Vgl. 5. Mose 21: 18–21; 22: 15–18; 25: 7.

143 Vgl. 1. Könige 12: 1–19. Scharbert 1979: 345 f.

144 Vgl. Malinowski 1927: 265 f., 269 f. Nadel 1947: 344 f. Rigby 1967: 437.

145 Vgl. etwa Harwood 1970: 44.

146 Malinowski 1927: 266 f.

147 D'Azevedo 1962: 21.

148 Vgl. Eliade 1963: 6. Kirk 1970:

32. Hallowell 1969: 56f. Hogbin 1970: 29.
149 Vgl. Harwood 1970: 45.
150 Vgl. z. B. Middleton 1982: 146.
151 Roscoe 1923: 26.
152 Klaus E. Müller 1987: 121. Vgl. H. Baumann 1959: 15. Eliade 1963: 8ff. Hallowell 1969: 56f. Kirk 1970: 32. Hogbin 1970: 28f.
153 Widengren 1961: 31, 42.
154 Feynman 1990: 209.
155 Vgl. Endicott 1970: 14, 17f.
156 Lukesch 1968: 15f.
157 Malinowski 1927: 266.

158 Holländer 1921: 4, 83.
159 Popov 1976: 31. Vgl. Klaus E. Müller 1990: 148ff.
160 Karsten 1935: 444.
161 Klaus E. Müller 1990: 148.
162 Stagl 1986: 29. Vgl. Popov 1976: 31f.
163 Klaus E. Müller 1990: 145f.
164 Vgl. Fortes 1966: 414.
165 Radin 1956: 118ff. Hallowell 1969: 56f. Eliade 1963: 8ff. H. Baumann 1959: 15. Kirk 1970: 32. Klaus E. Müller 1987: 121.

«Gestaltverklärung»

1 Vgl. Klaus E. Müller 1987b: 29.
2 Vgl. Schurtz 1900: 588.
3 Vgl. Hauser-Schäublin 1977–78: 105f.
4 Lar'kin 1964: 79.
5 Eibl-Eibesfeldt 1972: 75, 79. Silberbauer 1981: 175ff. Woodburn 1982: 201.
6 Klaus E. Müller 1987b: 16, 232, 332.
7 Elwin 1950: 263. Vgl. z. B. Smith 1925: 105f. Nimuendajù 1939: 128.
8 Mills 1926: 33.
9 Swanson 1985: 144.
10 Klaus E. Müller 1987b: 36, 42, 63, 256. Vgl. etwa Pallas 1778: 342. Mills 1926: 253. Beidelman 1971: 33f. Thornton 1980: 88ff.
11 Douglas 1966: 2.
12 G. Baumann 1987: 170.
13 Srinivas 1952: 182.
14 Beidelman 1986: 41.
15 Vgl. z. B. Runeberg 1947: 96, 104. Harwood 1970: 61. Beidelman 1986: 140ff.
16 Loux 1980: 135.
17 Vgl. z. B. Downs 1966: 61. Goldman 1963: 262ff. Muller 1971: 80. Die Belege dafür sind Legion!

18 Endicott 1970: 80ff.
19 Gehlen 1962: 24.
20 Neubert, Cloerkes 1987: 59.
21 Klapp 1949a: 160.
22 Vgl. Andree 1889: 3. Schlosser 1952: 224, 233. M. Wilson 1957: 68. Heers 1986: 178.
23 Heers 1986: 178. Vgl. Jacob 1909: 20.
24 Grube-Verhoeven 1966: 15, 53.
25 Lindenbaum 1979: 71; vgl. 137f.
26 Thornton 1980: 210.
27 Klaus E. Müller 1972–80: II, 245f.
28 Loiskandl 1966: 35.
29 Klaus E. Müller 1990: 138, 145.
30 Cipolletti 1983: 17f. Klaus E. Müller 1987a: 67. 1990: 144. Vgl. etwa a. M. Wilson 1957: 60, 210f. Sibeth 1992: 51.
31 Klaus E. Müller 1992c: 37f.
32 In der Hauptsache nach Širokogorov 1935. Lehtisalo 1937. Harva 1938. Friedrich 1955. Eliade 1957. Findeisen 1957. Alekseev 1987.
33 Elkin 1945: 27ff. Cowan 1992: 36, 82ff.
34 Cowan 1992: 85.
35 Klaus E. Müller 1990: 142, 144. 1992c: 40.

36 Vgl. zu Australien Cowan 1992: 84.

37 Vgl. zu Australien Elkin 1945: 5, 46, 56 f. Cowan 1992: 82, 87, 92 f.

38 Smoljak 1991: 34.

39 Nach Ohlmarks 1939: 102.

40 Wrangel 1839: 286 f.

41 Klaus E. Müller 1973–74: 96 ff.

42 Mills 1926: 253. Vgl. die Analoga bei Scheftelowitz 1914: 370 ff.

43 Frazer 1963d: 227.

44 Frazer 1963d: 31–37. Vgl. Andree 1889: 29 f.

45 Landersdorfer 1924: 3, 47 f.

46 Landersdorfer 1924: 16.

47 Stemplinger 1919: 69.

48 Frazer 1963d: 38–46, 210 ff. 1963 f: 427 ff.

49 Frazer 1963d: 213 f.

50 Frazer 1963d: 252 ff. Nilsson 1961: 107 f.

51 Deubner 1962: 187 ff.

52 Jonckers 1990: 149.

53 Buxton 1963: 86, 89.

54 Heusch 1990a: 175.

55 Muller 1975: 19 f.

56 Vgl. Buxton 1963: 86 f. Muller 1975: 18 ff. 1990: 51. Vincent 1990: 127. Jonckers 1990: 149 f.

57 Vgl. Vincent 1990: 127, 128.

58 Jonckers 1990: 151.

59 Heusch 1990a: 182 f.

60 Vgl. Tardits 1990: 36.

61 Frazer 1963: I, 368 ff. Klaus E. Müller 1987b: 300. Tardits 1990: 36.

62 Klaus E. Müller 1987b: 82 f.

63 Klaus E. Müller 1973–74: 103 f. 1987b: 82.

64 Frankfort 1948: 57 f. Vgl. Klaus E. Müller 1987b: 84 f.

65 Kramer 1969: 54. Vgl. Klaus E. Müller 1973–74: 102 f.

66 E. Haberland 1965: 304; vgl. 269. Frazer 1963: I, 366 ff.

67 Klaus E. Müller 1973–74: 103. 1987b: 83.

68 Frazer 1963: II, 297. Klaus E. Müller 1973–74: 94.

69 Heusch 1990: 8.

70 Vgl. Frazer 1963a: 1 ff. Klaus E. Müller 1973–74: 105. 1987b: 226.

71 Frazer 1963a: 22 ff. Klaus E. Müller 1983: 366. Heusch 1990: 7.

72 Vgl. Gluckman 1938: 25.

73 Bloch 1982: 220 f.

74 Vgl. Muller 1990: 49, 60 f., 63 f.

75 Frazer 1963c: II, 153. Vgl. Klaus E. Müller 1973–74: 106.

76 Frazer 1963: I, 353 ff. 1963b: 14 ff., 46 ff. Klaus E. Müller 1973–74: 105. 1987b: 83, 84. Heusch 1990: 14, 16. 1990a: 178. Muller 1990: 49, 62.

77 Heusch 1990: 14, 16. Muller 1990: 62. Vgl. Young 1966: 150.

78 Frazer 1963d: V, 227.

79 G. Baumann 1987: 169 f.

80 Silberbauer 1981: 103.

81 Klaus E. Müller 1987b: 346 f.

82 Klaus E. Müller 1987b: 346. Vgl. Josefsson 1988: 163 (dazu 156).

83 Vgl. Frobenius 1929: Heft 2, Blatt 7. Lehmann 1930: 119. Klaus E. Müller 1967: 246 ff.

84 Oppitz 1992: 22.

85 Klaus E. Müller 1967: 248 f., 251. 1987b: 347.

86 Klaus E. Müller 1987b: 349.

87 Harwood 1970: 41 u. 40; vgl. 44.

88 Frazer 1963d: 109 ff.

89 Boehncke 1991: 69 ff.

90 F. Becker 1867: 153 f.

91 Jeremias 1927: 54, 72. Beckerath 1978: 15 f.

92 Güntert 1923: 242.

93 Vgl. Klapp 1948–49: 135. Greeley 1993: 130 ff. Weber, Weber 1983: 25, 45, 84 f.

94 Hartland 1894–96: III, 2. Klapp 1948–49: 136 f. 1949: 19 ff. Chang 1981: 50, 58; vgl. 61.

95 Vgl. Hübschmann 1887: 529, 539 ff. Dumézil 1942–43: 50 ff. B. Schmidt 1877: 76 ff. Klaus E. Müller 1966: 482 ff.

96 Vgl. Thompson 1977: 329 f. Haekkel 1939: 434. T. Turner 1988: 202.
97 Vgl. Campbell 1953: 34 f. Heeschen 1994: 181.
98 Vgl. Wundt 1923: 183 ff. Chalatianz 1904: 301. Nilsson 1950: 540 f. Pancritius 1917–18: 342 f.
99 Dittmer 1961: 140a. Beidelman 1986: 172. Heusch 1991: 110 ff.
100 Vgl. Westermann 1952: 5 f., 14 f. M. Wilson 1959: 19 f. 1979: 56 f., 62 f. Horton 1962: 200. Holt 1963: 51 f. G. Baumann 1987: 116 f. Behrend 1987: 12 f. Heusch 1991: 110 ff.
101 Jeremias 1927: 72 f.
102 Jeremias 1927: 76 f.
103 Wipprecht 1908: 23.
104 Vgl. Nilsson 1950: 540 f.
105 Ranke-Graves 1955: 153 f.
106 Pompeius Trogus bei Iustin XLIII 2. Plutarch: Romulus, c. 1–12.
107 Banaszkiewicz 1982: 267.
108 Jeremias 1927: 73; vgl. 71 f., 76 ff.
109 Wilcken 1905: 556.
110 Wilcken 1905: 554; vgl. 555 ff. Beckerath 1978: 15 f.
111 Söderblom 1914: 449 f. Güntert 1923: 249.
112 Söderblom 1914: 450.
113 Schneemelcher 1959: 42.
114 Söderblom 1914: 450.
115 Abegg 1928: 232.
116 Abegg 1928: 149 f., 231 ff. Klaus E. Müller 1987b: 161.
117 Vgl. Klaus E. Müller 1987b: 162, 335.
118 Vgl. Klaus E. Müller 1983b: 331.

119 Vgl. Klaus E. Müller 1983b: 329 ff.
120 Eliade 1981: 133.
121 Eliade 1981: 138 (Hervorhebungen von mir, KEM).
122 Eliade 1981: 132 ff.
123 Klaus E. Müller 1966: 497. Maag 1961: 76 f.
124 T. Turner 1988a: 255 f.
125 Apostelgeschichte 26: 18. Vgl. Petersdorff 1956–57: I, 171.
126 Güntert 1923: 247 ff., 293 f., 395 ff. Wach 1922: 83 ff.
127 Hugo 1977: 166 f.
128 Hugo 1977: 455 ff., 501 ff.
129 Hugo 1977: 503.
130 Hugo 1977: 546 ff.
131 Abegg 1928: 212. Maag 1961: 63 ff. Vgl. Daniel 7. Offenbarung des Johannes 12–13; 20: 1–3. Jubiläen 23: 11 ff. 4. Esra 4: 51 ff.; 5: 11 ff. Syrische Baruchapokalypse 29: 1 ff.
132 Güntert 1923: 397. Abegg 1928: 214.
133 Hebräer 2: 14. O'Flaherty 1976: 213. Hasenfratz 1983a: 241, Anm. 55; 243.
134 Wach 1922: 94. Abegg 1928: 207.
135 Abegg 1928: 185, 207. Güntert 1923: 396.
136 Widengren 1961: 27.
137 Abegg 1928: 185.
138 Abegg 1928: 219.
139 Leeuwen-Turnovcova 1990: 255, 257.
140 Traub, Wozniakowski 1994: 66.
141 Belege bei Klaus E. Müller 1987a: 50.

Personenregister

Sachregister

Anzeigen

C. H. Beck Kulturwissenschaft

Jan Assmann
Das kulturelle Gedächtnis
Schrift, Erinnerung und politische Identität
in frühen Hochkulturen
1992. 344 Seiten. Leinen

Arnold Esch
Zeitalter und Menschenalter
Der Historiker und die Erfahrung
vergangener Gegenwart
1994. 245 Seiten. Leinen

Fritz Graf
Gottesnähe und Schadenzauber
Die Magie in der griechisch-römischen Antike
1996. Etwa 320 Seiten. Leinen

Theodor Mommsen
Römische Kaisergeschichte
Nach den Vorlesungsmitschriften von
Sebastian und Paul Hensel 1882/86
Herausgegeben von
Barbara und Alexander Demandt
1992. 634 Seiten mit 16 zum Teil mehrfarbigen Tafeln.
Leinen

Albrecht Schöne
Emblematik und Drama im Zeitalter des Barock
3. Auflage. 1993. 280 Seiten mit 63 Abbildungen
und 4 Abbildungen auf Tafeln.
Leinen

Horst Wenzel
Hören und Sehen, Schrift und Bild
Kultur und Gedächtnis im Mittelalter
1995. 626 Seiten mit 59 Abbildungen
und 14 Farbabbildungen auf 12 Tafeln.
Leinen

Verlag C. H. Beck München

Europa bauen

Leonardo Benevolo
Die Stadt in der europäischen Geschichte
Aus dem Italienischen von Peter Schiller
1993. 316 Seiten mit 149 Abbildungen. Leinen

Peter Brown
Die Entstehung des christlichen Europa
Aus dem Englischen von Peter Hahlbrock
1996. 404 Seiten. Leinen

Umberto Eco
Die Suche nach der vollkommenen Sprache
Aus dem Italienischen von Burkhart Kroeber
3., durchgesehene Auflage. 1994. 388 Seiten mit 22 Abbildungen. Leinen

Josep Fontana
Europa im Spiegel
Eine kritische Revision der europäischen Geschichte
Aus dem Spanischen von Joan Weiss i Knopf. 1995. 244 Seiten. Leinen

Aaron J. Gurjewitsch
Das Individuum im europäischen Mittelalter
Aus dem Russischen von Erhard Glier
1994. 341 Seiten. Leinen

Ulrich Im Hof
Das Europa der Aufklärung
2., durchgesehene Auflage. 1995. 270 Seiten. Leinen

Massimo Montanari
Der Hunger und der Überfluß
Kulturgeschichte der Ernährung in Europa
Aus dem Italienischen von Matthias Rawert
2., unveränderte Auflage. 1995. 251 Seiten. Leinen

Hagen Schulze
Staat und Nation in der europäischen Geschichte
2., durchgesehene Auflage. 1995. 376 Seiten. Leinen

Charles Tilly
Die europäischen Revolutionen
Aus dem Englischen von Hans-Jürgen Baron von Koskull
1993. 368 Seiten mit 2 Karten. Leinen

Verlag C. H. Beck München